THE NIV APPLICATION COMMENTARY

NIV 적용주석

스캇 맥나이트 ● 갈라디아서

솔로몬

NIV 적용주석 시리즈 – 갈라디아서

2017년 9월 25일 초판 2쇄 발행

지은이 | 스캇 맥나이트
옮긴이 | 조호진
펴낸이 | 박영호
펴낸곳 | 도서출판 솔로몬

주소 | 서울시 동작구 사당로 155 신주빌딩 B1
전화 | 599-1482
팩스 | 592-2104
직영서점 | 596-5225

등록일 | 1990년 7월 31일
등록번호 | 제 16-24호

ISBN 978-89-8255-512-1 94230
ISBN 978-89-8255-449-0(세트)

THE NIV APPLICATION COMMENTARY

SCOT McKNIGHT

NIV GALATIANS

From biblical text... to contemporary life

이 시리즈는 성경의 영원한 메시지를 이 시대에 말하기를 추구하는 목사와 교사들을 위한 필수적인 도구가 될 것을 약속한다.

–빌리 그레이엄

NIV 적용주석 시리즈는 내가 바라는 사역의 열정과 동일한 목표–하나님의 말씀의 온전한 영향을 느낄 수 있도록, 메시지를 현대의 청중들에게 전하는 것–를 공유하고 있다.

–빌 하이벨스, 윌로우 크릭 교회

NIV 적용주석은 '하나님의 말씀을 행하는 자들'을 양육하는 데 헌신하고 있는 목사와 여타 사람들을 위한 탁월한 자료다.

–릭 워렌, 새들백 교회

이 주석 시리즈는 진부하지 않다. 그것은 새로운 시대의 신선함으로, 친구의 포옹처럼 직접적으로 들려지고 전달될 수 있도록, 오래된 강력한 하나님의 말씀을 현재로 가져오는 일을 제대로 해내고 있다.

–유진 피터슨, 리젠트 대학

해석의 실타래에서 제대로 된 적용을 얻기 원한다면, NIV 적용주석은 바로 당신을 위한 것이다! 이 시리즈는 원 의미와 현대적 의미에서 탁월하다. 나는 이 주석을 전적으로 추천한다.

–하워드 핸드릭슨, 달라스 신학교

NIV 적용주석 시리즈는 이전에 학자들이 다루지 않았던 것을 과감하게 다룬다–목사와 교사들이 매일 직면하는 성경적 적용의 실제적 세계로 나아간다. 이것이 바로 좋은 주석 시리즈가 가져야 하는 모든 것이다.

–레잇 앤더슨, 우드데일 교회 목사

이것은 21세기의 설교 주석이다.

–조지 브루샤바르, 베델 대학의 신학교 총장

성경의 세계에서 도시 중심가로 적절히 순회하는 주석이 드디어 나왔다.

–켄트 휴 박사, 일리노이주 휘튼 대학교회 목사

NIV 적용주석은 성경이 무엇을 의미하고, 그것을 어떻게 적용해야 하는지, 또 어떻게 반응해야 하는지를 알기 원하는 독자들에게 크게 봉사한다.

–스튜어트 브리스코, 엘름브룩 교회 목사

NIV 적용주석 시리즈는 하나님의 말씀을 설교하고 가르치는 모든 이들에게 매우 탁월한 도움이 될 것을 약속한다.

–J. I. 패커, 리젠트 대학

NIV 적용주석은 NIV 성경에 기반한 철저하고 권위 있는 주석의 긴급한 필요를 충족시킨다. 이 시리즈를 모든 복음주의 공동체의 도서관과 서재에서 곧 발견하게 될 것이다.

–제임스 케네디 박사, 코랄 리지 장로교회 담임목사

차례

시리즈 서문

NIV 적용주석 시리즈는 독특하다. 대부분의 주석들은 우리들이 사는 이 세상에서 성경의 세계로 거슬러 올라가는 여행을 한다. 이 주석들은 우리를 성경의 세계와 분리시키는 시간, 문화, 언어 그리고 지형의 장벽을 넘어설 수 있게 한다. 하지만 그것들은 과거로의 편도 티켓만을 제공할 뿐이고, 돌아오는 여행은 우리들이 알아서 할 수 있다고 가정한다. 이런 주석들이 성경의 각 권이나 구절의 '원 의미' 를 설명하지만 '현대적 의미' 를 탐구하는 데는 우리에게 거의 아무런 도움을 주지 못한다. 이런 주석들이 제공하는 정보가 가치가 있기는 하지만, 단지 절반의 임무를 다 하고 있을 뿐이다.

최근에 몇몇 주석들이 다소 현대적인 적용을 주석의 목표 중 하나로 포함시켰다. 하지만 그 적용이 자주 피상적이며 도덕적인 데서 그치고 있다. 또 다른 주석집들은 주석이라기보다는 인쇄된 설교처럼 들린다.

NIV 적용주석 시리즈의 주된 목표는 고대의 메시지를 현대의 정황으로 가져오는 어려우면서도 중요한 임무를 가지고서 여러분을 돕는 것이다. 이 시리즈가 완성된 하나의 책으로서 적용에 초점을 맞추지만 저자들은 성경 구절의 원 의미에서 현대적 의미로 나아가는 '과정' 을 통해서 독자들이 스스로 생각할 수 있도록 돕는다. 본 시리즈는 주석서이지 대중적인 강해서는 아니다. 이것은 참고서적이지 경건 서적은 아니다.

본 주석은 '원 의미', '상황잇기' 그리고 '현대적 의미' 라는 세 항목으로 시리즈의 목표를 이룰 수 있도록 구성되었다.

원 의미

이 항목은 원래의 배경에서 성경의 의미를 이해하도록 돕는다. 여기서는 간결한 형태로 전통적인 주해의 모든 요소들을 논한다. 성경 본문의 역사적, 문학적, 문화적 배경들이 여기에 포함된다. 주석 시리즈의 저자들은 문법과 구문론 그리고 성경 단어들의 의미와 관련한 문제들을 논한다. 시리즈 저자들은 성경구절들의 주요한 개념들을 탐구하고, 성경의 저자들이 이 개념을 어떻게 발전시키는가를 연구한다.

이 항목을 읽고 나면 '원 청중'이 갖고 있었던 문제와 의문, 그리고 관심을 이해하게 되고, 성경의 저자들이 어떻게 이런 이슈들에 대처했는지를 알게 될 것이다. 이런 이해가 오늘날 성경 본문의 합법적인 적용을 행할 수 있는 기초를 제공해준다.

상황잇기

이 항목은 성경의 세계와 오늘날의 세계를 잇는 다리를 놓는다. 즉 성경 본문의 시간적인 측면과 초시간적 측면에 초점을 맞춤으로써 원래의 배경과 현대의 배경을 서로 연결시켜 준다.

하나님의 말씀은 시간적이다. 성경의 저자들은 구체적인 상황과 문제 그리고 질문들에 대해 이야기하였다. 여호수아의 저자는 진노하시는 전사이신 하나님의 손에 난공불락의 도성으로 보였던 여리고의 함락을 이야기함으로써 원 독자들의 용기를 북돋아 주었다(수 6장). 바울은 할례의 결과에 대해서 그리고 율법으로 의롭다함을 얻으려는 위험성을 갈라디아인들에게 경고하였다(갈 5:2-5). 히브리서의 저자는 그리스도가 모세, 아론계열의 제사장들, 그리고 구약성경의 희생제사보다도 우월하시다는 것을 독자들에게 확증하려고 애썼다. 요한은 초기 영지주의의 형태를 가르쳤던 자들의 "영을 시험해 볼" 것을 독자들에게 촉구했다(요일 4:1-6). 이와 같은 경우에 성경의 시간적인 본질이 추상적이 아니라 '구체적'인 상황에서 우리로 하여금 하나님의 말씀을 들을 수 있게 해준다.

하지만 성경의 시간적인 본질은 몇 가지 문제를 낳을 수 있다. 지금 우리의 상황과 난제와 의문들이 성경의 사람들이 직면했던 것들과 항상 직접적으로 연관이 있을 수는 없다. 따라서 성경 시대의 사람들에게 주어진 하나님의 말씀이 항상 우리와 연관이 있어 보이지는 않는다. 예를 들어, 할례가 칭의의 필수적인 요소라고 주장하면서 지금 당신보고 할례를 받으라고 언제 누가 그렇게 주장하였던가? 그리스도가 아론계열의 제사장보다 우월하다는 것에 오늘날 얼마나 많은 사람들이 관심을 쏟고 있는가? 초기 영지주의를 드러내도록 의도된 "실험"이 현대 문화에서 얼마나 가치가 있겠는가?

다행히도 성경은 시간적일 뿐만 아니라 '초시간적'이다. 하나님이 원 청중들에게 말씀하셨던 것처럼 성경 말씀을 통해서 지금 우리에게도 여전히 말씀하신다.

우리는 성경의 사람들과 공통된 인간성을 공유하고 있기 때문에 성경 시대의 사람들이 직면했던 문제들과 하나님이 그들에게 주셨던 해결책 속에서 '보편적인 특징' 을 발견한다. 성경의 초시간적인 본질이 모든 문화의 모든 시간에 능력으로 말씀한다.

성경이 시간적이면서도 초시간적인 측면을 갖고 있음을 인식하지 못하는 사람들은 여러 가지 문제에 직면할 수 있다. 예를 들어, 히브리서와 갈라디아서 또는 신명기와 같은 시간적인 성경책으로 인해 지루함을 느낀 사람들은 오늘날 그런 책들이 의미 없어 보이기 때문에 다시는 그것을 읽지 않으려고 할 수 있다. 한편으로 성경의 초시간적인 본질을 확신하고 있지만 시간적인 요소를 분별하지 못하는 사람들은 멜기세덱의 반차를 좇은 제사장에 대해서 "열변을 토하지만" 청중들은 잠을 자고 있고, 설상가상으로 구약성경의 거룩한 전쟁을 오늘날의 하나님의 대적자들에게 물리적인 방식으로 적용하려고 시도할 것이다.

따라서 이 항목의 목적은 성경의 시간적인 본문에서 무엇이 초시간적인지(또는 무엇이 초시간적이 아닌지)를 여러분들이 식별하도록 돕는데 있다. 예를 들어, 구약의 거룩한 전쟁(성전, 聖戰)은 신약의 영적인 전쟁과 어떻게 관련이 있는가? 바울의 주요한 관심이 (그가 갈 5:6에서 말하고 있는 것처럼) 할례가 아니라면, 그는 무엇에 관심이 있는가? 아론계의 제자장직이나 멜기세덱에 대한 논의가 오늘날 우리와 관련이 없어 보인다면, 오늘날 이 구절에 담겨진 가치는 무엇인가? 1세기의 특정 이단을 분별하기 위해 맞추어진 실험으로 오늘날의 "영을 검증"하려면, 어떤 성경적 검증이 더 적합할 것인가?

하지만 이 항목은 성경 본문에서 어떤 것이 초시간적인지를 밝힐 뿐 아니라 초시간적인 것을 발견하는 방법을 알 수 있도록 돕는다. 주석 시리즈의 저자들은 본문에 함축되어 있는 것들을 명시적으로 밝힌다. 그들은 통상적으로 직관적인 과정을 취하여 논리적이고 정리된 방식으로 그것을 설명한다. 할례가 바울의 주요한 관심사가 아님을 우리는 어떻게 알 수 있는가? 성경 원문이나 배경의 어떤 단서가 바울의 진정한 관심이 더 깊은 차원에 속한 것임을 깨닫게 하는가?

물론 우리들과 원 독자들간의 역사적인 거리가 상당히 있는 구절들은 더 많은 취급을 요할 것이다. 하지만 역사적인 거리가 그리 길지 않거나 겉으로 보기에 거의 존재하지 않는 구절들은 덜 주의를 기울여도 될 것이다.

마지막으로 덧붙여 말하고 싶은 것은 이 항목이 성경 본문의 '현대적 의미' 를 논의하기 위한 방식을 준비하고 있기 때문에 이 항목과 뒤이어지는 '현대적 의미'

항목간에는 분명한 단절이나 예리한 구분은 주어지지 않는다. 하지만 두 항목들을 종합해서 읽을 때, 여러분들은 성경의 세계에서 오늘의 세계로 이동하는 강력한 감정을 체험하게 될 것이다.

현대적 의미

이 항목은 성경이 처음 작성되었을 때에 그러했던 것처럼 오늘날에도 성경의 메시지가 권능으로 역사하도록 만들어 준다. 당신이 예루살렘, 에베소, 또는 고린도에 대해 배운 것을 시카고, 로스앤젤레스, 또는 런던에서 오늘날 필요한 것들에 어떻게 적용할 수 있는가? 본래 헬라어, 히브리어, 아람어로 전해진 메시지를 우리 자신의 언어로 어떻게 명료하게 전달할 수 있는가? 본래 다른 시대와 문화에 전해진 영원한 진리를 취하여, 유사하지만 다른 필요를 갖고 있는 문화의 사람들에게 어떻게 적용할 수 있는가?

이런 목표를 이루기 위해서 이 항목은 몇 가지 핵심적인 영역에서 도움을 준다.

(1) 이 항목은 원 청중들이 직면했던 상황과 문제 또는 의문들에 상응하는 현대적인 문제들을 식별하도록 돕는다. 현대의 상황이 원 청중들이 직면했던 상황과 좀처럼 일치하지 않기 때문에, 당신의 적용이 연관성이 있으려면 유추적인 상황들을 찾아야 한다.

(2) 이 항목은 성경 본문을 오늘날 적용할 수 있는 다양한 배경들을 탐구한다. 개인적인 적용을 살피기도 하지만, 개인적인 관심을 넘어서서 대체로 사회와 문화에 대해 생각하도록 고무시킨다.

(3) 이 항목은 성경본문을 적용하는 데서 발생할 수 있는 문제나 난관들을 환기시킨다. 그리고 어떤 본문이 적용할 수 있는 다양한 합리적 방식들이 있다면 (즉, 기독교인들이 서로 일치하지 않는 영역이 있다면), 본 시리즈의 저자들은 독자들이 이런 다양한 견해들에 관심을 갖고, 스스로 이런 이슈들에 참여하도록 돕는다.

이런 목표를 추구하는 본 시리즈의 기고자들은 두 가지 극단을 피하였다. 하나는 이 주석이 얼마 지나지 않아 구식이 되지 않도록 너무 구체적인 적용을 피하는 것이고, 다른 하나는 현대인의 삶과 문화와 연관짓지 못하는 아주 일반적인 방식으로 성경 본문의 의미를 논하는 것을 삼가는 것이다.

무엇보다도 본 주석 시리즈의 기고자들은 이 주석이 도덕책이나 설교집이 되지 않도록 상당한 노력을 기울였다. NIV 적용 주석 시리즈는 바로 써먹을 수 있는 설교 자료집을 제공하려 했다기보다는 당신이 하나님의 말씀을 능력으로 전달할 수 있도록 돕는 도구, 개념, 그리고 통찰을 제공하려 했다. 당신으로 하여금 이 목표를 이룰 수만 있게 한다면, 우리는 이 시리즈의 목적을 이룬 셈이다.

편집자 서문

왜 20세기를 사는 기독교인들은 갈라디아서를 읽어야만 하는가? 원청중(original audience)으로부터 거의 2천 년이나 떨어져 있는 오늘날 교회를 향해, 갈라디아서는 어떤 의미를 갖고 있는가? 나는 스캇 맥나이트(Scot McKnight)가 바울의 이 서신에 대해 쓴 탁월한 주석을 읽으면서 스스로를 향해 계속해서 이 질문을 던졌다. 그리고 나는 내 자신이 이 대답에 계속 다가서고 있음을 발견했다. 갈라디아서는 현대교회가 직면하고 있는 중요한 이슈에 대해 이야기하고 있다. 바로 어떻게 '비전이 가득한 리더십'이 살아 움직이게 할 것인가라는 이슈에 대해서 말이다. 잠시 이에 대해 설명하고자 한다.

나는 <크리스채너티 투데이> 잡지와 <리더십 저널>의 편집장으로 약 10년 동안 섬겨오면서, 온 나라에 걸쳐 수백 개 이상의 교회들을 방문했고 수천 명 이상의 목회자들과 평신도 지도자들을 만나봤다. 이런 경험들을 통해 내가 배우게 된 수많은 일들 중에서, 가장 두드러진 이슈가 하나 있었다. 교회 공동체를 이끌고 섬긴다는 것은 정말로 너무나 어려운 일이라는 점이다.

교회를 성장시키거나, 하루하루의 교회 사무들을 처리한다거나, 회의나 위원회 등을 사회보면서 진행하는 것은 힘든 일이 아니다. 진정한 리더십은 이런 것들과는 전혀 별개의 문제이다. 사람들을 이끌고 나가는 일이 터프한 가장 큰 이유는 사람들은 인도받는 것을 원하지 않기 때문이다. 만약 사람들이 따라오기 원하지 않는다면, 교회 리더는 무엇을 해야만 한단 말인가?

두 가지 접근방법은 아마 도움이 되지 못할 것이다. 우리는 교회 성도들을 하룻밤사이에 훌륭한 제자들로 탈바꿈시킬 수 없다. 성도들에게 이미 뿌리 깊게 자리잡은 행동패턴들을 바꾸는 데에는 시간이 걸린다. 그리고 과연 수많은 리더십 기술들과 훈련 프로그램들이 진정 도움이 되는지도 의문스러운 일이다. 우리 세대는 교회 리더들이 탈진할 지경에 이를 정도로 책을 읽고, 세미나를 열고, 시험운용을 해보곤 했다. 그렇다면 도대체 우리는 무엇을 해야만 하는가?

바울과 갈라디아서를 들여다보자.

바울은 갈라디아 교회와 관련해서 여러 문제들과 직면했는데, 교회 내에서 그의 권위에 의문을 제기하는 당파문제도 그중 한 문제였다. 바울은 인도받기 원하지 않던 일련의 그룹 때문에 힘을 빼야만 했다. 이런 상황 속에서 바울은 우리들 대부분이 했을 그런 일을 했다—그는 자기 자신을 변호했다(1-2장을 보라). 바울도 결국은 사람이었다. 그러나 바울이 자기 자신을 어떤 방식으로 변호했는지를 살펴보면, 매우 중요한 교훈을 얻을 수 있다.

우리들 대부분은 분노한 모습으로 휘몰아칠 것이고, 그런 뒤 왜 우리의 권위에 대해 의문을 제기해서는 안 되는지 그 근거들과 자신의 업적들을 주욱 나열하기 시작할 것이다. 바울 역시 휘몰아치는 모습을 보였지만, 그러나 분노하는 모습을 보인 것은 아니었다. 바울은 자신의 권위가 왜 타당한 권위인지 여러 근거들을 제시했지만, 그러나 잡다한 목록을 근거들을 제시한 것은 아니었다. 바울은 자신의 "업적들"을 종류별로 나누어 제시했다. 그는 자기 삶에 있어서 분명 스스로도 부끄러워하고 수치스러워했을 일들에 대해서 제시했다. 특별히 이전에 기독교인들을 박해했던 것에 대해서 고백했다. 그의 의도는 하나님께서 그의 삶을 만져주셨을 때 그에게 나타난 놀라운 역전과 회심을 보여주는 것이었다. 그는 하나님의 능력을 보여주기 위해 자신의 연약함을 사용했다.

그러므로 바울이 자신의 권위를 변호했을 때, 그는 자기 자신의 것으로는 아무것도 갖고 있는 것이 없다는 점을 인정했다. 그는 자신의 직분이 오직 하나님으로부터 온 것이며, 다른 어떤 사람들로부터도 부여받은 것이 아니라고 주장했다. 그리고 그가 자신이 전한 복음에 대해 변호할 때, 그는 자신이 신학적 통일성이나 신뢰성을 갖고 있다는 식으로 말하지 않았다. 사실, 바울은 "교리"에 대해서는 전혀 언급하지 않았다. 그는 그저 이렇게 썼다. "내 복음은 올바르다 이는 이 복음이 어디에서 기원했는가 때문이다.—바로 예수 그리스도로부터 왔기 때문이다."

바울은 자신이 받은 소명에 대해 이야기하면서 자기를 위한 변명을 마무리했다. 그는 이방인의 사도가 되기로 결심했던 것이 아니었다. 그것이 아니라, 하나님께서 그를 이 일을 위해 부르셨고, 그렇기에 그는 그저 복종하는 것 말고는 아무것도 할 수가 없었다.

요약하자면, 바울은 자신의 유익함은 자신의 헛됨으로 인해 생겨난 것이라고 주장했다. 즉 그의 권위는 그가 하나님께 복종했기에 생겨난 것이며, 그가 전한 복음의 내용은 자신이 오직 예수 그리스도께만 의지한 것에서만 찾아볼 수 있노라고 주장했다. 그가 자신과 관련해 가장 크게 주장했던 것은, 자신은 한때 죄인이었으나 지금은 구원받았다는 것이었다.

비전 가득한 리더십을 향한 바로 이와 같은 접근법이 바울로 하여금 갈라디아 성도들의 뜨거운 질문에 대응할 수 있게끔 해주었다. 모세의 율법과 예수 그리스도의 복음이 갖는 관계성. 저자가 아주 훌륭하게 전문적인 세부사항들을 서술해준 것처럼, 사도 바울은 율법에 대한 갈라디아 성도들의 잘못된 이해에 도전했다. 실제로, 그들은 새로운 복음을 만들어내고 있었다. 만약 바울의 주장이 리더십 테크닉이나 리더십 스타일 같은 것에 초점을 맞추거나 아니면 평범한 방식으로 자신의 리더십이 일구어낸 업적들을 제시했더라면, 그는 아마도 "유대주의자들"이 사용한 것과 동일한 방법론을 사용한 셈이 될 것이다. 그러나 바울은 그렇게 하지 않았다. 대신, 모든 요점마다 자기 자신이 아니라 예수 그리스도에게 초점을 맞추었다. 바로 이것이 비전 가득한 리더십의 본질이며, 바로 이것이 저자가 갈라디아서에 접근한 "새로운" 접근법이다.

저자 서문

1971년 차갑고 비 내리던 11월 어느 날, 일리노이 프리포트에서 나는 여자 친구와 함께 책들을 둘러보기 위해 기독교서점에 들어갔었다. 얼마 지나지 않아서 나는 가장자리가 노란색과 검은색으로 둘려져 있는 윌리암 핸드릭슨(William Hendriksen)의 갈라디아서 주석에 눈이 꽂혔다. 나는 그 책을 샀지만 당시에는 그 때부터 약 20년 동안 갈라디아서의 매력이 나를 휘어잡을 것이라고는 전혀 상상하지 못했다. 그리고 내 연구의 결정판이 바로 여러분 앞에 놓여있다. 그날 밤 나는 한 구절 한 구절씩, 한 문단 한 문단씩 갈라디아서 연구를 시작했다. 약 1년 정도의 시간이 흐른 뒤, 나는 내 생애 처음으로 성경 한권 전체를 귀납적으로 연구하는 일을 마쳤다. 그때 이후로, 나는 갈라디아서에 대해서 계속해서 설교해왔고, 가르쳐왔고, 또한 갈라디아서에 관한 많은 책들을 읽어왔다. 갈라디아서는 바울 서신서 중에서 여전히 내가 가장 좋아하는 서신이다. 먼저 내게 갈라디아서 주석을 쓸 수 있는 기회를 준 잭 쿠하체크와 테리 먹에게 감사드린다. 또한 내가 전공한 영역(예수 그리고 복음서)이 아닌 부분이기 때문에 더욱 감사하고, 나의 방법론에 대해 신뢰해준 것에 대해서도 감사드린다.

나는 그날 밤 서점에 함께 들어갔던 여자 친구가 내 아내가 될 줄 몰랐었다. 그런데 어느덧 그녀는 20년도 넘게 나와 함께 지내고 있다. 나는 크리스틴(Kristen)을 통해서 수많은 책으로도 다 쓸 수 없을 만큼 많은 것들을 배웠는데, 그중 두 가지 만큼은 꼭 말하고 싶다. 아내는 그리스도안에서, 성령님 안에서 사는 것이 무얼 의미하는 것인지를 다른 그 누구보다 내게 잘 가르쳐주었다. 이는 갈라디아서의 두 가지 핵심 주제이기도 하다. 그녀를 향한 내 사랑의 증표로서 그리고 내가 그녀로부터 배운 것에 대한 감사 표현으로서, 나는 이 책을 내 아내에게 바치고자 한다. 나는 첫 책을 출간한 이후로, 그녀에게 헌정할 책을 기다려왔다. 나는 아내에게 이 책은 그녀에게 헌정하기 적합할 뿐만 아니라 매우 실용적인 책이 될 것이라고 약속했다. 나는 또한 이 책이 내가 이전에 출간한 다른 전문 신학 서적들보다 더 오랫동안 사랑받기를 소망한다.

이 책이 출간되어 나오기까지 여러 과정 속에서 도움을 주신 몇몇 분들께 감사의 말씀을 전하고 싶다. 지금은 주님 앞에서 영원한 상급을 받아 누리고 있을 데이빗 폴 킹(David Paul King)에게 감사드리고 싶다. 그는 내가 갈라디아서 연구를 시작했을 때 우리 교회의 청년 부서의 목사였는데, 갈라디아서 연구가 내게 잘 맞을 것이라고 추천해 주었다.

조지 스티키(George Stiekes)는 우리 대학 교목인데, 내게 주일학교 고등부에서 갈라디아서를 조직적으로 연구해보면 어떻겠냐고 추천해 주었다. 그가 추천한대로 한 것이, 내가 갈라디아서를 다른 사람들에게 이해시키고자 처음으로 노력을 기울였던 것이었고, 이 경험은 내가 생각했던 거보다 훨씬 더 많이 이 책이 나오는데 영향을 주었다. 내가 가르치고 있는 트리니티 신학대학(Trinity Evangelical Divinity School) 학생들에게, 특히 내가 수업을 한 NT741 갈라디아서 강의에 참여한 학생들에게 감사하고자 한다. 이들은 내게 좀 더 깊이 생각하게끔 자극을 주었고(특히 갈라디아서와 로마서의 관계에 대한 나의 관점에 대해서) 또한 나로 하여금 여러 다른 옵션들에 대해 좀 더 깊이 고려하게끔 만들었다. 그들에게 나는 상당히 많은 빚을 졌다.

지금 내가 섬기고 있는 리버티빌 교회의 주일학교 두 개 반에서, 지난 1년 동안 내게 질문도 해주고 내 이야기도 들어주었는데, 그들은 내게 매우 큰 용기를 주었고 또한 갈라디아서에 대한 나의 연구를 상당히 날카롭게 만들어주었다. 나는 특별히 주일학교에 나를 초청해준 로저 스캇(Roger Scott)과 밥 더들리(Bob Dudley)에게 감사를 드리고 싶다. 내 원고를 읽어주고 뿐만 아니라 원고를 손보는 동안 여러 질문들을 던져준, 나의 좋은 친구이자 이웃인 윌리아 윌리암스에게도 감사한다.

지난 10년 동안 나의 신학적 사고에 깊은 영향을 끼친 두 명의 학자들에 대해서 특별하게 언급해야 할 듯하다. 제임스 던(James D. G. Dunn)과 샌더스(E. P. Sanders) 교수. 던 교수는 내 논문 심사위원이었고, 그분 자신이 갈라디아서를 매우 상세하게 다룬 여러 학문적 책들을 출간했다. 나는 던 교수가 내게 연구를 독려해준 것에 대해서, 그리고 "갈라디아서 문제들"에 대해 개인적으로 지도해준 것에 대해서 마음 깊이 감사드린다. 샌더스 교수와는 비록 한번밖에 아침식사를 같이 한 적이 없었지만, 그의 중요한 저작들은 나의 연구에 상당히 큰 영향을 주었다. 나는 이 두 분의 학자들이 갈라디아서 문제와 신학에 비추어준 빛을 따라가며 연구했고, 이 두 교수를 나의 멘토로 삼았다.

이 책을 처음 집필하기 시작했을 때, 나는 리버티빌 리틀 리그(Major Division) 올스타팀을 이루고 있던 14명의 소년들과도 아주 대단한 여름을 보내고 있었다. 이 녀석들은 내가 책을 다 썼는지 매번 물어보면서 연습을 시작하곤 했다. 언젠가 나는 이 소년들에게 만약 테일러빌에서 열리는 일리노이주 토너먼트에 참가하게 되면, 한 사람 한 사람의 이름을 책에 써주겠노라고 약속했다. 이 녀석들은 결국 토너먼트에 참가할 자격을 얻었고, 뿐만 아니라 3위의 성적을 거두었다. 리틀리그 월드 시리즈에 나가겠다는 자신들의 꿈을 일부분 성취한 이 용감한 녀석들에게 약속한대로 상을 주는 의미에서, 그리고 나를 뜨거운 여름 오후를 컴퓨터에서 "자유롭게" 벗어나게 해준 것에 대한 보답으로써, 14명 소년들의 이름을 여기에 적어주고다 한다. 저스틴 앤더슨(Justin Anderson), 제이슨 버가드(Jason Berngard), 스캇 카베리(Scott Carberry), 브렛 피오레(Bred Fiore), 맷 핸슨(Matt Hansen), 마이크 로우리(Mike Lowry), 루카스 맥나이트(Lukas McKnight), 바르트 모리에일(Barth Morreale), 팀 니드(Tim Nied), 짐 오보이코비치(Jim Oboikowitch), 존 파라스쿠착(John Paraszczak), 조지 풀로스(George Poulos), 제이미 로닌(Jamie Ronin), 마이크 로닌(Mike Ronin), 마이크 워드(Mike Ward). 나는 정말이지 이 녀석들과 코치로 함께 지냈던 것이 즐거웠다.

마지막으로, 나는 NIV 적용주석 시리즈의 편집자들에게 감사하고 싶다. 이들은 기독교와 유대교의 차이점을 찾아내는 일에 나와 함께 분투하면서, 1세기 디아스포라 세계로부터 지금 현재 내가 애쓰며 살아가며 현대 서구 사회로 갈라디아서를 탐구하고 옮겨오는 일에 함께 애쓰고 노력했다. 나는 잭 쿠하체크, 마리안 톰슨, 테리 먹에게 감사드리고자 한다. 또한, 나를 격려해준 유진 피터슨(Eugene Peterson), 클라인 스낫그라스(Klyne Snodgrass), 스탠 건드리(Stan Gundry)에게도 감사드린다. 벌린 벌브럭은 이 책의 처음부분부터 마지막 부분까지를 세심하게 살펴봐 주었고, 또한 편집자의 통찰력과 신학자의 통찰력 모두를 통해 내 생각들을 발전시켜 주었다. 그에게 감사한다.

처음 이 책에 대해서 계획하던 일을 되돌아보면서 그리고 이 책이 나오게 된 것에 대해서 하나님께서 기독교 공동체에 선물을 베풀어주신 것에 대해 감사드린다. 만약 내가 감사드린 여러 사람들과 기독교 공동체들이 없었다면, 이 책은 결코 나올 수 없었을 것이다.

참고 문헌

Aquinas, T. *Commentary on Saint Paul's Epistle to the Galatians.* Albany, N.Y.: Magi Books, 1966.

Barclay, J. M. G. *Obeying the Truth: A Study of paul's Ethics in Galatians.* Edinburgh: T & T Clark, 1988.

Barrett, C. K. *Freedom and Obligation: A Study of the Epistle to the Galatians.* Philadelphia: Westminster, 1985.

Betz, H. D. *Galatians.* Hermeneia. Philadelphia: Fortress, 1979.

Boice, J. M. "Galatians." In *The Expositor's Bible Commentary*, ed. F. E. Gaebelein. Volume 10. Grand Rapids: Zondervan, 1976, pp. 407-508.

Bruce, F. F. *The Epistle to the Galatians.* NIGTC. Grand Rapids: Eerdmans, 1982.

Burton, E. De Witt. *The Epistle to the Galatians.* ICC. Edinburgh: T & T Clark, 1921.

Dunn, J. D. G. *Jesus, Paul and the Law: Studies in Mark and Galatians.* Louisville, Kentucky; Westminster/John Knox, 1990.

Fung, R. Y. K. *The Epistle to the Galatians.* NIC. Grand Rapids: Eerdmans, 1988.

Gurthrie, D. *Galatians.* NCB. Greenwood, South Carolina: Attic Press, 1974.

Hendriksen, *W. Exposition of Galatians.* Grand Rapids: Baker, 1968.

Lightfoot, J. B. *The Epistle of St. Paul to the Galatians.* Grand Rapids: Zondervan, 1971 (reprint of 1865 ed.).

Longenecker, R. N. *Galatians.* WBC 41. Dallas: Word, 1990.

Sanders, E. P. *Jewish Law from Jesus to the Mishnah. Five Studies.* Philadelphia: Thrinity Press International, 1990.

Sanders, E. P. *Judaism: Practice and Belief. 63 BCE-66 CE.* Philadelphia: Trinity Press International, 1992.

Sanders, E. P. *Paul.* New York: Oxford University Press, 1991.

Sanders, E. P. *Paul and Palestinian Judaism: A Comparison of Patterns of Religion.* Philadelphia: Fortress, 1977.

Stott, J. R. W. *Only One Way: The Message of Galatians.* BST. Downers Grove, Illinois: InterVarsity, 1968.

Note: The Commentary of J. D. G. Dunn(*Galatians*, Peabody, Mass.: Hendrickson, 1993) appeared too late to be of use in this study. I am delighted by the lines he draws in this commentary. Nor was I able to make use of the excellent new compendium of paul (*Dictionary of Paul and His Churches*; ed. R. P. Martin, G. F. Hawthorne, and D. K. Reid, Downers Grove, Ill.: InterVarsity Press, 1993).

약어표

ABD *The Anchor Bible Dictionary*. Ed. David N. Freedman. 6 volumes. New York : Doubleday, 1992.

DJG *Dictionary of Jesus and the Gospels*. Ed. J.B. Green, S. McKnight, and I. H. Marshall. Downers Grove, Ill. : InterVarsity Press, 1992.

EDNT *Exegetical Dictionary of the New Testament*. Ed. H. Balz, G. Schneider. 3 volumes. Grand Rapids : Eerdmans, 1990-1993.

NIDNTT *New International Dictionary of New Testament Theology*. Ed. Colin Brown. 3 volumes, Grand Rapids : Zondervan, 1975-1978.

NISBE *The International Standard Bible Encyclopedia*, new edition. Ed. G. W. Bromiley, et al. 4 volumes, Grand Rapids : Eerdmans, 1979-1988.

TDNT *Theological Dictionary of the New Testament*. Ed. G. Kittel, G. Friedrich, trans. G. W. Bromiley. 9 volumes. Grand Rapids : Eerdmans, 1964-1974.

서론

율법주의의 어제와 오늘

현대 서구 독자들은 성경의 문화적 정황과 항상 충돌을 일으키곤 한다. 성경을 잘 이해하면서 읽으려는 사람이 이런 충돌을 일상적으로 경험하는 것은 물론이거니와, 성경의 메시지를 오늘날 현실 세계에 연관시켜 적용하려 하는 사람들에게도 이런 충돌이 일어나기에 이런 충돌은 매우 중요한 부분이다. 우리는 우리가 성경과 동일한 문화적, 지적, 사회적 세계 속에서 살고 있다고 착각해서는 안 된다. 양자 간에는 너무나 많은 차이점들, 시간적으로 너무나 긴 격차, 지리적으로 너무나 먼 거리가 존재하며 또한 그때와 지금 사이에는 수많은 사회적 변동들이 일어났다는 점도 기억해야만 한다.

오늘날 그 누구보다도 전세계적으로 가장 유명한 목회자중 한 사람이고, 또한 하나님께 지금까지도 쓰임 받고 있는 한 현대 목회자의 말에 귀 기울여 보도록 하자. 그는 하나님께서 오늘날 우리들이 살고 있는 현대 세계를 향해 말씀하시고자 오래된 그분의 고대 말씀들을 어떻게 사용하시는지를, 전세계 모든 지역의 성경 연구자들에게 알려준다.

> 누구든지 성경을 집어 들고 읽을 때마다, 설령 그 성경책이 Good News Bible 처럼 현대식 번역본이라 하더라도, 우리는 우리가 2천 년이나(구약성경의 경우) 혹은 그보다 더 먼 과거로 거슬러 올라간다는 사실을 잘 알고 있다. 우리는 시간을 거슬러 올라가 여행을 하는데, 마이크로칩 혁명이전으로, 전기혁명이전으로, 과학혁명과 산업혁명 이전으로 거슬러 올라간다. 그러다가 결국에는 아주 오래전에 이미 모습이 멈춰버린 너무나 낯선 세계에 도달한다. 결국, 성경은 이상하게 느껴지고, 케케묵은 것처럼 들리고, 낡은 것처럼 보이고, 곰팡이 냄새가 나는 것처럼 보인다.[1]

---

1. J. R. W. Scott, *The Contemporary Christian : Applying God's Word Today's World*(Downers Grove, Ill.: InterVarsity Press, 1992), 186.

존 스토트(John Stott)가 했었던 건전하면서도 지극히 날카로운 이 지적은 지금 이 주석이 서 있는 토대가 어떤 것인지를 잘 표현하고 있다. 성경을 해석하려면 고대라는 지평과 현대라는 지평 바로 이 두 개의 지평을 연구할 수 있는 능력이 필요하다. 이뿐만이 아니다. 성경을 적절히 해석하려면 고대와 현대라는 두 개의 정황들을 잇고자 갈망하는 사람들, 고대의 정황이 오늘날 현대의 정황을 향해 강력하게 이야기할 수 있게끔 만들려는 강한 바램을 갖고 있는 사람들이 필요하다. 기독교인이 하나님께서 그분 말씀을 통해 자신에게 말씀하셨노라고 주장할 경우, 그 사람이 누구건 간에 바로 이런 과정이 수행된다. 나는 이런 일이 매일같이 일어난다고 믿는다. 하나님의 말씀을 듣는 사람들에게 말이다. 그러나 나는 또한 이런 사건은 성경본문을 인내심을 갖고 관찰하는 것과, 우리 시대를 비평적으로 분별하는 것을 요구한다고도 믿는다. 그리고 나는 성경 본문에서 실제 어떤 일들이 진행되고 있는지를 세심하게 관찰하는 기독교인이 이런 작업을 수행할 수 있다는 점도 알고 있다. 이제 뒤이어 나올 이 책의 내용들은 의식적으로 그리고 무의식적으로 이런 해석 과정을 우선 앞부분에 배치할 것이다.

존 스토트는 내가 앞에서 인용한 내용을 말했던 같은 책 앞부분에서, 다음과 같은 카테고리로 이 모든 과정에 대해 묘사했다.

> 나는 우리가 "더블 리스닝(double listening)이라는 매우 어렵고 심지어 고통스럽기까지한 일을 위해 부름 받았다고 믿는다." 즉 우리는 과거의 하나님 말씀을 주의 깊게 들어야만 하며(비록 서로 다른 관점을 갖고 있다 하더라도) 또한 현대 세계에 대해서도 주의 깊게 들어야만 한다. 이 둘 사이를 매우 충실하고 민감하게 잘 묶어내기 위해서 말이다…[그리고] 우리는 더블 리스닝 할 수 있는 능력을 키워야만 하며, 오직 이를 통해서만 서로 마주대하고 있는 부정확성, 부적절성이라는 문제를 피해갈 수 있으며, 또한 하나님의 말씀을 하나님의 세계를 향해 오늘날에도 효과적으로 선포할 수 있다.[2]

이런 식의 더블 리스닝 안에서는 적어도 세 가지 대화들이 동시에 진행된다. 첫째, 하나님께서 고대 세계를 향해 무얼 말씀하고 계셨는지를 이해하려면, 우리는 고대 세계에 대해서 정통한 사람이 되어야만 한다. 특히나 유대사회에 대해서 그렇다. 둘째, 우리는 우리가 살고 있는 현재의 문화에 정통한 사람이 되어야만 한다.

2. Ibid, 이와 관련해 좀 더 상세한 내용을 보려면 186-206을 보도록 하라.

우리가 살고 있는 경제세계, 정치적 상황, 우리의 도덕적 세계, 감성적·정신적 세계, 우리의 지적 세계 등에 대해서 말이다. 그리고 셋째, 우리는 우리가 사는 세계와 문화의 변화들에 대해 정통한 사람이 되어야만 한다. 하나님께서 당신 부모님들과 우리 부모님들에게 말씀하신 내용은, 아마도 하나님께서 지금 당신과 나 그리고 우리 자손들에게 말씀하고 계신 것과 매우 다를 것이다. 내가 지금 여기서 말하고 있는 것은, 어떤 모습으로건 복음이 변화했다는 것이 아니다. 결코 아니다.

예수 그리스도의 복음은 하나님께서 예수 그리스도를 통해 그분의 은혜를 베푸셨고 이를 통해 우리에게 그분의 사랑을 주셨다는 것이다. 또한 우리는 그 은혜를 발견하기 위해 그저 그분께 응답하기만 하면 된다는 것이다. 하지만 이와같은 복음을 어떻게 특정한 방식으로 구체화할 것이냐는 부분은 세대와 세대를 거치면서 변화해왔다. 왜냐하면 우리 사회가 갖고 있는 여러 인식들이 세대와 세대를 거치면서 바뀌어왔기 때문이다.[3] 그래서 하나님 말씀을 우리가 살고 있는 현 세계에 적실성이 있게 만들기 원하는 민감한 성경 해석자는, 고대 본문과 우리가 사는 현대 세계를 해석하는 일을 하는 것과 동시에, 문화적 변화라는 대화를 진행해야만 할 것이다.

칼 바르트(Karl Barth)는 "목사라는 사람은 한손에는 성경을 다른 한손에는 신문을 들고 있는 사람이어야 한다"고 말했다고 한다. 그리고 두말할 필요도 없이, 하나님 말씀인 성경은 결코 변하지 않지만 신문은 날마다 변한다. 이는 만약 우리가 내가 살고 있는 오늘날 현대 세계를 향해 예수 그리스도의 복음에 대해 말하고자 한다면, 우리가 문화적 예민성을 갖고 있어야 한다는 것을 의미한다. 이제 뒤이어 전개될 내용들을 통해서, 나는 하나님 말씀이 현대세계에도 중요하다는 점뿐만이 아니라, 이 말씀에 대한 고대 사회의 정황이 무엇이었는지에 대해서도 윤곽을 제시해주고자 계속 노력할 것이다. 그리고 이런 방식의 접근을 통해서, 나는 우리가 어떻게하면 고대 세계의 정황으로부터 현대세계로 나아올 수 있는지, 그 방법에 대해서도 설명하고자 시도할 것이다. 지금 이 서문은 갈라디아서 전체가 담고 있는 메시지를 고대 터키로부터 지금 현대 사회로 가지고 나오려는 시도이다.

---

3. 상당히 복잡하고 사변적인 책이기는 하지만 신학자들과 목회자들이 오늘날 현대 세계에서 문화와 사회가 얼마나 중요한 것인지를 잘 이해할 수 있도록 돕는 책으로는 P. Berger and T. Luckman, *The Social Construction of Reality*(New York: Doubleday, 1966)이 있다.

원 의미

바울이 갈라디아에 보낸 편지의 기원은 잘 알려져 있다. 바울은 첫 번째 선교여행 기간동안 갈라디아 남쪽 지역들[4]에서 성공적으로 복음증거 사역을 감당했고 또한 그곳에 몇몇 교회들을 세웠다. 그런 뒤 그는 첫출발지였던 안디옥으로 돌아왔다(참조. 행 13-14장). 바울은 안디옥에 있는 동안, 어떤 유대인 기독교 교사들이 오염된 메시지를 통해 갈라디아 지역의 여러 교회들을 물들이고 있는 것을 감지했다. 바울에 의하자면 그들의 메시지는 전체 복음을 위험에 빠뜨리게 하는 것이었다.

지난 2천 년 동안 우리는 이런 침입자들을 "유대주의자"(Judaizers)라고 불러왔다. 이 주석에서는 일반적인 유대인들을 지칭할 때 이 용어를 사용하는 것이 아니라, 초기 기독교 시기 때, 그리스도를 믿는 믿음으로 회심하는 것이 유대교 중에서도 그들의(바리새적인) 유대교 형태로 회심하는 것을 포함한다고 믿었던 특정한 운동을 지칭하는 것으로 사용할 것이다.

바울이 2차 전도여행을 떠나기 전에(참조. 행 15:36-18:23), 그리고 사도행전 15장이 기록하고 있는 예루살렘에서의 공의회 바로 직전에, 바울은 이 급박하고 열정적인 서한을 갈라디아에 보냈다. 이 편지가 갈라디아 지역의 교회들을 더 당당하게 만들어주길 간절히 바라는 기도와 소망을 담아서 말이다. 갈라디아 지역 교회들에 어떤 일이 벌어진 것인지 그리고 어떻게 그들이 바울의 열정적인 편지를 받았는지, 우린 정확하게는 알지 못한다. 그러나 우리는 아마도 기원후 1세기 약 40년대에 기록된 것으로 보이는 이 편지가, 지난 2천 년 동안 삶을 변화시키는 교훈은 물론이고 가슴을 울리는 훈계를 우리에게 주어왔다는 점만은 분명히 알고 있다.

갈라디아인들에게 보낸 이 편지가 다루고 있는 문제가 무엇인지는 매우 잘 알려져 있다. 적어도 어떤 방향을 향하고 있는가는 잘 알려져 있다. 간단히 말해서, 갈라디아서가 다루는 문제는 유대주의적 율법주의(Judaizing legalism)였다. 그러나 율법주의라는 용어는 오늘날 현대 교회에서는 매우 다양한 형태로 재단해서 적

4. 좀 더 정확하게 말하자면, 바울은 갈라디아 남쪽 지역들에서 사역했었다. 바울은 아마도 비시디아 안디옥, 이고니온, 루스드라, 더베 인근 주변 지역에서 사역했을 것이다. 학자들은 갈라디아가 남쪽 지역들(남갈라디아설)을 향해 쓰여진 것인지 아니면 북쪽 지역들(북갈라디아설) 교회들을 향해 쓰여진 것인지에 대해 논쟁을 벌여왔다. 이 이슈와 관련해서 어떤 논쟁과 증거들이 제시되어 왔는지를 간략하게 잘 요약해 놓은 내용을 F. F. Bruce, *Galatians*, 3-18에서 찾아볼 수 있다. 또한 이 책의 2:1-10과 관련된 "원 의미" 부분도 살펴보도록 하라.

용할 수 있는 아주 미묘한 용어이다. 우리는 고대 세계는 물론이고 오늘날 현대 세계 둘 모두에 예민해야 하는데, 바로 지금 이 부분이 그런 필요를 만나게 되는 첫째 부분이다. 이 주석이 어떤 구체적 관점을 갖고 있는지를 보여주기 위해서, 나는 우선 지금 당장 적용의 문제를 간략하게 살펴보고자 한다.

예를 들어, 현대를 살고 있는 몇몇 사람들에게는 율법주의란 특정한 기독교적 관행을 강제적인 제도로 만드는 것을 의미한다—말하자면, 매주(혹은 격주로~!) 의무적인 교회 출석, 즐거움을 위해 술을 마시거나 담배 피우는 것에 대한 전면적인 금지, 신앙적이지 않은 사람들과 교제 하지 않는 것, 특정 정당에 공개적으로 가입하는 것, 특정 정치적 행동에 참여하는 것, 혹은 어떤 특정한 성경 번역본을 사용하는 것 등등. 분명 신약성경은 기독교인들이 지켜야 할 명령들을 담고 있지만, 그러나 일부 성도들은 무언가를 강제적 제도로 만드는 것은 현대의 율법주의라고 생각한다. 결국 우리들 기독교인들은 성령님께 인도받아야만 한다고 주장한다.

이들과는 달리 일부 사람들은 일부 특정한 기독교 규정들은 전반적으로 건전하고 제도화될 만 하지만 반면 다른 여러 항목들은 모호한 성격을 갖고 있으므로 개개인 성도들의 자유에 맡겨져야 한다는 개념을 갖고 있다. 이런 소위 "기독교인의 자유"는 특히 미국내의 개신교회 내에서 다양한 강조점들과 파벌적 해석들을 만들어왔다. 교회내의 여러 교파들로 인해 생겨난 슬픈 현상들에 대해서는 아마 더 이상 언급하지 않아도 될 것이다. 이런 교파들은 강제가 아니라 개별적인 자유를 요구하는 것에 뿌리를 두고 생겨난 것으로 종종 여겨지곤 한다. 마틴 루터의 삶과 유산에서 찾아 볼 수 있는 것처럼 말이다.

그러나 우리는 지금 너무 앞질러 나가고 있다. 왜냐하면 우리가 오늘날의 율법주의가 무엇인지를 규정할 수 있으려면, 과거의 율법주의가 무엇이었는지를 반드시 규정해야만 하기 때문이다. 적용은 반드시 성경에 대한 해석과 주해 이후에 나와야만 한다. 갈라디아서에 대해서 성급하게 행동하는 것, 즉 바울이 율법주의에 대해 무엇을 생각하고 있었는지를 적절하게 잘 발견하기도 전에 오늘날 현대 기독교 프레임에 유대주의적 율법주의를 어떻게 적용할지 적용점을 찾고자 하는 모습은, 기독교 지도자들로 하여금 갈라디아서에 대한 핵심적인 적용점으로서 로마 가톨릭 교회에 대해 슬픈 선입견을 갖게끔 이끌어왔다.[5]

---

5. E. P. Sanders 는 갈라디아서와 바울에 관한 이런 오해를 자신의 학문적 논문이 *Paul and Palestinian Judaism: A Comparison of Patterns of Religion*(Philadelpia: Fotress, 1977)에서 철저하게 파헤치고 논증했다. 이보다 좀 더 대중적인 입장에서 이 내용을 기술한 것을 *Paul*(Past Masters seiries: New York:

나는 이 책에서 전개해 나갈 내용들을 통해서, 갈라디아서에 대해 빈번하게 이런 식으로 종교개혁적 해석과 적용을 하는 것이 갈라디아서에 대해 심각하게 오해하는 것은 물론이고 우리가 오늘날 갈라디아서를 적용해야 하는 방법에 있어서도 중요한 오해를 담고 있다고 주장할 것이다. 그러므로 우리는 바울이 유대주의를 비판할 때 무엇을 염두에 두고 있던 것이었는지를 알아내려면 조심스럽게 갈라디아서를 살펴봐야만 한다. 이제 앞으로 살펴보겠지만, 바울이 유대주의의 문제로 보고 있던 것은 율법주의 이상의 것이었으며, 이런 점에서 율법주의라는 용어는 갈라디아서에서 다루고 있는 문제를 묘사하는데 있어서 충분히 만족스러운 용어가 아니다. 하지만 이 용어가 교회에서 매우 폭넓게 사용되고 있다는 측면에서, 나는 율법주의라는 용어를 계속 사용하긴 할 것이다. 하지만 바울이 염두에 두고 있던 것이 무엇이었는지를 좀 더 정확하게 그려내고 제시하기 위해 노력할 것이다. 갈라디아 사람들은 여기에서 우리에게 무엇을 가르쳐주는가?

그 당시의 율법주의? 혹은 그것은 율법주의였는가?

성경 안에 들어있는 한권의 책을 적절하게 해석한다는 것은 그 본문을 그 당시의 정황 속에서 탐구한다는 것을 의미한다. 즉 만약 우리가 갈라디아서를 이해하기 원한다면, 우리는 바울의 인생과정 중 중요한 내용들에 대해서(참조. 행; 갈 1-2장), 그의 대적들이 어떤 자들인지에 대해서, 그가 살던 세계(유대사회와 이방사회 둘 모두다에 있어서)가 바울이 갖고 있던 사상들과 그런 사상들에 대한 표현들을 통해 받은 충격 등에 대해서 알 필요가 있다. 그러므로 만약 우리가 바울의 종교적, 사회적, 문화적 정황들의 중요한 부분들을 알 수 있다면 그건 매우 좋은 일이다.

왜냐하면 바울과 관련된 모든 것들이 이런 여러 실체들과 긴밀하게 연관되어 있기 때문이다. 물론, 우리에게도 똑같은 점이 적용된다. 만약 내가 누군가에게 "물속으로 뛰어"라고 말한다면, 이 말이 비방인지(당신은 논쟁을 벌이고 있는 누군가에게 이렇게 말할 수도 있을 것이다) 아니면 단순한 지시인지(내가 내 아들에게 가서 골프 공을 주워오라고 말할 때처럼), 정황이 어떠했느냐에 따라 결정된다. 다른 식으로 말해서, 우리가 갈라디아서에 대해서 이해할 수 있으려면, 우린 바울

Oxford University Press, 1991)에서 찾아 볼 수 있다. 또한 이 책 6:11-18에서 "현대적 의미" 부분도 참조하도록 하라.

이 무엇에 대해 싸우고 있었는지를 알 필요가 있다. 과거에는 바울이 갈라디아서에서 "행함으로 의롭게 되는" 종교에 대해 반응하고 있었던 것으로 이해해 왔었다. 마치 루터가 15세기와 16세기에 직면하고 있었던 로마 가톨릭주의와 많이 닮아 있는 그런 모습처럼 말이다.

이런 관점에서 보자면, 바울과 그의 대적 사이에 이슈가 되는 점은 매우 순수하게 신학적이고 매우 이론적인 문제이다. 바울과 그의 대적들은 "어떻게해서 사람은 하나님께 받아들여질 수 있는가?"라는 질문에 대해, 라이벌 관계인 두 가지 대답들에 대해 논쟁하고 있다.[6] 이런 식의 접근방식은 이 이슈가 순전히 이론적이라고 전제하고 있다. 이 이슈는 신학적 문제이다.

오늘날 더 많은 수의 사람들은 신학적 논쟁은 좀 더 넓은 범주의 논쟁 중 일부분에 불과할 뿐이라고 주장한다. 갈라디아서에서는 신학적이고 사회적인 이슈들, 이론적이고 실천적인 이슈들, 종교적이고 문화적인 이슈들을 논쟁벌이고 있었다고 보는 것이다. 우리는 이 편지를 정확하고 올바르게 해석할 수 있는 유일한 길은 이 편지를 그 당시 정황 속에서 이해하는 방법뿐임을 강조해야만 한다. 그러므로 우리는 이 내용을 오늘날의 다양한 그룹들에게 적용하기 이전에, 우선 바울이 무엇을 비판하고 있었던 것인지를 면밀하게 검토할 필요가 있다.

여러 다른 증거들을 살펴보기 전에 우선 나는 우리가 갈라디아서에서 찾아낸 바에 의거해서 율법주의의 정의가 무엇인지를 제시하고자 한다. 갈라디아서에서의 율법주의는 한 사람이 그리스도께 회심했다면 이스라엘의 율법에 전적으로 헌신해야한다고 요구하면서, 기독교를 모세주의와 결합시킨 종교적 시스템이었다. 바울에 의하자면, 이처럼 "좀 더 깊게 율법에 헌신하는 것"은 그리스도의 사역의 충족성을 포기하는 것이고, 또한 하나님께서 기독교인의 윤리를 성령님을 통해 인도해주신다는 것을 포기하는 것이다. 달리 말해서, 유대주의적 율법주의는 그저 단순한 하나의 문제 그 이상의 문제이다. 이런 율법주의는 새로운 메시지가 되었고, 또다른 복음이 되었다. 이제 앞으로 제시하고 보여주겠지만, 바울이 행동을 취하게끔 몰아가고 있는 것은, 다름아니라 바로 이런 함축성 때문이다—즉, 이것은 또다른 종류의 복음이라는 점 때문이다.

6. F. Watson, *Paul, Judaism and the Gentiles: A Sociological Approach* (SNTSMS 56: Cambridge: Cambridge University Press, 1986), 1.

유대주의자들의 관심이 근본적으로 율법에 있었다고 보는 관점은 우리에게 별로 확신을 주지 못한다. 바울은 자신의 주장을 펴는 핵심 문단에서 이렇게 묻는다. "너희가 성령을 받은 것이 율법의 행위로냐 혹은 듣고 믿음으로냐?"(3:2). 대답은 분명하다. 갈라디아 성도들은 그들이 율법의 행위를 통해서가 아니라 믿음의 결과로 성령을 받았다는 것을 잘 알고 있었다. 더군다나, 바울은 동일한 섹션에서 다시 묻는다, "너희에게 성령을 주시고[과거가 아니라 현재의 경험에 대한 것으로 (초점이) 변화했다는 점을 주목하라] 너희 가운데서 능력을 행하시는 이의 일이 율법의 행위에서냐 혹은 듣고 믿음에서냐?"(3:5) 이 질문에 대한 대답 역시 매우 분명하다. 갈라디아 사람들은 자신들의 경험을 통해서 하나님께서 능력을 행하시고 베푸시는 것이 어떤 율법적인 실천들을 했기 때문이 아니라 믿음의 결과임을 알고 있다.

바울은 여기서 멈추지 않고 유대주의자들의 본질적인 관점이 무엇인지를 계속해서 묘사해 나간다. "율법 안에서 의롭다 함을 얻으려하는 너희는 그리스도에게서 끊어지고 은혜에서 떨어진 자로다"(5:4). 즉 "율법을 지키는 것을 의지하는 모든 자들은 저주 아래에 있다(3:10). 분명히, 유대주의자들은 율법 중심적인 운동을 하던 자들이었고, 이 운동에서는 율법이 그들의 종교적 지향성의 핵심 초점이었다.

우리는 또한 바울이 대면했던 유대주의자들이 기독교를 반대하던 대적들이 아니었다는 점도(혹은 그들은 자신들을 그렇게 간주하지 않았다는 점도) 지적해야만 한다. 갈라디아서 3:3에서 바울은 아주 미묘한 용어를 사용하는 것을 통해서, 유대주의자들이 특정한 몇몇 모세 율법을 첨가하는 것을 통해, 기독교를 좀 더 낫게 만드는 것, 좀 더 완전하게 만드는 것 혹은 완성시키는 것을 추구하고 있다고 이야기한다. 바울은 말한다, "성령으로 시작한 이후에, 너희는 이제 육체의 노력을 통해 너희 목적을 얻고자 노력하고 있느냐?".

유대주의자들은 자신들의 메시지에 대해 그저 모세만도 아니고, 예수 그리스도만도 아니라 예수 그리스도 플러스 모세라고 보았다. 이는 마치 오늘날의 빌리 그래함 전도단을 향해 그들의 회심 과정이 진정 하나님 앞에서 받아들여질 수 있는 완성된 회심이 되려면, 우선 루터교, 감리교, 장로교등이 되어야만 한다고 말하는 것과 비슷하다. 이런 종류의 일이 일어날 경우, 메시지는 그 자체가 변한 것이다. 이는 더 이상 "그리스도께 복종하는" 것이 아니라, "우리 그룹에 참여"하는 것이 되버리고 만다. 이럴 경우 구원의 초점은 그리스도가 아니라 무엇이 되었건 자신들이 속한 운동으로 옮겨지게 된다.

그러나 유대주의자들의 율법에 대한 이런 관심들은 실제적이고 구체적인 형태를 취한다. 그들은 주로 할례(2:3; 5:6; 6:12)에 주된 관심을 두었고, 또한 유대교의 음식 규정들에 관심을 두었는데, 코셔(kosher: 불결한 음식을 먹지 않는 규정)만이 아니라 어떤 사람들과 함께 음식을 먹어서는 안되는가에도 관심을 두었다(2:11-14). 바로 이 두 가지 점들이 갈라디아서 본문이 제시해주는 유대주의자들의 주요한 관심사들이다.[7]

우리는 여기에서 유대주의자들이 그저 단순히 율법 중심주의적인 사람들이었던 것만이 아니라 그들의 율법주의적 관심들이 명확하게 국가주의적-민족주의에 토대를 두고 있었다는 점도 주장할 필요가 있다. 바울과 유대주의자들 사이에 전개되고 있었던 모든 일들에는 이 점이 전제처럼 깔려 있었다. 그들의 관심사들은 그저 단순히 이론적이거나 혹은 윤리적인 것만이 아니었다. 율법을 지키라! 더군다나 그들의 관심사들은 국가주의적이었고, 매우 실천적이었으며 사회적이었다. 유대인들을 이방인들로부터 특징적으로 구별시켜주는 특정한 율법들을 지키라 달리 말하자면, 우리는 지금 문화적 제국주의 형태를 보고 있는 것이다.

갈라디아서를 쭉 읽어나가다 보면, 우리는 바울이 유대주의자들이 압박하고 있던 율법을 구체적으로 언급할 때마다 그가 율법과 관련해서 그저 이론적으로만 말하는 것이 아니라는 것을 보게 될 것이다. 유대주의자들의 관심은 "당신의 회심은 모세의 율법을 지키는 것이 되어야만 한다"는 것 그 이상이다. 우리는 그들의 관심들이 구체적인 유대 율법들과 관련되어 있음을 발견한다. "회심한 당신들은 우리들 유대인들이 이방세계와 구별되기 위해서 지키는 구체적인 율법적 관심들을 통해 규제되어야만 한다." 유대인들은 바로 이와 같은 명령들을 전체 율법과 동등한 것으로 간주했던 것이 사실이었다.

왜냐하면 유대인들은 자신들이 율법에 헌신하고 있음을, 바로 이와 같은 사회적 율법들을 통해서 표현하고 있었기 때문이다—마치 몇몇 기독교인들이 자신들이 다니는 지역 교회에 십일조를 드리는 것을 하나님을 향한 그들의 전적인 헌신을 입증해주는 방식으로 생각하듯이, 그래서 이를 매우 육중한 무게의 명령들로

---

7. 그들 역시 유대 달력과 절기들을 지키는 것에 대해 관심을 두고 있었을 수도 있다(참조. 4:10). 하지만 이런 관심은 이 편지에서는 단 한번만 나타날 뿐이다. 그렇기에 여기서는 상세하게 다루지 않을 것이다. 우린 이런 관심은 다른 두 가지 관심들과 마찬가지로 지극히 사회적인 관심이라는 점을 지적해야만 한다. 왜냐하면 달력과 절기는 한 사람의 기본적 삶을 규칙화해주고 한사람에게 사회적 정체성을 부여해 주기 때문이다.

만들어버리고 뿐만 아니라 십일조를 드리지 않는 사람에 대해서는 영적으로 열등하다고 간주하거나 혹은 심지어 배교자처럼 간주하듯이.

이렇게 (이방인들에게) 잘 알려져 있는 유대교 율법들 중 두 가지가 바로 할례와 음식 규정에 관한 것들이었는데, 이 두 가지 종교적 규제들은 현대 서구 사회에서는 거의 더 이상 지켜지지 않는 것들이기도 하다. 사실, 우리들 서구 사람들은 식단 조절 등에(콜레스테롤이나 지방질 퍼센트가 낮은) 익숙해져 있을 뿐이지, 유대인들이 마음에 두고 있던 그런 생각들을 갖고 있는 것은 아니다. 이 두 가지 내용들은 하나님 앞에서 모세 율법에 의해 고결한 모습으로 삶을 살아가는 것과 관계된 것들이다. 불결한 음식이라는 것은 다이어트와는 아무 상관도 없다. 그저 한 사람이 하나님 앞에서 적합성을 갖추느냐와 관련되어 있을 뿐이다. 우리는 음식에 대해 다이어트와 관련해 생각하지만, 유대인들은 경건함과 관련해 생각한다. 오늘날 미국에서 태어나는 사내 아이들중 상당히 많은 대다수가 할례를 시행하고 있지만, 그러나 분명 이것은 종교적 의례가 아니다. 이렇게 할례를 시술하는 이유는 건강에 좋기 때문일 뿐이다. 그렇기에 우리가 바울의 명령들을 제대로 이해하려면, 우리는 이런 율법들이 갖고 있는 종교적 차원(이런 일들이 하나님께서 명령하신 일들로 이해되어졌다는)과 사회적 차원(이런 일들은 한 사람이 유대교 전통에 헌신하고 있음을 반영한다는)에 대해 알아야만 한다. 유대주의자들은 바울이 주장하는 "율법에서 자유로운" 복음으로인해 그들 전체 종교와 사회가 위협받는다고 생각했다. 왜냐하면 바울은 사회적인 방식으로 율법을 따르는 것 없이도 사람들이 하나님의 은혜를 발견할 수 있게끔 허용하고 있었기 때문이다.

이런 관찰들은 우리가 갈라디아서를 해석하는데 있어서 많은 의미를 담고 있다. 우선, 바울의 주장은 인종적·사회적 뉘앙스를 담고 있으며 그저 단순히 신학적인 주장에 그치는 것이 아니었다. 유대주의자들과 논쟁을 벌임에 있어서, 바울은 그저 신학적인 변형에 대해서 논쟁하고 있는 것이 아니다. 그는 사회적 인종적 편파성을 지지하고 뒷받침해주는 신학과 논쟁을 벌이고 있는 것이었다. 유대주의자들은 그저 단순히 다른 사람들을 개종시키고 있는 것만이 아니었다. 그들은 다른 사람들을 유대인으로 귀화시키고 있는 것이었다. 우리는 갈라디아서를 읽어나가면서 이점을 잘 살펴볼 필요가 있다. 바울은 또한 우리가 지금 문화적 제국주의라고 부르는 것에 대해서도 역시 반대하고 있었다(이 관점은 하나의 문화가 다른 문화보다 우월하다는 관점이다). 그리고 이런 문화적 제국주의는 종교 시스템 속에 혼합되어 있었다.

율법 문제 하나만이 아니라, 바울은 유대주의자들의 시스템이 인간-지향적이고 육적인 것이라고 선언한다. 바울이 모세를 염두에 두고 있었던 것이건(이랬을 가능성도 있다) 아니면 그저 단순히 바리새인들의 전통들을 염두에 두고 있었던 것이건 간에(내가 생각하기엔 이랬을 가능성이 더 높아보인다.) 그가 펼치는 주장의 심연에는 심오하고 중요한 무언가가 자리 잡고 있다. 유대주의자들의 종교시스템은 하나님께로부터 나온 것이 아니며, 예수 그리스도의 계시에 근거를 두고 있는 것도 아니며, 성령님께 의지하고 있는 것도 아니다.

갈라디아서는 그 자체가 이와 연관된 논쟁에서부터 시작한다. "사람들에게서 난 것도 아니요 사람으로 말미암은 것도 아니요 오직 예수 그리스도…로 말미암아 사도 된 바울은"(1:1). 바울은 이미 여기에서 유대주의자들이 "사람들로부터"—의심할 여지없이 예루살렘 지도자들로부터—보냄 받았다고 전제하고 있다. 더군다나, 바울은 자신은 사람들을 기쁘게 하는 것을 추구하고 있지 않다고 말한다(1:10). 반면, 이건 우리의 추측이지만 그는 유대주의자들은 잘못된 다른 목적과 생각을 갖고 있다고 생각한다(6:12). 좀더 근본적으로는 바울은 유대주의자들의 이런 인간-중심적인 메시지를 육체라는 단어로 정리하고 있는데, 이 용어는 긍정적인 함축성은 전혀 갖고 있지 않은 용어이다. "성령으로 시작한 이후에, 너희는 육체를 통해 완벽함을 얻으려 노력하고 있느냐?"(3:3; 6:8도 보라)[8] 모세에게 돌아가는 것, 즉 유대교 율법들로 돌아가는 것은 단순히 무언가 하나를 첨가하는 것이 아니다, 도리어 그것은 중요한 모든 것들을 빼는 것이다. 그리스도와 성령님, 하나님 앞에서 그리스도와 분리된 채 성령님없이 살아가는 것은 육체 안에서 사는 것이다. 그러므로 유대주의자들은 육적인 시스템을 갖고 있는 것이다. 이 시스템은 "빼는 것을 통한 첨가"이다—그리스도와 성령님의 충족성을 빼는 것을 통해 복음에 첨가하는 것.

흔히 이 부분에 대해서, 바울이 행위에 대해 말하는 것을 "의로운 행위들"에 대해 이야기하고 있는 것으로 이해한다. 이를 달리 표현하자면, "너희가 지금 너희 목적을 육체를 통해 얻으려 노력하고 있는 것이냐?(3:3)"라고 바울이 물을 때, 그

8. NIV에서는 *sarki*(문자적으로는 "by flesh")를 "인간의 노력으로"(by human effort)라고 번역했다. 이런 번역이 이 개념의 중요한 일부분을 잘 표현해줄 수 있기는 하지만, 그러나 이 번역은 지나치게 노력이라는 측면에 강조점을 두고 있으며(노력 역시 그리스도 시스템 속에 포함되어 있다), 또한 "육체"와 관련된 본질적이고 중요한 개념을 놓치는 번역이다. 바울에게 있어서, 육체라는 표현은 성령님을 의존하는 것에서 동떨어진 존재 그리고 그리스도를 의지하는 것에서 동떨어진 존재를 의미하는 것이었다. 갈 2:15-21; 3:3; 5:19-21에 대한 주해 부분을 참조하라.

는 계속되어 온 종교적 문제에 관해 이야기하고 있는 것이다. 자기자신의 노력, 성의, 행위들을 통해 하나님을 기쁘시게 하고자 노력하고 있는 인간의 문제. 저명한 독일 학자인 에른스트 케제만(Ernst Käsemann)은 이점에 대해 묻는다. "바울이 대항해서 싸웠던 유대교 노미즘(nomism)이 정말로 의미하는 바는 무엇인가? 우리의 대답은 다음과 같아야만 한다. 유대교 노미즘은 하나님의 약속들을 그들 자신들만의 특권들로 바꿔치기 해버리고 또한 하나님의 명령들을 자기 만족을 위한 도구로 바꿔버린 '선한' 사람들의 공동체를 의미한다."[9]

이런 관점은 유대교에 대한 일련의 가정들을 갖고 있다. 그러나 유대교는 유대교와 관련된 자체적인 증거를 통해서 검토된 적이 거의 없었다. 이런 가정들은 다음의 내용들을 가정으로 담고 있다. 유대인들은 하나님의 뜻은 모세의 율법 안에서 발견되야만 한다고 생각했다. 또한 그들은 하나님께 받아들여지려면 모세의 율법을 완벽하게 수행해야만 한다고 생각했으며, 희생제사 시스템은 죄사함에 있어서 그리 많이 사용되지 못했고, 이는 하나님 앞에서 양심의 위기나 혹은 짐을 만들어냈으며, 이는 선한 행위들이 죄를 넘어설 수 있으며 그렇기에 하나님께 받아들여질 수 있게끔 해 준다는 공로 사상 관점을 발전시키게 이끌었으며, 이런 시스템은 사람들을 감성적으로나 정신적으로 건강하게 만드는데 별로 유용하지 못했으며, 그렇기 때문에 유대인들 중 일부 사람들은 예수 그리스도와 바울이 은혜를 통해 구원받는다는 메시지를 선포했을 때 위협을 느꼈다. 달리 말하자면, 이런 사람들은 만약 자신들의 선한 행위가 죄를 누를 수 있다면, 하나님께서 그들을 받아주실 것이라고 생각했다고 전제한다. 더군다나, 바울이 직면하고 있는 문제가 이런 종류의 것이었다는 관점을 지지하는 많은 사람들은 우선 이런 유대주의적 율법주의자들 중 대부분이 심지어 그들 자신들조차 그들이 이런 내용을 주장하고 있다는 것조차 모르고 있었다고 주장해야만 한다. 우리가 반드시 물어봐야만 하는 질문은 이것이다. 과연 이것이 유대교나 혹은 유대주의자들에 대해 공정하게 서술하고 묘사한 것인가?

나는 앞 문단에서 제시한 거의 모든 가정들이 틀렸다고 믿는다. 나는 또한 이 가정들이 엉성하고 정확하지 못하다고 생각하며, 반면 저명한 학자인 샌더스(E. P. Sanders)가 이와 관련해 매우 설득력 있게 주장했다고 생각한다. 그는 유대교와 유대주의자들에 대한 이런 관점은, 유대교에 대한 지식보다는 종교개혁가 마틴 루터

9. E. Käsemann, *Perspectives on Paul* (Philadelphia : Fortress, 1971), 72.

가 중세 로마 가톨릭 교회와 개인적으로 투쟁하면서 갖게 된 개념들에 상당부분 빚지고 있다고 주장했다. 나는 이미 상당히 많은 분량의 유대교 문헌을 읽었는데, 그중에는 구약성경 외경과 위경들, 인쇄되어 출간된 수백가지 파피루스들, 그리고 랍비 문헌들 중 매우 많은 분량들과 쿰란 사본들(사해 사본들) 대부분이 포함되어 있다.

나는 유대교가 위에서 규정했던 그런 의미를 갖는 종교, 즉 본질적으로 "행함으로 의로움을 추구하는 종교"가 아니었다고 생각한다. 이는 그저 단순한 확신 이상의 생각이다. 기독교인들은 유대교 문헌들을 읽음으로써 많은 유익을 얻을 수 있는데, 특히 바빌로니아 탈무드가 그렇다. 우리는 바빌로니아 탈무드를 통해서, 유대인들이 거의 전 세대를 통해서 그들이 하나님께서 선택하신 민족임을 확신했음을, 그들이 자신들이 선택받은 민족이기에 "구원받은" 사람들이라고 확신했음을, 자신들은 율법에 따라 살도록 노력해야만 한다고(그리고 대부분 그렇게 했었다) 확신했음을, 하나님께서 모세를 통해 제정하신 속죄제사가 그들 삶에서의 죄악을 치유한다고 확신했음을 알 수 있다. 한걸음 더 나아가, 그들은 최종적인 심판은 행함들에 대한 심판이라고 믿었다.

그러므로 그들은 언약에 참여하는 것을 통해 구원받는다고 믿었으며, 하나님께서 그들에게 그분의 율법들을 지킬 의무를 부과하셨다고 알고 있었으며, 하나님께서 그들의 행위에 따라 그들을 심판하실 것이라고 확신했다.[10] 유대교 문헌들은 도덕성을 강조하는 특징이 있는데, 이런 특징을 갖는 이유는 하나님께 수용되는 것이 그들에게 중요한 이슈여서가 아니었다. 그건 이미 아브라함 시대 때부터 계속해서 이스라엘 백성들에게 약속된 것이었다. 그들에게 중요한 문제거리는, 하나님의 백성으로서 어떻게 살 것인가 였으며, 바로 이와 관련해서 훨씬 더 많은 논쟁이 있었다.

이제 여기에서 중요한 것은 예수님, 사도 바울 그리고 신약성경의 저자들이 거의 동일한 점을 가르친다는 사실이다. (1) 구원은 하나님의 은혜를 통해 주어지는 것이며(그리고 그리스도안에서) 그분의 선택의 결과로 주어지는 것이다 (2) 구원은 하나님의 뜻에 따라 살아가는 혹은 성령님 안에서 살아가는 혹은 예수님의 명령들

10. 이런 관점에 대해 학문적으로 변호하는 내용을 E. P. Sanders, *Paul and Palestinian Judaism*, 33-428에서 찾아 볼 수 있다. 그의 유명한 요약은 422-23에서 볼 수 있다. 이와 관련된 그의 더 깊은 연구내용에 대해서는 *Judaism : Practice and Belief. 63 BCE- 66 CE*(Philadelpia : Trinity Press International, 1992), 241-78을 보도록 하라.

에 복종하면서 살아가는 의무를 함축하고 있다(마 28:20) 그리고 (3) 최종적인 심판은 행함에 대한 심판이 될 것이다(참조. 마 25:31-46; 고후 5:1-10; 계 20:11-15). 우리가 유대교에 대해서 "행함으로 의로움을 얻는" 종교라고 논쟁적으로 표현하고 사용하는 언어들이, 놀랍게도 사도 바울에게는 매우 낯선 언어일 것이다.

갈라디아서에서 바울이 "육체를 따라"라고 말할 때, 그는 "구원을 얻기 위한 노력들"에 관해서 말하고 있는 것이 아니라, 성령님을 의지하지 않으면서 하나님 앞에서 살려고 시도하는 것에 관해서 말하고 있다. 이를 달리 표현하자면, 그는 우리가 하나님 앞에서 기독교인으로서 어떻게 살아야만 하는가(혹은 살면 안되는가)에 관해 이야기하고 있는 것이지, 우리가 어떻게 하면 인간으로서 하나님 앞에서 받아들여질만 한 사람이 될 수 있는가(혹은 될 수 없는가)에 관해 이야기하고 있는 것이 아니다. 유대교에 대해서 행위 종교라고 묘사하는 것은 종교적으로 둔감한 평가는 아니지만, 정확한 표현이라고는 볼 수 없다.[11] 갈라디아서에서의 이슈는 행함으로 의로움을 얻는다는 것과 은혜로 의로움을 얻는다는 것 사이의 대결이 아니다. 그보다는 기독교와 유대교 사이의 관계성에 대한 것이다. 또한 좀 더 넓은 성도들의 세계와 그보다는 좀 더 좁은 유대교 세계 사이의 관계성에 관한 것이다.

프란시스 왓슨(Francis Watson)은 이 점을 잘 표현했다. "갈라디아서의 본질적 이슈는 교회가 유대교 범주 내에서 개혁 운동이 되어야만 하는가 아니면 유대교 밖의 또다른 분파가 되어야만 하는가라는 문제라고 할 수 있다."[12]

율법주의에 대해 우리가 마지막으로 살펴볼 점은 율법주의가 그리스도 안에서 주어지는 하나님의 은혜와 성령님 안에서 주어지는 하나님의 권능을 무력화시키는 것으로 치닫는(2:21; 5:2, 4, 16-25) 토탈 시스템(5:3)이란 점이다. 실질적으로 율법주의는 또다른 복음이 되었다(1:6-9). 그러나 이 "다른 복음"은 구원을 행할 능력이 없다. 바울이 논쟁을 벌이고 있는 유대주의자들은 예수님에다가 모세를 더하는 선택을 함으로써, 그리스도에 대한 필요성을 파괴하고 있다. 바울은 매우 명백하게 "만약 율법을 통해 의로움을 얻을 수 있다면, 그리스도는 헛되이 죽었다" (2:21)라고 선언하며, 또한 "만약 너희가 너희 자신들이 할례받는 것을 허용한다

---

11. 나는 유대주의가 결코 특정한 저자들이나 지역들에서 행위-의로움 종교의 모습을 드러낸 적이 없다고 말하고 있는 것이 아니다. 그러나 이점은 기독교에 대해서도 역시 사실이다. 나는 내가 유대교에서 읽으면서 만나본 것만큼이나 행위-의로움을 추구하고 wlgdgksms 기독교의 모습들을 수없이 많이 만나보았다. 설령 유대교보다 많지 않다 하더라도, 그들만큼 많은 그런 경우들을 만나보았다.

12. F. Watson, *Paul, Judaism and the Gentiles*, 49.

면, 그리스도께서는 너희에게 아무 쓸모도 없을 것이다"(5:2)라고 선언한다. 성령님 안에서 주어지는 하나님의 권능을 부정하는 관점에 대해서, 바울은 "만약 너희가 성령님께 인도함 받는다면 너희는 율법아래 있지 않다"(5:18)라고 단호하게 말한다. 다시 말해서, 성령님을 선택하는 자들은 모세에 반하는 선택을 하는 것이다. 예수님을 선택하는 자들은 율법에 반하는 선택을 하는 것이다. 한사람은 양자를 동시에 가질 수 없다. 바울의 메시지는 타협적이지 않다. 오직 그리스도만 계실 뿐이다.

우리는 바울이 갈라디아에서 대립했던 유대주의적 율법주의는 기독교와 모세주의를 결합한 종교 시스템이며, 이 시스템은 율법에 대해 전적으로 헌신할 것을 요구했고, 이렇게 율법을 지키는 것을 통해 그리스도에게 회심한 것을 가장 적극적으로 표현할 수 있다고 간주했음을 알 수 있다. 반면, 바울은 이처럼 "율법에 좀 더 깊게 헌신"하는 것은 그리스도의 역사하심을 폄하하는 것이고 또한 기독교인의 행위와 실천을 결정함에 있어서 성령님만으로 충분하다는 사실을 거부하는 것임을 보여주었다. 따라서 우리가 유대주의자들에 대해서 그저 단순하게 "법적인" 측면에 초점을 맞추는 것은 적절하지 않다. 이런 선생들은 그리스도에 다른 무언가를 첨가하는 다른 복음을 창조해 냈다.

우리가 바울이 쓴 이 서신을 우리가 살고 있는 사회 안으로 갖고 들어오려고 시도함에 있어서, 만약 그의 메시지를 일반적으로 흔히 생각하고 묘사하고 적용하는 반(反)율법주의라는 주제로 국한시킨다면, 우리는 많은 적용점들을 놓치게 될 것이다. 바울이 반대했던 것은 복음의 변질이었으며, 이는 유대주의자들이 그리스도에다가 무언가를 첨가한 복음을 제시하고 있다는 것으로 표현되었다. 법적인(제도상의) 특징들이 발생했던 것은 유대주의자들이 복음을 바꿀 때 특정한 몇몇 의무와 부담 사항들을 첨가했기에 생겨난 현상일 뿐이었다. 그러나 이는 바울이 반대했던 복음의 변형이었으며, 그저 단순히 법적인 요소들을 첨가한 것이 아니었다.

바울의 주장

유대인들은 율법에 대해 어떻게 생각했고, 바울은 그들의 관점에 대해 어떻게 대응했는가? 이 복잡다단한 문제에 대해 논의해오면서, 교회는 크게 세 가지 방식으로 대답을 제시해왔다. 첫째는 구원의 원리 관점(principle of salvation view)이다. 이 관점에서는 유대인들과 유대주의자들이 율법을 구원의 방법으로 간주했으며, 바울은 이에대해 유대주의자들이 인간의 천성적인 악한 본성을 이해하지 못했기 때문에 이렇게 간주한 것이고 율법은 결코 구원의 원리가 아니라고 대응했다고 주장한다.

이 관점에 의하자면 유대주의자들은 갈라디아에서의 회심자들로 하여금 율법을 받아들이게끔 하고 그래서 그들이 하나님께 받아들여질 수 있게끔 하는 것을 추구하고 있었던 것이 된다. 내가 믿기로는 유대주의자들에 대한 이런 관점은 부분적으로만 맞는 관점이다. 그리고 이렇게 생각하는 입장에서는 바울이 인간은 육체적이고 악한 존재인지라, 즉 약한 존재인지라 율법에 복종할 수 없다고 주장했으며, 이런 주장을 통해 유대주의자들의 주장에 대응했다고 본다. 그러므로 만약 그들이 율법을 구원을 얻는 원리로 간주했다면, 그들은 큰 문제가 있는 요구를 하고 있는 셈이 된다. 그러나 바울의 대응에 대한 이런 관점은 내가 생각하기엔 근본적으로 요점을 혼돈하고 있는 관점인듯 하다.

여기서의 문제점은 이 관점에는 유대인들이나 바울이 가르치지 않았던 일련의 맹목적인 전제들이 들어있다는 점이다(설령 그가 가르쳤다 하더라도, 실제로는 거의 가르치지 않았다고 봐야 맞을 것이다. 이 관점은 바울의 주장에 매우 부수적인 것이 되어야만 한다). 가장 중추적인 (그리고 가장 잘못된) 가정들은 유대교는 한 사람이 하나님께 받아들여지려면 율법을 완벽하게 지켜야만 한다고 가르쳤다는 가정과, 또한 희생제사 시스템이 죄의 문제를 고려하지 않았다는 가정이다.

사실 그 어떤 유대인도 율법을 지키는 것이 불가능하다고 생각하지 않았다. 왜냐하면 그들은 율법을 지키는 것이 가능하다는 것을 알고 있었기 때문이다. 그리고 율법을 지키지 못했을 때, 속죄할 수가 있었고 그래서 누구든지 율법을 지키고 있는 유대인의 수준으로 다시 회복될 수 있었다. 바울은 빌립보서 3:6에서 자신이 율법을 지켰다고 이야기하는데, 이때 그는 거짓말을 하고 있는 것이 아니다. 그는 율법을 지켰고 그가 죄를 범했을 때에는 자신의 죄악을 처리하기 위해 성전에 갔다.

"구원의 원리" 관점이 갖고 있는 가장 큰 문제점은 바울이 갈라디아에서 이런 종류의 문제를 공격하는 모습을 찾아볼 수 없다는 점이다. 갈라디아서에 포함되어 있는 이슈들은 훨씬 더 실제적이고 실천적인 것들이다. 여기서의 이슈들은 사회적이고 신학적인 이슈들이다. 우리가 갈라디아서에서 볼 수 있는 바는 한 사람이 하나님께 받아들여질 만한 사람이 되기 위해서는 반드시 유대인이 되어야만 한다고 생각하는 사람들과 바울이 대립각을 세우고 있는 모습이다.

이런 이유 때문에 유대주의자들은 누군가가 율법에 복종해야만 하나님께 받아들여질 만한 사람이 될 수 있다고 생각했다. 그러나 바울의 대응은 그저 공적을 추구하는 것이 문제라는 측면에서만 이루어지고 있는 것이 아니었다. 다시 한번 더 말하지만 바울은 동기부여가 무엇이냐는 문제와 싸움을 하고 있는 것이 아니다: 그는 묻고 있는 것이 아니다, "당신은 구원받기 위해서 율법을 지키고 있는가?" 그리고 바울은 오만하게도 자신들이 하나님을 기쁘시게 할 수 있을 만큼 충분히 선하다고 생각하는 자들을 공격하고 있다.

분명히, 바울은 유대주의자들이 구원에 있어서 율법이 필수적이라고 생각하고 있는 것을 분명히 보았으며, 또한 그는 그들이 바울 자신의 메시지에 무언가를 더하고 있다는 사실도 알고 있었다. 그러나 그의 주장은 "당신은 인간의 본성을 잘못 오해하고 있다"가 아니라, "당신은 율법이 어떤 목적 때문에 주어진 것인지를 잘못 오해하고 있다"이다. 그러므로 바울은 그들의 관점들과 맞서기 위해 인간 본성에 대한 성경의 관점에 호소하지 않는다. 대신에 그는 율법에 대한 성경의 관점에 호소한다. 그들은 인간의 능력에 대해서가 아니라, 율법의 목적에 대해 잘못 오해했었다. 그들은 인간의 본성에 대해 어느 모로 보나 기독교인들이 생각해온 것과 마찬가지로 매우 실질적으로 생각하고 있었다. 인간들은 죄를 범하며 하나님의 용서하심이 필요하다.

만약 인간이 율법에 완벽하게 복종할 수 없다는 것을 암묵적으로 고백하지 않는다면, 도대체 무엇 때문에 성전을 만들 필요가 있단 말인가? 만약 갈라디아서에서의 이슈가 성전 지향적인 것이라면, 그렇다면 바울은 그는 결코 그의 주장을 펴는데 있어서 이길 수 없을 것이다. 만약 그가 유대주의자들은 그 누구도 무죄한 사람이 될 수 없다는 것을 알아야만 한다는 사상을 추구하는 것이었다면 말이다.

둘째는 구원사적 관점(salvation-historical view)이다. 이 관점은 유대인들은 율법이 하나님의 뜻을 계시로 담고 있다고 믿었던 것으로 간주하는 관점이다. 바울은 예수 그리스도께서 오심을 통해 지금은 이것이 닫힌 것으로 보았다고 주장한다. 이 관점은 3:19-25 부분에서 매우 확고하게 가르쳐지는데, 바울은 이 부분에서 율법이 제한적인 시기동안(그리스도께서 오실 때까지) 제한적인 목적(죄를 드러내는)만을 갖고 있었음을 보여준다. 그러므로 바울은 유대주의자들이 회심한 사람들을 향해 율법을 부과하며 속여서는 안 된다고 주장한다. 왜냐하면 하나님의 뜻이 율법을 통해 계시되는 시대는 이제 끝이 났기 때문이다.

우리가 지금 살고 있는 시기는 하나님의 성령님께서 인도하시고 그 은혜 아래에서 살고 있는 시기이다. 나는 이 관점이 옳다고 믿지만, 그러나 이런 관점이 모든 부분에서 완벽하게 올바른 것은 아니다. 다시 한번 정돈해 보도록 하자. 유대인들은 율법이 하나님의 뜻(바울은 이점에 대해서 동의한다)이라고 생각했지만, 그러나 바울은 "하나님의 뜻으로서의 율법"은 지금은 그리스도를 통해 그리고 성령님 안에서 지금은 닫힌 시대가 되었다고 보았다. 하지만 이 둘째 관점은 셋째 관점을 통해 보충될 필요가 있다.

셋째는 율법이 사회적 국가주의적 경계선을 보여주는 표지(social and nationalistic boundary marker)라고 간주하는 관점이다. 이 관점은 유대주의자들은 율법이 하나님께서 유대인들에게 주신 선물로 보았다고 주장하는 관점이다(사실 그러했다). 또한 유대주의자들은 하나님께서 항상 유대인들을 통해서 역사하셨다고 보았으며(이것도 역시 그러했다), 이는 하나님께서 지금도 역시 유대 나라를 통해서만 역사하고 계신다는 것을 의미한다고 보았다고(하나님께서는 이렇게 하지 않으셨다) 주장한다. 그래서 유대주의자들은 누군가가 만약 하나님께 받아들여질 만한 사람이 되고자 한다면 그는 율법을 필수불가결한 것으로 반드시 받아들여야만 한다고 주장한다. 그리고 그들이 초점을 맞추고 있는 율법들은 유대인들과 이방인들 사이에 사회적 경계선들을 그어주는 중요한 율법들이다(할례와 음식 규정들). 갈라디아에서 진행되고 있는 상황에 대해 이렇게 바라보는 관점도 역시 부분적으로 올바른 관점이며 우리들이 갈라디아서를 읽고 묵상해 나가는데 도움을 준다.

이런 유대인들에게는 율법은 근본적으로 하나님과 이스라엘 사이에 맺어진 특별한 계약이었으며, 이는 유대인들이 특별하다는 것을 의미하는 것이기도 했다. 그렇기에 그들의 주장은 하나님께 받아들여질 만한 사람이 된다는 것은 한 사람이 유대인이 된다는 것을 의미한다는 것이었다.

그러므로 갈라디아에서 진행되고 있던 일은 유대주의자들이 시대를 바꾸지 못한 것이었다, 그들은 그리스도께서 오셨을 때, 율법 시대가 끝이 났다는 것을 깨닫지 못했다. 그들은 이 사실을 받아들일 수 없었는데, 왜냐하면 그들은 하나님께서 아브라함에게 주신 약속들을 펼치시는데 있어서 유대 나라를 통해 역사하셨다고 생각했기 때문이다(세번째 관점). 바울의 주장은 구속사적인 것이다(두 번째 관점). 역사에 대한 하나님의 계획안에서, 율법은 이제 그 목적을 다 완료했으며, 그렇기에 율법을 따르는 것은 틀린 것이며 이방인들에게 율법을 받아들일 것을 요구하는 것 역시 틀린 일이다. 이점이 그의 사회학적 주장으로 나아가게끔 해준다. 하나님께서 여전히 민족주의적인 방식들로 역사하신다고 생각하는 것은 잘못된 생각이다. 하나님의 백성은 이제 천하 만국의 모든 종류의 개인들로 구성된다.

갈라디아에 보낸 바울의 편지는 논쟁적인 편지이며, 처음 앞부분에서부터 맨 마지막 부분에 이르기까지 유대주의자들에 대해 반박하고 사도들의 복음에 대해 긍정적으로 선언하는 내용으로 구성되어 있다. 그의 주장은 세 가지 차원으로 진행된다. 자신이 부름받은 것과 복음의 기원에 대해 자서전적으로 설명하는 것(1:10-2:21), 그리스도 안에서 율법이 종결되었으며 그리스도 안에서 은혜의 복음이 충족성을 갖고 있다는 신학적 주장(3:1-4:31), 그리고 하나님의 새로운 삶이 성령님 안에서의 삶을 통해 발견되어야만 한다는 것을 보여주는 실천적인 적용(5:1-6:10).

그리고 바울이 유대주의자들에게서 발견한 오류들은 다음과 같다. (1) 그들은 그리스도의 사역이 충족성과 보편성을 갖고 있다는 것에 대해서 이해하지 못했다는 점, (2) 그들은 그리스도와 성령님께서 모세의 율법을 완성시키셨으며 율법의 국가적 특징도 마찬가지로 종결지으셨다는 사실을 몰랐다는 점, 그리고 (3) 그들은 하나님께서 모든 성도들(유대인들과 이방인들)에게 성령님을 주셨으며, 그 결과 기독교인들은 더 이상 율법의 인도를 받을 필요가 없어졌고 육체 안에서 살아서는 안 된다는 것을 인식하지 못했다는 점; 기독교인들은 그대신 율법을 확인해주고, 완성시켜주고, 변화시켜주시는 방식으로 자신들을 인도해주시는 성령님을 갖고 있다는 것도 인식하지 못했다는 점.

두 가지 옵션이 있다. 우리는 그리스도를 선택하거나 아니면 모세를 선택할 수 있다.[13] 다음의 차트는 이런 옵션에 대해 정리한 것이다.

그리스도	모세
성령	율법
성령	육체
믿음	율법에 대한 행위
약속	율법
축복	저주
자유	종
성숙한 아들됨	종; 유아
새창조	할례/비할례
은혜	율법
기독교 교회	유대 나라

13. F. Watson, *Paul, Judaism and the Gentiles*, 46은 다음처럼 말한다(사회학적인 카테고리들로서). "이런

개요

I. 서론(1:1-9)
  A. 인사말(1:1-5)
  B. 서신의 용무(1:6-9)
II. 바울의 메시지 중 그의 개인적인 주장(1:10-2:21)
  A. 자신의 독립성에 대한 선언(1:10-12)
  B. 자신의 독립성에 대한 제시(1:13-2:21)
    1. 인간적인 가르침으로부터(1:13-17)
    2. 주된 교회들로부터(1:18-24)
    3. 예루살렘 기둥들로부터(2:1-10)
    4. 사도 베드로로부터(2:11-21)
III. 바울의 메시지 중 신학적 주장들(3:1-4:31)
  A. 논제 제시(3:1-5)
  B. 증거제시(3:6-4:31)
    1. 구약성경으로부터(3:6-14)
    2. 언약으로부터(3:15-18; 부기 3:19-25)
    3. 아들됨으로부터(3:26-4:20)
    4. 율법으로부터(4:21-31)
IV. 바울의 메시지 중 실천적 적용들(5:1-6:10)
  A. 논제(5:1)
  B. 적용들(5:2-6:10)
V. 결론(6:11-18)

바울의 메시지를 오늘날 현대 사회속에 적용하기 위해 우리가 어떻게 해야만 하는지를 논의하기에 앞서, 갈라디아의 사회적 상황에 관해 짧게라도 정보를 알려주고 제시해주는 것이 독자들에게 도움이 될 것이다.

반명제적인 대립들이 갖는 역할은 뿌리가 되는 종교 공동체(오직 비평과 저주만이 있는)과 섹트(그 안에서 구원을 발견할 수 있는) 사이에 겨로 부정할 수 없는 분명한 차이가 있다는 것을 보여주는 것이다." 같은 페이지에서 그는 바울 서신 안에서 볼 수 있는 모든 반명제들 목록을 제시하고 있다.

역사적 재구성

예루살렘에는 몇 가지 기독교 흐름들이 있었는데, 그중 중요한 두 가지 흐름은 진보적인 헬라적 진영(여기에서부터 바울이 나온)과 보수적인 히브리적 진영(여기에서부터 유대주의자들이 나온)이었다. 의심할 여지없이 보수적 진영측에서 진보적 진영측을 향해 율법을 따르라고 압력을 가했을 수 있다. 일반적인 유대교 정황상, 이런 압력은 거세게 가해졌을 것이다. 거꾸로, 진보적인 헬라적 진영측에서는 성전 제의와 정결 규례들이 결정적인 것이 아니라고 간주하는 입장을 갖고 있었을 것이다. 분명 그들은 좀 더 자유로운 형태의 유대 기독교인을 옹호하고 대변해주는 목소리를 냈을 것이다.

내가 이미 말한 것처럼 바울은 진보적 진영측에서 나왔다. 바울이 디아스포라에서 자신의 선교 사명을 시작했을 때, 그는 복음이 매우 강력하다는 사실을 보았으며 또한 수많은 유대인들과 이방인들이 예수님을 메시아로 고백하며 회심하는 것을 목격했다. 더군다나, 이런 유대인들은 사회적 관행에 있어서 히브리인 기독교인들이나 예루살렘의 유대인들보다 훨씬 덜한 모습이었다. 이런 서로 다른 사회적 정황은 새롭게 회심하는 사람들로 하여금 율법 중심적이지 않은 복음적 라이프스타일을 받아들이고 행동할 수 있게끔 허용해 주었다. 그리고 그들은 그렇게 행동했다—예루살렘의 유대인들에게는 결코 받아들여질 수 없는 그런 방식들로. 바로 이 부분에서 긴장이 시작되었다. 율법을 지키는 예루살렘의 유대인들은 디아스포라의 "무율법" 유대인들과 이방인 기독교인 회심자들에 대해서 들었고, 또한 예루살렘 기독교인들 중에서 보수적인 진영 사람들에게 압력을 가하기 시작했다.

우리는 예루살렘 유대인들의 관심이 아마도 율법 그 자체에 있는 것이 아니라 새롭게 회심자가 된 사람들이 포기하려 하고 있던 사회적 구별점들(boundary markers)에 있었다는 사실을 이해해야만 한다. 그들은 만약 새로운 기독교 회심자들이 기본적인 유대적 구별점들을 따라 살고자 하지 않는다면, 그들은 결코 유대인들이 아니라는 결론을 내렸다. 그들의 결론은 보수적인 진영으로 하여금 이런 새로운 회심자들로 하여금 율법을 지키게끔 해서 그들이 유대인들이 되게끔 능동적으로 활동하도록 압력을 넣었다. 그래서 보수적인 진영(2:12의 "야고보에게서 온 어떤 이들")은 바울의 복음전도에 대해 "후속 조치"를 취하기 위해 몇몇 유대주의자들을 보냈다.

뿐만 아니라, 갈라디아의 회심자들이 바울의 도덕적 가이드라인에 대해서 일말의 불안감을 느꼈을 가능성도 역시 있다: 성령님 안에서 살고, 자유안에서 행하는 것 등. 그들의 회심은 (대부분의 경우) 이교적인 율법 없는 상태에서부터 기독교적인 율법 없는 상태로의 회심이었다. 내가 생각하기엔, 그들은 율법과 규정들이 필요하다고 느끼기 시작했을 것 같다. 특히나 만약 그들 구성원들중 일부 사람들이 육체의 욕심을 채우는 방향으로 조금씩 떠돌기 시작하고 있었다면 말이다. 그래서 유대주의자들은 갈라디아 회심자들 "안에" 완벽하게 자리잡을 수 있었다.[14] 유대주의자들의 노력은 분명 의심할 여지없이 부분적으로 매우 성공적이었다.

바울이 유대주의자들이 하던 일들과 관련해서 교회 안에서 분쟁과 당파(5:15, 20-21, 26; 6:12-13)에 대해 말하고 있음을 보면, 아마도 우리가 갖고 있는 이런 생각이 맞지 않나 싶다. 회심자들 중 일부 사람들은 지금 유대교로 돌아서고 있었고, 다른 사람들은 그렇게 하지 않고 있었다. 이런 상황속에서, 수많은 설득, 뜨거운 변증들이 있었을 것이다. 바울은 두 개의 교파가 생기는 것을 두려워했다: 유대적 기독교와 이방인 기독교.

이미 좀 더 진보적인 입장에서 시작했던 바울은 이런 유대주의자들의 목표에 대해 매우 강한 감정을 담아 반응했다. 왜냐하면 그는 그들의 시도들이 (1) 그리스도의 충족성에 대한 공격을 담고 있고(2:21) (2) 율법에 대한 하나님의 계획에 관해 그들이 오해하고 있음을 보았으며(3:19-25) (3) 국가주의와 인종주의 메시지로 복음을 얽어매는 모습(복음을 다시 재유대화하는 것, 위를 보라)임을 보았기 때문이다. 사도행전 15:36-41을 통해서, 나는 바울의 서신이 일정부분 성공을 거두었다고 추측한다.[15]

상황잇기

이미 위에서 지적했던 것처럼, 율법주의라는 단어에서부터 곧장 현대 기독교의 관습들로 옮겨가는 것은 바울의 메시지를 잘못 적용할 가능성이 매우 높다. 율법주의는 일반적으로는 그 자체가 도덕적 규칙들을 뜻하거나 표현하는 것일 수 있지만, 바울이 대적했던 것은 그런 도덕적 규칙들이 아니었다. 바울이 반대하던 율법주의는 그리스도 이외에 다른 무언가를 복음에 첨가해서 복음을 변형시키던 율법주의였다.

14. J. M. G. Barclay, *Obeying the Truth*, 68-72를 보라.
15. F. F. Bruce, *Galatians*, 277-78을 보라.

우리가 만약 적용에서 좀 더 진전하길 원한다면, 우리는 갈라디아서에 명확하게 드러나 있는 구체적인 제도적 이슈들은 잠시 한켠으로 치워놔야만 한다. 즉 두말할 필요도 없이, 오늘날의 기독교 그룹들, 교회들, 혹은 운동들 중에서 회심의 조건으로 할례를 요구하거나 혹은 구약성경의 레위기 지침에 의거해 식탁 교제를 제한하는 곳은 아마 한군데도 없을 것이다. 즉 적용점을 찾는다는 것은, 갈라디아서를 그 당시와 동일한 상황에 적용하는 것이 아니라 오늘날의 비슷한 상황에 적용한다는 것을 의미한다. 그러나 이런 적용점들에 접근해갈 때, 우리는 이런 적용점들 역시 과거 갈라디아에서 율법주의적 관습들이 했던 그런 악영향적인 기능들을 할 수 있다는 점도 반드시 기억해야만 한다.

바울은 자신이 그토록 뜨겁게 율법주의와 다투었던 바로 그 편지에서, 또한 "그리스도 예수 안에서는 할례나 무할례나 아무 가치가 없다"(5:6)라고 말했다는 사실 또한 반드시 기억해야만 한다. 바울은 여기에서 그저 단순히 할례의 가치를 부정하는 것이 아니었다. 그 대신 두 가지 상태 모두의 천생적 가치를 부정했다. 우리는 또한 바울이 유대인들 사이에서 사역함에 있어서 필요할 경우에는 다른 누구도 아니고 바로 바울 자신이 디모데에게 할례를 받게 했다는 사실도 반드시 기억해야만 한다(행 16:3). 분명히 바울은 때때로 할례가 사역에 유익할 수도 있다고 생각했었다. 물론 다른 경우들에 있어서, 할례는 사역에 손해가 될 수도 있었다. 바울이 반대하고 있는 것은, 회심과 사회적 정체성을 위해 할례가 필수적이라는 생각에 대해서이다. 그러므로 적용을 하기 전에 우리는 할례와 음식 규례들이 갈라디아에서 어떤 역할을 했었는지에 대해서 깊이 숙고해야만 한다. 그리고 바로 이 부분에서 우리는 적용을 위한 토대를 찾아야 한다.

바울은 선한 일들에 대해 반대한 것이 아니었다. 그는 율법이 선한 것이라고 생각했으며, 그는 할례 역시 선한 것이라고 생각했다. 그는 아마도 코셔(kosher) 음식을 먹는 것도 선한 개념이라고 생각했을 것이다. 신약성경 그 자체로부터, 우리는 바울 자기자신이 유대교 달력에 따라 생활했다는 사실을 알 수 있으며(참조. 행 20:16), 또한 종종 유대교적인 서원을 했다는 사실도 알 수 있다(행 18:18을 보라). 만약 공격받는 것을 유발하지 않고 이런 일들을 행할 수 있는 경우라면, 혹은 유대인들에게 다가서기 위해 이런 일들을 행해야할 필요가 있다면, 바울은 유대인들을 위해 그렇게 행했다. 그러나 만약 이런 일들이 그리스도를 믿는 믿음에 있어서 반드시 필요한 보충물로서 행해져야만 했다면, 그렇다면 바울은 이런 일들을 행하는데 있어서 정반대 입장에서 반대했다. 그가 유대주의자들의 율법주의에 반대한 것은, 그리스도의 역사하심과 성령의 권능을 강탈해 가며 또한 모든 회심자들로 하여금 유대인이 되게끔 강요하는 것이기 때문이다. 바울을 괴롭혔던 것은 어떤 것을 행했느냐가 아니었다. 다름 아니라 도대체 왜 이런 일들을 행했는가가 그로 하여금 그토록 신속하게 반응하게끔 만들었다.

이 점이 유대주의자들의 율법주의에 반대하는 바울의 원칙적 주장이다. 무엇이건 간에 그리스도의 완벽한 충족성을 손상시키는 관습이나 행위들에 대해서, 그리고 성령님의 능력을 공급하시는 사역들을 훼손시키는 관습들이나 행위들에 대해서, 우리는 반드시 반대해야만 한다. 그 어떤 관습이나 행위들이건 간에 예수 그리스도를 믿는 성도들 사이에 담을 설치하는 행위는 반드시 분쇄해야만 한다. 그리스도를 신뢰하고 성령님을 의지하는 것만으로는 불충분하기에 무언가를 보충하고자 추구하는 모든 관습과 행위들을 우리는 제거해야만 한다. 누구든지 간에 이와 같은 일들을 요구하는 자들에 대해서, 우리는 반드시 그들을 대적해야만 한다. 요컨대, 어떤 메시지건 간에 그리스도와 성령만으로 이루어져 있지 않은 것은 왜곡된 메시지이며, 우리는 급진적으로 그런 메시지를 고발하고 탄핵해야만 한다.

덧붙여서, 우리의 요점은 긍정적으로 표현되어야만 한다. 왜냐하면 바울 역시 자신의 관점들을 줄기차게 긍정적인 형태로 표현하고 선언했기 때문이다(5:1). 바울은 기독교인들 사이에서 성령님께서 역사하시는 자유를 증진시키는 모든 종류의 행위를 지지한다(5:13). 바울은 사랑이라는 특징을 갖고 있는 윤리를 지지한다: "중요한 오직 한 가지는 사랑을 통해 역사하는 믿음뿐이다"(5:6; 참조. 5:14). 만약 기독교인의 삶의 정수가 무엇이냐고 질문 받는다면, 바울은 말할 것이다: "내가 이르노니 너희는 성령을 따라 행하라 그리하면 육체의 욕심을 이루지 아니하리라"(5:16). 기독교인의 거룩함에 대한 바울의 해결책은 고행(그는 고행의 유익함을 믿었지만)도 아니고 또한 성경을 더 많이 읽는 것도 아니다. 그는 거룩함은 오직 하나님의 거룩한 성령을 통해서만 온다는 사실을 알고 있었다. 그리고 이 부분이 바울에게 있어서 기독교인의 삶의 정수이다. 성령의 권능 안에서 그리스도안에서 사는 것. 한 사람이 성령님 안에 거하며 살아갈 때에(즉, 하나님의 성령의 전적인 지도하심 하에서 살아갈 때에), 그 사람은 하나님께서 원하시는 모든 일들을 행하며, 또한 그렇기에 율법은 그 사람을 판단하거나 비난할 수 없다. 한 사람이 성령님의 이끌어주심을 따라 살아갈 때, 그 사람은 항상 하나님의 뜻에 충만한 일들을 행할 것이고, 모세의 율법은 그저 이런 모습을 미리 비춰주는 작은 등불에 불과할 뿐이다.[16]

즉, 기독교의 정수는 매우 분명하고 단순하다. 그것은 율법을 따라 사는 것이 아니라, 그리스도를 신뢰하고 성령님을 의지하면서 사는 것이다. 유대주의자들은 틀렸다. 왜냐하면 그들은 그리스도와 성령님을 유대주의적 율법주의의 제단위에서 희생시켰기 때문이다.

현대적 의미

유대주의자들의 율법주의가 현대와 어떤 점에서 유사성을 갖고 있는지를 발견하려면, 우리는 기독교인들 사이에서 규정화되어 이루어지고 있는 동일한 특징적 행동들(할례, 음식 규정들, 절기들)만이 아니라 그 이상의 것을 찾아낼 필요가 있다. 우리는 현대 기독교의 관습들과 특징들 중에서, 그리스도의 충족성을 침해하거나 성령을 격하시키는 것들이 있는지, 비본질적인 기독교인의 생활에 치우치게 하는 것들이 있는지 찾아야만 한다. 우리는 시스템 분석가들이 되어야만 하며, 우리가 가르치는 내용들을 검토하고 조사해야만 한다. 과연 이 모든 것들이 그리스도에 뿌리를 두고 있는지 아니면 혹시 그리스도에 무언가를 첨가하는 시스템을 갖고 있는지를 발견하기 위해서 말이다.

나는 비록 기록된 신조 형태는 아니지만 많은 개신교 그룹들에서 기독교적인 것으로 당연시되고 있는 여러 개념들, 즉 주류 개신교의 전형적 개념들을 둘러보는 것을 통해 이 일을 시작하고자 한다. 나는 최근에 주류 개신교 그룹에 속한 한 자매가 교회 안에서 자신이 경험한 잘못된 일에 관해 이야기하는 것을 들었다. 그녀는 자신의 말을 빌리자면 "근본주의에 뿌리를 두고 있는 온건한 복음주의자"였다. 그녀는 어떤 주류 교파에 속한 교회에서 예배드리기 시작했고 곧장 등록교인이 되었다. 그녀는 교회의 사회적 분위기, 교육 수준, 사람들의 따뜻한 온정을 좋아했다. 그녀는 이후엔 주중에 한번 모이는 성인 성경공부를 인도해 달라는 부탁도 받게 되었는데, 그녀가 불편함을 느끼기 시작하게 된 것은 다름아니라 바로 그녀의 배경 때문이었다. 목사님은 성경공부 모임에는 참석하지는 않으셨지만 그녀가 성경공부를 가르치는 내용에 대해서 다른 사람들을 통해서 듣고 계셨는데, 그녀는 목사님으로부터 받은 압력 때문에 자신이 그들의 교회에 "속하지 않았음을" 발견했다. 그녀는 자기 교회 목사의 복음 안에는 두 가지 주제가 있다는 것을 알게 되었다. (1) 사랑, 그리스도의 십자가에 대한 언급없이 그저 두루뭉술하게 "하나님께

16. 기독교와 율법의 관계에 대한 이런 관점은 3:19-25 부분에서 좀 더 상세하게 설명될 것이다.

서는 모든 사람을 사랑하신다"라고 규정된, 그리고 (2) 미국 근본주의자들은 틀렸고. 위험하고, 가까이해서는 안되고 피해야 한다는 내용. 그녀는 성경에 매우 진지했기 때문에(내가 알고 지내는 자매이기 때문에, 나는 그녀가 말하는 내용과 방식이 매우 조심스럽고 점잖다는 것도 알고 있다) 그리고 그녀가 자기 성경공부에 참여하는 사람들에게 좀 더 진지함을 가지고 성경의 메시지를 받아들일 것을 격려했기 때문에, 그녀는 목사로부터 "근본주의자"라고 규정되었다.

그 이후 약 2년여 동안 그녀는 사회적 매장을 경험했으며 자신과 자신의 사역을 필요로 했던 상황 속에서 자기 은사를 발휘하는 것을 거부당하는 경험을 했다. 이 자매는 자유주의 개신교 안에서조차도 "자유주의에 대한 근본주의"가 존재한다는 결론을 내리게 되었다. 또한 그런 근본주의는 그리스도와 바울에 대한 성경의 가르침을 진지하게 받아들이는 모든 기독교인들에 반대하는 집단적인 압력으로 가득 차 있다는 결론에 도달하게 되었다. 그녀는 그 교회에서 실제로 역할을 담당할 수 있는 구성원이 되려면, 정치적, 경제적, 이데올로기적 테마등 모든 부분에 대해서도 그들 생각에 동의해야만 한다는 것을 발견했다—그녀는 이런 테마들에 대해서 존중하기는 하지만, 몇몇 테마들과 관련해서는 문제점들을 갖고 있었다.

좀 달리 말하자면, 그녀는 그 교회 성도들의 시각에서 순수한 기독교인이 되려면 자신이 그들처럼 되어야만 된다고 느꼈다—그런 이미지가 그리스도나 혹은 성경에 부합하느냐 안 하느냐와는 상관없이 말이다. 좀 더 곰곰이 생각해보면서, 그녀는 이 교회가 예수 그리스도에 대해 가르치는 일을 방치해두고 있고 기독교인의 삶이 성령 안에서의 생활임을 믿는 모습을 거의 완전히 보이지 않고 있다는 사실을 발견했다. 그들에게 있어서 예수님은 그저 심오한 사람이었을 뿐이고 성령님은 그저 신비롭고 기묘한 존재일 뿐이었다. 나는 이 예가 갈라디아에서 있었던 유대주의자들과의 논쟁과 별반 다르지 않다고 생각한다. 갈라디아에서는 한 그룹에 적합한가의 문제가 예수 그리스도와 성령님에 대한 하나님의 그 어떤 계시보다 더 중요했다. 내가 이런 주류 교파의 모습을 비판하는 것이, 모든 주류 개신교 교회들이 동일한 약점을 갖고 있다고 주장하는 것은 아니다. 또한 복음주의자들은 자유주의적인 교회에서 예배드려서는 안 된다고 주장하는 것도 아니다. 내가 지적하고자 하는 것은 갈라디아 교회에서 찾아볼 수 있는 유대주의 율법주의자들이 범한 것과 동일한 죄를 근본주의도 복음주의도 모두 범할 수 있다는 점이다. 우리가 갈라디아서를 적용함에 있어서 찾고자 하는 것은 그리스도의 충족성과 성령의 충분성이라는 기독교의 모습이 다른 사상들이나 사회적 운동을 통해 위기에 몰려 있지는 않은가에 대해서이다.

우리는 서구 사회에 있는 전체 복음주의 교회들이, 과연 지금 율법주의 이후 시대(post-legalistic era)를 살고 있는지 살펴보는 것을 통해서 적용을 계속해 나갈 수도 있을 것이다.[17] 1960년대 후반과 70년대 초반 이후로, 비단 우리가 사는 세속 사회만 큰 변화를 겪어온 것은 아니다. 이런 변화 속에서 복음주의 운동의 도덕적 기질 역시 드라마틱하게 변형되어왔다. 이 시기 이전에는 교회는 (적어도) 외형상 기독교 윤리를 도덕적 가이드라인으로 삼고 있는 매우 안정되어 있고 정형화된 사회 속에서 편안하게 지내고 있었다.

60년대와 70년대라는 사회적 격변기 이후에, 성경적인 도덕성과 사회적 규범들은 심각하게 분리되어왔다. 이 격변의 시기 이전에는 복음주의 운동은 대체로 개신교 근본주의를 통해 표현되었었고, 이 운동은 미국 사회, 문화, 주류 교단들에서 성장한 자유주의에 대한 반동적 성격을 갖고 있었다. 더군다나, 개신교 근본주의가 갖고 있는 대부분의 윤리는 대부분 율법주의적이고, 완고하고, 사회적인 제한을 가하거나 남을 의식하는 성격의 것들이었다. 이 윤리는 사회적 변화들을 통해서 그리고 기독교적 삶의 본질이 과연 무엇인지에 대한 진지한 고민들을 통해서 매우 중요하게 변화되었다. 복음주의 운동 그 자체는 근본주의의 율법주의적이고 적대적인 끈으로부터 벗어나려는 시도였다.

나 자신의 영적 자서전 역시 바로 이런 운동을 반영하고 있다. 나는 개신교 근

17. 이 챕터는 미국내의 개신교 근본주의 역사에 관해 G. M. Marsden, *Fundamentalism and American Culture: The Shaping of Twentieth-Century Evangelicalism, 1870-1925*(New York: Oxford, 1980)에서 서술한 내용과, 또한 현대세계의 상황과 특징에 관해 J. D. Hunter, *Evangelicalism: The Comming Generation*(Chicago: University of Chicago,1987)에서 설명한 내용에 간접적으로 의존하고 있다. 일반적으로 규정되는 것처럼, 율법주의는 미국이나 유럽연합의 근본주의적-복음주의 교회들에서 떼어낼 수 없는 모습이긴 했지만, 미국이나 유럽 연합의 주류 개신교 교회들에서는 필수적인 모습으로 자리잡고 있어왔던 것은 아니었다. 왜 율법주의가 독일 루터란 교회안에서는 빈번하게 발견되지 않는지에 대해 비평적 입장에서 살펴본 예로써, H. Thielicke, "The Freedom of Decision: The Impossibility of Casuistry in Ethical Christianity," in his *The Freedom of the Christian Man*, trans. J. W. Doberstein(Grand Rapids: Baker, 1975)148-66을 보도록 하라. 영국에서의 자유주의와 보수주의간의 분열에 대해서는, D. Bebbington, *Evangelism in Modern Britain*(Grand Rapids: Baker, 1989), 181-228을 보도록 하라. 그는 영국 교회사를 복음주의 운동안에 나타난 몇몇 명백한 율법주의의의 모습을 통해 나누고 있다. 1875년에 시작된 영국의 케직 사경회(Keswick Conventions)와 이 사경회의 다양한 복음주의적 영향들이, 개신교 근본주의에 지대한 영향을 끼쳐왔으며, 또한 때때로 율법주의적 윤리에도 영향을 끼쳐왔다(이에 대해서는 Bebbington, 151-80을 보도록 하라). 그러나 Marsden은 율법주의적 관행들은 율법주의적 윤리 발전에 지대한 영향을 끼쳐온 것과 마찬가지로, 미국내의 사회적 변화들에 대해 반발하고 대응하는 양상도 갖고 있었다는 점을 지적한다.

본주의 가정과 교회에서 자라났으며, 이 두 곳은 모두 다 율법주의 윤리를 강조했다. 여러 이유들로 인해(구체적으로 다 말할 수는 없지만 그중 한 가지는 지금 이야기한다), 기독교인이 어떻게 살아야만 하는가에 관한 나의 확신은 복음주의 운동의 발전과 더불어 변화했다. 내가 성장해 가면서 나를 이끌어주고 나를 설득했던 목소리는 바로 바울이 갈라디아인들에게 보낸 편지였다. 교회는 율법주의적인 시기로부터 율법주의 이후 시대로 변화했는데, 이와 같은 변화는 갈라디아서에 대한 해석과 적용을 오늘날 더 어렵게 만든다. 이제는 더 이상 그저 단순하게 담배를 피우는 것, 극장 관람을 하는 것, 술을 마시는 것 등등에 대해 이야기하는 것은 별로 적절하지 않다. 또한 누군가가 이런 종류의 일들에 대해서 이야기하면서 이것이 율법주의를 어떻게 다룰 것인지를 이야기하는 것이라고 생각하는 것도 마찬가지로 별로 적절하지 않다. 이런 모습들은 이제 더 이상 복음주의 운동의 핵심적인 정체성이라고 간주되지 않으며(이전에는 이런 것들이 그런 정체성이었다), 이런 현재 상황 속에서 우리는 어떻게 갈라디아서를 적용할 것이냐는 질문을 대해야만 한다. 사실 현대복음주의 운동은 기독교인의 자유, 책임성의 부족, 개인주의 등에 많이 잠식당했고 그래서 누군가가 율법주의에 관해 이야기하면 그건 마치 외계언어처럼 들릴 수도 있는 상황이 되었다.

하지만 만약 우리가 바울이 근본적으로 주장하는 내용에 대해 올바른 개념을 갖고 있는 것이라면, 즉 유대주의적 율법주의는 그것이 그리스도와 성령님의 중심성과 충족성을 약화시키기에 틀린 것이라는 개념이 올바른 것이라면, 우리는 모든 종류의 적용들을 할 수 있는 상황이기도 하다—서구 사회 교회의 모든 정황 속에서. 그리스도께서는 한쪽 구석으로 치워져왔고 성령님께서는 복음주의 안에서 소홀히 여겨져 왔다. 독일 교회, 영국 국교회, 그리고 미국의 주류 교파들 교회들이 그렇게 했던 것처럼 말이다.

우리는 소위 갈라디아 교회의 율법주의에 대해 여태껏 우리가 바라보아온 시각을 수정하는 것만이 아니라, 오늘날 사회의 거대한 변화들에 대해서도 다루고 있다. 갈라디아서를 적용하기에 앞서서, 우리는 갈라디아서 본문을 그 당시 역사적 정황속에서 잘 이해해서 하나님께서 주시는 메시지가 무엇인지를 이해할 수 있어야만 하며, 또한 오늘날 현대 문화와 교회에 대해서도 잘 이해해서 바울의 메시지를 어떻게 적용해야 할 것인지를 알 수 있어야만 한다. 우리는 주석 작업을 진행하기에 앞서서, 우선 무엇이 "유대주의적 율법주의"인지를 핵심적인 내용들을 통해 대략적으로 그려볼 필요가 있다. 나는 지금 적용을 위한 기초작업을 하고자 한다.

첫째로, 갈라디아서를 적용하고자 시도함에 있어서, 우리는 (1) 그리스도의 충족성을 양보하거나 (2) 성령님께서 영적 자유에 있어서 갖고 계신 중심성을 훼손시키는 방식으로 복음에 덧붙여진 관습들, 태도들, 신학적 관점들을 주로 찾아볼 것이다. 이미 언급했던 것처럼, 우리는 그저 단순하게 오늘날 교회들안에서 마찰을 일으키는 규칙들이나 강제적인 규제들을 찾는 것이 아니다. 사실 규칙들은 영적 성장에 좋을 수도 있다. 갈라디아에서의 마찰은 모세 율법에 순종할 것에 대한 요구가 회심에 첨가되었고, 이는 그리스도의 희생을 불필요한 것으로 만들거나 혹은 최소한 불충분한 것으로 만들었다는데 있었다. 달리 말하자면 갈라디아에서의 율법주의는 단순히 강제적인 규칙들을 첨가한 "이단"이었다. 이런 형태의 율법주의는 복음을 오염시키는 것이다. 그리고 오늘날 우리의 탐구는 복음을 오염시키는 영향력들과 복음의 충족성을 훼손시키는 것들에 대해서여야만 한다. "율법주의"라는 표현은 복음을 이처럼 왜곡시키는 것을 지칭하는 의미로 사용될 것이다.

영적 성장에 있어서 규칙, 규제, 훈련이 갖는 가치를 이야기하기 위해 한 가지를 강조해서 말할 필요가 있을듯하다. 어떤 사람들은 이런 규칙들이 "유대주의적 율법주의"를 보여주는 증거들이라고 말하기도 한다. 아마 지속적인 기도생활, 성경읽기, 묵상, 다른 성도들과의 규칙적인 교제생활등이 영적 성장을 위한 훈련에 있어서 근본적으로 매우 중요하다는 관점에 대해 반대하는 기독교인은 거의 없을 것이다.

내가 신학교 교수로서 누릴 수 있는 가장 큰 축복중 하나는 미국의 여러 대학들에서 선교단체 IVF 간사로 섬겼던 학생들과 교제를 나눌 수 있다는 것이다. 나는 이들 학생들과 정기적으로 대화를 나누면서, 종종 똑같은 소리를 듣곤 한다. 우리는 새로 회심한 대학 학생들이 지속적인 영적 습관을 갖게끔 하려고 무던히도 애쓰고 노력합니다. 그리고 지역교회 목회자들은 젊은이건 나이든 사람이건 기독교인이라면 영적 훈련을 받을 필요가 있다는 것을 인정할 첫 번째 사람들일 것이다. 내가 지금 말하고 있는 것은 훈련, 규칙, 혹은 규제 등이 틀렸다는 것이 아니다. 그게 아니라, 내가 지금 말하고 있는 것은 우리가 갈라디아서를 적용하고자 할 때, 복음을 왜곡한 모습들을 발견할 필요가 있다는 것이고, 때때로 이런 모습들이 이런 여러 규칙들과 규제들 속에서 명확하게 발견할 수 있다는 것뿐이다(마치 갈라디아에서 그러했던 것처럼).

그렇다면 우리는 무엇을 이런 "첨가"라고 이야기할 수 있는가? 도대체 어떤 것들이 갈라디아에서 문제가 되었던 유대주의적 율법주의와 비슷한 모습이 될 수 있는 "규칙들과 규제들"인가? 이와 관련해서 아주 긴 목록을 제시할 수도 있겠지만, 나는 우선 네 가지만 언급하고자 한다. (1) 종종 율법과 규칙들은 복음을 뒤틀리게 하는 방식으로, 그리스도와 성령님을 주변 변두리로 격하시키는 방식으로 첨가되곤 한다.

예를 들어, 바쁜 가족들이 만들어내는 바쁘고 빡빡한 일정 때문에, 어떤 사람이 아침에(혹은 저녁에 혹은 둘 다~!) 성경을 읽을 시간을 도저히 낼 수 없을 때, 그리고 이 결과로 인해 자신이 하나님께 사랑받지 못한다는 느낌을 갖거나, 하나님으로부터 멀리 떨어져 있다고 느끼게 되거나 혹은 죄용서를 받아야 한다는 느낌을 갖게 된다면, 이는 복음을 뒤틀리게 만든 것이다. 우리는 그리스도 안에서 지금 하나님께 사랑받고 있으며, 우리는 그리스도 안에서 하나님께 가까이 부르심을 받았으며, 우리는 그리스도 안에서 용서함을 받았다. 성경 읽기는 우리를 하나님께 좀 더 가까운 관계가 되게끔 만들어주지 않는다. 성경 읽기 훈련이 아무리 중요하다 하더라도, 이 훈련이 우리를 하나님께 다가설 수 있는 존재로 만들어주는 것은 결코 아니다. 만약 우리가 매일 성경을 읽는 것 없이 영적으로 도저히 살 수 없다고 생각한다면, 즉 매일 성경을 읽어야만 영적으로 생활할 수 있는 것이라고 생각한다면, 우리는 그리스도를 깎아내리는 것이고 성령의 권능을 훈련이라는 제단위에서 희생시켜 버리는 것이다. 이와같은 다른 "율법들"도 기독교 써클들안에서 얼마든지 쉽게 생겨날 수 있다.

(2) 때때로 그리스도를 의지하고 성령님 안에서 삶을 살아가는 것보다도 경험이 하나님과의 관계에 있어서 본질이 돼버리는 경우들이 있다. 어떤 사람들에게는 방언을 말하는 것이, 다른 사람들에게는 비전이, 그리고 어떤 사람들에게는 신비스러운 기도생활이나 혹은 기도가운데 하나님께 영이 사로잡히는 경험등이 이런 역할을 하기도 한다. 그리고 심지어 일부 사람들의 경우에는 핵폐기물 저장장소에 대해 반대하거나 혹은 어떤 특정한 정치 집단에 헌신하는 경험 등이 이런 역할을 하기도 한다.

다시 한번 더 말하지만, 이런 각각의 경험들은 교회 역사에 있어서 매우 중요한 역할을 감당해왔고, 또한 이런 각각의 경험들은 누군가를 영적으로 변화시키는 중요한 역할을 하기도 했다. 그러나 이런 경험들이 누군가가 하나님과의 관계를 규정하고 맺는데 있어서 가장 중추적인 부분이 돼버리면—누군가가 만약 이런 경험들이 없이는 자신이 하나님으로부터 멀리 떨어져 있다고 느끼게 되거나 혹은 하나님의 뜻에 조화를 이루지 못하고 있다고 느끼게 되면—우리는 그리스도와 하나님의 성령을 격하시키고 있는 것이다. 우리는 만약 우리가 어떤 영적 경험들을 갖게 된다면 하나님께 좀 더 가까이 나아갈 수 있다거나 하나님께 좀 더 받아들여질 만한 사람이 될 수 있노라고는 감히 설교하지도, 가르치지도 심지어 은근히 주입하지도 않는다. 데일 브루너(Dale Bruner)는 성령님에 대한 그의 장대한 연구를 통해서, 오순절주의가 이런 식의 경험을 기독교 복음의 "충만함"이라는 방향으로 너무 자주 이끌고 간다고 이야기하면서, 이런 충만함은 그리스도를 깍아내리는 것으로 끝나게 될 뿐이라고 말한다. 그는 이렇게 이야기한다.

> "순복음"이라는 이름으로 행하는 사람들 사이에서(혹은 때때로 "복음주의적"이라는 이름도 마찬가지로) 복음전도나 혹은 복음 그 자체가 기독교인의 삶 전체를 충분히 커버해주거나 동력을 부여해주는 것으로 간주되지 않고, 도리어 충만해지기 위해서 다른 수단들, 상황들, 단계들, 혹은 영적 생활의 원리들을 차용해야만 하는 모습은 이름과 실제가 다른 여러 아이러니한 모습중 하나이다.[18]

(3) 때때로, 하나님께 받아들여지는데 있어서 교육이 근본적으로 중요한 것이라고 간주되기도 하며, 이런 양상은 그리스도와 성령님을 그저 수준을 표시해주는 표식정도로 바꿔버리기도 한다. 지금 여기서 우리가 말하고 있는 것은, 그저 단순히 대학, 전문대학 혹은 신학교들로부터 수여받는 학위들에 대한 것이 아니다. 기독교 단체들에서는 하나님의 뜻과 정말로 잘 조화를 이루려면 교육과 지성이 필수적으로 필요하다는 메시지를 종종 주곤 하는데 이런 부분에 대해서 이야기하는 것이다. 나는 언젠가 어떤 목사님께서 "아무말 하지 않는 무언의 농부가 가장 좋은 토마토를 키운다"라고 말씀하시는 것을 들은 적이 있다.

비록 나는 과연 이 원리가 모든 경우에 있어서 항상 사실이라고 입증될 수 있는 것인지 의심하기는 하지만, 이 말씀이 지금 여기서 우리가 지적하려는 바에 대해서만큼은 정말로 잘 보여준다. 즉 하나님의 뜻을 알아내고 그대로 살아가는데 있어서, 교육은 필수적인 루트가 아니다. 이 "율법주의"는 이것이 율법주의라는 사실

18. F. D. Bruner, *A Theology of the Holy Spirit: The Pentecostal Experience and the New Testament Witness* (Grand Rapids: Eerdmans, 1970), 240.

을 어떻게 드러내 보여주는가? 신학교 졸업생들은 종종 교회들을 신학교 강의실로 만들려고 시도하고 있다는 질타를 매우 자주 받곤 한다. 우리는 젊은 사역자가 연구와 신학에 대해 열정을 품고 있고 큰 노력을 기울이고 있다는 점에 대해서 칭찬해 줄 수 있을지는 모르지만, 그러나 이 점이 통탄 할 만큼 너무나 큰 실수이고 또한 너무 자주 범해지는 실수라는 사실 역시 지적해야만 한다. 신학은 매우 중요할 수도 있다. 그러나 하나님 앞에서 성실하게 살아가는 방식에 있어서 교육은 절대 유일한 방식이 아니다. 지역 교회는 비록 교육을 시행하기는 하지만 단순한 교육 기관 이상의 곳이다. 또한 교육이 참된 영성을 위한 필수적 요소가 되면, 그리스도 및 성령님 안에서의 삶이 하나님께 받아들여지는 것의 기초라는 사실이 훼손되게 된다.

다시 한번 더 나는 강조하고자 한다. 다양한 훈련들, 경험들 그리고 교육은 잘못된 것이 아니다. 그러나 이런 일들이 그리스도와 성령님의 역할들을 손상시키는 경우, 그러면 이런 것들은 복음을 뒤틀리게 하는 것이 되므로 근본적으로 틀린 것이 된다.

(4) 어떤 경우에는 목회자의 메시지를 듣는 청중의 마음, 귀, 눈을 사로잡고 있는 문화적 제국주의가 이런 율법주의의 모습을 띠기도 한다. 그것이 민족주의이건 (특별히 미국이나 남아프리카 공화국 같은 장소들에서) 혹은 단순한 문화적 우월주의이건 간에, 때때로 사람들은 지금 설교되고 있는 것이 그리스도가 아니고 성령님 안에서의 삶도 아니고 우리의 관습과 문화유산에 따른 삶에 관한 내용이라는 것을 알아차리곤 한다. 드물기는 하지만, 이런 모습은 설교자나 복음전도자의 관점에 반영되어 있는 경우들이 있다. 그러나 이보다 훨씬 더 많은 경우는 복음을 듣고 있는 사람들이 갖고 있는 생각과 개념에 이런 모습이 들어있는 경우이다. 이런 일들을 통해서 종종 벌어지게 되는 양상은 누군가가 하나님께 충분히 받아들여질 만한 사람이 되기 위해서는 그 사람이 백인이나 혹은 미국인 혹은 유럽인이 되어야만 하는 상황이 발생하는 것이다.

이런 네 가지 주요한 내용들은 우리의 복음이 나타나고 구현되는데 있어서 슬금슬금 들어와서 "첨가물"이 되어버리고 그렇기에 율법주의가 되어버리고 만다. 왜냐하면 이들은 그리스도와 성령님을 밀어내고 대신 자치를 차지하기 때문이다—로마 가톨릭이 우리 관심의 주된 초점이 아니라는 것은 그리 놀랄 일이 아니다. 기독교 교회라는 범주 안에 나타나는 이런 움직임은 그저 한 가지 측면에 불과할 뿐이다. 우리가 적용점들을 찾고 탐구해야 할 수많은 다른 영역들이 있다. 분명,

때때로 로마 가톨릭이 복음에 다른 무언가를 첨가해왔다는 것은 분명한 사실이지만, 그러나 개신교도 조금 다른 방식을 통해 마찬가지로 그렇게 해왔다. 이 책 전체 내용을 우리의 로마 가톨릭 형제자매들에게만 핀트를 맞추어 찔러대는 것은 공평하지 않다. 갈라디아서를 좀 더 자세하게 읽어보면, 그 안에 담겨 있는 이슈들이 이런 식으로 한 가지에만 적용하는 것보다 훨씬 더 표준적이고 훨씬 더 복잡하다는 것을 보게 될 것이다.

갈라디아의 율법주의와 관련된 둘째 모습을 이제 여기서 다루어야 할 듯하다. 나는 이런 종류의 첨가들은 필연적으로 하나님과의 관계를 유지하기 위해서나 하나님께 받아들여지기 위한 방법들로서 행함에 대한 과도한 강조(overemphasis on performance)로 나아가게 된다고 믿는다. 나는 지금 위에서 제시했던 "행함으로 의롭게 되는" 형태에 대해 말하고 있는 것이 아니다. 그보다는 복음에 첨가된 첨가물들이 결국 중심적인 내용이 되고 만다는 것에 대해 말하고 있다. 왜냐하면 이런 것들이 그들 자신들을 사회적으로나 개인적으로 구별되게 만들어주기 때문이다.

만약 어떤 그룹이 경험에 초점을 둔다면, 그러면 그 그룹은 신속하게 그런 경험들을 통해 규정되게 되고, 그 그룹 멤버가 되기 원하는 개인들은 그런 경험들을 추구하게 된다. 그 결과는 당연히 그리고 필연적으로 그런 경험들, 그런 것들에 대해 과도하게 강조한 것으로 나타날 것이다. 종종 이런 경험들은 행함들(performances)과 연관된다. 그리고 얼마 지나지 않아서 이 그룹에 받아들여지게 되는 수단인 행함이, 하나님께 받아들여질 수 있게 하는 수단이 된다. 이는 그리스도와 성령님 안에서의 삶이 더 이상 공동체나 하나님께 받아들여지는 방법이 되지 못한다는 것을 의미한다. 이런 일이 벌어지게 되면, 우리는 우리가 사는 현재 세계 속에서 "유대주의적 율법주의"를 보게 되는 것이다. 이런 종류의 그룹들이 던지는 주된 질문은 이런 것이다. "당신은 이것을 행한 적이 있습니까?" 혹은 "이런 일이 당신에게 일어난 적이 있습니까?" 하나님과의 관계에서 아무리 행함이 중요하다 하더라도, 하나님께서 우리를 받아주시는 이유는 그것 때문이 아니다. 그리스도께서 이미 우리가 필요로 하는 모든 것들을 다 행하셨다. 이런 행함들에 대해 강조점을 두는 것은, 내가 생각하기엔, 하나님께서 성령님을 통해 그리스도안에서 우리 편에 서서 역사하시는 우리의 비전을 얼룩지게 만든다.

나는 이와 같은 "그룹 다이내믹(dynamics)"이 여러 다양한 행함과 관련해 교회

안에서 생겨나는 것을 보아왔다. 나는 유산(遺産)을 시행하는 병원에 대해 보수적인 복음주의자들이 엄격하게 보이코트 하는 정치적 행동을 함에 있어서, 혹은 군사작전과 관련해 항의하는 장소에서 정치적으로 흥분하는 모습들에 있어서, 이런 일들이 일어나는 것을 보아왔다. 그리고 나는 지금까지 작은 교회 그룹에 속해왔는데, 이 곳에서는 만약 누군가가 방언을 말하지 못하면 그 사람은 자신이 "충분하게 성장했다고" 느낄 수 없는 그런 곳이다. 사람들을 향해 주어지는 이런 종류의 압박은 그들로 하여금 자신이 그 그룹에서 받아들여지게끔 하기 위해서 그런 일들을 "행할 수" 있게 되기를 원하게끔 만든다.

왜냐하면 하나님께서는 한 사람이 이와 같이 한 그룹으로부터 받아들여지게끔 행동하는 것을 원하시고 이를 통해 하나님께 받아들여질 만한 사람이 되기를 원하신다고 생각하기 때문이다. 그러므로 우리는 이런 여러 예들을 통해서, 유대주의적 율법주의에서는 필연적으로 행함에 대해 과도한 강조가 이루어지고, 또한 이에 따라서 그리스도를 신뢰하는 것이나 성령님을 의지하는 모습이 부족하게 된다는 것을 발견할 수 있다.

셋째로, 갈라디아 교회의 율법주의는 일반적으로 사람 그룹들, 인종들, 교파들, 의견들 사이에 담과 경계선들을 형성한다. 이런 경계선들은 그저 단순한 "기독교인의 선택사항"이 아니라 상호간의 교제를 가로막는 진짜 장벽이다. 이런 경계선들은 인간이 만든 구조물들이며, 어떤 특정한 한 그룹이 믿는 바가 인간을 향한 하나님의 뜻이라고 특수화시킨다. 이런 경계선들은 한 그룹 안에 있는 모든 사람들의 행동을 규제하는 사회적 규범이 된다. 갈라디아에서, 유대주의자들은 하나님께서 새로 회심자가 된 여러 사람들이 유대교로 들어오기를 원하신다고 믿었다 (나는 진심으로 그들이 믿었다고 확신한다)—그리고 이렇게 행하는 것을 통해서, 그들은 예루살렘의 보수적 파당이 추진하던 압력을 보급했을 것이다. 그러나 바울은 이런 사회적 규범들이(식탁 교제, 할례, 기타 등등) 교제를 가로막는 장애물들이 되는 것을 보았고 또한 하나님의 뜻에 정반대로 작용하는 인간적인 구조물들이라는 것을 알았다. 우리는 우리가 만드는 사회적 규범들이 단순한 옵션들이 아니라는 사실을 기억해야만 한다. 우리는 우리의 사회적 관습들을 통해서 메시지를 선포한다.

즉, 이것이 모든 사람에게 주시는 하나님의 뜻이라는 그런 메시지를 선언한다.

율법주의가 이와 같은 모습으로 표출되는 것을 통해 생겨나는 일은 본질적인 메시지가 "그리스도안에 거하라"가 아니라 "우리 그룹에 참여하라"가 되는 것이다. 온전히 회심하기 위해서 필수적으로 요구되는 항목은 "그리스도에게 복종하라"라기보다는 "우리 교회에 참여하라"가 된다. 분열하고 파벌을 만드는 교회의 그룹들은, 자기 그룹에 속한 증거를 제시하라며 그룹 멘탈리티를 강조하곤 한다. 갈라디아에서는 유대인과 이방인 사이에 (우리에겐) 아주 오래된 구분이 있었다. 그리고 당시의 그런 모습과 똑같이 오늘날에도 그룹 멘탈리티는 자기파에 속한 증거를 요구하는데 이런 양상이 인종(가령 흑인과 백인), 성별(여성과 남성) 교파(감리교와 남침례교) 사이에서 그 모습을 드러내고 있다.

넷째로, 갈라디아에 있었던 당시 율법주의는 필연적으로 자신들의 관점에 토대를 두고 다른 사람들을 판단하는 마음(judging mentality)을 키워나갔다. 비록 애당초 처음의 의도와 목적이 선했을 수도 있지만(할례는 거의 아무에게도 해로운 것이 아니다; 수요일 저녁 예배 참석은 영적 성장에 좋은 일이다; 원자력 시설에 대한 항의는 한 사람이 평화의 왕이신 예수님의 복음에 헌신되어 있음을 보여준다), 이제 누군가가 특정한 그룹을 향한 하나님의 뜻이라고 여겨지는 이런 사회적 규범들을 행했을 경우, 이런 행함을 토대로해서 다른 사람들은 필연적으로 판단받게 될 것이다. 판단주의(judgmentalism)는 어떤 무언가가 유대주의적 율법주의인지 아닌지를 분명하게 보여주는 표식이며, 유대주의적 율법주의의 어두운 측면에서 자연스럽게 성장하는 모습이기도 하다. 그러나 그리스도와 성령님과 상관없이 다른 사람들을 판단하는 것은 매우 심각한 오류로 이끌고 가며 또한 복음에 대한 왜곡으로 나아가기 마련이다. 우리가 처음 던져야 할 질문은 아마 "우리가 함께 성만찬을 나눌 수 있을까요?"가 되어야 할 것이다. 그리고 만약 그렇게 할 수 있다면, 아마도 우리는 우리 사이에 있는 선들을 어느정도 지울 수 있을 것이다.

다섯째—이 항목은 바울과 우리 모두를 위해서 반드시 강조되어야만 한다—현재 제시되고 있는 갈라디아의 율법주의의 관심사들은 결코 잘못되거나 결코 나쁜 것이 아니다. 할례가 본래적으로 잘못된 것인가? 바울은 전혀 아니라고 말한다 (5:6). 코셔(kosher) 음식만 먹는 것이 잘못된 것인가? 전혀 아니다. 하나님께서는 이 규정을 특별히 제사장들에게 지시하셨고, 모든 사람들이 그런 정도로 정결 규정을 지키며 살고자 노력하고 추구하는 것은 결코 틀린 일이 아니다. 술을 마시는 것을 제한하거나 금지하는 것이 잘못된 일인가? 전혀 그렇지 않다.

물론 만약 이 세상에서 알코올주의가 끝장이 나 버린다면 그리고 음주 운전자들이 무죄한 피해자들의 생명을 죽이는 일이 중단된다면, 이 세상은 좀 더 좋은 곳이 될 것이다. 더욱이, 음주를 완전히 끊어버리는 것이 적어도 하나님의 지혜로운 방법 중 하나라고 성경은 제시하고 있고, 이런 성경 말씀에 헌신하는 전례도 있다. 그러므로 유대주의적 율법주의가 관심을 두고 있는 항목들은 그 자체가 나쁜 것은 아니라는 점을 우리는 항상 염두에 두어야만 한다. 기독교인들은 다음과 같은 사실을 인식하는 첫 번째 사람이 되어야만 한다. 율법주의에서 갖고 있는 관심사들과 실천사항들은 중립적으로 보았을 때, 거의 항상 전혀 해롭지 않고 또한 긍정적이고 선한 것들이다. 하지만, 문제는 이런 "선한(그러나 지극히 중립적인) 관심사들"이 가장 위대한 관심사를 갉아먹고 있다는 점이다: 그리스도안에서의 생명과 성령님의 기쁨.

....

여섯째로, 유대주의적 율법주의는 규칙적 특징을 갖고 있는데, 이 특징은 성경의 명령과 규범을 넘어서는 것들이다. 갈라디아의 유대주의자들이 그토록 관심을 두고 있었던 식탁 정결규정이라는 이슈에 대해서 한번 살펴보도록 하자. 분명히 구약성경은 어느 정도 식탁 정결 규정[19]에 대해 가르치고 있다. 하나님께서는 언약 백성들이 먹어서는 안 되는 음식물들에 대해서 상세하게 설명하신 이후에, 이스라엘 자손들에게 그들이 이런 음식들을 먹어서는 안되는 이유를 말씀하셨다: "나는 너희의 하나님이 되려고 너희를 애굽땅에서 인도하여 낸 여호와라 내가 거룩하니 너희도 거룩할지어다"(레 11:45). 제사장들에게 요구된 정결함은 이보다 훨씬 더 세밀하고 강화된 내용이었다(레 21-22장). 1세기 당시 율법을 엄수하던 일부 유대인들은, 구약성경의 율법들만이 아니라 바리새인들이 이런 율법들을 발전시키고 적용시켜 만든 규정들까지도 지켰다. 일반적으로, 유대인들은 불결한 음식들은 먹지 않았으며(행 10:14), 이방인들과 함께 한 식탁에서 음식을 먹는 것을 거부했다(행 10:28). 사실, 오늘날 성경학자들은 어느 정도 레벨에서는 바리새주의 운동이 정결규정 운동이었다는데 동의한다. 그들은 열심 있는 이스라엘 그룹이었으며, 이

---

19. 식탁 정결 규범들은 먹을 수 있는 음식과 먹을 수 없는 음식에 대해서 언급하며, 또한 정결 규례들을 따라서 음식을 먹을 것에 관해서 규정한다. 가령, 의례를 따라 손을 씻는 것 등과 같은 모습에 대해서 규정한다(막 7:3).

들은 구약성경의 제사장 율법들 중 일부분과 율법을 확장한 다른 규정들을 유대교를 믿던 일상적인 사람들의 매일의 세계속에도 적용하려 노력했으며, 이를 통해 이스라엘 백성들이 하나님 앞에서 거룩하게 되게 하고자 했었다.[20]

우리로 하여금 다시 요점으로 돌아오게 만드는 것이 다름아니라 바로 이 열정과 열심이다. 바리새인들은 율법을 지키려는 열심 속에서, 그만 율법을 넘어가 버리곤 했다. 심지어, 바리새인들은 이처럼 율법을 넘어가 버리면서도, 그들은 율법이 범해지는 것을 자신들이 막고 있다고 생각했다. "율법 주변에 울타리를 세운다"는 개념이 전개되었다. 만약 율법이 "성전 구역 안에서는 완전한 정결함으로 먹으라"라고 명령한다면, "항상 정결함으로 먹으라"라고 말함으로써 그 율법으로부터 조금 떨어져서 더 넓은 범위에 울타리가 세워진다. 이렇게 말함으로써, 그 뒤에 이어지는 내용이 실효성을 갖게 된다. 만약 네가 항상 정결함으로 먹는다면(울타리), 너는 성전 정결 규정을 범하거나 깨지 않게 될 것이다. 즉 만약 누군가가 이 해석적 규정을 지킨다면, 그 사람은 결코 율법을 깰 수 없다.

율법주의가 명백하게 나타나는 부분이 다름 아니라 바로 이 지점이다. 율법을 넘어가 버리면서, 율법주의는 다른 율법들을 개발해 내는데, 이렇게 새로 개발된 율법들도 마찬가지로 지켜야 하는 규정들이다—이 모든 규정들은 율법을 범하지 않고 지키려는 시도이면서 또한 언약 구성원들이 율법을 순종함에 있어서 분명히 좀 더 여유를 주려는 시도이다. 그러나 만약 하나님의 율법이 "성전 정결 규례"일 경우, 만약 우리가 더 엄중한 율법을 만든다면 우린 잘못 행동하는 것이다. 만약 우리가 성경이 하나님 말씀이라고 받는다면, 그렇다면 우리는 하나님께서 그분이 무엇을 하고 계신지를 알고 계시다는 것을 신뢰할 수 있어야만 한다.

하나님께서 완화하신 것은 우리에게도 반드시 완화되어야만 한다. 비록 앞부분에서 내가 율법주의가 갖고 있는 관심들이 거의 모두 결코 나쁘지 않다는데 동의했지만, 만약 이런 관심사들이 율법을 보호하겠다는 목적하에 율법을 넘어서 버리는 경우일 때, 나는 율법주의의 관심사들은 본능적으로 잘못된 지향점을 갖고 있다고 주장하고자 한다(비록 관심 그 자체가 나쁜 것이라 할 수는 없지만). 만약 하

---

20. 정결에 관한 탁월한 논의로 S.Westerholm, "clean and unclean," in *DJG*, 125-32, 특히 125-28을 보라. 정결함 특히 제사장적인 정결함은 바리새파의 핵심적인 특징이었는데, 이에 대해서는 E. P. Sanders, *Jewish Law from Jesus to the Mishnah*(Philadelpia: Trinity Press International, 1990), 특히 131-308에서 잘 다루고 있다. 또한 이와 관련해 좀 더 짧은 분량으로 요약한 내용이 담겨 있는 E. P. Sanders, *Judaism: Practice and Belief. 63 BCE-66 CE*, 431-40도 보도록 하라.

나님께서 그분의 무한하신 지혜를 통해 판단하실 때 불신자들로부터 완전히 분리되는 것이 적절하지 않다고 판단하신다면, 그렇다면 우리가 완전한 분리가 하나님의 뜻이라고 생각하는 것은 잘못된 것이다—그러나 불행하게도 분파주의 운동들에서는 이런 식의 생각들을 전개해왔다. 이런 식으로 벌어지는 일은 매우 심각한 뒤틀림과 왜곡이다. 무언가 어떤 종류의 행동을 행하려는 바램 때문에, 사람들을 향한 하나님의 사랑이 궁지에 몰리고 있으니 말이다.

마지막으로, 나는 내가 역율법주의(reverse legalism)라고 명명한 것에 대해서 설명하고자 한다. 많은 율법주의자들에게는 율법을 어기지 않는다는 것은 역으로 한 사람이 율법을 지켰다는 것을 의미한다. 우리는 다음과 같은 이야기들을 듣곤 한다: "나는 규칙들을 어기지 않았다. 그러므로 나는 규칙들을 지킨 것이 틀림없다." 하지만 마치 내 아내에 대한 사랑이 "그녀와 이혼하지 않는 것"이나 혹은 "그녀를 미워하지 않는 것" 이상인 것과 마찬가지로, 하나님의 뜻에 복종하는 것은 그저 "그분의 율법을 어기지 않는 것"과는 비교할 수 없는 훨씬 큰 그 이상의 것이다. 하나님께 복종하는 것은 마음의 문제이며, 한사람의 자아가 전적으로 하나님을 향하는 것을 포함한다. 율법을 어기지 않는 것은 때때로 행할 수 있는 일이고, 사무치는 마음이 없이도 행할 수 있는 일이고, 또한 하나님의 영광을 갈망하는 마음 없이도 행할 수 있는 것이기도 하다. 그러나 율법주의는 율법을 어기지 않는 것이 율법을 잘 지키는 사람이라는 암묵적인 전제를 너무 자주 멀리까지 발전시킨다.

이점을 오늘날에 적용하기 위해서, 나는 몇 가지 점들에 대해 관찰해 보고자 한다. 상당히 규율이 엄격한 운동에 대해서 한번 상정해 보도록 하자(아마도 더 이상은 거의 존재하지 않는). 이 운동에는 상당히 권위가 있는 유일한 한 명의 목사가 있고 다음의 항목들을 포함하는 규율이 있다. 총소득의 십분의 일을 십일조로 드리고, 영화관 관람은 안 되며(가정에서 보는 비디오에서 R등급 영화들을 봐서는 안 된다는 것에서 발전된), 술을 마셔서는 안 되고, 교회의 모든 공예배에 정기적으로 참석해야만 하며, 성경은 지정된 버전으로만 읽어야만 하고, 낙태반대 운동에 적극적으로 참여해야만 하고, 종교적으로나 신학적으로 구별된 모습이 되어야만 하며, 교회 리더는 결코 이혼해서는 안 된다(주일학교 교사와 찬양대도 포함해서). 우리가 여기서 잘 살펴봐야 할 부분은 우리는 이런 실천사항들 각각에 대해서 매우 능동적으로 헌신할 수 있고(이들중 그 어느것도 본질적으로 나쁜 항목은 없다), 또한 한해를 마무리하면서 지나간 1년을 생각해보며 우리가 교회의 이와같은 "사회적 율법들"중 그 어떤 항목도 어기지 않았노라고 결론내릴 수도 있다. 내가 개인적으로 생각하기엔, 만약 누군가 한사람이 자기자신에 대해서 이렇게 평가한다면 그 사람은 필연적으로 자신이 하나님을 두려워하며 또한 한 해 동안 하나님의 뜻에 순종한 것으로 생각할 것이라 확신한다.

지금 나는 이런 생각에 대해 반대하는 주장을 하고 있다. 어떤 한 사람이 이런 실천사항들을 따라 얼마든지 잘 살았음에도 불구하고 그는 얼마든지 하나님의 뜻을 전적으로 놓쳐버릴 수도 있다. 왜냐하면 한 사람은 이런 규칙들을 어기지 않고 삶을 살았지만 그러나 성령 안에서의 자유를 누리는 삶을 살지 못할 수 있기 때문이다. 나는 또한 더 큰 확신을 갖고 있다. 어떤 한 사람은 이런 규칙들대로 살면서도 또한 하나님의 뜻 안에서 살 수도 있다고 말이다.[21] 비록 그런 사람은 때때로 주님의 인도하심으로 인해 이런 규칙들을 융통성 있게 만들어야 할 필요가 있기도 하겠지만 말이다. 내가 주장하는 요점은 매우 간단하다. 율법을 어기지 않는 것을 하나님의 뜻에 복종하는 것이라고 동일시할 수 없다.

이 책이 진정 진실하게 원하는 바는 갈라디아서를 오늘날 현대 세계에 적용하는 것이다. 갈라디아서를 적절하게 적용하는 것을 이 책은 갈망한다. 내 주장은 이것이다. 바울은 몇몇 기독교인들이 행하고 있던 실천사항들에 반대했다. 그런 것들은 그리스도의 역사하심을 손상시키고, 성령님에 대한 절대적 필요성을 간과해버리고, 사회적 경계선이 전혀 불필요한 사람들 사이에 사회적 경계선을 세우는 것이기 때문이다. 바울은 복음의 순수성을 위협하는 사상들에 대해 반대했다. 뒤이어 전개될 이 주석 내용에서는 바울의 이와같은 관심사를 오늘날 우리 시대에 적용하기 위해 노력할 것이다. 하나님께서 우리에게 은혜를 베풀어주셔서 그분의 말씀 사역가운데에서 우리를 인도해 주시기를 소망한다.

이제 이 부분을 읽도록 하라

갈라디아서의 메시지에 대해서 그리고 그 메시지를 오늘날 우리 현대 세계에

21. 여기에서 이런 모든 이슈들을 다 다룰 수는 없지만, 그러나 나는 이런 규칙들이 지역 교회들에서 생겨나서는 안 된다는 관점을 갖고 있다. 이런 규칙들은 점차 견고해지는 경향을 갖고 있으며, 이후에 포기하거나 변화해야 할 필요가 생길 때 폐물이 돼버리고 만다. 기독교인들은 사회가 변화해갈 때 그들의 전략과 관심들을 채택할 필요가 있다.

적용할 영역들에 대해서 잠시 간략하게 살펴보면서, 나는 몇 가지 새로운 개념들을 소개했다. 이제 나는 이런 개념들을 좀 더 간단한(개념 규정 타입으로) 형태로 독자들 앞에 제시하자 한다. 나는 여기에서 세 개의 용어들 혹은 표현들을 살펴보고자 한다.

율법주의(Legalism). 여기서 율법주의라는 표현은 유대주의적 율법주의를 지칭하는 것으로 사용되었다. 그리고 유대주의적 율법주의는, 하나님을 기쁘시게 하는 존재가 되는데 있어서 모세의 율법에 집착하는 것이 필수적인 단계라고 간주한다. 그러나 율법주의는 그저 단순하게 어떤 규율들에 대해서 집착하거나 준수하는 것이어서 문제가 되는 것은 아니다. 유대주의적 율법주의가 틀린 점은, 이것이 그리스도와 성령님을 대신하기 때문이다. 유대주의적 율법주의가 틀린 이유는 (1) 그리스도와 성령님께서 모세 율법을 완성시키셨다는 것을 이해하지 못하기 때문이며, 그렇기에 모세의 율법이 이전 시대에 속한다는 사실을 이해하지 못하기 때문이다. 그리고 (2) 이런 율법주의를 받으라고 압박하고 있는 유대주의자들은 이방인들로 하여금 유대인이 되라고 강요하고 있기 때문이다. 이런 두 가지 논점들, 주장들이 바울이 유대주의자들을 반대하는 기본적인 이유이다. 그들은 성경을 제대로 이해하지도 못했을 뿐만 아니라, 복음의 우주성도 이해하지 못했다. 율법주의를 규정함에 있어서 그리고 바울이 율법주의와 다투었다는 것을 규정함에 있어서, 이런 방식을 통해서, 나는 바울이 반대하고 있는 것이 그저 복음에 몇 가지 규율들을 첨가하는 것에 대해서가 아니라는 점을 분명히 하고 싶다.

바울은 하나님 앞에서 자신을 정당화하고 싶은 마음이 동기가 되어 복음에 율법 몇 가지를 첨가한 것에 대해 대립하고 있는 것이 아니다. 바울은 동기를 공격하고 있는 것이 아니다(공적을 추구하는 것 혹은 자기중심성 등). 도리어 그는 율법이 역사 속에서 감당했던 역할에 대해 비성경적인 개념을 갖고 있는 것에 대해서 그리고 이런 유대주의자들의 민족주의적인 충동질에 대해서 공격하고 있다.

율법의 행위(Works of he law). 다시 한번 더 말하지만, 우리가 여기에서 다루고 있는 것은 유대주의자들이 시행하던 관습들에 관한 것이고, 그들은 모세의 율법에 복종하던 자들이었다. 그들이 틀린 이유는, 그들이 그런 일들을 행할 때 취했던 방식 때문이다. 그들은 그리스도와 성령님의 인도하심이 매일의 삶에 대해서는 불충분하다고 주장하는 그런 모습으로 이런 일들을 행했다. 그러나 그리스도께서 오심으로 또한 성령님께서 주시는 은혜들로, 모세를 통해 주신 계시는 완성되었으며, 더 이상 하나님께서 사람들에게 주시는 중추적인 계시의 역할을 하지 않게 되었다. "율법의 행위"는 행위가 아니라 율법이라는 단어를 강조하는 표현이다—특별히, 누군가가 행위를 통해서 공적을 추구하거나 자기중심성을 강조하고자 한다면. "율법의 행위"가 잘못된 것이 되게끔 만드는 것은 한 가지 때문인데, 이런 행위들이 율법을 통해 명령되었고 또한 율법은 이제는 그리스도와 성령님을 통해 대체되었기 때문이다. 그러므로 이들은 "구식의 윤리"이다. 더군다나, "율법의 행위"는 유대교적인 특정한 관행들을 묘사하는 것인데, 이런 관행들은 유대인들과 비유대인들 사이에 경계선들을 세우고 만들어낸다. 그래서 이는 "민족주의적인 의로움"에 대한 묘사이다. 율법의 행위가 잘못된 것이 되게끔 만드는 또다른 요소는, 이런 것들이 하나님께서 모든 사람들, 유대인들 혹은 이방인들에게 주시는 하나님의 뜻을 계시하는 것이 아니라, 이들 사이를 분리하는 사회적 도구라는 점 때문이다.

육체(Flesh). 육체라는 용어는 종종 율법의 행위와 연관되어서 이해되어왔다. "한 사람이 행함을 토대로 하나님 앞에서 자신을 정당화하고자 할 때, 그렇게 스스로 동기부여를 한 모습"을 표현하는 것으로써 말이다. 그러나 이런 규정은 만족스러울 만큼 날카로운 개념규정이 아니다. 바울이 "육체"라는 단어를 통해 의미했던 것은 성령님을 의지하지 않은 채 하나님 앞에서 살아가는 삶이었다. 그러므로 이 단어가 표현하는 것은 "공적을 추구하는" 삶 보다는 "비(非)성령적인" 삶이라 할 수 있다. 육체는 자연스럽게 율법과 연계된다. 왜냐하면 율법을 통해 통제받길 원하는 사람이 바로 성령 안에서 사는 것을 거부하는 사람이며 그리스도를 의지하는 것 없이 사는 사람이기 때문이다.

갈라디아서 1:1-9

1 사람들에게서 난 것도 아니요 사람으로 말미
암은 것도 아니요 오직 예수 그리스도와 그
를 죽은 자 가운데서 살리신 하나님 아버지
로 말미암아 사도 된 바울은
2 함께 있는 모든 형제와 더불어 갈라디아 여
러 교회들에게
3 우리 하나님 아버지와 주 예수 그리스도로부
터 은혜와 평강이 있기를 원하노라
4 그리스도께서 하나님 곧 우리 아버지의 뜻을
따라 이 악한 세대에서 우리를 건지시려고
우리 죄를 대속하기 위하여 자기 몸을 주셨
으니
5 영광이 그에게 세세토록 있을지어다 아멘
6 그리스도의 은혜로 너희를 부르신 이를 이같
이 속히 떠나 다른 복음을 따르는 것을 내가
이상하게 여기노라
7 다른 복음은 없나니 다만 어떤 사람들이 너
희를 교란하여 그리스도의 복음을 변하게 하
려 함이라
8 그러나 우리나 혹은 하늘로부터 온 천사라도
우리가 너희에게 전한 복음 외에 다른 복음
을 전하면 저주를 받을지어다
9 우리가 전에 말하였거니와 내가 지금 다시
말하노니 만일 누구든지 너희가 받은 것 외
에 다른 복음을 전하면 저주를 받을지어다

원 의미

갈라디아서 서두는 전형적인 고대 서신의 형태를 보이면서 시작한다(저자…받는 사람들…인사말들…).[1] 그러나 주의 깊게 이 부분을 읽는 독자라면, 이 안에 여러 변형들이 들어있다는 것뿐만 아니라, 이 서신을 쓰게 동기부여한 주제들이 무엇인지도 발견해 낼 수 있다. 지금 바울이 쓰고 있는 도입부분은 좀 긴 편인데, 그가 쓴 다른 서신들도 고대 서신의 평균치보다는 도입 부분들이 긴 편이다. 뿐만 아니라, 바울은 인사말을 통해 자신의 사도라는 신분을 강조하고 있으며(참

1. 고대 편지들을 모아놓은 훌륭한 전집으로 J. L. White, *Light From Ancient Letters*(Philadelpia: Fortress 1986)이 있다. 또한, S. K. Stowers, *Letter writing in Greco-Roman Antiquity*(Library of Early Christianity 5: Philodelphia: Westminster, 1986) W. G. Doty, *Letters in Primitive Christianity*(Philodelphia: Fortress, 1973)도 보도록 하라: 내가 바울 서신에 관한 서론 내용을 좀 더 대중적으로 쓴 "More Than Mere Mail." *Moody Monthly* 88/9(May1988): 36-38도 보도록 하라.

조. 롬 1:1; 고전 1:1; 고후 1:1; 엡 1:1), 또한 하나님께서 구원의 기원이 되신다는 점을 강조하고 있다. 좀 더 중요한 점은 바울의 도입부 인사말들이 말 그대로 도입부라는 점이다. 인사말에 들어있는 각각의 내용들을 통해서, 바울은 이 서신 전체를 통해 자신이 전개해 나갈 관심사가 무엇인지를 표현하기 시작한다. 이 서신에서 바울은 자신의 사도권이 의심할 여지가 없는 것임을 이야기하기 시작하며(1절: "사람들에게서 난 것도 아니요 사람으로 말미암은 것도 아니요"라는 표현은 유대주의자들의 상황에 대한 비평이기도 하다), 또한 은혜로 말미암은 구원에 대해서도 말하기 시작한다. 물론, 이 두 가지 주제는 갈라디아서의 주도적인 주제들이다.

이 도입 부분은 두 개의 섹션으로 이루어져 있다. (1) 인사말(1-5절) 그리고 (2) 서신을 쓰게 된 이유(6-9절). 인사말 섹션에는 바울의 특수한 신분(1절), 수신인들(1절), 바울과 함께 있는 사람들(2절), 은혜와 평강를 빌어주는 인사(3절)등이 담겨 있다. 바울은 은혜와 평강의 참된 기원에 대해 말하면서, 인사말을 매우 크게 확장시킨다(4-5절). 바울은 갈라디아 교회들의 변덕을 이상하게 여긴다고 표현하면서 편지를 쓰는 이유를 말하기 시작한다(6절). 바울은 7절에서 갈라디아 교회들이 받아들이고 있는 메시지가 전혀 복음이 아니라고 말하는 것을 통해 편지를 쓰는 이유를 분명히 하고 있다(7절). 바울은 그들이 복음에서부터 떠난 것에 대해서 매우 강력한 확신을 갖고 있었기에, 자신이 받았고 그들에게 설교했던 복음을 뒤틀리게 만들고 왜곡시키는 자들을 향해 영원한 저주를 선포한다(8-9절).

바울의 인사말에는 "사도"라는 직분(1절)의 중요성, "현재의 악한 세대"(4절)의 의미 등을 포함해서, 우리가 세심하게 살펴봐야 할 몇 가지 흥미로운 특징들이 담겨 있다. 이 서신에서 맨 앞에서 두 번째 단어로 등장하는 것이 "사도"라는 직분이라는 점은 바울 그가 권위를 주장하고 있다는 점과 또한 갈라디아 교회들로부터 이에 대해 동의를 기대하고 있다는 것을 보여준다. 우리가 살고 있는 오늘날은 본질적으로 상호 동등한 대화적 모습을 지향하지만, 바울이 살던 세계는 지금보다 좀 더 계층적이고 권위주의적인 모습이었다. 이점을 이해하기 위해서, 우리는 유대인들 사이에서 그리고 초대 기독교인 세계속에서 사도라는 직분이 어떤 것이었는지에 대해서 살펴봐야만 한다.[2] "사도"에 해당하는 헬라어(*apostolos*)는 히브리

---

2. *apostle*에 관해서는 K. Rengstorf, "ἀπόστολος," *TDNT* 1:401-7; E. von Eicken, "Apostle" in *NIDNTT* 1:126-37; J. A. Bühner, "ἀπόστολος," *EDNT* 1:142-46; N. Turner, *Christian Words*, 23-25 ; H. D. Betz, "Apostle," *ABD* 1:309-11.

어 *shaliach*와 짝을 이루는 단어이다. 이 히브리어 용어는 개인적인 대리자, 대표, 혹은 대사(大使)를 묘사할 때 사용되었다. 사실, 사도라는 직분을 우리가 어떻게 이해해야 할 것인지에 대한 개념규정은 1세기 이후의 개념이 표준이 되었고, 이 개념이 1세기 사도라는 직분에 대해서도 적용되었다. 내가 지금 인용하는 유대교 미슈나(Mishnah)도 3세기의 내용이다. "기도하면서도 죄를 범하는 사람-이것은 그에게 나쁜 모습이다. 그리고 만약 그가 공동체의 대표라면[전체 회중을 위해 대표로 기도하는], 이것은 그를 지명한 공동체에게 나쁜 일이다. 이는 한 사람의 대리자는 그 사람 자신과 마찬가지[라는 원칙에 의해서 그렇다]"(Mishnah Berakhot 5:5).[3] 이런 개념규정에서 사람들이 누군가에게 얼마나 어떤 권위를 부여하고 있는지는, 대리인에게 어떤 권위를 부여하는지를 토대로 추측해 볼 수 있다는 점을 주목하라("대리인"이라는 용어는 히브리어 *shaliach*에 대한 번역이다). 다시 말해서, 한사람의 대리자들은 그들을 보낸 바로 그 사람 자신이 되는 셈이다. 마치 국제적 외교에서 대사들이 한 국가의 지도자를 공식적으로 대표하는 것과 마찬가지로 말이다. 이점을 염두에 둔다면, 우리는 바울이 자기자신을 예수 그리스도를 공식적으로 대리하는 대표자라고 간주하고 있다는 점을 분명히 알 수 있다. 바울 그는 예수 그리스도께서 자신을 부르셨으며 예수 그리스도의 공식적 사도로 임명하셨다는 것을 알고 있었고, 또한 사도로 부름받는다는 것이 무엇을 의미하는지에 대해서도 잘 알고 있었다.

바울은 몇 가지 방향에서 이 직분을 감당했다. 바울은 12사도라는 특별한 계층이 있다는 것을 알고 있었고(참고. 고전 15:7; 갈 1:17, 19), 또한 비록 자신이 "모든 자들 중에서 맨 마지막"(고전 15:8; 참고. 롬 1:1; 갈 1:1 등)일지라도 자신 역시 그와 유사한 의미에서 사도라는 것도 알고 있었다.[4] 비록 바울에게는 종종 자신의 직분과 관련해 다른 사람들에게 힘써서 이야기해야 하는 경우들도 분명히 있었지만(갈라디아와 고린도에서처럼), 그는 자신의 직분에 대해 매우 확고한 확신을 갖고 있었다. 바울은 예수 그리스도로부터 부름받았다는 사실을 알고 있었고(고전 9:1; 15:7-8; 갈 1:15-16), 또한 주님께서 그에게 바로 그 부름을 통해 자신

3. 미슈나(Mishnah)에 대한 모든 인용은 Jacob Neusner의 번역본에서부터 했다. *The Mishnah: A New Translation* (New Haven and London: Yale University Press, 1988)을 보라. 각진 괄호로 표시해 놓은 부분은 함축된 표현이다. 이와 유사한 개념규정을, Origen, *John* 32.17(Migne, 14.78C)에서도 찾아볼 수 있다.
4. 바울은 *apostle*이라는 용어를 자기자신을 향해 사용하는 것만이 아니라, 12명의 제자들 바깥의 다른 사람들을 향해서도 사용한다. 롬 16:7; 고후 8:23; 갈 1:19(주해들을 보라); 빌 2:25; 살전 2:7 등을 보라.

이 어떤 사역을 해야 할 것인지 구체적으로 계시하셨다는 점도 알고 있었다. 바울은 이방인들에게로 가야 했다(갈 1:16; 2:7). 이 소명은 바울의 성공적인 선교여행들과 그가 행한 기적들을 통해서 확증되었다(참고. 롬 1:5; 11:13-16; 15:19; 고전 3:5-6; 4:15). 실제로, 바울은 고린도 성도들에게 다음처럼 말한다. "나의 사도됨을 주안에서 인친 것이 너희라"(고전 9:2). 우리는 또한 바울이 사도들의 역할에 대해서 역사 속에서 매우 특별한 역할을 했던 것으로 간주했다는 점도 살펴봐야만 한다. 그는 사도들이 그리스도의 부활 직후 시기에 매우 결정적인 역할을 수행했음을 알고 있었다(고전 4:9; 엡 2:20; 3:5-6; 골 1:24-27).

그리고, 바울은 사도로서 저술을 했다—예수 그리스도께서 개인적으로 부르신 사람으로서, 그렇기 때문에 예수 그리스도를 대리하는 사람으로서, 그리고 교회사에서 중요한 역할을 감당해야 하는 사람으로서. 그는 갈라디아서에서 둘째로 사용된 이 단어를 통해서 적어도 이와같은 것들을 주장하고 있다. 그는 갈라디아 성도들이 귀기울여 들을 것을 기대한다. 그는 논쟁은 더 이상 대화가 아니라는 것을 알고 있다. 사도들과 선지자들을 통해 가르쳐진 복음의 정수에 대해 논쟁을 벌이게 되면 그것은 이단일 뿐이다. 심지어 바울 자기자신조차 자신이 전한 복음에 복종해야만 한다(1:8, 10).

바울의 인사말은 전형적인 초대교회의 인사말이었는데, 이는 헬라식 인사말과 유대식 인사말을 섞은 것이었다("은혜와 평강"). 하지만 바울의 인사말은 단순히 유한한 한명의 사람이 또다른 사람에게 건네는 인사말이 아니었다. 바울이 갈라디아 성도들에게 기원해주고 있는 은혜와 평강은 "하나님 우리 아버지와 주 예수 그리스도"로부터 주어지는 은혜와 평강이다. 바울은 이처럼 자신의 인사말이 누구로부터 주어지는 것인지를 말하는 것만이 아니라, 인사말에다가 세속적인 세상으로부터 거리를 두는 내용을 더함으로써, 인사말이 거룩하고 종교적인 것이 되게끔 했다. 그렇기에 이 인사말은 오직 기독교인들만이 공유할 수 있는 인사말이다.

바울은 인사말 내용이 누구로부터 주어지는 것인지를 묘사하면서, 예수 그리스도께서 "우리를 이 악한 세대로부터 건져내시고 우리 죄에서 구하시고자 그분 자신을 주셨다"(4절)라고 말했으며, 이를통해 예수님에 대해서도 언급한다. 갈라디아 성도들에게 죄사함은 매우 중요한 일이다. 갈라디아에서 죄사함은 문제를 조정하는 역할을 한다. 이 서신에서 죄사함이란 그리스도의 사역이 충분하다는 것을 함축하기 때문이다(2:21). 동시에 죄사함이라는 내용을 끄집어내는 것은 갈라디아 성도들이 아직 그리스도의 사역이 어떤 능력을 갖는지에 대해서 충분히 파악하지 못하고 있음을 함축하는 것이기도 하다. 이점을 다른 식으로 표현하자면, 갈라디아 성도들은 자신들이 그리스도를 통해 죄사함을 받았다고 생각하고 있었지만(2:15-21; 3:10-14), 그럼에도 그들은 이런 죄사함이 그들을 "이 악한 세대"에서 그들을 건져내주기에 충분한 능력이 된다는 것에 대해서는 완전히 깨닫지 못하고 있었다. 바울이 관심을 두고 있는 부분은, 다름아니라 이 악한 세대였다. 왜냐하면 그는 지속적으로 그리스도안에 거하고 있는 자들은 이 악한 세대에 굴복하지 않는다고 믿었기 때문이다.

그렇다면, 우리가 십자가를 통해 건짐 받아야만 하는 "이 악한 세대"[5]란 무엇인가?(참고. 3:13) 어떻게 우리는 "시간, 시대"로부터 건짐 받을 수 있는가? 어쩌면 바울에게 있어서 현재는 악한 시간이고 미래는 선한 시간이라고 말하면(참고. 고후 5:1-10) 비교적 정확한 표현이 될 지도 모르겠다. 그러나 이런 정도로는 바울이 의도하려 했던 것을 충분히 설명했다고 하기 어렵다. 유대교는 "이 세대"를 "장차 올 세대"와 자주 구별하곤 하는데, 후자는 하나님의 공의와 평강이 성취되는 것을 묘사하는 시기이다. 그러나 바울이 예수 그리스도를 만났을 때 일어난 역사 이해에 대한 혁명은 "이 세대"에 대해 전혀 새로운 차원을 더해주었다. 아마도 이 세대라는 표현은, "율법에 고착화되어 있는 삶"을 표현하는 것이라고 간주하는 것이 가장 훌륭한 해석일 것이다. 그리스도께서 율법 시대를 완성하시고 역사를 새로운 시대로 이끌어주셨기 때문이다(3:19-25에 대한 주해 부분을 참고하라). 율법 아래서 살아가는 삶은, 지금 현재 그렇게 살고 있건 혹은 과거에 그렇게 살았건간에 "악한 세대"라고 여겨졌다(참고. 4:3, 9; 5:1; 그리고 5:16-26도 보라). 그리스도를 의지하는 사람은 이 악한 세대로부터 건짐받는다. "그는 우리를 건지시려고 자기 몸을 주셨으니"(1:4). 그러므로 이 표현은 아마도 갈라디아 교회들의 논쟁적인 상황을 반영하고 있는 표현일 것이다. 이 악한 세대는 갈라디아 성도들이 유혹에 빠져들어 살고 있는 지금 세대이며, 반면 그리스도 안에서의 삶은 자유의 삶이다(5:1-12).

다음으로, 바울은 도입부에서 이 서신을 쓰게 된 이유에 대해 설명한다(6-9절). 종종 사람들은 현존하는 바울의 서신서들 중에 갈라디아서 하나만이 그가 편지를 쓰고 있는 대상들을 향해 감사하는 내용을 담고 있지 않은 서신서임을 찾아내곤 한다. 이처럼 바울이 감사를 표현하지 않고 있기 때문에, 종종 바울이 갈라디아 성

---

5. 이와 관련된 좀 더 상세한 논의는 R. N. Longenecker, *Galatians*, 8-9; F. F. Bruce, *Galatians*, 76-77; W. D. Davies, *Paul and Rabbinic Judaism* (Philadelphia: Fortress, 1980) 285-320; E. P. Sanders, *Judaism: Practice and Belief*, 279-303 등을 보라.

도들과 관련해 하나님께 감사하지 않았거나 아니면 그가 감사를 표현할 수 없는 그런 일들이 벌어져서 그가 매우 화가 나 있는 상황일 것이라고 이야기하곤 한다. 어떤 점에서는 이런 날카로운 관찰들이 정확할 수도 있다. 하지만, 이런 주장을 펼치는 사람들 이외에 다른 식으로 생각하는 또다른 많은 사람들도 있다. 그들은 갈라디아서가 바울이 성경으로서 기록한 첫 번째 서신이며, 이런 견지에서 보았을 때 바울이 아직 관습처럼 사용하던 표현들을 아직 시작하기 이전이었다고 주장한다. 그러므로 갈라디아서에 감사가 빠져있는 그가 관습적인 표현에서 떠났다고 말하기 어렵다고 주장한다. 바울이 자신의 편지들에서 감사를 표현하는 관습은 갈라디아서 이후에 생겨났을 수도 있고, 혹은 이런 관습이 갈라디아에서의 힘겨운 경험 이후에 발전했던 것일 수도 있다.

바울이 이 서신을 기록한 이유, 그리고 우리가 갈라디아서를 갖고 있는 이유는 갈라디아 성도들이 매우 중요한 주제에 대해 "그들의 입장을 바꾸었기 때문"이었다. 하나님께 받아들여 질 수 있게끔 해주는 방법과, 그 과정에서 그리스도께서 행하시는 역할. 바울은 그들의 입장 변화가 "그토록 빨리"(6절) 일어났다는 것에 대해 놀랐다. 5:4에서 바울은 갈라디아 성도들이 이 변화를 통해 은혜가 결정적인 요소가 되지 않는 시스템, 그리스도의 사역이 충분한 것이 아닌 시스템을 선택하고 있노라고 말한다. 바울은 여기에서 그들이 "너희를 부르신 이에게서 떠나가고 있다"고 말하기도 한다(6절).

즉, 그들의 이동은 지식적인 이동만이 아니었다. 그보다는 그리스도 안에서 알게 된 하나님에게서 떠나가는 이동이었다. 이는 하나님과 그들간의 인격적인 관계성을 포기하는 것이기도 했다. 만약 우리가 3:19-25의 카테고리를 사용한다면(그 부분에 대한 주해를 보도록 하라), 그들이 떠나간 것은 이미 A.D시대가 도래했음에도 불구하고 B.C시대에서 살기로 결정하는 것이다. 이는 모세 시대로 다시 되돌아가는 결정이며, 그리스도 안에서 벌어진 혁명의 시대를 거부하는 것이다. 바울은 이런 변화가 "다른 복음"으로 옮겨가는 것이라고 주장하면서, 7절에서는 단호하게 이것은 "결코 복음이 아니다"라고 말했다. 이 변화가 어떤 의미인지를 분명하게 설명한 것이다.[6] 갈라디아 성도들의 변화와 움직임은 합법적으로 인정받을 수

6. 일부 학자들은 바울이 "다른[*heteron*] 복음—실제로 복음이 전혀[allo] 아닌—으로 돌아선"이라고 기록한 부분에서 의도적으로 워드플레이를 하고 있다고 보기도 한다. 첫째 단어는 "다른 종류"라는 의미로 사용되었고, 둘째 단어는 "동일한 종류의 또다른"이라는 의미로 사용되었다. Burton, *Galatians*, 22-24, 420-22에 나오는 논의를 보도록 하라.

있는 기독교안의 다양한 차이점들이 생겨난 것이 아니다. 이는 전체적인 변화이고 황폐화되는 변화이다. 바울은 기독교적인 단순한 차이점이 생긴 것이라는 식으로 전혀 주장하지 않는다. 그리스도 안에서 주어지는 은혜의 복음이 모세의 시스템으로 대체될 때, 그 결과는 복음이 완벽하지 않은 복음, 충분히 성숙하지 않은 복음이 되는 것으로 나타난다. 그리고 이는 완전한 전락이 되고 또한 전적으로 다른 메시지가 된다.

복음에 대한 거대한 왜곡이 바로 이단들이다. 바울이 여기서 사용하는 최종적인 단어들은 매우 강력하다. 그는 복음을 왜곡하는 모든 사람들을 향해(심지어 자기자신을 포함해서!) 저주를 선포하고 있다. 8-9절에 나오는 바울의 문장들은, 대체로 평행을 이루거나 비슷한 의미를 흥미롭게 변형시킨 문장들이다. 8절에 나오는 "우리가 너희에게 전한 것"이라는 표현은 9절에서 "너희가 받은 것"과 평행을 이룬다. 후자의 경우, 바울의 사도적 소명과 관련되어 있는 표현이다. 바울은 여기에서 거룩한 전승을 전달해주는 것을 의미하는 전문적 언어를 사용하고 있으며("너희가 받은 것", 헬라어. *parelabete*) 이 전승들이 진실성과 본래성을 갖고 있다는 점을 이런 방식으로 표현했다. 이 언어와 표현은 랍비들이 그들의 거룩한 전승을 물려주는 것을 지칭할 때 사용한 것과 동일한 언어이며, 또한 이 언어는 바울이 주의 만찬에 관한 전승을 표현하면서 사용한 것과 동일한 용어이기도 하다(고전 11:23). 바울이 설교한 메시지는 궁극적으로 주님으로부터 나온 것이다. 왜냐하면 이 메시지는 그분의 사도들을 통해 다른 사람들에게도 전해진 것이기 때문이다.

이 메시지를 왜곡하는 사람들은 그리스도의 권위를 부정하고 받아들이지 않는 것이며, 또한 그렇기 때문에 저주받을 것이다(*anathema*). 구약성경에서는 하나님께서 파괴하시도록 하나님께 바쳐진 무언가를 표현할 때 이 단어가 사용되었다(참조. 신 7:26; 수 6:17-18). 바울은 지금 여기에서 교회를 훈련시키는 것에 대해서 이야기하고 있는 것이 아니다. 그의 언어는 훈련에 비하자면 너무나 강한 어조로 되어 있다. 바울은 그리스도 안에서 주어진 은혜의 복음을 왜곡하고, 실제적으로 모세의 율법으로 하여금 영원한 계시의 형태가 되게 해서 그리스도의 자리를 대신하게 만드는 사람들을 향해, 하나님의 최종적인 심판과 저주가 있을 것이라고 선언하고 있다. 그들은 선지자들이나(왕상 11:30-31) 혹은 사도들(마 10:14)의 메시지를 거부하는 자들과 비슷한 자들이다.

바울의 도입부는 많은 것을 담고 있다. 이 안에는 하나님의 은혜와 평강이 신자들에게 임하기를 소원하는 것에서 시작해서, 그 은혜를 거부하는 자들을 향한 저주까지 담겨있다. 이 안에는 바울이 얻은 직분과 상태(사도)에서 시작해서, 가장 심각한 상태(저주)까지를 담고 있다. 이 도입부분은 우리에게 갈라디아 교회의 문제의 핵심이 무엇인지를 알려준다: 은혜의 복음과 그리스도를 최소화하는 복음 양자 사이의 전쟁.

상황잇기

성경을 읽는 모든 사람들은 성경 안에 들어있는 가장 작은 단어들에 대해서조차 깊이 생각하고 묵상하는 것을 통해 삶에 대한 적용점들을 낳을 수 있다는 점을 잘 알고 있다. 이 한권의 주석이 담아낼 수 있는 범위가 제한되어 있기 때문에, 우리는 바울이 갈라디아서의 제일 첫부분 아홉 구절에서 사용한 모든 내용들에 대해서 적용점들을 제시할 수는 없다. 우리는 그저 큰 땅을 살펴봐야만 하고, 좀 더 중요한 지형들에 대해서 찾아내야만 한다. 이런 일들은 흔히 논리적으로 좀 더 중요한 단어들을 찾아내는 것을 통해서 그리고 신학적으로 가장 중요한 개념들을 찾아내는 것을 통해서 그리고 실제적으로 관련성이 깊은 이슈들을 찾아내는 것을 통해서 이루어지곤 한다. 물론 이렇게 했음에도 불구하고 우리는 중요한 것들을 놓칠 수도 있다. 예를 들어서, 그리스도의 부활은 기독교인의 삶과 변증학 모두에게 매우 중요하다.[7] 바울은 1절에서 부활에 관해서 언급하지만, 그러나 부활은 갈라디아서의 신학에 있어서 그리 결정적인 역할을 하지 않는다. 이 주석은 단어 하나하나를 주해하고 살펴보는 주석이 아니기 때문에, 우리는 성경 본문이 담고 있는 모든 표현들을 어떻게 적용할 것인지를 추적해 볼 수는 없을 것이다. 이 특별한 섹션(1:1-9)에서, 우리는 성경 본문을 현재에 적용하기 위해 과거와 현재 사이에 연결점 역할을 해주는 중요한 세 가지 요소들에 대해 살펴보고자 한다.

(1) 바울이 지금 직면하고 있는 문제들이 우리가 오늘날 직면하는 것과 사뭇 다른 종류의 문제라는 점은 갈라디아서를 읽는 모든 독자들이 분명히 알 수 있는 점이다. 바울은 디아스포라 유대인이었고, 아마도 예루살렘에서 성장한듯하다. 그리고 그는 지금 순회 전도자들과 대립하고 있는데, 그들은 그리스도의 사도적 복음에다가 모세를 첨가시켜서 복음을 왜곡시켰던 자들이다. 그들은 이런 그들의 방식을 통해서 예루살렘에서의 삶(그리고 다른 장소들에서의 삶)을 좀 더 사회적으로 충족적인 삶이 되게끔 하려 했던 자들이었다. 그들은 이런 방식을 통해 기독교를

7. J. R. W. Scott, The *Contemporary Christian*, 70-85를 보도록 하라.

가장 풍성한 형태로 만들 수 있다고 생각했었다. 사실 나는 기독교인이 이런 방식을 통해서 유대교인이 되었다는 것을 거의 들어본 적이 없다. 슬프게도, 나는 누군가가 그리스도를 거부하고 유대교를(혹은 다른 믿음을) 선택했다는 이야기는 들어왔다. 달리 말해서, 우리가 이 도입 부분을 적용하고자 할때도, 우리는 그때와 지금 사이의 유사성만이 아니라 차이점들에 대해서 잘 인식하고 있어야만 한다.

우리는 본문을 적용하기 위한 강력한 단서로서, 당시 유대주의자들의 사회적 정황에 대해 잘 알고 있어야만 한다. 오늘날에도 어떤 기독교 지도자들은 특정한 사회적 그룹에 속하기 위해 무던히도 애쓰곤 하는데, 우리는 아마도 이런 지도자들로부터 깊게 영향을 받은 기독교인들에 대해서 발견할 수 있을 것이다. 아마도 이들은 과거 유대자주의자들과 마찬가지로 무언가 박해를 피하기 위해 다른 사람들에게 어떤 메시지를 부과하곤 할 것이다.

우리에게는 바울이 "결코 복음이 아닌 것"(7절)이라는 말로 표현하고자 했던 것이 무엇이었는지를 이해하는 능력과, 또한 오늘날 어떤 시류와 사상들이 복음 그 자체를 변형시키고 대체해왔는지를 이해할 수 있는 능력이 필요하다. 이것이 갈라디아 성도들에게 보낸 이 편지가 담고 있는 짐이다. 만약 우리가 갈라디아서의 중심 적용점을 율법주의라고 생각하고 그 부분에만 빠져들게 된다면, 우린 이 서신을 이해하는데 실패한 것이다. 율법주의는 옳지 않은 것이었다. 그건 율법 자체가 무언가 옳지 않은 것이어서가 아니라, 율법주의가 예수 그리스도와 성령님을 대체하고 있기 때문이다. 우리가 앞서서 서론 부분에서 이미 지적했던 것처럼, 우리는 그리스도께서 축소되거나 혹은 핵심에서 밀려나게 되는 경우들을 잘 분별해야만 한다. 또한 기독교인의 삶속에서 성령님이 갖는 중요한 역할이 제거되는 경우들도 잘 분별할 수 있는 하나님의 은혜를 받아야만 한다. 만약 우리가 그저 단순하게 바울의 정황에서부터 우리의 정황으로 옮겨온다면, 우리는 그저 이단들 즉, 모세의 율법을 보충함으로써 은혜의 복음을 왜곡시킨 이단들이라는 측면만 생각할지도 모른다. 이런 식으로 생각하다보면, 심지어 복음에 율법주의를 첨가한 모든 형태들에 대해 생각하는 것에까지 생각의 범위를 확장시키게 될지도 모른다. 그러나 이는 갈라디아서의 핵심을 놓치는 것이다.

바울은 갈라디아서를 통해 우리에게 첫째로 그리스도의 중심성과 둘째로 성령님의 결정적 중대성을 역설한다. 구체적으로 어떤 종류의 왜곡이 일어났는가라는 지엽적 문제는, 그런 왜곡과정을 통해 그리스도와 성령님에 대해 무슨 일이 벌어졌는가라는 핵심 문제에 비하면 훨씬 덜 중요한 부분이다. 우리는 갈라디아서를 적용하려 시도할 때에, 그리스도의 충족성과 우리 삶에서 성령님께서 행하시는 권능의 역할을 깎아내리는 사상들, 관습들, 사람들을 심사숙고하는 모습으로 찾아봐야만 한다.

다시 말하지만, 우리는 기독교인의 삶에 들어있는 모든 규칙이나 규정들이 갈라디아의 율법주의가 드러나는 모습이라는 생각에 빠져들지 않도록 우리 생각을 잘 지켜야만 한다. 사실, 우리는 규칙들이 기독교인의 발전과 성장에 있어서 교육적으로 유용할 수 있다는 것에 대해 확신을 갖고 있다. 우리가 갈라디아서의 메시지를 적용할 때 찾아내고자 하는 바는, 다름아니라 복음을 왜곡시키는 규칙들 혹은 규정들이다. 우리는 다양한 메시지들이 어떤 역할들을 하는지를 구조적으로 분해하고 분석할 능력을 갖고자 하는 것이고, 이를 통해서 전체 속에서 각각의 부분들을 볼 수 있는 능력을 갖추는 것을 추구하고 있다.

이단은 참된 것을 변형시킨 것들이다. 오늘날 현대 세계 속에서 이와 비슷하게 나타나는 평행적인 모습들을 찾아내려 할때, 우린 복음이 보충되거나, 추가되거나, 변화되거나 혹은 바뀌었을 때 어떤 일들이 생겨나는지를 알 필요가 있다. 예를 들어, 우리가 구원이 오로지 은혜를 통해서만 주어진다는 것을 강조할 때, 어떤 일이 일어나는가? 사람들의 만족과 안정감이 증가되는가, 아니면 기독교인들은 기독교인들의 거룩함이 하나의 옵션일 뿐이라는 느낌을 갖기 시작하는가? 아마 후자일 것이다. 그렇기에 우리는 과연 이런 강조가 은혜의 복음과 잘 일치되는 것인지 물어볼 필요가 있다. 우리가 대부분 느끼고 경험하듯 잘 맞지 않는다. 그러므로 우리는 우리의 복음이 도대체 어디에서부터 이런 인상을 풍기기 시작했는지 그리고 우리가 원래 말한 내용이 어디서부터 바뀌기 시작한 것인지 잘 찾아볼 필요가 있다.

만약 우리가 복음이 갖고 있는 요구사항들에 대해 강조한다면 어떤 일이 벌어질까? 기독교인들은 그리스도의 충족성에 대한 확신만으로는 무언가가 부족하다는 생각을 발전시키기 시작할 것인가? 아니면 그들은 복음이 짐이라는 느낌을 갖기 시작할 것인가? 우리가 기독교인의 삶에서 훈련이 갖는 중요성을 강조하면 어떤 일들이 벌어질까? 기독교인들은 특히 젊은 기독교인들은 성령님께서 우리 삶에 가져다주시는 역동성에 게을러지기 시작할 것인가? 이 모든 일들에 있어서, 우리에게 필요한 것은 오직 하나님의 은혜의 결과를 통해 얻을 수 있는 적절한 균형이다. 하나님의 은혜와 은혜가 우리 삶에 부과하는 요구사항들, 이 두 가지에 대한 균형잡힌 인식이다. 우리는 하나님의 은혜에 대해서 설교해야만 하며 또한 변화를 불러오는 복음의 능력들에 대해서도 동시에 설교해야만 한다. 아마 우리는 우리의 문제점들에 대해서 한쪽 맨끝에서부터 접근하며 보기 시작할 수 있을 것이다. 만약 우리가 성령님으로부터 떨어져 있으면서도 만족해하고 있는 사람들을 본다면, 혹은 전적으로 그리스도를 의지하는 삶을 살지 않으면서도 만족해하는 사람들을 본다면, 그렇다면 우린 우리의 복음이 혹시 사람들을 복음의 핵심적인 특징들로부터 동떨어지게 이끌고 있는 것은 아닌지 검토해볼 필요가 있다.

(2) 나는 전도유망한 학생들이 바울 스타일과 비슷한 인사말로 시작하는 편지를 내 사무실로 보내오는 것을 심심찮게 받곤 한다. 모방은 잘못된 것이 아니다. 그러나 나는 바울이 이 부분에서 편지 쓰는 법을 가르치고 있는 것이라고 생각하지는 않는다. 바울은 기독교인의 의사소통 형태에 관해 교훈을 주고 있는 것이 아니다. 우리가 편지를 쓰는 형태는 바울의 방식과는 사뭇 다르다. "친애하는 데이빗씨 등." 만약 편지를 "설교자이며 성경 교사인 스캇 맥나이트씨" 이런 식으로 시작하는 것은 오늘날 입장에서는 과장된 것으로 괴짜인것처럼 보일 것이다. 내가 여기서 강조하고자 하는 것은 갈라디아 교회들과 바울 사이에는 긴밀한 내적 연결성이 형성되어 있었고, 이런 모습은 바울과 오늘날을 사는 우리들 사이에도 여전히 동일하게 남아있다는 점이다.

우리는 바울로부터 갈라디아 성도들이 받은 것과 비슷한 인사를 받는다, 왜냐하면 우리도 갈라디아 성도들과 마찬가지로 그리스도를 신뢰하는 것을 통해 (복음을 곡해하는) 이 악한 세대로부터 건짐 받았기 때문이다. 우리는 이 부분에서 기독교인들이 서로서로간에 갖고 있는 관계성에 대해 중요한 사실을 배우기는 하지만 (그리고 간접적으로는 좀 더 권위를 갖고 있는 자들이 그들이 책임지고 있는 사람들과 때때로 어떻게 연락하고 관계를 맺어야 하는지에 대해서도), 갈라디아서에 면면히 흐르고 있는 교훈은, 어떻게 편지를 써야하는가라는 문제와는 아무 상관이 없다. 이 부분에 담겨 있는 교훈은, 우리가 그리스도로 인해 누리는 영적 하나됨과 관련되어 있고, 또한 그런 하나됨속에서 우리가 어떻게 서로에게 다가설 수 있는지와 관련되어 있다.

(3) 바울이 사도였다는 사실이 우리에게는 어떤 의미를 갖는가? 과연 이점이 중요한 것인가? 오늘날 우리들도 사도를 갖고 있어야만 하는가? 우리(나는 나 자신도 여기에 포함시킨다) 주변에는 우리 지성을 향해 무엇이 신학적 정통주의인지를 권위를 가지고 지도해주거나 혹은 오늘날 교회가 직면하고 있는 이단들을 향해 이단이라고 규정해줄 수 있는 그런 사도는 없다고 말해야만 한다. 우리는 바울같은 사도들과 어떻게 관계를 맺어야만 하는가? 그리고 바울과 우리의 관계성은 우리

가 교회안에 있는 다른 권위있는 직분들과 맺는 관계들에 대해 어떤 영향을 끼치는가? 우리는 성경의 권위를 믿는 사람들이고, 특히 바울이 갈라디아에 보낸 서신의 권위를 믿는 사람들이고, 또한 바울이 자신의 서신 안에 기록해 놓은 그의 권위에 우선적으로 복종하기를 원하는 사람들이다. 하지만 그냥 덮어놓고 이런 식이 되는 것이 아니라, 성경 본문을 묵상한 결과로 이런 모습이 되기를 원한다. 이런 묵상을 하려면 고대 본문 자체와 이 문헌이 그 당시 어떤 의미를 갖고 있었는지에 대해 꼼꼼히 살펴보는 것이 필요한 것은 물론이고, 오늘날 현대 사회와 교회들에 대해서도 탐구해 보는 것이 필요하다.

그러나 오늘날 우리가 본문에 접근해 갈 때, 우리는 이 서신 안에서 여전히 사도적 지도를 받을 수 있으며, 또한 이 서신은 우리로 하여금 복음에 부합하는 길로 우리를 이끌어줄 수 있다는 사실을 분명하게 인식해야만 한다. 때때로 우리들은 오늘날 현대 사회에서 좀 더 명확하게 우리들을 지도해줄 목회자들과 교사들을 필요로 할 수도 있다. 그러나 우리는 만약 우리가 적절하게 이 서신을 읽고 분별력있게 적용한다면, 이 서신이 우리들을 이단적인 탈선과 교조적인 왜곡들 속에서 잘 지도해 줄 수 있다는 점도 확신해야만 한다.

현대적 의미

우린 비록 짧긴 하지만 본문을 고대 정황 속에서 살펴보았다. 또한 독자가 고대 본문을 현대 세계속에 적용할 때 어떤 단계들을 밟아야하는지에 대해서 일정부분 언급했다. 그러므로 이제 우리는 몇몇 적용가능한 부분들을 중점적으로 살펴보는 일에 주의를 집중시켜 보고자 한다. 이 섹션에서 제공되는 내용과 자료는 때때로 복음을 가르치거나 설교하는 일을 하는 사람들에게 유용할 것이다. 그러나 우리의 계획은 여기 나오는 각각의 적용점들이 일반적인 모든 기독교인의 삶에 유용한 것이 되는 것이다.

첫째로, 우리가 바울의 편지에 대해 보이는 반응은 우리가 그리스도를 향해 어떤 태도를 갖고 있는지를 보여준다. 예수님께서는 말씀하셨다. “너희를 영접하는 자는 나를 영접하는 것이요, 나를 영접하는 자는 나를 보내신 이를 영접하는 것이니라.” 만약 사도가 예수 그리스도의 개인적인 대리자라는 것이 사실이라면, 그리고 만약 대리자가 자신을 보낸 사람을 대리하는 대표성을 갖고 있는 것이 사실이라면, 그렇다면 바울의 메시지는 예수님으로부터 주어지는 메시지가 된다. 이를 인정한다는 것은 모든 기독교인들이 사도의 편지를 권위있는 것으로 받아들여야만 한다는 의미를 함축한다. 왜냐하면 그들의 메시지는 예수 그리스도께서 주시는 메시지이기 때문이다. 물론 이렇게 받아들이는 것은 다양한 방식들을 통해 작동한다.

예를 들어, 우리는 복음에다가 우리 자신을 첨가하려는 잘못된 경향을 가질 수도 있다. 갈라디아서와의 만남은 우리에게 그런 모든 첨가들을 다 내려놓으라고 도전할 것이다. 우리는 어쩌면 오늘날의 급진적인 다원주의에 매력을 느낄 수도 있다. 즉, 모든 사람들이 결국에는 구원받게 될 것이라는 매력적인 주장에 마음이 끌릴 수도 있다. 그러나 만약 우리가 사도에 대한 가장 초창기 개념규정을 받아들인다면, 그렇다면 우리는 바울의 메시지를 오늘날에도 적용해야만 한다. 즉 복음에 무언가를 첨가하는 것은 하나님께 인정받는 것이 아니라 저주를 받을 것이라는 메시지를 말이다.

사도의 메시지가 그리스도의 메시지이기 때문에 거기에 복종하는 것은 오늘날의 성도들이 성경을 연구하는 이유이자 자신들의 관점을 성경을 기준으로 고정시키는 이유이기도 하다. 우리가 "가정 성경 연구 지침서"를 남아메리카, 유럽, 루마니아등지에서 읽건, 아니면 미국에서 읽든지 우리는 기독교인들에 필수적으로 필요한 핵심적인 확신이 무엇인지를 읽고 있는 셈이다. 성경에 대한 복종. 빌리 그래이엄 목사가 설교하는 장면을 찍은 모든 사진들을 잠간동안 주욱 훑어보면, 우리는 빌리 목사가 성경을 들고 있고 또한 성경에서부터 설교하고 있다는 것을 볼 수 있다. 예배당을 건축하는 양상도 성경이 교회안에서 중심적인 역할을 한다는 것과 성경의 권위에 대해 확인해 준다. 대부분의 교회들은 한가운데건 혹은 양 옆쪽이건간에 전면 쪽에 강대상이 놓여 있다. 강대상을 이런 위치에 배치하는 것은 성경이 교회 사역에 있어서 전면부를 차지한다는 것을 상징적으로 보여준다.

이런 점을 잘 보여주는 또다른 예를, 우리는 디트리히트 본회퍼의 생애를 통해서도 찾아볼 수 있다. 그는 독일 고백교회의 일원으로서 독일 지하 신학교(Finkenwalde에 있던)의 유일한 선생이었다. 그곳에 있었던 학생들은 하나님 말씀의 권위에 대해서 배웠고, 성경 말씀에 대해 묵상하고 기도하는 것이 근원적으로 중요하다는 점에 대해서도 배웠다. 심지어 본회퍼는 학생들이 다른 사람의 설교를 비평하는 것조차 허락하지 않았다고 한다. 왜냐하면 선포된 말씀은 청종되어야만 하고 유념해야만 하는 말씀이지, 평가되거나 논쟁될 수 있는 것이 아니기 때문이다.[8] 존 스토트는 이 점에 대해 잘 이야기한다.

이 점이 우리의 딜레마이다. 우리는 바울이 그의 메시지의 기원에 대해 설명하는 것, 즉 견고한 역사적 증거를 통해 지지받고 있는 그의 설명을 받아들여야만 하는가? 아니면 우리는 비록 그 어떤 역사적 증거를 통해서도 지지되지 않지만 우리 자신의 이론을 더 선호할 것인가? 만약 바울 자신의 복음이 사람으로부터가 아니라 하나님으로부터 온 것이라고 주장하는 것이 옳은 것이라면(참고. 롬 1:1), 그렇다면 바울을 거부하는 것은 하나님을 거부하는 것이다.[9]

하지만 우리는 이와같은 복종에는 성경 본문을 해석하는 것이 포함되어 있다는 점도 역시 역설해야만 한다. 어쩌면 일부 사람들은 이 역설에 대해 성경 본문에 완전히 복종하지 않고 애매하게 피해가는 것이라고 말할 수도 있을 것이다. 그러나 나는 성경 본문을 읽는 모든 독서는 해석이며, 또한 할 수 있는 최대한 성경 본문을 정확하게 해석해 내야 하는 것이 기독교인의 책임이라고 확신한다. 우리의 입장은, 성경 본문이 이야기하는 모든 것에 대해 복종하는 것이다. 성경이 우리의 사상과 라이프스타일에 대해 어떻게 말하는가와 상관없이 말이다. 우리가 만약 본문 해석을 왜곡해서 우리가 갖고 있는 전제들에 잘 들어맞게끔 바꾼다면 그것이 바로 우리가 애매하게 본문을 피해가는 것이다. 우리가 성경 본문이 우리 삶에 대해 무어라 이야기하건간에 본문을 있는 그대로 받아들이는 것, 이것이 본문을 피해가지 않는 것이다. 정직하게 성경을 읽는 사람들이 하나님의 말씀을 들을 목적으로 성경을 읽은 결과 자기자신이 틀렸다는 것과 자신이 하나님의 은혜가 필요하다는 것을 발견한 예들은 수도 없이 많이 제시할 수 있다.

둘째로, 우리는 바울이 1절에서 말하는 중요한 언급을 들을 수 있다. "사람들에게서 난 것도 아니요, 사람으로 말미암은 것도 아니요." 이 구절을 통해서 얻을 수 있는 적용점은 지극히 간단하면서도 핵심적이다. 적용점을 간단히 말하자면, 우리는 방금전에 말한 개념들을 잘 지키면서 우리가 행하고 있는 관습들을 잘 살펴볼 필요가 있다. 과연 이런 관습들이 사람들을 기쁘게 하기 위해 만들어진 것은 아닌지 혹은 사람들이 만들어낸 것은 아닌지에 대해서 말이다. 우리는 지속적으로 우리의 신학을 개혁해나갈 필요가 있으며, 또한 우리의 관행들에 대해서 그리스도와

---

8. E. Bethge, *Dietrich Bonhoeffer: Man of Vision, Man of Courage*(New York: Harper and Row, 1970), 361-63; E. Robertson, *The Shame and the Sacrifice: The Life and Martyrdom of Dietrich Bonhoeffer*(New York: Collier, 1988) 123-26을 보도록 하라.

9. J. R. W. Scott, *Only One Way*, 37.

기록된 그분 말씀을 통해 주어진 하나님의 계시를 기준 삼아 각각 체크해볼 필요가 있다. 바울은 갈라디아의 율법주의라는 이단이, 다른 사람들로부터 인정받는 일에 치우쳐 있는 일련의 그룹에 의해 만들어졌다는 사실을 알고 있었다. 그는 또한 모세를 첨가하는 것을 통해 예수님을 완벽하게 만든다는 개념 역시, 하나님께로부터 주어진 것이 아니라는 사실도 알고 있었다. 도리어, 그런 생각은 인간–지향적이고 인간–중심적인 종교 시스템일 뿐이었다. 하나님의 말씀을 우리가 어떻게 해석해 나갈 것인가는, 어려운 문제이면서 동시에 단순한 문제이기도 하다. 이 문제가 어려운 이유는 오늘날 기독교 시스템들이 복잡하기 때문이고, 단순한 이유는 궁극적으로 우리는 그저 우리 개념들과 우리 관행들을 성경의 계시들을 통해 체크하기만 하면 되기 때문이다. 내가 믿기로는 오랜 시간동안 검증을 거쳐온 교회의 역사적이고 중요한 신조들과 고백들을 통해 체크하면 된다. 하지만 궁극적으로는 모든 일들을 최종적으로 체크하는 것은 바로 하나님의 말씀이다.

평생 동안을 살아오면서, 나는 다른 여러 그룹들로부터 압박을 받는 경험을 해왔는데, 지금 내가 깨닫기엔 그런 압박들이 거의 틀림없이 인간-지향적인 메시지를 반영한 것들이었다. 나는 오직 KJV만이 유일하게 허용된 번역본이라는 주장에 대해 연구했던 시기가 있었다. 나는 어떤 젊은 목회자가 내게 집에서는 NASB를 읽을 수도 있지만, 교회에는 그 성경책을 절대 갖고 와서는 안된다고 말하는 것을 들은 적이 있었다. 나는 이런 입장에 대해서, 좀 더 높은 권위를 갖고 있는 사람들이 자신들이 귀중하게 여기는 번역본이 새로운(그리고 좀 더 나은) 번역본에게 밀려나는 것을 원치 않기에 사회적 압력을 행사하는 것이라고 생각한다. 나는 설교자들이 극장에 가는 것, 댄싱장에 가는 것, 핵전쟁, 그리고 이런 여러 주제들에 대해 힘주어 열변을 토하는 것을 들어왔다.

나는 비록 이런 이야기들을 하는 동기들이 일반적으로 좀 더 기독교인다운 삶을 살아가는 것에 대한 열망 때문이라고 생각한다. 그러나 이런 설교를 하는 동기 안에는 그들이 인정하는 것보다 훨씬 더 많이 사회적이고 시대적인 압력들이 들어있다고 확신한다. 나는 정치적으로 다른 입장을 갖고 있는 기독교인들과 연대하는 것을 거부하는 일부 몇몇 리더들 속에서도 동일한 모습을 보아왔다. 우리는 도덕적 문제나 경제적 이슈들에 대해서 좀 더 정부친화적인 입장을 갖고 있는 사람들도 알고 있고, 또한 이와는 달리 좀 덜 정부 입장에 서 있는 사람들도 알고 있다. 나는 이런 양편 사람들 중에 성도들에게 설교를 하면서 자신과 다른 입장에 서 있는 기독교인들을 향해 감정을 표출하며 그들과의 단절을 심각하게 표현하는 사람들도 보아왔다. 그리고 매우 슬프게도, 이런 일은 너무나 종종 "하나님을 향한 두려움" 때문이 아니라, "사람들을 향한 두려움" 때문에 일어나는 일들이다.

우리가 생각해야 하는 또다른 부분은 기독교인으로서 우리가 갖고 있는 연합됨은 다른 사람들을 향한 접근방식을 변형시켜준다는 점이다. 우리는 아마도 바울의 인사말들을 통해 교훈을 얻을 수 있을 것이다. 바울이 살던 당시, 바울 주변의 온 세상들이 서로서로를 향해 "은혜"와 "평강"으로 인사를 나누었다. 반면 바울은 세상을 향해서가 아니라 갈라디아 교회들을 향해 하나님 아버지와 주 예수 그리스도로부터 주어지는 은혜와 평강으로 인사를 했다. 우리가 다른 기독교인들과 갖는 연결성은 우리의 사회적 관계들을 넘어선다. 우리의 연결성은 그 기원을 그리스도 안에서 우리를 위해 행하신 하나님의 은혜스러운 역사하심과 성령님을 통한 그 분의 역사하심에 두고 있다. 아마도 만약 모든 종파의 기독교인들이 서로를 향해 "주님의 평안과 은혜가 당신에게 있기를" 이렇게 인사하는 법을 배운다면 더 좋을 것이다. 이런 인사법은 아마 예배의식 바깥에서 하면 조금 불편할지도 모르지만, 그러나 우리 삶에 영적 역동성의 근원이 될 것이고 훨씬 더 효과적인 방식이 될 것이다.

갈라디아가 직면하고 있던 상황과 마찬가지로, 은혜 시대는 건짐받은 시대가 될 수 있지만, 그러나 동시에 "이 악한 세대"도 될 수가 있다. 만약 우리가 복음을 왜곡한다면 말이다. 바울에 의하자면, 그리스도의 십자가 안에 나타나는 하나님의 은혜는 우리를 이 악한 세대로부터 건져내주셨다. 우리가 앞으로 5장과 6장에서 보게 되겠지만, 이런 건짐은 성령님으로부터 주어지는 죄사함, 사랑, 자유를 가져다준다. 바로 이것이 전형적인 기독교적 삶이다. 나는 윗부분에서 갈라디아서에서의 이 악한 세대란 그리스도께서 오셔서 우리를 율법으로부터 옮겨주신 이후에 다시금 율법아래에서 살아가는 삶을 묘사하는 것이라고 주장했다. 그리고 바울이 말하는 바는 만약 우리가 그리스도나 성령님의 중심성을 축소하는 것을 통해 복음을 왜곡한다면, 우리는 그리스도께서 구원자가 아니신 세대, 성령님께서 우리에게 자유와 사랑을 가져다 주시는 분이 아닌 세대로 되돌아가 버리는 것이다.[10] 바울은 우리에게 우리의 복음을 잘 지켜서 그것이 "다른 복음"이 되지 않게 하라고 독려한다. 복음이 우리를 하나님께 받아들여지는 사람이 되게 해주지 못하는 그런 잘못된 복음으로 변질되지 않게끔 하라고 독려한다. 복음을 개봉하는 것은 새로운

10. 이 의미가 "구원을 잃어버림"인지에 대해서는, 5:1-12에 대한 주해 부분을 보도록 하라.

개념들을 기독교적으로 실험하는 것이 아니라는 점을 주의깊게 이해하도록 하자. 복음은 거룩한 신뢰이고 예수 그리스도께서 그러하시듯이 어제도 오늘도 내일도 동일한 것이다. 사회와 문화는 변화한다. 적용들도 변화한다. 기독교인의 삶의 스타일과 심지어 특정한 교리적 내용들도 변화한다. 그러나 예수 그리스도의 복음은 변화하지 않는다. 우리는 여전히 우리들에게 미지의 세계로 남아있는 삶의 광대한 영역들을 탐험할 모든 자유를 받았다.[11] 우리는 우리가 살고 있는 지금 세계를 향해 복음이 갖고 있는 적용점들이 무엇인지를 탐구할 수 있는 모든 자유를 받았다. 그러나 우리는 그리스도 안에서 주신 하나님의 은혜의 복음을 바꾸거나 수정할 자유는 결코 받지 않았다.

복음을 악용한 결과는 하나님의 저주를 받는 것이다. 우리는 우리의 메시지와 다른 사람들의 메시지를 분별할 때, 이 진리를 우리 앞에 간직하고 있어야만 한다. 아마도 저주에 관한 이 내용은 계시된 신약성경 전체에서 우리가 가장 선호하지 않는 부분일지도 모르겠다. 우리 사회는 본래적으로 다원주의적이고, 또한 다원주의에 호소하는 것을 통해 우리 세계의 거대한 다양성이 조화를 이루게끔 하는 사회이다. 미국에서는 헌법이 종교의 자유를 중요한 덕목과 항목으로 규정하고 있다. 기독교인들은 다양성이 있는 사회속에서 평화를 유지하면서 살려면 종교의 자유가 법적으로 보장되는 것이 필요하다는 것을 인정할 필요가 있다. 그러나 설령 그렇다 하더라도, 사회의 다양성으로 인해 관용과 톨레랑스가 필요하다는 이유만으로, 모든 종교가 진리라고 생각할 수는 없다. 이 부분에 있어서, 오늘날 기독교는 잘못된 길을 가고 있다. 이 부분에 있어서 우리는 이 세대의 힘에 굴복해왔다. 우리는 다른 사람들이 각각 그들이 선택한 방식대로 종교생활을 할 수 있는 그들의 권리들을 지켜줄 수도 있다. 그러나 우리는 이런 다른 종교들과 믿음들 역시 그 진리(the truth)라고 주장하는 것을 통해 복음의 진리를 축소시키지는 않는다.[12] 바울이 가르치고 있는 바는—그리고 여기에서 우리가 그의 사도적 권위를 다시 한번 언급

---

11. 이런 측면에 있어서 내게 도움을 준 책은, A. F. *Holmes, All Truth Is God's Truth*(Grand Rapids: Eerdmans, 1977)이다.

12. 하지만, 나는 다른 모든 종교에 있어서 모든 것들이 다 틀렸다고 확신하고 있는 것은 아니다. 이 점에 대해서는, Sir N. Anderson, *The World's Religions*(Downers Grove, Ill.: InterVarsity Press, 1975), *Christianity and Comparative Religions*(Downers Grove, Ill.: InterVarsity Press, 1970); C. H. Pinnock's *A Wideness in God's Mercy: The Finality of Jesus Christ in a World of Religions*(Grand Rapids: Zondervan, 1992)를 보도록 하라. 이 저자는 "배타주의" "포괄주의" "다원주의" 등에 대해서 상당히 탁월한 도움을 준다.

하는 것은—복음을 왜곡하는 것은 그들이 헌법적 권리를 통해 보호받고 있건 혹은 그렇지 않건간에, 하나님의 뜻에 반대되는 것이며, 하나님의 최종적인 분노에 직면할 일이라는 점이다.

오늘날의 문화 속에서는 이와 관련된 예들이 매우 많다.[13] 물론 지금 제시하려는 다음의 예에는 극단적 모습이 있기도 하지만, 이런 극단성은 이 이슈를 우리에게 좀 더 분명히 각인시켜 준다. 대학생이었을 때, 나는 벨기에 브뤼셀의 빌리 그래이엄 십자군(Billy Graham Crusade)이라는 단체에 속해 있었다. 나는 수많은 미국 대학생들과 함께 여러 다른 GEM(Great Europe Mission) 선교사님들을 도우면서 그해 초여름을 보내고 있었다. 아침마다 정기적으로 아침 찬양시간이 있었고-이때 존 스토트, 페스토 키벤기어, 루이스 팔라우 등과 같이 유명한 분들이 인도하셨다—그 뒤에는 소그룹 성경공부 시간이 있었다. 내가 속한 소그룹안에는 "하나님의 자녀들"(The Children of God)이라는 단체에 속해 있던 젊은 두명의 자매들이 있었다. 나는 그때까지 단 한번도 그런 단체에 대해서 들어본 적이 없었는데, 오스트리아의 선교사님들중 한분께서 이 단체에 대해 "특수한 형태의 선교그룹"이라고 알려주셨다. 이 두 단체들은 주님을 따르는데 있어서 내가 보기에 매우 신실하게 보였으며, 또한 두 그룹 모두 다 성경말씀을 매우 잘 알고 있는 것으로 보였다. 그들이 기도하는 모습은 매우 전통적이었으며 그저 조금 생소해보이는 몇 가지 개념들을 갖고 있다는 것 이외에는 별다른 특별한 모습도 없었다. 나는 그 당시까지는 이들에 대해서 거의 알고 있는 것이 없었는데, 그 이후로 그들에 대해 많은 것들을 배우게 되었다.[14]

터커(Tucker)는 '하나님의 자녀들'에 대해서 "종교적 운동이 어떻게 정통주의에서부터 정도를 벗어난 신앙과 관행으로까지 나아갈 수 있는지를 시각적으로 보여주는 예다"라고 말한다. 종종 신앙과 관행은 상상을 초월하곤 한다.[15] 이 운동의 창시자인 데이빗 모세버그(Mosesberg-그의 이름안에 모세가 들어있다)는 히피 세대들에게 접근하고자 시도하면서, 캘리포니아 헌팅턴 비치에서부터 복음전도 사

---

13. Ruth A. Tucker는 매우 명쾌한 요약을 해 주었는데, 그의 책제목은 지금 이 본문에서 나왔다. *Another Gospel: Alternative Religions and the New Age Movement*(Grand Rapids: Zondervan, 1989), 특히 "이단적 운동들"을 분석하는데 사용된 근본적인 개념규정과 카테고리에 대해서는 15-48을 보도록 하라.
14. 이에 대한 요약을 Ibid., 231-43에서 찾아볼 수 있다. 나는 이후로 나오는 내용을 전개함에 있어서, 그녀의 요약을 상당히 의존했다.
15. Ibid., 231.

역들을 시작했다. 그러나 다른 여러 소수집단 리더들이 그러하듯이,[16] 그도 결국 그의 주변에 독특한 제의 그룹을 형성하면서 조금씩 조금씩 변해갔다. 이후 버그(Berg)는 일부다처주의자와 신비주의자로 타락했고, 결국에는 미국에서 쫓겨났다. 그는 1972년 영국에 정착했다(그리고 우리가 유로훼스트75(Eurofest75)를 위해 브뤼셀에 있던 것은 1975년이었다). 결과적으로 말해서, 버그는 결국 종교적 매춘과 전도를 융합해서 "농염한 낚시"(flirty fishing)라고 불리는 제도를 만들었고, 그의 그룹 이름을 사랑의 가족(Family of Love)이라고 바꾸고서 테네레페(Tenerife)라는 섬으로 이주했다(아프리카 북서부의 섬). 비록 이 운동이 지금까지도 여전히 존재하기는 하지만(다양한 이름으로), 버그의 흡입력은 거의 완전히 사라져버렸다.

우리는 이 경우에서 전형적인 이단의 예를 찾아볼 수 있다. 비록 그 최종적인 결과나 본질적인 지향점이 지금 보기엔 우스꽝스럽지만, 그러나 이 이단이 처음 출발할 때에는 현대적인 세대들을 찾아나가 바로 그들에게 효과적인 방식으로 복음을 전하는 모습을 갖고 있었다. 우리 소그룹에 속해 있었던 젊은 자매들이 벅스와의 부적절한 관계에 간여하고 있었을수도 있고 혹은 그렇지 않았을 수도 있지만, 여하튼 그들은 그의 부적절한 울타리안에 빠져들어가 있었고 그 비극적인 컬트의 일원이 되었다. 복음에 대한 왜곡은 처음 출발점이 아무리 사소하다 하더라도, 결국에는 복음을 악취나게끔 타락시킨다.

그렇다면 우리는 이런 타락들에 대해 무어라 이야기해야 하는가? 우리는 바울이 사용했던 것과 동일한 종류의 거친 표현법들을 사용해야만 하는가? 다시말하지만, 우리 시대의 문화는 바울 당시의 문화와 다르다. 과거에는 자신이 무언가에 동의하지 않는다는 것을 표현할 때 사용할 수 있던 것으로 여겨지던 표현 형태들이, 오늘날에는 사용 할 수 없는 표현들인 경우들도 있다. 고대 문헌을 읽을 때, 나는 이런 차이점들을 살펴왔다. 고대 세계는 차이점들을 표현함에 있어서 과장적인 언어를 즐겨 사용했다. 나는 고대 문헌에서 이런 모습을 보여주는 상당히 많은 표현과 언어들을 제시할 수 있다. 예전 사람들은 과도한 표현을 즐겨했고, 또한 그런

16. Waco, Texas의 Branch Davidians이라는 컬트 리더인 David Koresh가 최근에 볼 수 있는 이와같은 인물이다. 이 챕터를 아직 편집하고 있는 지금 현재 시점에서도, 그가 자행하고 있는 섞은 불들이 여전히 사그라들지 않고 있다. Koresh가 처음 시작할때의 모습은 그의 리더십의 마지막이 보여준 모습과는 달리 매우 드라마틱했다는 사실을 잊지 않는 것이 중요하다. 도대체 어떻게 그런 정신병자같은 사람을 사람들이 추종하고 따르고 연결될 수 있는지 그 이유를 이해하는 것은 매우 어려운 일이다. 그러나 우리는 그의 운동이 처음 시작되던 모습을 잘 살펴보면, 이런 부분에 대해서 설명하고 이해하는데도 도움이 될 것이다.

표현들에 대해서 마찬가지로 과도한 표현들을 사용해서 대응하기도 했는데, 이것이 효과적인 대응 방법이기도 했다. 하지만 오늘날에는 무엇이 되었건간에 특정한 그룹들에 대해 공격하는 것에 대해 지나치게 과민한 사회가 되었다. 그래서 오늘날에는 성경본문을 다시 꼼꼼히 읽어보면서 본문들이 혹시 인종, 종교 그리고 성별문제에 예민한 그룹들에게 공격적인 본문이 있지는 않은가 살펴봐주는 편집자들이 있는 시대가 되었다. 우리가 사는 세계는 과거의 세계가 아니다. 오직 이 한 가지 이유 때문에, 나는 우리가 우리 결정들을 좀 더 조심스럽게 표현할 필요가 있다고 생각한다. 또한 바울이 갈라디아서 1장에서 취했던 방식보다 좀 덜 선동적인 방법들을 사용할 필요가 있다고 믿는다.[17]

나는 갈라디아서를 통해서 복음에 대한 왜곡이 가져오는 심각한 결과들에 대해 어떤 방식으로 이야기해야 하는지에 대해 중요한 점을 배울 수 있다고 믿는다. 바울은 이단들이 자신과 일치하지 않는다는 것이 아니라, 그들이 복음과 일치하지 않는다고 분명하게 규정하는 방식으로 이단들에 대해 비판한다(8절). 달리 말해서, 바울은 복음에 대해서 그들뿐만 아니라 자기자신도 복종해야 한다는 점을 분명히 했으며, 또한 만약 자신이 복음을 왜곡한다면 그들과 마찬가지로 자기자신도 위험하다는 것을 명확히 했다. 이단에 대해 우리 식으로 경고하자면, 우리는 아마도 2인칭("만약 네가 복음을 왜곡한다면, 너는 저주를 받을 것이다")보다는 3인칭을 사용해야만 할 것이다("이는 이런 경우에 대한 경고입니다.…"). 더군다나, 바울은 도대체 무엇이 문제점이고 잘못된 것인지를 상당히 명확하고 분명하게 표현했다. 그는 어떤 사람들에 대해 교조적인 장광연설을 늘어놓은 것이 아니었다. 갈라디아에 보내진 이 서신은 유대주의자들의 왜곡에 반대하는 내용과 은혜의 복음에 대한 설명들을 조심스럽게 잘 펼쳐놓고 있다.

오늘날 우리들에게 필요한 것은 좀 덜 과격하게, 좀 덜 감정적으로 격렬하지 않게, 그리고 훨씬 더 조심스럽게 예수 그리스도의 복음의 신실함을 입증하는 주장을 구성해야만 한다. 최종적으로 바울이 쓴 이 서신 전체는 성령님으로부터 오는 자유와 사랑에 초점을 맞춘다. 만약 우리가 설교하거나 가르치거나 변증할 때, 설교하는 방식 자체가 복음의 영광스러운 자유를 희미하게 만드는 그런 방식이나 혹

17. 고대의 선동적인 수사법들이 수용되고 받아들여졌다는 점에 관한 분석과 연구에 대해서는, L. T. Johnson, "The New Testament's Anti-Jewish Slander and the Conventions of Ancient Polemic," *Journal of Biblical Literature* 108 (1989): 419-41을 보도록 하라.

은 그들을 향한 하나님의 사랑을 숨기는 방식이 된다면, 그렇다면 우리는 복음 그 자체가 무엇인지를 담아내고 전하는데 실패하는 결과를 낳을 것이다. 그렇다 우리는 기꺼이 문제들과 마주대해야만 한다. 그러나 우리는 복음 그 자체와 일치하는 방식으로 마주대해야한다. 기독교인들은 그리스도의 복음을 매우 명백하고 열정적으로 변호하고 전해야만 하며, 이런 방식으로 이렇게 행함으로써 그의 영광이 나타나게끔 해야만 한다.

갈라디아서 1:10-12

10 이제 내가 사람들에게 좋게 하랴 하나님께
좋게 하랴 사람들에게 기쁨을 구하랴 내가
지금까지 사람들의 기쁨을 구하였다면 그리
스도의 종이 아니니라
11 형제들아 내가 너희에게 알게 하노니 내가
전한 복음은 사람의 뜻을 따라 된 것이 아니
니라
12 이는 내가 사람에게서 받은 것도 아니요 배
운 것도 아니요 오직 예수 그리스도의 계시
로 말미암은 것이라

원 의미

바울의 서신은 이제 도입 부분으로부터 본론으로 옮겨간다. 갈라디아서의 본론 부분은 1:10에서 시작해서 기술적으로는 6:10까지이다. 1:10-2:21은 바울 복음의 독립성을 제시하고 보여주는데 중점을 두고 있다. 꽤 많은 분량인 이 부분은 종종 "자서전 섹션"이라고 불려지기도 한다. 바울은 자신의 복음이 인간적인 가르침(1:13-17), 유대에 있는 교회들(1:18-24), 예루살렘 "기둥들"(2:1-10), 특별히 사도 베드로(2:11-21)로부터 독립적인 것이라고 주장한다. 바울은 이 모든 부분들을 그의 복음의 근원이 아니라고 제거해버리는 것을 통해서, 최소한 두 가지를 달성한다. (1) 바울은 자신의 복음이 예수 그리스도로부터 직접 주어진 계시라는 점을 신빙성있게 만들었다. (2) 바울은 그의 대적들이 자신의 복음이 독립적인 것이 아니라 예루살렘이나 혹은 적어도 예루살렘과 연관된 사람들에 의존적인 것이라고 주장하는 것을 박살내고 있다. 그렇기 때문에, 그들은 여지껏 (우리가 언급한대로) 기독교에 새롭게 회심하는 사람들은 또한 유대교로 완전히 회심해야만 한다고 주장해왔음을 알 수 있다.

"미러 리딩"(mirror reading) 방법을 통해서,[1] 우리는 1:10-2:21에 나타나는 바

1. 여기서의 미러 리딩(Mirror reading)은 바울의 부정적 서술(즉, "나의 복음은 예루살렘 리더들로부터 온 것이 아니다")로부터 대적들이 말한 긍정적 서술("바울의 복음은 예루살렘으로부터 온 것이 틀림없다. 왜냐하면 모든 좋은 것들은 예루살렘으로부터 나오기 때문이다")라는 내용을 추론해 내는 과정이다. 이런

울의 포커스와 톤을 통해서, 바울의 대적들이 그의 복음이 궁극적으로 예루살렘에서 기인한 것이며 또한 예루살렘에서 사역했던 초기 유대인 사도들로부터 기인한 것이라고 주장했었다고 추정해 볼 수 있다. 유대주의자들은 바울의 복음을 포함해서 복음이 예루살렘에서부터 나온 것이라고 제시하고 입증한 뒤, 그 이후에 자신들 역시 예루살렘을 대표하고 있다고 주장했을 것이다. 어쩌면 그들은 심지어 그들이 예루살렘에서부터 주어진 가장 최신의 복음을 보여주고 있노라고 주장했을지도 모른다. 이렇게 함으로써 그들은 자신들이 올바른 전통과 전승이라고 주장하는 내용을 통해, 바울이 전한 복음을 바로잡고, 수정하고, 보충할 수 있노라고 주장했을 수도 있다. 실제로, 그들은 바울의 복음은 참된 복음의 축약된 형태라고 주장했을 수도 있다. 그들은 이렇게 주장한 뒤, 바울이 갈라디아에 있는 이방인들에게 좀 더 매력적이 되게하려는 목적으로 권위있는 정통 복음을 축약해서 전했다는 자신들의 주장을 계속 전개했을 것이다.[2]

이 모든 내용들은 오늘날 우리 각 개인들과는 아무 상관없는 것처럼 보일 수도 있다. 지금 현재 우리가 보고 있는 문제는 사회학적인 위기와 관련된 것이다. 미국 정치에 있어서 워싱턴 D.C.는 핵심적인 곳이다(워싱톤에서부터 나오는 결론이 최종적이다). 서구 기독교에는 이와 같은 장소가 없다(일리노이의 휘튼, 미시건의 그랜드 래피즈, 테네시의 내쉬빌, 텍사스의 포트 워스등이 각각 그들의 중요성을 갖고 있기는 하지만). 1세기 초반 기독교에 있어서, 예루살렘은 고향이었고 그곳에서부터 모든 선한 것들이 나온 것으로 간주되었다. 우리는 예루살렘이 고대 유대교에서 얼마나 핵심적인 역할을 했는지를 분명하게 잘 알고 있다. 가장 초기 기독교에 있어서도 이점은 마찬가지였다. 기독교적 사고의 발전에 필요한 모든 권위들과 지식이, 바로 그곳에 주재하고 있었다. 사도들은 상당히 오랫동안 그곳에서 중추

과정은 주석 작업에서는 평범한 과정이며, 저자가 글을 쓰고 있는 정황과 직접 관련지어서 저자의 톤과 초점이 무엇인지를 단순히 추정하는 일일 뿐이다. 이 경우에 있어서, 우리는 바울이 자신의 독립성에 대해 말할 필요가 생겼다고 추정한다. 왜냐하면 그의 독립성이 부정되고 있었기 때문이다. 이 점에 관해서는, J. M. G. Barclay, *Obeying the Truth*, 40-41을 보도록 하라. 바클레이(Barclay)는 독자가 미러-리딩을 하는 것을 도와줄 수 있는 네 가지 기준들을 제시한다. (1) 놀람의 표현들이 갖는 톤, (2) 놀람이 등장하는 빈도수, (3) 놀람의 명확성, 혹은 (4) 놀람의 낯선 양상. 바클레이(Barclay)는 이에 대해서 "Mirror-Reading a Polemical Letter: Galatians as a Test Case," *JSNT* 31(1987): 73-93에서 좀 더 많은 연구결과를 제시하고 있다. 갈라디아서 전체에 걸쳐 이런 기준을 적절하게 적용해본다면, 독자들은 유대주의자들의 모습이 어떠했는지를 좀 더 찾아볼 수 있을 것이다. 이런 과정은 개인적인 성경연구나 혹은 그룹 성경연구를 통해 시행될 수 있다.

2. J. C. Beker, *Paul the Apostle: The Triumph of God in Life and Thought*(Philadelphia: Fortress, 1980), 43-44 부분을 좀 더 살펴보도록 하라.

적 인물로서 역할했으며, 성경에 대한 지식은 그곳에서 연구되었다. 위기는 매우 간단하다. 예루살렘이 모교회인가 혹은 그렇지 않은가? 예루살렘 리더들은 권위가 있는가 혹은 그렇지 않은가? 기독교 운동에 대한 아젠다를 결정하고 전개하는 것은 누구인가 디아스포라 이방인 기독교인들인가 혹은 본토의 전통적인 리더들인가? 예수 그리스도의 복음은 유대교의 유산을 제거하는 것인가 아니면 아브라함과 체결된 언약을 참된 것으로 견지하는가?

이 위기는 이스라엘이 특권적인 존재인지 아닌지 그리고 새로운 운동에 있어서 그들이 어떤 지위를 갖고 있는지에 관한 것이었다. 그래서 유대인의 차별성이 이슈가 되었다. 잡다한 것들이 섞여있는 교배적 모습이나 혹은 비(非)유대교적 디아스포라와 반대되는 모습으로서 말이다. 바울은 자신의 복음이 유대적인 것이 아님을 단순명료하게 제시하는 것을 통해 이런 입장에 맞섰다; 도리어, 그는 자신의 복음은 예수 그리스도로부터 온 것이며 모든 사람들을 묶어주는 것이라고 주장했다. 그렇기 때문에, 복음은 이방인들에게 유대인화하는 것을 요구하지 않는다. 바울은 문화적 제국주의라는 종교적 복장을 반대했다. 왜냐하면 이런 복장은 그 자체가 배타적인 모습을 갖고 있기 때문이다.

1:10-2:21의 첫째 부분에서는 이점을 매우 명확하게 서술한다. 바울은 자신의 복음이 실제로 예루살렘이나 그곳의 리더들에게 의존하고 있지 않다고 주장한다. 대신, 독립적인 것임을 주장한다. 그는 우선 이와같은 주장을 일련의 질문들(1:10)을 통해서 전개하는데, 이 질문들은 각각 그가 사람을 기쁘게하는 것이 아니라 하나님을 기쁘시게 하는 것을 추구한다는 내용을 담고 있다. 그는 그런 뒤 자신의 독립성을 부정적인 방식으로(11-12a절: 사람에게서 받은 것도 아니요) 서술하고, 뒤이어 긍정적인 방식으로(12b절: 예수 그리스도로 말미암은 것이라) 선포한다.

여기에서 바울의 질문들은 매우 중요하다. 그가 제기한 질문들이 각각 대답들을 담고 있다고 보는 것이 합리적일 것이다. "이제 내가 사람들에게 좋게하랴?" 그의 대답. "아니다, 유대주의자들이 틀렸고 은혜의 복음이 그 핵심에 민족주의적인 특성을 갖고 있지 않다는 것을 보여주고자 하면서, 나는(바울은) 그저 하나님 앞에 신실하고자 할 뿐이다." 두 번째 질문은 이것이다. "내가 하나님께 좋게 하랴?" 여기에서 그의 대답은 다음 둘중 하나일 것이다. "그렇다. 나는 하나님을 앞에서 그분을 좋게 하는 삶을 살고자 모든 일을 한다." 혹은 "아니다, 나는 하나님께 인정을 얻으려고 이렇게 하고 있는 것이 아니다. 나는 예수 그리스도 안에서 이미 하나님께 인정받고 있다." 여기서는 앞의 대답이 좀 더 나을듯하다. 바울의 그 다음 질문은 이렇다. "내가 사람들을 기쁘게 하고자 노력하고 있는 것인가?" 대답. "아니다, 나는 하나님을 기쁘시게 하고자 노력하고 있다."[3] 만약 이것이 사실이라면, 유대주의자들은 갈라디아 사람들로 하여금 바울이 그들로부터 인정받을 목적으로 복음을 가지치기해서 단순한 핵심만 남게끔 만든 것으로 확신하게 만들고자 노력했었던 것으로 추측할 수 있다—마치 적은 돈만 갖고 있는 사람에게 컴퓨터를 팔기 위해 그에 적합한 시스템을 만들고자 "여러 부가기능들"을 제거하는 컴퓨터 세일즈맨처럼. 바울은 반박한다. "나는 사람들로부터 인정을 얻으려 하고 있는 것이 아니다. 나는 하나님께서 내게 계시해 주신 것을 설교하고 있다." 그들은 대답한다. "바울은 값싼 은혜, 율법없는 은혜, 하나님께 복종하는 것 없이 하나님으로부터 받아들여지는 것, 이런 것들을 설교하고 있다. 바울은 유대교와 율법의 가치와 댓가를 포함하지 않고 있는 그런 복음을 설교한다."

바울에게 있어서는 "사람을 기쁘게 하는 것"과 "그리스도의 종"이 되는 것 사이에는 근본적이고 급진적인 차이가 있다. 그에게는 그리스도의 종이 되는 옷을 받아들이는 것은(1:1에 나오는 "사도"와 유사한 용어), 사람을 기쁘게 하려는 욕심을 지금도 그리고 앞으로도 영원히 제거해버리는 것이었다. 그의 권위는 지금 매우 다른 종류의 권위이다.

"내가 전한 복음"(11절)[4]이란 무엇인가? "바울의" 복음에는 최소한 세 가지 차원이 있다. (1) 그의 복음은 구원은 수천년전에 모세를 통해 주어진 계시의 성취로서, 오직 예수 그리스도 안에서 주어진다는 복음이다. (2) 그의 복음은 하나님께 받아들여지는 것은 모세의 율법을 따라 살아가는 것과는 별개로, 오로지 믿음을 통해서만 이루어진다는 복음이다. (3) 그의 복음은 이런 받아들여짐과 교회 참여는 유대인들에게와 마찬가지로 이방인들에게도 동일하게 열려있다는 복음이다. 종교개혁 이후로 앞의 두 가지 측면이 신학자들에게 관심의 초점이 되어왔지만, 바울시대의 핵심적인 관심은 세 번째였다. 바울과 예루살렘 유대주의자들 사이의 논쟁의 뼈대는 다름아니라 율법과는 별개로 그리스도안에서 오직 믿음을 통한 칭의에 이방인들이 포함된다는 바로 이것이었다. 그리스도 안에서의 칭의는 유대주의자

---

3. F. F. Bruce는 두 개의 질문들에 나오는 동사들이 이슈라고 주장한다. "승인을 얻다" 그리고 "기쁘게 하다." 그런뒤 그는 첫째 질문에 대한 대답은 "사람"(바울은 사람들을 설득하는 것을 추구하고 있었다)이며, 둘째 질문에 대한 대답은 "하나님"(바울은 하나님의 승인을 추구하고 있었다)이라고 주장한다. *Galatians*, 84-86을 보라.

4. 바울의 복음에 대해서는 G. E. Ladd, *A Theology of the New Testament*(Grand Rapids: Eerdmans, 1974), 359-568을 보라.

들에게도 받아들여졌던 내용이었다(결국, 그들은 자신들이 기독교인이라고 주장했다). 이방인들을 향한 칭의 역시 참아줄만한 것이었다(유대인들은 이방인들이 유대교로 회심한 수많은 전례들을 갖고 있었다). 그러나 이것은 하나님 앞에서 모세의 율법에 대한 순종없는 칭의였고, 이는 참을 수 없는 것이 되었다. 이런 관점은 유대교의 존재 바로 그것을 위협했으며, 또한 이 서신 이면에 자리잡고 있는 사회적 위기를 만들어냈다.

위에서 언급했던 것처럼, 바울은 두 가지 부정적 주장을 제시하는 것을 통해 자신의 주장을 펼친다. (1) 그의 복음은 "인간이 만들어낸 무언가"가 아니며[5] 그리고 (2) 마치 도제방식으로 제자가 무언가를 배우듯 그렇게 "누군가로부터 복음을 받은 것도 아니다."[6] 도리어 바울은 자신의 긍정적 선언을 통해 "나는 예수 그리스도께서 주신 계시를 통해 복음을 받았다"라고 단언한다. 바울은 여기에서 분명하게 자신이 다메섹 도상에서 부활하신 주님을 만났음을 묘사하고 있으며, 이때의 경험을 통해서 자신이 회심을 했고, 또한 이방 세계에 복음을 전하라는 자신의 소명을 받았노라고 설명한다(참고. 행 9:1-19). 그렇기에 바울의 복음은 예수 그리스도께서 주신 계시로부터 말미암은 것이다. "바울의 주장은…이것이다. 유대주의자들이 의문을 제기하고 있고, 갈라디아 성도들로부터 버림받은 그의 복음은, 창작물도 아니고(그의 두뇌가 조합해서 만들어낸) 또한 전통도 아니며(교회가 그에게 전달해준), 오직 계시이다(하나님께서 그에게 알게끔 해주신)."[7]

계시라는 용어는 하나님께서 인간에게 알려주신 중요한 무언가를 설명하는 용어인데, 이 경우 바울에게 있어서는 이런 방식이 아니었다면 알 수도 없었을 것이고 또한 접근할 수도 없었을 것이다.[8] 그러므로 계시는 거룩한 전승을 넘겨받는 것과 대조를 이루며, 찬란한 빛을 낸다. 사실, 우리는 여기에서 유대주의자들을 향한 분명한 비평을 볼 수 있어야만 한다. 그들이 갖고 있던 지식의 토대는 거룩한 전승이었다. 바울은 유대주의자들의 복음이 예루살렘 일부 리더들을 대표할 수 있

---

5. 헬라어 표현은 *kata anthropon*이다. "사람에 의하자면" "사람이 일을 행하는 방식을 따라서" "사람-적인" "사람으로부터 야기된". 이는 하나님과 직접적인 대조를 이루는 입장이며 또한 계시된 것과 대조를 이루는 모습이다(1:12). 갈 3:15, 29; 4:23, 28-29; 골 2:8 등도 보라.

6. "받다"(*parelabon*)라는 표현은 9절에 나오는 표현과 동일하다. 바울은 그가 자신의 복음을 받은 것이 거룩한 전승을 전달받는 과정을 통해 이루어진 결과가 아니라고 말한다.

7. Scott, *Only One Way*, 30.

8. T. Holtz, "ἀποκάλυψις," *EDNT* 1:130-32; W. Mundle, et al., "Revelation" *NIDNTT* 3:309-40, esp. 314-16을 보라.

을지 모르지만, 반면 자신의 복음은 예수 그리스도로부터 직접 받은 계시라고 주장한다.

상황잇기

오늘날 대다수 기독교인들에게는 바울의 복음이 예루살렘에 대해 독립적이었다는 점이 별로 중요하지 않게 보일 것이다. 현대 기독교인들은 바울의 사도적 메시지가 하나님의 살아있는 말씀이라는 점을 당연하게 받아들인다. 하지만 우리는 바울 복음의 신실함을 우리 삶에 적용하기 전에, 왜 바울이 자신의 독립성을 주장하고 제시할 필요가 있었는지를 우선 먼저 이해해야만 한다. 즉 본문을 오늘날에 적용해보기 전에, 바울이 자신의 복음이 독립적임을 보여주고자 이런 질문들을 제시한 배경이 무엇인지에 대해 깊이 생각해봐야만 한다.

그런데 우리는 이보다 먼저 독립성이 바울 복음을 묘사하는 가장 중요한 점이 아니라는 것과 우리가 초점을 맞추어야 할 포커스가 아니라는 점에 대해서 역설할 필요가 있다. 우리는 관심을 쉽게 독립성으로 옮겨버리곤 한다. 왜냐하면 우리들이 살고 있는 서구의 정치적 이데올로기에서는 언론의 자유와 기타 여러 다른 자유들이 개인의 행복에 있어서 중추적이기 때문이다. 그러나 바울 복음에 대한 묘사에서 가장 중요한 것은, 그의 복음이 예수 그리스도로부터 직접적으로 주어진 계시라는 점이며, 그렇기 때문에 예루살렘의 여러 권위들로부터 그에게 간접적으로 전달된 복음이 결코 아니라는 점이다. 만약 바울의 복음이 간접적인 것이었다면 (예루살렘으로부터 전해진), 그 복음은 분명 옳다 하더라도 예루살렘으로부터 확인될 필요가 있었을 수도 있다. 그러나 바울의 복음은 직접적인 계시이기 때문에, 이 복음은 예루살렘으로부터 확인될 필요가 없다. 사실, 예루살렘에서 퍼져나오는 복음은 잘못될 수 있고, 현재의 추세와 정반대로, 바울이 선포한 복음을 통해 확인될 필요가 있다. 바울은 자신의 복음이 예수 그리스도로부터 직접 주어진 계시라는 것을 주장한 이후에서야, 그의 복음이 독립적이라는 사실을 힘주어 강조한다.

바울의 주장이 어떤 과정과 방식으로 전개되고 있는지를 살펴보는 것을 통해서, 우리는 적용을 위한 첫 번째 통찰력을 얻을 수 있다. 바울이 전한 복음은 예수 그리스도로부터 직접 주어진 계시이다. 이는 우리가 교회들이나 지도자들이 "독립적"이어야한다는 점보다는 이들이 바울에게 주어진 직접적인 계시에 신실해야만 한다는 점에 좀 더 주의를 기울여야만 한다는 의미이다. 따라서, 우리는 적용점들을 바울 사상의 기초(예수 그리스도의 직접적인 계시)에 초점맞추어야만 한다.

성경 본문들을 적용함에 있어서, 본문을 우리 시대에 적용하기 전에, 우선은 가능한한 최대한 많이 당시의 역사적 정황을 수집하는 것이 항상 도움이 된다. 지금 이 경우에서도, 갈라디아에서 벌어진 사회적 위기의 본질이 무엇인지를 잘 파악하는 일은 우리에게 근본적으로 매우 중요한 일이다. 우리는 바울의 대적들에 대해서 우리가 할 수 있는 한 알아내고 배워야만 하며(그리고 그들을 자기잇속만 차리는, 악한, 불안전한, 공적중심의 유대주의자들이라고 다루어서는 안된다) 또한 무엇이 그들의 동기였는지에 대해서도 찾아내고 배워야만 한다. 우리가 살고 있는 오늘날의 사회적 정황들은 우리에게 매우 중요한 교훈을 가르쳐준다. 즉 대적들이 일어날 때, 의견충돌은 거의 대부분 한 가지 단순한 문제가 아니라는 교훈이다. 의견충돌은 신학적인 이슈들, 개인적인 편견들, 관련된 각각의 사회적 그룹들이 받아들이는 중요한 의미들 등이 복잡하게 얽혀 있는 경우가 대부분이다.

나는 우리가 만약 유대주의자들의 주장들에 대해 그들의 상황을 고려하면서 시간을 두고 살펴본다면, 우리가 유대주의자들에 대해서 훨씬 더 많이 부드러워질 것이라고 확신한다(그리고 그들을 지금보다 훨씬 덜 고정적으로 보게 될 것이다). 아마도 하나님을 두려워하는 유대인 기독교인들에게는 이는 어려운 일이었을 것이다. 그들 유대지역에서 유대교 안에서 명예롭게 성장했던 사람들에게는 그러다가 유대교의 소망들이 예수 그리스도안에서 정점에 이르러 성취되었노라고 믿고 회심했던 자들에게는, 그리고 예루살렘이 바로 이 메시아에게 돌아오게끔 하고자 온 힘을 다해 싸웠던 자들에게는, 이 일은 아마 매우 어려운 일이었을 것이다. 아마 그런 사람들에게는 명백하게 유대교와 모세의 율법에서 완전히 동떨어진 길을 달리는 메시아닉 유대교 형태만을 받아들인다는 것은 매우 어려운 일이었을 것이다. 우리는 이점을 의심해서는 안된다. 또한 우리는 이런 사항들이 우리 생각에 있어서 근본적인 부분이 되게끔 해야만 한다. 1세기 (비기독교인인) 유대인들에 대한 우리의 첫 반응은 결코 "도대체 그들은 어떻게 그런 모습 그대로 남아 있을 수 있었단 말인가?" 이런 것이 되어서는 안된다. 도리어, "나는 그들이 그들의 모습 그대로 남아있었던 이유를 어떻게 이해할 것인가?"가 되어야만 한다.

현대적인 유추를 사용해보자면, 기독교인 부모들은 하나님을 두려워하는 기독교 가정에서 성장한 자기 자녀들이 대학을 가서는 어떤 분리파 형태의 교회나 근본주의적 형태의 교회에 가입하는 것을 바라보고 있기가 매우 힘들 것이다. 젊은 사람들은 그들이 새롭게 발견한 공동체에 매우 쉽게 열정적이 될 수 있다. 이런 자녀들의 모습을 보게 되면, 부모들은 충격을 받을 것이고, 허둥대게 될 것이다. 부모들은 자기 자녀들에게 어떤 일들이 일어나고 있는지를 알고 있다. 그들은 그 분리파 형태 교회안에서 성장할 것이고, 그들의 모든 교제권을 그 그룹안에서 형성할 것이고, "그들의" 손자들을 그들처럼 키울 것이며, 결과적으로 그들이 어린 시절 갖고 있던 신앙과 연관된 모든 것들을 다 끊어버릴 것이다. 마찬가지로 예루살렘의 기독교인들 역시 두려워하고 있었다. 그들이 두려워 했던 것은 이들 이방인 기독교인들이 그들 신앙의 근원(유대교, 토라, 이스라엘, 그 땅, 한분 하나님)[9]과의 모든 접촉점을 잃어버리게 되지는 않을까, 그리고 그들이 추구하고 있던 믿음을 붕괴시켜버리게 되지는 않을까, 그들이 미래가 없는 작은 그룹이 되버리지 않을까 두려워했다.

다른 한편으로, 우리는 유대주의자들의 특수한 상황들을 이해하는 것을 통해 그들에 대해 좀 더 동감적이 될 수 있긴 하겠지만, 그러나 우리는 또한 바울의 주장을 계속해서 힘있게 주창해야만 한다. 만약 우리가 사도적인 권위와 성도됨을 주장하고 유지하고자 한다면 말이다. 유대주의자들의 주장들이 아무리 많이 그들의 사회적 배경이나 개인적 이슈들과 연관되어 있다 하더라도, 바울과 관련된 부분에 있어서 그들이 만들어내고 있는 산물은 잘못된 것들이었고 손상된 것들이었다. 바울은 그들의 복음이 자신의 복음과 양립할 수 없으며 사회적으로 지나치게 제한적인 성격을 갖고 있다는 것을 알고 있었다. 그들의 복음은 "혈통과 관련없는" 복음은 전혀 허용하지 않았다. 그렇기 때문에 그들의 복음은 예수 그리스도에 대한 믿음을 통하여 은혜로 말미암아 구원받는 복음과는 양립할 수 없었다.

결국, 우리는 바울이 "나의 복음"이라고 한 것과 마찬가지 방식으로 우리가 복음에 대해 고백하는 내용들에 대해서도 과연 "우리 복음"이라는 방식으로 말할 수 있는지 잠시 숙고해야 할 필요가 있다. 바울은 사도였고, 그가 예수 그리스도를 개인적으로 만난 것을 통해 직접 계시로 복음을 받았다. 그는 교회의 설립자이다. 그러나 우리는 사도가 아니며, 또한 오늘날에는 교리와 실행이라는 문제에 있어서

---

9. 초기 기독교와 유대교간의 관계에 대해서 알고 싶거나 이 두 운동의 내적 갈등들에 깊은 관심을 두고 있는 좀 더 새롭고 자극적인 내용을 알기 원하는 독자들을 위해서 나는 J. D. G. Dunn, *The Partings of the Ways: Between Christianity and Judaism and Their Significance for the Character of Christanity* (Philadelphia: Trinity Press International, 1991)을 추천한다. 유대교적 관점에 대해서는 S. J. D. Cohen, *From the Maccabees to the Mishnah* (Library of Early Christianity; Philadelphia: Westminster,1987)에서 찾아볼 수 있다. 이 시기의 역사에 관해 좀 더 대중적이고 평이한 요약과 서술을 보고 싶은 사람은 P. Barnett, *Behind the Scences of the New Testament* (Downers Grove, Ill.: InterVarsity Press,1990)을 보도록 하라.

떨어질 수 없는 권위를 갖고 있는 그런 사도직의 계승도 없다. 그러므로 우리는 우리의 복음이 사도적 표현과 가능한한 최대한 밀접하다는 것을 확인하는 일에 열중할 수는 있지만, 그러나 우리 세대를 위해 새로운 복음을 만들어낼 수는 없다. "내가 예수 그리스도의 계시로 말미암아 받은 것이라"(1:12)에 나오는 "나"는 우리 자신을 지칭하는 "나"와는 결코 교환적으로 사용할 수 없는 "나"이다. 설령 우리가 어떤 특수한 사역을 위해 부름받았다 할찌라도(바울이 그러했던 것처럼), 우리는 그 부름에 있어서 독립적인 복음의 계시를 받지 않는다.

현대적 의미

다시 한번 더, 나는 여기에서 독립성이라는 특징이 가장 중요한 이슈가 아니라는 점을 강조하고자 한다. 그보다는 복음이 예수 그리스도를 통해 바울에게 직접적인 계시로 주어졌다는 것이 훨씬 더 중요한 이슈이다. 나는 하나님께서 복음을 예수 그리스도로부터 성장하고 있고, 당시 나타나고 있었고, 매우 다양했던 초대 기독교 교회들에게 전수해주는 거룩한 임무를 맡기셨던 바로 그들을(즉, 사도들을) 우리가 기꺼이 청종하고자 하는지 혹은 그렇지 않은지가 우리 시대를 향한 근본적인 시금석이 아닐까 생각한다.

그러므로 우리는 이제 다음 내용을 관찰하면서 시작하고자 한다. 바울의 복음이 예수 그리스도로부터 직접 주어진 계시이기 때문에, 그 복음은 바울이 선포하고 가르치는 메시지 안에서 우리의 확신을 더 견고하게 만들어주어야만 한다. 교회 역사 안에서, 사도적 권위를 강조해왔던 것은, 다름아니라 로마 가톨릭이었다. 로마 가톨릭에 반(反)하는 프로테스탄트 논쟁은 프로테스탄트로 하여금 오리지널 사도들의 역할을 축소하게끔 이끌었을뿐만 아니라, 또한 성경적인 메시지 그 자체도 약화시켰다. 바울은 말한다, 사도들은 교회의 터전중 하나이다(엡 2:20). 이 이유 한 가지만으로도, 그들은 권위를 인정받을 수 있고 우리의 존경을 받을 수 있다.[10] 비록 사도직을 개인이 물려받는 계승을 부정한다 하더라도, 사도적 권위는 유지되어야만 한다. 그리고 이런 권위는 사도들의 저작들이 권위있는 것으로 받아들여지고 정경으로 유지될 때 유지가 된다. 우리는 그렇기 때문에 그들이 가르치는 메시지가 하나님께로부터 그의 백성들에게 보내진 메시지라고 확신한다.

10. 교회와 사도들의 권위에 대해 성경이 어떤 메시지를 주는지에 대해서, Book IV, chapter 8, John Calvin, *Institutes of the Christian Religion*(Philadelphia: Westminster, 1960), 2:1149-66에서 유용한 요약을 찾아볼 수 있다.

우리가 갈라디아서를 읽어나갈 때, 우리는 예수 그리스도의 개인적인 대리자인 사도 바울로부터 온 편지를 읽고 있는 것이며, 우리에게 주어지는 그의 메시지는 하나님의 메시지이다. 그는 이 메시지를 예수 그리스도로부터 받았다. 그러므로 그가 선포했던 복음의 내용들은 우리들에게 구속력을 갖고 있다. 복음은 어떤 특정한 한 나라에게만 제한될 수 없다(그것이 이스라엘이건 혹은 미국이건간에). 이는 예수 그리스도를 의지하는 모든 자들에게 복음이 성령안에서 자유를 선포한다는 뜻이기도 하다.

적용에 있어서 중요한 두 번째 영역은 우리가 혹시 "사람들로부터 인정받고자" 하는 것은 아닌지, 혹은 사회나 동시대의 압력에 굴복하는 모습을 갖고 있는 것은 아닌지(10절), 우리 스스로를 잘 검토할 필요가 있다는 점이다. 아마도 삶의 그 어떤 특징을 잡아내는 것보다도 이 부분이 제일 어려울 것이다. 우리 자신이 실제로 어느 라인을 좋게 하고자 추구하고 있는지를 분별하는 것. 우리는 하나님을 향하고 있는가, 아니면 인간 리더들, 배우자, 친구들을 좋게 하려는 쪽으로 다시 방향을 잡고 있는가? 우리는 우리가 옳다고 생각하는 것을 행하고 있는가 아니면 외교적 혹은 정치적이 되고자 노력하고 있는가? 이와같은 궤도수정은 실제로 매우 미묘한 문제이다. 진리와 사도적 복음에 대해 우리 자신이 신실함을 가져야만 한다는 확신보다도 친구로부터 인정받고자 하는 바램이 더 거세질 때, 우리는 이미 바울이 공격하고 있는 그런 사람들 목록속에 포함되게 된다.

하지만 친구들, 배우자, 리더들로부터 인정받는다는 것이 나쁜 일이 아니라는 점을 꼭 상기해야만 한다. 성경은 전체 내용을 통해 다른 사람들을 좋게 하는 사람들을 기록하고 있고 이런 좋게하는 일을 긍정적인 일로 인식했다(참고. 잠 3:3-4; 눅 2:52; 롬 14:18; 갈 2:1-10). 다른 사람들로부터 인정받는 것과 그런 인정을 우리의 동기로 삼는 것 사이에는 미세하지만 중요한 차이가 있다. 우리의 동기는 항상 하나님을 기쁘시게 하는 것이 되어야만 하며, 그분 한분만이 우리의 동기가 되어야만 한다. 만약 다른 사람들이 우리를 인정하지 않지만 하나님께서 우리를 인정하신다는 것을 알고 있을 때, 우리는 그들의 반대를 중시해서는 안된다. 우리의 두려움은 하나님을 향한 것이어야지 사람을 향한 것이어서는 안된다. 분명, 우리가 하나님의 뜻이라고 생각했던 것이 어떤 특정한 상황에서는 하나님의 뜻이 아닌 것으로 판명되는 것을 뒤늦게 발견하는 경우들이 있다. 그럴 때, 나중에 시간이 흐른 뒤, 다른 사람들의 반대(예를 들어서, 부모들로부터)를 중시하지 않았어야 한다는 것을 배우게 되는 경우들이 종종 있다. 우리는 이런 결정들을 통해서 하나님의 성령에 좀 더 예민할 것인지 아니면 다른 사람들의 지혜에 좀 더 귀기울여야 할 것인지에 대해서 배울 수 있다. 그러나 그럼에도 불구하고, 기독교인 한사람 한사람은 무엇이 하나님의 뜻인가라는 견지에서 살아가는 법을 배워야만 하며, 이는 매우 중요한 일이다. 이런 어려운 교훈들을 발견했을때조차도, 하나님께 인정받는 것을 추구해야 한다는 원칙은 여전히 남아있다. 지금 우리 자신의 시대를 포함해서, 수많은 기독교인들이 반대에 직면하고 인내했다는 사실은 기독교인의 삶이 근본적으로 무엇을 지향해야 하는지를 보여주는 살아있는 본보기다. 하나님을 기쁘시게 하는 삶을 말이다.

종교 개혁의 선두주자였던 마틴 루터는 자신의 작은 수사실에서 하나님의 은혜가 너무나 짙은 구름에 가리워져 있다는 사실을 발견했다. 도무지 태양이라곤 찾아볼 수 없는 교회의 교리와 인간의 행위라는 짙은 어두움에 말이다. 그가 자신이 발견한 것들과 이것이 어떤 의미들을 담고 있는지에 대해 선언했을 때, 그는 자신의 생각을 철회하고 로마 가톨릭 교회와의 관계(그리고 로마 가톨릭 세계와의 관계)를 보존할 생각이 있는지를 밝히도록 로마 가톨릭 권위앞에 소환당했다. 이 이야기는 아주 잘 알려져 있는 내용이고, 나는 그의 유명한 말들을 여기에 인용하고자 한다.

> 황제같은 위엄과 당신의 주권은 내게 단순한 대답을 요구한다. 다음이 내 대답이다. 내 대답은 단순하고 명료하다. 만약 내가 성경의 증언을 통해(나는 교황이나 혹은 공의회 등의 권위에 대해 신뢰하지 않기 때문에, 왜냐하면 그들이 종종 실수를 범해왔고 종종 그들 스스로에 대해서조차 모순을 보여왔기 때문에) 내가 틀렸다고 유죄판결을 받은 것이 아니라면, 나는 내가 증거했던 성경으로인해 지금 유죄판결을 받고 서 있는 것이고, 나의 양심은 하나님의 말씀에 사로잡혀 있으며, 나는 그 무엇도 취소할 수도 없고 취소하지도 않을 것이다. 내 양심에 반(反)하게 행동하는 것은 우리에게 안전한 일도 아니고, 또한 우리가 선택할 수 있는 일도 아니기 때문이다. 이것이 내 입장이다. 나는 다른 입장은 취할 수 없다. 하나님 저를 도우소서, 아멘.[11]

---

11. 나의 인용은 이 시기에 대한 교회 역사를 놀랍게 잘 요약하고 제시하고 있는 James Atkinson의 *Eerdman's Handbook to the History of Christianity*, ed T.Dowley (Grand Rapids: Eerdmans, 1977), 364에서 한 것이다. 종교개혁에 대한 내요용을 담고 있는 360-403페이지 전체 섹션을 보도록 하라. 이 부분에서는 다른 여러 중요한 종교개혁자들을 살펴보고 있는데, 여기에는 윌리암 틴데일, 존 갈뱅, 쯔빙글리, 청교도들, 존 번연, 아나뱁티스트 등이 포함되어 있다. 루터와 관련해 좀 더 많은 내용을 살펴보기 원한다면 O. Chadwick, *The Reformation* (Baltimore: Penguin Books, 1968), 40-75를 보도록 하라.

루터는 혼자였고 그의 대적들은 컸지만 그는 자진해서 인간적인 권위, 동시대의 압력, 사회적 스트레스 등을 탄핵했다. 그리고 그는 하나님께서 그를 이끄시는대로 자신의 양심을 따랐다. 그 이후 나타난 결과는 하나님께서 주시는 선물이었다.

세 번째로, 우리는 복음에 대한 우리의 표현들이 과연 사도적 시금석과 일치하는지를 살펴보고 검토해 볼 필요가 있다. 이것은 종교개혁의 원칙이었고, 루터, 쯔빙글리, 칼빈 등은 교회로 하여금 사도적 복음과 성경에 급진적으로 교회 자체를 헌신하게끔 했다. 그리고 바로 이것이 이들이 교회의 확장과 부흥을 추구하면서 갖고 있었던 원칙이기도 했다. 이 원칙은 또한 오늘날 우리 시대의 원칙이어야만 한다. 그리고 우리는 우리가 복음에 대해 고백하는 내용들을 검토하는 것만이 아니라, 사람들이 이런 복음의 표현들을 어떻게 듣고 어떻게 살아내고 있는지에 대해서도 더불어서 검토할 필요가 있다. 복음과 삶의 스타일 양자는 복음이 정확하게 선포되고 들려지고 있는지를 알아내기 위해 검토해 봐야 할 부분들이다.

후반부 요점과 관련해 한 가지 예를 제시하도록 하겠다. 나는 언젠가 어린 시절에 한 성품좋은 주일학교 교사 한분이 내가 도덕적으로 어떻게 살건 그건 그리 중요한 문제가 아니라고 말하는 것을 들은 적이 있다. 만약 내가 기독교인이라면(기독교인이라 함은 주님을 영접하는 기도를 행하는 것을 통해 예수 그리스도를 구주로 받아들인 사람이라는 뜻이다), 그렇다면 나는 불변의 구원을 받은 것이고 또한 내가 선택한 어떤 방식으로건 살 수 있다는 것이다. 그런뒤 독실한 사람이었던 이 선생님은 그 뒤에다가 도덕적으로 파탄난 삶을 살아가는 것은 하나님의 뜻이 아니며 그렇게 사는 것은 분명 삶을 혼란과 파멸로 이끌고 갈 것이라는 말을 신속하게 덧붙였다.

내가 지금 문제를 제기하고자 하는 것은 다름아니라 이 선생님의 처음 말이다. 나는 그분의 말씀이 갖고 있는 의미에 대해서(구원받은 신분이 영원히 박탈당하는 것 없이, 기독교인이 도덕적으로 파탄난 삶을 살 수 있다는 것에 대해서), 그런 생각은 복음과 조화를 이루는 것도 아니고, 또한 신약성경이 구원의 결과와 효과에 대해 서술하는 방식과도 조화를 이루지 않는다고 주장한다. 복음은 변화를 가져온다(5:16-26을 보라). 이와 관련해서는 복음이 원래 선포하는 내용이 좀 더 정확할 것이다. 구원은 믿음을 통하여 은혜로 말미암아 주어지는 것이고, 행함을 통해서 주어지는 것이 아니다. 그러나 여기에서 끌어온 이 의미들, 즉 네가 원하는 방식대로 살라는 것은 결코 사도적이지 않다. 사도들은 일부 현대 기독교인들이 내리는 그런 결론을 결코 내린 적이 없다. 즉 라이프스타일이 구원이나 믿음과 전적으로 연결되어 있지 않다는 식의 결론을 내린 적이 없다.

한걸음 더 나아가서, 바울이 자신의 독립성과 관련해 이야기한 내용들은 그가 자신이 갖고 있는 의존성에 대해서(고전 11:23-26; 15:3-11) 말한 내용이나, 혹은 다른 사람들이 바울에 대해 확인해 준 것에 대해(갈 2:9) 말한 내용과, 전혀 부조화나 갈등을 이루지 않는다. 우리들이 성경에 대해 연구할 때, 우리는 어떤 특정한 본문에 대한 우리의 결론이, 과연 다른 본문에서 이끌어낸 우리의 결론들과 조화를 이루고 있는지 반드시 검토해야만 한다. 바울이 이 부분인 갈라디아서 1장에서 자신의 독립성을 단언하고 있는 것은 매우 분명한 사실이다. 그러나 우리는 고린도전서에서 바울이 자신의 복음에 대해 말하면서 자신이 무언가에 의존하고 있다고 이야기하는 내용을 읽을 수 있다.

극소수의 저자들은 열심을 내서 소란스럽게 모순점들을 찾아내곤 하는데, 우리는 그렇게 하기 보다는, 두 가지 입장을 서로 다른 환경과 목적이라는 측면에서 종합적으로 살펴보고자 추구해야 할 것이다. 이것이 가장 좋은 방법일 것이다. 가장 호소력있는 해결책은 단순하게 보는 것이다. 갈라디아에서, 바울은 예루살렘의 복음을 축약시킨 사람이라고 고소당하고 있었고(그래서 틀렸다고 간주되었고), 바울은 자신의 복음이 예루살렘에서 온 것이 아니라 예수 그리스도로부터 주어진 것이라고 주장했다. 달리말해서, 바울은 그의 복음의 기원이 어디인지에 대해서 갈라디아 성도들에게 이야기하고 있다.

다른 한편으로, 고린도에서 바울은 그의 복음이 다른 사도들이 전한 복음과 본질적인 연속성을 갖고 있다는 사실과, 그의 복음이 갖고 있는 유산에 대해 제시하고 보여주고자 노력하고 있었다. 바울은 자신의 복음이 기원에 있어서 독립적이라고 주장하기를 너무나 많이 원했지만, 그러나 그는 동시에 예루살렘 리더들이 "그에게 교제의 손길을 내밀었던" 것을 이야기하고 살피는데 결코 주저하지 않았다(2:9에 대한 주석을 보라). 달리 말해서, 그들은 바울의 복음이 독립적으로 주어진 것임을 인정했다. 바울이 전한 복음은 그의 선배들의 복음과 조화를 이루는 복음이다. 그러나 바울이 전한 복음은 그들로부터 주어진 것이 아니다. 왜냐하면 바울은 직접 계시를 통해 이 복음을 받았기 때문이다.

갈라디아서 1:13-24

13 내가 이전에 유대교에 있을 때에 행한 일을
너희가 들었거니와 하나님의 교회를 심히 박
해하여 멸하고
14 내가 내 동족 중 여러 연갑자보다 유대교를
지나치게 믿어 내 조상의 전통에 대하여 더
욱 열심이 있었으나
15 그러나 내 어머니의 태로부터 나를 택정하시
고 그의 은혜로 나를 부르신 이가
16 그의 아들을 이방에 전하기 위하여 그를 내
속에 나타내시기를 기뻐하셨을 때에 내가 곧
혈육과 의논하지 아니하고
17 또 나보다 먼저 사도 된 자들을 만나려고 예
루살렘으로 가지 아니하고 아라비아로 갔다
가 다시 다메섹으로 돌아갔노라
18 그 후 삼 년 만에 내가 게바를 방문하려고 예
루살렘에 올라가서 그와 함께 십오 일을 머
무는 동안
19 주의 형제 야고보 외에 다른 사도들을 보지
못하였노라
20 보라 내가 너희에게 쓰는 것은 하나님 앞에
서 거짓말이 아니로다
21 그 후에 내가 수리아와 길리기아 지방에 이
르렀으나
22 그리스도 안에 있는 유대의 교회들이 나를
얼굴로는 알지 못하고
23 다만 우리를 박해하던 자가 전에 멸하려던
그 믿음을 지금 전한다 함을 듣고
24 나로 말미암아 하나님께 영광을 돌리니라

원 의미

바울은 자신의 독자들에게 그의 삶에 대한 간략하게 살펴볼 수 있게끔 한다. 즉 작은 자서전을 제공한다. 그러나 그의 삶의 스토리는 과거에 벌어진 가족들의 추억담을 담은 그런 이야기 이상의 스토리이다. 지금까지 우리가 살펴본 것처럼, 갈라디아서의 첫 번째 섹션은 바울 자신의 복음과 그 기원, 타당성, 자신의 권위등에 대한 변호를 담고 있다. 지금 이 부분의 내러티브는 시간을 표시하는 부사들을 중심으로 배열되어 있다. "~로부터"(15절), "그 후"(18절), "그 후에"(21절), "14년 후에"(2:1), "~때"(2:11). 이 표현들은 인생의 특정 시기들을 보여주는 연대기 말뚝들인 셈이고, 바울은 각각의 이 말뚝 위에 자신이 하려는 말들을 걸어놓았다. 그는 전환점이 되는 각각의 시기마다 멈춰 서서 자신이 말하려는 요점들을 보여준다.

1:13-24에 담겨 있는 내용들은 인간적인 권위들로부터 독립성을 갖고 있다는 바울의 주장을 두 가지 방향성을 갖고 전개시킨다. (1) 그는 인간적인 가르침에서 독립적이며(13-17절), (2) 그는 유대지역의 주요 교회들로부터 독립적이다(18-24절). 갈라디아서 두 번째 장은 바울이 예루살렘의 주도적인 권위자들, 즉 소위 "기둥같은 사도들"(2:1-10)과 베드로(2:11-21)로부터 독립적이라는 것을 발전적으로 보여줄 것이다. 그래서 바울의 주장은 예루살렘을 향해 점차 나아갈수록 좀 더 타이트해지고 좀 더 작은 규모의 대상을 향해 나아간다. 그의 논지는 인간적인 가르침으로부터 유대에 있는 교회들을 향해 나아가고 기둥같은 사도들을 거쳐 결국에는 베드로에게로 옮겨가는데, 베드로는 그 당시 예루살렘에서 가장 두드러진 사도로 여겨졌을 것이다(결국에는 야고보가 이런 지위를 갖고 있었다고 가정되지만).

이번 섹션에서의 첫째 주장(13-17절)은 바울이 인간적인 가르침으로부터 독립적이라는 것과 관련되어 있다. 하나님의 부르심은 바울에게 직접적으로 주어졌다. 그는 자신이 "어떤 사람과도 의논하지 않았다"고 말한다(16절). 그가 기독교인이 되기 이전에 살았던 개인적인 여정은, 그 어떤 방식으로도 그를 사도가 되게끔 준비시켜주는 모습이 아니었다. 도리어, 그의 과거는 두 가지 특징들로 규정되는데 (1) 그는 박해자였으며(참고. 행 9:1-2; 고전 15:9), (2) 그는 율법과 율법이 갖는 민족적 차별성에 대해 극단적인 열심을 품고 있었다(1:13-14; 참고. 행 22:3; 26:4; 고후 11:22; 빌 3:4-6). 자신의 과거에 대한 바울의 묘사는, 유대교 안에서 전해내려오는 거룩한 전승에 초점을 맞추고 있다("조상들의 유전에 열심이 있었고").[1] 이는 갈라디아서 2장에서 바울이 복음에 대한 주장을 하면서 적극적으로 반대하던 바로 그 요소이기도 하다.

하나님께서 그리스도 안에서 바울에게 그분을 알리시고자 그를 선택하셨을 때, 교회를 향한 바울의 박해와 유대교 안에서의 그의 진보는 날카로운 비명소리를 내며 멈춰서게 되었다.[2] 하나님의 부르심이 그에게 임했을때, 바울은 두 가지 중 하나를 선택할 수 있었다. 한 가지는 예루살렘에 가서 환상중 자신을 부르신 부름에 대해 권위있는 해석을 얻는 선택을 하는 것이었고,[3] 다른 한 가지는 예루살렘이 아

1. 비록 전문적이기는 하지만, 바울의 과거에 관한 탁월한 책으로, M. Hengel, *The Pre-Christian Paul* (Philadelphia: Trinity Press International,1991)을 손꼽을 수 있다. 좀 더 대중적인 책을 보고자 한다면, R. N. Longenecker, *The Ministry and Message of Paul* (Grand Rapids: Zondervan1976), 21-30을 보도록 하라.
2. 이는 헬라어 동사 시제에서 볼 수 있는 모습이다. 13-14절에 나오는 세 개의 동사들은 imperfect(떨어져 있는 아직 완료되지 않은 행동을 묘사하는 시제)이고, 15-17절에 나오는 동사들은 aorist(전체적인 행동을 묘사하는)인데, 이는 바울의 삶에서 갑작스러운 변화를 묘사해준다.

닌 다른 곳으로부터 가르침을 받는 선택을 하는 것이었다. 바울은 예루살렘이 아닌 다른 곳을 선택했고, 곧장 아라비아와 다메섹으로 갔다(17절). 그러므로 회심 이전 그의 경험을 놓고보면 바울은 은혜의 복음을 들고 이방인들에게로 갈 준비가 되지 않았었다.[4] 또한 마찬가지로, 회심 이후 그의 경험을 보더라도, 그는 예루살렘에 근거를 둔 또다른 사도가 된 것도 아니었다. 바울은 종종 그의 사도권이 이방인을 타겟으로 한다는 것에 초점을 맞추곤 하는데(롬 15:14-21; 엡 3:1-13; 골 1:24-2:3), 그는 자신이 이처럼 영광스러운 사역을 받을 수 있었던 것은 오직 주권적인 하나님의 은혜를 통해서임을 잘 알고 있었다(렘 1:5; 고전 15:9-11; 엡 3:7-13).

둘째 내용은, 본질에 있어서는 동일하지만 다른 권위와 관련된 내용으로 초점을 옮겨간다. 바울은 이제 인간적인 가르침이라는 초점으로부터 유대 지역의 교회들로 논의의 초점을 옮겨간다(18-24절). 유대 지역 교회들의 중요성은 10-12절에 대한 주해내용에서 주의깊게 서술했기에, 굳이 여기서 다시 반복할 필요는 없을듯하다. 우리는 그저 유대 지역, 특별히 예루살렘 자체가 초기 기독교의 어머니 역할을 했다는 점만을 다시 언급하면 될듯하다. 예수님의 공생애 사역기간 동안에는 갈릴리 지역이 중점적인 무대였다. 그러나 유대와 예루살렘은 초기 기독교에 있어서 즉각 갈릴리를 능가해 버렸다.

바울은 무언가 중요한 것을[5] 베드로에게서 배웠지만, 그러나 그는 베드로와 더

---

3. 바울이 사용한 헬라어 단어는 *prosanatithemi*("상담하다")이다. 이 단어는 종종 잘 훈련된 해석자에게 꿈이나 환상을 해석해 달라고 상담하는 용례로 사용되곤 한다. 바울은 그리스도와의 만남이 "내 안에" 있는 경험이며(16절), 결코 틀릴 수 없는 해석을 동반하고 있는 경험임을 알고 있었다. 그렇기에 그는 이 경험의 중요성을 이해하기 위해 누군가의 상담이나 조언을 필요로 하지 않았다. 이 동사에 대해서는 J. D. G. Dunn, *Jesus, Paul, and the Law*, 109-10을 보도록 하라.

4. 14절의 표현들을 반-이방인 세력들과 연관지어 이해할 수도 있다. "나는 유대교에서[보편주의가 아니라] 지내고 있었다" 그리고 "나는 내 조상들의 유전들에 대해 극단적인 열심을 내고 있었다[유대인들의 특권과 민족적 차별성을 보호하는 일에]".

5. 바울이 사용하는 동사는 *historesai*(NIV: "교제를 하다, 알고 지내게 되다")이다. 이 동사는 정보를 얻으려고 시도하는 것을 묘사할 때 일상적으로 사용되는데, 여기에서는 아마도 이런 의미를 지닐 것이다. 그러므로, NIV 번역을 "[베드로에게서] 무언가 중요한 것을 배우기 위해서"라고 좀 더 확대해서 읽을 수도 있다. 그렇다면 이런 번역은 바울이 여기에서 강하게 주장하는 내용과 갈등을 일으키는 것인가? 우리는 그렇지 않다고 주장할 수도 있고, 혹은 바울이 마음을 바꾸었든지 아니면 그에 대해 언급하지 않았노라고 주장할 수 있다. 대신, 우리는 바울이 베드로에게서 정보를 얻는 것이 자신의 복음의 독립성과 갈등을 일으키지 않는다고 생각했다고 가정할 수 있다. 바울은 자신의 복음에 대해 소스와 관련해서 독립성을 강력하게 주장하고 있는 반면, 그는 또한 자신의 복음이 예루살렘 사도들의 복음과 갈등을 일으키지 않는다고 주장한다. 그러므로 바울은 베드로를 통해 예수님이나 혹은 교회의 첫출발에 대해 무언가를 배우기 이전에, 3년을 꽉 채운 시간을 보냈다. 좀 더 많은 내용에 대해서는 J. D. G. Dunn, *Jesus, Paul, and the Law*, 110-13을 보도록 하라.

불어 고작 며칠동안만 보냈을 뿐이었다. 바울은 여기에다가 이 일마저도 "3년 후에나" 일어났다고 덧붙인다(18절). 다른 사도들은 없었고, 그래서 바울은 그들로부터는 아무것도 얻지 못했다. 바울은 자신이 예수님의 형제 야고보와 만났노라고 말한다. 그가 사도들과 접촉하지 않았다는 것은 매우 중요한 부분이었다. 그래서 바울은 다음처럼 선포한다. "보라 내가 너희에게 쓰는 것은 하나님 앞에서 거짓말이 아니로라"(20절). 우리는 지금 이 부분에서 바울의 톤이 매우 진지하다는 점을 통해 유대주의자들이 바울이 예루살렘에 처음 방문했던 것이 복음의 기초를 배우기 위해 기획된 것이었다고 주장하고 있었던 것이 아닐까 추측해 볼 수 있다. 바울은 반박한다. 예루살렘 방문은 내가 회심한지 3년이나 지난 이후에 있었고, 그나마도 짧은 여정이었으며, 실제 했던 일들도 사도들을 만나는 일 중심이 아니었다! 바울은 자신이 예루살렘 사도로 여겨질 그 어떤 충분한 근거가 없노라고 주장한다!

바울은 이 짧은 방문 이후에, 자신이 원래 활동하던 지역으로 돌아가는데(수리아와 길리기아), 그곳에서 그는 아마 의심할 여지없이 메시아에 관해 유대인들과 논쟁하느라 매우 바빴을 것이다(21절). 그는 이 시기에 아직 "개인적으로는 유대의 교회들이 그를 알지 못했노라고" 말하는데, 이 역시 그의 주장에서 중요한 부분이다(22절). 그들이 바울에 대해 알고 있었던 것은 그가 이전에 박해자였는데 지금은 복음 선포자가 되었다는 것이 전부였다. 이는 그들로 하여금 하나님을 찬양하게끔 만들었다(23-24절).

바울은 정황을 통해 자신의 복음이 예수 그리스도로부터 직접 온 것이며, 그의 복음이 인간적인 가르침이나 혹은 예루살렘-유대의 교회들로부터 온 것이 아니라고 주장한다. 그렇기에 바울이 전한 복음이 유대주의자들을 통해 수정될 필요가 없다는 주장을 계속 진행시킨다. 우리는 갈라디아서 2장에서 그의 주장이 어떻게 더 전개되어가는지를 좀 더 살펴보기 전에, 우선 이 문단의 내용을 어떻게 오늘날 현대 사회에 적용할 것인지에 대해 살펴볼 필요가 있다.

상황잇기

신약성경의 저자가 자신이 부름받던 장면이나 그리스도께 회심하던 사건을 회고하는 모습이나 내용들은 우리에게 자연스러운 모습이다. 왜냐하면 우리는 각자 모두가 다 하나님의 은혜와 부르심이 필요한 죄인들이고 또한 이들의 개인적인 회고를 통해 우리 자신의 삶을 되돌아 볼 수 있기 때문이다. 이는 내게는 전적으로 합리적인 모습으로 보이며, 또한 적용을 상대적으로 쉽게 만들어준다—시대에 있어서 상당히 거리가 있다 할찌라도. 자서전은 진리를 교육하고 제시해 보여주는데 있어서 상당히 좋은 방법이다. 기독교 서점을 잠깐동안이라도 방문해보면, 상당히 많은 기독교인들의 자서전 모음들을 볼 수 있다는 점이 이를 입증한다.

그러나 우리는 적용점들을 얻고자 노력할 때에 바울이 여기에서 목적으로 삼고 있었던 것이 무엇이었는지를 잊어서는 안된다. 그는 그저 단순히 자신의 "라이프 스토리"를 들려주고 있는 것이 아니다, 바울은 매우 분명한 관점과 각도에서 자신의 라이프 스토리를 이야기하고 있다. 그는 자신이 초기에 예루살렘으로부터 독립적이었다는 것을 강조하고 있다. 이 동일한 스토리는 다른 각도에서 채워질 수도 있었다. 유대교에 있었던 자신의 과거가 그의 기독교 사역을 어떻게 준비시켜 주었는가라는 측면에서. 그는 율법에 대한 지식, 하나님을 향한 자신의 경외심, 자신의 열정적인 헌신, 유대인들과 이방인 대적들과 더불어 논쟁할 수 있게끔 자신을 준비시켜 준 두말할 것도 없는 그의 훌륭한 교육등, 이런 것들 중에 몇 가지를 선택할 수도 있었다. 자서전은 일반적으로 관점과 각도를 갖고 있으며, 바울의 과거사를 기록한 짧은 내러티브에도 역시 우리가 존중해야만 하는 관점이 담겨 있다. 이 부분에 담긴 내용들은 그의 전 인생 스토리가 아니다(또다른 관점과 각도에 대해서는 행 9장, 22장, 26장에 나오는 누가의 묘사들을 보라).

이런 바울의 자서전을 적용하려면, 우리는 우선 이 자서전이 갖고 있는 본질적인 목적을 찾아내야만 한다—그리고 만약 그 목적이 바울의 예루살렘에 대한 독립성과 예수 그리스도로부터 주어진 계시의 직접성이라면, 그렇다면 그의 자서전은 우리가 처음에 생각했던 것과는 달리 그런 내용들과 직접적인 상관성을 갖고 있지 않다. 사실, 우리는 종종 본문의 중추적이고 일차적인 의미보다는 본문의 이차적 의미들을 적용한다는 점을 인정해야만 한다. 예를 들어서, 우리들 서구 세계는 이 본문에 대해 하나님께서 주시는 부르심의 본질이나 혹은 회심의 특징 등에 초점 맞추는 경향을 갖고 있다. 이런 식의 적용이 얼마나 타당성을 갖고 있던지간에(그리고 나는 이런 적용이 정당하다고 생각한다, 아래에서 살펴볼 것처럼), 해석자의 첫 번째 중요한 책임은 본문의 중추적인 일차적 의미를 찾아내고 그 의미를 적용하고자 추구하는 것이다. 이 경우에 있어서, 본문의 의미는 바울의 복음이 예루살렘으로부터 독립적인 것이었다는 것과 (1) 이방인들을 향한 칭의와 (2) 이점은 성령님의 지도하에서 살아가는 기독교인의 삶에 있어서 중요하다는데 핵심적인 의미가있다.

그럼에도 불구하고 우리는 지금 이 부분에서 바울의 회심과 부르심에 대한 묘사를 보고 있고, 이는 우리 자신의 회심과 부르심을 살펴볼 수 있는 카테고리들을 제공해 준다. 우리가 깨달을 필요가 있는 것은 이것은 그저 한 사람의 회심이라는 점이다. 모든 사람들의 회심이나 부르심이 바울이 그랬던것과 동일하게 마찬가지로 일어나야 한다는 개념은 정당하지 않다. 나는 회심하거나 부르심을 받을 때 이와 비슷한 환상을 본 사람들을 거의 본 적이 없다. 하나님께서 자신을 어떤 특정한 사역으로 부르셨다는 것을 모든 사람들이 알아차리는 것도 아니며, 바울처럼 소경이 되는 경험을 하는 것도 아니고, 초감각적인 경험을 하는 것도 아니다. 그리고 모든 사람들의 회심이나 부르심이 바울처럼 갑작스럽게 일어나는 것도 아니다. 어떤 사람들은 베드로처럼 여러 해동안 다양한 경험들을 한 이후에 회심한다. 베드로는 언제 회심한 것일까? 누가복음 5장? 마가복음 8장? 요한복음 21장? 사도행전 2장? 어떤 사람들은 바울과는 다른 양상으로 부름받으며, 일련의 사건들의 결과로 그리고 교육적인 경험들의 결과로 회심한다. 반면 다른 사람들은 도대체 시작점이 언제인지조차 찾을 수 없는 방식으로 회심과 부르심을 받는다.

예를 들어서, 내가 가르치는 학생들 중에는 사역에 대한 부르심을 전혀 느끼지 못한 채 트리니티 신학교로 오는 경우들도 있다. 반면 다른 사람들은 아주 어린 시기때부터 매우 특별하고 구체적인 부르심을 느끼고 오는 경우도 있다. 그러나 상당히 오랜 기간동안 신학교에서 가르치면서 이런 여러 학생들의 삶을 향한 하나님의 부르심을 탐구해본 결과 학생들 대부분은 하나님께서 그들에게 무엇을 원하시는지를 매우 분명하게 깨닫고 신학교를 떠났다. 내가 지금 말하고자 하는 것은 이것이다. 모든 사람들의 경험이 바울과 똑같은 것은 아니다. 결과적으로 이 본문을 적용함에 있어서, 우리는 바울 스타일의 회심과 부르심을 모든 사람들에게 동일하게 부과하지 않도록 주의를 기울여야만 한다. 사실 나는 회심하는 순간에 특정한 어떤 사역으로 부르심을 받았고 그래서 그 사역을 준비하고 있다고 말하는 학생을 거의 본 적이 없다.[6] 대부분은 하나님의 은혜가운데서, 하나님의 말씀가운데서, 그리고 그들 삶을 하나님께서 어떤 방향으로 이끄시는지 좀 더 충분히 인식하고 깨달을 수 있도록 자신들의 은사들을 분별하면서, 그런 부분에 있어서 점차 성장해 간다.

---

6. 사실 일부 학자들은 바울의 다메섹 도상에서의 경험이 바울의 소명에 대해서만 정보를 제공해줄뿐, 그의 회심에 대해서는 아무 정보도 제공해 주지 않는다고 주장해왔다. 하지만 나는 본문이 담고 있는 정보는 바울의 회심과 소명 둘 모두를 묘사하고 있다고 간주하는 것이 가장 훌륭하게 본문을 읽는 것이라고 확신한다. 이런 측면과 관련해서 바울에 대해 유대주의적 관점과 사회학적 관점에서 쓴 내용을 A. F. Segal, *Paul the Convert*(New Haven: Yale University Press, 1990), pp. 3-33, 72-114에서 찾아볼 수 있다.

그리고 우리는 바울이 이 부분에서 모든 기독교인들은 그리스도나 혹은 교회를 섬기기 시작하기 전에 반드시 부르심을 받아야만 한다고 가르치고 있는 것이 아니라는 점도 우선 말해야만 할듯하다. 어떤 사람은 오랫동안 신앙생활을 했을 수도 있고, 어떤 사람은 그렇지 않을 수도 있지만, 지금 여기서는 그런 것들이 주된 관심사가 아니다. 지금 바울이 말하고 있는 것은 하나님의 은혜에 대한 자기자신의 경험이다—그리고 그 경험은 드라마틱한 회심과 구체적인 부르심을 담고 있다. 내가 주장하고 싶은 바는 우리가 바울의 내러티브가 갖고 있는 렌즈를 통해서 부르심들과 소명들이 어떤 색조와 색깔들을 갖고 있는지 볼 수 있다는 점이다. 나는 우리가 이런 모든 회심들과 부르심들에 대해 몽땅 다 배울 수 있다고 주장하고 싶지 않다.

현대적 의미

앞 섹션(10-12절)에서 언급했던 것처럼, 이 문단의 중추적인 관심사는 바울 복음이 예루살렘의 권위자들로부터 독립적인 것이라는데 있다. 우리가 이 섹션에서 이 토픽에 이미 초점을 맞추었기 때문에, 여기에서는 이와 비슷한 적용점들에 대한 검토는 그냥 넘어가기로 한다. 성경을 전문적으로 공부하는 학생이라면 이차적인 적용들로 옮겨가기 전에, 그 부분을 다시 읽어볼 것을 제안한다. 내가 여기서 하려고 하는 것은 바울의 "전기"를 곰곰이 살펴보려는 것이다. 그가 어떻게 자신의 회심과 부르심을 독자들에게 연결시켰는지 그리고 어떻게 그의 스토리가 우리들에게 도움이 될 수 있는지를 살펴보고자 한다.

이제 바울이 자기자신의 자서전을 어떤 식으로 다시 기록했는지를 살펴보는 것을 통해 시작하도록 하자. 사회학자들(그리고 성경을 주의깊게 읽는 사람이라면 누구든지)에 의하자면, 전기적 재구성(biographical reconstruction)은 회심의 현격한 증표가 될 수 있다. 즉 회심은 한 사람의 삶과 전기에 대해 새로운 방식으로 이야기하게끔 해준다.[7] 가장 기본적인 방향재설정은 다음과 같다. 이전에 가장 중요하던 것이 이제는 더 이상 중요하지 않다. 이전에는 전혀 중요하지 않던 것이 지금은 가장 중요한 문제이다. 바울 자기자신이 훗날 다음처럼 말하듯이 말이다. "그러

7. 사회학 세계에서 얻을 수 있는 중요한 자서전 두 편으로는 D. A. Snow and R.Machalek, "The Convert as a Social Type," in *Sociological Theory 1983* (ed. R. Callins; San Francisco: Jossey-Bass, 1983), 259-89; C. L. Staples and A. L. Mauss, "Conversion or Commitment? A Reassessment of the Snow and Machalek Approach to the Study of Conversion," *Journal for the Scientific Study of Religion* 26(1987): 133-47이 있다.

나 무엇이든지 내게 유익하던 것을 내가 그리스도를 위하여 다 해로 여길뿐더러" (빌 3:7). 자기 자신의 삶에 대한 바울의 관점은 이제 그리스도와의 만남을 중심으로 다시 전적으로 재편되었다. 사실 그는 자기자신에 대한 관점과 인식을 재구성했다. 그는 자신이 이전에는 달랐다는 것을 알고 있었다. 그러므로 자기-변화 또한 일어났다. 이런 변화는 예수 그리스도께 회심한 모든 회심자들에게 일어나는 일이다.[8]

예수 그리스도를 향한 회심은 그 사람으로 하여금 자기자신을 오로지 예수 그리스도와의 관계성이라는 카테고리 안에서만 전적으로 인식하게 한다. 이런 일은 내가 가르치는 학생들에게는 흔한 일이다. 내가 매주 목요일마다 정기적으로 만나는 소그룹 학생들이 있다. 나는 그들에게 "B.C days"라고 말하곤 하는데, 이는 "Before Christ days"(그리스도 이전 날들)라는 뜻이다. 갈라디아의 독자들에겐 그들 자신의 전기들을 짧게 한번 써보는 것도 유익할 것이다. 그들의 설명이 그리스도에게 회심한 것을 중심으로 전개되는 방식으로 말이다. 아마도 그들의 전기문은 세 가지 섹션들을 갖게 될 것이다. (1) "이전에 살던 삶의 방식" (2) "회심" (3) "현재의 부르심" 바로 이것이 바울이 자신의 삶을 재구성한 방식이며, 또한 모든 기독교인의 삶에서도 회심이 결정적인 변화를 가져오기 때문에 이것이 전형적인 패러다임이 된다고 할 수 있다. ("결정적인 변화"에 대해 언급함에 있어서, 나는 위에서 이미 말했듯이 내가 모든 회심들이 모두 똑같다고 생각하지 않는다는 점을 다시 한번 더 말해 두고자 한다. 그러나 그럼에도 불구하고, 성경은 회심이 갑작스러운 것이건 혹은 점진적인 것이건간에, 모든 기독교인들이 회심한다고 가르친다).

그러나 당신은 당신의 과거를 하나 이상의 각도에서 탐구할 수 있다. 당신은 자신의 전기를 당신의 과거가 어떠하든지간에 그것이 현재 당신의 사역과 삶을 어떻게 준비했는가라는 각도에서 쓸 수 있으며, 당신 자신의 영적 발전이라는 각도에서 쓸 수 있으며, 당신이 성령님과 만난 사건을 중심으로 쓸 수도 있으며, 혹은 당신 삶에 중요한 충격들을 가져온 결정적인 변화들이라는 각도에서 쓸 수도 있다. 이런 각각의 관점과 각도들을 취함에 있어서, 당신은 그리스도와의 만남을 현저하게 보여주는 그런 방식으로 당신 스토리에 초점을 맞출 필요가 있다. 시간을 얼마

8. 내가 가장 좋아하는 기독교 자서전은 C. S. Lewis, *Surprised by Joy: The Shape of My Early Life*(New York: Harcourt, Brace and Co., 1956)이다. 그는 자신의 전체 삶을 그리스도안에서 발견한 새로운 삶으로 재설정한 사람이다.

를 잡아먹든지간에, 이런 훈련은 우리들 각자로 하여금 자신의 에고(ego) 중심성에서 벗어나게끔 해주고, 또한 그리스도께서 중심이 되시게끔 해준다. 이는 우리로 하여금 하나님께서 우리 삶을 바라보시는 것처럼 우리도 우리 삶을 바라보게끔 가르쳐주며, 예수 그리스도와 성령님께서 변화시켜주시는 그런 삶을 살아가게끔 해준다. 이는 우리로 하여금 우리의 삶을 성경의 카테고리에 맞추어 형성되게 가르쳐준다.

이런 훈련이 가져다주는 분명한 결과중 하나는 우리가 좀 더 신속하고 용이하게 우리 신앙을 고백할 수 있게 된다는 점이다. 내가 어린 아이였을 때, 우리 교회 목사님께서는 매주 수요일 예배때마다 사람들에게 주중에 벌어진 중요한 일을 "고백하라고" 매우 자주 요구하시곤 하셨다. 목사님께서는 또한 (내가 알고 있는한 강요하지는 않으셨지만) 모든 새로운 회심자들이 자신들의 "새롭게 재구성된 삶의 모습"을 고백할 것을 기대하셨다. 나는 사람들이 자기자신이 예수 그리스도께 속해있음을 고백하고 선언할 때, 그들의 회심에 대해 설명할 때, 이런 고백이 교회 전체에 기쁨이 넘치게 만들었던 것을 기억한다. 우리가 만약 우리 자신의 스토리를 말하는 것을 배우는데 초점을 맞춘다면, 요즘 교회들도 다시 한번 더 그런 예배의 모습으로 돌아갈 수 있을 것이다.[9]

여기에 덧붙여서, 바울의 회심이 그의 삶을 완벽하게 재정립했다는 사실을 주목하라. 바울이 얼마나 분투하면서 교회를 핍박했었는지를 살펴보라. "하나님의 교회를 심히 박해하여 멸하고"(13절). 바울이 얼마나 열정적으로 유대교에서의 경건한 명성을 추구했었는지도 주목하라. "내가 내 동갑자보다 유대교를 지나치게 믿어 내 조상의 전통에 대하여 더욱 열심히 있었으나"(14절). 그리고 그의 회심이 얼마나 완벽했는지를 주목하라. "그의 아들을 이방에 전하기 위하여"(16절). 바울은 열정적으로 유대교에 헌신하던 모습으로부터, 이전보다 더 열정적으로 그리스도에게 헌신하는 모습으로, 그리고 주님께서 그에게 주신 사도적 부르심에 헌신하는 모습으로 옮겨갔다. 바울의 헌신들은 완벽한 것이었다.

> 이런 것이 다소사람 사울의 회심 이전 모습이었다. 그는 유대교에 헌신하는데 있어서, 그리스도와 교회를 핍박하는데 있어서 고집스럽고 광적이었고 온 마음을 다하는 사람

9. 분명 이와같은 "스토리"의 자연적인 배경은 침례식이다. 교회에서 침례식이 어른과 아이들을 위한 것으로 명확하게 구분되어 있기는 하지만, 이런 자서전적인 고백을 할 수 있는 시간을 제공해 줄 수 있는 의례는 거의 없다. 이 책의 내용중 3:1-5에 대한 주석 부분 역시 살펴보도록 하라("현대적 의미" 부분).

이었다. 이런 정신적, 감정적 상태에 있었던 사람이었기에 그는 자신의 마음을 바꿀 생각이 전혀 없었고, 사람들도 그의 마음을 바꿀 수 없었다. 그 어떤 조건반사나 혹은 다른 정신적 기재도 이런 상태인 사람을 회심케 할 수는 없었다. 오직 하나님만이 그에게 다가서셨고, 오직 하나님께서 행하셨다![10]

이 사람의 회심은 기준이 될만하고, 우리는 이를 기준삼아 우리 자신의 헌신을 평가할 수 있다. 우리는 그리스도에게, 우리 삶에 대한 그분의 선포에, 우리 삶에 대한 그분의 부르심에 헌신하고 있는가? 우리가 기독교인 이전에 갖고 있던 직업이나 목적을 추구하던 모습처럼? 비록 우리가 따라야 할 사람이 바울이 아니기는 하지만(우리는 그리스도를 따른다), 그러나 바울이 헌신된 사도였고 그의 삶이 경건에 있어 빛나는 모범이 되는 사도였던 것도 분명하다. 사실 바울은 종종 자신이 섬긴 교회들을 향해 자신이 그리스도를 따른 것처럼 그들도 자신을 따르라고 도전하곤 했다(갈 4:12; 고전 4:16; 11:1; 빌 3:17; 4:8-9). 우리는 바울의 헌신을 통해서 우리가 어떻게 헌신해야 하는지를 배울 수 있다. 바울의 삶속에 뚜렷하게 자리잡고 있는 한 가지 표징이 있다면, 그것은 그의 헌신이 완전했다는 것이다.

오늘날 현대 교회의 모습은 많은 사람들이 그리스도를 향해, 자신의 복음을 향해, 자신의 라이프스타일을 향해 헌신하고 있다고 주장하지만, 사실은 완전한 헌신과는 너무나 거리가 먼 슬픈 모습이다. 오늘날 성도들의 헌신은 그들이 신앙의 결단을 하던 어린시절에 자신들이 갖고 있던 그리스도와 기독교인의 삶에 대한 인식보다 그리 깊지 않은 정도이다. 오늘날 교회 지도자들은 참된 믿음의 결과는 순종으로 나타난다고 가르치지 않으며, 그렇기에 결국 성도들로 하여금 헌신이 완전해야 한다는 생각을 하지 않게끔 이끌어가곤 한다. 다른 기독교인들은 한번 구원받으면 영원히 그 구원을 빼앗기지 않는다는 교리를 들으면서, 그들은 설령 죄를 짓는 삶을 산다 하더라도 이런 교리가 그들을 보호해줄 것이라고 생각하기도 한다. 우리는 질문을 던져야만 한다. 믿음의 순교자들은(야고보에서 본 훼퍼에 이르는 스데반에서 현대 라틴 아메리카의 선교사들에 이르는) 우리의 "요구가 없는 복음"에 대해 무엇이라 생각할까? 그리고 이처럼 하나님 편에 놓여있지 않은 우리의 삶의 모습과 시선을 가지고서, 우리는 이런 순교자들을 어떻게 바라보아야 하는가? 바울의 모습은 이와같은 서구 교회의 전체적인 방향성(설령 지배적인 것이 아

10. J. R. W. Scott, *Only One Way*, 31-32.

니라 하더라도)과 정반대 모습을 보여주는 좋은 본보기를 우리에게 제시해 준다. 그는 우리에게 단호한 도전을 제시한다. 우리의 삶을 전적으로 그리스도께 드리고 우리 삶을 향한 그분의 부르심에 전적으로 헌신하라. 그리하면 바울 시대에 그러했던것처럼, 교회들은 그와같은 삶의 결과로써 하나님을 찬양할 것이다(24절).

이 문단이 담고 있는 또다른 적용점은 바울의 생애에서 그를 향한 부르심이 구체적이었다는데 있다. 하나님께서 자신을 어떤 특정하고 구체적인 일을 감당하라고 부르셨다고 말하는 성도들을 만나는건 그리 어려운 일이 아니다. 바울은 그의 삶을 향한 하나님의 방향과 인도하심에 대해 이런 명쾌한 인식을 갖고 있었다. "그의 아들을 이방에 전하기 위하여"(16절). 우리는 만약 허공을 목표로 삼는다면 허공만 치게 될 것이라고 가르쳐왔다. 동일한 내용을 기독교인의 삶에도 적용할 수 있다. 만약 우리가 기독교인으로 살아가면서 목적없이 떠돈다면, 우리는 대양을 떠도는 빈 병처럼 떠돌게 될 것이다. 우리가 만약 많은 영역들을 그저 떠돌아다니기만 한다면, 아무것도 성취할 수 없을 것이다.

기독교인들이 자신들의 은사들을 분별하고 그런 은사들을 사용하는 일은 근본적으로 매우 중요하다. 기독교인들이 그들을 삶의 좋은 목적들에 몽땅 얽히게끔 하지 않는 일도 매우 중요하다. 어떤 기독교인들은 정치적 이슈, 사회적 문제, 문화적 발전 등과 같은 선한 일들에 연관될 것이다. 그러나 모든 사람들이 이런 일들을 해야 하는 것은 아니다. 어떤 기독교인들은 스포츠, 다양한 대중매체 혹은 대중교육 등에 있어서 영향력을 발휘할 수도 있을 것이다. 이 외의 다른 기독교인들은 그들의 기독교인다운 삶을 기독교 학교, 지역 교회 사역 혹은 선교사역 등 여러 다른 분야들에서 발전시킬 수도 있다. 우리가 부름받은 영역이 어디이건간에, 우리들 각자가 하나님께서 우리에게 무얼 하라고 부르셨는지를 잘 분별하고 내가 부름받지 않은 것들까지 몽땅 다 열심히하려는 것이 아니라, 내가 부름받은 일에 대해 충성을 다하는 것이 매우 중요하다. 내가 지금 말하려고 하는 바는, 우리가 하나님께서 우리 삶을 향해 부르신 부르심을 우리가 알게 되었을 때, 우리는 그 부름을 붙들어야만 하며 또한 우리를 향한 하나님의 뜻을 성취해 나가는데 있어서 산만해져서는 안된다는 것이다.

우리는 우리 삶을 향한 하나님의 뜻을 어떻게 분별할 수 있는가? 아마 이 책을 읽는 많은 독자들은 기독교인들이 어떻게 하나님의 뜻을 알 수 있는지에 대해 최근에 진행된 상당히 중요한 논의를 알고 있을 것이다.[11] 내 의도는 이런 개념들에 대해 논쟁을 벌이거나 최종적인 결론을 내리는 것은 아니다. 내 관점은 하나님의 뜻이란 기독교인에게 상당히 넓은 범주의 옵션들을 제시해주는 것으로 나타난다는 것이다. 그러나 나는 일부 사람들을 향해서 하나님의 뜻은 구체적인 소명과 부르심으로 나타날 수 있다고 생각한다. 나는 최근에 한 사람을 만났는데 그는 대양을 큰 배로 유람하는 사업을 통해 약물 중독에 빠진 십대들을 위해 일하는 것이 자신의 삶을 향한 하나님의 뜻이라고 생각했다. 사실, 그런 생각은 내가 보기엔 매우 구체적인 것으로 보였다. 나는 그가 하나님의 뜻에 대해 그렇게 많이 알 수 있게 되었다는 점에 대해서 상당히 놀랐다! 다른 사람들은 자신을 향한 하나님의 뜻을 그렇게 구체적으로 발견해내지 못하곤 한다. 우리는 감히 어떤 한 가지 모델을 모든 기독교인들에게 강요할 수 없다. 어떤 사람들에게는 하나님의 듯은 그렇게 구체적으로 규정되지 않는다. 배우자로서 헌신적으로 살아가는 것, 지역 교회속에서 다양한 모습으로 섬김의 삶을 살아가는 것, 지역 사회에서 다양한 기회들을 통해 정의를 실현하고자 분투하는 것. 또다른 사람들에게는 하나님의 뜻이란 가정과 교회에서 헌신적이고, 하나님을 두려워하는 삶을 살아가는 모습을 통해 자신의 직업 생활을 잘 뒷받침해 주면서, 큰 회사에서 그저 단순하게 기독교인으로서 존재하는 것일 수도 있다. 또한 어떤 사람들에게는 하나님의 뜻이란 아이티 난민들을 위해 건강 교육을 실시하는 것처럼 상당히 구체적인 모습일 수도 있다.

그러나 우리는 어떻게 이런 부르심을 분별할 수 있는가?[12] 나는 하나님의 뜻을 분별하는데 세 가지 차원이 있다고 믿는다. (1) 우리가 무언가를 추구하는 것을 하나님께서 우리에게 원하신다는 내적 확신이 필요하다. 우리는 바울을 통해 이런 모습을 볼 수 있는데, 그는 하나님께서 자기 아들을 "내 속에"(16절) 계시하셨다고 말한다. (2) 교회를 섬기는 지도자들과 선배들의 지혜가 필요하다. 우리가 만약 교회 지도자들이나 멘토들을 통해 검증받지 않은채 우리가 어떤 구체적인 사역에 부름받았다고 아무렇게나 선언할 수 있다고 생각한다면, 그것은 책임있는 기독교인

---

11. 이 불에서의 주요한 불꽃은 G.Friesen과 J. R. Maxson, *Decision Making and the Will of God: A Biblical Alternative to Traditional View*(Portland: Multnomah, 1980) 사이의 불꽃이었다. Friesen은 하나님께서 각각의 사람들에 대해 삶의 모든 측면에 대해 구체적인 특별한 뜻을 갖고 계시다는 관점에 대해서, 그리고 바로 그런 뜻을 찾아내는 것이 한 사람의 책임이며 그렇지 않으면 영원히 "하나님의 뜻 밖에" 나가게 된다는 관점에 대해서 통렬하게 반대하고 비평한다.

12. 다시 한번 더 J. R. W. Stott, *The Contemporary Christian*, 128-45를 보도록 하라. 그는 인도하심, 소명, 사역등에 대해서 일반적인 의미와 특수한 의미를 유용하게 잘 구분하고 있다. 또한 그는 우리가 다루고 있는 주제에 대해서도 지혜로운 조언들을 제공해 준다. Stott는 기독교인이 하나님의 뜻을 분별하려면 내려놓고, 기도하고, 이야기하고(공동체 안에 있는 다른 사람들이나 부모님들과), 생각하고, 기다려야 한다고 주장한다(130-31쪽).

의 모습이 아니며 또한 독불장군같은 모습이 되버리고 말 것이다. 아마 교회 지도자들은 대부분 격려를 할 것이다. 다른 경우에는 한 사람의 성도가 좀 더 책임있는 방식으로 자신이 받은 부르심을 추구할 수 있게끔 해주는 그런 격려와 도전, 경고, 충고를 제시해 줄 수도 있을 것이다. (3) 우리는 우리 자신이 부름받았다고 생각하는 사역들에 대해서 우리를 관찰하고 피드백과 평가를 해줄 전문가들이 필요하다. 나는 적어도 일년에 한번 이상씩은 학생을 내 사무실로 불러서 그들이 사역에 있어서 어떤 방향성을 갖고 있는지에 대해 관심을 공유하고 물어보고 자문해 주어야만 한다. 이 일은 내 사역에 있어서 가장 힘든 일들중 하나이다. 그러나 나는 믿는다. 이 일이 비록 힘든 일이기는 하지만, 매우 중요한 일이라고 말이다. 만약 기독교 지도자들이 다른 기독교인들이 자신들이 준비되어 있지 않거나 혹은 은사가 없는 일들을 추구하게끔 허용한다면, 그것은 매우 무책임한 일이다. 우리 신학교 교수들에게는 설교나 가르침의 은사를 받지 못한 젊은이들과 함께 신학교 생활을 해야만 하는 것이 흔한 일이다. 나는 또한 이런 학생들은 누군가가 자신들의 미래의 계획을 위해 그들과 함께 기도하면서 기꺼이 시간을 보내주는 것에 대해서 매우 감사해하는 것을 경험하곤 한다. 우리가 무언가 어떤 일에 대해서 우리가 부름받지 않았다는 것을 지금 배우는 일은 장차 미래의 슬픔으로부터 우리를 건져내 준다. (나는 한 학생의 미래 사역에 대한 우리의 판단이 때대로 정확하지 않으며, 우리의 충고에도 불구하고 그런 학생들이 풍성한 열매맺는 사역을 하기도 한다는 사실도 또한 알고 있다!)

마지막으로, 바울이 자기 삶에 대해 묘사한 내용은 정직할뿐만 아니라 심지어 자신에게 손해가 될 수도 있는 것이었다. 바울은 유대주의자들이 이 편지를 읽게 될 것이고 또한 자신이 예루살렘과의 관계에 대해 설명한 내용들에 대해서 상당히 자세히 조사할 것이라는 것에 대해서도 잘 알고 있었다. 만약 바울이 사실을 왜곡한다면, 그들은 그런 왜곡된 사실들에 달려들 것이고 바울을 거짓말쟁이라고 비난할 것이다. 그리고 그런 왜곡은 바울 복음의 성실성에 대해 끝끝내 위험요소가 될 것이다. 바울은 자신이 정직해야만 한다는 사실을 알고 있어왔다. 그리고 바로 이 점이 그로 하여금 그가 예루살렘에 갔었고 베드로, 야고보와 상의했었다는 사실을 드러내게끔 했다. 우리는 그의 서신중 바로 이 지점을 유대주의자들이 비약적으로 말했을 수 있음을 상상할 수 있다. "바로 이게 우리에게 필요한 정보이다. 바울은 예루살렘에 있었고, 그때 그는 리더들로부터 그의 복음을 얻었다." 만약 바울이 예루살렘에 전혀 다녀온 적이 없고 또한 만약 그가 사도들중 그 누구도 만난 적이 없었다면, 그것이 바울에게는 최상이 되었을지도 모르겠다. 그러나 바울은 그 스토리를 진실하게 말할 것이다. 설령 그가 갈라디아 성도들로 하여금 그가 예루살렘을 방문했던 것이 사실이기는 하지만 자신의 복음을 그곳 리더들로부터 얻은 것이 아니라는 사실을 인정하게끔 하는 것이 상당히 어려운 일이 된다 하더라도 말이다. 우리는 어떤 사실들이나 어떤 이야기를 할 때, 사실들을 말하면서도 진실 전체를 다 말하지 않는 방식으로 이야기하려는 유혹을 받을 때가 얼마나 많은지 모른다. 바울은 불성실을 삼갔고, 자신과 예루살렘의 관계에 대해 진실을 말했다. 우리는 어떻게 우리 자신의 전기들을 말해야하는지에 대해서 그리고 어떻게 우리가 스토리들을 말해야 하는지에 대해서 바울을 통해 많은 것을 배울 수 있다. 우리는 그가 했던 것처럼 정직할 필요가 있다.

바울의 이와같은 "모가 난 전기"는 우리 자신의 대화들에 대해서 그리고 현재 세계속에서 우리 자신이 다양한 직업과 사역으로 부름받은 것에 대해서 우리가 심사숙고하고 살펴볼 때, 우리를 위한 아젠다를 제시해 준다. 물론 이 본문에는 다른 여러 적용점들이 있다. 그러나 바울이 하나님을 섬기는 삶을 추구하면서 살았던 자기 삶을 스스로 평가하는 내용중에서, 우리가 진지한 관심을 두고 중요하게 강조해야 할 부분은 다름 아니라 바로 그의 회심 부분이다.

갈라디아서 2:1-10

1 십사 년 후에 내가 바나바와 함께 디도를 데
리고 다시 예루살렘에 올라갔나니
2 계시를 따라 올라가 내가 이방 가운데서 전
파하는 복음을 그들에게 제시하되 유력한 자
들에게 사사로이 한 것은 내가 달음질하는
것이나 달음질한 것이 헛되지 않게 하려 함
이라
3 그러나 나와 함께 있는 헬라인 디도까지도
억지로 할례를 받게 하지 아니하였으니
4 이는 가만히 들어온 거짓 형제들 때문이라
그들이 가만히 들어온 것은 그리스도 예수
안에서 우리가 가진 자유를 엿보고 우리를
종으로 삼고자 함이로되
5 그들에게 우리가 한시도 복종하지 아니하였
으니 이는 복음의 진리가 항상 너희 가운데
있게 하려 함이라
6 유력하다는 이들 중에 (본래 어떤 이들이든
지 내게 상관이 없으며 하나님은 사람을 외
모로 취하지 아니하시나니) 저 유력한 이들
은 내게 의무를 더하여 준 것이 없고
7 도리어 그들은 내가 무할례자에게 복음 전함
을 맡은 것이 베드로가 할례자에게 맡음과
같은 것을 보았고
8 베드로에게 역사하사 그를 할례자의 사도로
삼으신 이가 또한 내게 역사하사 나를 이방
인의 사도로 삼으셨느니라
9 또 기둥 같이 여기는 야고보와 게바와 요한
도 내게 주신 은혜를 알므로 나와 바나바에
게 친교의 악수를 하였으니 우리는 이방인
에게로, 그들은 할례자에게로 가게 하려 함
이라
10 다만 우리에게 가난한 자들을 기억하도록 부
탁하였으니 이것은 나도 본래부터 힘써 행하
여 왔노라

원 의미

바울은 자신의 복음이 예수 그리스도로부터 직접 계시로 주어진 것임을 제시하고 보여주기 위해서, 자신의 복음이 인간적인 가르침이나(1:13-17), 유대지역 교회들에(1:18-24) 의존하고 있지 않다는 것을 제시하고자 했다. 다음으로(2:1-10), 그는 자신의 복음이 예루살렘의 기둥 같은 사도들로부터도 독립적이라는 것을 보여주고자 한다. 또한 바울은 그 다음으로 뒤이어 나오는 2:11-21에서는 자신의 복음을 최고의 사도인 베드로로부터 받은 것이 아니라는 것을 보여주는 것을 통해 자신의 독립성을 확정짓고자 한다.

바울의 생애와 관련된 내용에서 예루살렘과 연관된 두 번째 중요한 연결점은

"14년 후에"라는 표현과 더불어 등장한다(2:1).[1] 이때의 예루살렘 방문은 '유대-민족주의' 적인 성격의 복음과 '유대-이방인 보편주의' 적인 복음 사이에 좀 더 전환을 가져왔다. 바울은 후자의 선봉에 섰고, (분명히) 기둥 같은 사도들은 전자 편에 서 있었다. 바울의 설명에 의하자면, 양측은 의견일치에 이르렀다. 바울은 자신이 전했던 복음을 선포하고 설교하도록 부름 받았으며, 또한 이방인들을 대상으로 복음을 선포하도록 부름 받았다는 것, 그리고 베드로는 그가 전했던 복음을 선포하도록 부름 받았으며 유대인들을 대상으로 복음을 전하도록 부름 받았다는 것. 하지만 이들 바울과 베드로 두 사람 각자가 전했던 "내용"은 겉으로 드러나는 모든 모습에 있어서 동일했다. 그저 차이점이라면 "누구에게" 전해졌느냐는 점이 달랐을 뿐이다.

현재 우리가 다루고 있는 섹션의 첫째 단락은 바울이 자신의 메시지를 예루살렘에 제시한 것에 관해 다루고 있다(1-3절). 회심하고 14년이 지난 뒤 바울은 거룩한 성으로 두 번째 여행을 한다.[2] 그는 두 명의 친구와 함께 그곳에 갔다. 바나바와 디도. 바나바의 원래 이름은 요셉인데 그는 구브로 섬에서 성장한 레위인이었다. 그는 자신의 사역의 결과로, 사도들로부터 "위로의 아들"[3]이라는 이름, 즉 바나바라는 이름을 새로 얻었다(행 4:36). 우린 나중의 기록을 통해서, 그가 마가 요한의 "사촌"이었다는 사실을 알 수 있다(골 4:10). 그의 순종(행 4:36-37), 화해케 하는 매너, 위로하는 성품(9:26-30), 성령님에 대한 의지등은, 그로 하여금 바울과의 동역에서 두드러진 역할을 감당하게끔 이끌어 주었다(참고. 11:22-26). 만약 바나바, 바울등 본문에서 이들의 이름을 기록한 순서가 무언가 의미를 담고 있는 것이라면, 바나바의 이름이 먼저 등장하므로, 그가 바울과의 사역 초기에는 주도권을 갖고 있었던 것으로 보인다. 그러나 그가 갖고 있었던 리더십은 결국엔 바울의 사도적 은사들에게 양도되었다(참고. 13:1-15:41; 그러나 14:14; 15:12, 25도 보라).

---

1. 이는 그의 회심 이후 14년인 것으로 보인다(1:13-17). 이 표현은 1:18에서 언급했던 최초의 예루살렘 방문 이후 14년이라는 의미가 될 수도 있고, 아니면 수리아와 길리기아 방문(1:21) 이후 14년이라는 의미도 될 수 있다. 만약 우리가 그의 회심을 A.D 33년으로 잡을 경우, 그렇다면 이 예루살렘 방문은, 두 번째 예루살렘 방문은, 아마도 A.D 46년경에 일어났을 것이다. 이와 관련된 역사적 정황을 좀 더 면밀하게 살펴보고자 한다면, 이 책 다음번에 나오는 "원 의미" 마지막 부분을 보도록 하라.
2. 이 두 번째 방문은 "계시" 때문에 이루어진 방문이었다(2절). 행 11:27-30은 아가보를 통해 예언이 주어졌음을 기록한다. 갈 2:2 역시 그런 선지자적 말들을 계시로 묘사하고 있다. R. N. Longenecker, *Galatians*, 47을 보도록 하라.
3. 아람어 이름으로는 "선지자의 아들"이라는 의미다. "선지자"는 적어도 두 가지 차원을 갖고 있다. (1) 예언 그리고 (2) 위로/격려.

바울은 두 가지 점에서 바나바의 견해에 동의하지 않은 것으로 알려져 있다. (1) 안디옥에서 베드로에 대해(갈 2:11-21) 그리고 (2) 두 번째 선교여행을 시작할 때 마가 요한 문제에 대해(행 15:39-40). 그러나 훗날 바울은 바나바를 동등한 사역자로 제시하는 모습을 보여주는데, 이를 통해 볼 때 그들 사이의 불화는 치유된 것이 분명한듯하다(고전 9:6). 갈라디아서 2:1을 보면, 바나바는 바울과 동행해 예루살렘에 갔는데, 이는 그가 예루살렘 교회들로부터 존경받던 중요한 인물이었기 때문이었을 것이다. 그는 불화를 치유하고 파당 사이를 중재하는 삶의 여정을 살아왔고, 이런 그의 특징은 그로 하여금 예루살렘 여행에 있어서 바울의 적합한 동행이 되게끔 해주었다.

바울의 예루살렘 여행의 또다른 동반자는 디도였다. 우리는 디도가 왜 바울 및 바나바와 동행했는지 그 이유를 정확하게 알 수는 없다. 그러나 그가 갖고 있던 뚜렷한 특징은 (그리고 그가 언급된 유일한 이유 역시) 그가 이방인이었다는 점이다. 바울은 자신이 전도한 초기 회심자중 한사람이자(참고. 딛 1:4), 오래 교제해온 친구인(고후 2:13) 디도를, "시험 케이스"로서 데리고 갔을 수도 있다. 디도는 이방인이면서 동시에 의심할여지없고 나무랄데 없는 기독교인인 케이스로서 바울과 동행했을 수 있다.[4] 그의 이런 모습은 예루살렘에 있던 유대인 성도들로 하여금 하나님께서 유대인들과 마찬가지로 이방인들 사이에서도 그리고 이방인들을 통해서도 동일하게 역사하셨다는 것을 인정하게끔 만들었을 것이다. 더군다나, 디도가 하나님으로부터 선택받았다는 분명한 사실은 그가 할례받지 않았다는 상황도 더욱 더 두드러지게 보이게끔 만들었을 것이다. 바울의 주장은 디도를 보여주는 것보다 더 명쾌하게 제시될 수 없었다. 만약 하나님께서 선택하셨다면 그리고 이 할례받지 않은 이방인을 사용하셨다면, 그렇다면 분명 할례는 하나님 백성에 참여하는데 필요한 조건이 아니다.[5] 뒷부분에 자리잡고 있는 두 구절들은 디도가 헬라인이었음에도 불구하고, 할례받도록 "강요"[6]되지 않았다는 사실을 우리에게 알려준

---

4. 이 방문기간 동안 바울이 디도가 갖고 있던 이방인이라는 신분의 중요성을 인식하기 시작한 것은 그가 이 문제에 대해 좀 더 깊이 생각하고 고려한 이후에 시작되었을 수 있다. 그러나 내 생각에는 그랬을 가능성은 별로 높아 보이지 않는다. 왜냐하면 1세기 경건한 유대인들은 한 사람이 유대인인지 아니면 이방인인지 즉각적으로 알 수 있었기 때문이다. 그렇기 때문에 나는 바울이 일종의 시험 케이스로 디도를 데리고 갔다고 생각한다.
5. 디도와 관련해 좀 더 세부적인 사항을 살펴보고자 한다면, G. F. Hawthorne, "Titus," *NISBE*, 4:864-65를 보도록 하라.
6. 이는 강력한 용어다. 2:14에 대한 주석 내용들을 좀 더 살펴보도록 하라.

다. 그렇기에 디도가 동행하고 있다는 점은 매우 분명한 점을 알려준다. 바울이 예루살렘을 두 번째 방문했을 때, 만약 할례가 하나님 백성의 멤버십을 얻는데 필수조건이라면, 예루살렘의 리더들은 할례를 시행하라고 압력을 강하게 행사할 수 있는 좋은 기회를 맞이한 셈이다. 그러나 그들은 그렇게 하지 않았다. 그렇기에 바울의 주장은 결정적인 요소를 갖고 있다. 예루살렘의 "기둥들"은 디도에게 할례받으라고 요구하지 않았으며, 이는 그들이 할례가 구원의 필수조건이라고 생각하지 않았음을 보여준다. 바울이 그렇게 주장할 수 있게끔 해준다. 또한 이는 예루살렘의 기둥들이 유대교에 동참하는 것이 구원받는데 필수조건이라고 생각한 것도 아니었다고 주장할 수 있게끔 해준다. 이방인들이 구원을 얻기 위해서는 그저 주님을 믿는 오직 한 가지만으로도 충분했으며, 그저 회심하고 예수님께 돌아오는 것 한 가지만으로 충분했다.

유대주의자들에 반(反)하는 바울의 주장은 이 사건을 통해 좀 더 확실한 증거를 갖게 되었다. 예루살렘에 머무르는 동안 그는 "개인적으로" 리더들을 만났으며(아마도 6, 9절에 언급된 기둥들) 또한 자신이 이방인들에게 전했던 "복음을 그들 앞에 제시"했었다. 이 복음은 분명 그리스도를 통해 나타나는 하나님의 은혜를 믿는 단 한 가지만을 통해서 그리스도의 역사하심이 나타나고 이를 통해 사람들이 구원을 얻는다는 복음이었다. 그의 복음은 유대교의 삶의 방식을 받아들일 것을 요구하지 않았으며, 율법에 복종하는 것도 포함하지 않고 있었다. 바울은 심지어 자신이 "내가 달음질하는 것이나 달음질 한 것이 헛되지 않게 하려 함이라"(2절)라고 겸손하게 말하기까지 했다. 이는 바울 편에서는 정말로 크게 양보한 것이었다. 바울은 자신이 생각할 때 자신이 받은 계시가 분명 예수 그리스도로부터 주어진 것이라고 분명한 확신을 갖고 있었지만, 그러나 자신이 받은 계시를 예루살렘 리더들로부터 평가받도록 기꺼이 복종하는 모습을 보였다. 나는 이 부분에서 바울이 정직한 모습을 보이고 있으며, 어떤 수사학적인 치장을 담아 표현하고 있는 것이 아니라고 믿는다. 그리고 이런 모습은 바울이 이전보다 좀 더 깊은 주장(1-10절의 본질적인 주장)을 할 수 있게끔 해준다. 그의 복음이 예루살렘으로부터 독립적인 것이면서 동시에 예루살렘으로부터 확인받은 것이라는 것. 이는 유대주의자들과 갈라디아 성도들을 꼼짝없이 만들었다.[7]

7. 일부 학자들은 바울의 복종은 그의 메시지의 타당성이나 신뢰성에 어울리지 않지만, 그의 실천성이나 효과성에는 어울린다고 주장한다(F. F. Bruce, *Galatians*, 111을 보라). Bruce는 다음처럼 언급한다. "그의 직분은 예루살렘으로부터 나온 것이 아니었으며, 그의 사역은 예루살렘과의 교제를 제외하고는 매우 효

이 섹션의 두 번째 단락은 바울의 메시지에 대한 반대와 대적에 관한 내용을 담고 있다(4-5절). "이 문제[이 문제는 할례와 관계되어 있다]가 일어난 것은" 유대주의자들중 일부 사람들이 모세에 기반을 둔 그들의 복음을 퍼뜨릴 목적으로 자유를 누리는 사람들 속에 침투해 들어왔기 때문이었다. 바울은 이들을 향해 "거짓 형제들"이라고 부른다. 그들의 목적은 "우리를 종으로 만드는 것"이었다. 종이 된다는 표현은, 그리스도 안에서 은혜를 누리지 못한다는 것만이 아니라, 성령의 자유함 없이(3:10-14, 23-25) 모세의 율법하에서 살아가는 것을 표현하는 것으로 이해해야만 한다. 즉 은혜와 자유가 실질적으로 제거되어버리는 모습으로 말이다. 종이 된다는 것은, 자유케하는 모습이 갖고 있는 아들됨이나 성숙함과 비교해볼 때, 바울이 3:26-4:7에서 묘사하듯 유아기적인 모습에 불과하다. 바울은 자신과 갈라디아 성도들이 현재 유대주의자들 때문에 겪고 있는 경험이, 그가 두 번째 예루살렘을 방문할 때 겪었던 사건이나 혹은 그보다 앞서서 안디옥에서 겪었던 사건[8]과 동일한 종류의 사건이라고 주장한다. 예수 그리스도를 향한 단순한 믿음으로 회심한 자들에게, 예수 그리스도와 모세를 뒤섞어 놓은 복음이 부과되고 있었다. 1:6-9에 나온 바울의 언급들을 생각해 볼 때, 우리는 바울이 그들을 가리켜 "거짓 형제들"이라고 부르는 것에 대해 전혀 놀랄 필요가 없다. 바로 이것이 바울이 직면하고 있던 이단이었다. 그리스도의 역사하심을 축소하고 성령님의 사역을 훼손시키는 잘못된 "복음."

이런 침투자들을 향한 바울의 반응이 바로 이 서신 전체의 주제이다. "그들에게 우리가 한시도 복종하지 아니하였으니 이는 복음의 진리가 항상 너희 가운데 있게 하려 함이라."(5절) 바울은 5:1에서는 이와는 다른 표현들을 사용한다. "그러므로 굳건하게 서서 다시는 종의 멍에를 메지 말라." 바울은 그리스도를 만났음에도 불구하고 그 이후에 다시 율법 아래에서 살아가는 삶에 대해서, 그리고 그리스도의 성령안에서 자유를 찾았음에도 불구하고 그와 정반대 모습으로 다시 율법 아래에

과적으로 수행되었다." 나는 이것이 그가 갖고 있던 예루살렘과의 간격을 정말로 훌륭하게 잘 그려주고 있다고 생각한다. 바울이 분명히 확고한 확신을 갖고 있었다 하더라도, 그들에게 검토받고자 자신의 사상을 제출했던 모습은 얼마든지 상상해 볼 수 있는 모습이다. 그들은 바울에게 동의하고 있었기 때문에, 바울은 좀 더 확고한 주장을 갖게 되었다. 나는 만약 그들이 바울에게 동의하지 않았었다면, 그는 아마도 그들과 작별을 고했을 것이라고 믿고 있다.

8. F. F. Bruce는 이 침입이 이루어진 시기와 관련해서 매우 독창적인 주장을 한다. 그는 이 일이 바울과 바나바가 안디옥을 떠난 뒤에 벌어졌으며, 예루살렘이 아니라 안디옥에서 벌어졌다고 주장한다. 그런뒤에 그는 주장한다. 이렇게 보는 것이, 행 11:30; 12:25에 나오는 할례라는 이슈에 대해 침묵하는 이유를 설명하는데 도움이 된다고 주장한다(그의 *Galatians*, 115-17을 보라).

서 살아가는 삶에 대해서, 종의 삶이라고 묘사한다.

바울의 의도는 "복음의 진리가 너희와 함께 하게 하려는 것"이다. 바울은 그리스도의 복음을 통해 개인적으로 분명 큰 유익을 누렸지만, 그러나 지금 그의 동기는 개인적이거나 혹은 개별주의적인 것이 아니다. 바울은 지금 자신만의 독자적인 지위나 혹은 반항적인 명성을 얻고자 하고 있는 것이 아니다. 그는 율법을 새로운 회심자들에게 부과하는 것이 어떤 의미를 갖는 것인지를 알고 있었고, 또한 그렇기에 그의 복음을 모세로부터 거리를 두길 원하고 있었다. 그는 새로운 회심자들이 때가 찼기에(4:4) 누릴 수 있는 기쁨을 충분히 누렸다는 확신을 갖길 원하고 있다. 바울 자기자신은 어떤 때는 율법을 당연시하는 모습으로 살고, 다른 어떤 때는 그렇지 않은 모습으로 살면서, 이 양자의 모습 모두로 살 수 있었다. 그러나 그는 율법과 필연적으로 연결되어 있는 복음에 대해 자신이 확고한 입장을 취하지 않는다면, 새로운 교회들에게 죽음을 가져올 것이라는 사실을 잘 알고 있었다. 이런 식의 복음은 민족주의가 될 것이다. 이는 유대교로 이미 돌아선 자들이 그렇게 했던 것처럼, 유대교에 동참하는 일이 되고 말 것이다. 이는 그리스도 안에서의 생명이 아니다. 그렇기에 바울은 자신의 주장에 대한 중요한 증거들을 제시해가면서, 계속해서 자신의 주장과 이야기를 펼쳐나간다.

이 섹션의 셋째 문단은 예루살렘의 기둥같은 사도들과 바울이, 바울이 전한 메시지에 대해 단일한 의견을 표명한 것에 관해 기록하고 있다(6-10절). 바울은 예루살렘에서 별로 많지 않은 사람들과 접촉했던 것 같고, 그들과 그가 나눈 교제도 아마 짧은 기간이었던 것 같다. 하지만 한 가지 사실만은 분명하다. 예루살렘의 리더들은 그의 복음을 인정했다. 그런데 여기에서 우리는 한 가지 문제점과 직면하게 된다. 만약 바울이 1장에서 자신의 복음이 독립적이라는 것을 주장했던 것이라면 그는 지금은 도대체 왜 자신의 복음이 인정받았다는 사실을 보여주려고 하는 것인가? 이런 모습은 앞부분에서 했던 자기 주장을 스스로 훼손하는 것은 아닌가? 이런 모습은 어찌되었건간에 그의 복음이 예루살렘에서부터 온 것이라는 도전에 대해 다시 한 번 더 약점을 노출하는 것은 아닌가?

나는 그렇게 생각하지 않는다. 도리어, 지금 우리가 보고 있는 이런 모습을 통해서, 우리는 바울이 자신의 주장을 펼치기 위해 양면 모두를 기꺼이 사용하고 있음을 알 수 있다. 1장에서는 바울은 자신의 복음의 기원이 예루살렘에 대해 독립적이라고 주장했다. 그는 복음을 예수 그리스도로부터 직접 받았다. 그렇기 때문에 유대주의자들은 바울이 모든 일에 대해 예루살렘에 복종해야만 한다고 주장할 수 없다. 하지만 2장에서는 바울은 자신의 복음이 근원에 있어서 독립적이기는 하지만 또한 예루살렘의 기둥같은 사도들로부터 인정받았다는 점도 주장한다. 물론 바울에게 있어서는 이와같은 인정을 필수적으로 받아야만 하는 것은 아니다. 하지만 이런 인정이 나름대로의 역할을 수행해 줄 수 있기 때문에, 그는 유대주의자들을 상대해서 자신의 주장을 펼치는 과정에서, 자신이 전한 복음이 이렇게 인정받았다는 사실을 활용하기로 결심한다.

우리가 6-10절의 의미를 잘 해석하려면, 당시 누가 중추적인 리더였는지를 잘 이해하고 알아내는 것이 중요하다. 바울은 여러 리더들에 대해서 묘사하고 있다. 그는 "유력하다는 이들"(6절), "기둥같이 여기는 자들"(9절), "베드로, 야고보, 요한"(9절) 등과 같은 표현을 사용하는데, 이들은 아마도 한 그룹 이상의 여러 리더들에 대한 언급일 것이다. 여기 나오는 그룹은 분명 2절에 나오는 그룹("유력한 자들")과 동일한 그룹인 것 같다.[9] 바울의 복음은 지금 매우 중요한 시험을 맞이하고 있다. 모든 사람들이 예루살렘에서 권위있는 자들이라고 존경하는 자들은 바울의 복음에 대해 어떻게 반응할 것인가?

첫째로, 그들은 "나의 메시지에 아무것도 더하지 않았다"(6절).(우리말 성경에서는 "내게 의무를 더하여 준 것이 없고"라고 번역했다-옮긴이) "아무것도 더하지 않았다"라는 표현은 그들이 바울의 복음이 축약된 것이거나 혹은 복음을 좀 더 이방인들이 받아들이기 쉽게 만든 것이 아님을 분명하게 인정했음을 보여준다. 그들은 교회의 "완전한 구성원"이 되려면 모세를 더 연구해야한다거나 혹은 모세에게 순종해야만 한다고 생각하지 않았다. 또한 그들은 그런 일들을 회심자들에게 경계선 역할을 하는 표식(할례나 혹은 음식규례들)으로서 요구하거나 부담시켜야 한다고 생각하지도 않았다. 그들은 바울의 메시지가 베드로의 메시지이며 다른 리더들의 메시지와 동일하다고 생각했던 것이 분명하다. 왜냐하면 버울의 메시지는 그리스도의 메시지로 받아들여졌기 때문이다. 2장의 뒷부분에서 바울은 예루살렘에 있을 동안 벌어진 사건 하나를 설명하는데, 이 사건을 말하는 동안 지금 윗부분

---

9. 바울은 각각의 경우에 대해서 헬라어 동사 *dokeo*("to seem")를 사용한다. 이 그룹의 "외관"은 분명 다른 사람들이 그들을 어떻게 다루었는지에 대한 바울의 견해이다. 하지만 바울은 그들에 대해서 동일한 신분으로 다루었으며 그렇기에 "명백하게 존경스러운" 모습으로 대하는 이상으로 대하지 않았다. 바울은 자신의 소명으로 인해서 이 고상한 그룹으로부터 기꺼이 떠나갔다. 바울이 스스로 자기자신의 생각을 바꾸었을 수 있다(그는 이전에는 그들이 매우 높이 존중받아야 하는 권위자들이며 그렇기에 그들에게 복종해야만 한다고 생각했었다). 혹은 바울은 성령의 새로운 시대가 예수님의 지상 생애동안의 일들이 차별적으로 갖는 역할들이 더 이상 중요한 것이 아니게끔 만들었다고 생각을 바꾸었을 수도 있다.

에서 사도들이 동의했던 것으로 묘사한 내용을 당연한 논리로 사용했다. 만약 당신이 앞부분에 있는 나의 메시지에 동의했다면(6-9절), 당신은 지금도 역시 동의해야만 한다(그러므로 식탁 율법을 요구해서는 안된다; 11-21절). 분명히, 예루살렘에서 있는 리더들은 아마도 이 메시지를 디아스포라에서 적용함에 있어서 몇몇 방식들에 대해서는 주저함이 있었을 것이다. 주축 리더들 중 일부 사람들은 분명 좀 더 유대인 중심적으로 보이는 공동체를 더 선호했을 것이다. 그들이 얼마나 (사회적으로) 주저하고 망설였든지간에, 여하튼 그들은 복음의 권능에 대해서는 충분히 확신을 갖고 있었고 또한 성령님께서 바울의 복음이 이방 세계에서 임팩트를 만들면서 역사하게끔 허락하고 계시다는 것에 대해서도 확신을 갖고 있었다.

둘째로, 그들은 공식적으로 바울의 특별한 소명에 대해서 인정했다(8-10절). 예루살렘의 기둥같은 사도들이 인식했던 것은 하나님께서 바울과 베드로에게 각기 다른 소명들을 주셨다는 점이었다. 그들은 각각 다른 복음을 갖고 있다고 주장했던 것이 아니라, 사역에 있어서 각각 다른 타겟을 갖고 있다고 주장했다. 바울은 아직 복음에 대해 열려있지 않던 전세계의 미전도 지역들을 그리스도의 메시지로 열어나가는 사역을 감당했기에, 상대적으로 좀 더 불편하고 문제가 많이 발생하는 사역을 했다. 그리고 베드로는 본토 선교 사역을 감당했는데, 물론 모든 사회적 문제들도 함께 담당하기는 했지만, 상대적으로 좀 더 편안한 지역에서 사역을 했다. 이런 결정에 있어서 결정적인 부분은 "하나님께서…또한 내게[바울에게] 역사하셨다"(8절)라고 확신했던 부분이다.

이 점을 공식적으로 확인하기 위해서, "야고보[10]와 게바와 요한은 내게 주신 은혜를 알므로 나와 바나바에게 친교의 악수(문자적으로는 '친교의 오른손')를 했다."(9절) 이는 오늘날 서구사회에서 "악수"하는 것 이상의 행동이다. "친교의 악수"(문자적으로는 친교의 오른손)는 바울(그리고 그의 동행들)과 예루살렘의 기둥같은 사도들(야고보, 베드로, 요한) 사이에 공식적 동의를 표현하는 행동이었다.[11]

---

10. 이 사람은 주님의 친형제이며 아마도 야고보서의 저자로 추정되는 야고보이다. 초기 기독교 전승에서는 그가 예루살렘 기독교에서 감당했었던 특출난 역할에 대해서 알려주고(행 12:17; 15:13; 21:17-26; 여기에서 이름들이 나오는 순서를 주목해 보도록 하라), 또한 그의 유명한 경건생활에 대해서도 알려준다. 바울의 첫 번째 예루살렘 방문은 베드로와의 사귐을 포함하고 있었다. 2:9에 야고보의 이름이 목록중 첫째 이름으로 등장한다는 사실은 그의 권위가 점차 상승하고 있었다는 것과 베드로의 권위가 점차 축소되고 있었다는 점을 보여준다. 야고보에 대해서는 특별히 R. P. Martin, *James*(WBC48; Waco, Tex.: Word, 1988), xxxi-lxi에서 다루고 있는 전체 내용을 모두 잘 살펴보도록 하라.

11. R. N. Longenecker, *Galatians*, 58에서 고대 세계로부터 얻을 수 있는 증거 전체에 대한 인용을 볼 수 있다.

그들은 언어적으로, 신학적으로 그리고 지금 공개적으로 바울의 메시지에 대해 동의했으며(바울의 복음이 순수하고 신뢰할만하다고), 또한 그의 사역의 측면(이방 세계를 향한)에 대해서도 동의했다. 그들은 공개적으로 그들이 하나님께서 바울을 바로 이 일을 위해 부르셨다고 생각한다고 선언했다. 이런 선언은 마치 오늘날 안수위원회에서 오랜 질문과 논의 끝에 후보자에게 자격이 있다고 인정해주는 것과 비슷한 효력과 유익함이 있었다. 기민한 위원회는(그때나 지금이나) 신속하게 이슈의 핵심을 찾아내고 한 후보자가 정통인지 혹은 그렇지 않은지를 결정할 수 있다. "기둥들"로부터 인정받은 것은 순전한 것이었고, 바울은 예수 그리스도의 복음을 신실하고 정확하게 선포한 사람으로 선포되었다.

셋째로, "기둥 같은 사도들"은 바울에게 가난한 자들을 위하여 구제하는 일을 기억해 달라고 부탁했다(10절). 그들은 바울을 인정해주면서, 또한 그에게 예루살렘에 있는 가난한 성도들을 위해 힘을 쏟고 헌신하는 것을 통해 예루살렘과의 소통을 계속 유지해 줄 것을 부탁했다. 여기 첨가된 이것 한 가지만이 그들이 바울에게 부탁한 유일한 일이었다. 바울이 이미 가난한 성도들을 기억하고 도왔었던 것처럼,[12] 그는 앞으로도 예루살렘에 있는 모교회를 위해 디아스포라에서부터 구제헌금을 모으는 일에 큰 비중을 둘 것이다(참고. 고전 16:1-4; 고후 8-9장; 롬 15:27-29; 행 20:16, 22; 24:17). 유대 지역의 가난은 아마 수많은 다양한 이유들 때문이었을 것이다. 증가하는 과부들을 돕는데 들어가는 과중한 부담(참고. 행 6:1-7), 초기 공동체의 소유공동체 실시, 흉년, 그리고 재정적인 압박을 수반했던 박해들. 어떤 이유 때문이었건 간에, 가난이 있었고 바울은 그들을 구제하는 것이 자기 사역의 일부라고 간주했다. 분명 그들을 긍휼히 여기는 마음이 바울의 동기이기는 했지만, 그러나 우리는 바울이 유대 지역 성도들에게 자신의 복음과 자신의 교회들이 유대의 복음과 교회들과 하나라는 사실을 보여주고자 하는 바람이 있었다는 사실로도 그의 활동을 일정부분 설명할 수 있을 것이다. 달리 말해서, 그의 사도적 소명이 가난한 자들을 위한 구제헌금 모집에 열심을 내게끔 했다.

요약하자면 바울의 두 번째 예루살렘 방문은 그의 메시지와 이방인을 향한 그

12. 참조. 행 11:30; 12:25. aorist동사(*espoudasa*)를 사용했다는 점은 대부분의 주석가들로 하여금 바울이 유대에 있던 가난한 자들을 위해 이미 모금을 시작했다고 간주하게끔 해 준다(F. F. Bruce, *Galatians*, 126을 보라). 하지만 이 aorist 형태는 바울이 그저 가난한 사람들을 기억하고자 열정을 품었다는 사실만을 보여줄뿐 그 이상의 아무것도 표현하지 않는 것일 수도 있다. 바울의 모금과 관련해서는 이 문제를 상당히 훌륭하게 잘 논의하고 있는 R. P. Martin, *2Corinthians*(WBC40; Waco, Tex.:1986), 256-58을 보도록 하라. 나는 이 부분을 상당히 의존했다.

의 소명 두 가지 모두에 대해 권위를 인정해주는 결과를 가져왔다. 언뜻 보기엔 상당히 불확실해 보이는 점들도 있지만, 이런 점들에 대해서 좀 더 조심스럽게 살펴본다면, 우리는 오늘날 우리 시대를 향한 몇 가지 적용점들을 찾아낼 수 있을 것이다.

사도행전과 갈라디아서, 바울의 예루살렘 방문의 관계성에 대한 설명. 갈라디아서 2:1-10과 사도행전 15장이 어떤 관계냐는 이슈는 (1) 초기 기독교 역사를 재구성하는데 있어서 (2) 갈라디아서 2장과 사도행전 15장을 해석하는데 있어서(우리가 본문을 해석하는데 있어서 좀 더 훌륭한 세부사항들을 갖는다는 점에서) (3) 갈라디아서와 사도행전 두 권 모두의 역사적 신뢰성을 평가하는데 있어서 매우 중요하다. 반드시 필수적으로 받아들여야하는 결론은 아니지만, 사도행전 15장과 갈라디아서 2장이 직접적인 평행적 내용이라고 주장하는 사람들 중에서 조차도, 많은 이들은 사도행전이 알려주는 역사가 항상 신뢰할만한 역사로 볼 수 있는 것은 아니라고 주장한다.[13] 다른 식으로 하자면, 설령 지금 우리가 살펴보는 문제나 우리가 내리는 결론이 성경을 적용하는 것과 직접 관련된 것이 아니라 하더라도, 성경의 권위에 있어서나 초대교회 역사를 재구성하는데 있어서는 근본적으로 중요한 문제이다. 그렇기에 성경을 읽는 독자들은 이 이슈에 대해 진지하게 생각하고 살펴봐야 한다. 이 이슈는 그럴만한 가치가 있는 이슈이기 때문이다.

이 주석에서도 채택하고 있는 뿐만 아니라 다른 여러 학자들 사이에서도 폭넓게 채택되고 있는 가정에 의하자면, 바울이 회심이후 예루살렘을 방문한 것과 관련해 다섯 번의 기록이 남아있다. 이 다섯 번의 예루살렘 방문 사건을 다음의 도표를 통해 간략하게 제시하도록 하겠다.[14] 나는 성경 독자들이 이 각각의 기록들을 조심스럽게 읽어보고, 각각의 방문과 관련된 내용들을 성경 본문을 통해 좀 더 상세하게 채워넣어 보았으면 한다.

출발점	연대	사도행전	평행본문	방문목적
다메섹	35	9:22-30	갈 1:18-24	베드로를 만나고자
수리아의 안디옥	46	11:30; 12:25	갈 2:1-3, 6-10	구제, 이방인 이슈
수리아의 안디옥	49	14:26-15:29		이방인 회심
고린도	52	18:1, 18, 22		유월절 참여, 구제
그리스	57	20:2-3; 21:17ff.; 롬 15:25-31		구제비 전달

갈라디아서 2:1-10에 나오는 예루살렘 방문이, 사도행전 15장(예루살렘 공의회-옮긴이)이 아니라 사도행전 11:30; 12:25에 나오는 예루살렘 방문(구제비 전달-옮긴이)와 상응한다는 점에 대해서는 설명을 좀 더 할 필요가 있다. 우리는 예루살렘 여행과 관련된 인물들, 사건들, 각각의 방문 목적들을 손쉽게 비교할 수 있도록 차트로 만들 수 있다. 다시 한번 더 나는 성경을 연구하는 학생들은 각각의 본문들을 잘 살펴보고 이 이슈들과 해결점들에 대해 충분히 이해할 필요가 있다고 추천하고자 한다.

	갈 2:1-10	행 9:26-30	행 11:30; 12:25	행 15장
인물	바울 바나바 유대주의자들 기둥들 디도	바울 바나바 ?	바울 바나바 ?	바울 바나바 유대주의자들 기둥들-장로들
사건	계시 할례 대적 가난한 자들 구제 바울이 확인받음 안디옥으로 돌아옴	바나바 설득하다 바울이 다소로	(계시?)[15] 가난한 자들 구제 안디옥으로 돌아옴	보냄받다[계시 때문에?][16] 할례 대적 공의회의 결정
목적	메시지를 설명 가난한 자들 구제	교제	가난한 자들 구제	할례 이슈

분명 사도행전 15장(예루살렘 공의회)과 갈라디아서 2:1-10 사이에는 닮은 점들이 있다. 그러나 이 두 개의 본문 사이에는 주목할만한 두드러진 몇몇 차이점들이 있다. (1) 사도행전 15장은 모임의 성격이 공개적인 모임이지만, 갈라디아서 2장은 본질상 개인적인 성격을 갖고 있다. 그리고 사도행전 11:30; 12:25은 공개적인

13. 이와같은 해석의 예는 상당히 폭넓게 도입(introduction)부분으로 활용되고 있는 W. G. Kümmel, *Intruduction to the New Testament*, trans. H. C. Kee (Nashvile: Abingdon, 1975), 301-4에서 찾아 볼 수 있다.
14. 이 차트의 원형은 내 선생님이신 M. J. Harris로부터 받은 것이며, 여기서는 그분의 허락하에 사용했다.
15. 앞부분에서(각주 2) 이미 언급했던 것처럼, 나는 이것이 행 11:27-30이 기록하고 있는 예언자 아가보의 예언이라고 생각한다.
16. 행 15:2이 언급하고 있는 임명이 계시적인 것이라고 주장하는 것도 가능하다.

것에 대해서 아무것도 언급하지 않는다. (2) 갈라디아서 2:1의 연대는 사도행전 15장보다는 사도행전 11:30; 12:25에 좀 더 잘 맞는다. 갈라디아서 2:1에서 "14년 후에"라고 언급했다는 점에서 그렇다. 사도행전 15장은 바울의 회심이후 약 16년이나 17년경이었던 것으로 보인다.

(3) 공의회의 결정이 누락(행 15:22-29)되어 있다는 점은 갈라디아서를 이해함에 있어서 분명 매우 중요하다. 공의회의 결정은 바울의 주장을 뒷받침해줄 수 있는 가장 좋은 근거가 될 수 있다. 그런데 바울이 그 내용을 언급하지 않았던 것은 그가 자기 주장을 가장 확실하게 뒷받침해줄 수 있는 이 내용을 의도적으로 배제했다기 보다는 아직 이 공의회가 열리지 않았었기 때문이라고 보는 것이 훨씬 더 타당하고 가능성이 높을 것이다! (4) 만약 갈라디아서 2장이 사도행전 15장과 상응한다면, 바울은 의도적으로 (행 11장에 나오는) 예루살렘 방문을 누락했던 것이 되어야만 한다-이는 그의 주장이 잘못된 것이 되게끔 만들뿐만 아니라, 또한 유대주의자들을 향한 그의 변증 전체가 위험에 빠지게 되는 결과를 낳게 된다. 바울이 예루살렘을 방문했던 여러차례 사건들중 의도적으로 한 가지를 누락했다고 보기 보다는 사람들이 알 수 있는 모든 예루살렘 방문에 대해 모두 언급했다고 믿는 것이 훨씬 더 쉽고 타당한 일이다. (5) 마지막 부분에 나오는 이슈(가난한 자들에 대한 구제)는 갈라디아서 2장과 사도행전 11:30; 12:25에 동일하게 나온다. 반면 사도행전 15장의 초점은 이방인들을 교회에 포함시키는 방식에 관한 신학적 논쟁이다.

마지막으로 갈라디아서 2:1-10에 언급된 항목과 내용들이 사도행전 11:30; 12:25 부분에 누락되어 있는 것에 대해서, 우리는 사도행전 내러티브가 매우 단순하고 짧게 이루어져 있는 반면 갈라디아서 2장은 매우 복잡하고 상세하게 되어 있다는 점을 주목할 필요가 있다. 이런 특징은 사도행전에 누락된 내용들이 사도행전이 기록된 특성한 충분히 그럴 수 있는 것임을 보여준다. 그러므로, 설령 사도행전 15장과 갈라디아서 2장 사이에 뚜렷한 동일성들이 있다 하더라도(그리고 일부 학자들로 하여금 이 두 곳이 동일 사건에 대해 묘사하고 있다고 결론내리게끔 한다 하더라도), 갈라디아서 2장은 누가가 사도행전 11:30과 12:25에서 언급하고 있는 예루살렘 방문과 상응한다고 보는 것이 좀 더 그럴듯하고 타당하다는 것이 우리의 판단이다. 갈라디아서 2장에 나오는 바울의 예루살렘 방문은, 그의 두 번째 예루살렘 방문이었고, 그 목적은 예루살렘에 있던 가난한 성도들을 구제하기 위한 것이었다.[17]

상황잇기

반복은 의사소통에 있어서 매우 중요하다. 바울이 여기서 제시하는 요점은 1장과 동일한 것이었다. 반복적인 내용이다. 그렇기 때문에, 지금 본문 내용을 적용하려 할 때, 우리는 오늘날 우리의 삶에 적용하기 위해 다시 반복적으로 바울의 독립성이 얼마나 중요한지를 다시 주해할 필요는 없다. 독자들은 1:1-9 섹션과 1:10-12 섹션에 대해 이 책의 "상황잇기" "현대적 의미"부분에 나오는 내용을 살펴보면 될 것이다. 다시 한번 더 말하지만, 이 문단을 적용함에 있어서 핵심적인 이슈는 바울 복음의 신실함이다. 칭의는 사회적 지위나 혈통 혹은 경제적 신분과 아무 상관없이, 그리스도에 대한 믿음을 통해서, 하나님의 은혜를 통해서, 모든 사람들에게 주어진다. 또한, 이 부분을 직접적으로 적용할 방법을 찾는 것은 그리 어려운 일이 아니다. 왜냐하면 이 본문 안에 들어있는 몇몇 서술들 자체가 내용을 쉽고 단순하게 이해할 수 있게끔 만들어주고 또한 적용까지도 도와주기 때문이다. 바울이 한 말을 적용하는 것은 어려운 일이 아니다, "다만 우리에게 가난한 자들을 기억하도록 부탁하였으니…"(2:10)—바울이 성도들 중 가난한 자들을 염두에 두고 있었던 것이건, 아니면 일반적인 가난한 자들을 생각하고 있었던 것이건 간에. 그러나 이 부분을 적용할 때에는 다른 방식들의 적용도 가능한데, 나는 여기서 두 가지를 제시하고자 한다.

지금 이 본문에 대한 자연스러운 적용 형태는 다음과 같다. 설령 현재 우리 입장에서는 본문에 나오는 인물들과 사건들을 정확하게 이해하고 받아들이기 어렵지만(현대 기독교인들은 할례를 의무로 부과하려 하는 그런 그룹들을 거의 찾아볼 수 없을 것이다.), 우리가 지금 여기에서 볼 수 있는 모습은 종교적 옷을 입고 나타나고는 있지만 실제로는 배타적으로 작동하고 있는 사회학적 신학적 위기상황이다. 일단의 유대주의적 "기독교인" 무리가 바울이 세운 교회들 안으로 침투해 들어와서 최근의 상황들이 어떤지 염탐하는데 몰두하고 있었다. 그들은 바울이 세운 교회 성도들이 모세의 율법을 따라 살고 있는지 아닌지를 찾아내려 하고 있었다. 물론, 그들의 목적은 이런 이방인 회심자들로 하여금 유대주의적이고 민족주의적인 왜곡된 복음으로 "완전히 회심하게끔" 하는 것이었다.

우리 편에서 볼 때, 우리는 오늘날 기독교 교회안에서도 이와 유사한 패턴의 모

---

17. 앞에서 제시했던 본문들과 증거들을 이미 다 찾아보고 살펴본 독자들을 위해서, 나는 그들이 이제 조심스럽게 참고 문헌에 있는 여러 주석들중 하나를 선택해서 그 안에 들어있는 서문을 주의깊게 살펴볼 것을 권한다.

습들을 아주 쉽게 찾아낼 수 있다. 그러므로 이 본문을 가르치는 성경교사라면, 자신의 교회안에서 벌어지고 있는 신학적 아젠다나 논쟁들이 겉으로는 그렇게 보이지만 그 이면에는 사회적 분쟁과 위기들이 자리잡고 있는 것은 아닌지 지혜롭게 잘 분석해봐야만 한다. 매우 중요한 이슈이지만 종종 사회적이고 심리적인 반응들로 둘러싸여 있는 이슈들이 있다. 가령, 최후의 심판이라는 이슈도 그러하다. 우리가 살아가는 현실 세계 속에서는 한편으로는 진리가 위기를 맞이하고 있다.

반면 다른 한편으로는 우리가 살아가는 문화 속에는 보편주의나 혹은 다원주의라는 형태가 여태껏 끊임없이 상당히 많은 자리를 차지해 왔다. 상황이 이러하기에 진리와 관련해 최후의 심판이 있을 것이라는 개념이나, 한 사람이 진리라는 측면에서 어떻게 살았는가에 대해 최후의 심판이 있을 것이라는 개념은 불가능한 것처럼 보인다. 그래서 이런 교리는 약화되거나 아니면 부정되어졌다. 더군다나 자신의 가장 친한 친구들, 자신의 부모들, 자신의 자녀들이 그리스도에게 복종하지 않은 채 죽은 많은 사람들이 있고, 이런 비극들 때문에 최후의 심판이라는 개념을 액면 그대로 받아들이는 것을 거부하는 사람들이 있다. 이와 비슷한 또다른 이슈는 휴거에 대한 것이다(우리는 이 부분에 대해 우리가 실제로 알 수 있는 것보다 훨씬 더 많은 것을 알고 있는 척한다).

나는 사람들이 다른 사람들은 재앙의 시기를 겪어야만 하지만 그러나 자신들은 그렇지 않다고 말하는 것을 들어왔다(왜냐하면 그들은 "환난이전 휴거자들"이기 때문이다). 종종 농담처럼 말하곤 하지만, 아무렇지도 않아보이는 이런 사소한 표현안에는 사실은 환난과 박해에 두려움이 잠재되어 있는 것일 수도 있다. 이런 표현은 신학적 관점을 정당화시켜주지 않는다. 내가 지금 말하려는 것은 이것이다. 때때로 우리들이 갖고 있는 신학적 아젠다들은 진리에 대한 관심이라는 형태를 띠는 것만이 아니라, 개인적이고 사회적인 요소들로 형태로 구성되곤 한다. 깨어있는 날카로운 기독교인은 언제건 이런 모습들을 유행처럼 형성시키는 일반사회와 이 세상을 항상 예민하게 주시한다.

하지만 이와 마찬가지로, 마치 모든 논쟁들이 그저 단순히 사회적 압박인것처럼 사회적 요소만을 지나치게 강조하는 것도 결코 현명한 일이 아니다. 만일 이 부분에 대해 주의하지 않는다면, 우리는 오래지 않아서 종교적인 모든 일들을 그저 사회적 용어로만 설명하는 그런 좋지 못한 상황을 만나게 될 것이다. 종교는 그저 사람들이 고통스러운 실체들을 처리하는데 도움을 주는 단순한 투사(projection), 이데올로기 혹은 신화로 전락해 버리고 말 것이다. 물론, 유대주의자들 이면에는 사회적 문제가 자리잡고 있었다. 그러나 나는 그 안에 종교적 문제가 포함되어 있지 않다는 주장은 단 한순간도 하고 싶지 않다. 불행하게도, 어떤 사람들은 갈라디아서에서 논의되고 있는 이슈들에 대해서, 이런 식으로 사회적 측면만 바라보며 주장해왔다.[18] 그러나 초기 예루살렘 기독교를 가난한 사람들이 부자들에 대항해 혁명적으로 일어선 경제적 실험이라고만 설명하는 것이나, 혹은 거꾸로 오직 종교적 카테고리 속에서만 그런 방식으로 설명하는 것은 제대로 된 설명이 아니다.

뿐만 아니라, 유대주의자들은 종교적으로 이미 확고하게 입장이 확립된 자들이고, 바울의 교회들은 그저 자신들의 존재를 합법화해줄 신학을 찾고 있는 신생 분파에 불과할 뿐이라고 설명하는 것도, 마찬가지로 제대로 된 설명이 아니다. 우리에게는 균형이 필요하다. 독자들은 이런 논쟁 속에서 작동하고 있는 사회적 요소들을 잘 인식해야만 하고, 또한 그런 요소들을 종교적 요소들을 통해서 이해해야만 한다. 그럴 때에만 균형이 잘 잡힐 수 있다. 균형잡힌 해석자는 실제 현실에 있어서 신학과 사회적 요소가 결코 분리될 수 없다는 사실을 금방 알아차릴 수 있다. 모든 신학은 그 자체를 사회적으로 표현하며, 사회적 요소들은 우리 신학에 영향을 끼친다.[19]

우리는 또한, 갈라디아서 이면에 자리잡고 있는 사회적 위기들과 오늘날 신학적 문제들 이면에 자리잡고 있는 사회적 위기들을 비교하는 방식은 결국 실패한다는 것도 기억할 필요가 있다. 우리는 우선 이런 양측 위기들 핵심에 어떤 유사성들이 자리잡고 있는지를 찾아내야만 한다. 그런 뒤 일종의 사회적 동기들을 갖고 있는 신학적 문제들이, 과거 그때와 지금 현재 어떻게 변형했는지를 찾아내야 한다. 우리는 또한 이 본문을 적용함에 있어서 그때와 지금의 차이점이 단순히 사회적인 것만이 아니라는 점도 주의깊에 생각할 필요가 있다. 사회적 측면이 있긴 하지만 유대주의자들이 부과한 사회적 의무등은 복음 그 자체를 이단이 되게끔 만들어버렸다. 우리는 그저 단순하게 그때와 지금 어떤 사회적 변형이 있는가만을 찾으려는 것이 아니다. 우리는 복음을 변질시키는 사회적 변형들을 찾기 원한다.

같은 맥락에서, 우리는 이 상황에 들어있는 갈등을 통해서 많은 것을 배울 수

---

18. 하나의 예가 F. Watson, *Paul, Judaism and the Gentiles*이다. 나는 그가 사회적 요소들만을 가지고 설명하고 있다고 생각한다. 우리는 모든 문제들이 사회적 정황들을 갖고 있는 것이 분명하긴 하지만, 그러나 신학적 요소들처럼 사회적 요소 이외의 다른 요소들 역시 매우 중요하고 영향력 있는 요소라는 점을 잘 분별하고 이해해야만 한다.
19. 특별히, P. Berger and T. Luckmann, *The Social Construction of Reality*(New York: Doubleday, 1966)을 보도록 하라. 또한 P. Berger, *The Sacred Canopy*(New York: Doubleday, 1967)을 보라.

있고, 또한 초기 기독교인들이 기독교내의 중심적 갈등을 어떻게 피할 수 있었는지에 대해서도 이해할 수 있다. 이 초기 기독교인들의 논쟁에서 위험했던 것은 바로 "분파주의"였다—즉, 교회를 유대 민족주의적인 분파와 보편적 기독교 두쪽으로 갈라서게끔 만드는 분열(사회적으로 그리고 신학적으로 기초를 두고서). 이런 당파주의를 어떻게 피했었는가? (1) 디아스포라 지역 교회들은 문제를 해결함에 있어서, 예루살렘에 있던 교회 즉, 뿌리 역할을 하던 교회들을 무시하지 않았다. 안디옥 지역의 교회 리더들은 리더들을 예루살렘에 보내서 이 이슈에 대한 예루살렘 교회의 관점과 그들의 지혜를 얻고자 했다. (2) 바울은 예루살렘의 지도자들 앞에서 자신이 전했던 내용을 제시했고 그들로부터 평가받고자 했다. 우리는 여기에서 모든 갈등해결의 중요한 원칙을 발견할 수 있다. 판단을 내리기 전에 증거를 얻는 것이다. (3) 예루살렘의 기둥같은 사도들의 평가는 그리스도의 복음에 토대를 두고 있는 것이지, 그들의 사회적 관습에 토대를 두고 있는 것이 아니었다. (4) 예루살렘의 리더들은 하나님께서 베드로와 바울에게 동일하게 역사하시되 각기 다른 소명을 주셨다는 점을 인정했고 그렇기에 이로인해 다른 부분들도 동의할 수 있었다. (5) 예루살렘 리더들은 그저 바울에게 (부분적으로는 사회적 이유 때문에 그리고 일정부분 정치적 이유 때문에) 그의 사역중 일부분으로서 예루살렘에 있는 가난한 사람들을 기억해 달라고 격려하고 부탁했다. 요약하자면, 갈등을 인식하는 것, 모든 증거를 확보하는 것, 문제를 신학적으로 사회적으로 분별하는 것, 그리고 해결책을 얻는 것.

이런 과정들이 모든 갈등을 해결해주는가? 이런 모습들이 초대 교회들의 갈등을 끝내주었는가? 분명히 그렇지 않다. 갈등과 관련된 논쟁에 대해서, 갈라디아서 이외에 두 번째로 갈등 내용을 담고 있는 성경인 사도행전 15장을 읽어보라. 만약 갈등하고 있는 양쪽이 각각 자신들의 지혜만을 따라 살아간다면, 의견불일치는 해결점을 향해 너무나 머나먼 길을 가야만 할 것이다. 반면 우리가 그리스도 안에서의 하나됨과 복음을 둘러싼 하나됨을 잘 인식하고 그대로 살아나간다면, 상당히 많은 교회 갈등들을 지워나갈 수 있을 것이다.

나는 경고 차원에서 한 가지를 더 첨언하고자 한다. 지금 여기에서 제시하고 따르는 과정은 교회들안에서 벌어지고 있는 모든 갈등에 대한 "모든-치유제"가 아니다. 우리는 이런 갈등을 통해서 그리고 그에 대한 해결책들을 통해서 여러 가지를 배울 수 있지만, 그러나 이런 교훈은 이런 상황과 관련된 것일뿐이다. 만약 "갈등 관리"에 대해 성경이 갖고 있는 관점을 완벽하게 알고자 한다면, 만약 성경이 주로 간접적인 방식으로 말하고 있는 내용들에 대해 완벽하게 알고자 한다면, 우리는 성경안에 나오는 모든 갈등 상황들을 분석해야 할 것이고 또한 그에 대한 해결책들을 그들만의 역사적 정황 속에서 분석해야 할 것이다. 우리는 성경을 적용하려는 너무나 성급한 마음 때문에, 우리가 단 하나의 본문에서 찾아낸 원칙들을 확고하게 고정된 규칙들로 만들어버리는 때들이 너무나 많다. 그렇기에 이런 규칙들이 우리가 원하는 방식대로 항상 작동하지 않는 경우들을 보게 되곤 한다. 우리는 우리가 발견한 원칙들과 적용점들에 대해서 항상 겸손한 태도를 가져야만 한다. 이것이 더 좋은 태도일 것이다. 어떤 갈등들은 "개인적인 만남"(2:1-5)보다는 직접적으로 대치하는 방식이 더 나은 해결책일 수도 있다(참고. 2:11-14). 이와는 달리, 어떤 갈등들은 공개적인 논의를 통해 처리하는 것이 가장 좋은 해결책일 수 있다(행 15장).

현대적 의미

문제들이 신학적일뿐만 아니라 그만큼 사회적이라는 사실은 누구든지 쉽게 발견할 수 있다. 물론, 어떤 이슈가 주로 사회적 이슈인지 아니면 좀 더 신학적 이슈인지는 각각의 경우마다 다를 것이다. 또한 어떤 그룹은 다른 그룹보다 좀 더 신학적 문제로 이해할 것이다(이는 당신이 어떤 편에 있는 사람이나 그룹에게 묻느냐에 달려있다!) 우리는 안디옥에 있었던 유대주의자들과 오늘날 현대 세계 속에서 무언가 의무사항을 부과하려는 그룹 사이에 유추점을 찾아보려 해야하고, 우린 그런 유추점들을 쉽게 상세히 찾을 수 있고 논의할 수 있다.

나는 여기서 한 가지 예를 제시하고자 한다. 기독교 음악을 선택하는 것에 대한 문제이다. 나는 지난 10년 동안 "CCM과 현대 스타일의 예배"와 관련된 이야기들을 듣고 또 들어왔다. "윌로우크릭 교회" 모델과 "하이 처치" 모델과 남침례교 모델과 전통적인 복음주의 모델 중 어떤 것을 더 선호해야 하는가? 이와 관련해서는 정말로 다양한 목소리들이 있고, 뒤따르는 논쟁과 토론들도 매우 흥미진진하다. 나는 최근에 존경받는 어떤 성도분이 자신은 "CCM중심의 예배"를 별로 좋아하지 않으며, 교회에서 드리는 예배시간 상당부분이 그런 음악으로 채워지는 것을 싫어한다고 말하는 것을 들었다. 그분은 자기 자녀들이 "오래된 찬양들"을 배우지 않게 될 것을 염려하셨다. 나도 우리 교회의 젊은이들이(나의 딸과 아들을 포함해서) 자신들은 "오래된 찬양들"이 따분하고 느리며 장송곡들처럼 들린다고 말하는 것도 들어본 적이 있다. 나는 일부 기독교인들이 "기독교 락(rock)"이라는 표현은 용어

자체가 모순이라고 말하는 것도 들어본 적이 있다. 그러나 나는 또한 다른 사람들이 자신들은 기독교 락 음악에 매료되어 기독교인이 되었노라고 말하는 것도 들었다. 또한 나는 어떤 기독교인들이 그레고리안 찬트가 가장 순수한 기독교 음악형태라고 말하는 것도 들어보았다. 개인적으로 말하자면, 나는 통기타를 좋아하고 존 마이클 탈봇(John Michael Talbot)의 노래 부르는 것을 좋아한다.

과연 이런 논쟁은 신학적 논쟁, 성경적 논쟁인가? 분명히 아니다. 지금 여기서 얘기하고 있는 이슈는 부분적으로는 사회적이고 부분적으로는 신학적 이슈이다. 아마 이 이슈는 우리가 갈라디아의 유대주의자들 속에서 보고 있는 그런 이슈는 아닐 것이다. 하지만 나는 우리가 서로 다투다가 대형 참사가 벌어지기 전에, 서로 진전을 볼 수 있는 그런 방식으로 적용점들을 만들 수 있기를 원한다. 나는 이런 부분들이 우리가 문제라고 간주하기도 전에 이미 이단이라는 규정되는 그런 막다른 지점에 도달해 버리게 방치해 두지 않기를 원한다. 우리가 오늘날 벌어지고 있는 예배스타일과 음악스타일이라는 이슈안에서 발견할 수 있는 것은 어떤 한 그룹은 자신들이 원하는 것을 신학이라는 이름으로 종종 다른 그룹에게 강요하거나 부담지우기도 한다는 사실이다. 물론 그 결과는 사회적이고 또한 신학적으로 나타난다: 사회적 분열과 신학적 정당화.

사회적으로 말하자면, 우리 모두는 익숙한 것들을 사랑하며 또한 그런 것들을 사랑하는데 익숙해져 있다. 왜냐하면 바로 그것이 우리가 배운 것들이기 때문이다. 만약 우리가 "오래된 찬양" 속에서 성장했다면(마치 내가 그랬던 것처럼), 우리는 아마도 그런 찬양들을 사랑하는데 익숙해졌을 것이다. 우리는 그런 찬양의 분위기, 느낌, 가사들에 익숙해져 있다. 우리는 그들의 가르침을 통해 이미 신학적으로 형성되었다(그러나 이것이 항상 올바른 것은 아니다). 우리는 이런 찬송들을 통해서 우리 믿음을 표현하는 것을 배웠고, 우리는 진심을 담아 이런 찬송들을 부르는 것에 익숙해져 있다. 그리고 이런 양상의 모습은 특히 오늘날 젊은 세대들이나 최근 10년 동안 기독교인이 된 사람들에게도 동일하게 마찬가지다. 그래서 많은 사람들은 "오래된 찬송가들"을 부르지 않아왔다. 그들은 오래된 클래식한 찬양들에 대해서는 마음으로 감동을 느끼지 못하지만, CCM 찬양집들과 많은 현대 기독교 음악들에 대해 정말로 잘 알고 있고 감동을 느낀다. 이들은 아미 그랜트(Amy Grant), 마이클 스미스(Michael W. Smith, 내 딸이 가장 좋아하는 CCM 가수이다)에 대해서 알지만, 아이삭 와츠(Isaac Watts), 크로스비(Crosby), 찰리 웨슬리(Charles Wesley, 우리 세대가 가장 좋아하는)에 대해서는 잘 모른다. 그렇기 때문에, 이처럼 예배 스타일과 관련한 다툼이, 부분적으로는 사회적인 성격을 갖고 있다는 점을 아는 것은 우리 모두에게 매우 중요하다. 종종 나는 우리 교회에서 내가 생각할 때 상당히 오래된 찬양이라고 여겨지는 찬송을 부르는 동안 때때로 성도들을 한번 주욱 훑어보곤 한다. 그럴 때마다 많은 사람들이 가사를 잘 모르고, 분위기나 찬양하는 톤도 잘 모르고, 심지어 찬송 자체를 아예 모르는 것을 보면서 실망하곤 한다. 나를 그토록 깊게 감동시켰던 찬양이 그들에게는 그저 졸립고 따분할 뿐이다. 도대체 어떻게 그럴 수 있단 말인가? 내가 생각하기엔 이런 모습 역시 부분적으로 사회적인 측면을 갖고 있기 때문이다.

다른 한편으로, 동시에 이 이슈는 일정 부분 신학적이기도 하다. 사실, 정말이지 모든 찬양들이 신학적으로 건전한 것은 아니다. 하지만 나는 전통적인 기독교 찬송가들 중 거의 대부분이 신학적으로 건전하다고 주장하고 싶다.[20] 그리고 사실 CCM중 대부분은 하나님을 찬양하는 것보다는("거룩, 거룩, 거룩하시고 전능하신 주 하나님") 경험에 뿌리를 둔 노래들이 많다("나는 정말 행복합니다"). 우리가 사회적 스트레스들이 교회 안에서 일어나는 것을 발견하게 되는 때는 다름아니라 오늘날 우리가 보고 있는 것처럼 중추적인 변동이 일어날 때이고 또한 그런 변동이 찬양(praise)으로부터 예찬(adoration)으로 멀어져 갈 때이다. 내가 지금 이렇게 말하는 것은 모든 오래된 찬송가들이 찬양받을만 하다거나, 혹은 CCM 스타일 예배를 대폭 줄여야만 한다는 의미는 아니다. 아마도 이렇게 어느정도 융통성있게 생각할 수 있게 된 것은 우리 가정에는 CCM을 좋아하는 두 명의 자녀들이 있고 그래서 나도 그런 음악도 마찬가지로 좋아하게 되었기 때문일 것이다. 우리에게 필요한 것은 이런 현대 기독교와 관련된 논쟁을 잘 이해하는 분별력이다. 우리에게 필요한 것은 사람들의 주장들 중 어떤 것들은 양편 모두에게 좋은 것들임을 이해하고 받아들이는 태도이다. 오래된 찬송은 평균적으로 볼 때 현대 찬양들보다는 신학적으로 좀 더 정통한 것들이 더 많이 있으면서 좋은 찬양들이고 또한 현대 음악은 좀 더 현대인들에게 음악적 만족감을 주는 좋은 찬양들이다.

현대 음악은 너무 지나치게 경험들에 초점을 맞추는 경향을 갖고 있고, 반면 오래된 찬송들은 많은 현대인들에게 감성적인 접촉이 잘 되지 않는 분위기를 갖고 있다. 여러 주장들중 다음과 같은 몇몇 주장들은 너무 진지하게 생각할 필요조차

20. 슬프게도 교회 장의자에 걸려 있는 새로 나온 찬양집들중에는 신학적 통찰력을 갖고 있는 사람들이 편집한 것이 아닌 찬양집들도 걸려 있다는 점을 첨가해야만 한다.

없다는 사실도 마찬가지로 지적 할 필요가 있을 듯하다. 오래된 찬송들은 가사를 도대체 이해할 수 없기 때문에 쓸데 없는 것이다. 오래된 찬송들은 음악적으로 열등하다. 현대 찬송들은 우리 젊은이들을 탈선하게끔 부추긴다. 현대 찬송을 만드는 음악가들은 회심하지 않은 락커들이다.

이런 음악에 관한 논쟁과 관련해서, 우리는 교회 안에서 마치 과거 갈라디아에 있었던 유대주의자들처럼 자신들이 좋아하는 찬송을(신학적인 이유와 사회학적인 이유들 때문에) 다른 사람들에게 강요하는 사람들을 볼 수 있을지도 모른다. 우리는 갈라디아 교회들이 어떻게 그런 문제를 해결했는지를 살펴봄으로써, 오늘날 이런 문제와 관련해 어떻게 평화로운 해결책을 찾을 수 있을지에 대해 도움을 얻을 필요가 있다. 내 주장은 갈라디아에서의 교훈이 오늘날에도 유익할 수 있다는 것이다. 마치 그들이 각자 받은 여러 다른 부르심들을 인정하고 그럼에도 동시에 하나의 복음을 인정했던 것처럼, 우리도 우리 교회의 각기 다른 여러 차원들을 위해 각기 다른 종류의 가치 있는 음악들이 존재할 수 있으며, 또한 우리가 노래하는 찬양의 핵심은 하나의 복음이어야만 하고 우리는 하나님께 찬양을 드린다는 것을 인정할 필요가 있다. 우리는 그리스도를 통해서 그리고 성령님 안에서 하나님께 찬양 드린다. 우리가 무엇으로 노래하건 그리고 어떻게 노래하건 상관없이 이런 여러 측면들에서 쓰임 받는 음악은 존중받을만한 가치를 갖고 있다.

그러므로 우리에게 필요한 것은 서로 다른 스타일들에 대한 관용이며(우리는 상대방의 스타일에 대해서 "소명들"이라고까지 불러줄 수도 있다), 또한 동시에 우리는 신학적으로 건전한 음악에 대해 계속해서 헌신된 모습을 갖고 있어야만 한다. 나는 현재 교회의 모습들 속에서 갈라디아의 상황과 관련된 유추들을 살펴볼 필요가 있다고 주장한다. 분명히, 과거 갈라디아에는 사회적 차이점들(유대인들 vs 이방인들)이 신학적 아젠다가 되는 그런 상황이 있었다. 그리고 이 신학적 아젠다는 일련의 사회적 관습을 한 그룹이 다른 사람들에게 강제적으로 부과하고자 시도하면서 이단적인 것이 되버리고 말았다. 나는 지금 한 가지 이슈에 대해서 한번 시도해 보았는데, 이런 종류의 "유추 할 수 있는 안목"을 가지면 성경을 적용하는데 있어서 풍성한 열매가 될 수 있다.

기독교의 단일성에 있어서 가장 근본이 되는 것은 그리스도의 교회안에 서로 다른 부르심과 흐름들이 있다는 사실을 인정하는 것이다. "펭귄 임펄스"(penguin impulse, 동료집단으로부터의 집단압력)는 교회의 다양한 분열등에서 너무 자주 발견할 수 있는 모습이다. "펭귄 임펄스"란 무엇인가? 모든 펭귄들은 똑같아 보이고 똑같이 행동하는 것처럼 보이는데, 마치 그처럼 많은 기독교인들도 모든 기독교인들이 똑같이 보이기를 기대하는 양상이다. 그들이 입는 옷에서부터 그들이 타는 교통편에 이르기까지, 그들이 다니는 학교에서부터 그들이 단골로 가는 상점에 이르기까지, 그들이 옹호하는 정치적 관점에서부터 그들이 구입하는 차량에 이르기까지. 그러나 이런 모습은 그저 오랫동안 지속될 수 있을 뿐이다. 결국엔 우린 서로를 향해 차이점들을 발견하게 된다.

우리는 십대들을 향해 그들이 스스로에 대해서 독립적이라고 생각하지만 실제로는 모두가 다 비슷하게 옷을 입고 다니는 것에 대해 놀려댈 수도 있다. 그러나 우리는 똑같은 특징들을 어른들 속에서도 찾을 수 있고 또한 어린 기독교인의 경험 속에서도 찾을 수 있다. 여러 곳을 여행하면서 나는 한 가지 인상깊은 사실을 관찰했다. 어떤 지역의 교회에 가건간에, 교회를 다니는 대부분의 사람들은 상당히 비슷한 언어로 대표 기도를 한다는 점이다. 그것이 끝부분이건 혹은 처음 시작하는 부분이건간에, "하늘에 계신 아버지" 혹은 "예수님의 이름으로 기도합니다"라는 패턴들이 교회마다 다 나타난다. 이런 양상은 거의 대부분 경건하게 표현하는 사회적 준거이지 개인적인 표현이 아니므로, 우리는 이에 대해서 펭귄 임펄스라고 간주할 수 있다. 하지만 이런 모습이 기독교인의 참된 하나됨은 아니다. 나는 언젠가 다른 선배 기독교인들로부터 아무런 영향을 받지 않은 한 청년과 함께 기도했던 적이 있었다. 그는 자신의 기도를 "이제 끝났습니다. 하나님, 감사합니다." 라고 마무리 지었다. 내 아들은 언젠가 내게 "아멘"이 무슨 뜻인지 물어본 적이 있었다. 나는 그에게 "그렇게 되기를" 혹은 "저는 동의합니다"라고 알려주었다. 그 다음날 밤, 내 아들 녀석은 저녁밥을 먹기 전에 기도하기를 원했고, "그렇게 되기를" 이라고 말하면서 말끔하게 기도를 마무리했다. 그런 마무리가 참 이상하게 들렸지만(그리고 그건 정말 재미있었다), 그러나 내 아들 녀석은 우리가 사회적으로 친숙한 "아멘"이라는 표현을 단지 그렇게 했을 뿐이었다(여하튼 아멘은 아람어 단어이다). 우리에게 필요한 것은 기독교의 순전한 하나됨이다.

이런 점과 관련해서 내가 여태껏 했던 경험들중 가장 심오한 경험은 1973년과 1975년에 있었던 여름선교 사역과 오스트리아 전도였다. 이 경험은 복음주의적-근본주의 운동이라는 수도사적 개념에서부터 나를 바깥으로 끌어냈다. 나는 그때 몇몇 순수한 기독교인들을 만났는데 그들은 (1) 당시 내가 속해있던 침례교가 아닌 다른 교파에서 온 사람들이었고 (2) KJV 버전 성경을 읽지 못하는 사람들이었고 (3) 교회 예배시간 때 기타와 드럼 사용하는 것을 좋아하는 사람들이었고 (4) 은사주의적이었고 (5) 미국인이 아닌 심지어 반미국적인 사람들이었고 (6) 음주, 옷입는 법, 머리카락 길이등 내가 중요하다고 생각했던 이슈들에 대해서 별반 관심을 두지 않았던 사람들이었고 (7) 심오하게 영적이고 지극한 선한 사람들이었다. 그때 나만의 세계는 부분적으로 흔들렸다. 왜냐하면 나는 내가 기독교에 대해서 생각했던 것들이 그저 미국내에서 일어나고 있는 인종적인 논쟁들을 보여주는 것에 불과하다는 사실을 깨닫게 되었기 때문이다. 이 두 번에 걸친 여름은 교회 전반에 대한 나의 개념과 생각들을 바꾸어놓았다. 나는 이 경험을 통해서 하나님께서는 각기 다른 방법들과 각기 다른 사람들을 통해서 각기 다른 전 세계 지역들에서 역사하신다는 사실을 깨달았다. 이때의 경험을 통해서, 나의 세계가 확장되고 넓어졌을 뿐만 아니라, 하나님에 대한 나의 인식도 증가되었고, 교회에 대한 나의 깨달음도 비약적으로 광범위해졌다. 나는 더 이상 모든 기독교인들이 똑같아야 한다고 생각하지 않는다. 나는 그때의 경험을 통해서 하나님께서는 내가 인식하고 있는 그분이나 그분의 방법보다 훨씬 더 크신 분이시라는 사실을 배웠다. 이 깨달음은 하나님의 성령님께서 자유케 하시는 역사하심의 결과였다. 우리가 이처럼 하나님의 역사하심이 "광대하다"는 사실을 경험할 때, 우리는 우리의 사회적 관습들로부터 자유롭게 된다. 우리는 "성경적인 보편주의자들"이 되게 되며, 우리는 바울이 원했던 것을 경험하게 된다. 자유(5:1-12을 보라).

우리는 이런 인식을 얻기 위해서 유럽을 여행할 필요는 없다. 비록 나는 유럽에서 이를 깨달았지만 말이다. 우리는 그저 우리 눈을 열고 우리 귀를 열기만 하면 된다. 우리는 얼마다 다양한 교회들이 존재하는지를 보기만 하면 되고, 또한 얼마다 역동적이고 각기 다른 모습들이 전세계의 여러 다른 지역들 속에 존재하는지를 듣기만 하면 된다. 기독교인들이 자기가 사는 지역의 다른 교회들을 방문해보고 하나님께서 다양한 교회들 속에서 어떻게 역사하고 계신지를 찾아보는 것은 결코 어리석은 일이 아니다. 정말이지 우리는 우리가 보는 것들로 인해 때때로 실망할 수도 있지만, 그러나 우리는 다른 사람들이 매우 다른 방식으로 그들의 믿음을 표현하는 것을 발견하면서 많은 격려와 도전을 받게 될 것이다. 도시빈민지역 흑인들을 대상으로 사역하는 사람들은 부유한 도시외곽지역 사람들을 섬기는 사역자들과는 사뭇 다른 주제들을 강조할 것이다. 1990년 여름에 우리 가족은 일주일 동안의 휴가를 주일 오전부터 시작했다. 나는 그날 오전에 도시빈민 지역에서 설교하기로 약속되어 있었고, 그래서 우리는 그곳에서부터 휴가를 떠나기로 결정했다. 그곳에서의 경험은 우리를 사로잡았고, 우리는 여행을 떠나던 그날, 오후내내 몇

시간 동안이나 오전에 경험했던 예배와 관련된 대화를 나누었다. 그곳에서 우리는 새롭게 재정비된 도심지에 있는 오래된 낡은 교회 건물을 보았다. 그 교회는 여러 인종이 섞여 있었으며, 여러 면에서 우리가 섬기던 외곽 지역의 교회와는 사뭇 달랐다. 사람들의 옷은 우리 교회 성도들에 비해 상당히 덜 눈에 띄는 것이었고, 광고게시판에 올라온 내용들은 우리 교외 지역 교회 광고판과 비교해 완전히 다른 내용과 관심사들을 담고 있었다(나는 광고게시판을 읽는 습관이 있다).

하지만 그들도 교외 지역에 있는 우리 교회 성도들과 동일한 성도들이었고, 하나님을 알기 원하는 사람들이었고, 예수님을 따르려는 자들이었고, 그들의 이웃들에게 좋은 일들을 하려는 사람들이었다. 비록 적용점들은 달랐지만 성경은 동일했다. 메시지는 동일했지만, 메시지를 통해 주어지는 부름들은 달랐다. 우리는 예배드리던 그날 아침에 그 도시 빈민지역 교회에 완전히 마음을 빼앗겨 버렸다. 또한 이런 감흥이 점차 더 확장되었다. 하나님의 역사하심은 우리 교회가 있던 교외지역의, 부유한, 대부분 성도가 백인인 교회들보다 훨씬 더 광범위했다.

이와같은 연속선상에서, 우리는 각기 다른 부르심들이 상호 배타적인 것이 아님을 배울 필요가 있다. 지역사회에서 이루어지는 IVF 모임들과 네비게이토 성경공부 모임들은 사람들을 놓고 지역교회들과 경쟁하지 않는다. 각각의 모임들이 행하도록 부름받은 일들은 서로를 통해 인정받고, 수용되고, 세워지고, 함께 융합될 필요가 있다. 지역 교회들은 그들 자신들이 서로 경쟁관계에 있다고 간주해서는 안되며, 다른 교회 성도들을 빼내가려고 경쟁해서는 안된다. 우리도 역시 교회에 다니지 않는 사람들에게 복음을 전해서 교회로 데려오는 일에 있어서 서로를 경쟁상대로 인식해서는 안된다. 다른 교회가 행하고 있는 일이 성경적이라면, 우리는 그들의 사역을 위해서 그리고 그 교회를 위해서 우리 교회에서 기도해야만 한다. 출석게시판은 대부분 그리 중요치 않다. 우리 교회 공동체가 받는 영향, 개인적인 경건성, 하나님을 향한 찬양 등과 같은 것들이 정말로 중요하다. 어떤 한 교회가 어떤 사역을 맡으면(가령, 공적인 정치적 이슈들), 다른 교회는 다른 사역을 맡을 수 있다(가령, 미전도 지역을 복음화하는 것). 내가 생각할 때에, 하나님께서는 어떤 사거리 지역에 네 개의 교회가 자리잡고 있고 그들이 거의 동일한 믿음 고백과 대체로 비슷한 "고객들"을 갖고 있다면 별로 기뻐하지 않으실 것이다. 이보다 더 나쁜 모습은 이 네 개의 교회들 중 한 곳에서 대부분의 시간을 다른 세 교회를 비방하는데 보내는 일일 것이다. 전 세계 각지에서 각기 다른 부르심을 받는 것은 피차간에 배타적인 것이 아니다.

유대주의자들을 향해 바울이 신속하게 대응했다는 점에 대해서는 전체적인 시각으로 볼 필요가 있다. 그는 그저 자기자신을 정당화하고 있었던 것이 아니었다. 그는 현재의 이단이 장차 어떤 상황을 가져올 것인지에 대해서 알고 있었다. 그는 만약 자신이 이 문제를 명료하게 처리하지 않을 경우, 이방인들을 위한 "복음의 진리"가 위태롭게 될 것임을 알고 있었다(5절). 그리고 우리 역시 현재 복음의 진리로부터 일탈이 일어난다면 그 일은 내일 이단들을 낳게 될 것임을 알아야만 한다. 바로 이것이 우리가 계속해서 우리의 신앙고백을 지키고 신학교 교실과 설교에서 우리의 가르침들을 꾸준히 지켜야만 하는 이유이다. 낯선 사상들은 첫출발이 얼마나 결백 하느냐와는 아무 상관없이 사역들로 하여금 상당히 오랜 기간 동안 무미건조한 모습이 되게 만들 수 있다. 교회 역사 속에서 이런 모습을 빈번하게 찾아볼 수 있기 때문에, 교회들이 가르치고 교육하는 사역에 있어서 신학적 수준을 잘 유지하는 것이 근본적으로 매우 중요하다. 말하기 슬프고 안타까운 일이기는 하지만, 이런 일들은 신학교 운영진들이나(이들은 흔히 너무 멀리 있어서 지금 무슨 일이 벌어지고 있는지도 이해하지 못하곤 한다) 혹은 신학교 교수들에게(이들 역시 너무 멀리 있다) 다반사로 벌어지곤 한다.

지역 교회들은 정도에서 벗어난 사상들로부터 자기자신을 보호하기 위해서 신학적으로 영민한 리더십을 갖고 있어야 한다.[21] 우리는 청종하고 배울 필요가 있다. 우리는 성장하고 변화할 필요가 있다. 그러나 복음의 정수는 변함없이 일관되며, 이 부분에 있어서는 그 어떤 변화와 성장도 존재하지 않는다. 이런 점들에 있어서 우리는 기탄없는 진리와 신실함에 우리 자신을 헌신해야만 한다.

---

21. 이단들에 대해 가장 좋은 책은 H. O. J. Brown, *Heresies: The Image of Christ in the Mirror of Heresy and Orthodoxy from the Apostles to the Present*(Garden City, N. Y.: Doubleday, 1984)이다. 이 책은 모든 교회 도서관에 비치되어야 하는 책이다. 또한 교회 리더들은 이 책이 담고 있는 내용들을 숙지하고 있어야 한다.

갈라디아서 2:11-14

11 게바가 안디옥에 이르렀을 때에 책망 받을 일
이 있기로 내가 그를 대면하여 책망하였노라
12 야고보에게서 온 어떤 이들이 이르기 전에
게바가 이방인과 함께 먹다가 그들이 오매
그가 할례자들을 두려워하여 떠나 물러가매
13 남은 유대인들도 그와 같이 외식하므로 바나
바도 그들의 외식에 유혹되었느니라
14 그러므로 나는 그들이 복음의 진리를 따라
바르게 행하지 아니함을 보고 모든 자 앞에
서 게바에게 이르되 네가 유대인으로서 이방
인을 따르고 유대인답게 살지 아니하면서 어
찌하여 억지로 이방인을 유대인답게 살게 하
려느냐 하였노라

원 의미

바울이 자신의 주장을 펴기 위해 언급하는 마지막 사건은 성경이 제시하는 직접적 대면(對面)중 강력한 대면중 하나이다. 안디옥에서 베드로와 바울의 대면. 바울은 자신의 복음이 인간적인 가르침(1:13-17)이나, 중요한 유대 교회들(1:18-24)이나, 예루살렘의 "기둥같은 사도들"(2:1-10)로부터 독립적이라는 사실을 제시했다. 그는 이제 자신이 예루살렘의 리더들과의 관계 속에서 행한 한 가지 사건을 더 이야기하려고 한다. 그리고 이를 통해 자신의 독립성과 자신의 복음이 갖는 신실성을 보여주고자 한다. 이 사건은 수제자(마 10:2)인 베드로와 관련되어 있다.

이 사건은 사건의 일상적인 흐름을 통해 베드로가 했던 행동을 보여준다. 베드로는 유대교 정체성을 보여주는 규정들(음식과 식탁교제에 대한 제한들)을 기꺼이 흔들고 깰 마음을 갖고 있었다. 아마 그는 할례와 안식일 준수에 대해서도 그렇게 할 마음을 갖고 있었을 것이다. 그는 기꺼이 이방인 기독교인들과 교제를 나누었다. 그러나 베드로는 또한 "야고보에게서 어떤 이들이 왔을 때"(2:12) 그런 입장을 포기해 버렸다. 함께 식사를 하는 것은 바울이 자신이 세운 어린 교회들을 향해 가르치고 선포하던 새로운 슬로건을 외적, 가시적으로 보여줄 수 있는 파워풀한 상징이었다. "너희는 유대인이나 헬라인이나 종이나 자유인이나 남자나 여자나 다 그리스도 예수 안에서 하나이니라"(3:28).[1] 그러나 이런 의미깊은 상징은 베드로의 행동으로 인해 공개적으로 상처입게 되었다.

바울은 이런 행동의 변화가 "위선적"일뿐만 아니라(자기모순적이라는 의미에서) 또한 신학적으로도 잘못된 것이고 위험한 것임을 지적한다. 이 두 가지 중 후자가 매우 중요하다. 바울은 베드로의 "자기모순적인 행동"보다 다른 부분에 좀 더 관심을 기울인다. 실제로 베드로는 자기 색깔을 바꾸었다. 마치 카멜레온처럼 말이다. 물론 색깔을 바꾸는 것이 때때로 필요할 수도 있다(고전 9:19-23). 하지만 바울은 베드로의 행동 안에 좀 더 중요한 것이 있음을 주목한다. 그는 신학적 위험이 그 안에 도사리고 있음을 주목한다. 만약 유대인들과 함께 있다면, 그런 사람들에게 다가서기 위해서 유대인처럼 사는 것이 적절할 것이다. 그러나 이방인들과 함께 있을 때에 유대인처럼 사는 것은 틀린 일이다. 더군다나, 이방인들로 하여금 유대인처럼 살게 만드는 것(특별히, 이런 일을 하는 사람 자신이 이방인처럼 살았으면서)은 혐오스러운 행동이다. 베드로는 자신의 뒤바뀐 행동을 통해, 전혀 다른 복음을 제시하고 있는 것이었다. 그리스도에 대한 회심과 민족주의에 대한 회심을 뒤섞어 놓은 복음. 바로 이것이 바울이 베드로와 맞설 필요가 있었던 이유이다.

대면(11절). 이 섹션을 시작하고 마무리 짓는 구절인 11절과 14절은 동일한 내용을 담고 있다(이런 스타일에 대해 문학적 용어로는 "인클루지오"라고 부른다). 첫째 구절(11절)에서는 '대면'에 대한 보고만을 담고 있지만, 그러나 마지막 구절(14절)은 이 '대면'에서의 책망을 직접적으로 인용하고 있다. 중간에 들어있는 12절과 13절은 바울이 "그가[베드로가] 책망받을 일이 있다"(11절)라고 말한 것이 무슨 뜻인지를 설명한다.

베드로가 언제 "안디옥에 왔는지"는 분명하지가 않지만, 그러나 사도행전 12:17이 우리에게 충분한 증거가 되지 않을까 싶다. 누가는 그 부분에서 베드로가 기적적으로 감옥에서 나오게 된 이후에, 베드로가 "다른 곳으로 떠났다"라고 알려준다. 그는 박해로인해 자신이 예루살렘을 잠시 비워야만 한다는 사실을 알고 있었다(참고. 12:18-19). 우리가 만약 사도행전에서 전개되고 있던 사건들을 잘 기억해본다면, 바울과 바나바가 이때 가난한 사람들을 구제하기 위해 예루살렘에 있었

1. 사회적, 종교적 사건으로서의 식탁 교제에 대해서는 S. S. Bartchy, "Table Fellowship," *DJG*, 796-800; D. E. Smith, "Table Fellowship," *ABD* 6:302-4를 보도록 하라. 좀 더 확장된 광범위한 연구로는, J. Jeremias, *The Eucharistic Words of Jesus* (Philadelphia: Fortress, 1977)을 보도록 하라.

다는 사실을 기억할 수 있을 것이다(11:30; 12:25). 이 이후에 바울과 바나바는 안디옥으로 돌아왔고, 다시 얼마 지나지 않아서 첫 번째 선교여행을 위해 파송받았다(12:25-13:3). 아마도 베드로가 예루살렘을 떠난 것은 그가 예루살렘에서 바울과 "친교의 악수"를 나눈지 얼마 되지 않아서였을 것이다(갈 2:9). 그런 뒤 바울과 바나바는 안디옥에 도착한듯하고, 얼마간의 시간이 흐른 뒤에 "야고로부터 온 사람들"이 도착했으며, 베드로의 행동이 바울에게 알려지게 되었다. 비록 우리는 상세한 상황에 대해서는 확실히 알 수 없지만, 11절은 베드로가 이 행동을 했을 때 바울이 안디옥에 있었던 것처럼 들리는 면도 있다.

우리가 바울을 통해 알수 있는 점은 그가 "그를[베드로를] 대면해서" 책망했다는 점이다(2:11). 이런 표현은 공개적인 책망(왜냐하면, 내가 생각하기에는 이 문제가 공개적인 문제였기 때문일 것이다)을 묘사하며, "그가 책망받을 일이 있다"라는 표현 역시 상당히 심각한 설명이다. 어떤 주석자들은 바울이 그저 단순히 "당신이 틀렸습니다"라고 말하는 것 이상으로 말했다고 주장하기도 한다. 바울은 "당신은 하나님께 꾸짖음당하는 자리에 서 있습니다"라고 말하고 있었다.[2] 내가 위에서 말했던 것처럼, 바울은 베드로가 그저 잘못했다거나 혹은 일관성없이 행동하고 있다고 주장하고 있는 것만이 아니다. 베드로는 실질적으로 복음 그 자체를 자신의 행동을 통해 곡해했다. 그러므로 "그가 책망받을 일이 있다"라는 것은 매우 심각하고 진지한 의미를 갖고 있다. 즉 "그가 하나님 앞에 꾸짖음당하는 자리에 서 있었다"는 의미를 갖는다.[3] 이 일이 언제 벌어졌건간에, 바울은 그의 위선적인 행동에 대해 공개적으로 책망했다. 왜냐하면 그가 하고 있었던 행동이 분명히 하나님의 뜻에 배치되는 것이기 때문이다. 즉 그리스도를 통한 삶, 성령님 안에서의 삶과 배치되기 때문이다.

설명(12-13절). 바울은 잠시 하던 이야기를 멈춰서서, 베드로가 했던 행동이 어떤 행동인지를 정확하게 설명한다. 베드로는 디아스포라에서 생활하면서 이방인들과 함께 식사하는 습관을 갖게 되었고, 이는 이전에 하나님의 계시가 주어진 그 날 이후로부터(행 10-11장, 고넬료 사건) 중요한 모습이 되었다. 그 계시가 주어지

2. R. N. Longenecker, *Galatians*, 72.

3. 바울은 여기에서 자신의 의미를 담아내기 위해 완곡한 표현법을 사용하고 있다. *hoti kategnosmenos en*("왜냐하면 그는 비난받았기 때문에"). 완료형 분사와 함께 사용된 imperfect 동사는 베드로의 상태와 죄의 충만함을 강조한다(즉, 그는 명확하게 잘못된 방식으로 행동하고 있었다). 이런 헬라어 표현은 단순한 aorist 형태인 "나는 반대한다"와 대조적인 입장을 취한다. 여기에서 aorist는 바울이 그를 반대했다는 사실을 표현하기 위해 사용되었다.

던 때, 베드로는 하늘을 향해 "나는 속되거나 깨끗하지 않은 것을 먹은 적이 없습니다"라고 대답했었다(10:14). 이는 아마도 그가 음식을 불결하게 만드는 그런 사람들과 함께 식사한 적이 없다는 의미도 갖고 있었을 것이다. 유대인들의 음식 규례들은 유대인들을 이방인들로부터 격리시키는 역할을 갖고 있으며, 또한 이를 통해 유대인들에게 거룩한 정체성을 부여하는 역할도 한다는 점을 우린 중요하게 기억해야만 한다.

유대인의 음식 유례들에 관하여. 이 본문을 적절하게 잘 이해하려면, 유대인들이 음식들에 대해 어떤 생각을 했었는지를 아는 것이 중요하다.[4] 기본적으로 성경은 (레 11장; 신 14장) (1) 양, 염소, 가축 그리고 몇몇 종류의 사슴들을 제외한 네 발 짐승들을 금지한다.[5] 가장 유명한 금지는 돼지고기에 대한 것이다, (2) 조개류와 연체동물을 금지하고,[6] (3) 먹이를 잡아먹는 새들,[7] (4) 대부분의 곤충들(매미, 귀뚜라미, 메뚜기 등을 제외하고),[8] (5) 떼를 지어다니는 지상의 생명체들(도마뱀들, 악어들, 카멜레온 그리고 족제비등),[9] 그리고 (6) 죽은 동물들을 금지한다. 더군다나, 허용된 음식들에 대해서도 훨씬 더 복잡한 제한규정들이 있다. 기름이나 피를 머금은 것들은 음식으로 사용될 수 없다(레 3:17). 역사를 살펴보면, 유대인들은 레위기 규정에다가 이방인들의 고기와 포도주(참고. 단 1:12-16) 등과 같은 다른 여러 금지항목들을 첨가했다. 왜냐하면 이 두 가지 품목의 음식들은 우상숭배로 더럽혀졌을 수 있기 때문이다. 또다른 한 가지 금지항목은 온당하게 십일조로 바쳐

---

4. 이에 대해서는 E. P. Sanders, *Jewish Law from Jesus to the Mishnah* 23-28, 134-51, 272-83의 특별한 연구들을 보도록 하라. 이 부분들 중 앞에 있는 두 개의 페이지들은 팔레스타인에서의 관습에 대해 묘사한다. 마지막 페이지들은 디아스포라에 대해서 설명한다. 나는 유대인들의 음식 율법들에 관한 관찰들에 있어서 Sanders에게 상당히 많이 빚지고 있다. 또한 G. Schramm and D. E. Smith, "Meal Customs," *ABD* 4:648-55도 보도록 하라.
5. 여기에서 알아차릴 수 있는 점은 쉽게 가축화할 수 있는 동물들은 허용되었고, 반면 "야생동물들"은 금지되었다는 점이다(몇 가지 약간의 예외사항들이 있긴 하다. 야생 양과 염소들, 왜냐하면 이들은 가축들과 마찬가지이기 때문이다. 사슴들과 기타 동물들).
6. 여기서 허용된 생선은 비늘과 지느러미를 갖고 이쓴 것들이다.
7. 시체와 접촉했다는 이유 때문에 금지된 것들이 있었다. 유대인들의 정결 규례에서는 시체는 불결함을 가져오는 주요 근원이었다.
8. 나는 곤충들 사이에서의 구별에 대해서는 확신을 갖고 있지 못하다. 우리는 어떤 곤충들은 다른 곤충들에 비해 시체-불결 규정에 좀 더 쉽게 걸려들 것이라고 자연스럽게 생각해 볼 수 있을 것이다.
9. 이들은 땅 위를 기어다니는 것이 그 이유인 것으로 보인다(그렇기 때문에 불결해지기가 더 쉬운 것인가?).

지지 않은 음식은 먹을 수 없다는 것이었는데, 바리새인들은 이점과 관련해서 매우 뜨겁게 논쟁을 벌였었다. 이런 규칙들은 제사장들의 행동만 통제하는 규칙들이 아니었다. 이 규정들은 이스라엘 모든 사람들이 지켜야 하는 규칙들이었다. 비록 변형들이 있기는 했지만, 대부분의 유대인들은 이런 규정들 대부분을 지켰던 것으로 나타난다. 그들 이웃들은 그들을 "밀고"하기 쉬웠으며, 대부분의 유대인들은 공동체 안에서 좋은 입지를 유지하기를 원했다. 그러나 가장 중요한 것은, 대부분의 유대인들이 하나님 앞에서 순종하며 살기 원했다는 점이다. 샌더스(Sanders)는 유대인들에게 음식 규례가 얼마나 가치있는 것이었는지에 대해 이야기하면서, 다음처럼 말한다. "음식 규례들은 안식일 준수와 더불어서 유대교를 규정해주는 핵심적인 규정으로 자리잡고 있었다."[10]

만약 이렇게 금지된 음식물중 무언가와 접촉해서 불결한 상태가 되면, 율법에 순종하던 유대인들은 성경이 명령했던대로 행했다. 그는 자기 자신을 씻었고, 저녁때까지 기다렸다(레 11:24-28). 이런 규칙들은 디아스포라에서 아주 약간만 변형된 것으로 보인다. 또한, 각각의 디아스포라 지역이 갖고 있는 동물에 대한 개념과 활용가능성에 의해 약간씩 다른 내용으로 적용되었다. 그래서 레위기 11:4-8과 신명기 14:4-5에 있는 정확한 동물 목록들에는 때때로 물소와 기린등이 보충되기도 했다. 이방인의 기름 역시 몇몇 지역들에서는 매우 명확하게 금지되었다.[11]

유대인들 사이에서는 허용되는 음식이 무엇인가와 관련해 일부 변형들이 있었다는 점 역시 언급해야만 한다. 일부 유대인들은(바리새인 같은) 성경의 율법에 대해 다른 사람들보다 좀 더 엄격하고 급진적이었으며, 다른 사람들이 광적이라고 생각할 만큼 이런 율법들을 확장해서 적용했다. 이런 급진주의적 입장은 디아스포라보다는 팔레스타인 지역에서 좀 더 발견되곤 했다. 나는 예루살렘에서부터 온 바리새파 사람들이 "엄격하지만, 수용적 태도"의 그룹이 아니라 그보다는 급진주의 라인쪽 그룹이었다고 확신한다.

일부 유대인들은 이방지역에서 얻은 음식물은 아예 먹지도 않았지만, 디아스포

10. E. P. Sanders, *Jewish Law from Jesus to the Mishnah*, 27.

11. 고대 유대교에서는 기름에 대해서 중요한 논의가 있었다. 성경은 날아다니는 곤충에서 발견되는 액체는 사용하지 못하도록 금지한다(참고. 레 11:31-38, 11:20-23). 이 이슈는 큰 이슈가 되었다. 유대인들은 자신들을 어떻게 파리나 모기 등으로부터 지킬 수 있었을까? 랍비들은 콩보다 작은 것들은 그 종류가 무엇이건 간에 불결하게 만들지 않는다고 결정했다.(그러므로 모기는 불결하게 만들지 않지만, 파리는 불결하게 만든다.) 물, 포도주, 기름 등은 액체들이고 종종 공기에 노출되기 때문에, 이들을 정결하게 유지하기 위한 특별한 규정들이 만들어졌다. ibid., 32-33, 200-205를 보도록 하라.

라 유대인들은 현실적으로 이방 지역 음식물을 먹을 수밖에 없는 상황이었다. 일부 급진주의자들은 그렇기 때문에 디아스포라 지역의 모든 음식물에 대해서 불결한 것으로 간주했을 수도 있다(그러나 나는 이런 입장을 뒷받침해주는 구체적인 증거가 있는지에 대해서는 아는 바가 없다). 여하튼 일부 유대인들은 디아스포라에서의 음식 규정에 대해 상당히 많이 위험한 규정들이 들어 있다고 간주했었다. 우리가 발견할 수 있는 점은 디아스포라 공동체들에서 일부 유대인들이 "정결한 음식"을 얻으려면 상당히 자주 흥분해야만 했다는 점이다. 왜냐하면 디아스포라 지역에서 나오는 음식물중 많은 것들이 이미 우상들에게 바쳐졌던 것이기 때문이다.

그렇다면 베드로가 안디옥에서 했던 행동은 무엇인가?[12] 나는 다음 다섯 가지 중 한 가지가 아닐까 추측해본다. (1) 베드로는 음식물이 종교적 측면에서 어떤 상태인지 체크하지 않은 그런 음식물을 먹고 있었다(디아스포라 지역에서는 대부분의 붉은 고기들은 이미 우상에게 바쳐진 것들이었다). 즉 이방의 고기를 먹고 이방의 포도주를 마시고 있었다, (2) 베드로는 레위기나 신명기에서 명확하게 금지된 음식물을 먹고 있었다, (3) 좀 가능성이 낮기는 하지만, 그는 합법적으로 도살한 것이 아닌, 피나 기름을 머금고 있던 고기를 먹고 있었다, (4) 그는 십일조를 적절하게 드리지 않은 음식을 먹고 있었다, (5) 사실 그가 그저 이방인들과 너무 빈번하게 식사를 함께 했다는 것이 문제였을 수도 있다. 즉 진짜 이슈는 그가 무엇을 먹고 있었느냐가 아니라 누구와 먹고 있었느냐였다.[13] 비록 우리가 확실하게 알 수는 없지만-그리고 여러 요소들이 동시에 작용하고 있던 것일 수도 있지만-도대체 어떤 일이 진행되고 있었던 것인지를 이해하기 위해 노력하는 일은 중요한 일이다.

나의 첫 번째 추측은 이 이슈가 두 번째 경우라고 보는 것이다. 베드로는 어쩌면 "등갈비" 바비큐나 혹은 새우요리를 먹고 있었는지도 모른다. 그리고 보수적인 입장의 유대인들은 그가 율법을 대범하게 범했다는 것을 문제 삼았을 것이다-이 문제는 사도행전 10-11장에서 베드로가 문제 삼았던 이슈였다는 점을 기억하라.

---

12. 이 점에 대한 학문적 연구를, J. D. G. Dunn, "The Incident at Antioch (Galatians 2:11-18)," in *Jesus, Paul and the Law: Studies in Mark and Galatians*, 129-82에서 찾아 볼 수 있다.

13. 이는 E. P. Sanders, "Jewish Association with Gentiles and Galatians 2:11-14," in *The Conversation Continues: Studies in Paul & John in Honour of J. Louis Martyn* (Nashville: Abingdon, 1990), 170-88의 관점이다.

아무 의도 없이 음식 규정을 범하는 일은 수용될 수 있는 일이었지만, 의도적으로 대놓고 범하는 것은 받아들여질 수 없는 것이었다. 그러나 나는 기독교인이 된 많은 유대인들이 식탁에 앉아 돼지고기를 먹거나 혹은 성경에서 명확하게 금지했던 것들을 먹는다는 것은 상상하기 어려운 일이라는 점을 인정한다. 어떤 사람들은 베드로가 먹은 것은 그저 음식 규정에 대해 훨씬 더 엄격하게 반응하던 급진주의적인 사람들이 받아들이지 않는 그런 것을 먹고 있었던 것이라고 주장하기도 한다. 이런 주장을 하는 사람들은 그가 (1) 우상에게 바쳐졌거나 혹은 (2) 적절치 않은 방식으로 죽었거나, 혹은 (3) 적절한 방식으로 십일조를 드리지 않은 음식을 먹고 있었던 것이라고 주장한다. 이런 경우 우리는 문제를 제기하는 사람들로 열심있던 유대주의자들을 추측하게 되는데, 이들은 유대주의로 완전히 회심하게끔 하는 것만이 아니라 그들만의 특정한 유대교로 회심시키고자 노력하는 자들이었다(아마도 바리새파, 참고. 마 23:15).

이미 위에서 언급했던 것처럼, 베드로는 이미 율법 규칙들과 상관없이 행하는데 익숙해져 있었고, 이방인들과 식사하는 것에도 익숙해져 있었다. 그러나 예루살렘에서 온 사람들("야고보에게서 온 어떤 사람들")이 도착했을때, 그는 그들의 존재와 그들이 가할 수도 있는 잠재적 비난에 대해서 부담을 느꼈다. 그들이 불쾌해한다는 사실을 느끼고 있었기 때문에(그리고 분명 그들로부터 이에 대한 이야기를 들었을 것이기에), 그는 "뒤로 한걸음 물러나기 시작했고, 자신을 이방인들로부터 분리하기 시작했다." 하나됨의 상징으로서 놀랍도록 역할했던 식탁교제가 이미 베드로에게는 다시 이전처럼 분리의 식탁이 되어버렸다.

"야고보에게서 온 사람들"은 도대체 누구인가? 그들은 "할례당"과 동일한 사람들인가? 갈라디아서를 읽는 많은 사람들은 그냥 단순하게 이 두 부류가 동일한 사람들이라고 생각해 버린다. 그러나 소수의 학자들은 다른 견해를 주장했다.[14] "할례하는 자들"이라는 용어가 기독교인 유대주의자들(행 11:2)이나, 유대인 기독교인(10:45) 혹은 비기독교인 유대인들(롬 4:12)을 지칭할 수 있다는 것은 사실이다. "할례당"이 안디옥에 있던 유대인 기독교인이 아니라는 것은 거의 분명하다. 왜냐하면 베드로는 이미 그들이 있는 상황 속에서 아무 비판없이 "자유"를 누려왔기 때문이다(갈 2:13).

또한 베드로가 "야고보에게서 온 사람들"에 대해 두려움을 가졌다는 것도 의문

14. F. F. Bruce, *Galatians*, 131; R. N. Longenecker, *Galatians*, 73-75.

의 여지가 있다. 왜냐하면 베드로는 야고보가 리더로 있는 예루살렘에서 기독교인들과 이전에 좋은 관계를 이미 가져왔기 때문이다(행 12장). 이런 점들은 "할례당"이 기독교와 관계맺는 사람들을 핍박하고 있었던 비기독교 유대인이었을 수 있음을 보여준다(할례주의자들은 기독교에 대해 완전하지 않은 유대교 형태라고 생각했었다). 또한 안디옥에서 그들의 중심 타겟이, 존경받고 있었던 그러나 우유부단한 모습을 보여주었던 베드로였을 가능성이 있음도 보여준다. "할례당"에 대해 이와 같이 해석하는 방식은 갈라디아서 2장에서 바울이 "할례"라는 용어를 사용하는 방식과 일관성을 갖게 해준다(참고. 2:7, 8; 6:12에 대한 설명들을 참조하라).

달리 말해서, 할례당은 율법을 지키는데 열심을 내던 유대인들이었으며 기독교로 회심했건 유대교로 회심했건간에 이방인 회심자들로 하여금 만약 자신의 회심이 유대교의 우산아래 있기를 원한다면 완전하고 충분하게 회심해야 한다고 "강요하던" 그런 자들이었다. 그리고 또다른 그룹인 "야고보로부터 온 사람들"은 예루살렘에서 온 유대인 기독교인들로서 정직하게건 혹은 잘못된 방식으로건 야고보의 입장을 제시했던 사람들이었을 수도 있고, 아니면 이들이 할례당이었을 수도 있다. 이럴 경우엔 그들은 기독교인이 아니었을 것이다. 나는 비록 이들이 야고보의 입장을 충분히 성실하게 대변하지 않았을 수는 있지만, 그래도 그들이 정말로 야고보로부터 온 사람들이 아닐까 생각한다.

이 상황 속에서 작동하고 있는 신학적 사회적 긴장들을 이해하려면, 이 장에 등장하는 "등장인물들"을 도표화해 보는 것이 가장 좋은 방법이다. 서구 사회에서 흔히 사용하는 방식을 따라서, "등장인물들"을 "좌파"(진보적인) 혹은 "우파"(보수적인)로 나누어서 설정해 보도록 하자. 이는 어떤 입장이 옳다 그르다 판단하는 것은 아니다. 그저 편의를 위해서 이렇게 설정해 보는 것 뿐이다. 바울같은 경우, 유대교의 외적 경계선들을 확장하고자 지속적으로 노력을 기울였던 "좌파"라고 설정하도록 하자. 그리고 야고보의 경우, 그가 갖고 있던 기독교 형태가 훨씬 더 예루살렘이라는 테두리 안에서 안정적인 것이었으므로 "우파"라고 설정하고자 한다.

베드로에 대해서는 편의상 여기에서는 "중도"라고 표기할 것인데, 그는 두 가지 스펙트럼 양자 모두 안에서 살고자 추구했기 때문이다. 하지만 이 경우 그가 보인 "중도"적 모습은 위선적인 것이었고, 순수한 의미에서의 중도적 태도는 아니었다. 물론, "유대인 기독교인"의 경우 중도적일 수도 있고 우파적일 수도 있는데, 이는 각 개인에 따라 다르고 또한 그리스도와 성령님 안에서 발견된 자유를 어느 정도 누리느냐에 따라 다르다.[15]

갈라디아의 "등장인물들"

좌파	중도파	우파
바울	← 베드로 →	할례주의자들
		"야고보"당
이방인 기독교인들		유대인 기독교인들
바나바 →		"기독교인" 유대주의자들

우리가 해오던 이야기를 계속 해 나가자면, 베드로의 습성은 "야고보로부터 온 사람들"이 도착했을 때 바뀌었다. 이유는? 바울은 말한다, "왜냐하면 그는 할례 그룹에 속한 사람들을 두려워했기 때문이다." 우리는 이들에 대해서 예루살렘에 토대를 두고 있던 고지식한 유대 민족주의자 그룹이며, 예루살렘과 유대교에 속한 모든 그룹들을 향해 율법에 따라 신실하게 살아야 한다고 주장하던 자들이었다고 규정한 바 있다. 베드로는 아마도 감옥에 투옥되던 때(행 12장)부터 시작해서 지금도 여전히 고통당하고 있었을 것이고, 박해와의 투쟁 한 가지만 감당하는 것만도 벅차고 힘든 상황이었을 것이다(4:21; 5:40도 참고하라). 어쩌면 그는 "기둥들"로부터 들었던 내용들, 즉 자신이 유대인들을 위해 부름받았다는 말을 기억하고 있었을 수도 있으며, 이를 통해 자기는 유대적인 민족주의를 포기할 필요가 없다고 스스로를 합리화했을 지도 모른다. "야고보로부터 온 사람들"의 존재와, 민족주의자들을 격분하게 만들었던 그들의 말들은 베드로로 하여금 방향성을 바꾸게 만들기에 충분했을 것이고 이방인과 함께 먹는 문제에 대해 "180도 태도를 바꾸게끔" 만드는 충분한 이유가 되었을 것이다.

베드로의 변화는 어쩌면 수용가능한 것이라 볼 수도 있다. 특히 그는 유대인들을 복음화하는 일에 중점적인 소명을 받은 사람이기 때문에, 자신의 유대적 이미지를 보호하기 위해서 이런 일이 필요했을 수도 있다. 그러나 "심지어 바나바를 포함해서…다른 유대인들이 그의 행동을 뒤따랐다." 다른 사람들이 관련되기 시작했을 때 이 문제는 갈라디아 교회내에서 사회적 불화문제로 발전했다. 이방인 그룹

15. 최근의 연구는 초기 기독교에 대해서 이처럼 "좌파" vs "우파" 구조로 이해하는 것에 대해 도전장을 내밀고 있다. C. C. Hill, *Hellenists and Hebrews: Reapprasing Division Within the Earliest Church* (Minneapolis: Fortress, 1992)를 보라.

과 유대인 그룹. 이런 상황은 그리스도 안에서는 "유대인이나 헬라인이 없다"(갈 3:28)고 믿었던 사람에게는 참기 어려운 일이었다. 이제 실제적으로는 두 개의 교회가 있게 된 셈이었다. 코셔(kosher: 유대인의 음식정결 규정) 교회와 이방인 교회. 이방인들과 함께 식사하지 않는 것을 통해 이방인들과의 교제를 단절해버리는 상징적 분열은 매우 심각한 것이었다. 이 일은 바울에게는 너무나 심각한 일이었기에, 그는 잘못된 이런 문제들을 바로잡는 일을 시작했다.

바울은 베드로를 향해 그의 "위선"을 꾸짖었다(14절에 설명했다). 위선이란 무엇인가? 위선에 대한 표준적인 정의는 "믿음과 행동간의 의도적인 (설령 의도가 없다 하더라도) 자기모순"이다. 종종, 이 용어는 "종교적 거짓 고백들"에 대해 사용되기도 했고, 또는 자신들이 갖고 있는 종교적 신앙과 정반대 모습으로 살아가는 사람들에게 적용되어 사용되기도 했다. 이런 의미는 이 단어의 역사적 기원에 토대를 두고 생겨난 것으로 여겨지곤 했다. hypocrite-'위선자'(헬라어. *hypocrites*)는 무대에서 가면을 쓰고 있는 사람이나 혹은 청중들을 위해서 장면을 해석해 주던 사람을 지칭할 때 종종 사용되던 연극용어였다. 시간이 흐르면서 이 용어는 "어떤 역할을 맡아 연극을 하던" 사람과 관련해 사용되었고, 이런 용법은 자연스럽게 진지하지 못하거나 거짓된(우리의 용어 "위선적인") 사람을 도덕적으로 묘사하는 의미가 되어졌다.

하지만 많은 사람들이 지적하듯이, 신약성경에서 사용된 hypocrite는 (그저 단순히 헬라적인 것만이 아니라) 유대적인 뿌리들도 갖고 있으며, 실제에 있어서 오늘날 우리가 사용하는 의미보다 훨씬 더 강력한 의미를 갖고 있었다. 이 용어의 의미를 이해함에 있어서, 현대 영어 사전에서 의미를 추출하기 보다는 고대 텍스트들에서 의미를 찾아내는 일은 근본적으로 중요한 부분이다. 이 용어는 사악함, 하나님과 진리에 대적함, 그리고 심지어 이단이라는 의미까지도 담고 있다.[16] 달리 말해서, 베드로는 여기에서 그저 단순하게 "행동하고" 있는 것만이 아니다. 그는 그저 "그럴듯하게 척하는 것을 통해 속이기만" 하고 있는 것이 아니었다. 도리어 그는 도덕적으로 옳지 않은 모습이었는데, 이는 그가 신학적으로 옳지 않았기 때문이다(11절). 바울이 그 다음으로 "복음의 진리를 내다 버렸다"(14절)라고 말하는

16. N. Turner, *Christian Words*(Edinburgh: T & T Clark, 1980), 219-20를 좀 더 살펴보도록 하라. 이 용어의 역사에 관한 훌륭한 연구를, C. Spicq, *Lexique Theologique du Nouveau Testament*(Fribourg, Switzerland: Editions Universitaires de Fribourg, 1991), 1546-53에서 찾아 볼 수 있다. U. Wilckens, "ὑποκρίνομαι, κτλ.," *TDNT* 8:559-71 부분도 살펴보도록 하라.

것은 그리 놀라운 일이 아니다. 베드로는 여기에서 이단적인 모습이 되버렸다. 그렇면 왜? 그 다음 구절이 이에 대해 대답해 준다.

책망(14절). 바울은 이 구절을 통해서 베드로를 간접적으로 그리고 직접적으로 책망한다. 간접적으로는 바울은 베드로의 행동에 대해 "복음의 진리를 따라 행동하지 않았다"고 규정한다. 우리가 앞단락에서 이미 언급했던 것처럼, 위선은 자신이 진리에 대해 확신하고 있는 내용과 이율배반적으로 행동하는 것을 의미한다. 바울은 베드로의 행동이 본질적으로 복음의 진리를 따라 살아가는데 실패한 것이라고 말한다. 바울이 여기서 말하고 있는 복음이란 매우 분명하다. 칭의는 진리안에서 그리스도에게 복종하는 모든 사람에게 주어지는 것이다. 뿐만 아니라, 칭의는 하나님의 뜻에 대해 그리고 성령님 안에서의 자유로운 삶에 대해 복종하는 것을 의미한다.

베드로는 믿음과 성령님을 통한 칭의를 주장했다. 그러나 그가 한손에는 "믿음"을 들고 동시에 다른 손에는 "유대교에 참여하는 것"을 들고 서 있는 모습으로, 하나님께 받아들여지려면 이 두 가지 모두가 필요하다는 입장을 취했을 때, 그는 모순적인 삶을 살았다고 할 수 있다. 베드로는 자신의 행동을 통해서 그의 복음을 "그 어떤 사회적 기준에도 제한당하지 않고 모든 사람들에게 구원이 주어지는 복음"으로부터 "유대인들만이 얻는 구원"(그리고 유대교로 회심한 사람들만이 얻는 구원)으로 옮겨버렸다. 베드로는 이런 오래된 사회적 경계선들을 다시 세워놓았다.

직접적으로는 바울은 다음과 같은 말들로써 베드로를 고발한다. "너는 유대인이다, 그러나 유대인처럼이 아니라 이방인처럼 사는 것을 좋아한다. 그런데 네가 이방인들로 하여금 유대의 관습을 따르라고 강요하는 것은 도대체 어찌된 일이란 말인가?" 바울의 첫 번째 문장은 그 자체만으로는 아무 문제가 없다. 이방인들에게 보냄받은 유대인 선교사들이 유대인처럼이 아니라 이방인처럼 살아가는 것은 틀린 것이 아니다. 나는 이 첫 번째 문장에서는 바울이 베드로를 비판하는 심각한 내용을 찾아낼 수 없다고 생각한다. 바울에게 있어서 이런 행동은 참을 수 있는 행동이었다. 그러나 동일한 이방 선교사들(베드로를 포함해서)이 "이방인들로 하여금 유대 관습들을 따르도록 억지로 강요했을 때" 이는 심각한 문제가 되었다. 억지로 강요한다는 이 단어는 이 구절에서 가장 중요한 단어이다. 왜냐하면 이 표현은 베드로가 하고 있던 일이 도대체 어떤 일이었는지에 대해 우리가 알 수 있게끔 힌트를 제공해 주기 때문이다.

여러 이유들 때문에, 여러 주석들은 이 부분에 대해 설명하면서 이 단어에 대한 설명을 간과해버리는 잘못을 범하곤 한다. 종종 많은 학자들은 이 용어가 도덕적으로 억지로 강제하는 것이라 생각하곤 한다. 베드로의 본보기가 강력하게 보여주듯이, 그가 이방인들로 하여금 유대인들처럼 행동하도록 압박을 가하고 있었다는 의미에서 말이다.[17] 나는 비록 이 설명이 짧지만 매우 강력한 설득력을 갖고 있다고 생각한다. 바울이 지금 사용하고 있는 이 용어는, 강력한 용어이다. "억지로"(헬라어 *anankazo*)라는 용어는 한사람의 의지에 반(反)하는 "물리적 강제"를 의미한다. 이 단어가 갈라디아서 안에서 사용되고 있는 두 가지 경우들이 중요하다. 갈라디아서 2:3에서, 우리는 "디도라도…억지로 할례받지 않게 했다"라는 내용을 읽을 수 있고, 또한 6:12에서 바울의 대적들이 "억지로 너희에게 할례를 받게 했다"라는 내용을 읽을 수 있다. 바울이 주님을 만나기 이전에 성도들을 박해하면서 취했던 강제적인 행동들도, 이와 마찬가지 측면에서 이야기 되었다. 과거 그는 기독교인이 된 사람들을 향해 할례를 받고 율법 전체를 받아들이던지 아니면 죽음에 직면할 것을 요구했었다(행 9장). 우리는 26:11에서 "나(바울)는 그들을 억지로 배교자가 되게 하고자 노력했다"고 말하는 것을 읽을 수 있다. 여기에서 우리는 역사 속에서 유대인들이 성도들을 향해 신앙을 버릴 때까지 혹은 죽을 때까지 실제로 고문을 가하며 박해했던 오랜 흐름에 대해 생각해 볼 수 있다. 물론 나는 이 용어가 도덕적 박해라는 의미를 담고 있지 않다고 말하는 것은 결코 아니다. 그러나 이 단어에는 의심할 여지없이 원래부터 물리적 차원의 의미가 담겨 있었고, 나는 이런 물리적 차원의 의미를 복원하고자 노력할 뿐이다.[18]

그렇다면 베드로는 어떤 일을 하고 있었던 것일까? 그는 이전에는 아무런 사회적 장벽에도 구애받지 않고 이방인들과 친밀한 교제를 나누었다. 그들의 언어로 이야기하고, 그들이 먹는 음식을 먹고, 그들의 포도주를 마시고, 그들의 아이들을 만지고, 그들 가정에 심방 가서 함께 앉으면서 말이다. 유대인 민족주의자들이 도착했을 때, 베드로는 아마도 자신이 예루살렘에서 간신히 빠져나왔던 것을 기억하면서(유대인들로부터 박해받았던 것을 기억하면서), 자신의 행동을 뒤집어 버리고 이방인들로부터 멀찌감치 떨어졌을 것이다. 그의 행동과 말은 다른 사람들로 하여

17. J. B. Lightfoot, *Galatians*, 114; R. N. Longenecker, *Galatians*, 78.

18. 회심자에게 이처럼 육체적 할례를 할 것을 요구하는 모습은 유대 역사 속에서 예닐곱 챕터들을 갖고 있다. 유대교로 회심하는 것과 관련해서 이 부분이나 이보다 좀 더 폭넓은 질문에 대해서는 S. McKnight, *A Light Among the Gentiles: Jewish Missionary Activity During The Second Temple Period*(Minneapolis: Fortress,1991), esp. 68, 79-82를 보도록 하라.

금 그와 비슷한 행동을 취하게끔 했다. 그러나 이뿐만 아니라 그는 이방인 기독교인들로 하여금 할례를 받게끔 강제하기 시작했고(그리고 유대교의 사회적 규범들을 따르도록 강제하기 시작했고),[19] 또한 이런 엄격한 유대 민족주의자들로부터 느끼기 시작했던 박해의 위협을 어떻게든 줄이고자 노력하기 시작했다. 베드로는 갈라디아의 회심자들로 하여금 유대인들이 되게 요구하는 것을 통해, 실질적으로 예수 그리스도의 복음을 파괴하고 있었다. 이런 상황속에서는 복음은 없는 것이나 마찬가지였다. 왜냐하면 그리스도의 사역이 제거된 것이나 마찬가지기 때문이다(21절).

상황잇기

이미 앞부분에서 이야기했듯이, 여기 나오는 예들을 적용하는 일은 상대적으로 쉬운 일이다. 바울과 베드로의 조우를 현대적으로 적용할 방법을 찾음에 있어서, 우리는 오늘날의 리더들 중에서 다른 사람들을 옳지 않은 길로 이끌고 간 경우들을 찾아보길 원할 수도 있다. 자신의 행동을 본보기로 삼아서건 혹은 대놓고 물리적 강제력을 동원해서 성도들을 옳지 않은 길로 이끌고 간 경우이건간에(내가 생각하기엔 이런 일은 거의 드물듯하다) 말이다. 우리가 곧장 생각해 볼 수 있는 적용점은, 리더들이 갖고 있는 책임성이다. 리더들이 보여주는 본보기들과 가르침들은, 그들이 이끌고 있는 사람들이 뒤따르는 모습이 된다. 우리는 바울이 보여준 훌륭한 본보기에 대해 생각해볼 수 있는데, 그는 이 장면을 통해 복음이 주는 자유를 위해 과감하게 싸우는 모습을 보여주었다. 우리는 또한 베드로를 통해 나쁜 본보기의 모습에 대해서도 생각해볼 수 있는데, 그는 여기에서 박해의 압력과 위협에 굴복하는 모습을 보여주었다. 두 등장 인 물들 모두다 적용을 위한 촉매 역할을 할 수 있다.

뿐만 아니라, 우리는 적용을 위해 다른 등장인물들에 대해 생각해볼 수 있다. 오늘날에는 어떤 사람들이 "야고보에게서 온 사람들"과 같은 사람들(우리는 이 적용을 남성들에게만 국한할 필요가 없다)이나 혹은 이방인들 같은 사람들이 될수 있을까? 유대인 기독교인들은? 바나바는? 우리가 살고 있는 오늘날 세계속에서 유

19. "유대 관습들을 따르는 것"(*ioudazein*)이라는 용어는 그저 유대인처럼 사는 것이라는 의미를 가질 수도 있다. 하지만 나는 이 용어에 대해서, 완전한 의미에서 "유대교로 회심하는 것"이라는 의미로 이해하는 사람들의 견해에 동의한다. H. D. Betz, *Galatians*, 112; J. D. G. Dunn, *Jesus, Paul, and the Law*, 149-50을 보라.

추할 수 있는 점들을 찾아봄에 있어서, 가능한 한 바울의 정황과 유사한 상황들에만 제한을 두는 것이 가장 좋지 않을까 싶다. 우리가 지금 여기에서 다루고 있는 것은 큰 교회라는 상황(직장문제가 아니라)이다. 현대 교회는 서로 다른 몇몇 그룹들의 성도들을 포함하고 있고(단지 한 그룹과 다른 한그룹이 대립하는 것이 아니라) 무엇이 본래적인 복음이냐는 문제도 담고 있다(교회 음악에 베이스 기타를 어람만큼 포함시켜야 하는가라는 시시콜콜한 문제가 아니라).

적용을 위해서 우리는 이런 각각의 그룹들과 개인들을 살펴볼 수 있는데, 나는 내가 지금 여기에서 제시하는 몇 가지 개념들을 따라 해 볼 것을 제안하는 바이다. "야고보로부터 온 사람들"은 믿음을 향한 열정을 갖고 있지만 그들의 믿음이 어떤 특정한 하나의 사회적 그룹에만 제한된 잘못된 믿음을 갖고 있는 보수적 사람들이다. 우리는 이런 그룹과 비슷한 현대 그룹들을 찾기 이전에, 이들이 할례당쪽인지 아니면 다른 편쪽인지에 대해서 먼저 결정을 해야만 한다. 나는 오늘날 현실 속에서는 그들을 누구라고 규정할 수 없다고 생각하는 편이기에, 기독교에서 파생되었지만 기독교가 아닌 신앙생활을 하는 사람들이나 자신들의 그런 신앙이 최종적인 믿음이라고 주장하는 사람들 속에서 유추점을 찾고자 한다. 우리는 그런 그룹의 모습을 몰몬교에서 찾아볼 수 있다. 만약 누군가가 "야고보로부터 온 사람들"이 기독교인이 아니라고 주장한다면, 그사람은 기독교인들을 자신들의 종교적 신념쪽으로 이끌고 가려는 그런 그룹들에 대해 살펴보길 원할 것이다.

"이방인 기독교인"과 "유대인 기독교인" 그룹들 간의 대립은 살펴보고 알아보는데 그리 어렵지 않다. 우리가 찾아봐야 하는 것은 어떤 형태를 갖고 있건간에 오늘날 개별 교회들 속에 자리 잡고 있는 혹은 크게 보았을 때 교회내에 자리 잡고 있는 내분이다. 적용에 있어서, 이런 내분이 굳이 인종적이거나 사회적인 양상의 내분일 필요는 없다(하지만 나는 할 수 있는 대로 실제 상황들과 직접 관련된 문제를 선호하는 편이다). 이런 내분은 어떤 형태건 간에 그저 잠재적 내분이기만 하면 된다. 우리는 이방인 기독교인들과 유대인 기독교인들이 어떤 때는 함께 잘 지내고 어떤 때는 그렇지 않았다고 생각해 볼 수 있다. 그들의 차이점들은 사회적인 것만큼이나 신앙적인 것이기도 했다. 우리가 상상해 볼 수 있는 논쟁점들은 대체로 신학적 용어들로 표현되었으며 양편 모두에 있어서 균형 잡히지 않은 것이었다. 이정도면 어느 정도 익숙하게 들리는가? 지금 우리에게는 새로운 기독교인 그룹이 있고, 그들은 그리스도에 대한 공통의 신앙을 갖고 있으면서 사회적 갈등의 역사도 함께 갖고 있다. 그들과의 연합은 유지하기 매우 힘들 것이고, 상당히 많은 노력을 필요로 할 것이며 양편 모두를 하나로 묶어놓기에 어려움이 있을 것이다.

바나바는 흥미로운 인물이다. 이 사람은 유대인 기독교인이었는데, 갈등을 조정하는데 있어서 본보기가 될 만한 목회적 은사를 갖고 있는 사람이었다. 그러나 탁월한 리더조차도 실패하곤 한다. 바나바는 동시대가 가해오는 압박과 박해의 위협들 때문에 무너져 내리는 고상한 기독교인의 본보기를 보여준다. 갈라디아서 2:13의 구성은 바나바가 다른 사람들을 통해 설득 당했으며, 본인 스스로 분리를 갈망했던 것은 아님을 보여준다.[20] 그러나 이유가 무엇이 되었건간에, 그도 역시 틀렸다.

바울과 베드로는 해석하고 적용하는데 있어서 가장 쉬운 인물들이다. 바울은 옳은 모습이었고 베드로는 틀린 모습이었다. 인간사의 갈등에 있어서, 양편은 서로가 모두 각각 자신이 바울편이고 상대편이 베드로의 모습을 갖고 있다고 생각할 것임은 얼마든지 예측할 수 있다. 오직 하나님의 은혜와 그분 말씀의 통찰력 그리고 우리가 사는 이 세상은 우리로 하여금 이런 갈등 속에서 누가 바울이고 누가 베드로인지를 알 수 있게 해준다. 우리는 복음을 분별함에 있어서 주의를 기울여야만 한다. 우리의 메시지가 은혜와 자유의 참된 복음인가? 예수 그리스도를 통해서 우리에게 주어지고 성령님 안에서 우리에게 주어진 복음인가? 우리는 우리의 직분에 걸맞은 그런 모습으로 살고 있는가?

우리는 베드로가 틀렸다거나 바울이 옳다는 점에 너무 지나치게 배타적으로 초점을 맞추지 말아야 한다. 이점은 매우 중요한 부분이다. 우리는 왜 바울이 옳고 또한 왜 베드로가 틀린 것인지를 이해해야만 한다. 바울의 주장은 개인적인 것도 아니고, 보복적인 것도 아니다. 이는 바울이 베드로의 사역들에 대해 질투하고 있는 것이 아닌 것과 마찬가지다. 그의 주장은 그저 단순하게 지식적인 것만도 아니다. 베드로가 틀린 이유는 그의 신학이 틀렸기 때문이다. 베드로의 행동은 그의 신학에서 흘러나온 것이었고, 그의 반전의 결과로 그의 신학은 썩은 것이었다. 결과적으로 그의 행동 역시 틀린 것이었다. 베드로의 새로운 신학은 유대교와 전혀 다르지 않은 것 이었다.

구원은 유대인의 것이며, 이방인들은 그리스도에게 회심해야만 하고 또한 하나

20. "조차도" 수동태 동사("이끌려졌다"), 도구적 여격(dative) 등은 서로 하나로 묶여져서 바나바의 책임성이 크지 않은 뉘앙스를 만들어준다. 이유가 무엇이 되었건 간에, 바나바는 당파적 분열에 동참했던 것으로 보이지만, 그것을 원했던 것은 아닌 것으로 보인다. 아마도 그는 가장 오랫동안 평화에 대한 소망을 붙들고 있었을 것이다. 우리는 바울이 바나바를 공격하지 않았다는 사실을 쉽게 찾아볼 수 있다.

님께 받아들여지려면 율법과 유대 나라 모두에게로 회심해야만 한다. 바울은 옳았는데, 왜냐하면 그가 베드로의 행동을 통해 독이 가득한 나무를 보았기 때문이다. 바울은 칭의가 믿음에 의한 것이며, 유대인들과 이방인 모두를 위한 것이고, 하나님의 은혜를 통해서, 그리스도 안에서 주어지는 것이며, 또한 성령님의 은사를 결과로 누리게 된다는 사실을 알고 있었다. 바울은 베드로가 복음의 첫 번째와 두 번째 요소에 대해 이해하지 못했다는 사실을 알았으며, 이런 오해는 전체 복음을 뒤틀리게 만든다는 사실도 알고 있었다.

그러나 아마도 우리는 베드로에게 너무 엄격하게 대하고 있는 것이 아닐까 싶다. 베드로는 그저 자신의 신학에서 적용점을 이끌어내는데 실패했을 뿐이었을 뿐, 그의 신학 자체는 건전했다. 베드로는 아마도 그리스도만으로 충분하다는 것을 믿었을 것이며, 성령님께서 한 사람의 삶을 하나님 앞에서 이끌고 인도하시는데 충분함 그 이상이라는 것도 믿었을 것이다. 그래서 베드로가 자신의 신학을 부정하는 그런 방식으로 행동하고 있었다고 주장될 수도 있을 것이다. 이런 관점으로부터 또 다른 적용을 찾아볼 수도 있으며, 내가 생각하기엔 이런 관점은 좀 더 생각해볼 가치가 있는 관점이 아닐까 싶다.

우리는 2:11-14에 나오는 바울의 메시지를 적용하기에 앞서, 우선 먼저 도대체 무엇이 베드로를 틀리게끔 만들었는지에 대해 생각해봐야만 한다. 베드로는 그저 자신의 행동을 바꾸었기 때문에 틀린 것이 아니며, 또한 그가 할례를 명령했기 때문에 틀린 것도 아니었다; 우리는 유대교 세계에서 기독교인들이 유대인들의 감정을 상하지 않게 할 목적으로 할례를 시행하라는 하나님 명령에 동의했을 수도 있다고 그럴듯한 상황을 가정해 볼 수 있다(참고. 행 16장). 베드로가 틀린 이유는 이방인들에게 적용될 때 복음이 무엇을 함축하는지 깨닫는데 실패했기 때문이다. 바울이 문제삼는 것은, 자신의 결정과 관습들을 뒤집었던 사람들에 대해서가 아니라 복음에 대한 잘못된 견해들에 대해서였다.

이 본문은 바울과 베드로의 만남에 대해 무엇을 이야기하는가? 어떤 성경 신학자들은 이 본문이 당혹스럽고 심지어 서브-크리스찬적이라고 생각하는데, 일반적으로 그들은 바울의 행동이 투쟁적이고 승리지향주의적이라고 간주하기 때문이다. 그들은 묻는다. 왜 바울은 베드로를 개인적으로 만나는 방법을 선택하지 않았는가? 분명 그는 이보다 앞서서는 개인적으로 베드로를 만났었는데(2:1-2), 왜 지금은 그렇게 하지 않는 것인가? 바울은 사람들에게 온유한 심령으로 대하라던 자신의 가르침과(6:1) 모순되게 행동했던 것인가? 분명, 이 사건에 대해서 베드로와 바울의 설명 모두를 얻을 수 있다면 바울이 해준 대략적인 설명을 훨씬 더 상세하게 보충할 수 있을 것이다. 그리고 실수에 대해 우리 습성대로 바울이나 바나바에게 너무 거칠게 대하지 않는 것 역시 분명한 우리의 책임이기도 하다. 우리는 지금 이 장면에서 이 만남에 관한 모든 것을 다 찾아낼 수 있다고 생각하지 않게끔 주의해야만 한다. 결국 바울은 만남에 대해 추상적으로 이야기하고 있는 것이 아니다!

그럼에도 불구하고, 베드로가 행했던 일은 틀린 일이었다. 그는 복음의 본질들을 재구성하고자 시도하면서 복음에 대해 타협했다. 유대인들에게는 유대인이 되는 것이 별다를 것이 없는 일이다. 그러나 이방인들을 유대인으로 만드는 것은 전혀 다른 별개의 일이다. 그리고 바로 이 부분이 바울이 무게를 두고 있는 지점이다. 우리는 사회적 차이점들에 대해 관용할 필요가 있으며, 소소한 차이점들에 대해 존경심을 갖고 유연하게 대처할 필요가 있다. 그러나, 우리는 사회적 획일성이 마치 복음의 본질중 하나인양 성도들에게 이를 요구하는 것에 대해서는 결코 참을 수 없다. 바울은 올바른 것이었고, 베드로는 틀렸었다.

이점을 우리 현실에 맞게 적절히 달리 표현하자면, 우리는 한 사람이 세례를 받을 때(유아세례이건 혹은 신앙고백을 한 이후에건) 그가 어떤 교단에 참석하고 있는지, 어떤 정당을 더 선호하는지, 어떤 피부색의 인종인지, 어떤 사회적 지위를 획득했는지 등에 대해서 지나치게 관심을 가질 필요가 없다. 이런 것들은 하찮은 것들일 뿐이다. 그러나 그리스도에 대한 믿음, 그분을 향한 순종, 복음의 핵심에 대한 성실함 등은 사소한 문제가 아니며 또한 가볍게 취급되어서도 안 된다. 우리는 사소한 차이점들은 관용해줄 수 있다고 선언한다. 동시에 우리는 복음에서 일탈하는 것은 옳지 않다고 선언한다.

그러나 과연 바울이 베드로를 공개적으로 꾸짖을 필요가 있었을까? 첫째로, 우리는 지금 이 상황에 대해서 실제로 알고 있는 바가 지극히 적다는 사실을 인정하는 것이 중요하다. 둘째로, 우리는 바울이 묘사하는 장면에 대해서 그와 마찬가지로 느끼고 동감해야 한다. 이점 역시 첫째 사항만큼이나 중요하다. 바울이 제시한 대략적인 상황만 가지고 곧장 결론으로 건너뛰기 보다는, 우리는 이 스토리를 좀 더 온화하게 그리고 좀 더 긍휼히 여기는 마음을 품고 읽고자 시도해보는 것이 좋지않을까 싶다. 어쩌면 바울은 (내 개인적인 생각이긴 하지만) 우선 개인적으로 베드로를 찾아갔었을 수도 있다. 나는 이렇게 보는 것이 너무 많은 것을 요구하거나 혹은 너무 많은 것을 가정하는 것이라고 생각하지 않는다. 선한 리더들은(그리고 바울은 분명 그중 한사람이었다) 곧장 사람들에게 달려가지 않는다. 만약 바울이 이렇게 했다면, 이는 그가 이전에 아무 효과를 보지 못했기 때문일 것이고, 또한 적어도 이런 상황은 그가 원했던 상황은 아니었을 것이다. 그래서 그는 공개적으로 행동했다. 이런 공개적 책망과 설명을 할 때까지 아무런 효과가 없었다. 바울이 예루살렘과 맺고 있던 관계는 여전히 긴장 관계였던 것으로 보이며, 그의 삶 전체를 통해 이런 모습은 지속되었다.

하지만 어쩌면 내가 틀렸을지도 모른다. 어쩌면 바울은 공개적인 자리에서 베드로를 만나자말자 곧장 그를 야단쳤을지도 모른다. 그렇다면 바울이 그렇게 행동하는 것은 틀린 것인가? 우선, 우리는 바울의 예가 흠 없이 완벽한 것이 아니라는 점을 이야기할 필요가 있고, 또한 그가 이 문제를 해결하고자 접근하는 방식에 있어서 이 부분에서 틀렸을 수도 있다는 점도 이야기할 필요가 있다. 나는 다음처럼 주장하고자 한다. 원칙적으로, 바울이 가르쳤던 것은 올바른 것이었다. 그가 가르쳤던 내용을 어떤 방식으로 가르쳤느냐는 것은 희망사항에 속하는 것일 뿐이다. 베드로는 복음을 타협하게 만드는 점에 있어서 옳지 않은 모습이었다. 바울은 그가 본 것에 있어서나 그가 베드로에 관해 말해야만 했던 것에 있어서 정확했다. 그러나 바울이 베드로와 관련해서 공개적으로 일을 처리한 것은 적절치 않은 방식이었을 수도 있다.

하지만 나는 이뿐 아니라 다음 사항도 주장하고자 한다. 개인적인 죄악들을 개인적으로 대면해서 처리하는 것과, 공적인 죄악들을 공적으로 처리하는 것도 매우 지혜로운 원칙이라 할 수 있다.[21] 베드로가 행했던 일은 잘못된 것이었으며, 또한 그 자체만 놓고 보았을 때 상당히 공적인 결과들을 가져왔던 일이었다. 이런 상황들 속에서는, 공적으로 처리하는 것이 아마도 가장 지혜로운 일이었을 것이다-물론 겸손함과 인자함을 통해서 이렇게 해야만 할 것이다(참고. 갈 6:1). 나는 우리가 바울이 직접적으로(그리고 우리에게 불편스럽게) 문제를 처리했다는 점은 물론이고, 동시에 베드로, 그의 제자들, 갈라디아 교회들을 사랑하는 입장에서 처리했다는 두 가지 입장을 함께 견지할 수 있다고 확신한다. 갈라디아서 2:11-14 내용을 인자한 톤으로 읽어보도록 노력해 보자. 그러면 얼마든지 그렇게 읽을 수 있을 것

21. J. R. W. Scott, *Only One Way*, 53. "그는 자신에게 주의하라거나 혹은 신학적 입장을 공개적으로 드러내는 것을 피하라고 조언했던 사람들의 말을 듣지 않았다. 그는 이 논쟁을 공개적인 논쟁으로부터 개인적인 논쟁으로 바꾸려 하거나 혹은 이 논쟁을 가라앉히려는 시도를 전혀 하지 않았다. 예루살렘에서의 자문은 개인적인 것이었고(2절), 안디옥에서의 발표는 공개적인 것이었다."

이다. 그리고 이렇게 했을 때, 이 본문이 갖고 있는 전체적인 감성이 좀 다르게 느껴질 것이다. 나는 이 본문을 바울의 눈에 눈물이 맺혀져 있고, 베드로는 후회하면서도 감사하는 반응을 보이며 듣고 있는 그런 방식으로 읽는 것이 과연 불가능한 것인지 묻고자 한다. 우리는 베드로가 결국에 바울과의 교제를 끝장내 버리지 않았다는 사실을 분명히 알고 있다. 긴장 가득한 이 사건은 두 사도 모두를 성장시키는 중요한 경험이 되었을 것이다.

현대적 의미

우선, 나는 이 본문이 우리가 살고 있는 현대 사회에 있어서 "음식 규례들"이 어떠해야 하는 것을 다루고 있는 것이 아님을, 가장 먼저 이야기해야만 할 듯하다. 우리들 모두는 대중매체들에서 우리가 먹고 있는 음식들 중 한 가지 이상이 우리 건강에 좋지 못하며 동맥경화를 유발할 수 있다고 떠들어대는 사회 속에서 성장했다. 또한 우리는 음식 포장박스에 붙어있는 함유성분 리스트를 보면서 기름기와 콜레스테롤이 얼마나 함유되어 있는지 체크하는데 매우 익숙해져 있기도 하다. 그러나 오늘날 우리가 음식물에 대해 이런 식으로 잠시 머뭇거리게 되는 것은, 베드로나 유대인들의 모습과는 전혀 다른 것이다. 그들과 관련되어 있던 것은 성경의 율법이었고, 하나님 앞에서 "정결한" 상태로 살아가는 것과 관련된 것이었고, 이런 율법 규정들과 관련해 그들 국가를 정결한 상태로 유지하는 것과 관련된 것이었다. 우리가 만약 베드로의 이런 율법적 관심들을 그저 다이어트와 연관지어 생각한다면, 그건 매우 잘못된 생각이다. 그들이 지키려 했던 내용은, 경건에 관한 규정들이었다.

뿐만 아니라, 베드로의 행동(바울이 시정해준 잘못된 행동)은 마가가 우리에게 가르쳐준 내용, 즉 모든 음식은 깨끗하다는 것(막 7:19)을 가르쳐 줄 수도 있지만, 그러나 이것 역시 요점은 아니다. 나는 이런 점들이 현재 본문을 통해 얻을 수 있는 타당한 추론이기는 하지만, 이런 것들이 이 본문의 주된 관심은 아니라고 주장하고자 한다. 이 본문은 사회적 문화적 제국주의, 하나님 앞에서 자신들의 특권적 지위를 주장하려는 유대교적 바램에 관한 것이다. 따라서 베드로에 대한 바울의 비판은 베드로로 하여금 새우와 다른 "해산물들"을 먹게끔 하려는 것에 관심을 두고 있는 것이 아니라, 베드로로 하여금 하나님의 계획이 얼마나 장대한 것인지를 깨닫게 하려는데 있다. 하나님의 바램은 모든 민족이 그리스도를 통해 성령 안에서 그분 앞에 나아오는 것이다. 바울의 관심은 그러므로 사회적 문화적 제국주의를 깨부수는 것이었다. 그는 모든 민족들이 그저 예수 그리스도를 향한 믿음에 복종하는 것을 통해서 하나님께 받아들여질 수 있다는 사실을 보여주는 것을 통해 이 일을 한다.

언행일치의 자유. 베드로는 안디옥에서 교훈을 얻었다. 만약 그가 교훈을 얻지 못했다면, 그는 교훈을 얻어야만 한다. 그가 배워야만 하는 교훈은 복음을 따라 살라는 명령은 이 명령이 이방 세계를 통해 보여주었듯 놀라운 자유와 모험을 가져온다는 것이다. 베드로가 살아왔던 삶은 안전막 속에서 살았던 삶, 모세의 율법이라는 범주 안에 갇혀 있던 삶, 율법을 따라 살면서 수많은 자존심으로 스스로를 보호했던 삶이었다. 그러나 베드로는 예수 그리스도께 회심했으며, 이제 지금은 하나님의 성령 안에서 새로운 삶을 살아야만 했다. 베드로가 감당해야 할 새로운 사역은 그가 받아들이기엔 힘겹고 어려운 변화들을 담고 있었다. 그는 이런 새로운 삶에는 상당히 많은 변동이 있어야만 한다는 것을 배울 필요가 있었다. 이를 받아들이기 어려운 이유중 하나는 이런 새로운 삶이 시종일관 변함없는 모습이어야 하기 때문이다. 하나님의 성령과 일치된(설령 율법과 일치하지 않는 모습이라 하더라도) 기독교인의 삶에 나타나야 하는 일치는 순응이나 획일화가 아니다. 일치는 하나님의 말씀, 그리스도, 하나님의 성령님을 청종하는지를 기준삼아 측량된다.

무엇이 되었건 이미 확립되어 있는 사회적 규범이나 체면을 따라서 자리잡는 것, 이미 규칙화되어 있는 율법이나 조례등으로 규칙화 된 틀 속에 자리잡는 것은 분명 안전한 일이다. 의문스러운 관습들이 생겨날 때면, 규범집을 뒤적여 해답을 찾아내서 사회적 그룹 안에 잘 남아있는 것이 안전한 일이다. 그러나 성령님 안에서의 삶은 그렇게 안전하지가 못하다. 베드로가 안디옥에 도착해서 자신이 처음 이끌고 가던 모습을 굳건하게 지켜낼 용기를 갖지 못했을 때, 그는 이 점에 있어서 문제를 갖고 있었다. 예전에 그를 이끌어주었던 규칙화된 내용들에 대해서, 그는 이제 하나님의 성령님께서 자신을 인도하시는 대로 결정하도록 요구받고 있다.

나는 종종 하나님께서 성령님을 보내주신 것에 대해 감사드리곤 한다. 왜냐하면 성령님 없이는 우리는 우리가 살아가는 이 현재 세계속에서 직면해야만 하는 수많은 이슈들에 대해 아무런 인도하심도 받을 수 없기 때문이다. 물론 신약성경이 우리가 인도받는 기초이지만, 그러나 성경은 그저 기초일 뿐이다. 우리는 우리가 살아가는 세계와 맞부딪힐 때마다 계속적으로 상부건축물들을 지어가야만 한다. 우리가 결정적으로 중요한 정치적 사회적 결정들을 내려야 할 때마다 우리는 성경으로 달려가야만 한다. 그러나 그럼에도 불구하고 우린 종종 직접적인 대답을 얻지 못하는 경우들이 있다. 성경을 읽고 난 이후에, 그리고 우리의 마음을 하나님의 뜻에 복종시킨 이후에, 우리는 기독교인답게 담대하게 한걸음 앞으로 나아갈 필요가 있으며, 또한 하나님께서 우리가 행하길 원하신다고 우리가 생각하는 바로 그런 방식으로 담대하게 살아갈 필요가 있다. 우리가 우리들만의 안디옥에 도착했을 때, 우리들만의 새로운 상황들을 만났을 때, 우리는 하나님의 성령님께서 우리에게 주시는 자유함 속에서 하나님의 뜻에 부합하게끔 살아가는 법을 배울 필요가 있다. 이런 일이 어떤 이들에게는 두려운 일일수도 있다. 왜냐하면 이런 모습은 예외 없이 모든 사람들에게 믿음으로 살아가는 모험적인 삶이기 때문이다.

동료집단의 사회적 압력. 오늘날 우리 성인들은 "또래의 압력(동료집단의 사회적 압력)"에 대해서, 마치 우리 사회의 젊은이들만 직면하는 문제인 것처럼 말하는 시대를 살고 있다. 젊은이들은 친구들이나 동년배들과 한무리가 되어야 한다는 압력에 직면하곤 하는데, 그들은 술을 마시고, 약을 사용하고, 부도덕한 성적 행동들을 하고, 본질적으로 거룩하지 않을 뿐만 아니라 하나님을 기쁘시게 하지 않는 악한 삶을 살아가는 자들이다. 우리는 젊은이들에게 친구들과 죄악을 향해 "안 돼"라고 말하라고 계속해서 격려한다. 하지만 우리는 십대들에게서와 마찬가지로 어른들 세계에서도 동료 집단의 사회적 압력이 마찬가지로 존재한다는 사실을 종종 잊곤 한다.

당신이 출석하는 교회나 당신의 삶속에서 어느 부분에 동료 집단의 사회적 압력이 있다고 느끼는가?(성인의 차원에서) 이 부분에 대해 다른 용어를 사용해 표현하면, 우린 이 문제에 대해 좀 더 쉽게 잘 이해할 수 있을 것이다. 최근 복음주의권에서는 책임성(accountability)이라는 표현이 유행이 되었다. 책임성은 동료집단의 사회적 압력에 있어서 긍정적 측면이다. 우리가 관심을 기울이는 초점은 부정적 측면이다. 우리가 지금 여기에서 관심을 기울이는 부분은 복음에 대해 잘못 이해하고 있는 유대인 리더들의 압력에 대해, 베드로가 굴복한 것과 비슷한 부분에 대해서이다.

오늘날 기독교인들은 다른 사람들을 별로 유쾌하게 하지 못할 것이라는 잠재적인 이유 때문에 복음대로 사는 것을 거부하는 경우들이 많이 있다. 허드슨 테일러가 중국인들의 삶의 방식을 채택했을 때 이에 대해 비판을 받는 경험을 했던 것처럼, 오늘날 많은 기독교인들은 자신들이 기독교인의 자유를 누리고 경험하는 것에 대해 비판받는 경험들을 하곤 한다. 원칙은 아주 단순하고, 또 어쩌면 잠재적인 위험성을 담고 있을 수도 있다. 우리가 성령님의 인도하심을 받는 한, 우리의 행동은 하나님의 뜻이다. 만약 주일 아침 예배를 골프치러 나가기 위해 빼먹는다면 그건 우리들 대부분에게 있어서는 영적이지 않은 일이 되겠지만(즉, 하나님의 성령께서 인도하시는 것이 아닌 것이 되겠지만), 그러나 기독교인 프로 골퍼선수가 주님께서 자신에게 주신 은사들을 가지고 주님을 섬기기 위해 그렇게 한다면 그것은 하나님의 성령께서 이끄시는 귀한 인도하심을 수도 있다. 여기에는 그 어떤 규칙이나 규율도 없다. 오직 하나님의 말씀, 하나님의 성령 그리고 하나님의 교회만이 있을 뿐이다—이들 각각은 인도하심을 제공해준다.

우리가 어떤 결정을 내리는가는 그리 중요한 문제가 아닌 것으로 보인다. 누군가는 우리의 결정들을 비난할 것이다. 만약 우리가 다른 사람들의 비판에 구속당한다면, 우리는 결코 아무것도 성취할 수 없을 것이다. 그런 두려움은 동료 집단의 사회적 압력일 뿐이다. 베드로는 이런 압력을 느꼈을 때, 나쁜 선택을 했다. 우리도 역시 그럴지도 모른다. 그러나 하나님께서는 우리가 성령님 안에서 거하면서 그분의 뜻에 두려움없이 순종하라고 우리를 부르셨다. 우리에게 필요한 것은 용기, 즉 우리의 믿음을 따라 살아갈 용기이다. 우리의 감정에따라, 열정에 따라, 다른 사람들에 대한 두려움에 따라 이리저리 우왕좌왕하는 것이 아니라, 믿음이 함축하는 대로 살아가는 용기가 우리에게는 필요하다.

우리가 받아들여야 하는 은혜는 여러 함축성을 담고 있는데, 그중 가장 받아들이기 힘든 함축성은 아마도 하나님의 성령안에 있는 그리스도 이외의 다른 그 무엇도 하나님께서 우리를 받아들여주시는 토대가 아니라는 점일 것이다. 우리는 우리의 육체적 외양이나, 우리의 물질적 신분, 우리의 가족사, 우리의 사회적 위치, 우리의 신체적 재능, 우리의 문학적 소양 혹은 우리의 종교적 행동이나 경건성 등 그 무엇도 하나님께서 우리를 받아들여주시는 토대가 될 수 없다. 우리는 그리스도를 통해 주어지는 하나님의 은혜를 통해서 그분께 받아들여진다. 그리고 바로 이것이 가장 어려운 부분이다. 우리에게는 하나님께서 우리를 다루신 바로 그 방식과 똑같은 방식대로 다른 사람들을 다루는 것이 가장 어려운 일이다.

하나님께서는 우리가 그리스도 안에서 새롭게 태어난 존재인 그 모습에 걸맞는 방식으로 우리를 다루신다. 다른 한편으로, 우리는 다른 사람들을 받아들임에 있어서 규칙들과 기준들을 갖게 되었다. 나는 우리가 다른 사람들과 더불어 살고 또한 다른 사람들을 받아들이는 것이 하나님의 은혜가운데 살아가는 삶에서 가장 어렵고 힘든 일이라고 생각한다.[22] 우리는 무언가를 결정함에 있어서 다른 사람들이 인정하는가 그렇지 않은가를 무언가를 결정하는 동기부여로 삼지 않아야한다. 그리고 이것을 배우는 것이 하나님의 자유 안에서 살아가는 법을 배우는데 있어서 가장 어려운 측면이기도 하다. 하나님께서 그분의 은혜안에서 우리에게 성령님 안에서 거하며 살아가는 자유를 베풀어주시기를 소망한다.

22. 기독교 관계성에 대해 다룬 내가 본 책들중 가장 좋은 책은 D. Bonhoeffer, *Life Together*, trans. J. W. Doberstein(New York: Harper&Row, 1954), esp. 40-77이다.

갈라디아서 2:15-21

15 우리는 본래 유대인이요 이방 죄인이 아니
로되
16 사람이 의롭게 되는 것은 율법의 행위로 말
미암음이 아니요 오직 예수 그리스도를 믿음
으로 말미암는 줄 알므로 우리도 그리스도
예수를 믿나니 이는 우리가 율법의 행위로써
가 아니고 그리스도를 믿음으로써 의롭다 함
을 얻으려 함이라 율법의 행위로써는 의롭다
함을 얻을 육체가 없느니라
17 만일 우리가 그리스도 안에서 의롭게 되려
하다가 죄인으로 드러나면 그리스도께서 죄
를 짓게 하는 자냐 결코 그럴 수 없느니라
18 만일 내가 헐었던 것을 다시 세우면 내가 나
를 범법한 자로 만드는 것이라
19 내가 율법으로 말미암아 율법에 대하여 죽었
나니 이는 하나님에 대하여 살려 함이라
20 내가 그리스도와 함께 십자가에 못 박혔나니
그런즉 이제는 내가 사는 것이 아니요 오직
내 안에 그리스도께서 사시는 것이라 이제
내가 육체 가운데 사는 것은 나를 사랑하사
나를 위하여 자기 자신을 버리신 하나님의
아들을 믿는 믿음 안에서 사는 것이라
21 내가 하나님의 은혜를 폐하지 아니하노니 만
일 의롭게 되는 것이 율법으로 말미암으면
그리스도께서 헛되이 죽으셨느니라

원 의미

진지하게 성경을 연구하는 학생들은 바울이 베드로에게 말하는 내용이 어디에서 끝이 나는 것인지 그리고 이 두 사람 사이에서 벌어진 일에 대해서 신학적으로 고찰해보는 부분이 어디에서부터 시작하는 것인지를 결정하는데 고심을 거듭하곤 한다. 어떤 사람들은(NIV에 반영되어 있듯이) 바울과 베드로 사이의 대화가 21절까지 여전히 계속되고 끝나지 않는다고 생각하고(그러나 과연 베드로가 이런 종류의 주장에 대해 스피치 형태로 대꾸하는 것이 가능한 것일까?), 반면 다른 사람들은 14절이 소단락 하나가 끝나는 부분이라고 생각한다. 나는 두 번째 관점을 더 선호하는 편이다. 15-21절은 안디옥에서 벌어진 일이 어떤 종류의 일인지 바울이 신학적으로 고찰한 부분이며, 바울이 베드로에게 말한 내용에 대해 신학적으로 정리한 내용을 담고 있는 부분이라고 생각한다. 우리는 베드로가 지금 여기 나오는 것처럼 농축된 방식의 주장을 들어야만 했던 것은 아니라고 생각해볼 수 있다. 그러나 동시에 바울이 말한 바를 좀 더 길고 좀 단순한 형태로 들었을 것이라는 점도 생각해 볼 수 있다.[1] 이를 달리 말하자면, 15-21절은 바울이 안디옥에서 자신과 베드로 사이에 벌어진 일에 대해서 후대에 정리해 기록한 부분이라 할 수 있다. 우리는 바울이 어떤 사람인지 알고 있기 때문에, 그가 안디옥에서 베드로의 리더십 하에서 벌어지고 있던 일에 대해서, 오랫동안 심각하게 고민했을 것이라고 추측해 볼 수 있다. 의심할 여지없이, 그는 그날 밤 여러 시간동안 기도했을 것이고, 자신이 말한 내용에 대해서는 물론이고 안디옥에서 너무나 흔하게 벌어지고 있던(그리고 점차 심해지고 있는) 일들에 대해 어떻게 접근해야만 할 것인지에 대해 아주 오랫동안 심사숙고 했을 것이다.

15-21절에 대한 주해작업은 논리에 있어서나 의미에 있어서 어려운 점들로 가득차 있다. 이 문단은 두 개의 주요 섹션으로 다시 나눌 수 있다. (1) 공개적인 대화에서 이루어진 구체적인 대화 내용(15-16절)과 (2) 공개적 대화가 담고 있던 내용과 의미(17-21절). 처음 섹션에서 바울은 두 가지 내용을 이야기한다. 첫째로 그는 (아마도 베드로에게) 자신들 두 사람 모두 다 비록 유대인들이지만 예수 그리스도께서 하나님의 구원 계획속에서 유일한 대리자이심을 함께 확신하게 되었노라고 이야기한다, 둘째로, 그들 두 사람이 그와 같은 구원을 얻기위해 주님을 향한 믿음을 갖게 되었노라고 이야기한다. 이처럼 그리스도께 나아오는 것은 율법의 역할을 통해 하나님께 받아들여진다는 것을 부정한다는 함축성을 갖고 있다(15-16절).

그런 뒤, 바울은 이 대화가 갖고 있는 의미를 신학적인 설명을 깃들여 매우 날카롭고 상세하게 제시한다. (1) 기독교인의 삶은 악한 율법폐기론자라는 의미를 갖는 그런 "율법 없음"을 뜻하는 것이 아니다(17절). 율법 안에서가 아니라 그리스도 안에서 우리의 구원을 발견한다는 것은 예수 그리스도께서 사람들을 율법으로부터 죄악으로 이끌고 가신다는 의미가 결코 아니다. 비록 유대인들의 율법과 규율들이 좋은 것이기는 하지만(참고. 롬 7:12), 그러나 기독교인들을 위한 가이드라인은 그리스도를 좇는 것과 성령님 안에서 거하는 것에서 발견되어야만 한다. (2) 그

---

1. 학문적인 주석을 통해서, H. D. Betz는 2:15-21이 갈라디아서의 *propositio*(중심 주제 혹은 중심 진술)라고 주장했다(그의 *Galatians*를 보라). 이렇게 주장하는 것이 합리적이기는 하지만, 나는 이 구절들이 갈라디아서에서 새로운 논의 단계로 나아가기 위한 내용이기 보다는 베드로와의 사건에 대해 신학적으로 고찰한 내용이라고 보는 것을 더 선호한다. 이렇게 보는 가늠자로서, 갈 2:15-21은 베드로를 직접적 대상으로 삼는 모습을 갖고 있는 반면, 갈 3:1은 갈라디아 성도들을 다시 새롭게 직접적 대상으로 호칭하면서 시작하는 모습을 갖고 있다는 점을 들 수 있다.

리스도께로 회심할 때, 기독교인들은 특별히 유대인 기독교인들은 율법으로 돌아갈 모든 기회를 제거해 버린 것이며, 율법을 하나님께 받아들여지는 근본 토대로 간주하거나 도덕성의 기초와 삶의 지침으로 생각하는 것을 다 포기해 버리는 것이다. 이 설명은 19절에서 다시 시작한다. 그리스도 안에서 하나님께 받아들여지는 것을 발견한다는 것은 율법에 대해 죽는 것을 의미한다(하나님께 받아들여지는 받아들임의 도구로서). (3) 그리스도께 회심할 때, 유대인 기독교인들은 죽음을 통해 영적 삶을 발견하는데, 이 부분에서는 이런 양상에 대해 그리스도와 함께 십자가에 못 박히면서 율법에 대해서도 그러한 것이며, 이렇게 함으로써 그리스도께서 성도들에게 그분의 새로운 생명을 주실때 성도도 다시 살아나게 된다고 이해했다(19-21절). 그리고 만약 우리(바울과 베드로)가 구원을 얻고자 그리스도께 나아왔다면, 우리는 동시에 하나님의 은혜를 율법 안에서는 발견할 수 없다는 것을 깨달은 것이다. 그렇기에 그리스도께 나아오는 것은 하나님의 은혜를 거부하거나 부정하는 것이 아니다. 나는 이제부터 이런 내용이 함축하는 바가 무엇인지에 대해 각각 설명하고자 한다.

이미 살펴보았듯이, 전체적인 이슈는 갈라디아 기독교인의 삶에서 율법이 어떤 자리를 차지하는가이다. 이를 좀 다른 방식으로 그리고 좀 더 실제적으로 표현하자면, ① 유대인들의 행동을 지배했고 또한 ② 그들을 이방인들이나 갈라디아 회심자들로부터 동떨어지게끔 만들었던, 유대인들만의 특징적 구별점들과 그들의 사회적 규범들이 신앙에서 어떤 위치를 점하고 있는가이다. 우리는 여기에서 1세기 유대인들에게 율법이 갖고 있었던 이 두 가지 차원을 분리시켜서는 안 된다. 그들은 자신들의 사회적 특징들(할례, 식탁 정결규례 등)에 대해서, 모세의 율법(도덕적 원칙들) 하에서 정직하게 살아가는 것 이상의 중요한 무언가로 간주하지 않았다. 그들이 베드로와 벌인 다툼은 기독교인인 유대인으로서 어떻게 살아야 하는가와, 또한 그런 삶을 살도록 어떻게 통제해야만 하는가에 관한 것이었다. 그들은 유대 율법에 복종해야만 하는가? 그리고 만약 그렇다면, 율법을 지키는 것은 그들이 유대인으로 남아있는 것을 의미하는가? 또한 그리스도께로 회심하는 것이 결국 율법 전체를 포용하는 것(유대교로 전향하는 사람이 되는 것)을 의미하는 것인가? 이런 개념이 오늘날을 살아가는 우리들에게는 상당히 생소한 것이겠지만, 이 부분은 1세기 유대인 회심자들에게는 아주 중요한 핵심적 이슈였다. 그들은 그리스도에게 돌아가면서, 그들의 유대적 유산들을 포기한 것일까, 아니면 그런 유산들을 완성한 것일까? 베드로의 모습은 다른 유대인들의 고민과 유사한 것이었다. 우리는 유대인인가? 유대인 기독교인인가? 혹은 기독교인인가? 우리는 유대교의 개혁자들인가 아니면 우리는 교회를 시작하는 사람들인가?

바로 이 부분이, 바울이 베드로가 안디옥에서 행한 행동을 바라본 핵심적인 요점이다. 베드로는 한사람이 그리스도 안에서 하나님께 받아들여지는 것과 관련해서, 그리스도 안에서의 새로운 회심과 성령님 안에서의 생활만으로 충분하고 모든 것이 포괄된다는 점을 깨닫는데 실패했다. 바울에게 있어서, 그리스의 역사하심은 완성적인 것이며, 그렇기에 율법은 역사 속으로 물러나야하는 것이 마땅하다(특별히 3:19-25에 대한 설명을 참고하도록 하라). 바울은 기독교인의 도덕성이나 하나님 앞에서의 삶이, "율법을 지키는 것"을 통해 나타나야만 하는 것이 아니라고 주장한다. 도리어 기독교인의 도덕성과 삶은 그리스도와 함께 죽고, 함께 부활하는 것을 통해 나타나야만 하며, "성령의 열매" 안에서 발견되어야만 한다. 하나님 앞에서의 참된 삶은 그리스도를 통해서 그리고 성령 안에서 살아가는 삶이라고 그는 주장한다.

이 문단 전체에 대한 또 다른 개괄적 관심사는, "나"(18-21절)와 "우리"(15, 17절)라는 호칭이 어떤 의미인가에 관한 것이다. 주석자들은 이 호칭이 바울이 (1) 자서전적인 의미를 갖고 사용한 것으로서 바울 자신만을 지칭한다고 보는 입장과 (2) 모든 기독교인 전체를 지칭하는 보편적 의미를 갖고 있다는 입장과 (3) 유대인중에서도 각각 대표적 의미를 담고 있는 인물들로 바울과 베드로를 지칭한다는 입장등으로 견해차를 보인다. 나는 적용점들이 거의 항상 자서전적인 의미를 따라 이루어진다는 것을 잘 알고 있기는 하지만(1번 입장), 그러나 나는 바울이 사용한 의미는 그게 아니라고 생각한다. 아마도 이런 내 생각은 나와 비슷한 독자들, 즉 하나님 앞에서 우리의 입장이 어떠한지를 생생하게 알려주는 성경구절로 갈라디아서 2:20을 아주 오래전부터 암송하던 사람들에게는 실망스러운 일일지도 모른다. 우리는 나 자신에 대해서는 죽어야만 하며 그리스도를 통해 하나님 앞에서 살아야만 한다.[2] 지금부터 전개하는 내용들에서, 나는 이런 사실을 부인하지 않을 것이다(우리가 이 성경구절을 암송했던 시간은 헛된 시간이 아니었다.). 그러나 나는 바울이 이 표현을 사용함에 있어서 좀 더 다른 뉘앙스를 갖고 사용했다고 주장하고자 한다.

2. 물론 나는 이것 역시 참된 기독교적 훈련이라고 믿는다. 나는 그저 바울이 이에 대해 이 문단에서 특정한 의미를 둔 것은 아니라고 생각할 뿐이다.

학자들의 두 번째 입장과 세 번째 입장은 서로 공존할 수 없는 것이기 때문에 지금 여기에서는 바울이 베드로와 대화를 시작하는 장면을 제시하는 것이 이 단어들에 대해 생각해보는데 있어서 가장 좋은 방법이 아닐까 싶다. "태어날 때부터 '이방 죄인들' 이 아니라 유대인으로 태어난 우리들은…" 이런 표현들은 보편적인 의미를 가질 수가 없다. 왜냐하면 모든 독자들이 유대인인 것은 아니기 때문이다. 그렇기 때문에, 나는 이제부터 하는 이야기들에서 바울이 유대인 기독교인들의 공통적인 회심 경험을 특별히 염두에 두고서 이야기하고 있는 것으로 가정하고 내용을 전개해 나가고자 한다. 그는 지금 자신과 베드로 두사람 모두가 그리스도께 회심할 때 어떤 일들이 벌어졌는지에 대해서 살펴보고 있다. 물론, 이는 그리스도께 회심한 모든 유대인들에게도 동일하게 적용될 수 있는 진실이기도 하다. 회심에 대한 공통적인 경험은 바울로 하여금 그런 회심이 무엇을 의미하는지에 대해 좀 더 깊이 살펴볼 수 있도록 이끌고 간다. 특별히, 유대인들 기독교인들이 이방인 기독교인들이나 이방 사회속에서 살아감에 있어서, 율법이나 유대인들의 사회적 규율들이 어떤 역할들을 해야만 하는지에 대해 살펴 볼 수 있게끔 해준다.

공통적인 회심 경험(15-16절). 이 두 구절에서 우리는 처음 원래의 상태(15절), 그리스도 안에서의 구원에 대한 인식(16a절), 그리스도 안에서의 믿음의 행동(16b절)에 관한 내용들을 찾아볼 수 있다. 이런 요소들은 바울이 자기자신과 베드로의 회심과 관련해 논의할 때 언급한 구성요소들이다. 그들은 태어날 때부터 유대인이었지만, 의롭다하심을 얻는 것은 하나님의 메시아, 나사렛 예수 안에 있다는 사실을 (하나님의 은혜로 말미암아) 깨달았다. 이런 깨달음의 결과로, 그들은 믿음 안에서 그리스도에게로 돌아섰으며, 율법의 행위들로부터 돌아서 나왔다.

처음 원래의 상태(2:15). 이미 내가 위에서 언급했던 것처럼, 이 문단 전체에서 바울이 무엇을 의도하고자 했는지를 충분히 이해하는데 있어서 이 구문은 매우 중요한 역할을 한다. 바울은 여기에서 유대인 기독교인이라는 개념에 대해서 다루고 있다. 즉 베드로와 자기자신에 대한 개념을 정리하고 있다. "태어날 때부터 유대인"이 된다는 것은 놀라운 특권이다. 왜냐하면 이스라엘은 하나님의 언약과 약속들을 받았기 때문이다(롬 3:1-2; 9:4-5; 엡 2:12). 많은 유대인들 편에서 볼 때 이 특권은 매우 가치 있는 것이었고, 그렇기에 이방인들은 율법을 갖고 있지도 못하고 거기에 순종하지도 않고 살아왔기에(롬 2:12-16; 9:30-31; 고전 9:21; 엡 2:11-12; 4:17)[3] 마치 "죄인들"인 것처럼 생각하게끔 만들었다. 우리는 여기에서 유대인들이 죄에 대해 갖고 있던 사회적 의식이 무엇인지를 쉽게 찾아낼 수 있다. 유대인들은 의롭고(왜냐하면 유대인으로서 그들은 율법에 순종했기 때문에), 이방인들은 죄인들이다(왜냐하면 그들은 율법을 갖고 있지도 못했을 뿐만 아니라 율법에 순종하지도 않았기 때문에). 더군다나 바리새인들처럼 좀 더 보수적인 입장을 갖고 있는 유대교인들에게는 죄인이란 용어는 십일조, 안식일, 시체에 대한 불결의 례들, 음식 규정들등에 대한 그들의 율법적 관점을 받아들이지 않는 모든 사람을 지칭하는 용어이기도 했다. 그리고 이방인들과 유대인들을 따로 구별시켜주는 것은 다름아니라 바로 이와같은 유대적 특징들과 유대적 구별점들이었다. 이방인들은 그들이 할례받지 않았고, 불결한 음식을 불결한 사람들과 더불어 먹기 때문에 죄가 가득한 존재들이다. 그러나 바울과 베드로는 "이방 죄인들"이 아닌 특권을 갖고 있었다.[4]

그리스도안에서의 구원에 대한 인식(2:16a). 특권을 갖고 있는 유대인들이었던 베드로와 바울은 그러나 "한 사람이 의롭게 되는 것은 율법을 지키는 것을 통해서가 아니라 예수 그리스도에 대한 믿음을 통해서임을" 확실히 알게 되었다. 이런 인식은 유대인들에게는 결코 자연스럽지 않은 것이었다(참고. 롬 9:30-33; 10:1-4; 11:7-10; 고후 3:12-18). 바울은 모든 유대인들이 그리스도 안에서의 칭의에 대해 자연스럽게 알고 있다고 말하는 것이 아니다. 사실 바울이 여기에서 말하고 있는 것은 매우 드문 경험이며, 그리스도를 믿는 믿음을 갖고 있는 유대인들 사이에서만 공통적인 경험이다. 하지만 이처럼 드문 경험을 바울과 베드로는 공유하고 있었다. 우리는 이제부터 이 문단을 이해하기 위해 매우 중요한 세 가지 용어들에 대해 분석할 필요가 있다: 칭의, 행위 그리고 믿음.

종교개혁 이후, 교회에서 그 어떤 교리도 믿음에 의한 칭의보다 더 중요한 교리는 없었다. 오직 그리스도의 은혜를 통해서만 한사람이 하나님께 받아들여지며, 또한 만약 그리스도 안에 주어진 하나님의 약속을 그저 의지하기만 하면 그 사람은 바로 그런 받아들여짐을 얻을 수 있다는 것이 다름 아니라 바로 마틴 루터가 발견한 진리였다. 물론, 마틴 루터는 그렇게 믿었고, 그의 발견은 교회를 바꾸었다. 그렇다면 의롭게 되었다는 것은 무얼 의미하는가?[5] 넓게 이야기해서, 칭의란 우리

3. 죄인이라는 용어와 관련해서 이방인과 관련해 유대적 배경이 무엇인지에 대해서는 삼상 15:18; 솔로몬의 시 2:1-2; 17:25; 유빗서 23:23-24; 제4에스라 3:28-36 등을 보라. 이런 여러 참고구절들은 J. M. G. Barclay, *Obeying the Truth*, 77-78, n. 7에서 찾아 볼 수 있다.

4. 바울이 유대인들 역시 죄인임을 알고 있었다는 것은 두말할 필요가 없지만(참고. 롬 3:9-20), 여기서는 이것이 그의 관심이 아니다.

가 하나님께 받아들여진 것에 대한 비유이며, 율법과 법률체제 세상으로부터 빠져 나왔다는 것을 의미한다. 사람들이 하나님 앞에 자기자신을 세울때 스스로에 대해 발견하게 되는 딜레마는 그들이 하나님의 율법과 명령들을 범했기 때문에 자신이 죄가 있다는 점이다. 그들의 바람과 유일한 소망은 이 비유에서 심판관으로 인식되는 하나님께서 그들의 죄를 여하튼 용서해주시고 모든 일들을 의롭게 만드시며 그들의 죄를 없애주시는 것이다. 그러나 심판관이신 하나님께서는 지극히 개관적이시고 또한 도덕적으로 의로우시기 때문에, 그리고 그분께서는 죄를 그냥 넘어가실 수 없는 분이시기에, 인간은 자기자신들이 두려운 심판선포에 직면해 있다는 것을 발견하게 된다. 그러나 하나님께서는 놀랍게도 죄를 용서하신다. 이와같은 죄사함에 있어서 그분의 대리자는 바로 예수 그리스도이시며, 그분은 십자가에서 우리의 죄와 율법의 저주를 법적으로 담당하셨다(3:3). 그리스도의 역사하심의 결과는 그리스도를 의지하고 그분께 복종하는 사람들이 하나님 앞에서 합당하다고 선포받는 것이다.[6] 하나님께서 죄인들을 의롭다고 불러주시는 결과로서, 우리는 새로운 신분을 얻게 되며(더 이상 죄악에 대해 책임을지지 않게 되며), 그분께서 우리를 받아주시는 것을 통해서, 하나님께서 우리에게 성령님을 주시고 그 결과 우리는 변화된 성품을 갖게 된다. 즉 의롭다 하심을 받은(헬라어. *dikaioo*) 사람은 또한 필연적으로 의로움(헬라어. *dikaiosyne*)에 일치하고 걸맞는 삶을 산다.

바울은 자신과 베드로가 그들의 회심을 통해서 "사람은 율법을 통해 의롭게 되는 것이 아니다"라는 결론에 도달하게 되었노라고 말한다. 이 "율법을 지키는 것"은 문자적으로는 "율법의 행위들에 토대를 두고"라고 번역할 수 있다. 율법의 행위들이란 무엇인가? 이는 하나님을 기쁘시게 하기 위해 행하는 공로를 추구하는 행위들을 의미하는가? 앞부분에서 이미 우리가 논의한 것을 통해, 나는 바울이 이 표현에서 염두에 두고 있는 점은 한 사람이 공로에 대한 의도를 갖고 행동하는 것이

---

5. 이에 대한 충분한 논의를 보고자 한다면, A. Hoeckema, *Saved by Grace*(Grand Rapids: Eerdmans, 1989), 152-91을 보도록 하라. 또한 G. E. Ladd, *A Theology of the New Testament*(Grand Rapids: Eerdmans, 1974), 437-50; D. J. Moo, "Righteousness Language in Paul," in *Romans 1-8*(WEC; Chicago: Moody, 1991), 75-86 부분도 보라. 좀 더 쉽게 대중적으로 서술한 내용은 L. L. Morris, *The Atonement: Its Meaning and Significance*(Downers Grove, Ill.: InterVarsity Press, 1983), 177-202를 통해서 찾아 볼 수 있다.

6. 법정에서 사람들은 "유죄" 혹은 "무죄"로 판결받을 것이다. 신학적으로 생각해보자면, 우리는 "무죄" 판결받을 수 없다. 왜냐하면 재판관의 결정은 우리가 "죄가 없다"는 것이 아니기 때문이다. 도리어 재판관은 우리를 향해 "유죄이지만 그럼에도 불구하고 죄사함"을 받는다고 선포한다. 왜냐하면 그리스도께서 우리가 받을 형벌을 이미 치루셨기 때문이다. 그렇기에 평결은 "유죄"이지만 그러나 형벌은 제거되었다. 왜냐하면 그리스도께서 우리를 위해 친히 형벌을 담당하셨기 때문이다.

아님을 분명히 했다(하나님의 마음을 얻기 위해 행하는 행위들). 그보다는 우리는 갈라디아서를 읽어나가면서, 바울이 '율법의 행위들'에 대해서 마음에 두 가지 생각들을 갖고 있었음을 발견하게 된다. (1) 모세의 율법과 관련해서, 하나님께 궁극적으로 받아들여지는 것은 모세의 율법에 복종하는 것을 통해 얻을 수 있다는 사실을 믿고 있는 사람이 자신의 믿음을 확인해주는 신앙고백으로서 취하는 행동 혹은 행위, (2) 유대인들을 이방인들과 구별시켜 주는 행위들, 즉 할례, 음식 규정들, 혹은 유대인들이 이방인들과 관련된 행동을 할 때 이를 통제하는 사회적 규범들(참고. 2:11-14) 등과 같은 행위들. 이런 두 가지 요소들은 완전히 별개로 동떨어져 있는 것이 아니다.[7] 바울은 그리스도를 향한 회심은 율법에 속하는 것을 통해서는 하나님 앞에 적절한 모습으로 서는 것을 결코 얻을 수 없다는 사실이 내재되어 있음을 알고 있었다. 그리스도께서는 율법의 완성이시며, 그분의 계시를 통해 율법을 넘어서셨다(롬 10:4; 갈 3:19-25). 그리스도이후에 율법을 행하는 것은 그분이 행하신 충분한 사역을 부정하는 것이다. 이는 구원사에 있어서 그리스도 이전 시기로 되돌아가는 것에 불과할 뿐이다. 이는 바울에게 있어서는 혐오스러운 것이며, 또한 그리스도께서 오신 목적을 부정하는 것이 된다. 그러므로 바울은 베드로와 더불어 한사람이 율법을 지키는 것을 통해 의롭게 되는 것이 아니라는 점에 대해 그들이 동의했음을 논의한다. 그리스도에게 속한다는 것은 율법에 속하는 것이 하나님께 받아들여지는 존재가 되기 위한 방법이라는 것을 부정하는 것이다. 바울은 말한다. "너는 그리스도와 율법을 동시에 섬길 수 없다."

다른 한편으로, 바울은 "선한 행위"에 대해 반대 입장을 취하는 것은 아니다. 그에게 있어서 "행함"은 세 가지 주요한 의미들을 갖고 있다.[8] (1) 로마서 3:27에는 행함의 원칙이 나오는데, 여기에서 우리는 공로나 행함(갈 3:12도 보라)을 하나님께 받아들여지는 방법으로 간주하는 개념을 찾아볼 수 있다. 바울은 이런 의미의 행함에 대해 반대했다. 행함의 원칙을 방법으로 해서는 결코 하나님께 받아들여질

7. "율법의 행위"가 유대인들만의 차별성을 묘사하는 것이라는 관점을 학문적으로 변호한 내용을 보고자 한다면, 특별히 J. D. G. Dunn, *Jesus, Paul, and the Law: Studies in Mark and Galatians*(Louisville: Westminster/John Knox Press, 1990)을 보도록 하라. 특히 183-241을 보도록 하라. 또한 242-64도 보라. 이 관점은 J. G. M. Barklay, *Obeying the Truth* and by F. Watson, *Paul, Judaism and the Gentiles*에서 부분적으로 채택되어 차용되었다.

8. 이와 관련된 좀 더 많은 논의를 보려면, H.C.Hahn and F. Thiele, "Work" *NIDNTT* 3:1147-59를 보도록 하라. D. J. Moo, " 'Law,' 'Works of the Law,' and Legalism in Paul," *Westminster Theological Journal* 45 (1983): 73-100을 보도록 하라. 특히 93쪽에 나오는 차트를 보도록 하라. 하지만 나는 몇 가지 측면에 있어서 Moo의 관점에 동의하지 않는다.

수 없다. (2) 모세의 행함, 혹은 율법의 행위라는 개념이 있는데, 이는 갈라디아서에서 지배적으로 찾아볼 수 있는 개념이다. 이 개념은 오직 모세의 율법에 따라 살 때에만 한사람이 하나님께 받아들여질 수 있다는 믿음을 가지고 있는 사람이 취하는 행동을 의미한다(가령 2:3, 11-14). 이런 사람들이 행하는 행동들은 그들이 그렇게 행동하는 이유 때문에 왜곡된다. 그들이 행함을 행하는 이유는 오직 그리스도를 향한 믿음으로만이 아니라 그보다는 모세에 대한 믿음을 표현하기 위한 것이다. 만약 적절하게 행해진다면, 율법에 따라 살아가는 것은 잘못된 것이 결코 아니다. 나중에 바울 자신도 디모데에게 할례를 행했으며(16:3) 이후에는 자기자신도 성소에서 제사를 드리기 위해 정결케 하는 의식을 행했다(21:26). 그러나 누군가가 율법을 지키는 것이 하나님께 받아들여지기 위해 반드시 필요한 한 단계라고 확신하기에 율법을 지키면서 그 확신을 표출할 때, 바울은 심각하게 노여움을 표현했다. (3) 에베소서 2:10에서 찾아볼 수 있는 선한 행위라는 개념도 있다. 바울이 이 부분에서 의미하는 것은, 하나님께서 은혜로 사람들을 부르신 것은 선한 행위들을 통해 그분을 섬기게 하시고자 함이며, 도덕적이고, 거룩하고, 아름다운 삶의 방식을 통해 그분을 섬기게 하시려 함이라는 것이다. 우리는 "성령의 열매"(갈 5:22-23)는 갈라디아 성도들에게 선한 행위를 설명해준 것이라 말할 수 있다. 여기 나오는 바로 이런 종류의 행위들은 기독교인이 어떻게 살아야만 하는지에 대해 바울이 무얼 중추적인 모습으로 생각하는지를 잘 보여준다.

그렇기 때문에, 우리가 바울이 칭의가 행함을 통해서 얻어질 수 없다고 가르쳤다고 말할 때, 우리는 그가 어떤 종류의 행함을 염두에 두고 있었는지를 명확하게 할 필요가 있다. 갈라디아서에서 그가 중심적으로 관심을 두고 있는 것은 두 번째 의미이며, 아마도 때때로(그러나 아마도 전부는 아닌듯하다) 첫 번째 의미에 대해서도 관심을 두고 있었던 것으로 보인다. 그러나 바울은 기독교인의 도덕적 삶이나 혹은 다른 사람들과의 관계를 묘사해주는 "선한 행위"에 대해서는 반대하지 않거나 혹은 절대로 반대하지 않았다. 실제로, 바울은 도리어 우리가 우리의 행함을 통해 판단받을 것이라고 말한다(롬 2:5-6; 고전 3:10-15; 고후 5:10; 11:15).

이제 세 번째 표현에 대해 살펴보도록 하자. 칭의는 율법을 지키는 것을 통해서가 아니라, 믿음을 통해 주어진다. 아마도 오늘날 복음주의 교회 안에서 가장 많이 오해되는 용어가 바로 이 "믿음"이 아닐까 싶다. 우리를 구원하는 이 믿음은 도대체 무엇인가? 어떤 말로 이 용어를 가장 훌륭하게 잘 표현하고 묘사할 수 있을까? 찬성? 신뢰? 복종? 헌신? 우리는 이 부분에서 다시 한번 더 매우 길게 다루어야만 하는 이슈를 만나게 된다. 바울 서신들에서, 믿음은 하나님과 화평을 누리고 살고자 하는 사람이 필수적으로 반드시 보여야만 하는 하나님을 향한 반응이다(참조. 롬 1:17; 3:22, 25; 5:1; 10:4). 또한 믿음은 "행함"의 원칙-구원을 확고하게 하기 위해 행해지는 행함들-과 대조를 이루며 단호하게 주장된다(롬 3:27; 4:5). 이 믿음은 분명 어떤 사실들에 대한 찬성(지적 동의)을 포함한다. 그리스도의 부활(롬 4:24; 10:9) 그리고 그리스도를 통해 주어지는 구원(살후 2:12; 딤전 1:16). 바울에게 있어서 믿음은 시작점을 갖고 있는 것이지만(롬 10:9-10; 13:11; 엡 1:13),

또한 하나님께서 그리스도 안에서 행하신 모든 일을 향해 기독교인들이 끊임없이 계속해서 갖는 일관된 태도이기도 하다(롬 1:17).[9] 그러므로 우리는 믿음에 대해서, 한 사람이 하나님께 받아들여지려는 목적으로 그리스도를 신뢰하고, 순종하는 반응을 시작하고 계속적으로 이런 반응을 보이는 것이라고 정의할 수 있을 것이다. 윌리엄 바클레이(William Barclay)는 믿음에 대해 잘 말했다. "믿음은 예수 그리스도를 향한 완전한 신뢰이며 완전한 복종이다. 믿음은 그분이 말씀하신 모든 것, 그분이 주신 모든 것, 그리고 그분 자체에 관한 모든 것을 모두 받아들이는 것이다."[10] 그러므로 바울이 "믿음"이라는 용어를 사용할 때("믿음에 의해 의롭게 된다"라는 방식으로), 그는 신뢰하기 시작하는 첫 시작 행동에 대해서는 물론이고 계속해서 끊임없이 신뢰하고 순종하는 것 양자 모두를 묘사하고 있는 것이다. 바로 이 점이 왜 그리스도에 대한 믿음[11]과 "율법의 행위"가 대조적인지를 보여주는 이유이다. 한 사람은 그리스도의 시스템과 모세의 시스템을 동시에 선택할 수 없다. 왜냐하면, 이 두 가지는 구원에 있어서 상호 배타적인 옵션이기 때문이다. 한 사람

9. 믿음은 계속적으로 진행되는 것이기 때문에(그리고 어떤 한 순간만의 신뢰가 아니기 때문에), 바울은 이에 대해서 "믿음의 순종"이라고 불렀다(롬 1:5).

10. W. Barclay, *The Mind of St. Paul*(San Francisco: Harper & Raw, 1958), 143. 또한, 그와 이름이 동일한 J. M. G. Barclay, *Obeying the Truth*, 236에 나오는 개념규정도 보도록 하라. "달리 말해서, 갈라디아서에서의 믿음은 그저 '복음을 믿는다'는 것이 아니었다. 믿음은 또한 '진리에 순종'하는 일에 헌신하는 것을 포함하고 있었으며, 지속적으로 '성령님과 동행'하는 것과 따로 구별할 수 없는 일이었다. 좀 더 많은 내용에 대해서는, 235-37쪽을 보도록 하라.

11. 갈 2:16에 나오는 "예수 그리스도를 믿음"(그리고 바울 서신의 다른 부분들에 나타나는)이 "예수 그리스도께서 행하셨다는 믿음"을 의미하는 것이고, "예수 그리스도에 대한 믿음"을 뜻하는 것이 아니라고 믿는 학자들 숫자가 점차로 증가하고 있다. 갈 2:16과 관련해서, 이런 관점은 구원의 객관적 의미를 제공해주며(그리스도께서 우리를 위해 중요한 일을 성취하셨다) 도한 주관적인 수용("그래서 우리들 역시 그리스도 예수에 대한 믿음을 갖는다")을 제공해 준다. 나는 이 부분과 관련해서 전통적인 관점을 지향하는 편인데, 왜냐하면 나는 2:16("예수 그리스도에 대한 우리 믿음")에 대한 두 번째 표현이 앞선 표현(NIV: "예수 그리스도에 대한 믿음")을 반복한 것이라는 입장을 갖고 있기 때문이다. 이에 대한 논의는 F. F. Bruce, *Galatians* 138-39; R. N. Longenecker, *Galatians*, 87-88을 보도록 하라.

은 그리스도를 믿는 것을 선택하거나 아니면 자기자신이 율법에 헌신하는 것중 한 가지만을 선택해야 한다. 한사람은 다른 한편을 파괴하거나 혹은 다른 한편을 향한 성실함을 부정하지 않은 채 양편 모두의 시스템 속에서 살 수는 없다.

그리스도안에서의 믿음의 행동(2:16b). 바울과 베드로는 유대인들이었고 또한 유대교의 규율들을 붙들고 있는 것을 통해서나 율법을 지키는 것을 통해서는 결코 칭의를 얻을 수 없다는 사실을 알게 되었다(율법의 시대는 이제 끝나버렸다. 3:19-25을 보라). 그들은 그리스도를 향한 믿음이 의롭게 해준다는 분명한 확신을 갖게 되었다. 그래서 그들은 예수 그리스도를 믿었다. 베드로의 회심 스토리와 과정은 거칠고 길다. 바울의 회심은 갑작스럽고 짧다. 베드로가 가진 기독교인으로서의 믿음은 예루살렘에서 시작되었으며(요 1:35-42), 갈릴리에서 좀 더 분명하게 확립되었고(눅 5:1-11), 예수님의 메시아 되심을 처음 고백할 때 중요한 시점을 만났으며(막 8:27-30), 고난주간 동안 허우적거렸으며(14:66-72), 부활 이후에 다시 부흥했으며(요 21:15-19; 참고. 눅 22:32), 오순절을 통해 성숙함에 이르렀다(행 2장). 그럼에도 불구하고, 베드로는 계속해서 그의 삶 전체를 통해 실족하기도 했다(행 10:1-11:18; 갈 2:11-14).

하지만 베드로의 성숙한 믿음은 그가 보낸 두 개의 서신들을 통해 매우 놀랍게 잘 나타나 있다. 이와는 달리 바울은 갑작스럽게 그리고 드라마틱하게 회심했다(행 9:1-30). 실제적인 회심 경험들에 있어서 이처럼 다양성이 있음에도 불구하고, 바울은 그들의 회심이 본질적으로 동일한 것이라고 보았다. 그들은 율법 시스템을 거부했으며 그리스도 시스템을 받아들였다.

공통적인 회심 경험이 함축하는 점들(17-21절). 이제 여기에서는 이런 공통적 회심이 갖고 있는 세 가지 함축점들에 대해서 이야기하고자 한다.

(1) 기독교인의 삶이 "무율법"의 삶이라는 것은 악한 무법주의를 의미하는 것이 아니다(17절). 자기자신을 존중하고 하나님을 두려워하는 모든 유대인들이 가장 크게 두려워했던 것은 분명 바로 이 점이었다. 성령께서 도덕적 삶의 인도자가 되어주신다고 강조하던 기독교인들은 율법의 가치를 격하시키고 있었고, 이는 필연적으로 율법이 처방했던 도덕성을 포기하는 것일 수도 있었다. 그들은 (그래서 그들은 두려워했다) 결국 이교도들이나 혹은 반쪽짜리 유대인들과 별반 다를 것이 없는 자들이 될 수도 있을 것이다(즉, 그들은 "죄인들"이 될 것이다. 참고. 2:15). 유대인들은, 특별히 바리새파 유대인들은 이런 방식으로 설득했을 것이며, 바울은 처음에는 그리스도께 회심한다는 것이 어떤 도덕적 함축성을 갖는지에 대해 상세하게 설

명해야만 했다. 본질적으로, 바울은 그리스도께 나아오는 것이 "그리스도께서 죄를 진작시키시는" 것을 의미하는게 아니라고 주장한다. (내가 생각하기에) 유대인들에게는 모세의 율법을 첫출발점으로 삼지않는 도덕적 삶을 상상한다는 것은 불가능한 일이었을 것이다.

이 모든 것들은 바울이 자신과 베드로가 "그리스도안에서 의롭게 되었다"라고 언급한 것에서부터 나타난다. 예수 그리스도를 향한 믿음을 향해 돌아서는 행동은 바울에 의하자면, 한사람이 모세의 율법 하에서 살아야만 하나님께 받아들여질 수 있다는 것을 부정하는 행동을 뜻한다. 그리고 이점은 특별히 유대인 기독교인들에게 그러했는데, 여기에서는 바울과 베드로가 매우 분명하게 그런 전형적 사례로 제시되고 있다. 그리스도께로 향해 돌아서는 행동은 그들 편에서 보자면 사회적 행동이었다. 그들은 유대교에 등을 돌리고 돌아섰으며, 또한 상당히 중요한 측면에서 매우 다른 무언가를 향해 돌아섰다. 아무리 그것이 유대교의 성취라고 간주되었다 하더라도 이건 분명한 사실이었다. 율법을 하나님 계시의 핵심이라고 간주하면서 성장한 유대인들에게는 율법을 하나님께 받아들여지기 위한 방법으로 간주하는 입장에 대해 등 돌린다는 것은 결코 작은 문제가 아니었다. 그리고 다른 유대인들이 그리스도께 돌아서는 것을 그저 옆에 앉아서 바라만 보던 유대인들에게는 율법을 떠난다는 것은 하나님의 도덕적 뜻을 포기한다는 (실제적) 두려움이 있었다. 이는 죄의 삶으로 돌아서는 것을 의미했는데, 죄는 율법 없이 사는 것 혹은 율법에 의해 통제되지 않는 삶을 사는 것 혹은 율법에 대한 해석에 따라 살지 않는 것을 의미했기 때문이다.[12]

이처럼 그리스도께 돌아가는 것은 한 사람이 자신이 죄로 가득차 있다는 것을 인정하는 것이었고-이 경우에 있어서, 바울과 베드로는 비록 자신들이 아브라함 언약하에서 자라났지만 역시 죄인이었다고 고백하는 것이었고, 또한 하나님의 용서가 필요하다고 고백하는 것이었다. 그들이 그리스도께 돌아선 것은 의로움(정결해진)으로 돌아선 것이었고, 자신들의 도덕성이 부패하고 불충분하다고 고백하는 행동이기도 했다. 그들은 하나님 앞에서 그들이 의롭다고 선포되기 위해 그리스도에게로 갔다. 그렇기에 바울은 질문한다.—그리스도께서 죄를 더 짓게 하는가? 바울의 대답은 이것이다. "결코 그렇지 않다!" 그리스도께서는 죄를 짓게 사역하시는 것이 아니다. 도리어 그분께서는 대속의 희생을 통해 죄를 제거하신다.

---

12. J. M. G. Barclay, *Obeying the Truth*, 78-79를 보라.

그러나 바울이 전한 복음이 죄와 그 결과들에 대해 매우 직접적으로 다룬 복음이라는 것은 사실이다. 내가 보기엔 바울이 죄사함(그리고 죄)에 초점을 맞추고 있다는 것이 유대주의자들로 하여금 멈칫하게 만든 것 같다. 왜냐하면 그들의 시스템에서는 죄사함(성전 제의에서의)을 당연시하고 그런뒤 도덕성과 사회적 관계들에 좀 더 초점을 맞추기 때문이다. 바울이 죄와 죄사함에 초점을 맞추고 있다는 점은 내가 추축컨대 그들로 하여금 그리스도께서 죄인들을 자신에게 초청하시는 것을 통해 죄를 더 증가시키는 분으로 인식하게끔 만들었을 것이다.

바울이 여기에서 강조하는 점은 그리스도 안에서의 삶은 죄 안에서의 삶이 아니라는 점이다. 도리어 그리스도 안에서의 삶은 앞으로 5-6장에서 좀 더 상세하게 설명하긴 하겠지만, 성령님 안에서의 삶이다. 그리스도께서는 죄를 더 짓게끔 이끌고 가시는 것이 아니라, 정결함, 거룩함, 사랑, 그리고 탁월한 인품들을 증진시키신다. 이전에 유대인들이 오직 율법 안에서만 발견했던 것들이(즉, 자기 백성을 향한 하나님의 뜻), 이제는 하나님의 성령님께서 주시는 위대한 은사들안에서 성취되었다.

(2) 그리스도에게 회심하면서, 기독교인은 특별히 유대인 기독교인은 삶을 지도해주는 중추적 역할을 율법이 감당해주던 과거의 삶으로 돌아갈 기회를 완전히 몰수당한다(18절). 위에서 제시한 바와같이, 나는 여기에 나오는 "나"에 대해서 바울과 베드로 모두를 담고 있는 용어(특히나 베드로를 담고 있는), 즉 특정 부류를 대표적으로 지칭하는 용어라고 취급하는 것이 가장 좋은 방식이라고 생각한다. 결국 그리스도에 대한 헌신을 버린 것은 다름 아니라 베드로였다. 베드로는 이방인에게 식탁 교제를 열어주는 것을 포기함으로써 유대교를 다시 건설하고 있었다. 이전에는 그가 유대교를 등지고 그리스도를 향해 돌아 나오면서 유대교를 파괴했었음에도 불구하고 말이다. 베드로는 유대교로 돌아가면서 "율법 범법자"가 되었다. 왜냐하면 그는 유대교로 돌아가면서 율법의 정죄하는 권세와 더불어 율법을 채택하고 있었기 때문이다(3:13, 19-25).

(3) 그리스도께로 회심할 때, 유대인 기독교인들은 죽음을 통한 영적 삶을 발견하는데, 여기에서 이 모습은 그리스도와 함께 율법에 대해 십자가에 못박힌 것으로 이해되었으며, 또한 그 결과 부활하신 그리스도께서 그분의 새로운 생명을 성도에게 주시는 것으로 이해되었다(19-21절). 바울은 이 섹션에서 세 가지를 이야기한다.

(a) "유대인들의 자의식(Ego)", 즉 유대인들이 자신들이 갖고 있다고 생각한 특권은—그러나 오직 그리스도 때까지만 갖고 있었던—율법에 대해 죽었다. 이런 일

은 바울이(그리고 베드로가) 그리스도께 회심했을 때 일어났다. 바울이 지금 여기에서 묘사하고 있는 것은 어떤 신비한(일상의) 경험이 아니다. 그는 유대인들이 경험하는 일반적이고 공통적인 회심 경험에 대해 묘사하고 있다. 그들이 그리스도께 돌아섰을 때, 그들은 율법을 구원의 방법으로 받아들이던 것에 대해서 죽는다. 그리고 율법은 그리스도 때까지 자신이 감당해야 할 일들을 하면서 도울 뿐이다(3:19).

(b) 바울이 지금 살고 있는 하나님을 위한 삶은 그리스도와 더불어 죽었기 때문에 그 결과로 생겨난 것이다(20절). 그러나 바울이 살고 있는 삶("나")은 유대인 기독교인들도 그리스도 안에서 발견한 삶이다. 이 삶은 그리스도 안에 거하는 삶이며(참고. 고후 3:17) 성령님 안에 거하는 삶이기도 하다(갈 3:1-5; 5:22-23). 유대인 기독교인들이 그리스도와 더불어 죽는 것을 통해 율법에 대해 죽었을 때(주님께서는 율법의 역사함으로 인해 오게 된 하나님의 모든 진노를 다 받으셨다), 유대인 기독교인들은 새로운 사람으로 부활했다. 율법 이후의 유대인 기독교인으로. 이 사람은 이제 그리스도께서 그리고 성령님께서 함께 거주해 주시고 인도하시는 사람이 되었다.

(c) 유대인 성도들이 이처럼 그리스도 시스템을 선택한다고 해서, 그들이 하나님의 은혜를 한편으로 치워버리는 것은 결코 아니다. 우리는 여기에서 유대인 기독교인들을 향한 비난이 그들이 하나님의 은혜를 경시하고 도외시했다는 것임을 기억해야만 한다. 분명 그들에게 있어서 모세의 율법은 이런 은혜로 이해되었다. 바울은 이에 반대한다. "아니다, 우리가 율법을 떠날 때, 하나님의 은혜를 한편으로 치워버리는 것은 우리들이 아니다. 도리어, 너희들(우리와 함께 하지 않는)이 그리스도 안에서 주어지는 하나님의 위대한 은혜를 놓치고 있는 것이다." 사실 바울은 만약 율법을 지키는 것을 통해 우리가 하나님 앞에 온전히 서는 것을 얻을 수 있다면, 그들이 대화하고 있는 모든 내용이 아무 쓸모없는 것이라고 주장한다. 만약 그렇게 할 수 있는 것이었다면, 그리스도는 전혀 필요하지 않았을 것이다. 그러나 이런 유대주의자들은 그리스도께서 하나님의 구원 대리자이심을 고백하고 있었다.

요약. 갈라디아서 2:15-21은 복잡하다. 나는 이 부분이 주로 회심에 대한 유대인들의 공통적인 경험에 대해 관심을 두고 있다는 점을 보여주고자 했다. 이런 회심은 율법의 충족성에 대한 부정과 그리스도의 완전한 충족성에 대한 확신을 포함하고 있었다. 이 섹션 내용은 베드로가 그리스도만으로 모든 것이 충분하다는 것에 대해 이해하지 못했기에 바울이 제기한 내용이다. 베드로의 사회적 행동은 그의 회심 경험을 부정했으며, 바울은 베드로에게 그의 행동이 일관되지 못한 것임을 매우 엄하게 깨우쳐주었다. 바울은 말한다. 그리스도안에는 유대인도 없고 이방인도 없으며, 유대인들을 특징적으로 구별지어주는 규정들을 이방인들에게 받아들이라고 강요하는 것은 복음의 핵심에 어긋나는 것이라고 말이다.

상황잇기

우리가 논의해야 할 첫 번째 이슈는 원래 유대인 기독교인들을 위해 쓰여진 성경본문을 어떻게 이방인 기독교 운동에 적용할 것인가에 대해서이다. 우리는 우리들 이방인 세계에 좀 더 실제적인 무언가를 찾아보기 위해서 서둘러 그냥 이 본문을 건너 뛸 수 있는 것인가? 결코 그렇지 않다! 첫째로, 우리는 유대인들의 경험을 꼼꼼히 잘 살펴봐야만 하며, 그런 이후에야 비로소 우리는 일반화를 할 수 있다. 왜냐하면 비록 우리는 그들과 다른 측면, 그들과 다른 세상에서 동일한 경험을 하긴 하지만, 회심이 담고 있는 내용은 동일하게 때문이다.

베드로와 바울의 경험을 잘 음미하고자 노력해 보도록 하자. 이 두 사람은 유대교에서 성장했다—베드로는 갈릴리에서 바울은 다소 혹은 예루살렘에서. 두 사람 모두 다 모세의 율법에 따라 영성을 훈련받았으며, 둘 모두 다 이런 가이드라인 하에서 유대인들 속에서 생활했다. 사실 두 사람 모두 다 거의 무한한 존경을 담아 모세의 율법을 받아들이도록 교육받았다. 종교적 계시로 이해할 때, 그들에게 모세의 율법은 모든 것이라 할 수 있었다. 사실 이점과 관련해서는 바울이 좀 더 유대교에 헌신된 모습이었다고 말할 수 있긴 하지만, 여하튼 베드로와 바울 두 사람은 자신들의 종교적 유산에 매우 신실한 사람들이었다. 내가 갖고 있는 관점은 아마도 두 사람에게 강력하게 영향을 끼친 유산은 바리새파 타입의 경건성이 아닐까라는 것이다. 하지만 나는 여기서는 이런 관점을 주장하는 것은 아니다.[13]

13. 바울의 바리새파 배경은 잘 알려져 있다(행 22:3; 23:6; 빌 3:4-6을 보라). 베드로와 관련해서는 두 가지 예들이면 충분할듯하다. (1) 베드로를 포함해서 주님의 제자들은 예수님께서 바리새인들의 전통을 지키지 않는 것에 대해 심각하고 진지하게 질문했다(마 15:12), (2) 베드로는 자신이 결코 불결한 것을 먹은적이 없다고 이야기했었다(행 10:14). 후자의 언급은 아마도 베드로의 의중이 무엇인지를 보여주는 것일뿐, 실제 행동에 대한 설명은 아닐 것이다. 왜냐하면 이와 관련된 율법들은 너무나 상세하게 규정되어 있기 때문에, 한사람이 평생을 살면서 이런 전통들에 대해 무엇 한 가지라도 범하지 않고 살기는 거의 어려운 일이기 때문이다. 하지만 이런 불결함은 씻는 것과 저녁이 될 때까지 기다리는 것을 통해서

매우 비슷한 상황 속에서 성장했기 때문에, 두 사람은 자신들이 그리스도께 회심했을 때 율법을 포기하는 것이 매우 어렵다는 사실을 발견했다. 다른 무엇이 아니라 그리스도께 돌아선 것이 그들로 하여금 자신들의 과거와 단절하게끔 만들었으며, 바로 이것이 베드로에게 문제들을 야기시켰다. 그러나 만약 유대인들이 일관성 있는 지속적 기독교인이 되기를 원한다면, 그들은 하나님의 새로운 백성 즉, 예수 그리스도의 교회가 된다는 것이 도대체 무얼 의미하는지를 반드시 배워야만 한다. 만약 우리가 복음을 적용하는 것이 얼마나 어려운지 그리고 복음이 전 삶을 통솔하게끔 받아들이는 것이 얼마나 어려운지, 특히나 한 사람의 사회적 정체성이 위태롭게 되는 영역들까지도 복음이 다스리게끔 받아들이는 일이 얼마나 어려운지를 충분히 이해하지 않는다면, 우리는 이 두 사람에게 공평하지 못한 셈이 된다. 특히나 베드로에게 그렇다.

베드로는 유대인 기독교인들에게 복음을 전파하거나 그들을 목회할 때에는 자신이 겪어야만 했던 논쟁과 다툼에 대해서 매우 평안했었다. 그러나 복음을 이방인들에게까지 사역하는 일에는 스트레스가 있었고, 이 일은 그로 하여금 복음이 무얼 의미하는지를 처음부터 다시 생각하게끔 만들었다. 베드로가(그리고 바울이) 배워야만 했던 것은 바로 이점이었다. 복음은 모든 사람을 위한 것이며, 믿음을 통해서 누릴 수 있다. 또한 그리스도께서 구원자이시며, 성령님께서 인도하신다. 이 모든 내용의 가장 기본이 되는 것은 단순한 사회적 변화였다. 교회생활은 유대교적인 규범들을 통해 진행되지 않았으며, 하나님의 성령님과 예수님의 가르침을 통해 이끌어졌다. 이는 1세기 유대인 기독교인들이 회심을 경험하면서 공통적으로 경험하는 일이었다. 여기에는 여지껏 율법이 삶, 소망, 구원에서 중심역할을 하던 것에 대해 죽음을 선포하는 것이 포함되어 있었다.

하지만 1세기 유대인 기독교인들과 오늘날을 살아가는 우리들 사이에 존재하는 민족적, 역사적 차이점들이, 그들과 우리 사이에 일반적인 유사점들을 찾아낼 수 없게끔 만드는 것은 아니다. 복음이 모든 사람을 위한 것이라는 점은 비(非)유대인들을 통해서 가장 쉽게 음미할 수 있다. 왜냐하면 이들은 유대인들과의 교제에 대해 전혀 아무런 거리낌이나 제한을 느끼지 않았기 때문이다. 그들에게는 칭의(믿음)의 방법들을 받아들이는 것도 아마도 오늘날 우리들이 그런 것처럼 그다

제거될 수 있었다. 만약, 한사람이 알면서도 의도적으로 불결한 음식을 먹는 경우가 아니라면, 적절한 태도는 항상 유지할 수 있었다.

지 어려운 일이 아니었을 것이다. 우리는 여태껏 유대인들은 구원과 관련해서만 행위를 생각했다는 식으로 생각해왔다. 이는 잘못된 생각이다. 유대인들은 자신들이 하나님 백성이라고 여겼으며 이는 그들이 유대인이기 때문이라고 생각했다. 또한 그 결과로, 하나님께서는 그들에게 여러 특권들을 주셨다고 생각했다.

내 생각에는 "믿음"으로 인한 구원은 유대인들이 받아들이기에 별로 어려운 일이 아니었을 것이다. 그들을 슬프게 만든 것은 율법과는 별개인 믿음을 통해 구원을 받는다는 점이었다. 왜냐하면 그들은 율법에 대한 순종이 참된 믿음이라고 생각했기 때문이다(히 11장을 보라). 그들이 배워야만 했던 것은 그들의 믿음의 대상이 하나님께서 모세를 통해 주신 계시로부터 그리스도안에서 주신 하나님의 계시로 바뀌었다는 점이었다. 그리스도께서는 구원의 초점으로 역할하던 모세의 자리를 대체하셨으며, 마찬가지로 성령님께서도 하나님의 뜻의 핵심자리에 있던 모세의 율법을 대체하셨다.

그러나 이런 어려움들이 있음에도 불구하고, 그리스도에 대한 믿음은 유대인 기독교인들이나 이방인 기독교인들이나 사람들이 보이는 반응은 동일하다. 우리는 구원이 믿음에 의해 주어진다는 것을 쉽게 알 수 있고 적용할 수 있다. 더군다나 우리들은 (1세기 유대인 기독교인들이 그랬던 것처럼) 모세의 율법을 믿음의 대상으로부터 제거하는 것이 장애가 되지 않을 것이다. (우리 이방인들은 그저 그 과정에서 단순히 다른 것들이 문제가 될 뿐이다). 또한 두 가지 다른 특징들 역시 너무나 유사하기 때문에, 이것 역시 적용하기가 매우 쉽다. 그리스도께서는 구원자이시며 성령님께서 인도하신다. 비록 이방인들과 유대인들이 각기 다른 세계로부터 그리스도와 성령님께 나아오기는 하지만, 이 점에 있어서는 이방인들과 유대인들 사이에는 그 어떤 차이도 존재하지 않는다.

나는 이 본문이 유대인들에게 그들이 회심할 때 어떤 일이 벌어지는지에 대해 과거에도 이야기했고 또한 지금도 여전히 이야기하고 있다고 보는 첫 번째 사람이기는 하지만, 여하튼 복음이 담고 있는 내용들은 이방인들에게 적용하는 것이 훨씬 더 용이하다. 우리가 해야 하는 것은 이 본문에서 말하는 유대인들의 특징들에 대해 잘 깨닫는 것이고, 여기 나오는 개념들을 신학적으로 잘 정돈하는 것이고, 그런 뒤에 이를 우리가 살고 있는 세계에 적용하는 것이다. 우리가 여지껏 해온 일은 바울이 지향하고 있는 복음이 어떤 특징들을 갖고 있는지를 찾아내고, 그들을 그 당시 정황 속에서 점검해보고, 그런 다음 이런 동일한 특징들이 이방인들에게 어떻게 상관되어 있는지를 다시 생각해보는 것이었다.

하지만 내가 생각하기에는 "율법에 대한 죽음"은 이방인들의 회심에 있어서 가장 최고조로 중요한 요소가 아니었다. 특히나 만약 우리가 갈라디아서가 율법에 대해 사회적 규범들을 담고 있는 실체라고 간주하고 있다는 점을 정확하게 이해한다면 이점을 잘 알 수 있다.

이런 의미에서, 이 본문이 갖는 이런 특징은 오직 유대인들이나 혹은 그와 유사한 종교적 상황 속에서 살아가던 사람들에게만 적용되는 것이다. 즉 율법을 자기를 규정하는 도구이며 경계선을 표시해주는 도구라고 간주하는 그런 흐름 속에서 자라났거나, 그런 흐름 속에서 회심한 사람들에게만 적용되는 것이다. 그러나 이 특징은 그것이 무엇이 되었건 간에 한 그룹에게 잘 규정된 경계선과 정체성을 부여해주는 그런 규칙들을 강조하는 근본주의적인 운동 속에서 자란 사람들에게도 (혹은 적어도 그런 사회 속에서 성장한 사람들에게도) 적용될 수 있을 것이다. 또한 "율법의 죽음"이라는 원리는 사회적으로 볼 때 특정하게 한정된 세계 속에서 성장한 사람에게도 적용될 수 있을 것이다. 가령, 한 사람의 민족적 신분(그리스인, 폴란드인, 혹은 아일랜드인 등)이 그가 하나님 앞에서 품는 소망과 매우 밀접하게 연관되어 있는 사람들에게 말이다. 사회적으로 특정하게 한정된 세계는 후자의 경우에는 민족이라는 연결성을 제거하는 것을 통해 부숴버려야 할 필요가 있다. 그리고 전자의 경우에는 현재 만들어져 있는 법률적 경계선들을 제거하는 것을 통해, 법률적으로 볼 때 특정하게 한정된 세계를 부숴버릴 필요가 있다. 갈라디아서에서는 이 두 가지와 관련된 본보기들이 모두 이야기 되고 있다.

칭의는 모든 세대를 통틀어 칭의이다. 칭의의 대리자, 칭의의 방법과 관련해 생각해볼 때, 우리가 살고 있는 세계는 바울이 살았던 세계와 전혀 다르지 않다. 칭의는 그리스도께서 십자가에서 우리 죄를 사하셨다는 것에 토대를 두고 있으며, 우리는 오직 그리스도를 믿는 것을 통해서만 의롭게 된다는 것에 토대를 두고 있다. 이를 적용하기 위해서, 우리는 먼저 사람들로 하여금 그들이 죄인임을 생각하게끔 해야만 하는데, 오늘날에는 이점이 매우 어렵다.

60년대 서구 사회 세대들은 사회 규범의 상당히 중요한 많은 부분들을 깨뜨려 버렸다. 대부분의 사람들은 어떤 형태가 되었건 간에 유대-기독교적 윤리가 진실하고 거룩한 내용을 담고 있다는 사고방식 속에서 살아왔었고, 이는 복음을 좀 더 용이하게 제시할 수 있게 해주는 여건이 되었는데, 이 모든 규범들을 깨뜨려버렸다. 다원주의의 성장과 함께 실존주의가 담고 있던 철저한 무관심과 절망의 풍조는 우리가 살고 있는 현대 세계의 문화적 관념속에 각각 깊숙이 자리잡아왔다. 이런 풍조들은 궁극적인 도덕적 기준들을 제시하는 것을 훨씬 더 어렵게 만들어왔다. 그래서 20세기의 마지막 시기를 살아가는 동안, 우리는 궁극적인 도덕에 대해 아무 감각이 없는 그런 사람들이 많아지고 있는 세태와 대면하고 있다. 이런 사람들에게는 하나님 앞에서 자신들이 죄인이라는 것을 느끼는 것이 매우 어려운 일이다. 왜냐하면 그들은 옳고 그름에 대해서 그다지 많이 생각하거나 느끼지 않기 때문이다.

로버트 벨라(Robert Bellah)는 우리가 사는 현대 세계의 현재 상황과 우리가 빠진 곤궁이 무엇인지에 대해 아주 예리한 통찰력을 갖고 이야기한다. 그는 우리 사회의 도덕적 토대에 대해서 "옳고 그름, 선함과 악함을 객관화할 수 있는 어떤 기준도 없는 상황"이라고 말한 뒤, "자기자신과 자신의 느낌들이 유일한 도덕적 잣대가 되었다"[14]라고 진단한다. 그가 여기서 언급한 내용은 근본적으로 옳다. 그는 계속해서 이야기하는데, 나는 그의 말을 상세하게 여기에 옮겨 적고자 한다.

> 만약 개개인 자신들이 도덕적 지침의 근원이 되어야만 한다면, 그렇다면 각각의 개인들은 항상 자신이 무엇을 원하고 갈망하는지를 알고 있어야만 하며, 또한 그가 느끼는 것에 대해서도 직관적으로 알고 있어야만 한다. 그는 자신이 원하는 것을 극대화시켜 만족시켜줄 수 있게끔 행동해야만 하거나, 혹은 자신의 충동들을 가장 충분히 표현해야만 한다.…실용성이 의무를 대체한다. 자기 표현이 권위를 몰아내고 대신 자리잡는다. "선하게 되는 것"은 "좋게 느끼는 것"이 된다. 테드 오스터(Ted Oster, 내용 전개 속에 언급되는 캘리포니아 법률가)는 말한다, "나는 마크 트웨인이 말했던 것을 항상 사랑해왔어요, 그는 도덕적으로 중요한 것은 여하튼 네가 좋게 느끼는 것이고, 비도덕적인 무언가는 네가 나쁘다고 느끼는 것 그것이라고 말했지요. 이건 당신은 적어도 한번쯤은 모든 것을 해봐야 한다는 뜻을 갖고 있지요. 나는 내가 상당히 결과중심적인 것같아요. 그래서 무엇이건 좋은 결과를 낳는 것은 옳은 것이고, 반면 나쁜 결과를 만드는 것이라면 그것이 무엇이건 틀렸다고 보는 거지요." 행동은 그 자체로는 옳거나 틀린 것이 아니다. 그저 그 행동이 만들어내는 결과들로 인해서, 그 행동들이 만들어내거나 표현해내는 좋은 느낌들 그것 때문에 옳거나 틀린 것이다.[15]

14. R. Bellah, et al., *Habits of Heart: Individualism and Commitment in American Life*(San Francisco: Harper and Row, 1986), 76.
15. Ibid., 77-78.

무엇이 해결책인가? 우리가 사는 세상을 탐험하는 데는 몇 가지 길들이 있다. 우선 첫째로, 우리는 하나님께 다시 한 번 더 또 다른 부흥을 우리에게 내려달라고 하나님의 은혜를 구하는 기도를 할 필요가 있다. 이런 부흥은 하나님의 성령께서 사람들안에 무엇이 옳고 무엇이 그른 것인지를 자유롭게 다시 재배치하실 수 있게 할 것이다. 둘째로, 이처럼 기도한 이후에(그리고 기도하는 동안에), 우리는 하나님의 말씀이 담고 있는 진리와 하나님의 윤리적 기준들을 선포하고 가르칠 필요가 있다. 셋째로, 우리는 다른 사람들과 더불어 도덕성에 대해서 대화를 나눌 필요가 있는데, 이를 지적인 차원에서 그리고 대중적인 담화를 통해서 할 필요가 있다.

우리 세대가 직면하고 있는 이슈는 도대체 우리는 어떻게 지성을 만들어나가며 또한 도덕적 결정을 하는가에 대해서이다. 이에 대한 해답은 대중의 의견 속에서 찾아야만 하는 것인가? 개인의 의견 속에서 찾아야만 하는가? 아니면 사회적 대화나 혹은 독립선언등에서 찾아야만 하는가? 아니면 최종적인 해답은 하나님께서 그분 자신과 그분의 뜻을 마치 성경에서처럼 분명하게 계시하시고 드러내실 때에만 찾을 수 있는 것인가? 지금 내가 하고 있는 주장은 우리 사회가 도덕적으로 깨어날 때까지는 칭의라는 교리를 적용하는 것은 매우 어려운 일이라는 것이다. 그러나 복음전도자가 당신에게 말하듯이, 오늘날에도 도덕적 질문에 대해 대답을 찾으려는 사람들이 여전히 많이 있으며, 또한 개인의 죄를 의식하고 느끼는 사람들 역시 많이 있다. 이런 사람들에게 바울의 메시지는 영광스러운 빛이 되어준다.

아마도 대부분의 서구인들에게는 칭의라는 "법적 은유"는 다른 은유들처럼(가령, "화해"같은 관계적 은유) 분명하게 다가오는 은유도 아니고, 오늘날과 직접적으로 상관된 은유도 아니다. 그렇기에, 고대 세계에서 칭의가 어떤 의미를 갖고 있었는지를 검토해 보기 위해서는 현재 우리는 칭의의 의미에 대해 어떻게 이해하고 있는지가 근본적으로 매우 중요하다. 과거 칭의의 의미를 살펴보기 위해서, 우리는 역사학자가 되거나 혹은 최소한 로마와 유대의 정의에 대해서 잘 알고 있는 역사학자들이나 1세기에 이 단어의 의미를 정확하게 잘 알고 있는 사람들에게 귀를 기울여야만 한다. 위에서 이미 논의했던 것처럼, 칭의는 우리의 죄를 위해 그리스도께서 희생제사를 드리시는 것을 통해 우리가 죄악의 상태로부터 하나님께 받아들여지는 상태로 옮겨가는 과정을 지칭한다. 적용점들을 찾아보기 전에, 이 상황에 대해서 잘 묘사할 필요가 있다.

그리고 이런 의미를 오늘날 우리가 살고 있는 사회에서 의미가 통할 수 있는 방식으로 잘 정리해서 제시할 필요가 있다. 비록 다른 표현들을 사용하는 것도 가능하긴 하겠지만, "하나님께 받아들여짐"이라는 표현이 오늘날 시대에 유용한 표현이 되겠다는 생각이 든다. 물론, 우리는 우리가 사는 이 시대에 좀 더 의미가 잘 닿는 유용한 이미지들을 창의적으로 찾아낼 필요가 있다.

행위와 믿음이라는 개념을 적용하기 위해서, 우리는 이 단어들이 바울 시대에 어떤 뜻을 갖고 있었는지를 다시 한 번 더 이해할 필요가 있다. 이 두 표현을 이해함에 있어서 오늘날 우리는 동일한 큰 문제점을 갖고 있다. "행위"와 "믿음"이라는 개념이 우리의 사회적 환경과 오늘날 교회의 정황을 통해 너무 심각하게 많이 채색된 채 규정되어져 왔다는 것이다. 예를 들어서, "행위"는 너무나 많은 사람들에게 나쁜 단어가 되었거나 혹은 최소한 부정적인 종교적 품성을 묘사하는 단어가 돼버렸다. "행위"는 때때로 마치 그리스도를 믿지 않는 사람들이 무언가를 행하는 것인 양 그렇게 언급되곤 한다. "행위"는 하나님 앞에서 자신들의 공적을 계산하고 합산하는 것을 통해 자신이 자기 구원을 획득할 수 있다고 생각하는 사람들의 특징인 것처럼 언급되기도 한다. 이런 주장이 얼마나 슬픈 일인지 이해할 필요가 있다. 너무나 많은 사람들이, 모든 행위에 대해서 바울이 "믿음"과 대조를 이루는 것으로 제시한 "행위"와 동일한 것으로 치부해버렸다. 바울은 그리스도나 믿음과 별개로 하나님께 받아들여질 수 있다고 주장하는 하나님을 향한 모든 태도에 대해 분명히 반대한다. 그러나 우리는 "충만한 은혜"에만 관심을 두면서, 우리는 바울 자신의 가르침들을 오해해왔다. 바울이나 성경에 나오는 그 어떤 누구도, "선한 행위"에 반대하지 않았다. 그러므로 우리가 바울이 행위에 대해 말한 내용을 어떻게 적용해야 할지를 잘 이해하려면, 우리는 우선 선한 종류의 행위들과 나쁜 종류의 행위들이 있었다는 것을 이해할 필요가 있다. 우리는 이 문제를 세심하게 살펴봄으로써, 우리가 사용하는 언어와 개념들을 바꾸어야 할 것이다.

마찬가지 일들을 "믿음"에 대해서도 진행해야 한다. 이 표현 또한 마찬가지다. 하나님을 두려워하고 잘 훈련된 성경 선포자와 교사들 중에서조차, 수많은 사람들이 "믿음"에 대해서 그저 신임 이상의 것이 아닌 양 주장하곤 한다. 이들과 관련해서 우리가 변호하고 방어해야하는 문제는 "구원은 은혜로 말미암아 주어지는 것"이라는 점이다. 만약 구원이 은혜로 말미암는 것이라면(그리고 인간의 행위로 말미암는 것이 아니라면) 또한 만약 믿음이 의지하는 것이라면, 그렇다면 우리의 복종(우리가 의지한다는 믿음을 표현한 이후에 행하는 무언가)은 우리의 칭의나 최종적인 구원과는 여하튼 아무 상관도 없는 것이라고 주장하는 사람들이 많이 있어왔다. 이것이 바울이 이해하고 있던 "믿음"인가? 나는 위에서 바울은 결코 이런 식으로 믿음에 대해 생각하지 않았노라고 주장했다.

바울 서신에서 믿다 혹은 믿음이라는 용어를 간단히 살펴보는 것만으로도, 바울이 믿음에 대해서 단순한 신임 이상의 것으로 간주했다는 것을 분명히 알 수 있다. 그는 믿음과 복종이 서로서로 하나로 묶여 있는 것으로 간주했으며, 또한 믿음에 대해서 인간이 하나님의 약속에 대해 처음 반응을 보이기 시작하는 것은 물론이거니와, 그 이후 계속해서 연속적으로 반응을 보이는 것이라고 간주했다. 그러므로 우리는 이 문단을 우리가 사는 현재 세상에 적용하기 전에, 성경을 진지하게 연구하는 학생이 될 필요가 있다. 또한 믿음과 믿다라는 용어들이 바울 서신서들과 신약성경 전체를 통해 어떻게 사용되었는지를 찾아볼 필요가 있고, 우리가 갖고 있는 선입견들에 대해(그리고 아마도 소망들에 대해서도) 잘 살펴볼 필요가 있으며, 확고한 주해적 결론에 도달할 필요가 있다. 우리가 갖고 있는 관점들이 옳지 않거나 정확하지 않을 때, 이처럼 성경을 근거로 살펴보는 과정과 다시 재정립하는 과정을 갖는 것은 성경을 이해하고 연구하는 과정에 있어서 우리가 취할 수 있고 동시에 취해야만 하는 유일한 방법이다.

현대적 의미

첫째로, 우선 우리 자신의 회심에 대해서 다시 한번 더 살펴보면 도움이 된다. 그러면서 베드로와 바울처럼 우리가 그리스도의 죽음의 공로를 통해 어떻게 죄의 상태로부터 하나님께서 받아들여주시는 상태로 옮겨왔는지를 관찰하면 좋을 것이다. 이렇게 함에 있어서, 우리가 회심하기 이전에 하나님을 향하여, 그분의 말씀과 뜻을 향하여 그리고 그분의 백성들(교회)을 향하여 어떤 위치와 입장이었는지를 잘 생각해보는 것도 유익하다. 여기에서 우리가 우리 자신의 죄악 가득한 습성들과 패턴들에 대해서 생각해보는 것과 그런 모습들이 하나님 보시기에 얼마나 역겨운 것인지를 뉘우치는 것도 우리에게 건강하고 좋은 일이 될 것이다.

우리가 잠시 멈춰서서 그런 삶(하나님의 저주)이 종국에 어떤 결말을 피할 수 없는지에 대해 다시 한번 더 묵상해 보면 더욱 더 유익할 것이다. 이런 여러 생각들을 해본 이후에, 우리는 그리스도께서 우리를 위해 그분의 희생을 통해 어떤 일을 행하셨는지에 대해 명확하게 생각해볼 필요가 있다. 우리는 십자가에 달리신 그분에 대해, 우리의 죄악을 담당하시고 그분 자신이 하나님의 저주를 감당하셔서 그 결과 우리가 죄사함을 얻을 수 있게 하신 것에 대해서도 깊이 생각해볼 필요가 있다. 이런 일들에 대해서 세심하게 살펴본 이후에, 우리는 죄사함을 통해 발견한 기쁨으로 돌아갈 수 있을 것이고, 또한 하나님께서 우리 삶에 베푸신 그분의 은혜에 대해 가장 깊은 감사를 드릴 수 있을 것이다.

그러나 우리는 여기에서 그저 멈춰서면 안 된다. 우리는 혹시 우리가 하나님의 은혜의 복음으로 하여금 우리 삶속에 충분하고 완전하게 적용되게 하고 있는지를 살펴볼 필요가 있다. 우리는 복음을 인종적으로 제한하고 있지는 않는가? 우리는 다른 민족 그룹들이 하나님의 은혜를 누리는 것에 대해 제한을 가하고 있지는 않는가? 우리는 다른 문화나 혹은 다른 사회 그룹들에 대해서 차별하고 있지는 않는가? 우리는 남성과 여성 사이에 벽을 쌓고 있지는 않는가? 혹은 우리는 복음의 모든 메시지들이 완전한 권능을 행하게끔 허용하고 있는가?

둘째로, 우리는 복음을 전하는 것을 통해서 그리고 모든 사람을 위한 칭의의 메시지(그리스도를 통해서, 율법이 아니라 믿음으로 말미암아)가 우리 가슴의 가장 깊은 곳과 우리 사회 구조의 가장 내적인 부분에까지 파고들게끔 하는 것을 통해서, 그리스도를 통해 믿음으로 의롭다 하심을 얻는 진리를 우리 세상에 적용할 필요가 있다. 이렇게 하기 위해서, 우리는 바울과 더불어 모든 사람들을 기꺼이 죄인으로 간주하는 것이 필요하다. 우리가 사는 세상은 매우 예민한 곳이다. 그런 결과 때문에 우리는 죄가 존재하며 모든 사람들이 죄인이라는 사실을 이 세상에게 알려주는 일을 두려워하곤 한다. 이는 죄를 용서하시고 화해케 하시고 의롭게 하시고 구속하시는 그리스도의 가장 달콤한 역사하심이 아무 충격이 되지 못하게 할 수 있다. 우리가 첫째 단계를 밟지 않기 때문에 말이다. 우리 모두가 다 죄인이라는 것을 인정하는 것.

덧붙여서, 우리는 사람들에게 하나님께서 판사로서 법정에 앉아 계시다는 것과 그분께서 우리 상태에 대해 판결을 내리셨다는 것을 보여줄 필요가 있다. 우리는 죄인이다. 그러나 그분은 말씀하신다. 만약 우리가 그저 그리스도를 바라보기만 하면, 우리는 죄사함을 받을 것이고, 자유롭게 될 것이고, 그분께 받아들여질 것이라고 말이다. 그러므로 우리는 이 세상을 향해 그리스도께서 우리를 우리가 받은 유죄평결로부터 건져내주실 분이시라고 제시할 필요가 있다.

셋째로, 우리는 교회에서 좀 더 많은 시간을 보낼 필요가 있다. 특히 믿음이 성경적으로 어떤 의미를 갖는지를 탐구하는 어른들과 청년들 성경 연구 모임을 위해서 시간을 보내야 한다.

지난 3-40년 동안 이 교리가 상당히 심각하게 오해되어왔으며, 그 결과 일부 사람들은 믿음에 있어서 난파당했고 다른 사람들은 교회의 생명력을 파괴해 왔다는 것이 나의 주장이다. 이에 대해 설명하자면 오늘날 구원을 위해 유일하게 필요한 것은 "예수 그리스도께서 구원하신다는 것을 믿는 것" 한 가지뿐이라는 말을 흔히 듣곤 한다. 이는 사실이다. 만약 적절하게 규정된다면 말이다. 하지만 믿는다는 용어는 종종 설교시간에 잘못 규정되곤 해왔으며, 이 표현은 거짓이 되어왔다. 사실 우리는 갈라디아서 1:8-9로 되돌아가 버렸다. 복음이 이런 잘못된 개념규정을 통해 변질되었고 그 결과 는 이단이 나타나게 되었다. 그렇다면 무엇이 잘못된 개념규정인가? 간단하게 제시하자면, 이런 표현은 믿음의 의미를 "그저 신임하는 것" 정도로만 축소해 버리는 것이다. 즉 믿음은 "예수님께서 구원자이심을 믿는 것" 한 가지 이외에는 다른 아무것도 없는 양 규정되고 있다. 예수님께서는 실제로 구원자이시다. 그러나 그분께서 자신에게 주어진 사람들의 구원자가 되기 위해서는 그 사람은 그분을 신뢰하게끔 자기자신을 복종시켜야만 하며, 또한 참된 믿음을 표현하기 위해 그분께 복종해야만 한다.

그렇다면 우리는 어떻게 해야 이런 잘못된 상황을 바로잡을 수 있을까? 나는 하나님께서 우리들에게 하나님께 받아들여지는 것과 기독교인의 삶에 대해 무엇을 원하시는지를 완전히 전체적으로 다시 생각하는 것을 통해서만 이런 수정이 가능하다고 믿는다. 우리가 만약 우리가 무언가 중요한 결정을 했기 때문에 이와 관련해 할 바를 다했다고 생각하거나 하나님 보시기에 영원히 안전하다고 생각한다면, 그건 우리가 스스로를 기만하는 것이다. 우리가 만약 우리가 부도덕한 삶을 살아도 된다고 생각하거나, 배우자가 아닌 다른 사람과 성관계를 가져도 된다고 생각하거나, 다른 사람의 돈을 갈취해도 된다고 생각하거나, 이 세상에 존재하는 사회적 질병들을 완화하기 위한 행동을 전혀 취하지 않아도 된다고 생각하거나, 가정 안의 가족들이나 자녀들과 계속해서 긴장관계를 유지하며 살아도 된다고 생각한다면, 우리는 스스로를 기만하는 것이다. 내가 말하는 것은 만약 우리가 이런 종류의 삶을 살아도 된다고 생각하면서도 하나님과 평화를 누리고 있는 척하거나 혹은 그분의 아들이 우리를 의롭게 하시는 역사를 누릴 수 있다고 생각하는 것은 우리 스스로를 기만하는 것이라는 것이다. 의롭다 함을 받은 사람들은 정의롭게 산다. 그리스도 안에서 거룩하게 된 사람들은 거룩한 삶을 산다. 하나님의 사랑을 경험한 사람들은 다른 사람들을 사랑한다. 하나님의 용서하심을 경험한 사람들은 다른 사람들을 용서한다. 이 세상으로부터 부름 받은 사람들은 더 이상 이 세상에서 살지 않으며 다른 사람들을 향해 "그곳에서부터 나오라고" 그들을 부른다. 육체에 대해 죽은 사람들은 성령님 안에서 산다.

이 원칙은 신학 교재에서 흔히 평서형(우리가 누구인가)과 명령형(우리는 누구여야만 하는가)의 상호작용으로 언급되곤 한다. 우리가 이런 내용들을 뭐라고 부르건 간에, 성경(그리고 특별히 바울은!)에서 하나님의 백성은 그분의 은혜를 통해 변화 받은 사람들이며 또한 지금 하나님 앞에서 살아가는 사람이라고 가르친다. 만약 우리가 이것이 하나님께서 행하시는 방식이 아니라고 생각한다면, 우리는 그저 우리 자신을 속이고 있는 것이고, 또한 하나님의 심판이 분명 이를 입증할 것이다.

바로 이와 같은 우리 생각의 혁명이 우리의 ① 전도전략에는 물론이고 ② 제자훈련 사역들에도 변화와 충격을 줄 필요가 있다. 이 두 가지에 대해서는 설명할 필요가 있을 듯하다. 복음전도와 관련해서, 비록 내가 좀 더 세상 입장을 두둔한다는 느낌이 들기는 하지만, 나는 정말이지 우리가 갖고 있는 전형적인 복음전도 전략들이 이 점에 있어서 잠재적으로 위험하다고 믿고 있다. 전형적인 전도 전략은 누구든지 그저 예수 그리스도께서 그 사람을 구원하시기 위해 오셨다는 것을 믿기만 하면 구원을 받을 수 있다고 가르친다. 그러나 이 전략에서는 믿음이 도대체 무엇인지 그리고 믿음이 어떤 것을 함축하는지에 대해 거의 규정하지 않고 있다. 또한 대체로 모든 사람들은 이 믿음에 대해서 이것이 그저 지적인 동의 그 이상의 아니라고 가정하곤 한다.

하지만 이것은 믿음이 의미하는 바가 아니며 지금 바울이 믿음에 대해 규정하고 있는 것과도 다르다. 다시 한번 더 신학어휘 사전을 체크해 보도록 하라. 믿음은 신뢰와 순종에 있어서 전적인 복종을 의미한다. 복종은 믿음 이후에 부수적으로 뒤따라 해야하는 무언가가 아니다. 복종은 믿음에 대한 표현이며, 복종 없는 믿음은 죽은 것에 불과하다. 우리는 야고보서 2:14-26을 믿는가 아니면 믿지 않는가? 우리의 복음전도 전략들은 믿음에 대한 규정을 담고 있는 그런 모습으로 바뀔 필요가 있다. 우리는 복음을 제시함에 있어서 헌신이 요구된다는 것을 분명히 하는 그런 방식이 되야 할 필요가 있다. 예수 그리스도께서는 당신을 구원하기 위해서 오셨으며, 당신은 당신의 소망과 당신의 자기중심성을 복종시켜야 한다.

동일한 혁명은 우리의 제자훈련 사역들에도 충격과 변화를 줄 것이다.(나는 비록 우리가 종종 이 용어를 사용하는 방식이 별로 마음에 들지 않지만, 여기서는 회심 이후의 교육과 성장을 지칭하는 의미로 제자훈련이라는 용어를 사용하고자 한다.) 제자훈련은 유아기적인 기독교인들의 행동을 달래주는 것이 되어서도 안 되고, 또한 성숙한 기독교인으로 하여금 "그저 신임하는 정도의 성도들"로부터 "복종하는 성도들"이 되게끔 만들려는 시도가 되어서도 안 된다. 이런 접근법은 믿음에 대한 잘못된 개념규정을 그저 승인하는 꼴밖에 안 된다. 도리어 제자훈련 사역은 기독교인들은 끊임없이 계속해서 복종해야만 한다는 것을 전제해야만 하며, 그렇기에 하나님의 뜻을 한 개인의 삶에 구체적으로 적용하는 쪽으로 나아가야만 한다.

그러면 복종하지 않는 기독교인들은 "전형적인 성취실패자"로서가 아니라 "기묘한 변형체"들처럼 보이게 될 것이다. 이를 달리 말하자면, 우리의 제자훈련 사역은 거룩함에 대한 교리교육보다는 좀 더 거룩함으로 이끌고 인도해가는 사역이 되어야만 한다. 나는 만약 우리가 복음을 처음부터 좀 더 적절하게 제시한다면, 우리는 제자훈련 과정에서 전적으로 전혀 헌신되지 않은 사람들을 만나지 않을 것이라 여기기에 이렇게 말하는 것이다.

마지막으로, 우리는 바울이 "율법의 행위들"에 대해 비평한 것이 얼마나 중요한 것인지에 대해 탐구할 필요가 있다. 나는 여기에서 바울에게 있어서는 "행위들"에는 세 종류가 있다고 주장했으며(행위의 원칙, 모세적인 행위, 그리고 선한 행위), 또한 그가 반대하는 것은 이들중 두 번째 행위라고 주장했다. 이제 아브라함 언약하에 있는 사람들이 행하던 구체적 행동들이 모세적 행위들이며(일부 유대교 전향자들을 포함해서), 이들은 이런 행동들을 행하는 것을 통해서 모세안에 나타난 하나님의 시스템에 대한 그들의 믿음을 보여주는 것은 물론이고 또한 같은 방식으로 살아가는 다른 사람들과의 사회적 유대관계를 보여주고 있다고 생각해보자. 마지막으로, 바울이 비판하고 있는 것은 유대주의자들이 이방인 기독교인들에게 모세의 길을 가르치는 것을 통해 그들로 하여금 유대교로 민족주의화하려 시도하고 있는 것이라고 생각해보자. 우리는 이런 것들을 어떻게 적용할 수 있겠는가?

첫째로, 우리는 바울이 반대한 것은 이런 행동들 그 자체보다는 이런 행동들이 갖고 있던 목적이었음을 기억할 필요가 있다. 즉 그는 유대주의자들이 이방인들로 하여금 할례받게 하려 하는 것에 대해서 전적으로 반대했다. 만약 유대주의자가 하나님께 받아들여지려면 이와같이 해야만 한다고 주장하는 것이었다면 말이다. 만약 그런 경우라면, 우리는 다음 사항으로 진행할 수 있다. 우리는 하나님께 받아들여지기 위해서나 혹은 그런 상태를 유지하려면 무언가가 반드시 필요하다고 주장하는 모든 것들에 대해, 바울의 반대를 적용할 수 있다. 이런 모든 것들은 그리스도의 충족성을 부정하는 것이며, 성령님의 자유를 무디게 만들어버린다. 나는 이를 교파주의에 적용할 것이다.

나는 오늘날 우리들이 어떤 특정한 종파에 소속되지 않는 것은 실제적으로 불가능하다고 믿는다. 자기자신에 대해 어떤 특정적 입장을 전혀 갖고 있지 않으며

"일반적, 보편적, 기독교"라고 소개할 수 있는 것은 아무것도 없다. 그런 교회는 꿈 속에서 살고 있는 것이다. 왜냐하면 실제(우리가 살고 있는) 현실은 너무나 특정적이고, 너무나 제한적이고, 또한 어떤 특정한 입장을 취하지 말 것을 너무 많이 요구하기 때문이다. 그러나 어떤 한 교파의 구성원이 되는 것과 교파주의자가 되는 것은, 엄연히 다른 일이다. 교파주의자는 자신의 교회를 하나님의 가장 훌륭한 교회라고 규정하면서 다른 사람들에게 자신의 교회로 와서 하나님의 가장 탁월한 은혜를 누리라고 요구한다. 또한, 다른 교회들에 대해서 그들이 동의하지 않는 것에 대해 비평하곤 한다. 이는 교파주의이며 또한 이 모습은 틀린 것이다. 바울은 하나님께 받아들여지려면 특정한 어떤 그룹에 속해야만 한다고 사람들을 몰아세우는 그런 자들에 대해 반대했을 것이다.

내용을 좀 더 전개해 나가기에 앞서, 나는 한 가지 사실을 첨가하고자 한다. 나는 이런 방식으로 나 자신을 규정함에 있어서, 모든 교회들이 모든 부분에서 다 똑같고 동일하다고 말하고 싶지 않다. 나는 어떤 교회들은 분명 좀 더 성경적이고, 좀 더 정통적이고, 좀 더 생생하고, 좀 더 건강하며, 다른 교회들에 비해 좀 더 유익하다고 믿는다. 그러나 비록 내가 마국 자유 복음 교단에 속해있기는 하지만, 그 어떤 교단도 이런 깃발을 아닌 양 달아서는 안 된다고 생각한다.

그렇다면 우리는 어떻게 살아야만 하는가? 우리는 우리들을 여러 그룹으로 나누고 있는 교리적 입장들을 존중할 필요가 있다. 특별히 이런 교리적 입장들을 위해 기도해왔고, 일해 왔고, 성경적으로 교리들을 규정하고자 노력해왔을 때, 그리고 이런 교리적 입장들이 각기 다른 교파 지체들로부터 진지하게 받아들여질 때, 더욱 더 그렇다. 이보다 더 중요한 것은, 우리는 모두가 다 하나님의 교회의 일부분이며, 우리는 다함께 하나님의 사랑을 가지고 세상에 나아가고자 노력하고 있으며, 또한 하나님의 백성들을 더 강력하게 만들고자 노력하고 있다는 사실을 기억할 필요가 있다는 점이다.

우리는 공통적인 생명 안에 하나로 묶여있다. 만약 우리가 그저 우리의 죄인됨과 우리의 제한점들에 대해서 잠시 동안 뒤돌아본다면, 우리는 우리 자신이 틀렸다는 점에 대해서나 우리를 나누고 있는 것들에 대해서 미묘하지만 부정확하게 알고 있다는 것에 대해 인정할 수 있어야만 한다. 그러나 우리는 또한 우리 교회나 혹은 다른 교회를 이루고 있는 요소들 중 성경에 부합하지 않는 것들에 대해 반대할 필요가 있다. 이런 종류의 대화들은 우리가 서로서로를 복음의 진리 안에서 서로 붙들어주고자 노력할 때 지역 교회공동체들을 건강하게 해준다. 우리는 또한 무엇이 중요한 것이고 무엇이 그렇지 않은지에 대해서도 신속하게 배운다.

나는 고백을 하면서 이 섹션을 마무리하고자 한다. 나는 젊었을 때, 다른 교파들에 대해 저돌적이었고, 다른 교파에 대해 저주 기도를 하는 모습을 갖기도 했다. 혹은 내가 좋지 않게 생각하는 교회의 사상으로 인해 많은 사람들이 헤매게끔 인도받는 일은 너무나 나쁜 일이라고 생각하곤 했다. 하지만 시간은 우리를 성숙하게 만들어주곤 한다. 내 인생에 있어서 현재 내 모습을 만들어준 경험들은 다른 교회들과 다른 교파들을 만나는 것이었고, 이런 만남은 내게 연속되는 생각의 고리들을 남겨주었다. 나는 그 교파에 머물러 있기를 원해. 그렇지만 그 교파는 분명 문제들을 갖고 있어. 아니야, 나는 지금 내가 있는 곳을 좋아해. 나는 우리가 모두 동의할 수 있기를 원해. 내게 일어났던 일은 분명 전형적인 일들이었다. 다른 교파에 속한 기독교인들을 만나는 것은 우리 모두를 폭넓게 만들어주며 또한 우리에게 교회에 대해 새로운 방식으로 생각하게끔 도전한다.

다른 교파에 속해 있고 다른 주장들을 갖고 있는 기독교인들과 만나는 것은 나로 하여금 성경 안에 나타난 하나님의 계시가 얼마나 넓은 것인지를 깨닫게 해 주었고, 또한 그런 충만한 계시를 우리의 각기 다른 신학들을 통해 구조화하려고 시도하는 것이 얼마나 오류투성이가 될 수 있는지도 깨닫게 해 주었다. 이런 만남들은 또한 나의 확신도 강화시켜주었다. 왜냐하면 나는 하나님의 교회가 실질적으로 얼마나 큰지를 볼 수 있었기 때문이다. 무엇보다도 가장 중요한 것은 이런 만남은 나로 하여금 하나님께서 온 세상 가운데서 그분의 위대한 구원을 베푸신 것에 대해 감사하며 무릎 꿇을 수 있게 해준 것이었다.

결국 나의 교회는 하나님께서 사람들을 그분께로 데려오시는 거대한 역사중 작은 한 일부분에 불과할 뿐이다. 내가 하나님께 감사하는 것 이외에, 그리고 하나님께서 다른 곳들에서 역사하고 계신 것에 대해 용납하는 것 이외에 도대체 내가 할 수 있는 일이 무엇이란 말인가? 도대체 우리가 어떻게 누군가를 향해 당신이 하나님께 받아들여지려면 우리 교파에 들어와야만 한다고 요구할 수 있단 말인가?

갈라디아서 3:1-5

1 어리석도다 갈라디아 사람들아 예수 그리스
도께서 십자가에 못 박히신 것이 너희 눈 앞
에 밝히 보이거늘 누가 너희를 꾀더냐
2 내가 너희에게서 다만 이것을 알려 하노니
너희가 성령을 받은 것이 율법의 행위로냐
혹은 듣고 믿음으로냐
3 너희가 이같이 어리석으냐 성령으로 시작하
였다가 이제는 육체로 마치겠느냐
4 너희가 이같이 많은 괴로움을 헛되이 받았느
냐 과연 헛되냐
5 너희에게 성령을 주시고 너희 가운데서 능력
을 행하시는 이의 일이 율법의 행위에서냐
혹은 듣고 믿음에서냐

원 의미

상당히 많은 다수의 학자들은 주요 섹션이 3:1에서 시작해서 4:31에서 끝나는 것으로 본다. 대부분의 학자들은 이 섹션이 바울의 신학적 주장을 담고 있는 것으로 간주한다. 나는 이 섹션 아웃라인 부분에서 "자신의 메시지에 대한 바울의 신학적 변호"라고 제목을 붙였다. 더욱이 대부분의 신학자들은 3:1-5 부분이 전체 섹션이 다루는 본질적 주장을 표현하고 있는 것으로 간주한다. 그래서 나는 이 구절들에 대해서 "주제 진술"이라고 제목을 붙였다. 하지만 흥미롭게도, 바울은 자신의 주제를 일련의 수사학적 질문들을 통해서 "진술"하고 있으며, 또한 주제 그 자체는 각각의 질문에 대한 너무나 명확한 대답 안에서 찾아 볼 수 있다.

예를 들어, 바울은 2절에서 질문한다, "내가 너희에게서 다만 이것을 알려 한다. 너희가 성령을 받은 것이 율법의 행위로냐, 혹은 듣고 믿음으로냐?" 이 질문에 대한 대답은 바울에 의하자면 "듣고 믿음으로"가 되어야만 한다. 그리고 이 대답이 함축하는 바는 성령님께서 한 사람에게 오시는 것은 그 사람이 예수 그리스도에 대한 메시지를 믿을 때 혹은 복종할 때라는 점이다.

이 첫 번째 단락은 바울의 다른 신학적 주장들에서는 흔히 찾아볼 수 없는 또다른 특징을 갖고 있다. 즉 전체 단락을 전개함에 있어서 경험을 통한 주장을 전개방식으로 취하고 있다는 점이다. 바울은 여기에서 논리나 혹은 성경본문상의 근거에 호소하지 않고, 갈라디아 성도들의 회심경험과 기독교인의 삶에 대한 경험에 호소한다. 근본적으로, 바울은 "어떻게 신앙적인 일들이 너희에게 일어났는가? 이런 일들이 너희들이 모세의 율법에 속했기 때문에 벌어진 것인가? 혹은 이런 일들이 그리스도에 대한 믿음을 통해 생겨난 것인가?"라고 묻는다. 그렇기에 바울의 호소는 그들의 경험에 대한 호소이며, 그는 바로 이런 경험으로부터 시작해서 신학적 교훈으로 나아가는 방식을 취하고 있다. 내가 "경험"을 통해서라고 말하는 것은 갈라디아 성도들에게 이미 벌어졌던 구체적 사건들과 실체들을 의미하는 것이며, 갈라디아 성도들은 이런 사건들과 실체들이 어떤 의미인지 알고 있었다는 것을 의미한다. 나는 그들이 관찰했고, 경험했고, 느꼈고, 생각했던 일들에 대해서 말하고자 한다.

지금 이 단락은 두 부분으로 나눌 수 있다.

1. 바울의 개인적인 질문(1절)

2. 경험에 대한 바울의 질문(2-5절)

이 두 번째 부분은 네 개의 질문을 담고 있다. (1) 시작에 관한 질문(2절), (2) 완성에 관한 질문(3절), (3) 박해에 관한 질문(4절), 기적들에 관한 질문(5절). 우리는 이 질문들 각각에 대해 차례대로 살펴볼 필요가 있다.

바울의 개인적인 질문(1절). 이 섹션의 "첫머리"인 "어리석도다 너희 갈라디아인들이여!"라는 표현은 친구를 사귀려는 의도를 갖고 있는 것은 아니다. 그러나 이 표현이 개인적인 욕설로 받아들여진 것은 아니었으므로, 사도적인 지도자에게 적절치 않다고 볼 필요도 없다. 1:1-9에 대한 주석부분에서 이미 내가 언급했던 것처럼, 당시에는 논쟁을 벌일 때 허용되던 언어의 범위가, 오늘날보다는 훨씬 더 크고 광범위했었다. "이름을 부르는"것이나 열띤 수사적 표현들은 그것이 세례 요한의 입에서 나왔건(마 3:7-10), 예수님의 입에서 나왔건(마 23장; 눅 24:25), 야고보의 입에서 나왔건(약 4:1-12; 4:13-5:6) 혹은 성경 다른 곳에서 바울의 입에서 나왔건 간에(고후 10-13장), 신약성경 다른 부분들에서 얼마든지 찾아볼 수 있다. 비록 우리가 이런 측면에 대해 바울을 흉내내지는 않겠지만, 우리는 지금과는 사뭇 다르고 당시에 충분히 수용되던 수사적 표현 형태들을 볼 수 있다.

어리석다는 용어는 바울의 요점을 잘 잡아내준다. 그들은 그리스도 안에서 주어지는 하나님의 은혜라는 바울의 메시지를 받아들였다가 다시금 유대주의자들의 모세-복음에 자신들을 굴복시키는 모습을 보여주었는데, 이는 비논리적[1]인 모습이었다. 대부분의 사람들은 과연 바울이 여기에서 진지하게 "누가"에 관심을 두고 있었는지에 대해 의문을 품는다. 왜냐하면 바울은 이미 이 질문에 대한 대답을 알고 있었기 때문이다. 유대주의자들. 도리어, 그의 질문은 뒤이어 나오는 선포를 준비하기 위한 수사적 질문이었다. "예수 그리스도께서 십자가에 못박히신 것[2]을 배운 이후에 어떻게 너희가 그렇게 어리석게 되었느냐!"[3]

예수 그리스도에 대해 바울이 이해한 중심적 메시지는 십자가에 못박히신 것이었다. 현대인들에게 혐오스럽게 다가오는 것이, 그가 관심을 기울이던 중심 내용이었다.[4] 바울에게 있어서, 십자가는 현재의 악한 세대로부터(1:4) 건져내주며, 율법을 죽이며, 그래서 율법의 주권을 종결시키며(2:19-20; 4:5), 그래서 우리가 율법, 죄악, 이 세상에 대해서 죽을 수 있게 해준다(5:24; 6:14). 그리스도의 십자가는 우리를 의롭게 해주고(2:21), 우리의 죄를 사하고(3:10-14), 민족주의적인 유대교를 끝장내 버리신다(2:19-20). 갈라디아서에 기록되어 있는 십자가를 통해 성취된 이런 인상 깊은 목록들을 통해서, 우리는 바울이 그리스도의 십자가와 관련해 유대주의자들에 반대하고 그리스도 편에 서서 주장하던 내용들을 하나로 묶어놓은 것을 볼 수 있다. 그렇기에 터툴리안(Tertullian)같은 초기 신약 신학자들이 십자가라는 상징을 발전시킨 것은 놀라운 일이 아니다. 터툴리안은 다음처럼 썼었다.

> 앞으로 나아가는 모든 걸음과 움직임마다,
> 나가고 들어가는 모든 일마다,
> 우리가 옷과 신발을 입을때에,
> 우리가 목욕할때에,
> 우리가 식탁에 앉을때에,
> 우리가 등불을 켤 때에,

---

1. 헬라어 단어는 *anoetai*이다. 이 단어의 기원은 교훈적의미이다. "지식없는" 혹은 "이성없는" 그렇기에, "비논리적인" 그리고 "분별력없는"이라는 의미이다. R. N. Longenecker, *Galatians*, 99를 보라.
2. 여기에서의 헬라어 단어는 *ebaskanen*, "멍청해지다" 혹은 "어리석어지다"이다. 이 단어는 문자적으로는 마술에 의해 홀려진 상황을 묘사하는 것이지만, 학자들 사이에서는 이 단어가 여기에서 좀 더 은유적으로 "바보가 되다"를 뜻하는 것인지 아니면 문자 그대로 "홀리다, 멍청해지다"를 의미하는지를 두고 논쟁이 있다. 이 논쟁과 관련해서는, R. N. Longenecker, *Galatians*, 100을 보라.
3. NIV성경에서는 이 부분을 두 개의 문장(질문, 서술)으로 번역했지만, 헬라어 원문의 구조는 한 문장이다(질문이 있고, 분명 그리스도의 십자가 고난을 묘사하는 긴 종속절이 붙여있다). 질문을 종속절로부터 분리해서 두 개의 문장으로 만드는 것을 통해서, NIV는 독자로 하여금 이 질문에 대해 좀 더 구체적 질문을 찾아보게끔 이끈다.
4. 그리스도의 십자가에 관해 쓰여진 아주 놀라운 책으로 J. R. W. Scott, *The Cross of Christ*(Downers Grove, Ill.: InterVarsity Press, 1986)가 있다. 고대 사회의 십자가에 관해서 세심하게 묘사한 내용은 M. Hengel, *Crucifixion*(Philadelphia: Fortress, 1977)에서 찾아볼 수 있다.

의자에 앉거나 누울때에,
일상생활에서 이루어지는 모든 평범한 행동 속에서,
우리는 [십자가] 앞으로 나아간다.[5]

존 스토트는 이에 대해서 잘 이야기한다. "이렇게 말할 수 있다, 십자가없는 기독교는 존재하지 않는다. 만약 십자가가 우리 종교의 중심이 아니라면, 우리 종교는 예수님의 종교가 아니다."[6]

바울이 1절에서 말하고 있는 것이 무엇이건간에—사건이 공개적이었다는 것이건 아니면 그 사건이 매우 인상 깊었다는 것이건[7]— 이 사건은 분명 부정할 수 없는 경험이었다. 바울은 갈라디아에서 처음 복음을 설교하기 시작했던 것이, 기념비적이고 매우 강력한 경험이었다는 것을 알고 있었다. 그는 나중에도 동일한 사건을 회상하면서 "너희들이 마치 내가 하나님의 천사인것처럼 환영했었고, 내가 예수 그리스도 그분인 것처럼 환영했었다"라고 말한다. 그런 뒤 그는 계속 이어서 묻는다. "너희 복이 지금 어디 있느냐?(4:14-15)" 나는 이 경험과 그들의 회심 경험이 매우 강렬했기 때문에, 바울이 제일 먼저 이 사건에 대해 호소했을 것이라 생각한다. "바울이 그들에게 전했던 복음은 매우 공개적으로 분명하게 선포되었다. 그렇기에 바울은 그의 회심자들이 이 사건의 중요성을 알지 못하고 또한 이 사건이 함축하는 바를 깨닫지 못하고 있다는 점을 보면서 어쩔줄 몰라했고, 그래서 이 질문을 먼저 제시했다."[8]

경험에 대한 바울의 질문(2-5절). 바울은 이제 일련의 질문들을 던지는데, 이 질문들은 기독교적인 신앙 성장에 있어서 초기부터 후기의 경험으로 점차 진행되는 과정을 담고 있는 것으로 보인다.

---

5. 나는 이 인용을 J. W. Stott, *The Cross of Christ*, 21에서 얻었다. 이 내용은 Tertullian, *De Corona* 3장에서부터 나온 것이다. 전체 문단은 기독교 관습과 의례들의 발전속에서 전승이 갖는 중요성에 관한 내용을 다루고 있다. 논문은 *Latin Christianity: Its Founder, Tertullian*(Ante-Nicene Fathers, 3권, trans. and ed. A. C. Coxe: Grand Rapids: Eerdmans, 1980 reprint), 94-95에서 찾아볼 수 있다.
6. Stott, *The Cross of Christ*, 68.
7. 이 논쟁은 *proegraphe*라는 용어와 관련된 것이고, 이 용어가 "공개적으로 선포했다"를 뜻하는지 아니면 "공개적으로 묘사했다"를 뜻하는지에 관한 것이다. H. D. Betz는 이 용어의 어근이 수사학적 배경을 갖고 있다는 것을 매우 설득력있게 주장했으며, 그렇기에 이 단어는 "묘사했다"를 뜻한다고 주장한다. 그러므로 이 단어는 설교의 "공개적 성격"과는 관련성이 적고, 그보다는 설교가 갖는 "인상 깊은 성격"과 좀 더 관련성을 갖고 있다고 할 수 있다(그의 *Galatians*, 131-32를 보라).
8. R. N. Longenecker, *Galatians*, 101.

시작에 관한 질문(2절). 그는 그들의 첫 번째 경험에 대해서, 그들이 기독교인이 되기 시작했던 것에 대해서, 그들의 회심에 대해서 다루는 것부터 시작한다. 바울은 도입부적인 표현은 거의 사용하지 않고 일면 단도직입적인 모습을 보여준다. "내가 너희에게서 다만 이것 한 가지만을 알고자 한다" 우리는 이 "한 가지"가 미끼였으며, 만약 그들이 이 미끼를 물면 바울이 줄줄이 잡아당겨 올릴 것이고, 그들은 "유대주의화하고 있는 기독교"라는 물에서 바울과 이에 관해 이야기하면서 그들의 모든 시간을 사용하게 할 것임을 알고 있다. 바울은 만약 자신이 그들로 하여금 이 질문에 대해 정직하게 대답하게끔하고 그래서 적절하게 대답하게끔 한다면, 그들은 유대주의자들을 포기해야만 하게 될 것이고 다시금 그들이 원래 참여하고 있던 자신의 그룹으로 참여하게 될 것임을 알고 있었다.

그의 질문은 무엇인가? "너희는 성령을 율법을 지킴으로써 받았는가, 아니면 너희가 들은 것을 믿음으로써 받았는가?" 여기에서 바울은 그들이 처음 시작할 때의 경험, 아마도 카리스마틱하게 성령의 임재하심을 누렸던 경험에 어필하고 있다. 그리고 그는 알고자 한다. 그들이 어떻게 성령을 받았는가? 모세에 복종하는 것을 통해서인가 아니면 믿음의 복음에 복종하는 것을 통해서인가? 이 질문들에 대답하기에 앞서, 우리는 잠시 멈춰서서 "성령을 받다"라는 표현에 대해 생각할 필요가 있다.

바울에게 있어서 성령을 받는다는 것은 기독교인임을 분명히 보여주는 특징이다. 기독교인이 된다는 것은 성령님께서 내주하시는 자가 된다는 것이고, 성령님께서 내주하신다는 것은 기독교인이 된다는 것을 의미한다(참고. 롬 8:9-11). 하나님의 성령은 기독교인에 대한 정의이다.[9] 바울은 기독교인이 되는 처음 시작부분은 성령님과 더불어 시작된다고 말하며(3절), 또한 하나님께서 기독교인에게 성령님을 통해서 역사하신다고 주장한다(5절). 믿음은 아브라함의 축복을 가져오며, 이 축복은 "성령님에 대한 약속"이다(14절). 뒤에서, 그는 진정한 하나님의 자녀들은 성령님을 받은 사람들이라고 말하며, 이들은 하나님을 "아바, 아버지"라고 부른다고 말한다(4:6).

바울이 여기에서 말하고 있는 것은 경험에 관한 것일 수도 있고, 특히나 다름아니라 카리스마틱한 경험에 관한 것일 수 있다. 그러나 이는 그리스도에 대한 믿음

9. 바울 신학에 있어서 성령님에 관한 내용은 D. Guthrie, *New Testament Theology*(Downers Grove, Ill.: InterVarsity Press, 1981), 549-66; G. E. Ladd, *A Theology of the New Testament*(Grand Rapids: Eerdmans, 1974), 479-94, 511-30, 541-43을 보라.

이후에 뒤따라 나오는 그런 경험은 아니다. 바울에게 있어서, 그리스도에 대한 믿음이란, 하나님의 성령님을 선물 받는 것을 의미한다. 이처럼 성령님을 받는 것은, 율법 시대를 끝내준다. 아브라함의 약속은 성령님에 대한 약속이며(3:14), 율법이 자신이 해야 할 역할을 다 했을 때, 하나님께서는 그분의 성령님을 보내셨다(4:4-6). 그러므로 성령안에 거하는 자들은 율법아래 있지 않다는 것이 의미가 닿게 된다(5:18).

우리는 방금 전에 위에서 성령님을 받는 것이 아마도 "카리스마틱"한 것이었을 것이라고 주석했는데, 이에 대해서는 잠시 설명할 필요가 있다. 내가 "카리스마틱"이라는 표현을 사용한 것은 그저 단순하게 성령님의 임재하심을 보여주는 증표들로서 갈라디아 성도들이 방언을 했거나, 기적을 행했거나, 혹은 예언을 했다는 것을 의미한다. 초대교회 역사가들은 성령님의 임재로인해 벌어졌던 수많은 카리스마틱한 행동들에 대해서 잘 알고 있었으며, 우리는 이에 대한 증거를 사도행전에서 찾아 볼 수 있고(참고. 행 2-3장; 8장; 10장; 18장) 또한 고린도에서 일어난 논쟁들 속에서도 찾아볼 수 있다(참고. 고전 12-14장). 카리스마틱한 현상들은, 초대교회에서는 독특한 것도 아니었고 놀라운 것도 아니었다.[10] 그러므로, 갈라디아에서는 카리스마틱한 경험들을 기독교인의 특징으로 이야기하거나 혹은 이런 현상들에 대해 제시하는 것은 놀라운 일이 아니었을 것이다. 더군다나, 5절에서 바울은 기적들이 갈라디아에서 일어나고 있다는 것을 확인해준다. "너희에게 성령을 주시고 너희 가운데서 기적을 행하시는 일이…?" 이 부분에는 기적들이 나타나고 있다는 것에 대해서는 아무 의문도 제기되지 않는다. 이제 아래에서 살펴보겠지만, 논쟁은 이런 기적들의 근원이 어디에 있느냐는 것이었다—모세로부터 행위를 통해서 나타나는 것인가, 아니면 하나님의 성령으로부터 믿음을 통해서 나타나는 것인가? 그리고 "성령을 주시는 것"과 "기적을 행하시는 것"이 얼마나 밀접하게 연관되어 있는지도 살펴보라. 마지막으로, "아바, 아버지"라고 부르짖는 것은 황홀경을 경험하는 것이거나 혹은 영적인 말들(4:6)을 표현한 것일 수도 있다.[11] 그러므로, 나는 바울이 어필한 것이 그들이 성령을 받던 회심 경험에 대해서만이 아니라 이 경험이 또한 카리스마틱한 것이었고 그렇기에 특별히 기억할만한 경험이었다는 입장을 갖는다.

---

10. 특히 J. D. G. Dunn, *Jesus and the Spirit: A Study of the Religious and Charismatic Experience of Jesus and the First Christians as Reflected in the New Testament*(Philadelphia: Westminster, 1975)를 보라.
11. ibid., 239-42를 보라.

하지만 여기서의 진짜 이슈는 경험적인 것에 관한 것이 아니다. 경험은 당연한 것이었다. 이슈는 어떻게 이 경험이 일어났으며, 도대체 무엇이 이 경험을 유발시켰는가라는 것이었다. 그 경험이 "율법을 지킴으로써" 일어난 것인가, 아니면 "네가 들은 것을 믿음으로써" 일어난 것인가? 이 두 가지 옵션들에 관해 논의함에 있어서, 우리는 이 논의가 지금 우리가 살펴보고 있는 네 개의 질문 각각과 관련해 매우 중요한 이슈에 대해 다루고 있음을 알 수 있다.

첫째로, "율법을 지키는 것"이라는 번역은 "율법의 행위로부터[혹은 율법의 행위에 토대를 두고]"를 풍성하게 번역한 것이다. 이미 내가 종종 살펴본 것처럼(그리고 앞으로도 계속해서 그렇게 하겠지만), 이 표현은 모세의 율법을 지키는 행동을 묘사한다. 이 표현은 하나님께 받아들여지는 것은 물론 그리스도를 통해서 올 수도 있긴 하지만, 그러나 모세의 특정한 율법들을 지키고 복종하는 것에 달려 있다는 고백을 표현하기 위해 행해지는 행동을 묘사한다. 다름 아니라 바로 이런 행동은 문화적 제국주의를 내재하고 있는 행동이며, 그리스도의 충족성을 부인하는 행동이다.

지금 바울은 만약 갈라디아 성도들이 자신들의 개인적인 신앙역사들을 그저 회상해보기만 한다면, 그들은 금방 (1) 그들은 바울이 처음으로 그들을 목회하고 있을 동안에 성령을 받았으며, (2) 그들은 예수 그리스도를 믿고 자기자신들을 그분께 복종했을때에 성령님을 받았으며, (3) 그들이 유대주의자들로부터 모세의 규정들에 대해 배운 것은 나중의 일이었으며, (4) 그들이 무모하게 모세의 종교에 뛰어든것이 성령님에 대한 경험과 기적의 존재를 제거하는 것은 아니지만(5절), 그러나 그들이 유대주의자들의 메시지를 받아들였을 때 더 이상 아무런 진보가 나타나지 않았다는 사실을 발견하게 될 것이라고 주장한다. 그러므로, 바울은 설득한다, 유대주의자들의 복음을 포기하고 계속해서 복음의 진리가운데 행하는 것이 가장 좋은 것이라고 말이다.

둘째로, "네가 들었던 것을 믿는 것을 통해서"라는 표현은 문자적으로 보자면 "믿음을 들은 것으로부터"에 대한 번역이다. 바울은 언급한다, 이것이 그들이 어떻게 성령을 받았는가에 관한 것이라고 말이다. 학자들은 이 표현이 (1) "믿음의 필요성에 대해 들은 것"을 의미하는지 (2) "네가 들었던 것[복음]을 믿는 것"을 의미하는 것인지, 혹은 (3) "듣는 것, 즉 믿음"[12]을 의미하는 것인지에 대해 의견이 분분하

12. 좀 더 많은 논의를 보려면, R. N. Longenecker, *Galatians*, 102-3을 보라.

다. 나는 두 번째나 혹은 세 번째 옵션을 선호하는 편인데—이 둘 사이의 차이점은 미미하다고 할 수 있다—여하튼 나는 확신한다. 지금 바울이 염두에 두고 있는 이슈는 모세에 헌신하는 것(율법의 행위)에 기초를 두고 있는 종교적 삶과, 믿음과 그리스도께 복종하는 것(네가 들은 것을 믿는 것)에 토대를 두고 있는 삶, 이 두 가지 사이의 절대적인 대조라고 말이다.

바울이 알고자 하는 바로 이 "한 가지"는 이제 지금은 갈라디아 성도들이 자각할 수 있는 그런 수준으로 제시되고 있다. 만약 그들이 믿음을 통해서 성령을 받은 것이었다면, 그렇다면 지금 그들 자신을 유대주의자들이 말하는 율법에 묶어두고 있는 것은 분명 틀린 일이다. 만약 그들이 율법을 지키는 것을 통해 성령을 받았다면, 그렇다면 바울이 틀린 것이고 유대주의자들이 옳은 것이다. 그러나 바울은 알고 있다. 갈라디아 성도들이 유대주의자들이 도착하기 훨씬 이전에 이미 성령을 받았으며, 그렇기에 그들은 자신들이 믿음을 통해 성령을 받았다는 사실을 바로 지금 인정해야만 한다는 사실을 말이다. 여기에서 논쟁은 효율적으로 끝이 난다. 바울이 이겼다. 바울은 자신의 편지를 지금 이 부분에서 끝낼 수 있다. 하지만 그는 그렇게 하지 않는다. 그렇기에 우리 역시 계속 이 논의를 진행해 나가야만 한다.

완성에 관한 질문(3절). 다른 훌륭한 논쟁자들과 마찬가지로, 바울 역시 독자들이 자신에게 동의하고 맞장구를 칠 것이라고 확신했기 때문에, 그는 확신을 갖고 시작한다. "성령으로 시작한 이후에." 이 확신은 그가 앞에서 했던 주장을 통해 바로 잡은 내용에 토대를 두고 있다. 그들이 성령으로 시작했었다고 확신한 이후에, 바울은 이제 그들이 "인간의 노력을 통해" 완벽 혹은 완전[13]을 찾으려 할 것인지에 대해 알고자 한다. 여기에서 나는 NIV 성경 번역에 대해 분명하게 반대 입장을 개진해야만 할 것 같다. NIV에서는 헬라어 단어 *sarki*("육체를 통해서")를 "인간의 노력을 통해서"라고 번역했다. 이 번역은 불행하게도 독자로 하여금 이 이슈가 "노력"(즉, 공로를 추구하는)과 "비노력"(즉, 믿음)간의 대결인 것처럼 생각하게 만든

---

13. 이 용어는 학자들 사이에 논쟁을 불러일으켰다. 이 단어는 수동태(너희 자신 바깥에 있는 무언가를 통해서 "너희는 완전해 지고 있는가?")인가, 아니면 중간태("너희는 할례와 다른 모세의 규례들을 통해 너희 자신을 완전하게 만들려고 노력하고 있느냐?")인가? 이 동사가 중간태라 할찌라도, 지금은 대부분 이것이 재귀적인 것("자기자신을 완전하게 하다")은 아니라고 주장한다. 그보다는 자동사적인 중간태("완벽함을 얻다")라고 본다. 그리고 F. F. Bruce가 번역한 것처럼, 이는 또한 능동적인 것이기도 하다. "너희는 완벽을 얻고자 노력하고 있느냐." 이런 "완벽"은 역사적이고 사회적인 정황에서 이해되어야만 한다. 의심할 여지없이, 유대주의자들은 바울의 복음이 아무리 좋다고 하더라도 하나님께서 의도하신 충만함에는 무언가가 부족하다고 주장했다. 이런 충만함은 한 사람이 그리스도를 믿는 것만이 아니라 모세의 율법에 복종하고 유대교로 귀화할 때 얻을 수 있다. 그러므로 완벽이란 유대민족화하는 것이다.

다. 이는 "육체"와 "믿음" 양자의 중요성을 오해하는 것이고, 결국 유대주의자들에게 있어서 율법이 어떤 기능과 역할을 하는 것인지를 잘 생각하지 못하게끔 한다.

도리어 바울이 마음에 두고 있었던 것은 오직 그리스도의 역사하심과 성령의 권능에만 토대를 두어야하는데, 그렇게 하지 않는 의미에서의 "육체"이다.[14] "육체"가운데 거하는 것은 성령님을 무시하는 것이다. 그리고 지금 이 정황에서는 바울은 부분적으로는 할례를 생각하고 있었던 것일 수도 있다. 할례는 육체가운데서 행하는 중요한 종교적 행위였고, 또한 개종자가 자신의 믿음과 복종을 완성적으로 혹은 완벽하게 보여줄 수 있는 행동이었기 때문이다. 여기에서 바울의 생각을 사로잡고 있던 것은 그가 다른 여러 곳들에서 사용했던 육체라는 단어의 개념이다. 성령과 육체라는 전혀 다른 두 가지 영역은 4:23과 29절에 나오는 바울의 메시지와 비슷하게, 한 사람이 선택하는 전혀 다른 두 가지 지배력이며, 또한 서로 다른 두 시대를 나누고 갈라주는 기준이기도 하다.

두 시대(그리스도 이전과 이후), 두 개의 세계들이 서로를 향해 싸운다는 것이 이슈였다(5:16-18). 이는 바울이 "육체"에 속한 삶을 율법하에 있는 삶으로 간주한다는 것을 의미한다. 이는 유대교의 운명 같은 양상이다. 바울은 율법과 육체 이 두 가지가 서로 상응하는 모습이고, 그리스도와 성령님께서 이 두 가지에 반대되는 것으로 간주한다. 3:3에서 "육체"에 반대되는 것은 "믿음"이 아니다. 마치 그가 노력이나 용납에 대해 이야기하고 있는 것처럼 말이다. 도리어 그 반대 개념은 성령님이다. 유대주의자들이 갖고 있는 관점으로 화제를 옮겨가면서, 바울은 주장한다, 갈라디아 성도들은 "육체"가운데서 사는 삶을 선택했고, 따라서 그리스도의 죽으심을 통해 시작된 새로운 시대인 성령안에서 사는 시대를 누리겠다던 그들의 주장을 철회하고 있다고 주장한다.

박해에 관한 질문(4절). 세 번째 질문은 갈라디아 회심자들이 박해안에서 가졌던 초기 경험들에 관한 내용을 담고 있다. 바울이 생각하고 있는 바는 간단하다. 그들이 그리스도께 회심한 이후에(바울이 전한 복음에 의해서), 갈라디아 교회의 회심자들은 다른 사람들로부터 박해를 경험했다(아마도 유대인들의 손에 의해, 또한 아마도 유대주의자들로부터; 4:29을 보라). 지금 바울은 묻는다, "너희는 헛되이 그렇게 많이 고통을 당했는가?" 달리 말하자면, 너희는 그렇게 쉽게 유대교로 곧장 옮겨가버렸는가, 마치 너희가 그리스도께 회심했을 때 만났던 박해를 전혀 경

14. J. M. G. Barclay, *Obeying the Truth*, 203-9; F. F. Bruce, *Galatians*, 149를 보라.

험하지 않았던 것처럼 말이다. 만약 너희가 기독교인으로서 고통당한다면, 그것은 의미 있고 중요한 일이다. 그러나 만약 너희가 기독교인으로서 고통당하고 그런뒤 유대교로 개종해버리면서 그 고통을 저 멀리 던져버린다면, 기독교인으로서 받은 너희의 고통은 아무것도 아닌 것이 될 것이다. 그러므로 그는 묻는다. 이 모든 것들이 쓸데없는 헛고생이었단 말인가? 바울은 갈라디아 성도들을 부끄러워하고 있을뿐만 아니라, 동시에 그가 늘 주장하던 내용(4:29; 5:11을 보라) 즉, 박해받는 자들은 옳은 데 속해 있고 박해하는 자들은 틀린데 속해있다는 주장에 호소하고 있다.

기적들에 대한 질문(5절). 바울의 마지막 질문은 단순하다. "하나님께서 너희에게 성령을 주시고 너희 가운데서 기적들을 행하신 것이 너희가 율법을 지켰기 때문인가(즉, 율법의 행위에 토대를 두고서인가; 위를 보라) 아니면, 너희가 들은 것을 너희가 믿었기 때문인가?" 의미는 전혀 바뀌지 않았다. 이것이 그리스도에 대한 복종을 통해서인가 아니면 모세에 대한 헌신을 통해서인가. 하지만 표현은 바뀌었다. 지금은 성령을 받는 것에 대해서가 아니라, 기적들이 나타나는 것에 대해서이다. 갈라디아 성도들은 하나님의 권능이 그들 가운데서 행하신 역사들을 잘 알고 있었다. 그들은 의심할 여지없이 그들의 "능력 있는 복음전도"를 자랑스러워하고 있었다. 하지만 바울은 캐어묻는다. 무엇이 하나님의 권능을 가져왔는가? 갈라디아 성도들은 지금까지 이에 대해 부끄러워하면서 숨기고 있어야만 했거나 혹은 성경에 호소하면서 유대주의자들의 논박들에 대해 계속해서 대응해왔어야만 했다.

바울은 여기에서 왕성한 논쟁적 주장들을 펼쳐나갔으며, 이는 갈라디아 성도들에게 상당한 호소력을 갖고 있었다. 왜냐하면 이 주장은 그들의 경험에서부터 나온 것이기 때문이다. 그들의 경험은 모든 면에서 바울의 메시지를 확인해주며, 유대주의자들의 메시지와는 반대이다. 하나님의 성령은 믿음을 통해서 우리에게 오시고 우리와 더불어 거주하신다. 하나님의 성령은 "율법을 지키는 것"과는 아무 상관도 없으시다.

상황잇기

이 섹션이 전적으로 경험에 호소하고 있는 만큼 경험과 더불어 시작하는 것이 가장 좋을 것이다. 우리는 우리 삶속에서 어떤 경험들이 파워풀한지를 관찰해보는 것을 통해 시작하고자 한다. 모든 경험들이 다 파워풀하거나 삶을 바꾸는 것이 아니라 일부 경험들만이 그렇다. 나는 여기에서 오직 삶속에서 우리를 바꾸어주는 중요한 몇몇 경험들에 대해서만 살펴보고 관심을 두고자 한다. 이런 경험들에는 분명 우리가 성공하던 순간들, 야구에서의 특별한 재능이나 혹은 복잡한 수학 문제를 풀어내는 재능 같은 특별한 재능들을 발견해내던 것, 몸이 성장할 때의 특별한 경험들, 결혼, 직업 선택이나 그 직업에서의 첫째 경력, 직장을 바꾸는 것, 암등과 같이 심각한 질병이 있는 것을 발견한 것, 삶의 야망에 대해 성공하거나 실패했던 특별한 시간들, 우리가 늙어가고 있다는 것을 강하게 체험하게 되는 정말 몇 안 되는 순간들 등을 포함할 것이다. 이런 경험들에 덧붙여서 많은 사람들에게 있어서 좀 더 강력한 경험들 중 하나는 종교적 회심이다.

종교적 회심은 우리의 과거들을 변화시켜 줄 뿐만 아니라 우리의 미래를 형성해준다. 종교적 회심을 통해서 우리는 우리의 죄악에도 불구하고 하나님 사랑의 선하심에 대해서, 이 세상을 향해 하나님께서 원하시는 바에 대해서, 그런 하나님의 바램에 대해 우리가 어떻게 해야 하는지에 대해서, 종교적 공동체의 중요성등에 대해서 깨닫게 되고 소통하게 된다. 많은 교회들에서 기독교인들은 자신들의 회심 경험을 다시 이야기하는 것을 좋아하며, 일부 교회들에서는 매주 삶속에서 누린 이런 경험들에 대해 간증할 수 있는 시간을 만들어주기도 한다.

종교적 경험은 이처럼 매우 강력한 경험이기 때문에, 매우 상당한 설득력과 호소력을 가질 수 있다. 바울은 갈라디아 성도들을 향해 정확하게 바로 이런 일을 하고 있다. 그는 그들의 회심이 강력한 경험이었음을 알고 있었다. 그는 그때 그곳에 있었고, 또한 그들을 변형시켰던 복음을 전해준 장본인이었다(4:12-16). 실제로 그는 그들 경험의 단순명료함을 잘 알고 있었고 또한 그렇기에 거기에 호소할 수 있었다. 그 경험은 하나님의 은혜를 통해서 오직 그리스도를 향한 믿음을 통해서 하나님께 받아들여진다는 선포의 결과로서 유발되고 일어났다. 그들은 진정으로 믿었고 그래서 하나님의 성령께서 강력하게 역사하시는 것을 경험했으며, 죄를 용서해주시는 그분의 사랑을 경험했었다. 우리는 갈라디아 사람들이 자신들이 그리스도안에서 발견한 새로운 삶을 회상할 때마다, 그들 자신의 회심 경험에 대해 계속적으로 반복해서 이야기했다는 것을 의심할 수 없다.

우리가 깨닫고 인식해야 하는 점은 그런 경험들이 삶에서 매우 강력한 것이었고, 마치 사실이 아닌 것처럼 결코 부정할 수 없다는 점이다. 우리는 그런 일들이 벌어지지 않았던 척할 수 없고, 우리는 그런 경험들을 없애버릴 수도 없다. 나는 십대 때 내 삶을 완전히 뒤집어 놓았던 일주일간의 캠프를 기억할 수 있다. 그 캠프 주간 이전에 나는 프로 운동선수가 되고자 했었지만, 그 캠프 주간이 지난 이후에는 나는 주님을 섬기는 자가 되기를 원하게 되었다. 운동선수가 되건 그렇지 않건 간에 말이다. 그 캠프 주간 이전에는 나는 그저 드문드문 성경을 읽었고, 거의 기도하지 않았고, 교회에도 마음이 별로 가 있지 않았었다. 나는 기독교 공동체에 그리 큰 가치를 두지 않았었고, 내 삶을 향한 하나님의 뜻에 대해서 내가 알아야 할 가장 중요한 것이라는 생각도 해본 적이 없었다. 그러나 그 캠프 주간이 지난 이후에, 모든 것들이 다 변했다. 나는 기도하는데, 성경을 읽는데, 다른 사람들을 가르치는데 내 삶을 바쳤다. 나는 성도들간의 교제가 정말로 가치 있을 뿐만 아니라 나의 성장과 책임성에 있어서 절대적인 기초가 된다는 것을 발견했다. 그리고 나는 삶에 있어서 가장 중요한 것은 하나님께서 내게 명령하시고 내게 맡기신 일을 행하는 것임을 알게 되었다.

나는 이런 경험들에 대해서 마치 엊그제 벌어진 일처럼 생생하게 기억한다. 나는 내가 그 아래서 기도했던 나무 색깔이 무엇인지도 기억한다. 나는 하나님께서 내게 말씀하시고자 보내셨던 선교사님이 나와 함께 농구경기를 했었던 농구장도 여전히 기억한다. 나는 "식당"에서 나던 냄새와 방에서 들려오던 소리들을 아직도 기억할 수 있다. 나는 내가 기거했던 작은 방의 냄새를 아직 기억할 수 있고, 또한 하나님의 사람이 내게 성경 말씀을 들려줄 때 느꼈던 감정들도 여전히 기억나며, 그때 들었던 성경본문중 하나가 에베소서 5:18이었다는 것도 기억난다. 그리고 나는 내 삶속에서 이 경험을 계속해서 반복적으로 나 자신에게 이야기하고 곱씹곤 했다—내가 의기소침했을 때, 내가 하나님께서 내게 무엇을 원하시는지에 대해 확신이 흔들릴 때, 내가 실패한 이후에 다시금 용기가 필요할 때. 하는 하나님 그분께서 마무리하실 일을 바로 그곳에서부터 시작하셨다는 것을 알고 있었다(빌 1:6). 나는 이 경험을 반복해서 다시 붙들고 또 붙들곤 했다. 이 경험이 나로 하여금 하나님께서 결코 나를 멀리 팽개치지 않으실 것이고 나와 더불어 일하실 것임을 알게 해주었기 때문이다. 이 경험은 매우 강력한 경험이었고, 내 삶을 형성하고 만들어주는데 큰 도움을 준 경험이었다. 이 경험은 나로 하여금 확신을 가지고 믿음의 교훈들을 발견할 수 있게끔 해 주었다.

그러나 우리는 또한 경험은 우리를 속일 수 있다는 것 역시 배웠다. 바울은 여기에서 모든 경험들을 정당화시키고 있는 것이 아니며, 또한 갈라디아 성도들의 모든 경험에 호소하고 있는 것도 아니다. 그는 여기에서 자신이 직접 목격했었고 너무나 잘 알고 있는 경험에 대해서 이야기하고 있으며, 또한 그는 그런 경험 중에서도 특정한 한 측면에 대해서만 호소하고 있다. 그러므로 경험들이 강력한 힘을 갖고 있다는 것이 사실이기는 하지만, 그런 강력한 힘이 오직 좋은 경험들에서만 나온다고 확신할 수 있는 것은 결코 아니다. 느낌이 좋기 때문에 그건 분명 옳은 것이라고 주장하는 팝송 가수에 동의하는 것은 결코 옳지 않다. 또한 바울은 중추적인 경험(그들의 회심)에 호소하는데, 이 경험은 많은 사람들이 목격했던 경험이다. 뿐만 아니라 이런 경험들에서는 바울이 주장하듯 믿음이 훨씬 우세하다. 왜냐하면 "율법의 행위"는 아직 나타나지도 않았기에 갈라디아 성도들에게는 옵션조차 될 수 없었기 때문이다. 그러므로 우리는 종종 우리 경험들을 늘어놓고 싶어하기도 하고, 다른 사람들의 경험들에 호소하고 싶은 생각을 갖기도 하지만, 그러나 우리가 정당하게 이렇게 경험들에 호소할 수 있는 경우는 오직 그 경험이 성경과 조화를 이루고 있거나 성경 안에서 제시하는 요점을 확인해주고 알려줄 때뿐이다.

바울은 자신의 신학적 주장을 제시함에 있어서 기꺼이 경험에 호소하고 있었다. 경험이 배제된 신학은 불모지일 뿐이고, 반면 신학이 없는 경험은 감정주의일 뿐이다. 참된 신학은 경험할 수 있는 무언가이어야만 하며, 경험은 신학적으로 건전할 필요가 있다. 지금 여기에서 내가 말하고 있는 것은 "황홀한 경험"이나 "방언"에 대해서만이 아니라, 청교도들이 "종교적 정서"(religious affections)라고 부르는 것에 대해서도 포함해서이다. 하나님의 사랑은 그저 단순히 아는 것만으로는 부족하다. 우리는 그것을 느껴야 하고, 인식해야 하고, 또한 하나님께서 우리의 전존재가 그분의 사랑에 싸이게 되는 것을 원하시므로 우리는 그 사랑을 통해 감동되어야만 한다.

패커는 하나님에 관한 자신의 매우 훌륭한 저서에서, 신학에 관하여 그리고 우리가 하나님에 알고 있는 복잡한 많은 내용에 관하여 썼다. 그러나 그는 자신의 저서 앞부분에서 "우리는 하나님을 아는 것은 지적이고 의지적인 관계성일뿐만 아니라 감정적 관계성이며, 또한 인격체들간의 깊은 관계는 이런 모든 것들을 겸비하지 않고는 이루어질 수 없다는 것을 결코 간과해서는 안된다"라고 말한다.[15] 파스칼(Pascal) 역시 말했다. "[벌거벗은] 하나님에 대한 지식은 그분의 사랑에서 너무나 멀리 떨어져 있다"(팡세 4.280). 나는 이 "하나님의 사랑"을 하나님에 대한 순전한 경험이라고 부르며, 이런 경험과 동떨어져서는 우리는 하나님을 알 수 없다. 그리고 나는 이런 경험이 기독교 신앙 전체에 있어서 매우 중요하다는 것을 말하고

15. J. I. Packer, *Knowing God* (Downers Grove, Ill.: InterVarsity Press, 1973), 35. 13-37페이지 전체는 지금 우리가 논의하고 있는 내용과 관련이 있다.

자 한다. 그리고 경험은 매우 결정적이기 때문에 우리는 경험에 호소할 수 있다. 그러나 우리는 그렇게 할 때 매우 조심스러워야만 한다. 왜냐하면 누군가가 경험했던 것이라해서 단순히 성경 본문과 부합하는 것만은 아니기 때문이다.

바울은 이 섹션을 경험에 대한 호소를 통해 시작한다. 그러나 이는 우리가 논쟁을 벌이거나 복음전도를 위한 변증을 할 때 경험에 호소하는 것을 통해 시작해야 한다는 것을 의미하는 것은 아니다. 바울은 지금 의식적으로 논리적 주장 체계를 시작하고 있는 것은 아니다. 그리고 이런 호소들을 통해서 그는 과거때만큼이나 지금도 효과적인 중요한 일을 행하고 있다. 그는 자신의 호소들을 수사학적 질문들에 토대를 두고 있다. 수사학적 질문들은 진짜로 몰라서 무언가를 묻는 질문들은 아니다. 왜냐하면 질문에 대한 대답들이 분명하기 때문이다. 대답이 너무 분명하기 때문에 아예 대답이 주어지지도 않기 때문이다. 이 질문은 독자(혹은 청중)로 하여금 의도된 정답에 독자 스스로 다다르게끔 하는 방식을 취한다. 정말로 중요한 것은 질문이 아니라 바로 이 정답이다. 바로 이런 이유로 인해서 나는 이 주석을 통해서 이 질문들 각각에 대한 대답들을 추정했었다. 바울은 자신이 제시하려는 바를 독자들이 잘 이해하고 잡아낼 것이라고 생각했었다.

이런 형태의 소통은 효과적인 방식이고 예전에는 우리가 지금 사용하는 것보다 좀 더 많이 사용되었던 방식이기도 하다. 대답을 해주지 않고 침묵하는 것은, 소리를 크게 내지는 않지만 실제로는 대답이 제공되는 상황을 만들어낸다. 이런 침묵은 청중(혹은 독자)로 하여금 대답에 대해서 깊이 생각하고 곰곰이 살펴보게끔 해준다. 아마도 다음의 몇 가지 수사학적 질문들은 우리가 갈라디아서를 적용함에 있어서 사용할 수 있을 것이다. 하나님께서는 당신의 도덕적 가이드로서 성령님을 주셨는가 아니면 율법을 주셨는가? 하나님의 성령은 당신의 삶을 인도하는 일에 있어서 충분한가 혹은 불충분한가? 하나님께서는 그분의 아들을 오직 한 나라만을 위해 보내셨는가 아니면 모든 사람을 위해 보내셨는가? 그분의 아들의 희생은 모든 사람을 위해 주어진 것인가 아니면 오직 백인들만을 위한 것인가? 하나님께서는 장애인들을 사용하시는가 아니면 건강한 사람들만을 사용하시는가? 우리가 오늘날 교회들을 둘러볼 때, 우리는 경제적으로 비슷한 집단을 보는가 아니면 비슷하지 않은 사람들 집단을 보는가? 우리 교회 안에는 경제적으로 서로 다른 계층들이 있는가? 하나님게서는 오직 남성만을 사용하시는가 아니면 여성들 역시 사용하시는가? 우리는 우리와 동일한 민족에게만 가고 있는가 아니면 다른 민족들에게도 가고 있는가? 우리는 복음의 진리에 대해서 복종하고 있는가 아니면 우리가 선호하는 복음에 대해서 복종하고 있는가?

현대적 의미

경험은 우리 모두의 삶에 있어서 결코 빠질 수 없는 부분이다. 만약 우리가 누군가의 기독교 신앙으로부터 경험을 제거해버리면서 마치 기독교가 비감성적이고 관찰 불가능하고 만져볼 수 없는 것 인척 한다면, 우리는 한 사람의 기독교 신앙에 대해 가장 중요한 측면을 벗겨버리는 것이다. 바울은 "성령님께서 증언하신다"는 것을 알고 있었으며(롬 8:16), 이는 요한도 마찬가지로 알고 있던 점이었다(요일 3:19-20; 5:10-11). 수많은 기독교인들이 하나님의 은혜를 경험해왔으며, 또한 그들은 자신들을 만나주신 분이 하나님이 아니라고 도저히 부정할 수 없는 경험들을 해왔다. 이 본문에서 사도 바울은 자신이 갈라디아 사람들에게 설교했을 때 그들이 경험했던 회심 경험에 대해 호소하고 있다. 우리는 기독교가 갖고 있는 이런 차원을 결코 부정해서는 안 된다. 그러나 우리는 모든 사람들이 동일한 한 가지 종류의 경험을 하는 것인양 몰아세워서도 안되고, 또한 모든 사람들이 회심했다는 증거로서 어떤 종류건 매우 강력한 경험을 해야만 한다고 요구해서도 안된다.[16]

나는 교회들이 성도들로 하여금 교회의 형제 자매들 앞에서 그들이 하나님과 더불어 누린 경험들에 대해서, 특별히 자신들의 회심 경험들에 대해서 고백하고 간증할 수 있는 기회를 제공하는 것이 매우 중요하다고 믿는다. 물론, 어떤 내용을 간증할 수 있는지에 대해서는 감독이 필요하기는 하겠지만(내가 지금 말하고 있는 것은 정신분석학자들이 "그룹 테라피"라고 말하는 것에 대해서가 아니다), 그러나 무슨 말들이 고백될 것인지에 대해 두려워하는 것은 아마도 너무 지나치게 염려하는 것이 아닐까 싶다. 개인적으로 자신의 스토리를 말하는 것은 유치원에서 발표회를 하는 것같은 일이 아니라, 우리 삶에서 매우 중요한 부분이다. 왜냐하면 만약 우리가 아무 스토리를 갖고 있지 않다면, 우린 아무 인생도 갖고 있지 않은 것이기 때문이다. 지금 내가 제안하고 있는 것은 기독교인들이 자신들의 이야기와 자신들의 경험들을 되풀이해서 이야기할 수 있게끔 격려해 주어야만 한다는 것이다.

---

16. 다양한 회심 경험들에 관한 설명들을 보려면, H. T. Kerr and J. M. Mulder, *Conversions: The Christian Experience*(Grand Rapids: Eerdmans, 1983), xiii-xv을 보라.

다른 사람들의 경험을 아는 것 역시 우리로 하여금 그들을 이해하는데 도움을 줄 수 있을 것이며, 또한 그들을 위해 기도하고 지도하는데에도 도움을 줄 수 있을 것이다.

나는 종종 내 아들 녀석이 뛰는 지역 운동팀의 코치가 되어주곤 한다. 어떤 때는 농구팀이고, 어떤 경우에는 야구팀이다. 내가 어린 친구들(지금은 12살에서 13살)과 함께 지내면서 발견하는 것은 그들은 스토리들을 좋아한다는 점이다—메이저리거들에 대한 스토리들, 우리 동네 고등학교 팀에 대한 스토리들, 내가 "수십 년 전에" 리틀 리그에서 뛸때의 스토리들(나무 배트를 사용했고 공터에서 야구 게임들을 하던 때). 그들은 왜 스토리들을 좋아하는 것일까? 왜냐하면 스토리들은 진짜 사건들속에 담겨 있는 진짜 삶을 잡아내 보여주기 때문이다. 이점은 기독교인들에게도 마찬가지다. 그들이 아이들이건, 십대들이건, 혹은 어른들이건간에 말이다. 우리들 모두는 스토리들을 통해 자신을 규정하고 소개할 수 있다. 도대체 왜 서점에서 자서전 진열대가 그렇게 인기가 많은 것일까? 왜냐하면 그들은 진짜 사람들에 대한 스토리들을 말해주기 때문이다. 왜 하나님께서는 이스라엘의 역사를 스토리들을 통해 그렇게 많이 말씀하셨던 것일까, 왜 복음의 본질은 자서전과 거의 흡사한 양태를 갖고 있는 것일까, 그리고 왜 예수님께서는 그렇게 많은 스토리들(가령, 비유들)을 말씀하셨던 것일까? 왜냐하면 스토리들은 중요하고 상상력을 자극해 주기 때문이다. 왜 설교시간에 청중들은 설교자가 예화를 이야기할 때 갑자기 좀 더 집중하고 조용해지는 것일까? 왜냐하면 예화들은 우리가 잘 이해할 수 있도록 도와주는 스토리들이기 때문이다.[17] 스토리를 교회의 목적중 하나로 만들어나가는 교회들은 대단히 큰 유익을 얻게 될 것이다. 교회들은 사람들에게서 리얼리티를 빼앗지 않을 것이고, 젊은이들에게서 그들의 삶을 형성시켜 줄 수 있는 본보기들을 없애지도 않을 것이다. 갈라디아서 3:1은 바울이 자신의 설교에서 보여줄 수 있었던 힘을 증거해준다. 또한 이 힘은, 그리스도에 관한 구술 스토리를 통해 그리스도를 공개적이면서도 효과적으로 묘사할 수 있는 그의 능력을 중심으로 나타난다.

우리는 우리의 신학적 주장을 제기함에 있어서 경험에 호소할 수 있다. 파스칼은 그의 유명한 저서인 『팡세』에서 다음처럼 말했다. "사람들은 다른 사람들의 지

17. 일러스트레이션의 가치에 대해서는 J. R. W. Stott, *Between Two Worlds*(Grand Rapids: Eerdmans, 1982), 236-43을 보라.

성을 통해서 얻게 된 이유들보다는 자기자신이 직접 발견해낸 이유들을 통해서 일반적으로 좀 더 잘 설득된다"(1.10). 가령, 자신을 성숙시키는데 특별한 영향을 미친 질병같은 경우, 아무 거리낌없이 경험이 학문적 연구에 통합되어 나타나곤 한다. 학문적인 신학자들은 바울로부터 이점을 배워야만 한다. 바울은 신학적으로 매우 영민했으며 그 결과 수많은 학자들은 바울의 서신들을 벗겨내고 해석해내는데 자신들의 삶을 쏟아부었고 그래서 그들 자신들의 사상들을 성경적으로 잘 정돈할 수 있었다. 그러나 바울은 자신의 모든 학문적 치밀함을 추구함에 있어서, 또한 경험적인 측면에서도 접근했었다.

그렇다면 우리들은 다른 사람들을 목회함에 있어서 어떻게 경험들에 호소해야만 하는가? 나는 바울이 보여준 예는 그대로 모방하는데 있어서 별다른 제한없이 좇아할만한 좋은 예라고 생각한다. 무엇보다도, 우리는 우리가 잘 알고 있는 경험들에 대해 호소하길 원할 것이다. 바울은 자신의 주장과 호소를 위해 마치 서문처럼 그들의 경험을 사용하고 있다. 그러나 그는 어떻게 자신이 그들의 경험을 알게 되었는지에 대해서는 분명하게 말하지 않는다. 하지만 그는 자신이 말하고 있는 내용이 무엇인지에 대해서는 명확하고 알고 있었고(참고. 1:6-9, 11; 4:13-15), 또한 이렇게 잘 알고 있었기에 여기에 호소했던 것이기도 했다. 둘째로, 우리는 바울이 경험에 많은 것을 호소하지 않았던 것과 마찬가지로 우리도 그렇게 해야만 할 것이다. 바울이 자기 주장을 호소하기 위해 경험을 결정적 근거로 사용한 예들은 그리 많지 않다. 셋째로, 우리는 경험으로부터 무언가를 이야기할때에는 분간하기 어렵거나 지혜가 많이 필요한 내용들다는 매우 명확하고 분명한 특징들에 대해서 이야기해야만 할 것이다. 나는 (개인적으로는) 내가 생각하기에 하나님께서 내게 알려주시거나 가르치시기 원하신다고 생각하는 중요한 점들을 어떤 구체적 경험들로부터 배울수도 있을 것이다. 그러나 그렇다고해서 비슷한 경험을 하는 모든 사람들에게 내가 동일한 교훈을 배워야 한다고 강요할 수 있는 것은 아니다.[18] 넷째로, 우리가 경험으로부터 말하는 내용은 성경말씀과 잘 부합해야만 한다. 만약 우리가 기독교 신학에 대해 진지한 태도를 갖고 있고 또한 성경의 권위에 대해 진실로 인정한다면 말이다.

나는 우리가 신학적 주장을 전개하는데 있어서 경험으로부터 알게 되는 내용을

18. Augustine, *Confessions* 8.28-30에 나오는 예를 취하라. 이곳에서 어거스틴은 자신의 회심을 다시 반복해서 이야기하면서, 어떻게 한 음성이 그에게 들려지고 그로 하여금 성경책을 읽도록 말했는지, 그리고 성경을 열면서 자신이 읽은 본문(롬 13:13-14)이 그를 회심케 했는지를 이야기한다.

얼마든지 사용할 수 있다는 사실을 이 본문으로부터 배울 수 있다고 생각한다. 한 젊은 청년의 경우를 통해 예를 들어보도록 하자. 그 청년은 기독교 가정에서 성장했고, 고등학교를 다니는동안 기독교 신앙에 헌신했으며, 대학을 가기 위해 집을 떠났고, 대학 캠퍼스 생활을 하는 2년 동안 선교단체에서 훌륭하게 신앙생활을 했다. 또한, 2년 동안 죄, 육체와 전투를 벌이는 싸움을 벌였다. 그러나 지금은 자신은 이미 이 정도면 기독교를 충분히 알고 있노라고 말하면서, 지금은 자기 여자 친구의 아파트로 가서는 주말 맥주 파티에 참여하기를 원하고, 또한 전반적으로 자신의 도덕적 모습에 대해 체크하는 것을 원하지 않는다. 물론, 나는 그 청년을 향해 어떤 이유에서건간에 이 모든 과정과 관련해 그를 위해 기도해주는 것을 잊지 않을 것이고, 또한 그에게 하나님의 말씀이 정결함에 대해서 그리고 육체적 삶이 맞이하게 되는 최종적인 결과에 대해서 무어라 말씀하시는지를 목회적으로(즉, 단호하게) 알려줄 것이다. 그러나 나는 이런 종류의 상황 속에서는 그가 갖고 있는 경험들에 호소하는 것도 현명한 방법이라고 믿고 있다. 그가 사랑하는 부모님들, 그가 대학 생활하는 동안 교제했던 형제 자매들, 수년 동안 그를 위해 기도해온 그의 모교회 사람들의 실망. 그가 회심할 때, 교제를 나눌 때, 기독교인으로 성장할 때 누렸던 기쁨. 하나님께서 파트너가 되어 주시는 시간을 기다리면서 그가 누린 감정적 성숙함. 맥주에 취해 잠에서 깬 다음날 아침에 느끼는 감정적 고통들 그리고 그가 비도덕적 삶을 살기로 결심할 경우 그에게 찾아오게 될 불행(만약 그가 기독교인이라면).

만약 우리가 목회상담과 기독교 사역에 관한 통계치들을 조심스럽게 사용할 수 있었다면, 내가 생각하기엔, 우리는 얼마나 우리가 단순히 논리보다는 경험에 훨씬 더 자주 호소하고 있는지를 보고 놀랄 것이다. 사실, 대학 학생이었을 때, 나는 세계적으로 유명한 철학자의 철학 논리 강연회에 참석했던 적이 있었다. 그는 자신의 질문과 대답 세션을 바로 이 효과에 관해 이야기하는 것을 통해 시작했다. "여러분들은 여러분의 실제 삶속에서 사람들이 자신의 관점을 바꾸는 것이 합리적 설득의 결과보다는 권위 있는 사람들의 주장을 들었기 때문에(만약 빌리 그래이엄이 그렇게 말했다면, 나는 그것을 믿는다) 혹은 경험에 호소한 결과 때문이라는 것을 발견하게 될 것입니다." 그때 강연을 들은지 이제 어느덧 18년이라는 세월이 흘렀지만, 나는 내가 대학을 다닐 때 들었던 말들중 이 말보다 더 많이 실제로 이루어진 말을 거의 기억해낼 수가 없다.

그러나 우리는 경험에 호소하는 것만이 우리에게 필요한 전부라고 생각할 수는 없다. 바울이 경험으로부터 무언가를 주장하는 모습을 당시 정황속에서 읽어본다면, 바울이 여기에서 멈춘 것이 아니라는 것을 알 수 있다. 그는 계속해서 성경 본문과 논리로부터 주장을 펼쳐나가는데까지 나아갔다. 그렇기 때문에 우리도 마찬가지로 그렇게 해야만 한다. 경험으로부터 나오는 주장은 만약 그런 주장들이 그저 그것에 불과할뿐이라면 결코 아무런 진리의 뒷받침도 받을 수 없다. 그들은 성경본문과 신학적 논증에 대한 호소 안에서 닻을 올려야만 하고, 또한 그 안에서 항해해야만 한다. 만약 그렇게 하지 않는다면 우린 우리의 사역을 단순한 감정적 호소로 격하시키게 될 것이다.

나는 강력한 경험들에 호소하는 것이 경험에 대한 호소들 중에서도 가장 힘있는 호소라는 점도 여기에 덧붙여야만 할 것 같다. 나는 우리의 회심 경험(특별히 무언가 드라마틱한 경험을 했던 사람들에게 있어서), 기적적인 기도응답, 우리 삶에서 벌어진 놀라운 기적적 사건들 등을 이런 사건들에 포함시킨다. 우리의 경험들 중 이런 경험들보다 더 강력한 것은 거의 없으며, 바울이 호소한 것도 다름아니라 바로 이런 종류의 경험들이었다. 만약 우리가 경험에 호소해야 한다면, 이런 종류의 경험에 호소하는 것이 현명할 것이다.

바울이 여기에서 호소한 모든 내용은 회심 경험이 핵심적인 기초였다. 만약 갈라디아 성도들이 복음의 진리에 회심했던 적이 없었다면, 바울은 결코 이 편지를 쓰지 않았을 것이다. 그러나 회심은 지금 여기서의 회심은 막연한 무언가가 아니다. 아마도 주로 피상적인 회심에만 호소했던 1950년대와 60년대의 과도한 흐름 때문이건, 혹은 "나는 찾았네"나 "중생" 운동에 대한 반동 때문이건, 혹은 TV 전도자들에 대한 당혹스러운 폭로들 때문이건, 혹은 지적으로나 사회적으로 수용가능한 그런 방식의 복음전도에 대한 바램들 때문이건, 여하튼 이런 저런 여러 이유들 때문에, 우리 복음전도자들은 하나님과의 관계에 있어서 회심만이 유일하고 참된 토대라는 사실을 강조하지 않고 있다. 우리가 보인 반응들은 너무 지나친 오버 리액션들이다. 또한 이런 오버 리액션들은 우리 교회들이 좀 더 강화되어야 할 때 도리어 교회들을 약화시키고 있다.

우리는 앞 섹션에서 믿음에 의한 칭의가 그 문단의 가장 본질적이고 핵심적인 메시지이기 때문에 그 내용을 선포하고 가르칠 필요가 있다는 점을 살펴보았다. 지금 여기에서 우리는 회심 경험이 전체 문단의 토대라는 사실을 보고 있다. 그러므로 믿음에 의한 칭의가 회심 경험을 교리적으로 공식화한 것이라면, 우리는 이를 반복해서 경험하거나 설교하는 것을 피해서는 안된다. 우리는 회심이 필요하다는 사실을 설교해야만 하며, 우리는 이점을 주일학교에서 그리고 성경연구 시간에 가르쳐야 한다. 또한 우리는 우리 삶속에서 이를 증명할 필요가 있다.

이미 앞에서 힌트를 주었던 것처럼, 회심 경험은 모든 기독교인들이 동일하게 반복하는 어떤 특정한 공식은 아니다. 어떤 사람들은 갑자기 드라마틱하게 회심한다. 반면 다른 사람들은 수년간에 걸쳐서 회심한다. 자신이 기독교인이 아니었던 시기를 기억할 수 없는 사람들도 있다. 하지만 이 모든 경우들에 있어서, 회심은 필수적인 일이다. 왜냐하면 그 어떤 사람도 그 사람이 자기자신의 존재성을 하나님 앞에 완전히 복종시킬 때까지는 하나님과 결코 관계맺을 수 없기 때문이다. 그런 복종이 바로 회심이다. 회심 사건들을 모아 놓은 책들중 내가 알고 있는 가장 탁월한 책은 휴즈 케르와 존 뮬더가 편집한 책이다.[19] 장년 성경공부 모임에서 이 책을 읽으면서 회심이라는 주제를 배우는 것이나, 이 책에 들어있는 각각의 회심 사례들을 성경에 나오는 회심 사례들과 비교해 가면서 나누는 것도 큰 유익을 줄 것이다.

교회에서 벌어진 회심들에 대해서 그리고 성경안에 나오는 회심 사건들에 대해서 이처럼 관심을 기울인다면, 아마도 우리 교회들은 각각의 지역 교회들이 현재 겪고 있는 일들에 대해서도 격려를 얻게 될 것이고, 또한 아마도 우리들은 하나님께서 우리에게 주시는 회심의 본질에 대해서 좀 더 분명하고 명확하게 이해하고 알 수 있게 될 것이다.

---

19. Kerr and Mulder, *Conversions*(각주 16을 보라). 이 책에는 50가지 서로 다른 회심 스토리들이 들어있다. 여기에는 Apostle Paul, St. Augustine, Blaise Pascal, John Bunyan, John Wesley, Elizabeth Bayley Steton, Sojourner Truth, Charles Spurgeon, Thérèse of Lisieux, Billy Sunday, C. S. Lewis, Dorothy Day, Ethel Waters, and Charles Colson 등의 회심 이야기들이 들어있다.

갈라디아서 3:6-14

6 아브라함이 하나님을 믿으매 그것을 그에게
의로 정하셨다 함과 같으니라
7 그런즉 믿음으로 말미암은 자들은 아브라함
의 자손인 줄 알지어다
8 또 하나님이 이방을 믿음으로 말미암아 의로
정하실 것을 성경이 미리 알고 먼저 아브라
함에게 복음을 전하되 모든 이방인이 너로
말미암아 복을 받으리라 하였느니라
9 그러므로 믿음으로 말미암은 자는 믿음이 있
는 아브라함과 함께 복을 받느니라
10 무릇 율법 행위에 속한 자들은 저주 아래에
있나니 기록된 바 누구든지 율법 책에 기록
된 대로 모든 일을 항상 행하지 아니하는 자
는 저주 아래에 있는 자라 하였음이라
11 또 하나님 앞에서 아무도 율법으로 말미암아
의롭게 되지 못할 것이 분명하니 이는 의인
은 믿음으로 살리라 하였음이라
12 율법은 믿음에서 난 것이 아니니 율법을 행
하는 자는 그 가운데서 살리라 하였느니라
13 그리스도께서 우리를 위하여 저주를 받은 바
되사 율법의 저주에서 우리를 속량하셨으니
기록된 바 나무에 달린 자마다 저주 아래에
있는 자라 하였음이라
14 이는 그리스도 예수 안에서 아브라함의 복이
이방인에게 미치게 하고 또 우리로 하여금
믿음으로 말미암아 성령의 약속을 받게 하려
함이라

원 의미

앞에서는 경험에 근거를 둔 바울의 주장(1-5절), 기독교인의 삶과 관련된 모든 것들이 율법의 행위가 아니라 믿음을 통해 나온다는 그의 주제등에 나왔고, 이제 그 뒤를 이어서 성경 본문을 근거로 펼쳐지는 그의 날카로운 주장이 전개된다. 사실 지금 이 부분은, 바울이 자신이 전한 복음이 진리로 가득하다는 것을 주장하는 일련의 시리즈(3:6-4:31) 중 첫째 내용이다. 이 주장들은 증거들을 제시하며, 바울은 이를 통해 자기 주장을 펼쳐나간다.

여기에서의 바울의 주장은 복잡하게 이루어져 있기 때문에, 나는 각각의 개별적 요점들에 대해 자세히 살펴보기 전에 우선 간단하게 전체를 요약하고자 한다. 본질적으로 바울은 한 사람의 칭의는 믿음을 통해서 얻어지는 것이지 율법의 행위를 통해서 얻어지는 것이 아니며, 이는 하나님의 백성들에게 전혀 새로운 것이 아니라고 주장한다. 이 두 가지 내용들에 대한 증거는 구약성경에서 찾아볼 수 있다.

(1) 하나님께 받아들여지는 일이 오직 믿음에만 토대를 두고 있다는 사실은 아브라함만큼이나 오래되었다(6-7절). 이점에 대해서 바울은 창세기 15:6을 인용한다. (2) 이방인들이 하나님께 받아들여지는 것 역시 유대인들과 마찬가지로 동일한 기초위에서 이루어지는데, 이 일도 마찬가지로 아브라함만큼이나 오래되었다(8-9절). 바울은 다시 한번 더 창세기를 인용한다(12:3; 18:18; 22:18). 바울이 제시하는 이 주장과 내용은 긍정적 요점이다. 바울은 이제 부정적 요점으로 옮겨간다. (3) 율법은 의롭게 해주지 못하는데, 왜냐하면 그 기능은 저주하는 것이기 때문이다(10-11절). 바울은 자신의 독자들에게 신명기 27:26과 하박국 2:4를 이야기하는 것을 통해 이것을 입증한다. (4) 실제로 율법은 다른 시스템 하에서 작동한다—믿음을 통해 통제되는 시스템이 아니라 행함을 통해 통제되는 시스템(12절). (5) 바울은 여기에서 삽화적 방식을 사용해서 율법으로 정죄받는 사람들(유대인들처럼 율법하에서 살아가는 사람들)이 어떻게 율법의 저주하는 기능에서부터 피할 수 있는 것인지에 대해서 설명한다(13절). 도피구는 예수 그리스도 안에서 찾을 수 있는데, 그분은 다른 사람들의 저주를 담당하시고자 하나님으로부터 저주를 받으셨다. 바울은 이점에 대해서 신명기 21:23을 인용하는 것을 통해 증명한다. 바울은 그런 뒤 자신의 요점을 14절에서 요약한다. 그리스도께서 주시는 구원이 이방인들로 하여금 아브라함의 축복을 누릴 수 있게끔 해주는데, 이는 다름아니라 바로 약속된 성령님이시다(이는 경험을 통해 주장했던 요점이었다). 나는 이런 각각의 요점들에 대해서 상세히 살펴보기 전에 바울이 내용들을 어떻게 연결시켜 놓았는지를 간략하게 도표화하고자 한다.

믿음 → 아브라함 → 이방인: 믿음은 아브라함을 이방인에게 연결한다.

칭의 → 아브라함의 축복 → 구속 → 거룩한 성령: 아브라함이 경험했던 칭의는 그리스도께서 주신 구원과 유사하며, 칭의와 구원 이 두 가지는 이방인을 아브라함의 축복 및 성령님이라는 선물을 두 가지와 합병시켜 주는 것으로 여겨진다.

율법 → 율법의 행위 → 저주: 율법은 자기자신을 율법 시스템에 속하게끔 하는 모든 사람들에게 저주를 가지고 오며, 이렇게 하기로 결심하는 사람은 아브라함의 축복 및 성령님의 약속이 아니라 하나님의 저주를 유업으로 받기로 결심하는 것이다.

바울의 주장은 복잡하지만 다음 요점들은 매우 분명하다. (1) 바울은 공적을 추구하는 것이 잘못되었다는 것을 입증하는데 치중하고 있는 것이 아니다. 그는 이방인들이 유대인의 율법을 지키는 것을 통해서가 아니라 그리스도에 대한 믿음에 토대를 두고 하나님께 받아들여진다는 사실을 입증하는데 주된 관심을 두고 입증하고자 하고 있다. 이점이 갈라디아서의 요점이며 이는 유대주의자들이 휘저어 만들었던 문제 때문에 생긴 요점이다. (2) 율법하에서 살기로 선택하는 것은 율법의 저주를 유업으로 물려받기로 선택하는 것이다. 왜냐하면 칭의, 아브라함의 축복, 구원, 성령님에 대한 약속 등은 하나님안에서건(아브라함의 경우) 혹은 그리스도안에서건(기독교인들의 경우) 믿음의 결과로 주어지는 것이기 때문이다. 이 문단은 신학적으로 풍성하고 논리적으로 복잡하기 때문에, 나는 여지껏 앞부분에서 해왔던 것보다는 훨씬 더 상세하고 구체적으로 본문을 설명해야만 할 것이다.

하나님께 받아들여지는 일이 오직 믿음에만 토대를 두고 있다는 사실은 아브라함만큼이나 오래되었다(6-7절). NIV에서는 "Consider Abraham"이라고 번역했는데, 이는 어려운 성경본문을 나름대로 번역한 것이다. 헬라어 성경 본문을 문자 그대로 옮기자면, "아브라함이 하나님을 믿었던 것과 마찬가지로…"이다. "just as"(헬라어로 *kathos*)라는 표현이 어떤 의미이고 용례인지는 결정하기 참 어려운 부분이다. 이와 관련해서는 네 가지 옵션이 있다. (1) 이 단어를 5절 마지막 구와 연결해서 번역하는 것. "…혹은 믿음을 들음에서냐, 아브라함이 믿었던 것처럼." 일반적으로는 *kathos*가 종속절을 이끄는 양태를 갖곤 하지만, 여기서는 이런 양태는 별로 선호할만하지 않다. 왜냐하면 5절은 명확하게 "네가 들은 것"이라는 표현으로 끝나는 질문이고, 또한 아브라함이 성령님을 받지 못한 것 역시 분명하기 때문이다. (2) 이 단어를 추정, 결론으로 생각해서 다음처럼 번역하는 것. "그렇기 때문에, 아브라함은 하나님을 믿었다.…" 이 관점의 장애물은 *kathos*가 이런 의미를 전혀 갖고 있지 않다는 점이다. (3) 이 표현이 "just as 성경에 기록된"을 축약한 표현이라고 보는 것. 이렇게 볼 경우, 이 표현은 1-5절 전체의 요점(칭의는 믿음을 통해서 주어지는 것이지 율법의 행위를 통해서 주어지는 것이 아니다)[1]을 입증하면서 새로운 문장을 도입하는 역할을 하게 된다.[1] (4) *kathos*가 예를 표시하기 위한 도입구적 표현이라고 생각하는 것. "아브라함을 예로 들어보도록 하자." NIV, NEB, JB 등에서 이 관점을 채택했다.[2]

---

1. 몇몇 학자들은 몇 가지 다른 방식들로 이 관점을 지지한다. F. F. Bruce, *Galatians*, 147, 152는 (성경의 말씀들)처럼 "(믿음을 통해서, 물론)"라고 번역한다. H. D. Betz, *Galatians*, 137, 140은 "[기록되어 있는]것처럼"이라고 번역한다. 이런 관점이 갖고 있는 한 가지 장점은 일부 초기 헬라어 사본들에서는 "기록되어 있다"라는 본문이 첨가되어 있다는 점이다.
2. R. N. Longenecker, *Galatians*, 107, 112를 보라.

여하튼, 아브라함은 구약성경에서부터 믿음의 예로 사용되고 있는데, 여기에서 결정적으로 중요한 점은 그가 믿음을 통해 의롭게 되었다는 점이다. 즉 그가 하나님께 온전히 받아들여진 것은 율법을 지키는 것을 통해서가 아니라 믿음을 통해서였다. 바울이 아브라함을 선택한 것은 그저 단순한 예화 이상의 의미를 갖는다. 아브라함은 유대인들로부터 그들 나라의 조상이자 유대인들의 정수로 여겨졌다.[3] 바울 당시 한 유대인 문헌은 다음처럼 말한다. "아브라함은 주님과 함께 한 그의 모든 행동에 있어서 완벽했으며, 그의 평생의 삶 동안 의로움을 통해 하나님을 기쁘시게 했다"(유빗 23:10). 유대 저작들은 그의 삶이 두 가지 특징을 갖는 것으로 보았다. (1) 그는 하나님의 시험을 통과할 때 신실한 모습으로 통과했기에 의로운 사람으로 여겨졌다, 그리고 (2) 창세기 15:6에 나오는 아브라함의 믿음은 17:4-14에 나오는 할례에 대한 그의 복종과 매우 깊이 연결되어 있다. 그러므로 할례라는 언약 조항을 믿고 지키는 이 두 가지는 함께 시행되어야만 했다. 할례없는 믿음은 아브라함과는 대립적인 모습이었다.

갈라디아서에서 지금 이 부분에 대한 이런 배경이 중요한 이유는 바울이 아브라함을 전형적 역할로 설명하고 논증하면서 할례에 관한 언급없이 그렇게 했기 때문이다. 바울의 강조점은(그리고 분명 유대주의자들은 바울이 창 15:6을 17장에 대한 호소와 함께 다루지 않고 있다는 사실을 알아차렸을 것이다), 아브라함이 "하나님께 받아들여졌다"는 선언이 그가 할례받기 이전에 이루어졌다는데 있으며, 이는 그 의미를 매우 분명하게 전해준다. 할례는 필수적인 것이 아니다. 그 결과 아브라함은 이방인-기독교인 성도들의 전형(프로토타입)이 된다. 유대인들(그리고 유대인 기독교인)이 토라에서 살펴보는 것과 정반대되는 모습으로 말이다.[4] 아브라함이 하나님께 받아들여진 것은 오직 그가 자신의 전 삶을 하나님의 약속에 복종했기 때문이었다.

바울은 창세기 15:6에 대한 자신의 관찰을 곧장 적용한다. "믿는 사람들은 아브라함의 자손들이다." 바울에게 있어서(세례 요한에게 있어서와 마찬가지로; 참고. 마 3:7-10), 아브라함의 자손들은 다름아니라 믿는 사람들이다. 믿는 것만이 아니라 자기자신을 할례받게끔 하는 자들이 아니라. 바울은 8-9절을 통해 이방인들이 아브라함의 축복에 하나가 되어 참여하게 되었으며 그렇기에 "아브라함의 자손"

3. 유대인들이 아브라함을 어떻게 바라보았는지에 관해, 매우 훌륭한 도움을 주는 R. N. Longenecker, *Galatians*, 110-12 부분을 보라.

4. H. D. Betz, *Galatians*, 139.

이 되었노라고 계속해서 말하면서, 동시에 "아브라함의 씨"는 오직 그리스도 한 분이시라고 설명한다(19절). 즉 "씨"에 대한 그의 특별한 독법은 이방인들을 통합시키는 보편주의로 이끌고 간다(8-9절). 왜냐하면 그리스도에 대한 믿음이 한 사람을 하나님의 약속에 연결시켜 주기 때문이다.[5] 그러나 현재까지는 바울은 이방인들을 포함시키는 내용을 주장하거나 호소하고 있는 것은 아니다.

나는 바울이 아브라함의 반응을 창세기 15:6에만 제한한 것에 대해, 유대주의자들이 기분 상했을 것이라고 확신한다. 바울과 동시대 인물인 야고보는 아브라함의 처음 믿음(15:6)을 그가 하나님의 명령에 신실하게 순종하면서 이삭을 바치는 것(22:1-19)과 함께 조합했다. 비록 야고보가 바울과는 다른 종류의 또다른 싸움을 하고 있었고(신임만으로 충분하다고 생각했던 사람들과의 싸움), 그래서 그는 아브라함의 믿음에서도 순종을 통해 자연스럽게 행동을 통해 믿음을 완성하는 모습을 발견해내고 주목하고 있었지만 말이다. 바울은 순종이 믿음의 능동적인 완성이라는 것을 결코 부정하지 않았을 것이다. 그러나 그의 대적들이 할례(이방인들을 회심시키기 위한 "율법의 행위")가 반드시 필요하다고 주장했을 때, 그의 마음속에는 할례보다 앞서 칭의를 먼저 받은 예로 아브라함이 즉각 떠올랐을 것이다. 그러므로 유대주의자들은 바울의 말이 기분 나빴을수도 있고, 야고보조차도 만약 명확하게 설명해주지 않으면 이런 언급이 껄끄러웠을 수도 있지만, 그러나 바울은 자신이 유대주의자들을 찍소리 못하게 만들고 있다는 사실을 알고 있었다. 실제로 아브라함의 할례(창 17장)는, 그가 하나님께 받아들여졌다는 선언(15:6)을 들은 이후에 시행되었다. 그러므로 믿음을 갖고 있는 자들이 그의 후손들이며, 믿음 시스템(그리스도와 성령님과 더불어)을 선택하는 자들이 그의 후손들이다. 그들은 행함 시스템에서 나와서 믿음 시스템을 선택한다.

이방인들이 하나님께 받아들여지는 것 역시 유대인들과 마찬가지로 동일한 기초위에서 이루어지는데, 이 일도 마찬가지로 아브라함만큼이나 오래되었다(8-9절). 하나님께서 아브라함을 받아주신 것은 그의 믿음 때문이며 아브라함의 참된 자녀들은 믿는 사람들이라고 주장한 이후에, 사도 바울은 이제 이방인들이 바로이런 참된 믿는 자들이 될 수 있다고 주장한다. 바울은 다시 한번 더 성경 본문에 호소하는 것을 통해서 이를 주장한다(창 12:3; 18:18; 22:18). 그의 논리는 이렇다. (1) 아브라함은

---

5. 원래의 아브라함 약속에서 "자손" 혹은 "씨"가 어떻게 역할하는지에 관해서, T. E. McComiskey, *The Covenants of Promise: A Theology of the Old Testament Covenants* (Grand Rapids: Baker, 1985), 17-38에서 매우 훌륭한 정돈을 찾아볼 수 있다.

믿음을 통해 의롭게 되었다(갈 3:6-7), (2) 이방인들은 아브라함안에서 의롭게 되는데, 왜냐하면 모든 나라들 즉, 이방인들은 아브라함과의 연계안에서 복을 받게 될 것이기 때문이다(8절; 창 18:18로부터),[6] (3) 이처럼 이방인들이 아브라함의 약속안에서 의롭게 되기 때문에, 그들은 아브라함이 의롭게 된 것과 마찬가지 모습으로 의롭게 되어야만 한다. 즉 율법의 행위를 통해서가 아니라 믿음을 통해서다.

율법은 의롭게 해주지 못하는데, 왜냐하면 그 기능은 저주하는 것이기 때문이다(3:10-11). 6-9절에서 바울이 주장하는 요점은 단순하다. 성경은 아브라함이 믿음 때문에 하나님께 받아들여졌노라고 가르친다. 그렇기에 믿음은 이방인들을 포함해서 모든 인간들이 하나님과의 관계를 세워나가는 토대이다. 이 내용은 바울이 긍정적 방식으로 주장한 내용이다. 바울은 이제 부정적인 방식의 주장으로 나아간다. 모세의 율법은 한 사람의 삶을 통솔할 때 하나님께 받아들여지는 것보다는 저주를 가져온다.

10절은 6-9절에 대한 근거로 읽을 수 있다. 하나님께 받아들여지는 것은 믿음에 토대를 두고 있는 것인데, 왜냐하면 다른 길은 전혀 없기 때문이다—율법은 오직 저주만을 가져올 뿐이고 그러므로 율법은 하나님께 받아들여지는 것을 가져올 수 없다.[7] 이 구절은 또한 추론과 결론이 될 수도 있다. 아브라함은 믿음이라는 토대 위에서 하나님께 받아들여졌노라고 선포되었기 때문에, 그러므로 "율법 시스템"을 선택하는 사람들에게는 저주아래에서 사는 것이 뒤따른다. 왜냐하면 그들은 아브라함을 따르지 않았기 때문이다. 이들중 어떤 설명을 더 선호하건간에, 이 구절들이 갖고 있는 연쇄작용은 계속해서 부정적 주장을 전개하는 것이다. 아브라함이 믿음을 통해 하나님께 합당하다고 선포받은 것만이 아니라, 율법을 선택하는 자들은 결코 하나님께 합당하지 않게 될 것인데 율법은 저주를 가져오기 때문이다.

우리는 다시 한번 더 "율법을 지키는 것을 의지하는 자"라는 표현에 대해서 설명할 필요가 있다. 이는 *hosoi ex ergon nomou eisin*("율법의 토대 위에 있는 자들")의 번역이다. 좀 더 의미를 살려 표현하자면, 이는 "자기자신을 율법에 헌신하는 자들"이나 혹은 "자신들의 구원을 율법 위에 토대두는 자들"이라는 의미이다

6. 바울이 어느 부분에서 이 내용을 인용해 사용하고 있는가는 논쟁이 되곤 한다. 바울은 창 12:3과 18:18을 하나로 조합해서 사용하고 있는 것이거나, 아니면 창 18:18 한곳에만 호소하고 있는 것으로 볼 수 있다.

7. NIV 번역자는 처음 시작하는 접속사("for" gar)의 기능에 대해서, 그저 새로운 주장을 표시해주는 것을 통해 새로운 문단을 시작하게 하는 것으로 간주했다. H. D. Betz, *Galatians*, 137에서는 "이와는 대조적으로, 행위의 사람들은…"이라고 번역했다.

(참고. 2:16; 3:2, 5). NIV에서 사용한 "의지하는"이라는 단어는 공로를 추구한다는 개념으로 볼 수 있는 단어이다. 그러나 여기에서 결정적인 점은 바울이 행위-의로움이나 공로를 추구하는 것에 대해서 관심을 두고 있지 않다는 점이다. 그는 이와 정반대 대안이 되는 모습인 "믿음의 사람들"(9절은 *hoi ek pisteos*라고 기록하고 있다. "믿음에 토대를 두고 자기자신들을 그리스도에게 헌신하는 사람들")을 자신의 캐치 프레이즈로 묘사하고 있다. 바울은 2, 5절에서와 마찬가지로 하나님을 향한 다른 방식의 접급법을 제시한다. 믿음을 통해서이건 혹은 율법에 순종하는 것을 통해서이건 그러나 이런 두 가지 내용들을 서로 대립하는 것으로 제시하고 있기 때문에, 그는 실제로는 다양한 동기들을 제공하고 있는 것은 아니다. J. D. G. 던은 다음과 같은 설명을 통해 우리가 표현한 내용을 명료하게 제시하고 있다.

> 이 표현들은 도덕적으로 좀 더 성장하려는 개인적인 투쟁에 대해 언급하고 있는 것이 아니다. 종교적인 존재 양식에 대해서, 율법을 통해 차별성이 분명하게 나타나는 존재 양식에 대해서, 한 개인이 율법의 사람들에게 "속해있음"을 보여주는 종교적 관습들에 대하여 언급하고 있는 것이다.[8]

달리 말해서, 이 표현은 어떤 특정한(잘못된 방향을 설정하고 있는) 기독교인 파벌을 묘사하고 있는 것이 아니라, 모든 유대인들에 대해서 묘사하고 있다. 특별히 자신들이 유대인이라는 사실이 하나님 앞에서 그것만으로 이미 충분한 것이라는 잘못된 생각의 덫에 붙잡혀 있는 사람들에 대해서 묘사한다. 물론 이는 모든 자기민족 중심주의와 민족주의에 어두운 그림자를 드리운다. 만약 "믿음의 사람들"이 아브라함 이후 하나님의 약속을 의지했던 모든 사람들이라면, 그렇다면 "율법의 행위의 사람들"은 자신들의 구원을 그들이 유대인이라는 점, 자신들이 유대인들이기에 갖는 차별점, 특정한 모세 율법에 대한 고수에 토대를 두기로 선택한 사람들이다.

이보다 더 중요한 것은 율법의 사람들은 "저주아래에" 있는 사람들이라는 점이다. 왜 그런가? 바울은 신명기 27:26을 인용한다. 왜냐하면 "율법책에 기록된 모든 것을 계속해서 항상 행하지 않는 모든 자는 저주를 받기" 때문이다. 바로 이 부분

---

8. J. D. G. Dunn, *Jesus, Paul, and the Law: Studies in Mark and Galatians* (Louisville: Westminster/John Knox Press, 1990), 220.

이, 율법에 대해 바울이 어떻게 생각했는지를 전통적인(루터의) 관점에서 이해하는데 결정적 역할을 하는 증거 구절이다. 전통적 관점은 바울이 여기에서 말하는 바는 한 사람이 자신의 전체 삶에서 모든 율법들에 대해 필수적으로 복종해야만 한다고 말하고 있다고 간주하며, 또한 바울이 율법에 복종하는 것은 불가능하다고 가정하고 있다고 간주한다. 그러므로 바울은 여기에서 율법을 선택하는 사람들은 또한 저주를 선택한다고 주장할 수 있다. 왜냐하면 그들은 자신들이 해야만 하는 일을 결코 하지 못할 것이기 때문이다. 이 관점은 때때로 율법의 성취불가능성으로 묘사되곤 했다. 그러나 이 관점과 관련해 두 가지 실제적인 문제점이 있다. 이 문제점들은 너무나 실제적이기 때문에 이 관점을 주장해서는 안되게 만드는 문제점이다.

첫째로, 율법과 관련해서 하나님께 받아들여질 수 있으려면 유대인은 죄가 없는 모습이 되어야만 한다고 생각했던 유대인은 역사상 아무도 없었다(에스라 4서 저자같은 예외적인 경우를 제외하고). 이는 성막과 성전 시스템을 통해서 매우 분명하게 알 수 있는 점이다. 이 두 가지 시스템은 죄없음이 불가능하다는 사실을 인정하지 않으면 존재할 수 없는 시스템이며, 그렇기에 고백, 속죄, 죄사함이 필요하다는 것을 보여주는 시스템이기도 하다. 실제로 바로 이것이 경건한 유대인들이 죄로부터 회개하는 이유이고 또한 유월절을 위해 예루살렘을 방문하는 이유이기도 하다. 또한 경건한 유대인들이 속죄일을 기념하고 지키는 이유이기도 하다.[9] 바울이 자신의 과거에 대해 언급한 내용은 그가 죄, 죄사함, 속죄와 관련해서 유대 율법을 충실하게 지켜왔음을 보여준다(빌 3:4-6).

둘째로, 바울 자기자신은 성령안에서 거하고 사랑의 삶을 살아가는 기독교인은 율법을 충분히 성취할 수 있노라고 생각했었다(갈 5:14; 참고. 롬 13:8-10). 야고보도 이렇게 생각했고(약 2:8), 또한 예수님께서도 마찬가지셨다(마 7:12; 22:34-40). 우리가 여기에서 관찰해야 할 점은 율법을 지키고 율법에 복종하는 것과, 죄없는 상태가 되는 것은 전혀 다른 별개의 문제라는 점이다. 유대교는 한 사람이 죄없는 상태가 되어야만 한다고 주장하지 않았다. 그들이 주장했던 것은 율법을 지키는 의무를 가진 사람이라면 전적으로 거기에 복종해야만 한다는 것이었고, 이를 어긴 것에 대해서는 반드시 고백하고 속죄를 해야만 한다는 것이었다. 이렇게 행

9. E. P. Sanders, *Judaism: Practice and Belief 63 BCE-66 CE*(Philadelphia: Trinity Press International, 1992) 103-18, 119-45, 251-57, 270-78을 보라. 또한, E. P. Sanders, *Paul and Palestinian Judaism: A Comparison of Patterns of Religion*(Philadelphia: Fotress, 1977) 107-47을 보라; 33-59 부분도 보라.

하는 자들은 비록 죄없는 상태는 아니지만, 바울이 말하는 것처럼(빌 3:4-6), "법적으로 의로운" 존재로 여겨졌다.

그러므로 만약 유대인들이 죄없는 상태가 필수적으로 필요한 것이라고 생각하지 않았고, 또한 만약 유대인들과 기독교인들이 율법을 성취할 수 있는 것이라고 생각했다면, 그렇다면 도대체 어떻게 "율법이 저주를 가져온다"는 것인가? 내가 생각하기에, 이 질문에 대한 대답은 매우 직설적이며 율법의 목적과 관련되어 있다. 이 주제와 관련된 논의를 3:19-25 이후로 잠시 미루어야 하기는 하지만, 나는 지금 여기에서 내 관점을 이야기하고자 한다. 율법이 저주를 하는 근거와 이유는 바로 이것이 율법이 행하는 일이고 또한 율법이 할 수 있는 일의 전부이기 때문이다. 율법은 누군가를 의롭게 만들기 위해 주어진 것이 결코 아니며, 구원이나 생명을 주기 위해 주어진 것도 아니었다.[10]

그렇다면 신명기 27:26에서 인용한 내용은 도대체 무슨 뜻인가? 아마도 많은 사람들은 이 부분의 강조점이 모든 것이라는 단어에 있다고 생각할 것이고, 또한 "율법의 행위"에 속한 사람들이 모든 것을 행하지 않기 때문에, 그들은 결국 정죄받는다고 생각할 것이다. 나는 이 관점에 대해서 앞부분 문단들에서 이미 대략적으로 논의했었다. 앞에서 제기한 주장들에 덧붙이자면, 우리가 "모든 것"이라는 단어에 강조점을 둘 근거는 아무것도 없다. 해석자들이 이렇게 해석하는 유일한 근거는 그들이 율법을 완벽하게 다 지키고 행해야만 하나님께 받아들여질 수 있다고 바라보기 때문이다. 그러나 이 관점은 바울이 생각했던 것이 아니었고(혹은 유대주의자들이나 바리새인들도), 그렇기 때문에 여기서는 그런 생각을 전제로 해서는 안된다. 우리가 여기에서 잘 살펴봐야만 하는 것은, "율법"과 "저주"의 연결성이다. 그렇기에 우리는 11절에 나오는 바울의 말로 관심을 옮겨야만 한다. 바울은 그 부분에서 구원은 믿음을 통해서 얻는 것이며, 율법은 구원을 가져올 수 없으며 율법은 그런 일을 위해 만들어진 것이 아니기 때문에 율법을 지키는 것을 통해 구원을 얻는 것이 아니라는 것을 보여주었다(참고. 19-25절).

다시 한번 더 말하지만 10절은 율법을 선택하는 자들이 저주를 받는 것은 구원은 오직 그리스도를 믿는 믿음을 통해서만 얻을 수 있는 것인데, 그들은 바로 그

10. 바울이 여기에서 관찰한 내용들로부터 우리는 매혹적인 주제들을 볼 수 있다. 기독교인 이전의 이스라엘 백성들은 어떤 방법을 통해서 하나님께 받아들여졌는가? 내가 믿기로는 바울은 이 질문에 대답하려는 생각을 갖고 있지 않았던 것 같다. 내가 추측하기로는 그는 아마도 그들은 하나님의 언약 체결을 신뢰했노라고 말하지 않았을까 싶다.

구원을 빠뜨리는 선택을 하고 있기 때문이다. 율법을 선택하면 그들은 자신들이 율법안에서 구원을 위해 무엇을 할 수 있는지 찾아내도록 남겨진다. 그러나 이는 그들에게 구원을 가져다 주지 못한다. 그저 정죄만을 가져올 뿐이다(22절).

율법은 다른 시스템 하에서 작동한다: 믿음을 통해 통제되는 시스템이 아니라 행함을 통해 통제되는 시스템[11]**(12절).** 바울은 율법이 하나님께 받아들여지는 것을 가져오지 못한다는 사실을 확립했다. 성경에서 가르치고 있듯이(합 2:4), 이는 오직 믿음이라는 방법을 통해서만 주어진다. 바울은 이제 독자에게 율법의 진짜 모습을 보여주기 위해 뒤로 돌아간다. 그는 율법은 믿음이 아니라고(그리고 믿음이 구원한다고) 주장한다. 율법은 "행함"을 요구한다. 그는 레위기 18:5를 인용한다. "이 일들을[즉, 율법] 행하는 자는 이로 말미암아 살리라." 여기에서 바울은 믿음이라는 단어와 행하다라는 단어를 대조시킨다. 이렇게 하는 것을 통해서, 그는 율법이 믿음의 시스템이 아니라는 점을 보여준다. 도리어 율법은 "행위"의 시스템이다. 하지만, 다시 한번 더 말하지만, 바울은 지금 율법이 공적을 추구하는 것이라고 말하는 것이 아니라, 율법은 믿음의 시스템이 아니라는 것만을 이야기하고 있다. 이 부분은 우리가 바울의 논리에 대해 잘못된 생각을 갖고 있는 부분이다.

그리스도께서 율법의 저주를 담당하셨고 그래서 사람들이 율법의 저주를 피할 수 있게 하셨다(13-14절). 바울은 지금껏 하나님께 받아들여지는 것이 그리스도안에서 믿음을 통해 성취되었으며, 그리스도가 아니라 율법을 선택하는 자들(유대주의자들이 실제로 행하고 있는 것처럼)은 하나님께 저주를 받는다는 사실을 선포했다. 이제 바울은 그렇다면 여지껏 율법하에서 살아온 사람들을 향해 그리스도께서 어떻게 율법의 저주에서 피할 수 있게끔 하시는지에 대해서 설명해야만 한다. 나는 이 두 구절이 삽입적인 구문이라고 간주한다. 바울은 지금 여기에서 "그리스도께서 우리를 속량하셨다…"라고 말하는데, 이는 특별히 유대인 기독교인들에 대해 이야기하는 것일 수도 있다.[12] 이렇게 보는 관점은 2:15; 3:23-25; 4:4-6, 그리고 갈라디아서에서 유대인들에 대한 강조등에서 증거를 찾을 수 있다. 또한 유대인들은 율법에 대해서 그들의 특권으로 간주했었으며, 이방인들은 율법하에 있지도 않고 율법을 알지도 못한다고 주장했었다는 점도 첨가해서 이야기해야만 한다(롬 2:12-24). 마지막으로 바울은 율법은 오직 그리스도께서 오실때까지만 지속된다고 언급

11. 나는 우리가 "행하는 것"과 "공적을 추구하는 행위들"을 굳이 동일시할 필요는 없다고 생각한다.

12. 여러 학자들중에서도, J. B. Lightfoot, *Galatians*, 139; H. D. Betz, *Galatians*, 148 등이 이 관점을 지지한다.

한다(갈 3:19). 그렇기에 우리는 이방인들이 도대체 어떻게 율법하에 있을 수 있는지 물어볼 수 있다.

다시 말하지만 우리는 바울이 이 편지를 쓰면서 바울이 편지가 읽히기 원했던 방식대로 읽는 법을 배울 필요가 있다. 나는 바울이 이 부분에서 펼치는 주장에서, 율법하에 살면서 자신들이 야기한 율법의 저주에 대해서 도대체 무엇을 해야만 하는가라는 이슈를 야기한 사람들은 다름아니라 바로 유대인 기독교인들이라고 주장하고자 한다. 설사 바울이 유대인 기독교인에 대해서 특정적으로 언급한바가 없다 하더라도, 율법의 저주로부터의 구원은 다름아니라 유대인 기독교인들에게 가장 중요한 부분이었다. 만약 누군가가 "우리"라는 표현이 유대인들과 이방인 기독교인을 포함하는 모든 사람들을 지칭하는 것이라는 입장을 선택한다 하더라도, 그 사람은 로마서 2:14-15에 호소할 수 있을 것이고, 또한 이방인들 역시 율법의 저주로부터 속량 받았노라고 주장할 수 있을 것이다. 왜냐하면 율법이 이방인들의 심장에도 새겨져 있고, 이방인들은 죄없는 모습으로 살았던 것이(혹은 하나님의 속죄의 방법을 추구하며 살았던 것이) 아니기 때문이다.[13] 더군다나 이 관점은 갈라디아서의 "반전"을 통해서 더욱 더 강화된다. 유대교로 다시 되돌아가는 것을 통해서, 그들은 이제 율법과 그 저주를 상속받고 있다.

속량했다라는 용어는 상업세계에서 사용되던 용어인데, "노예를 사들이다", "물건들을 매입하다", "돈을 지불하고 노예를 자유롭게 풀어주다", "수수료를 지불함으로써 가족의 이익을 보장해주다" 등의 상황을 묘사한다.[14] 이 표현의 본질적 개념은 (1) 사람들은 원래 죄에 대해서 노예이고 율법의 저주하에 있는 존재들이지만 (2) 그리스도께서 십자가에 달려 돌아가심으로써 자유의 댓가를 지불하셨고 (3) 그리스도의 대속의 댓가를 믿는 사람들은 죄와 율법의 저주로부터 자유함을 얻는다는 것이다.

그리스도께서는 어떻게 이 일을 행하셨는가? 그리스도께서는 "저주가 되시는 것"을 통해서 유대인 기독교인들을 율법의 저주로부터 속량하셨다. 그리스도께서 행하신 일은 나무에 달려 수치스럽게 죽으시는 죽음을 당하시는 것이었다(이것이 신 21:23 인용의 핵심이다). 이렇게 행하시는 것을 통해서, 그리스도께서 공개적으

---

13. F. F. Bruce, *Galatians*, 166-67은 이 관점을 지지한다.

14. 조금 대중적인 논의는 아니지만, L. L. Morris, *The Atonement: Its Meaning and Significance*(Downers Grove, Ill.: InterVarsity Press, 1983), 106-31에서 다루는 논의를 보도록 하라. 또한, J. R. W. Stott, *The Cross of Christ*(Downers Grove, Ill.: InterVarsity Press, 1986), 175-82를 보라.

로 십자가에 달려 돌아가셨기 때문에 주님께서는 수치가 되셨다(참고. 고후 5:21). 주님께서는 무죄하시고 죄가 없으신 분이시기 때문에, 죄를 범한 자들을 위해 죽으실 수 있으셨고, 그들이 받아야 할 저주를 담당하실 수 있으셨다. 또한 그분은 거룩하신 분이시기 때문에 하나님의 정의를 완벽하게 만족시키실 수 있으셨다(롬 3:21-26을 보라).

그리스도께서 성취하신 구속은 유대인 기독교인들을 믿음을 갖고 있는 유대인들) 율법의 저주에서 구원하시는 것만이 아니다. 이 구속은 또한 이방인들로 하여금 유대민족주의화하는 것 없이 아브라함의 축복(14절)에 동참할 수 있도록 만들어준다.[15] 더군다나 그리스도께서 율법의 저주를 담당하셨기 때문에, 율법의 죽이는 권능은 이미 소진되어버렸다. 이는 율법 시대가 종말을 고했다는 의미이며, 이방인들이 유대인들이 되는 것 없이, 유대인들을 구별해주는 특징적 율법들대로 살아가는 것 없이, 하나님께 받아들여질 수 있게 되었다는 것을 의미한다. 달리 말해서 십자가는 유대인들의 특권을 무력화시켜 버렸다. 우리는 이점에 대해서 이미 2:15-21에서 살펴보았다.

이뿐만이 아니다. 율법의 저주는 이제 끝이 났으며, 새로운 하나님의 백성들은 (유대인들과 이방인들 모두) "성령의 약속을 받을" 수 있다(14절; 참고. 행 2:33). 바울은 이와같은 성령이라는 선물과 더불어 자신의 전체 주장을 시작했으며(1-5절), 그는 뒷부분에서는 성령님을 하나님의 새로운 백성들이 갖는 능력으로 간주했다(5:1-26).

요약하자면 (1) 바울은 여기에서 이방인들이 믿음으로 인해서 하나님께 받아들여질 수 있는 존재들이라는 것을 입증했으며, 이방인들은 하나님께 받아들여지기 위해 율법에 따라 살지 않아도 된다는 것을 선포했다. 사실 바울은 율법 시대는 지금 그리스도께서 이미 그 저주를 담당하심으로써 끝이 나 버렸다고 주장한다. 아브라함은 어떻게 한 사람이 하나님께 받아들여지는지를 보여주는 위대한 본보기이다. 그가 믿음을 통해 하나님께 받아들여진 것과 마찬가지로 유대인 기독교인들과 이방인 기독교인들 모두는 동일한 토대위에서 하나님께 받아들여진다. 이런 하나님 백성들은 "믿음의 사람들"이다. 자신들이 여전히 모세의 율법을 지켜야만 한다고 생각하는 사람들은 율법과 그 목적을 잘못 이해한 것이고(19-25절을 보라), 또한 저주를 상속받게 될 것이다. 그들은 "율법의 행위"에 속한 자들이다. (2) 바울

15. J. B. Lightfoot, *Galatians*, 140을 보라.

은 또한, 부정적인 방식을 통해서 율법하에 살고 있는 사람들은(즉, 유대주의자들과 그들의 "복음"으로 전향한 사람들) 저주를 상속받게 될 것이라고 선언한다. 구원은 오직 그리스도안에서 믿음을 통해서만 발견할 수 있다. 모세를 그리스도에게 첨가하는 자들은 그리스도를 아무것도 아닌 것으로 만드는 자들이며, "율법의 행위"에 속한 자들은 믿음을 통해서 사는 자들이 아니다. 당신과 나는 유대주의자들이 바울이 여기서 전개하고 있는 논쟁적인 주장들에 대해서 유대주의자들이 뭐라고 대꾸했을런지는 아무것도 알 수가 없다. 그저 우리는 추측만 할 수 있을 뿐이다.

상황잇기

이 본문에서는 두 가지 중요한 토픽들에 대해서 논의를 하고 있으며, 이 토픽들을 오늘날 우리가 사는 세계 속으로 가져오는데는 서로 다른 두 가지 방책이 있다. 첫째로, 우리는 이방인들이 믿음을 통해서 하나님의 백성으로 인정된다는 이슈에 대해 잘 살펴볼 필요가 있다. 바울이 이방인과 관련해 가장 중요하게 다룬 내용은 그들이 유대인이 아니라는 점이다. 그가 갖고 있는 개념 즉, 계시를 통해 그에게 주어졌고(참고. 1:16) 그의 특별한 "신비"인 개념(엡 3:1-13; 골 1:24-2:3)은 하나님께서 지금 그의 백성들을 넓히고 확장시키셔서 이방인들까지 포함시키고 계시다는 것이다. 그렇기에 우리는 근본적인 원칙을 갖고 있다. 보편주의가 유대교의 민족주의를 넘어선다. 우리는 이 본문을 연구해보면서, 이런 보편주의 원칙을 본문 이면에서 찾아볼 수 있다. 우리는 성급하게도 이방인들이 그리스도 이전에도 이방인들이 하나님께 받아들여지지 않았던 것이 아니라고 결론짓거나, 혹은 유대교가 이방인들에게는 아무 자리나 역할도 없다고 결론짓기도 한다. 그러나 이 두 가지는 모두 다 구약성경이 제시하는 바에도 부정확할 뿐만 아니라, 유대교에 대해서도 잠재적인 중상모략이 될 수 있다.[16] 우리가 지금 이야기하고 있는 것은 하나님 백성의 지경이 확장되고 있다는 점과 복음의 진리가 갖는 보편성이 중심이 되고 있다는 것에 대해서이다.

이 부분이 갖고 있는 이런 근본적인 이슈는 신학적이면서 사회학적인 성격을 갖는다. 이 이슈는 바울은 이방인들이 구원에 포함되는 것이 믿음을 통해서 이루

16. 이방인들에 대한 유대인들의 태도에 대해서는 나의 책인 Scot Mcknight, *A Light among the Gentiles: Jewish Missionary Activity in the Second Temple Period*(Minneapolis: Fortress, 1991), 11-29를 보라.

어진다고 주장한다는 점에서 그리고 이런 포함이 민족주의화되는 것 없이(즉, 그들이 유대인이 되는 것 없이) 허용된다는 측면에서 신학적인 성격을 갖고 있다. 바울 이전에는 유대교로 회심한다는 것은 유대 민족주의화 한다는 것을 의미했다.[17] 바울은 자신의 복음에서 하나님 백성들의 비민족주의화를 보았다. 왜냐하면 모든 하나님 백성들은 믿음이라는 방법을 통해 하나님께 받아들여지기 때문이다. 이런 신학적 원칙은 하나님을 통해서 계시되었으며, 또한 복음의 진리안에 포함되어 있다. 그러나 사회학적으로 보자면, 유대인들은 그들의 과거에 대한 인식 때문에 이런 개념을 충분히 이해하기에는 어려움이 있었다. 유대인이 된다는 것은 특권이었다(그리고 현재도 특권이다). 바울 시대의 유대인 기독교인들이 하나님의 백성에 대해서 완전히 "국가적 개념이 없는" 구조를 받아들인다는 것은 정말로 어려운 일이었고, 이는 놀랄만한 일이 아니었다. 그러나 바로 이것이 바울이 자신의 회심자들을 향해 주장하는 정확한 내용이었다. 바울은 유대인 기독교인들이 자신들을 규정해주는 역할을 하던 율법에 대해 더 이상 헌신하지 않고 율법을 포기하기를 원했다. 나는 바울이 유대인 기독교인들이 그들의 사내 아이들에게 할례를 행하는 것을 참았을 것이라고 믿는다. 그러나 나는 또한 만약 그가 그런 일을 시행하는 것이 하나님께 받아들여지기 위해 모세의 율법에 복종하는 것을 표현하기 위해서라고 생각했다면, 그는 분명 그런 행동을 날카롭게 피판했을 것이라고 생각한다.

우리는 복음은 모든 사람을 위한 것이며 사회적 장벽들은 복음을 통해 허물어져야만 한다는 사상을 우리가 살고 있는 현세계에 적용시킬 수 있다. 우리는 지금 바울이 사용하고 있는 원칙이 하나님께서 "모든 종류의 사람들"을 사랑하시며, "모든 종류의 사람들"과 더불어 역사하신다는 것임을 발견할 수 있다. 그렇기 때문에 교회는 "특정한 어떤 종류"의 사람들을 금지하는 장벽을 만들 수 없다. 우리는 혹시 우리 교회와 우리 복음이 믿음을 갖고 있는 모든 사람들을 대상으로 사역하고 있는지 혹은 그렇지 않은지를 살펴보는 것을 통해, 이 본문의 메시지를 우리의 현세계에 적용해야만 한다. 우리는 이런 보편주의라는 적용점이 과연 오늘날 교회에서도 여전히 잘 적용되고 있는지를 계속해서 살펴봐야만 한다.[18]

17. ibid., 30-48을 보라.

18. 나는 신정통주의가 갖고 있는 보편주의에 대한 개념에 대해서 알고 있는데, 그 개념에서는 하나님께서 결국에는 모든 사람들을 다 받아들여주신다고 가르친다. 바울은 이렇게 가르치지 않으며, 성경안에 나오는 누구도 이렇게 가르치지 않는다. 우리가 여기에서 관심을 두고 있는 것은 인종과 상관없이 누구든지 예수 그리스도를 믿는 사람이라면 하나님 앞에서 동일한 토대위에 서 있다고 가르치는 보편주의이

우리가 생각해봐야 할 둘째 토픽은 우리가 "율법의 저주"라는 메시지를 "율법의 행위에 속한 자들"에게 어떻게 적용할 것인가에 대해서이다. 만약 "율법의 저주"가 크게 봤을 때 유대인들(그리고 바울에게, 유대인 기독교인들에게도)에게 해당되는 무언가라면, 그렇다면 도대체 우리는 이 내용을 오늘날 우리 현세계에 어떻게 적용할 것인가? 나는 이와 관련해 세 가지 가능성이 있다고 생각한다. (1) 하나님께 받아들여지려면, 여전히 율법에 대해 복종할 필요가 있다고 생각하고 있고, 자신들의 나라를 존중해야만 한다고 생각하는 현대 정통주의 유대인들에게, (2) 마음에 하나님의 율법이 기록되어 있는 이방인들에게, (3) 하나님께 받아들여지려는 목적을 갖고 복음 위에다가 다양한 종류의 요구들을 첨가함으로써 복음의 진리를 넘어가 버리는 자들에게.

첫째로, 정통주의 유대인들에게. 나는 지금도 계속되고 있는 미국의 다양한 유대교와 기독교의 관계에 대한 논쟁에 발을 들여놓고 싶지는 않다. 내가 갖고 있는 관점은 가장 기초적인 수준에서, 기독교가 유대교와 갖고 있는 관계는 기독교가 다른 여러 세계 종교들과 맺고 있는 관계와는 좀 다르다는 것이다. 비록 기독교가 유대교의 완성이고 완전함이기는 하지만, 기독교와 유대교는 적대적인 대립관계는 아니다. 나는 나의 관점을 예수님께서 율법에 대해서 주신 가르침에 토대를 두고 있고(마 5:17-20), 또한 초대 교회가 구약성경을 그들의 소유물로 이해하고 사용한 것에 토대를 두고 있다. 그리고 나는 유대교는 불완전하다고 믿고 있으며, 그리스도께서 가져다 주신 것을 여전히 찾고 있는 자들이라고 생각한다.

바울은 그리스도께서 "율법의 마지막(혹은, 클라이맥스)"(롬 10:4)이라고 가르치며, 율법은 어떤 의미에서 그리스도의 죽음 및 그분의 저주에 대한 대속과 더불어 끝이 났다고 가르친다(갈 3:10-14, 19-25). 이는 율법에 대한 복종이 만약 이 복종을 행하는 것이 그리스도에 대한 반대 입장이거나 혹은, 그리스도를 완성시킨다는 의미에서 이루어지는 것이라면 이는 그리스도에 대한 불복종이라는 의미이다. 물론 이는 갈라디아서의 메시지이다. 이는 정통주의 유대인은 갈라디아서에서 유대주의자들이 관심을 두고 있는 형태에 잘 들어맞는다는 의미이다. 오늘날 유대인

다. 앞에서 이야기한 종류의 보편주의 문제에 대해서는 W. V. Crockett and J. G. Sigountos, *Through No Fault of Their Own? The Fate of Those Who Have Never Heard*(Grand Rapids: Baker, 1991)을 보라. 또한, 매우 흥미로운 연구인 C. H. Pinnock, *A Wideness in God's Mercy: The Finality of Jesus Christ in a World of Religions*(Grand Rapids: Zondervan, 1992)도 보도록 하라. 보편주의와 다원주의의 문제는 복음주의자들이 매우 심각하고 진지하게 다룰 필요가 있는 문제들이다.

들이 점차 예수 그리스도께 심정적으로 동의해가고 있기는 하지만, 그들은 여전히 바울이 가르쳤던 신학과 내용에 대해 엄격하게 반대하는 입장을 갖고 있다.[19] 기독교인은 여기에서 입장을 분명히 할 필요가 있다. 또한 하나님의 언약이 갖는 영광이 그리스도를 통해 계시되었고, 하나님의 약속들이 예수 그리스도안에서 궁극적으로 "예"가 된다는 사실(고후 1:20)을, 사랑하는 마음과 설득하는 모습으로 보여줄 필요가 있다. 나는 "율법의 저주"에 대한 갈라디아서의 메시지가 직접적으로 현대 정통주의 유대인들에게 적용가능하다고 주장하고자 한다. 그들은 하나님께서 율법에 대한 순종을 토대로해서 그리고 그들의 사회적 차별성(가령 유대인이 되는 것)을 토대로 해서 사람들을 받아들이신다고 믿는 자들이다.

둘째로, 마음에 하나님의 율법이 기록되어 있는 이방인들에게 하나님의 뜻과 율법이 전세계 모든 사람들의 마음에 기록되어 있다는 점을 생각해볼 때—로마서 2:14-15에 나오는 바울의 가르침—우리는 "율법의 저주"를 이방인들에게 적용할 수 있다. 회심하지 않은 이방인들은 유대주의자들이나 그들의 방식으로 전향한 갈라디아 기독교인들과 동일한 방식으로 저주에 대해서 느낀다. 한 사람의 양심에서부터 나오는 확신은 자신이 하나님의 뜻이라고 생각하는 것과 반대로 행동하는 사람을 괴롭게 만든다. 우리는 이런 현상에 대한 간접적인 증거를 선교사들이 만난 사람들에 대한 스토리들에서도 찾아볼 수 있다. 선교사들이 만난 사람들은 틀린 행동들을 통해서 무엇이 올바른 것인지를 알고 있고, 또한 유대-기독교 윤리가 옳다는 것을 확인해주는 동일한 도덕적 코드를 이미 갖고 있는 사람들이었다. 여기서 요점은 동일하다. 하나님의 율법에 대해 전혀 들어보지 못했던 이방인도 하나님의 율법의 저주를 경험할 수 있다. 왜냐하면 그런 이방인 역시 하나님의 도덕적 뜻에 대한 내적인(혹은 당신은 이를 "천성적인"이라고 부를 수도 있다) 증거를 받았고 갖고 있기 때문이다.

셋째로, 하나님께 받아들여지려는 목적을 갖고 복음 위에다가 다양한 종류의 요구들을 첨가함으로써 복음의 진리를 넘어가 버리는 자들에게. 바로 이들이 갈라디아서의 주축적인 청중들인데, 이들은 그리스도의 복음에다가 무언가를 첨가했으며, 이렇게 첨가하는 것을 통해서 그리스도의 충분성과 성령님의 권능을 타협했던 사람들이다. 이런 타입의 사람들은 의식적으로건 혹은 그렇지 않게건, 하나님

---

19. 이점에 대해서는 D. A. Hagner, *The Jewish Reclamation of Jesus*(Grand Rapids: Zondervan, 1984)를 보라. 그리고, D. A. Hagner, M. J. Harris, *Pauline Studies: Essays Presented to Professor F. F. Bruce on His Seventieth Birthday*(Grand Rapids: Eerdmans, 1980), 143-65도 보라.

께서 이미 확립하신 언약에다가 조건들을 첨가하며, 이렇게 함으로써 유대주의자들과 매우 유사한 형태를 만든다. 하나님께 받아들여지는 것을 위해서는 그리스도께 복종하고 성령안에서 생활하는 것과 별도로 다른 무언가를 더 첨가해야 할 조건은 아무것도 없다. 다른 것을 첨가하는 것은 하나님의 저주를 가져온다. 나는 이 책의 서론 부분에서 이와 같은 첨가물이 되곤 하는 네 가지 항목을 제시했었다. (1) 율법들과 규정들 (2) 경험들 (3) 교육 (4) 문화적 제국주의. 이 네 가지 항목들 각각은 오늘날 우리 세계를 위한 적용점들을 위해 잘 살펴볼 수 있을 것이다. 하지만 지금 여기서 우리의 목적은 적용하는 것이 아니라, 우리의 적용점들이 본문과 잘 맞아들어가게끔 하기 위해 필요한 방법과 도구를 보여주는 것이다.

다시 한번 더 말하지만, "율법의 행위에 속한 자들"은 주로 유대주의자들과 유대인들이었다. 이는 또한 유대주의자들의 개종노력을 통해 유대교로 회심한 이방인들에게도 적용가능하다. 우리는 어떻게 이 표현을 오늘날 우리가 살고 있는 현 세계에 적용할 것인가? 이 질문에 대해 지금 여기에서 해줄 수 있는 대답은 바울이 왜 이런 사람들에 대해서 이런 표현을 사용했는지 그 이유를 우리가 이해할 필요가 있다는 대답이다. 그들은 "율법의 행위에 속한 사람들"이었는데, 이는 그들이 오직 예수 그리스도에만 유일한 기초를 두는 것이 아닌 다른 종교 시스템을 수용하기로 선택하고 있기 때문이다. 이런 사람들은 이렇게 선택하는 것을 통해서, 하나님께 받아들여지는 방법으로서 모세의 율법을 그리스도의 꼭대기 위에다가 첨가했다. 오늘날 이 부분을 적용하려면, 우리는 (1) 그리스도의 충분성에다가 자신들이 무언가를 첨가해서 타협하거나 혹은 복음을 재규정하면서 타협하는 사람들을 찾거나, 혹은 (2) 율법이 하나님께 복종하는 가장 확실한 방법이라고 주장하면서, 반면 성령님을 하나님의 백성들을 하나님께서 그들에게 원하시는 삶으로 확실하게 이끌어주는 인도자의 지위에서 제거해버리는 사람들을 찾아볼 필요가 있다.

이런 종류의 교사들은 민족주의, 인종주의, 교화주의, 혹은 단순히 기독교 훈련의 율법주의 등을 강조한다. 오늘날 이런 형태의 이단들을 발견해내는 가장 확실한 방법은 우리의 사고 시스템이 얼마나 순수한지를 검토하고(그리스도의 복음과 비교해서) 또한 이런 사고 시스템이 우리 교회안에서 작동하게끔 얼마나 명쾌하게 허용하고 있는가를 살펴보는 것이다. 복음은 매우 순수함에도 불구하고, 지역 교회의 상황은 깨끗하지 않은 경우들이 너무나 자주 있다. 교회는 복음의 명쾌한 메시지를 모든 종류의 왜곡과 잘못된 개념들을 통해 뒤틀리게 하고 흐리게 만들 수 있다. 교회가 과연 건강한지 아닌지는 교회가 거룩한 모습으로 하나님께 예배드리고 있는지, 따뜻한 사랑의 모습으로 하나님께 반응하고 있는지, 사랑이 넘치는 거룩함 속에서 하나님의 뜻대로 살고 있는지를 통해 확인해 볼 수 있다. 우리는 하나님께 받아들여짐에 대해서 과연 우리가 오직 그리스도에게만 토대를 두고 있는지, 또한 우리가 기독교인의 삶에 대해 성령님의 권능만을 주장하고 있는지를 살펴보기 위해 우리 자신의 시스템들에 대해 꼼꼼히 조사해봐야만 한다. 만약 이런 원칙들 중 무엇 한 가지라도 누락되어 있다면, 이는 아마도 "율법의 행위들"이 모종의 형태로 활동하고 있기 때문일 수도 있다. 마치 컴퓨터 시스템에서 활동하는 바이러스처럼 말이다.

현대적 의미

우리는 하나님의 계시가 담고 있는 쌍둥이 같은 개념들, 즉 복음은 모든 사람을 위한 것이며 또한 사회적 장벽들을 헐어버린다는 개념들을 오늘날 우리 세상에 분명히 적용할 수 있다. 사실 하나님께서는 "모든 종류의" 사람들을 사랑하시며, "모든 종류의" 사람들과 더불어 역사하신다. 그렇기 때문에 교회는 "어떤 종류의" 사람들이 교회 안에 들어오는 것을 가로막는 장벽을 결코 설치할 수 없다. 우리는 믿음이라는 기초위에서 이방인들을 포함시켜야 한다는 바울의 메시지를 우리가 사는 세상에 반드시 적용해야만 한다. 오늘날 교회들이 믿음을 갖고 있는 모든 종류의 사람들을 받아들이고 그들을 대상으로 사역하고 있는지를 살펴보고 점검해보는 것을 통해서 말이다. 달리 말해서 당신의 교회는 보편주의적인 교회인가? 우리는 이런 보편주의의 문제에 대해서 원칙이라는 방식을 통해 접근해 볼 수 있다. 보편주의는 모든 사람에 대한 수용을 의미하며, 그렇기에 우리는 과연 모든 사람들을 받아들이고 있는 곳이 어디이며 또한 어디에서 그렇게 하지 않는지를 점검해 볼 필요가 있다. 이는 연역적 논리이다. 만약 하나님께서 모든 사람을 사랑하신다면, 우리는 과연 우리가 모든 사람을 사랑하고 있는지를 살펴봐야만 한다. 우리는 이미 원칙이라는 방법을 통해 이 부분에 대해 접근해 보았기 때문에, 나는 다른 방식을 통해 이 문제에 접근해 보고자 한다.

우리는 이 이슈에 대해 역사적으로 그리고 사회적으로 접근해 볼 수도 있다. 우리는 바울 당시 시대 때 유대인들이 이방인들을 어떻게 다루었는지를 살펴볼 수도 있고 그런뒤 어떤 그룹이 우리들에게 그와 비슷한 관계를 맺고 있는지를 찾아볼 수도 있다. 이런 방식이 갖고 있는 한 가지 문제점은 유대인들이 이방인들을 다룬 방식이 모든 장소들에서 동일한 것이 아니라는 점이다. 예를 들어서, 쿰란공동체와 같은 유대인들(이들은 바울 당시에 매우 흥왕했었다)은 아예 고립된 생활을 했기 때문에 이방인들과 접촉이 아예 거의 없었다. 이방인이 쿰란공동체 모임에 들어간다는 것은 생각할 수도 없는 상당한 비상신호로 간주되었을 것이고, 그 이방인은 즉각 불결한 존재로 여겨져 쫓겨났을 것이다. 팔레스타인에 살던 다른 유대인들, 가령 나사렛 같은 지역에 살던 유대인들도 이방인들과 거의 접촉할 일이 없었다. 만약 그들이 이방인들과 접촉하게 된다면, 그들은 이방인들에게 적절하게 반응했겠지만, 이방인들과 더 이상 거의 아무 관계도 갖지 않을 것임은 의심할 여지가 없는 일이었을 것이다. 그러나 팔레스타인에 살면서 사업적인 이유 때문에 이방인들과 연관성을 갖고 있던 유대인들은 이방인들과 정기적인 접촉을 가졌다. 디아스포라에서는 이보다 훨씬 더 다양한 접촉들이 있었다. 일부 유대인들은 이방인들과 매우 자연스럽게 교제를 나누었고, 이방인 공동체 속에 완전히 녹아들어가 생활하던 유대인들도 있었다. 사르디스(Sardis－고대 리디아 왕국의 수도)의 회당은 바울 시대로부터 몇 세기 정도 시간이 지난 뒤, 그 도시의 실질적인 중심지가 되기도 했다. 사회적 역사적 정황들을 살펴보는 것을 통해서, 우리는 복음을 우리가 살고 있는 현세계속에 어떻게 좀 더 적실성있게 잘 적용할 수 있을지 통찰력을 얻을 수 있다.

좀 더 특정적으로 살펴보자면, 우리는 바울이 디아스포라 공동체에서 자신이 이전에 예루살렘에서 했던 것과는 전혀 다른 방식으로 이방인들과 더불어 일하고 있었다고 말할 수 있다. 왜냐하면 이방인들과의 상호작용이 갖는 사회적 의미가, 예루살렘과 디아스포라는 완전히 달랐기 때문이다. 바울이 대부분의 디아스포라 교회들에서 이방인들을 포함시킨 것은 용인될만한 양상이었다. 왜냐하면 전향자들이 이미 유대인들의 회당 공동체에 사회적 충격을 주었을 것이기 때문이다. 하지만 이방인 전향자들에게 완전히 유대교로 회심할 필요가 없다는 깜짝 놀랄만한 요구는, 여전히 회당의 유대인들과 유대인 기독교인들에게 불편한 일이었다. 신학적 문제는 매우 단순하고 간단하다. 유대인 기독교인들은 복음의 보편주의가 완전히 실현되게끔 허용할 것인가? 그리고 이런 실현은 좀 더 보수적 관점을 갖고 있는 완고한 마음의 사람들로부터 저지될 것인가? 이런 사회적 정황이 우리가 본문을 우리가 사는 현세계로 가져오는 하나의 수단이 된다.

나는 적용을 위해서 유사성들을 찾아내는 것이 적절한 방법이 될 것이라고 생각한다. 어떤 종류의 사람들이 우리 교회에 포함되었을 때 우리는 불편함을 느끼는가?(한번 이런 종류의 사람들이 새신자가 되었다고 가정해보자. 내가 지금 이야기하는 것은 많은 기독교인들이 사기꾼이나 죄인으로 알려져 있는 사람이 아무런 회심의 증거도 없이 교회 안에 들어왔을 경우 느끼는 불편한 감정에 대해서가 아니다.) 다시 반복해서 말하지만, 어떤 종류의 사람들이 우리로 하여금 불편하게끔 만드는가?

많은 교회들의 경우, 다른 교파에 속한 교회에서 오랫동안 지냈던 사람들이 "자신들의" 교회에 합류할 경우 잘 정착하지 못하곤 한다. 때때로 이런 불편함은 기독교적인 관습(성령의 은사, 찬양할 때 손을 드는 것 등) 때문에 생겨나기도 하고, 혹은 종종 다양한 교리들 때문에 생겨나기도 하고(내적 안정성, 미래에 대한 관점, 성경에 대한 다양한 번역본 등과 같은), 혹은 교리적인 일탈에 대한 의심 때문에(성경의 무오성이나 그리스도의 신성등과 같은 교리) 생겨나기도 한다. 나는 비록 인간의 죄악 가득한 품성으로부터 여러 교파들이 자연스럽게 생기기도 하고 기독교 리더들이 무능력하기도 하지만, 그러나 다양한 관점의 사람들이 하나님께 경배하고 함께 더불어 살아갈 때에는 교회들이 성령님의 단일성을 유지하고 주장하는 것이 근본적으로 매우 중요하다고 주장한다. 만약 우리가 모두 동일하다면, 우리는 정말이지 성령님이 필요치 않다. 그러나 우리는 다양한 사람들로 하여금 하나됨을 누리며 살아가게끔 행하실 하나님의 성령님이 필요하다. 하나님께서는 다양성을 갖고 있는 사람들이 예배드리고 함께 살아가는 것을 원하신다. 왜냐하면 그분께서는 그분의 은혜를 온 세상에 증거 할 새로운 사람들을 하나님의 성령님께서 만드시는 것을 보시면서 기뻐하시기 때문이다.

한 예로써 이런 보편주의를 미국의 인종 문제에 적용해 보도록 하자. 어떤 사람들은 미국 교회에는 인종 문제가 없다고 (잘못) 생각하기도 한다. 말도 안 되는 소리다. 여기에 덧붙여서, 나는 하나님께서는 "흑인 교회", "백인 교회", "히스패닉 교회"를 계획하시지 않는다고 주장하고자 한다. 내가 생각하기엔, 오늘날 발전하고 있는 "흑인 복음", "히스패닉 복음"은 온전한 복음을 뒤틀어 만든 "백인 복음" 때문에 생겨난 왜곡된 복음이다. 백인들은 자신들이 믿는 복음이 그들의 백인 문화를 통해 상당부분 형성된 것임을 이해하고 알게 될 때, 우리는 좀 더 진전을 이룰 수 있다.[20]

우리는 지금 이 본문을 인종문제라는 이슈에 적용할 수 있다. 왜냐하면 본문이 다루는 두 가지 핵심적 이슈 모두 다 흑인들과 백인들 사이의 상호작용 속에서 발

---

20. P. Berger의 연구들을 보도록 하라. *The Sacred Canopy*(New York: Doubleday, 1967)을 포함해서 보라.

생하기 때문이다. 이 양자 간에는 계속해서 진행되고 있는 민족주의(우리는 "백인 복음"을 갖고 있다)와 "율법의 행위" 형태의 문제(우리는 "백인들이 중심을 이루고 있는 거주지"를 갖고 있다)가 존재한다. 바울이 가르치는 바는 예수 그리스도의 복음은 모든 사람들을 위한 것이고, 또한 모든 사람들이 함께하라는 것이다. 주님께서는 모두가 각각 인종별로 자기들끼리 모일 것을 가르치신 것이 아니다. 바울의 복음을 유대주의자의 복음으로부터 분명하게 구별짓고 분리시켜주는 이슈는 모세 대 예수님이라는 구조만큼이나 유대인 대 이방인이라는 구조와 밀접하게 상관되어 있다. 그리고 오늘날 흑인과 백인을 분리시키고 있는 이슈는 종교적인 이유 일뿐만 아니라 인종적인 이슈이다. 사실 내가 생각할 때엔 백인과 흑인을 분리시키는 것은 99퍼센트 인종적인 문제이다. 흑인과 백인을 분리시키는 종교적 요소는 아무리 찾아보려해도 거의 찾아볼 수가 없다(백인들의 예배 스타일이 뻣뻣하다는 것을 제외하고). 바울은 마치 홍해가 갈라질 때처럼 자신의 복음을 높이 치켜들고서는 회중들을 둘로 갈라서게끔 하지 않았다. 하나님께서는 우리들 각자에게 하나님의 성령을 주셨으며 그로인해 우리는 하나가 될 수 있고 또한 함께 더불어 예배드릴 수 있다. 그리스도의 복음은 흑인 아이들이 백인 자녀들과 함께 손을 맞잡고 주일학교 모임에서부터 주일예배까지 함께 할 수 있도록 해준다.

나는 "혼합된 회중들" 사역을 살펴보아왔다. 또한 나는 서로가 서로를 이해하려면 노력이 필요하다는 것도 알고 있고, 어떤 한 그룹에게는 자연스럽지만 다른 한 그룹에게는 옳지 않은 이슈들에 대해서도 서로 유연성을 가질 필요가 있다는 점도 알고 있다. 나는 서로 다른 인종적 배경, 사회-경제적 배경, 이념적 배경을 갖고 있는 리더들이 서로 개인적인 싸움을 벌이느라 이런 사역이 때때로 상처 입는다는 사실도 잘 알고 있다. 그러나 나는 하나님의 성령을 믿으며 하나님께서 우리가 함께 사역하길 원하신다는 것을 믿는다.

나는 좀 더 훌륭하게 함께 사역하는 것을 위해서 몇 가지를 추천하고 제안하고자 한다. 첫째로, 나는 내 책을 읽는 백인 독자들이 얼마기간 동안이라도 흑인 교회에 참석해 보기를 추천한다. 나는 예전에 한번 내가 가르치던 학생에게 이렇게 추천했던 적이 있었는데 그는 지금은 빈민가에서 흑인 교회를 섬기며 목회하고 있다. 나는 또한 내 책을 읽는 흑인 독자들에게도 역시 교외에 있는 백인 교회에 참석해 보기를 추천한다. 나는 이 두 경우 모두에 있어서 예배에 참석하는 사람들은 무엇이건 판단하기보다는 예배에 잘 참석해 달라고 요구하고자 한다. 아마도 이렇게 해본 각각의 사람들은 서로를 향해 질문을 할 것이다. 아마도 빈민가에 있는 흑인 교회들이 교외지역의 백인 교회들과 관계를 형성하는 것이나, 이들 각각의 교회를 섬기는 목회자들이 상대방 교회에서 예배를 인도하거나 설교를 해보는 것은 서로에게 좋은 일이 될 것이다.

둘째로, 나는 각각의 사람들이 인종 이슈에 대해 양심적으로 눈을 뜨고 개발해 나가야 한다고 제안한다. 나는 백인 독자들에게 제시 잭슨(Jesse Jackson)) 목사가 인종 이슈가 현재도 진행중인 것으로 간주할때마다 그런 모습에 대해 쓸데없는 일인양 취급하지 않기를 부탁한다. 그가 인종의 영향력에 관해 언급한 내용은 거의 틀려본 적이 없었다. 나는 또한 흑인 독자들에게 공화당 후보들에 대해서 그저 백인 우월감만 불러일으키는 사람들인양 그렇게 취급하지 않기를 부탁한다. 어떻게 하면 인종문제에 대한 예민한 의식을 확고하게 가질 수 있을까? 나는 오직 단 한 가지 방법만을 알고 있다. 백인들은 흑인들에 대해서 알아가고, 흑인들은 백인들에 대해서 알아가는 것이다. 그들을 당신 집으로 초청하고 서로서로에 대해서 배워가도록 하라.

나는 이 섹션을 스토리 하나를 통해 마무리하고자 한다. 수 년 동안 우리 부모님은 아틀란타에 사셨는데, 몇 번 그곳에 방문한 적이 있었다. 언젠가 한번은 12살, 9살 된 아이들과 함께 마린 루터 킹 주니어 목사 유적지가 있던 아틀란타 다운타운의 Auburn Street를 방문했던 적이 있었다. 우리는 그곳 거리, 박물관, 에벤에셀 침례교회등을 방문했었다. 그에 관한 책을 읽고 그가 살았던 삶에 빠져들었다—인종적 정의를 위해 열심히 싸웠지만 평화적으로 싸웠던 삶, 하나님의 정의를 성경연구와 사회활동 양자를 통해 추구했던 삶, 인종주의자의 총으로 인해 비극적으로 끝마쳤던 삶.[21]

그곳 센터에서 보낸 시간을 우린 잊지 못할 것이다. 또한 아틀란타에 살고 있는 사람들중 그곳에 한번도 다녀가지 않은 사람들의 숫자가 얼마인지를 듣고서는 너무나 놀랐고, 우리가 왜 그곳에 가길 원했었는지 그 이유에 대해서도 감탄했었다. 우리는 남부의 가장 대표적인 도시중 한 곳인 아틀란타에서, 마틴 루터 킹 목사가 수많은 삶의 에너지를 쏟아부은 바로 그곳에서, 여전히 교회들안에 분리주의가 판을 치고 있다는 사실에 너무나 실망했었다. 우리는 그들이 하나님의 메시지가 모

---

21. Coretta Scott King, *My Life With Martin Luther King, Jr.* (New York: Holt, Rinehart, and Winston, 1969); J. M. Washington, ed., *A Testament of Hope: The Essential Writings of Martin Luther King, Jr.* (San Francisco: Harper & Row, 1986); Jesse L. Jakson, *Stright From the Heart*, ed. by R.D.Hatch and F. E. Watkins (Philadelphia: Fortress, 1987) 등을 보라.

든 종류의 사람들을 위해 주어진 것임을 알고 있었다는 사실을 알았기 때문에 마음이 아팠다. 그곳에 사는 작고 귀여운 백인 아이들이 찬양을 배우고 부르고는 있었지만, 그 지역에서 관습화되어 있고 제도화되어 있는 관행들 때문에 결코 그 가사가 의미하는 결과로 나타나지 않는 모습도 보았다.

"빨강, 노랑, 까망, 하양, 모든 사람들이 그분 보시기에 귀하고 아름답네. 예수님께서는 온 세상의 작은 아이들을 모두 사랑해". 그들의 관습화된 삶은 마치 예수님께서는 오직 백인들만 사랑하신 것으로 가르치는 것처럼 보였다. 이방인들을 하나님 백성에 포함시키는 것에 대한 바울의 메시지로 하여금, 오늘날 우리가 살고 있는 세상에서도 그 능력이 나타나게끔 하도록 하자!

갈라디아서 3:15-18

15 형제들아 내가 사람의 예대로 말하노니 사람의 언약이라도 정한 후에는 아무도 폐하거나 더하거나 하지 못하느니라
16 이 약속들은 아브라함과 그 자손에게 말씀하신 것인데 여럿을 가리켜 그 자손들이라 하지 아니하시고 오직 한 사람을 가리켜 네 자손이라 하셨으니 곧 그리스도라
17 내가 이것을 말하노니 하나님께서 미리 정하신 언약을 사백삼십 년 후에 생긴 율법이 폐기하지 못하고 그 약속을 헛되게 하지 못하리라
18 만일 그 유업이 율법에서 난 것이면 약속에서 난 것이 아니리라 그러나 하나님이 약속으로 말미암아 아브라함에게 주신 것이라

원 의미

바울은 성경본문이 갈라디아 성도들의 경험, 즉 하나님께서 자기 백성에게 성령을 주시는 것이 그들이 그리스도께 복종했기 때문이지 그들이 자신들의 삶을 모세의 율법에 맞추어 살았기 때문이 아니라는 경험을 성경본문을 통해 확실하게 확인해 주었다. 그런뒤 이제 그는 또다른 종류의 주장으로, 즉 유추 혹은 "일상의 삶에서 얻을 수 있는 예"(참고. 롬 3:5; 6:19; 고전 9:8)로 나아간다.[1] 이를 통해서 바울은 자신의 주장을 다시 한번 더 분명히 한다. 모세의 율법은 하나님께서 주신 가장 중요한 계시가 아니다. 그 계시는 아브라함에게 주신 하나님의 약속이다. 이는 하나님께서 아브라함에게 요구하신 반응이 모세를 통해 요구하신 반응보다 훨씬 더 중요하다는 것을 의미한다. 즉 믿음이(아브라함의 반응)—율법의 행위가 아니라—하나님과 우리 관계의 기초이다(참고. 롬 4:13-15). (바울이 이제 조금 뒤에는 갈 3:19-25에서 율법의 목적에 관해서 이야기하는 것이 결코 이상한 일이 아니다.)

바울은 자신의 가르침을 언약의 법적 양상을 살펴보면서 전개한다. 그는 법률

1. 헬라어 표현은 "나는 인간적인 방식을 따라 말한다"이거나 혹은 "나는 인간들이 일을 행하는 방법대로 말한다"(*kata anthropon lego*)이다. 이에 대해서는, H. D. Betz, *Galatians*, 154-55를 보라.

시스템은 언약이 이미 적절하게 확립되었으면 그 이후에 빼거나 더하는 것을 금지한다고 주장한다. 바울은 하나님께서 아브라함에게 역사하신 일이 이미 실제적으로 언약을 맺었다는 것을 알고 있었기에, 그 어떤 것도 그 언약으로부터 그 무엇도 제거하거나 혹은 더할 수 없다고 주장할 수 있었다(비록 이 부분에서 그의 주된 관심사가 이 내용은 아니었지만). 그러므로 만약 하나님께서 아브라함과 언약을 맺으셨다면, 430년 이후에 "더해진" 율법은 원래 언약의 내용들을 결코 개정할 수 없다. 그리고 (이 부분이 그의 요점이다) 만약 하나님의 언약이 믿음을 통해서 확립된 것이고 율법의 행위를 통해 확립된 것이 아니라면, 하나님께서 갈라디아 성도들과 그리스도를 통해 맺으신 이 언약적 관계 역시 믿음을 통해서이지 율법의 행위를 통해서가 아니다.—만약 아브라함이 이 언약적 유산에 있어서 핵심적인 인물이라면 말이다.

바울은 언약과 관련된 논의에 있어서 몇 가지 요점들을 제시한다. (1) 그는 유산을 관할하는 언약에 관한 내용으로부터 자신의 유추를 언급한다(15절).[2] (2) 그는 하나님께서 언약 체결의 궁극적 주체이심을 분명히 하는 것을 통해, 자기 주장의 근거를 분명하게 한다(16절). (3) 그런뒤 바울은 언약 자체에서 얻을 수 있는 유추를, 아브라함의 언약이 모세의 율법과 갖는 관계에 적용한다(17절). (4) 삽입 방식을 통해서, 그는 유추를 통해 자신의 주장을 다시 한번 더 제기한다. 이번에는 좀 더 유업이라는 표현에 중점을 두고 주장을 제기한다. 왜냐하면 유산 상속 율법은 한 사람이 약속의 결과로서 유산을 물려받는다는 것을 보여주기 때문이고, 이를 통해서 아브라함의 축복이라는 유산이 율법의 행위가 아니라 약속이라는 방식을 통해서 주어진다는 사실이 뒤따르기 때문이다(18절).

이런 주장을 펼쳐나가는 과정을 통해서, 바울은 다시 한번 더 그의 독자들 앞에 그의 두 가지 선택사항들을 제시한다. 그들은 아브라함을 선택함으로써 아브라함의 축복이 최고조로 나타나는 것이 바로 성령이라는 선물을 받거나, 아니면 모세를 선택함으로써 "율법의 행위"와 그 결과로 나타나는 "율법의 저주"를 선택해야만 한다. 나는 바울이 지금 갈라디아 성도들에게 행하고 있는 일은 그들이 어떻게 성경을 적절하게 읽어야만 하는지를 가르치고 있다고 확신한다. 그들은 제사장들

---

2. 여기 나오는 언약이 유산 상속 언약을 묘사하는 것으로 볼 때, 가장 의미가 잘 통한다. 3:18에서 바울은 바로 이런 종류의 언약을 자신이 염두에 두고 있음을 보여준다. H. D. Betz, *Galatians*, 155-56, R. N. Longenecker, *Galatians*, 128-30 부분에 나오는 논의를 살펴보라.

과 바리새인들이 해석한 것을 통해 모세의 시각으로 성경을 읽도록 배워왔다. 바울은 그들이 아브라함의 시각을 통해 성경 읽는 방법을 배우길 원한다. 이런 접근법은 하나님의 언약에 초점을 맞추며, 또한 하나님께서 언약을 통해 제공하시는 은혜에 반응하는 방식으로서 믿음에 초점을 맞춘다. 여기에 덧붙여서, 이런 아브라함식 접근법은 모세적 접근법을 통해 나타나게 되는 이스라엘에 대한 민족주의적 강조점보다는 하나님의 보편적 계획에 초점을 맞춘다(창 12:2-3).

언약으로부터의 유추(15절). 바울의 주장은 본질적으로 인간의 언약이 작동하는 방식은 하나님께서 언약을 작동시키는 방식과 동일하다는 것이다(하물며 방식의 주장). 비록 오늘날 학자들은 바울이 어떤 구체적 법률적 기구를 예로 사용하고 있는 것인지(로마의, 그리스도의, 유대의)[3] 확신하지 못하고는 있지만, 여하튼 학자들 역시 바울의 요점이 분명하다는 점에는 동의하고 있다. 언약이나 조약 혹은 유언이 확립이 된 이후에는—아마도 유언자의 죽음 이후에[4]— 그 누구도 이 유언에다 무언가를 첨가하거나 혹은 빼버릴 수 없다.

설명(16절). "아브라함과 그의 씨에게 선포된 약속". 여기에서 우리는 "약속"이라는 표현이 바울이 사용하는 유추에 있어서 실질적으로 "언약"과 동등한 것임을 이해해야만 한다. 바울은 17절을 통해 "약속"에 관해 이와같은 관점을 갖고 있음을 보여준다. 바울은 그 부분에서는 약속이 아니라 "언약"이라는 표현을 사용하고 있다. 그러므로 바울이 사용하는 유추는 법률적 세계에서 사용하는 상속에 관한 언약과 아브라함과 맺어진 약속의 언약 사이에서 이루어지는 유추이다.

이런 유추를 아브라함적인 언약과 모세의 율법 사이의 관계성에 적용함에 있어서, 바울은 우선 아브라함적인 언약이 기독교 시대에 적용된다는 점을 입증하는 것에서부터 시작한다. 그는 특수한 형태의 해석(그리고 지극히 공통적인)을 통해 이런 입증을 하는데, 그는 "씨"(이 단어는 단수나 혹은 복수가 될 수 있었다)에 대해서 그리스도안에서의 "집합적인 연대"로 보았다. 즉 그리스도는 하나님께서 약속들을 주시는 사람들에 대해 "씨"가 되시며, "그리스도 안에" 있는 모든 사람들 역시 그 "씨"이다(29절).[5] 이런 해석은 매우 중요한 설명을 제공해준다. 성경을 읽

---

3. 여러 다양한 가능성들과 증거를 R. N. Longenecker, *Galatians*, 128-30에서 찾아 볼 수 있다.
4. 헬라어 단어는 *kekuromenen*("충분히 확립된")이다. F. F. Bruce가 지적했듯이 언약들은 언약당사자가 죽을때까지는 "충분히 확립된" 것이 아니다(참고. 히 9:15-22); *Galatians*, 170-171을 보라. 이 분사가 완료형 시제를 갖고 있다는 점은 브루스의 관점을 확인해 준다.
5. R. Y. K. Fung, *Galatians*, 155-6을 보라.

는 독자들은 "아브라함의 씨"가 모든 이스라엘 사람들을 지칭하는 것으로 생각하게끔 이끌어주며, 이뿐만 아니라 도대체 어떻게 해서 바울은 이방인들이 아브라함 언약하에 있을 수 있다고 주장하는 것인지 궁금하게 여기게끔 만들기 때문이다. 바울은 그리스도께서 바로 그 "씨"이시라고 말하는 것을 통해, 기독교적 방식으로 창세기 13:15와 24:7을 해석한다. 바울은 이를 통해 아브라함 언약은 그리스도안에서 그리고 그분을 믿는 사람들을 통해 절정에 다다르는 언약임을 드러낸다.

유추의 적용(17절). 바울은 아브라함 언약이 기독교인들에게 적용된다는 점을 보여주었으므로, 이제 그는 유산 상속에 관한 언약 법률에 대한 유추를 적용한다. 그의 주장은 매우 간단하다. 모세의 율법은 아브라함과 언약을 맺은 이후 약 430년이나 지난 뒤에 주어졌다는 것이다(출 12:40-42). 그렇기 때문에 이 언약(모세가 아니라 아브라함과 맺은 언약)은 취소 불가능한 것이며, 율법은 하나님께서 아브라함과 체결하신 언약을 바꿀 수 없다. 이는 이 약속이 견고하게 서 있으며 하나님과 관계 맺는 양상이 율법의 행위보다는 믿음이라는 것을 의미한다.

"아브라함의 언약"은 무엇인가? 신학에서는 한편에서 시작하고 전개해나가서 일방적으로 언약체결을 하는 것에 대해서는 *testament*라는 용어를 더 선호해서 사용하고, 양편에 의해 언약이 체결되는 것에 대해서는 *covenant*라는 용어를 더 즐겨 사용한다. *covenant*를 표현하는 헬라어 단어는 두 개가 있다. *diatheke* 그리고 *syntheke*, 이들중 후자는 분명히 양편 언약당사자들의 동등성을 함축하고 있다. 또한 히브리어 용어인 *berith*를 헬라어로 번역하던 번역자들은 분명 아브라함 언약이 상호 동등한 양편에 의해 체결된 언약처럼 들리게 되는 것을 원치 않았을 것이고, 그렇기에 그들은 *diatheke*라는 용어를 선택했다. 이와 관련된 논쟁의 역사를 살펴보면, 일부 신학자들은 하나님께서 아브라함과 맺으신 언약의 일방적 성격을 강조해왔고, 때로는 심지어 "아브라함의 testament"라는 표현까지도 사용했다. 물론 이는 기독교인들이 성경을 묘사하는 전형적인 방식이 되었다. 구약(Old Testament)과 신약(New Testament).

다른 한편으로는 언약을 맺는 사람쪽에(아브라함 그리고 그와 연합되어 있는 "씨") 의무가 있는 것이 분명하고 그들은 의무를 다해야만 했기 때문에(즉, 할례, 율법에 대한 순종, 복종), 다른 신학자들은 "언약"(covenant)이라는 용어를 더 즐겨 사용하고 선호했다. 나는 *covenant*라는 용어를 사용할 것이다. 왜냐하면 하나님께서 아브라함과 언약을 맺으신 것은 분명히 그분의 주권하에 시작되었고 확립된 것이 분명하지만, 그러나 아브라함 역시 하나님께서 세워놓으신 기준들[6] 내에서 살아야 할 의무를 갖고 있었기 때문이다. 하지만 하나님과 아브라함간의 관계성은 결코 동등한 것이 아니었으며, 언약은 쌍방이 상호 합의사항에 동의한 것으로 이해되어서는 안된다.

아브라함에게 주어진 원래의 약속[7](참고. 창 12:2-3; 17:1-8)은 그 안에 8가지 각기 다른 약속들로 채워져 있었다. (1) 후손, (2) 아브라함을 위한 축복, (3) 위대한 이름, (4) 아브라함에게 어떻게 행하는가에 따른 축복과 저주, (5) 약속의 땅에 대한 점유, (6) 이방인들에 대한 축복, (7) 하나님께서 그의 백성들의 하나님이 되시겠다는 축복, (8) 아브라함으로부터 왕들이 태어난다는 축복. 내가 믿기에는 이 약속은 세 가지 각기 다른 언약체결들을 통해서 하나님께서 인류를 다루시는 역사속에서 집행되었다. (1) 아브라함에서 모세에 이르기까지의 할례의 언약, (2) 모세로부터 그리스도에 이르기까지의 모세의 언약, (3) 그리스도로부터 마지막 때까지의 새언약. "어떻게 성경을 읽을 것인가"에 관한 바울의 짧은 스케치를 통해서, 우리는 아브라함이 하나님께서 그분의 약속을 세워주시고 그분의 언약체결을 시작하셨던 바로 그 당사자가 되는데 있어서 어떤 역할을 감당했는지를 살펴볼 수 있다.

아브라함에게 주신 약속	할례	모세의 언약	새언약
	아브라함-모세	모세-그리스도	약속된 그리스도-왕국

나는 또한 이처럼 아브라함에게 중심성이 있다고 바울이 간주한 것은, 유대주의자들이 삐딱하게 본 것을 정확하게 본 것이라고 믿는다. 그들은 모세를 아브라함보다 더 높이 올려놓았고, 그렇기에 실제로는 하나님께서 자기 백성에게 주신 언약이 갖고 있는 약속적인 결정적 본질을 놓치고 있었다. 갈라디아서 3장을 읽는 사람이라면 모두가 알 수 있는 것처럼, 바울은 하나님께서 사람들과 관계를 맺으시는 양상의 본질을 모세에게서가 아니라 아브라함에게서 찾을 수 있다는 주장에 기치를 올리고 있다. 바로 이것이 그가 "하나님께서 미리 정하신 언약을…율법이 폐기하지 못하고 그 약속을 헛되게 하지 못하리라"(17절)라고 말하는 이유이다.

---

6. 관련된 논의에 대해서는 T. E. McComiskey, *The Covenants of Promise: A Theology of the Old Testament Covenants*(Grand Rapids: Baker, 1985), esp. 59-93을 보라. 특별히, L. L. Morris, *The Atonement* (Downers Grove, Ill.: InterVarsity Press, 1983), 14-42를 보라.

7. 이 문단에 대해서는 동료 교수이자 친구인 T. E. McComiskey, *The Covenants of Promise*에 많은 의존을 했다.

유추를 통해 주장을 다시 펴다(18절). 상속에 관한 약속은 약속에 달려있다. 달리 말하자면, 언약 당사자가 맺은 언약에 달려있다. 하나님께서는 위대한 일들을 아브라함에게 약속하셨다. 바울은 하나님께서 "약속을 통해서" 이 일을 행하셨노라고 말한다. 만약 갈라디아 성도들이 유대주의자들과 더불어 아브라함의 축복을 율법의 행위를 통해 상속받는다고 생각한다면, 그렇다면 이 모든 것을 시작하고 전개하신 하나님께서 틀리신 것이 된다. 하나님께서는 아브라함에게 율법에 복종하라고 요구하지 않으셨다. 사실 바울이 이미 보여준 것처럼, 율법은 그때엔 생겨나지도 않았었고, 430년이나 시간이 지난 이후에 비로소 주어졌다. 이는 아브라함의 축복(유대주의자들과 갈라디아 성도들 모두가 다 기쁘게 상속받고자 원하는)을 상속받을 수 있는 방법은 아브라함이 그 축복을 받은 바로 그 방법이어야만 한다는 것을 의미한다: 하나님의 약속에 대한 믿음.

바울은 여기에서 한걸음 더 나아가는 것처럼 보인다. 자기자신을 구원받는 시스템으로서 율법에 속하게 하기로 결정하는 사람들은 아브라함 언약의 약속들을 무효화시키는 것이다. 구원받는 시스템으로서 아브라함 언약에 자기자신을 속하게 하는 사람들은 또한 모세의 율법을 향해 우리를 구원해 달라고 요구할 수 없다. 그렇다면 결국 하나님께서는 도대체 왜 율법을 주셨단 말인가? 만약 모든 것들이 아브라함 언약안에서 주어졌다면 말이다. 참 좋은 질문이다. 바울은 이 질문에 대해서 다음 본문에서 대답할 것이다(19-25절).

상황잇기

우리는 계속 반복해서 바울의 관심이 동일하다는 것을 보아왔다. 한 사람이 하나님께 받아들여지는 것은 그리스도에 대한 믿음을 통해서이지 율법에 대한 행위를 통해서가 아니다. 다시 한번 더 말하지만, 바로 이것이 바울이 여기에서 제시하는 주제이다. 믿음을 통해서 참여한 언약인 아브라함의 언약은 하나님께서 사람들을 위해 처음부터 원래 고안하신 것이었다. 율법에 대한 행위를 통해 참여하게 되는 모세의 율법은 이차적인 계시였으며 하나님께서 우리가 그분과 관계맺을 때 중추적이고 일차적으로 사용하기 원하시는 방법이 아니다. 그러나 이 모든 것들은 지금은 "오래된 옛 재료들"일 뿐이다. 우리는 모든 본문들로부터 동일한 메세지를 적용하는 일이 지루해질 수도 있다.

이 본문(그리고 다음 본문)이 담고 있는 새로운 내용은 우리들 각자에게 상당히 중요하다. 즉 바울은 여기에서 우리들에게 성경을 어떻게 읽어야 할 것인지에 대해서 알려주고 있으며 또한 비록 그가 명확하게 우리에게 말하는 것은 아니지만 이런 본문들과 해석들을 어떻게 종합적으로 살필 것인지에 대해서 알려주고 있다. 때때로 성경안에 있는 어떤 한 본문을 해석할 때, 우리는 저자가 말하고 있는 내용 이면에 무엇이 담겨 있는지를 살펴볼 필요가 있으며, 또한 저자가 갖고 있는 전제들이 무엇인지를 찾아내기 위해 본문을 정제할 필요가 있다. 일반적으로 이런 전제들은 겉으로 드러나거나 표현되지 않기 때문에, 우리는 이들을 찾아내기 위해 힘들여 노력해야 하는 경우들이 있다.

나는 이 본문을 우리가 살고 있는 현세계에 적용하기 위해서, 우리가 지금 살펴보고 있는 본문들 속에서 바울이 사용하고 있는 몇몇 전제들이 무엇인지에 대해 이야기를 했다. 우리는 본문을 현시대에 적용하기 이전에 이 본문이 담고 있는 전제들이 무엇인지를 여기에서 관찰해야만 한다. 왜냐하면 바로 이런 전제들이 그의 주장들로 하여금 앞으로 나아가게끔 밀어주고 있고, 그의 주장들에 대해 근본 토대와 근거를 제공해주고 있기 때문이다. 그러므로 우리는 물어봐야만 한다. 바울은 지금 이 부문에는 어떤 모습이 드러나고 있는가? 성경을 읽을 때 도대체 어떤 방식으로 성경을 읽은 것인가?

첫째로, 바울은 아브라함에게 주어진 이 약속 혹은 언약이 하나님께서 자기 백성에게 주신 계시의 근본 토대라고 전제하고 있다. 바울은 도대체 왜 언약(testament)과 파기불가능성을 담고 있는 법률적 상황에 대한 유추를 지금 여기서 제기하고 있는 것인가? 왜냐하면 바울이 알고 있는 방법, 즉 하나님께서 그분 백성들에게 역사하기 원하시는 방법이 지금 제기하는 유추와 잘 들어맞기 때문이다. 달리 말해서, 그는 모세의 율법이 아브라함의 언약 이후에 왔다는 점을 알고 있었다. 그렇기 때문에, 그는 모세의 율법을 아브라함의 언약보다 이차적인 것으로 놓을 수 있었다—바울은 이를 잘 알고 있었기에, 이후에 하나님께서 왜 율법을 주셨는지를 설명하는 복잡한 내용을 다음 여섯 구절을 사용해 펼쳐야만 했다. 이 모든 내용들은 아브라함 언약의 우선성에 토대를 두고 있다.

둘째로, 바울은 비록 아브라함이 하나님으로부터 할례를 받으라는 명령을 받기는 했지만(창 17:9-27), 아브라함 언약은 믿음의 언약이며 율법의 행위로 인한 언약이 아니라고 주장한다. 그러나 바울은 이 부분에서 할례에 관한 내용을 제시하지 않았는데, 이는 (1) 유대주의자들이 자신의 모든 주장들을 뛰어넘어가 버리려 할 것임을 알고 있었고 (2) 아브라함이 할례를 시행하기 이전에 의롭다고 선언되었다는 사실을 알고 있었기 때문이다(그러므로 바울은 할례가 원 약속의 일부분이 아니었다고 주장한다. 참고. 6절; 롬 4:9-12도 보라).

셋째로, 바울은 또한 율법은 기독교인의 윤리적 행동에 빛을 비춰주는데 있어서 중요성을 갖고 있기는 하지만, 그것이 유대주의자들이 주장하는 것처럼 기독교인들에게 그렇게 중요한 것은 아니라고 주장한다. 바울은 이점에 대해서 19-25절에서 이야기하고 있으므로, 우리는 이 문제에 대해서는 그 부분에서 논의하고자 한다.

우리는 성경을 어떻게 사도적인 방식으로, 기독교적인 방식으로 읽어야만 하는가? 우리는 아브라함에서부터 시작해야만 하며, 아브라함 언약이 그 뒤에 따라 나오는 모든 것들에 대한 아젠다를 형성하게끔 해야만 한다. 이는 우리가 하나님 앞에서 믿음 안에서 살아야만 한다는 것을 의미한다. 또한 "율법의 행위"에 대해 하나님께 받아들여지기 위한 중요한 무언가를 제공해주는 것으로서가 아니라, 하나님의 약속안에서 우리 믿음을 보여주는 무언가로서 행해야 한다는 것을 의미한다. 더군다나 이제는 새언약이 아브라함 언약을 대신하는 시대를 살고 있는 기독교인들은 율법에 따라 살 필요가 없다.

왜냐하면 기독교인들은 율법이 사람들을 이끌고 인도해줄 때보다 더 좋은 것을 갖고 있기 때문이다. 기독교인들은 성령님을 받았다. 이런 사실이 율법을 제거해버리는가? 또한 우리에게 모세의 책들을 집어던지라고 가르치는가? 결코 그렇지 않다! 바울이 가르치는 바는 그리고 내가 갈라디아서 5장에 관한 논의를 통해 앞으로 보여주고자 하는 바는 성령 안에서 살아가는 사람들은 하나님께서 원하시는 바로 그것을 행해야만 하며 그렇게 함으로써 율법을 완성해야 한다는 것이다. 기독교인들은 율법이 우리에게 원하던 모든 것들만이 아니라 그 이상의 것들을 행한다.

요약하자면, 바울은 성경을 읽는 골격을 제시하고 있으며, 이 골격은 역사적 내용들과 궤를 같이 하고 있다. 그는 법률적인 상속 언약 개념을 발전시켜서 이를 하나님께서 아브라함에게 어떻게 언약을 주셨는지에 적용했고 특히나 모세의 율법과 관련해 적용했다. 이런 적용은 성경을 어떻게 읽을 것인가에 관한 계시이다. 이런 관계성들에 대한 차트를 여기에 제시하고자 한다. 내가 여기에 제시한 차트에서는 바울이 19-25절에서 제시하는 몇몇 요점들을 미리 담았고, 바울이 아브라함부터 그리스도까지의 시기에 대해 언급한 특징들에 강조점을 두었다.

하나님 → 믿음을 통해 아브라함에게 약속을 주시다 → 이것이 그리스도안에서 성취되다.

적절하게 반응하는 사람들
　　　믿음으로 반응하는
모세의 율법이 아브라함 이후에 주어지다
　　　그리고 오직 그리스도가 오실때까지만
유대인들은 죄와 저주하에 있다
　　　이 시기동안

아브라함의 약속은 생명을 주고 그리스도께서 오셨을때에 또한 성령님을 준다. 모세의 율법은 저주를 가져오고 생명을 가져오지 않는다.

바울의 골격은 역사적이다(아브라함부터 그리스도에 이르기까지, 모세의 개입과 더불어). 그리고 우리가 만약 아브라함에게 주신 하나님의 약속들을 결정적인 것으로 간주하지 않거나 혹은 그리스도안에서 성취된 것으로 간주하지 않는다면, 성경을 기독교적인 방식으로 읽고 있지 않는 것이다. 그리스도의 역사하심은 완전히 새로운 무언가가 아니다. 도리어 아브라함에게 주셨던 약속들이 최고조의 모습으로 성취된 것이다. 아브라함이 여러 희생제물들을 제사로 바쳤을 때 그리고 하나님께서 그 희생제물들 사이로 지나가셨을 때(창 15:9-21), 아브라함이 몰랐던 것(그러나 우리들은 알고 있는)은 하나님께서 그때 아브라함의 백성들이 행할 첫 번째 희생제사의 계시를 시작하고 계셨다는 점이다. 나중에 이 제사는 레위기 제사들, 성막, 성전들을 통해서 전달되었고, 그리스도의 희생제사를 통해서 완전하게 완성에 이르게 되었다(4절; 히 8-10장). 그리스도의 완전한 희생제사를 믿는 우리들은 하나님께서 창세기 15장에서 언약을 주시고 아브라함이 그 언약을 받을때에, 실질적으로 그와 더불어 함께 서 있었다.

현대적 의미

우리는 성경을 어떻게 읽어야만 하는가? 보통의 일반적인 기독교인들이 성경을 읽는 몇 가지 방법들에 대해서 제시하고자 한다. 또한 나는 성경을 바울같은 깊이를 갖고 읽는 사람들이 거의 없는 것은 사람들이 "언약적 해석"이라는 중요한 카테고리에 대해서 배우지 못했기 때문이라고 생각한다.

첫째로, 우리들 대부분은 성경을 개인적인 방식으로 읽는다. 우리는 성경을 개인적인 축복을 위해서, 개인적인 인도함을 위해서, 개인적인 교훈을 위해서 읽는다. 물론 우리는 그렇게 읽어야만 한다. 그러나 때때로 우리들의 개인적인 열망들은 자기중심적인 접근방식으로 삶과 성경을 읽어나가곤 한다. 우리가 지속적으로 감정적 경험을 얻고자 할 때, 우리가 성경말씀을 경건훈련으로써 읽고 있다는 점을 하나님으로부터 인정받고자 할 때, 다른 사람들로부터 우리가 명석하다는 칭찬을 듣고자 할 때, 장래에 대한 약속을 얻고자 할 때, 설교나 대화를 위한 통찰력을 얻고자 할 때, 이런 모습들이 나타나곤 한다. 물론 나는 하나님께서 우리가 자기자신에게 무언가를 가르치고자 하는 개인적 열망들을 사용하시기도 한다는 점을 인정하지만, 그러나 또한 우리의 개인적 접근방식들이 우리를 성경본문에 전혀 없는 의미를 찾게끔 하거나 정확하지 않은 교훈에 집중하게 하기도 한다는 점도 잘 알고 있다. 이 주석 시리즈의 목적중 하나는 우리가 성경을 좀 더 정확하게 해석할 수 있게끔 도와주는 것이다. 본문이 원래 갖고 있는 원의미와 오늘날 현대적인 적용 양자 모두에 있어서 말이다.

둘째로, 우리는 종종 성경을 정황과 별개로 분리시켜서 읽곤 한다. 아마도 이는 성경을 문단 중심으로 나누어 읽기보다는 구절 구절로 나누어 읽는 관행과 습관때문에 생긴 결과일 것이다. 오늘날 많은 기독교인들은 성경을 마치 모든 내용이 잠언인 양 읽는 것을 좋아하곤 한다—즉, 마치 앞뒤 다른 본문들과 아무 연결성없이 그저 무작위의 격언들을 담고 있는 것인양 생각하곤 한다. 그러나 참으로 감사하게도 출판사들이 구절단위 포맷으로 되어 있는 것 보다도 문단단위로 포맷되어 있는 성경책들을 점차 더 많이 출간하고 있다. 나는 이런 양상이 성경을 좀 더 정황 속에서 읽도록 격려하고 힘을 줄 것이라고 믿는다. 갈라디아서 3:13에서 찾아볼 수 있는 예만으로도 충분할 것이다. 만약 여기 나오는 "우리"가 유대인 기독교인을 언급한다는 내 판단이 옳다면(그리고 이 부분에 대해 많은 사람들이 동의한다), 일차원적으로는 그리스도께서 "우리 이방인들을" 율법의 저주로부터 자유롭게 하셨다는 말은 옳지 않은 말이 된다. 내가 여기서 말하는 요점은 설령 내가 이 표현을 우리들 마음에 기록되어 있는 율법을 통해 "우리 이방인들"에게 간접적으로 적용할 수 있다고 인정한다 하더라도, 이 본문의 의미를 그렇게 만들어서는 안된다는 점이다. 성경을 단순히 구절별로만 읽는 것은 어떤 사람이든지간에 적용하려는 바람을 가지고 여기 나오는 "우리"에 대해 "유대인들과 이방인들"로 해석하게끔 이끌고 갈 수 있다. 성경을 이런 식으로 읽는 것은 우리들을 잘못된 성경읽기로 이끌고 간다.

셋째로, 우린 종종 성경을 큰 그림없이 읽곤 한다. 물론 이 문제점도 성경을 정황들과 아무 상관없이 읽는 문제점 중 한 가지라고 할 수 있다. 왜냐하면 "큰 그림"

은 성경을 적절히 읽기 위한 정황의 일부분이기 때문이다. 성경 읽기에는 세 가지 중요한 정황들이 있다. (1) 한 문단이 속해 있는 성경의 책, (2) 성경을 하나로 묶어주는 역할을 하는 본질적인 프로그램, (3) 성경을 조직적으로 하나로 묶어주는 역할을 하는 성경안의 근본적인 개념들. 내가 지금 여기에서 관심을 기울이고 있는 것은 둘째번 내용에 대해서이므로, 나는 첫째와 셋째 항목에 대해서는 둘째 내용을 이야기하기에 앞서 짧게 언급하고 넘어가고자 한다.

한 문단을 읽는데 필요한 주요한 정황 한 가지는 문단을 그 책의 기본적인 개념들의 견지에서 이해하는 것이다. 오늘날의 독자들이 보편주의의 신실함에 관한 설명이나 언급이 신정통주의 사상가로부터 온 것인지(이들은 모든 것들이 결국에는 구원받게 될 것이라고 생각한다) 아니면 정통주의 사상가로부터 온 것인지(이들은 이 용어는 "모든 종류"를 의미하지만, 그러나 "모든 사람들"을 의미하는 것은 아니라고 생각한다)를 아는 것이 매우 중요한 것처럼, 마찬가지로 오늘날 우리가 의로움이라는 용어(때때로 "칭의"라고 번역되는)를 사용할때에 이 단어가 야고보 혹은 바울 혹은 마태 누구로부터 인용하고 있는 것인지를 아는 것도 매우 중요하다.[8] 정황 속에서 본문을 읽지 않는 것은 너무나 쉽게 잘못된 성경읽기라는 옳지 않은 결과를 가져오곤 한다.

갈라디아서와 관련해 말하자면, 우리는 각각의 문단을 전체 갈라디아서의 견지에서 읽기만 하면 되고, 그러면 우리는 좀 더 풍성한 개념들을 얻게 될 것이다. 그러면 우리는 이를 통해 바울의 다른 서신들과 신약성경의 다른 성경들을 좀 더 잘 읽을 수 있게 될 것이다. 지금 우리는 바울이 갈라디아에 보낸 서신에만 집중하면 된다. 처음에 본문을 읽기 시작하면서, 우리는 다음 내용을 읽었다. "사도인 바울은—사람들에게서 난 것도 아니요, 사람으로부터 말미암은 것도 아니요…"(1:1). 만약 이 구절이 에베소서나 혹은 데살로니가전서에서 시작했거나 혹은 바울 서신 중 다른 서신들에서 처음 시작부분을 차지하고 있었다면, 우리는 갈라디아서에서 우리가 얻는 내용을 그런 곳들에서는 얻을 수 없었을 것이다.

8. 우리는 이 흥미로운 논의에 참여할 수가 없다. 야고보는 아브라함과 다른 사람들이 "믿음 하나만을 통해서가 아니라 행위를 통해서 의롭게 되었다고" 말한다(약 2:24). 반면 바울은 우리가 행함과는 별도로 "오직 믿음 한 가지만을 통해서 의롭게 되었다고" 가르친다(갈 3:6-9). 그리고 마태는 하나님의 임재하심에 들어가려면 "넘어서는 의로움"(비록 명사형이기는 하지만, 야고보와 바울이 "의롭게 하다"라고 표현한 것과 동일한 용어)을 가져야만 한다는 것을 보여준다. 나는 세 가지 용례들을 갖고 있는 이 동일한 용어들이 종합적이 될 수 있다고 믿는다. 그러나 만약 우리가 바울의 정의들을 야고보에게 강요한다면, 그리고 동일한 적용들을 다른 방향들에 적용한다면, 우리는 야고보를 오해하게 될 것이다.

그러나 사도 바울이 갈라디아에 있는 유대주의자들과 싸우고 있음을 우리가 알기 때문에, 그들이 바울의 거룩한 소명을 부정하는 자들이고 또한 그들이 바울에 대해 그저 좀 더 많은 회심자들을 얻기 위해 예루살렘의 메시지를 축약해서 전달한 예루살렘 선교사에 불과할 뿐이라고 주장했다는 사실을 알기 때문에, 우린 갈라디아서의 서두 부분에서만 얻을 수 있는 메시지를 얻을 수 있다. 그러므로 바울이 1절에서 "사람들에게서 난 것이 아니요"라고 말할 때, 우리는 그가 어떤 부분에 좀 더 초점을 맞추고 있는 것인지를 좀 더 날카롭게 알 수 있다. 왜냐하면 우리는 갈라디아서의 정황에 대해서 알고 있고, 이런 표현들이 좀 더 넓은 정황속에서 어떤 의미를 담고 있는지를 알고 있기 때문이다.

"큰 그림"의 또다른 부분은 우리들의 전체적인 신학적 관점이다. 우리는 성경의 메시지가 단일한 메시지이며, 그렇기에 그 모든 내용들이 종합적 방식으로 하나로 묶여질 수 있다고 믿는다. 이를 믿는 사람이라면 누구든지 외관상 서로 부조화를 이루는 것처럼 보이는 본문들을 하나로 자연스럽게 묶기를 원할 것이다. 나는 갈라디아서에서(다시 한번 더 3:6-9에서) 이런 예가 될 수 있는 하나의 본문을 야고보서 2:14-26과 비교해보고자 한다. 바울은 칭의는 오직 믿음을 통해서만 주어진다고 가르친다. 반면 야고보는 칭의는 오직 믿음 한 가지만을 통해서가 아니라 행함들을 통해서 주어진다고 가르친다. 그냥 평범하게 보면 이는 모순이다. 그러나 좀 더 깊은 신학적 차원에서 보자면 이 두 가지는 조화를 이룬다. 이 두 가지를 큰 그림의 일부분들로서 함께 보면 우리는 칭의는 믿음을 통해서 주어지지만, 우리를 구원하는 믿음은 행함이 있는 믿음이라는 사실을 발견하게 된다. 바울은 이들중 한 가지에만 초점을 맞출 필요가 있었다. 그는 한 사람이 모세의 율법에 복종해야만 칭의받을 수 있다고 믿고 있던 유대주의자들과 싸우고 있었기 때문이다. 야고보는 다른 부분에 초점을 맞출 필요가 있었다. 그는 그저 신앙고백만 하는 믿음으로 칭의를 얻을 수 있다고 말하는 사람들과 싸우고 있었기 때문이다. 이 두 사람들이 각각 한쪽만을 과도하게 강조하고 있긴 하지만, 좀 더 깊은 차원에서 보자면 이들은 구원을 가져다주는 믿음을 좀 더 폭넓게 규정하는 방법을 통해서 하나로 묶어질 수 있다. 우리는 성경을 이런 방식으로 읽는 방법을 배워야만 하며, 그래서 우리가 성경중 어떤 한 권에서 얻은 결론이 다른 성경과 모순을 이루지 않게끔 하는 법을 배워야만 한다.

"큰 그림"의 셋째 부분은 성경을 함께 묶어주기 위해 우리가 갖고 있는 전체적 프로그램이다. 나는 성경 문헌을 읽으면서, 여러 활용가능한 접근방법들을 단 두 가지로 (과도하게) 단순화한다. 첫째는 하나님께서는 항상 자기 백성에게 한 가지 방식으로 행하셨는데, 그것은 아브라함과의 언약체결안에 대략적인 아웃라인이 제시되어 있음을 가르쳐준다. 둘째는 하나님께서는 서로 다른 역사적 시기들마다 서로 다른 방식들로 행하셨다는 점을 가르쳐준다.

첫째는 일반적으로 "언약 신학"이라고 불려진다. 둘째는 "세대주의"라고 불려진다.[9] 나는 이런 방식이 이슈를 지나치게 단순화하는 것이라는 것을 잘 알고 있다. 결국 일부 언약 신학자들은 비록 "연속성"을 강조하면서도 구약과 신약 사이에 여러 "불연속성들"이 있다는 사실을 지적한다(연속성과 불연속성은 일반적으로 이스라엘과 교회의 관계성 같은 개념들에 적용된다. 구약성경의 이스라엘이 오늘날의 교회인가, 아니면 이들 둘은 완전히 서로 다른 그룹인가?) 이에 대해서, 일부 세대주의자들은 비록 분명하게 '불연속성"을 보여주면서도 또한 "연속성"을 지적하기도 한다. 나는 이 두 가지 시스템이 언약을 강조한다는 점을 여기에 덧붙여 말해야 할듯하다. 언약신학자들은 하나의 언약을 강조하고, 세대주의자들은 하나님께서 역사속에서 일하실때에 다양한 방식들(언약들)을 사용하셨다는데 강조점을 두지만 말이다.

더군다나, 오늘날의 세대주의는 2-30년 전의 세대주의와는 사뭇 다르다. 큰 변화들이 일어나고 있다.[10] 나는 나 자신을 언약 그룹에 좀 더 가깝다고 자리매김하

9. 주요한 세 권의 책들은 다음과 같다. T. E. McComiskey, *The Covenants of Promise*; C. Ryrie, *Dispensationalism Today*(Chicago: Moody, 1965); D. P. Fuller, *The Unity of the Bible*(Grand Rapids: Zondervan,1992). 풀러는 율법과 은혜가 결코 대립되는 것이 아니라고 강조하는 몇 안되는 오늘날 학자 중 한 사람이다. 그리고 그는 이런 대립이 율법주의와 언약 신학 양자 모두의 핵심임을 보여준다. 그는 다른 방향으로 향하는데, 율법주의보다는 언약신학에 훨씬 더 가까운 방향이다. 전형적인 언약신학에 대해 매우 간략하고 훌륭하게 요약해 놓은 내용은 M. H. Smith, "The Church and Covenant Theology," *Journal of the Evangelical Theological Society*21(1978): 47-65에서 찾아볼 수 있다. 이보다 좀 더 진전된 논의를 보고자 하는 독자들은 J. S. Feinberg, *Continuity and Discontinuity: Perspectives on the Relationship Between the Old and New Testaments. Essays in Honor of S.Lewis Johnson, Jr.* (Westchester, Ill.: Crossway Books, 1988), 특히, 37-86, 131-78, 181-218, 221-59를 살펴보면 도움이 될 것이다.

하지만 우리는 "Scofield Bible readers"만이 율법주의자들이라고 생각해서는 안 된다(비록 이들이 성경을 이렇게 읽는 주요한 예가 되는 사람들이기는 하지만). 그보다는 구원사를 다양한 시기들로 급진적으로 구별하는 사람들, 적어도 구약과 신약 언약 사이에 급진적 구별을 두는 사람들은 이런 일반적인 구분법으로 분류할 수 있다. 그러므로 구약성경을 긍정적으로 싫어하는 현대 자유주의 신학자들은 어떤 의미에서는 율법주의자로 묘사될 수 있을 것이다. 아무리 그것이 그들의 의도된 계획이 아니라 하더라도, 그들은 배타적으로 예수 그리스도에게만 초점을 맞추거나 혹은 예수 그리스도께서 가르치셨던 하나님과의 새로운 관계성에만 초점을 맞추기 때문이다.

10. 율법주의에서 나타난 현대의 변화들을 기록하려 한 최근 도서로는 C. A. Blasing and D. L. Bock, *Dispensationalism, Islael and the Church: The Search for Definition*(Grand Rapids: Zondervan,1992)가 있다.

고 있다. 비록 다니엘 풀러(Daniel Fuller)와 함께, 율법과 은혜가 대립된다는 것을 강조하길 원하지는 않지만 말이다. 나는 앞으로 나올 문단들에 대해서 좀 더 언약적 접근방식으로 설명할 것이다. 왜냐하면 나는 15-18절이 바울 자신의 언약 신학 형태에 뿌리를 두고 있다고 믿기 때문이다. 내가 이 책의 논의에서 강조하고자 하는 것은 아브라함 언약이 성경을 처음부터 끝까지 읽는데 있어서 정말로 절대적으로 중요하다는 점이다.

성경을 읽는 독자들은 하나님께서 아브라함에게 주신 약속의 중요성을 이해할 필요가 있다(창 12:2-3; 또한 13:14-17; 15:1-6; 17:1-8도 보라). 하나님께서 그를 큰 나라로 만드실 것이며(이스라엘이라는 주제), 하나님께서 그분과 자기 백성과의 관계를 희생제사를 통해 확립하셨으며(15:7-21), 하나님께서 아브라함에게 복을 주시고 그의 이름을 크게 하실 것이며, 하나님께서 사람들이 아브라함에게 대하는 방식 그대로 그들에게 대하실 것이며, 하나님께서 아브라함을 통해서 전 세계를 축복하실 것이다(보편주의라는 주제). 우리는 또한 아브라함에게 기대되었던 것이 믿음(15:6)과 순종(17:9-21)이었다는 점을 알 수 있다. 우리는 하나님께서 아브라함에게 주신 원래의 약속이 그 순간 이후부터 영원토록 하나님께서 자기 백성과 맺으신 모든 관계의 토대이며 기초라는 점도 발견할 수 있다. 아브라함의 약속들에서, 우리는 하나님의 계획, 그분의 온 세상을 위한 거대한 골격과 구조들을 발견할 수 있다. 하나님께서는 자기 백성과의 관계를 시작하셨으며, 결코 깨질 수 없는 맹세를 하셨으며, 또한 바로 이것만이 사람들이 하나님과 교제를 시작할 수 있는 유일한 방법이기도 하다. 우리는 또한 모세의 율법이 아브라함의 언약을 대체할 수 없다는 것을 발견할 수 있고, 율법은 그저 하나님께서 그분을 믿는 자기 백성들에게 원하시는 것이 무엇인지를 분명히 보여주는 역할만 할 뿐이라는 점도 알 수 있다. 나는 아브라함 언약이라는 카테고리를 통해 성경을 읽는 것을 통해, 우리는 한번에 성경의 전체성을 거머쥘 수 있다고 믿는다—하나님께서 행하고 계신 것과 그분께서 자기 백성과 함께 하시고자 하시는 일.

만약 성경을 읽는 독자가 하나님께서 지금 무엇을 행하고 계신지를 거대한 관점에서 알기 원한다면, 그가 이를 배우기 위해 지금 할 수 있는 일은 하나님께서 아브라함에게 주신 약속들을 매일 성경을 읽는 것을 통해 성경 전체에서 찾아보고 추적하는 것이다.[11] 나는 성경을 읽을 때 위에서 제시한 여덟가지 주제들을 종이 한 장씩에 각각 적어놓고, 이 각각의 약속들이 어떻게 성경안에서 성취되고 역사하고 있는지를 성경 각 장들로부터 찾아보고 적어보기를 권한다. 전체 성경을 아브라함 언약이라는 카테고리와 이 시각으로 읽어 내려가는 것이 그저 여러 옵션들 중 한 가지 옵션인가? 분명히 사람들은 성경을 여러 다른 카테고리들을 사용해서 읽어 내려갈 수 있을 것이다. 그러나 이 카테고리는 바울이 사용했던 바로 그 카테고리이고, 그렇기 때문에 성경을 사도적 방식으로 읽는 카테고리라고 할 수 있다. 바울은 이방인들과 이스라엘간의 관계를, 하나님께서 아브라함에게 주신 약속들에 연관시킨다. 나는 아브라함 언약을 통해 성경을 읽는 것보다 더 훌륭하게 성경에 접근할 수 있는 방법에 대해서는 아는 바가 없다.

그 다음 단계는 새언약의 충만함을 아브라함의 약속과 언약에 관련시키는 것이다. 하나님께서는 아브라함에게 주신 약속에 대해 어떤 반응을 기대하셨는가? 그리고 또한 새언약에 대해서는 어떤 반응을 기대하시는가? 하나님께서는 아브라함에게 약속들을 주시면서 어떤 방법을 사용해 언약을 세워주셨는가? 그리고 새언약에는 어떤 방법을 사용하셨는가? 아브라함의 언약은 누구를 위해 계획되고 만들어졌는가, 그리고 하나님께서는 새언약은 누구를 위해 세우시고 체결하셨는가?(그러므로 이스라엘과 교회의 관계는 무엇인가?) 다른 여러 구체적인 질문들도 생각해볼 수 있다. 하나님께서는 한편으로는 아브라함에게 사람들이 그에게 어떻게 대하는지에 따라 그들을 축복하거나 저주하겠노라고 아브라함에게 약속해주셨다.

그리고 다른 한편으로는 예수님께서는 사람들이 주님과(마 10:32-33) 제자들을 향해(10:40-42) 어떻게 대하는가와 관련해서 이와 비슷한 무언가를 어떻게 말씀하셨는가? 또한 이 두 가지는 어떤 관계성을 갖고 있는가? 이스라엘에게 주신 땅에 대한 약속(창 13:14-17)과 세상(롬 4:13; 8:20-21; 계 19:11-16)사이에는 어떤 관계가 있는가? 마지막 한 가지 질문만 더 생각해보자. 모세의 율법(아브라함보다 430년이나 이후에 주어진, 그러나 하나님께서 자기 백성을 위해 계시하신 것이 분명한)과 예수님의 가르침들 그리고 바울이 하나님의 내주하시는 성령님에 대해 선포한 내용들은 어떤 관계인가? 우리는 이 질문에 대해서 다음 본문을 해석하는 것을 통해 살펴볼 것이다.

---

11. 도움을 주기 위해 언급하자면, 추천할만한 이런 류의 참고자료들을 T. E. McComiskey, *The Covenants of Promise*, 15-58에서 찾아볼 수 있다. 여기에서는 이런 주제들을 추적하며 살펴보고 있다.

갈라디아서 3:19-25

19 그런즉 율법은 무엇이냐 범법하므로 더하여
진 것이라 천사들을 통하여 한 중보자의 손
으로 베푸신 것인데 약속하신 자손이 오시기
까지 있을 것이라
20 그 중보자는 한 편만 위한 자가 아니나 하나
님은 한 분이시니라
21 그러면 율법이 하나님의 약속들과 반대되는
것이냐 결코 그럴 수 없느니라 만일 능히 살
게 하는 율법을 주셨더라면 의가 반드시 율
법으로 말미암았으리라
22 그러나 성경이 모든 것을 죄 아래에 가두었
으니 이는 예수 그리스도를 믿음으로 말미암
는 약속을 믿는 자들에게 주려 함이라
23 믿음이 오기 전에 우리는 율법 아래에 매인
바 되고 계시될 믿음의 때까지 갇혔느니라
24 이같이 율법이 우리를 그리스도께로 인도하
는 초등교사가 되어 우리로 하여금 믿음으로
말미암아 의롭다 함을 얻게 하려 함이라
25 믿음이 온 후로는 우리가 초등교사 아래에
있지 아니하도다

원 의미

나는 유대주의자들에 대항해 바울이 주장한 신학적 내용들의 본질을 이해하는데 있어서 지금 이 본문이 갈라디아서에서 가장 중요한 섹션이라고 믿는다. 이 본문은 우리들에게 그 어떤 본문보다도 바울의 주장 이면에 자리잡고 있는 것이 무엇인지를 알려준다. 사실 기독교와 모세의 율법이 어떤 관계를 갖고 있는지 이해하려 할때에, 바울의 모든 서신들중 이 본문이 가장 중요한 본문중 하나이다. 이 주제는 1세기 유대인 기독교인들에게 결코 사소한 이슈가 아니었다.

그러나 중요하다는 것이 반드시 이해하기 쉽다는 것을 의미하는 것은 아니다. 학자들이 이 본문과 관련해서 벌인 논쟁들만 해도 그 양이 수많은 선반위에 주장들, 논쟁들, 증거들이 꽉꽉 가득 찰 정도로 많다. 바울의 주장이 상당히 복잡한 양상이기 때문에, 내가 갖고 있는 관점이 무엇인지를 여기에서 이야기하는 것이 가장 나을듯하다. 내가 취하고 있는 입장들에 대해서 부분적으로라도 주장하기는 힘들듯하고, 더군다나 반대 입장인 관점들에 대해서도 그저 피상적인 수준에서 살펴보는 것 이외에 논쟁을 전개하거나 하는 일은 더욱 어려울 듯하다. 이 본문과 관련된 논쟁들에 대해서 계속해서 더 살펴보고 싶은 사람이나 이 이슈에 대해서 좀 더 완벽하게 찾아보기 원하는 사람들은 각주에 언급된 연구물들을 찾아 읽어야만 할 것이다. 나는 우선 아웃라인을 제시하면서 설명을 시작하고자 한다. 그런 다음에 이 아웃라인에 들어있는 각각의 섹션에 대해서 좀 더 상세하게 설명하도록 하겠다.

I. 율법의 역사적 목적이 무엇인가에 관한 질문(19-20절)
  A. 질문(19a절)
  B. 대답(19b-20절)
    1. 율법의 목적(19b절)
    2. 율법의 시간적 한계성(19c절)
    3. 율법을 주셨던 상황들(19d-20절)
II. 율법이 갖고 있는 역사적 기능에 관한 질문(21-25절)
  A. 질문(21a절)
  B. 대답(21b절)
  C. 대답의 근거(21c-25절)
    1. 율법의 무능력(21c절)
    2. 역사속에서 율법의 기능(22a절)
    3. 역사속에서 약속들의 기능(22b절)
    4. 율법의 기능에 대한 설명(23-25절)
      a. 율법의 시간 요소들(23절)
      b. 율법의 효과(24a절)
      c. 율법의 효과가 가져오는 결과(24b절)
      d. 율법의 중단(25절)

율법의 역사적 목적이 무엇인가에 관한 질문(19-20절)

바울의 첫째 질문은 자연스럽게 율법을 중시하고 존중하는 유대인들에 관한 것이다. 만약 아브라함의 언약이 하나님께서 자기 백성과 맺으시는 관계의 최고봉이라면, 그렇다면 율법의 목적은 무엇인가? 만약 아브라함의 언약이 적절하다면 하나님께서는 도대체 왜 율법을 주셨단 말인가? 바울은 많은(아마도 대부분의) 유대인들이 마치 율법이 한 사람이 하나님과 맺는 관계의 토대인 것처럼 살아왔으며 아브라함 언약은 그저 그런 관계의 처음 시작에 불과한 것처럼 여겨 왔다는 사실을 잘 알고 있었다. 그는 또한 대부분의 사려깊은 유대인들이 일종의 "점진적 계시"를 주장해 왔다는 점에 대해서도 잘 알고 있었다. 하나님께서는 아브라함에게서 시작하신 것을 모세를 통해 주신 계시를 통해 완전케 하셨다. 그러므로 바울이 하나님의 구속 계획에서 율법에 대해 어떻게 보고 있는지에 대해 질문받는 것은 전혀 놀랄 일이 아니다. 더군다나 유추를 통해 그가 전개한 주장(15-18절)은 사실 바울이 이미 주장했던 내용을 일러스트레이션처럼 보여준 것 뿐이었다. 갈라디아 성도들 그들 자신이 경험했던 모든 선한 것들은, 행위들이 아니라 믿음을 통해 주어진 것들이었으며(1-5절), 아브라함 자신은 믿음을 통해 의롭다함을 받았으며(6-9절), 율법 아래 있는 자들은 저주 아래 있는 것이다(10-14절). 바울이 잠시 주장을 멈추고 숨을 고르면서 이 모든 것들에 대한 기초를 명료하게 제시하는 것은 결코 뜻밖의 모습이 아니다. 율법은 유대주의자들이 율법을 행하라고 요구하고 있는 그런 일을 하라고 하나님께서 의도하셨던 것이 결코 아니었으며, 지금 율법이 감당하고 있는 역할 즉, 사회적 제한을 가하는 역할을 하라고 의도된 것은 더더욱 아니었다.

또한 사려깊은 유대인들이라면 과연 바울이 정말로 모세의 율법의 권위를 정말 믿고 있는 것인지 궁금한 것이 자연스러운 일이었을 것이다. 만약 그들이 바울이 그렇지 않다고 결론내렸다면, 그들이 바울에 대해 정상이 아닌 사람으로 간주하는 것 역시 자연스러운 일이었을 것이다. 이는 지금 이 섹션에서 주어지고 있는 바울의 대답이 그의 선교사역의 성공여부에 근본적으로 매우 중요하다는 것을 의미하며, 또한 그의 사도적 권위에 대해서는 더더욱 중요하다는 것을 의미한다. 만약 바울이 적절한 대답을 할 수 없다면 바울은 끝장나고 유대주의자들은 승리할 것이며 갈라디아 성도들은 유대교로 회심해버리고 말 것이다.

바울이 제기하는 질문(그렇다면 율법의 목적은 무엇인가?)은 매우 이해하기 쉽다. 하지만 그가 제시하는 대답은 약간의 설명이 필요하다. 여기에는 세 가지 코드들이 함께 얽혀 있다. 바울은 율법의 목적에 대해서 이야기하는 것을 통해 시작해서(19b절), 율법이 시간적 제한성을 갖고 있다는 측면으로 옮겨가고(19c절), 그런 다음에는 모세에게 율법을 실제로 주시던 당시의 주변 상황들에 관한 언급들로 결론을 맺는다(19d-20절). 이 내용들에 대해서 설명을 전개하기 전에, 우선 기독교인들이 율법의 역할에 대해 여지껏 어떻게 생각해왔는지를 대략 살펴보고 또한 이런 생각들이 오늘날 기독교인들과 어떤 관련성을 맺고 있는지 살펴보는 것이 도움이 되지 않을까 싶다.

본질적으로 율법이 교회 역사 속에서 어떤 목적을 갖고 있는지에 대해서는 세 가지 대답들이 있다. 첫째 대답은 율법이 그리스도에 의해 폐지되었으며 성령님을 통해 새로운 시대가 시작되었다고 본다. 이런 관점의 사람들에게는 율법은 기독교인들에게 아무런 구속력도 갖고 있지 않다. 율법은 완전히 지나간 시대에만 속해 있을 뿐이다. 이런 관점은 종종 초대 교회시대의 이단인 말시온파와 가장 심각하게 연관되어 있었긴 하지만, 그러나 우리는 이런 관점을 지지하는 중심적인 기독교 교리들을 부정할 필요는 없다.

둘째 대답은 율법이 하나님께서 그분의 뜻을 계시하신 첫째 계시이지만 불완전한 계시이며, 지금은 하나님의 뜻이 그리스도를 통해서 그리고 성령의 감동으로 기록된 신약성경의 가르침들을 통해서 완벽하게 계시되었다고 보는 관점이다. 이런 관점을 갖고 있는 사람들에게는 율법은 하나님의 뜻이지만 교회에 주어지는 완벽한 계시는 아니다. 기독교인들은 비록 율법의 주체도 아니고 "율법 아래에" 있는 존재들도 아니지만, 기독교인들은 율법안에서 삶을 위한 중추적인 원칙을 발견할 수 있다. 그러나 기독교인들은 믿음안에서 성령님 안에서 살아가기 때문에 율법이 요구하는 모든 것을 행할뿐만 아니라 그 이상의 것들을 행한다.

셋째 관점은 모세의 율법은 교회에 대해서도 여전히 규범들로 남아있다고 보는 관점이다. 이런 관점을 갖고 있는 사람들에게는 율법은 하나님께서 자기 백성을 향한 그분 뜻을 계시해주신 것이었고, 또한 지금도 여전히 그런 모습으로 남아있다. 하지만 이런 사람들은 또한 하나님의 뜻은 만약 한 사람이 하나님의 성령을 받지 못한다면 결코 적절하게 수행될 수 없노라고 주장한다. 기독교인들은 하나님께서 원하시는 것을 행하며, 그것은 율법에 계시되어 있다.

율법에 대한 우리의 관점은 얼마나 중요할까? 매우 중요하다! 신학자들은 율법의 세 가지 "역할들"을 구별해 왔다. (1) 사회에서 하나님의 도덕적 기준과 지침으로서, (2) 역사와 개인적인 삶속에서 하나님께서 사람들로 하여금 그분의 은혜를 의지하도록 이끌기 위해 죄를 드러내는 방법으로서, (3) 교회안에서 기독교인의 윤리를 위한 가이드라인으로서. 여기서 우리의 관심은 주로 소위 "율법의 셋째 역할"(tertius usus legis)[1]에 대해서이다. 우리는 우리 삶을 십계명을 근거로 체크하는가

1. 루터와 칼빈 이후로 "율법의 세 번째 용도"에 대해 상당히 큰 논쟁이 있어왔다. J. Calvin, *Institutes of the Christian Religion*, ed. J. T. McNeill : trans. F. L. Battles(Philodelphia : Westminster, 1975), 2:348-66을 보라. 루터교의 관점은 J. T. Mueller, *Christian Dogmatics*(St. Louis : Concordia, 1955), 470-85에서 찾아볼 수 있다. 개혁주의의 관점은 L. Berkhof, *Systematic Theology*(4th ed. : Grand Rapids : Eerdmans, 1941),

혹은 체크하지 않는가? 우리는 하나님 앞에서 명예롭게 사는 삶을 추구할 때, 출애굽기, 레위기, 신명기를 찾아보는가, 아니면 우리는 예수님께서 우리에게 원하시는 일이 무엇인지 하나님의 성령님께서 우리에게 무얼 말씀하시는지(신약성경에서 확인된 것으로서)를 찾아보는가? 우리는 오늘날의 사회적 이슈들(벌금, 결혼, 이혼 등에 대해서)에 대해서 신약성경에서부터 뽑아낸 주장들을 갖고 있는가, 아니면 그런 이슈들에 대한 대답을 찾기 위해 구약성경으로 가야만 하는가? 하나님께서는 율법을 우리들을 위해서 주셨던 것인가(기독교인으로서), 아니면 과거 시대의 유대인들을 위해서만 주신 것인가? 이런 논의가 중요한지에 대한 질문에 대해, 우리가 갖고 있는 대답은 매우 분명하다. 우리는 율법이 오늘날 우리들과 어떻게 연관되어 있는지를 찾아야만 한다.

첫째, 바울은 율법의 목적(19b절)에 대해 이야기하는 것을 통해 이 질문에 대해 대답한다. "율법은 범법함으로 더해진 것이다." 학자들은 이 부분에 대해 의견이 나뉜다. 우리는 이 부분을 "범범함 때문에 율법이 더해졌다"라고 번역해야만 하는가, 아니면 "범범함들을 드러낼 목적으로 율법이 더해졌다"라고 번역할 것인가? 이를 달리 말하자면, 도대체 무엇이 먼저 온 것인가. 죄인가 아니면 율법인가? 하나님께서는 사람들이 죄를 짓고 있었기에 율법을 더하신 것인가, 아니면 하나님께서 율법을 주셨기 때문에 사람들은 갑자기 자신들이 죄를 범하고 있다는 것을 알게 된 것인가? 바울은 나중에 율법은 생명을 주는 것이 아니라(21-22절) 선생이라고(24절) 이야기한다. 다른 곳에서 그는 "율법을 통해서 우리는 죄를 깨닫게 된다"(롬 3:20; 참고. 7:7)라고 말하며, 율법이 없는 곳에는 죄도 없다(4:15; 참고. 5:13)라고 말한다. 로마서 5:20은 "율법이 더해졌다 그래서 죄로 심히 죄되게 한다"(7:13)라고 이야기한다. 그러므로 나는 율법의 목적에 대해서 율법이 존재하는 것은 어떤 종류의 행동이 죄악인지를 분명히 드러내기 위한 것이라고 보는 많은 사람들과 동일한 결론을 내리고자 한다.[2] 그러므로 율법은 하나님의 백성들에게 판단장치였었다. 율법이 기록된 코드를 통해서, 하나님 백성들은 어떤 행동이 하나

612-15에서 볼 수 있다. 그리고 좀 더 은사주의적 관점은 J. R. Williams, *Renewal Theology: Salvation, the Holy Spirit, and Christian Living*(Grand Rapids: Zondervan, 1990), 100-17에서, 특히 115-16에서 찾아볼 수 있다. Greg Bahnsen, Walter Keiser, Jr., Douglas Moo, Wayne Strikland, Willem VanGemeren, *The Law, the Gospel, and the Modern Christian: Five Views*(Grand Rapids: Zondervan, 1993)의 논문들과 반응들을 통해서, 이 이슈 전체에 관해서 상당히 자세하고 깊이있는 조명을 살펴볼 수 있다.

2. R. N. Longenecker, *Galatians*, 138; F. F. Bruce, *Galatians*, 175; R. Y. K. Fung, *Galatians*, 156-60. 그러므로 나는 NIV의 번역을 다음처럼 수정하고자 한다. "그것은 범법함들을 드러내기 위해 덧붙여졌다."

님의 뜻에 반(反)하는 것인지를 배웠다. 우리는 이를 다음처럼 간략한 표로 나타내 볼 수 있을 것이다.

아브라함—이스라엘의 나쁜 행동—모세의 율법—**죄**

바울이 율법의 역사적 목적에 관해 대답한 내용의 둘째 부분은, 율법이 갖고 있는 시간적인 제한성 즉, 한시성에 관한 내용을 담고 있다(19c절). "약속하신 자손이 오시기까지 있을 것이라." 여기에서 바울의 가장 급진적인 설명이 나온다. 율법은 어떤 정해진 기간 동안만 하나님의 백성들을 다스리기 위해서 주어진 것이다. 달리 말하자면, 하나님께서는 율법을 통해 (1) 그분의 도덕법을 범하는 악한 행동을 드러내기 위해 (2) 오직 메시아께서 오실 때까지만 주셨다. 그러므로 우리는 다음처럼 표시할 수 있다.

아브라함—이스라엘의 나쁜 행동—모세의 율법—**죄**—그리스도

마지막으로, 바울은 율법이 주어지던 당시의 상황들(19d-20절)에 대해서 이야기하고, 율법은 이런 상황들로인해 율법이 약속보다 열등한 것이라고 언급한다. 여기에 들어있는 전제는 사람과 하나님 사이에 중재자가 들어있는 언약체결은 중재자가 없는 언약체결보다 열등하다는 것이다. 왜냐하면 후자의 언약체결은 하나님께서 직접 체결하시는 것이기 때문이다. 바울은 또한 창세기 12장과 15장에서 세워진 아브라함과의 언약체결은 중재가 없다고 말한다. 이 이유 한 가지만으로도 아브라함 언약이 더 우월하다.

19d-e절에 들어있는 첫째 언급은 하나님께서 율법을 천사들[3]을 통해서 주셨으며, 중재자는 모세 자신이었다고 말한다.[4]

---

3. 또한 행 7:38, 53; 히 2:2 등을 보라. 시내 산에서 율법을 줄 때 그 장면에 함께 포함되어 있던 이 천사들은, 구약성경에서는 명확하게 나타나지 않는다(참고. 신 33:2 그리고 시 102:20; 103:4에 대한 70인경 버전). 그러나 이 관점은 유대교에서 명확하게 공통적으로 나타나는 관점이다(참고. Josephus, *Antiquities* 15:136). 이와 관련된 논의에 대해서는 R. N. Longenecker, *Galatians*, 139-40; F. F. Bruce, *Galatians*, 175-176을 보라.
4. 중재자 모세에 대해서는 출 20:19; 신 5:5; 히 8:6; 9:15, 19 등을 보라. 또한 R. N. Longenecker, *Galatians*, 140-41도 보도록 하라.

하나님

XXXXXXXXXXXX(천사들)

모세

시내 산의 이스라엘

이는 다음모습보다 열등하다.

하나님

아브라함

그러므로 율법은 이중적인 중재자를 갖고 있다. 천사들이 사람들과 하나님 사이에 서 있었으며, 마찬가지로 모세도 또한 서 있었다. 이는 율법이 아브라함의 약속보다 열등하다는 것을 의미하며, 유대주의자들이 모세의 율법이 우선성을 갖는다고 주장하는 것이 틀린 주장이라는 것을 의미한다. 바울이 반론 고리를 걸었던 것이 바로 이 점임을 주목하라. 그의 첫째 요점은 율법이 (1) 죄를 드러내기 위해 주어진 것이었으며(하나님의 백성에게 생명을 가져다주는 것이 아니라) (2) 죄를 드러내되 오직 그리스도께서 오실때까지만 그렇게 하기 위함이었다(그리고 성령님께서 깨닫게 하신다. 참고. 요 16:7-11)는 것이었다.

율법이 갖고 있는 역사적 기능에 관한 질문(21-25절)

바울은 이제 미묘하게 다른 각도에서 이 이슈를 다룬다. 율법이 죄를 드러내기 위해 주어졌으며 단지 제한된 시간 동안만 주어졌다는 것을 이미 분명하게 제시했으므로, 그는 이제 또다른 질문을 던져야만 한다. 율법은 아브라함의 언약안에 나타난 하나님의 목적들에 실질적으로 반대하는 모습으로 일하는가?(21a절)

대답(21b절). 다시 한번 더, 질문의 내용은 현재 이슈가 무엇인지를 명확하게 보여준다. 그러나 설명은 상당히 복잡한 내용을 담고 있다. 바울의 대답은 단순하다. "결코 그렇지 않다!" 하지만 유대주의자들은 이 대답에 전혀 만족하지 않으며, 바울 역시 이를 잘 알고 있다. 그는 여지껏 20절의 대부분을 율법을 제자리에 놓는데 사용했다. 물론 이는 그들 관점에 의하자면 바울은 율법이 가치를 떨어뜨리는 일을 했을 뿐이다. 그저 율법이 약속들과 대치되는 것이 아니라고 말하는 것만으로,

바울이 그들을 향한 책임을 다했다고 할 수는 없는 노릇이다. 그렇기에 바울은 설명해야만 한다.

대답에 대한 근거(21c-25절). 바울은 여기에서 우선 율법과 관련해 네 가지를 말한다. 그는 우선 율법의 무능력에 대해서 말한다(21c절). 그런뒤 율법이 역사속에서 갖고 있는 기능에 대해서 말하고(22a절), 그 다음으로는 약속들이 역사속에서 갖는 기능에 대해서 말한 다음(22b절), 마지막으로 율법의 기능에 대해서 설명한다(23-25절). 나는 이들 각각에 대해서 간단하게 살펴보고자 한다.

첫째로, 바울은 율법이 생명을 구원하는데 있어서 본질적으로 무능력하다는 점에 관해 이야기한다(21c절). 여기에서 다시 한번 더 유대주의자들은 흥분할 것이다. 유대 역사와 전통은 율법의 위치를 하나님께서 자기 백성을 구속하는데 율법을 사용하시는 위치로 올려 놓았다. 미슈나아봇 2:8은 이렇게 말한다. "만약 누군가가 토라의 가르침을 받았다면 그는 영원한 생명을 받은 것이다."[5] 율법과 그에 대한 지식은 이스라엘을 죄악가득한 세상으로부터 구별되게끔 해주었으며, 또한 그들을 하나님의 거룩한 백성으로 특징지워주었다. 그러나 바울은 그들이 율법을 이렇게 높이는 것에 반대한다. 그는 유대주의자들이 기독교인들이라고 가정하는 것을 통해서, 그리고 칭의는 믿음을 통해서 이루어진다고 주장함으로써(그리고 율법의 행위를 통해서가 아니라) 이런 반대 움직임을 시행한다. 이런 점을 가정하고서 그는 말한다, "만약 율법이 생명을 줄 수 있는 것으로 부여된 것이었다면, 의로움이 분명 율법을 통해서 주어졌을 것이다." 그러나 의로움은 율법을 통해서 오지 않았다. 왜냐하면 이 약속은 아브라함과 마찬가지로 믿는 자들에게 주어졌기 때문이다. 바울의 주장은 율법은 생명을 가져오기 위해 고안된 것이 아니라는 것이다.[6] 그렇기 때문에 유대주의자들은 갈라디아 성도들을 향해 하나님께 받아들여질 목적으로 모세의 율법을 따르라고 요구하는 것을 계속할 수 없다.

바울은 지금 율법과 약속들 이 양자가 역사 안에서 갖는 기능에 관한 논의로 옮겨간다. 이런 설명들을 하면서, 그는 자신이 이미 이야기했거나 혹은 19-20절에서 전제했던 내용들을 그저 단순하게 다시 반복한다(다른 단어들을 사용해서). 율법의 기능(22a절)은 "모든 세계가 죄를 범한 죄인"이라고 선언하는 것이다. 즉 율법

5. 이 본문은 분명히 신약성경과 사도 바울보다 훨씬 이후 시기에 나온 것이다. 내가 이 본문을 여기에 사용하는 것은, 신약성경 시대를 살아가고 있었던 율법을 신실하게 지키던 많은 유대인들이 무엇을 믿고 있었는지를 그저 잘 보여주고 제시하기 위해서이다.

6. 여기에서의 생명은 영적 생명을 의미한다(참고. 롬 8:11; 고전 15:22, 36; 고후 3:6).

의 목적[7]은 죄를 드러내는 것이다(참고. 19절). 율법은 약속이 역사안에서 어떤 기능을 갖는지를(22b절) 명확하게 보여주기 위해 이렇게 한다. "그래서 약속된 것이…믿는 자들에게 주어지게 될 것이다." 바울은 여기에서 약속이 생명을 주는 기능을 한다는 것과 더불어, 율법이 죄를 정죄하는 기능을 한다는 것에 대해서 다시금 이야기한다.

앞에서 우리가 살펴보았던 다이어그램(diagram)을 여기에서 좀 더 확장해서 살펴보면, 우리는 다음과 같은 (업데이트된) 차트를 얻을 수 있다.

하나님 하나님
천사들
모세
아브라함 **그리스도**
생명 ---- 이스라엘의 나쁜 행동 ------ 모세의 율법 ------ **죄** ---- 생명
믿음 모든(유대인?)자를 제한하다 믿음
|--- 율법 시대 --------|
율법의 행위

그 다음 3구절(23-25절)은 바울이 율법의 기능에 관해 설명한 내용을 개요적으로 제시한다. 그는 이전에 율법의 목적과 율법의 시간적 제한성 두 가지에 대해 이야기했던 내용을 대체로 다시 이야기한다. 그러나 이번에는 그는 다른 용어들을 사용한다. 그는 시간적 요소들(23절)을 다루고, 율법의 효과(24a절), 그 결과((24b절) 등에 대해 다룬다. 이 섹션 전체의 결론은 율법의 중단(25절)에 관한 것이다.

첫째로, 바울은 율법이 시간과 관련해 갖고 있는 요소들에 대해서 말한다(23절). 19절에서 바울은 이미 그 씨가 오실 때 까지만 율법이 '죄를 드러내는' 역할을 한다고 말했었다. 지금 그는 똑같은 내용을 두 가지 모두와 관련해 다른 표현법들을 사용하면서 말한다. "씨"라는 표현 대신에, 바울은 "믿음"이라는 표현을 사용한다. "죄를 드러낸다"는 표현 대신에, 바울은 "갇혔다"는 표현을 사용한다. 그러나 그가 지금 말하고 있는 내용은 본질적으로는 아무 차이가 없다. 율법은 이스라엘의 죄

7. 바울은 여기에서 "율법"에 대해서 "성경"이라는 용어를 사용한다. 이는 23절과 24-25절 간의 평행적 구성이 명확하게 어떤 의미인지를 보여준다.

악을 드러내며, 실질적으로 이스라엘을 죄수로 가두어둔다. 그 "씨"는 그리스도이시며, 그리스도께서 오셨을 때가 바로 믿음의 시대이다. 어떤 독자들은 여기 나오는 "믿음"이 개인적으로 인격적인 반응을 하는 것이라고 생각할지도 모르지만, 그러나 바울이 의미하는 바는 그런 것이 아니다. 그는 지금 믿음의 시대가 "율법의 행위"의 시대를 잠식하고 있는 것에 대해서 말하고 있다. 마치 율법의 시대가 그리스도와 성령의 시대를 통해 폐지되는 것처럼 말이다. "율법의 행위"를 행하는 것은 잘못된 시대를 사는 것이다.

둘째로, 그는 율법의 효과(24a절)에 대해서 말한다. 율법은 그 아래 있는 사람들을(아마도 유대인들) 마치 죄수처럼 잡아 가두며 그들을 감옥안에 잠궈둔다. 이것이 의미하는 바는[8] "율법은 우리를 이끌고 갈 책임이 있다"는 뜻이다. 뒷부분 표현은, 헬라어 성경의 문자적 번역인 "율법은 우리의 초등교사[헬라어. *paidagogos*]가 되었다"라는 부분을 자유롭게 번역한 것이다. "초등교사"라는 단어는 때때로 긍정적인 이미지로 사용되기도 하지만, 여기서는 25절에서 볼 수 있듯이 율법이 갖고 있는 제한하고 감옥에 집어넣는 역할을 묘사한다. 25절에서는 우리는 더 이상 초등교사 밑에 있지 않다고 말하며(이 구절은 22-23절에 나오는 율법이 감옥에 집어넣는 역할을 평행적으로 보여준다), 4:2-3에서는 초등교사 밑에 있는 시간에 대해 노예처럼 묶여있는 어린 아이의 시기에 비유한다. 그러므로 율법의 효과는 '*eis Christon*("unto Christ") 감옥에 가두는 초등교사' 이다.

이 마지막 표현은 두 가지 의미를 가질 수 있는데, 이 양자간의 의미차이는 매우 크다. 가능한 첫째 의미는 교육적인 기능으로 해석한다. "율법은 우리를 그리스도에게로 이끌고 가는 초등교사이다" 이 관점은 일반적이고 전통적인 관점인데, 율법이 우리의 죄악들을 지적해주고 그래서 우리가 그리스도안에서 하나님의 은혜를 갈망하게끔 한다고 간주한다.[9] 그러나 바울이 지금 여기에서 "개인적인 경험"에 대해 이야기하는 것이 아니라 "구원사"에 관해 이야기하고 있다는 점은 물론이거니와, 그는 갈라디아서에서 이것이 율법의 목적이라고 가르치지 않는다. 바울이 가르치는 바는 율법은 "죄를 드러내는" 역할을 하며 그렇기에 "감옥에 가두는" 역할을 한다는 것이다. 그는 율법이 "그리스도에게로 우리를 이끌고 가기 위

---

8. 갈 3:24는 *hoste*와 더불어 시작한다. "이 모든 것이 의미하는 바는"이라는 표현은 이 단어를 우리가 쉽게 바꿔쓴 것이다.

9. 윗부분에 있는 각주 1번을 보라. 이점은 루터교회가 특별히 강조해왔다. 개혁주의 신학자들 역시 이 점에 대해 마찬가지로 상당히 강조해왔다.

해" 이런 일들을 행하는 것이라고 가르치는 것이 아니라, 우리를 정죄한다고 가르친다. 그렇기 때문에 우리는 이 표현을 해석하는 둘째 방식을 좀 더 선호한다. 둘째 방식은 오늘날 대다수 사람들의 관점일 뿐만 아니라 또한 본문상에 있어서도 좀 더 적합한 관점이다.[10] 19-25절에서 율법에 대한 생각의 흐름은 시간적인 것과 관련되어 있다. 율법은 제한된 시간동안만(그 씨가 올 때까지, 그리스도께서 오실때까지), 제한적인 기능(드러내고, 가두고)만을 갖고 있다. 시간과 관련된 차원들에 주목해보자. "그 씨가 올때까지"(19절), "이 믿음이 올때까지"(23절), "믿음까지"(23절), "이제 믿음이 왔으므로"(25절). 우리가 갖고 있는 성경본문에 나오는 "to Christ"라는 표현은 율법이 그리스도께서 오시는 시대까지만 한정적인 사역을 한다는 의미일 때만 의미가 통한다.

셋째로, 율법의 효과가 가져오는 결과에 관해 말한다(24b절). 바울이 말하려는 요점을 이해하는데 있어서, 헬라어 문장의 어순배열은 중요한 역할을 한다. "믿음이라는 토대 위에서, 우리는 의롭게 될 수 있다." 바울의 모든 주장은 유대주의자들도 칭의가 그리스도에 대한 믿음에서 시작한다는 점에 동의한다고 전제한다. 그들은 "율법의 행위"가 믿음을 온전케 한다는 잘못된 전제를 갖고 있다. 그러나 이제 바울은 율법이 시간적 제한성을 갖고 있다는 점을 보여주었으므로, 그는 칭의가 오직 믿음을 통해서만 얻을 수 있는 것이라고 말할 수 있다. 왜냐하면 "율법의 행위"는 이제 지나간 시대만을 담고 있기 때문이다.

마지막으로, 바울은 율법의 폐지(25절)에 관해 말하는 것을 통해, 이 모든 것들을 하나로 묶어 그려낸다. 이 구절에 들어있는 그의 용어들은 강력하다. 그는 그리스도의 시대가 아브라함 언약의 최고봉이기 때문에, 그리스도의 시대가 모세의 시대를 몰아낸다고 주장한다. 율법은 제한적인 목적만을 갖고 있었으며, 이 목적은 제한된 시대만을 위한 것이었다—그 씨가 오실때까지. "율법의 감독하에"라는 표현은 다시 한번 더 *paidagogos*("초등교사")라는 단어를 번역한 것이다. 24절에서 그랬던 것처럼, 이 용어는 지금 여기에서도 율법에 대해 긍정적인 역할을 하는 것은 아니다. 도리어, 이 단어는 다시 한번 더 "정죄하고" "감옥에 넣는" 율법의 기능에 대해 이야기한다(참고. 22-23절). 그러므로, 실제로, 바울은 일단 믿음이 오면, 율법은 더 이상 우리를 정죄할 수 없노라고 말한다. 왜 그런가? 우리는 그리스도(그분은 믿음의 시대를 시작하신다)께서 율법의 저주를 담당하시기 때문이라고 말

10. F. F. Bruce, *Galatians*, 183; R. N. Longenecker, *Galatians*, 148-49.

하는 것 말고는 다른 이유를 제시할 수 없다(참고. 10-14절).

나는 이제 "일상생활 속에서의 예"(바울이 사용한 단어로 표현하자면 "사람의 예", 15절)를 사용하고자 한다. 나는 종종 역사속에서 율법이 담당했던 역할을 워드 프로세서가 발전하는 과정속에서 수동 타자기가 담당했던 역할과 비교해보곤 한다. 우리가 컴퓨터를 사용해서 문서작업을 할 때면, 우리가 여전히 옛날 방식의 타자기 기술을 활용하고 있다는 것을 알 수 있다. 하지만 동시에 우리는 컴퓨터가 타자기가 갖고 있던 모습들을 훨씬 더 능가한다는 것도 알 수 있다. 내가 어렸을 적에 타자기를 향해 갖고 있던 모든 바램과 생각들은(그리고 그 이상의 것들도!) 이제 몽땅 다 컴퓨터에서 찾아볼 수 있다. 이는 율법에 대한 비유이다. 우리가 어렸을 때(모세에게 계시되었던 것처럼) 율법을 향해 원했던 모든 것들은 이제 그리스도안에서 발견될 수 있고 또한 성령님안에서의 생활 속에서 발견될 수 있다. 그러므로 기독교인이 성령님안에서 살고 그리스도 안에서 살아갈 때, 기독교인은 율법에 반대되는 모습으로 살고 있는 것이 아니라, 율법을 넘어서고 초월해서 살아가는 것이다. 그리고 율법 아래에서 살아가는 삶이 틀렸다고 말하는 가장 큰 이유는 다름아니라 바로 이 이유 때문이다.

컴퓨터 시대가 도래했을 때 우리는 우리의 구닥다리 수동 타자기를 치워버렸다. 왜냐하면 그들은 이제 이전 시대 유물일 뿐이기 때문이다. 유대주의자들에 대한 바울의 비판은 그들이 책상위에 컴퓨터가 놓여진 이후에도 여전히 구식 수동 타자기로 타이핑을 하고 있다는 것이다. 바울은 그들에게 수동 타자기를 치우라고 요구하고 있다. 그러나 우리가 수동 타자기를 치워버릴 때, 우린 그 기계를 부숴버리는 것은 아니다. 우리는 컴퓨터를 사용하는 것을 통해서, 수동 타자기를 더 좋게 성취한다고 할 수 있다. 컴퓨터를 조작하는 모든 일들은 수동 타자기를 통해 하려던 최종적인 소망들이다. "믿음/그리스도께서 이미 오셨으므로, 우리는 더 이상 율법의 감독하에 있지 않다"—그러나 율법이 약속들과 정반대 모습이기 때문이 아니다. 그보다는 율법이 그리스도와 성령님 안에서 성취되기 때문이다. 마치 수동 타자기가 컴퓨터 기술을 통해 성취되는 것과 비슷한 양상으로 말이다. 그리고 나는 이 두 가지 모두에게 진심으로 깊은 감사를 하고 싶다!

다시 종합해서 말해보자면, 바울은 유대주의자들이 틀렸다고 주장한다(그리고 그들을 좇는 갈라디아 성도들 역시). 왜냐하면 그들은 하나님께서 왜 율법을 주셨는지 제대로 이해하지 못하고 있기 때문이다. 그들은 이스라엘의 나쁜 행동들을 하나님의 율법에 의해 범법한 행동이 되게끔 하고자 율법이 만들어졌다는 사실을 모르고 있었다. 그들은 율법이 오로지 짧은 기간동안만을 위해 주어졌다는 사실도 모르고 있었다. 그들은 "율법의 삽입"에 대해서 모르고 있었다. 결과적으로, 그들은 구원에 대한 모든 것 그리고 하나님께 받아들여지는 것에 대한 모든 것이 이미 아브라함 안에서 세워졌다는 사실을 알지 못했다. 결과적으로, 그들은 그리스도 이후에 율법을 부과하는 것이 하나님의 구속 계획에 있어서 어리석게도 이전 시대로 돌아가는 것이라는 점을 알지 못했다. 그것은 A.D 시대에 B.C 스타일로 사는 것이다. 본질적으로, 유대주의자들의 생각에 반대하는 바울의 주장은, 역사적이고 성경적이다. 그들은 하나님께서 아브라함으로부터 시작해서 모세를 거쳐 그리스도에 이르기까지 하나님께서 자기자신을 점진적으로 드러내시는 과정속에서, 그분께서 갖고 계신 구원의 계획이 무엇인지에 대해 이해하지 못했다(롬 6:11-14; 7:7-13; 11:25-32; 고후 3:7-18; 빌 3:2-11도 보라).

상황잇기

바울이 내린 결론 부분이 우리가 논의를 시작하기 제일 좋은 지점일 것이다. "우리는 더 이상 율법의 감독하에 있지 않다"(25절). 내가 위에서 언급했듯이, 여기서 "감독"이라는 단어는 율법이 사람들을 감옥에 집어넣는 일을 하는 것을 지칭한다. 나는 지금 바울이 한 이 말이 갈라디아서를 기록하고 몇 년 후에 쓴 로마서에 나오는 내용과 비슷하다고 생각한다. "그러므로 우리가 믿음으로 의롭다 하심을 받았으니 우리 주 예수 그리스도로 말미암아 하나님과 화평을 누리자." 이 내용은 또한 로마서 8:1-2와도 비슷하다. "그러므로 이제 그리스도 예수 안에 있는 자에게는 결코 정죄함이 없나니, 이는 그리스도 예수 안에 있는 생명의 성령의 법이 죄와 사망의 법에서 너를 해방하였느니라." 그리스도를 믿는 자들은 율법의 저주와 정죄에서 면제된다. 율법의 "초등교사"(감옥에 가두는) 역할은 그리스도의 오심과 더불어 끝이 났다.

갈라디아 성도들에게 있어서 율법의 폐지가 함축하는 바는 매우 분명하다. 유대주의자들이 이중적으로 틀렸다는 것이다. 그들이 율법의 목적(생명을 주는 것이 아니라, 죄를 드러내는 것)을 제대로 이해하지 못했다고, 뿐만 아니라, 율법이 이제는 과거 시대에 속하게 되었다는 점도 이해하지 못했다는 점이다. 그러므로 바울은 다시 한번 더 다음사항들에 관심을 기울인다. 우리는 우리가 모세의 율법에 적합하다는데 토대를 두고 하나님 앞에서 우리의 정체성을 얻는 것이 아니라, 예수 그리스도를 향한 믿음과 그분을 향한 신실함에 토대를 두고 하나님 앞에서 우리 정체성을 얻는다. 이 점은 지금까지 우리가 이 주석에서 종종 했던 것과 마찬가지로, 오늘날 우리가 사는 현대 세계에도 매우 간단하게 적용 가능하다. 오늘날 교회 안에 존재하는 율법주의적인 운동들과 관심들은 이미 끝나버린 율법 시대에 속한 것이다. 우리는 이미 앞부분에서 오늘날 현대 세계의 교회들 속에서 찾아볼 수 있는 율법주의와 관련해 이미 상당히 많이 언급했으므로 여기에서는 조금 다른 방향에서 이 내용을 적용해보는 것도 좋지 않을까 싶다. 내가 이 책의 상황 잇기와 현대적 의미 섹션에서 하려고 하는 것은 오늘날 도덕적 삶과 관련해 율법이 폐지되었다는 것이 얼마나 중요한 것인지를 살펴보는 것이다.

여기서의 경향은 좀 극단적이다. 기독교인들은 율법 아래 있는 것이 아니라는 말을 종종 하곤 하지만, 그러나 아직도 구약성경의 율법에 토대를 두고 이 세상을 자신들이 다시 재건설해야만 한다고 생각하는 기독교인들이 있다.[11] 도대체 어떤 의미에서 기독교인들은 율법 아래에 있지 않다는 것일까? 기독교인들은 하나님께서 도덕에 관해 갖고 계신 뜻에 대해서 율법이 주요한 그림을 그려주는 것에서 면제되어 있다는 것인가? 아니면 기독교인들은 하나님 앞에서 고상한 삶을 살아가는데 있어서 율법이 분명한 가이드 역할을 해주는 것에서 면제가 되어 있다는 뜻인가? 우리는 바울이 기독교인들이 "율법 아래에" 있기 때문에 율법에 불순종해도 된다고 변명해주고 있는 것이 결코 아니라는 점을 주목해야만 한다. 대신 바울은 기독교인들이 "성령 안에서" 살아가는 것을 통해서(18절) 율법을 살아가기를 기대한다. 예수님께서는 제자들을 향해 이와 비슷한 중요한 내용을 가르치셨다(마 5:20; 7:12; 22:34-40).

그러므로 율법에서 자유롭게 된다는 것은 하나님의 율법이 갖고 있는 모든 목적, 사용, 혹은 의미 등에서 자유롭게 된다는 의미가 아니다. 뿐만 아니라 바울이

11. 이는 신율주의자들(theonomists)의 입장이다. 예를 들어, Greg Bahnsen, "The Theonomic Reformed Approach to Law and Gospel," in *The Law, the Gospel, and the Modern Christian: Five Views*(Grand Rapids: Zondervan,1993), 93-143을 보라. 기독교인의 삶에서 율법이 차지하는 위치에 관해 매우 조심스럽게 연구한 두 가지 논문을, Knox Chamblin, "The Law of Moses and the Law of Christ"와 Douglas J. Moo, "The Law of Moses or the Law of Christ" in *Continuity and Discontinuity*, ed. J. S. Feinberg(Westchester, Ill.: Crossway Books, 1988), 181-202, 203-18에서 볼 수 있다. 또한, Moo, "The Law of Christ as the Fulfillment of the Law of Moses: A Modified Lutheran Approach," in *The Law, the Gospel, and the Modern Christian: Five Views*(Grand Rapids: Zondervan,1993) 319-76도 보도록 하라. 뒤에 언급한 Moo의 연구와 이 챕터에서 간략하게 설명한 나의 관점은 구체적 사항들에서만 조금 다를 뿐이다. 율법이 기독교인에게 있어서 더 이상 직접적인 권위를 갖고 있지 않다는 일반적 관점은 동일하다.

자신의 서신서들 전체를 통해 구약성경으로부터 수많은 내용들을 인용하고 있다는 점은 너무나 분명한 사실이고(갈 3:6-14처럼), 이는 바울이 율법이 모든 점에서 폐지되었다고 생각한 것이 아님을 잘 보여준다. 율법은 그에게 여전히 권위있게 남아있었으며, 또한 그는 자신의 주장을 펼치는 근거로서 율법을 종종 인용하곤 했다.

그로므로 우리가 이제 믿음이 왔으며 우리는 더 이상 율법 아래 있는 것이 아니라는 바울의 선언을 오늘날 우리가 사는 세상으로 가져올 때에, 우리는 율법이 파괴되었다거나 완전히 박탈된 것이 아니라는 것을 알고 있다. 율법은 더 이상 하나님께 받아들여지기 위한 중심적 관계체결 수단이 아니며, 또한 율법은 이제 더 이상 일종의 배타적 의미에서 다른 여러 나라들과 이스라엘(하나님의 백성)을 구별해주는 수단이 아니다. 율법은 기독교인들이 그 아래서 살아야만 하는 "계약적 의무"가 아니다. 율법은 우리에게 하나님 앞에서 생명을 주기 위해 고안된 것이 아니었다(21절). 그러나 율법은 여전히 가치있게－상당히 높은 가치를 가진채－우리의 윤리를 명확하게 해주는 역할을 하면서 남아있다. 다만 바울이 율법의 성취인 "그리스도의 법"(갈 6:2)에 관해 가르치는 그런 견지에서 그리고 성령님께서 우리가 율법과 맺는 관계에 충격을 가하시는 것에 대해 바울이 가르치는 그런 견지에서(참고. 5-6장)[12] 율법을 이해하는 자세를 취할 경우에 말이다.

뿐만 아니라 합리적인 독자라면 바울이 율법은 "범법함으로 더해진 것"이라고 표현한 것이 "율법은 범법들을 드러내기 위해 더해진 것"(위를 보라)이라는 의미라는데 동의할 것이고, 또한 율법의 계속적인 역할과 기능이 남아있다는 것에 대해서도 동의할 것이다. 만약 율법이 거룩하고 좋은 것이라면(롬 7:12), 그렇다면 율법이 여전히 하나님의 뜻을 나타낸다는 점도 뒤따라야만 한다. 비록 하나님의 뜻을 충분하고 완전히 나타내주는 것이 아니라 하더라도 말이다. 그리고 만약 율법이 그분의 뜻을 드러내 보여준다면, 그렇다면 율법은 죄를 드러나게 하고 보여준다. 그리고 여기에 덧붙여서, 만약 율법이 하나님께서 자기 백성의 죄를 더하게 하시려고 주신 것이라면(롬 5:20), 율법은 아마도 그런 일을 여전히 계속해서 할 것이다.

나는 율법이 "계약적 의무"나 혹은 "하나님과 그분 백성들 사이의 언약"으로서

---

12. 이와 관련해 철저하게 연구해보려는 시도를 W.C.Keiser, Jr., *Toward Old Testament Ethics*(Grand Rapids: Zondervan,1983)에서 찾아볼 수 있다.

는 폐지가 되었지만, 율법이 하나님의 뜻을 보여주는 주요한 선언으로서 폐지된 것은 아니며 또한 모든 인간의 행동을 체크해주는 도덕적 역할에 대해서도 폐지가 된 것은 아니라고 생각한다. 내가 앞서 언급한 수동 타자기-컴퓨터 비유로 돌아가서 생각해보자면, 우리가 컴퓨터를 사용할 때 우리 앞에 놓여 있는 것이 분명 수동 타자기가 아니라는 점을 잘 알고 있다. 컴퓨터는 수동 타자기에서 발전된 것이지만, 그러나 발전을 누린 것은 다름 아니라 수동 타자기이다. 마찬가지로 나는 율법이 (1) 우리에게 하나님의 도덕적 뜻을 보여주는 역할을 하는 것과 (2) 사람들에게 그들의 죄를 확인시켜주는 역할을 여전히 갖고 있다고 믿는다. 그러나 율법의 이런 두 가지 용례들이 하나님의 성령으로 충만한 사람들을 위해 어떻게 작동하고 일하는가라는 문제는 훨씬 더 중요한 문제이다. 나는 이 이슈에 대해서는 아랫부분에서 그리고 5:16-26부분에서 살펴볼 것이다. 사도 바울의 서신들이 갖고 있는 일반적인 결론들은, 율법의 이런 기능들이 바울의 메시지나 성경의 메시지와 갈등을 일으키지 않는 방식으로 이해해야만 할 것이다.

다시 한번 더 우리는 유대적 문제에 관해 이야기하는 것이 중심목적인 본문과 만나고 있다. 즉 율법 아래에서 존재하는 이 문제는 이방인들은 율법을 알지도 못했고 유대인들이 살았던 모습처럼 그 아래에서 살았던 것도 아니었기 때문에 이방인들의 문제가 아니었다. 역사 속에서 율법이 어떤 목적을 갖고 있느냐는 질문이나 어떻게 율법이 아브라함 언약들과 관련되어 있느냐는 질문을 제기했던 사람들은 다름아니라 바로 유대인들이었다. 아마도 유대인들의 특권의식이 이 질문들 안에 내재되어 있었던 것으로 보인다(참고. 롬 3:9-20; 9:1-5). 그러나 우리는 하나님의 율법에 대해서 그리고 특별히 사람들을 죄인으로 정죄하는 율법의 목적에 대해서, 이런 부분들을 비단 유대인들만이 아니라 이방인들에게도 동일하게 적용가능하다고 생각하는 관점과 관련해서 두 가지 사항을 지적해야만 한다.

첫째, 나는 이미 앞부분에서 이방인들도 마음에 율법이 새겨져 있노라고 지적한바 있다(롬 2:14-16을 보라). 그러므로 일정한 수준에서는 이방인들 역시 하나님의 도덕적 뜻에 따를 책임이 있다. 물론 이방인들이 하나님의 율법과 관련해 무엇을 알고 있었느냐는 명확하고 분명하지는 않지만 그러나 아방인들이 곤란함을 느낄 만큼은 율법에 대해 알고 있었다는 점을 우린 바울을 통해 분명히 알 수 있다. "비록 이방인들이 이스라엘에게 공개적으로 주어진 것만큼 율법을 갖고 있었던 것은 아니지만, 이방인들도 모두 다 개인적으로 율법들을 갖고 있다."[13] 여기에서 우리의 요점이 분명해진다. 만약 율법이 죄를 드러내기 위해 고안된 것이라면, 그렇다면 이방인들이 그들 마음과 양심을 통해 하나님의 율법을 아는 정도에 따라, 그들의 죄 역시 분명하게 드러나고 나타났을 것이란 점도 당연한 일이다.

둘째로, 바울은 22절에서 "모든 세계가 죄에게 갇힌 자"가 되었노라고 말한다. "모든 세계"라는 표현은 *ta panta*("모든 사람/모든 것," "전체 세계")의 번역인데, 대부분의 주석가들은 이 표현이 유대인들만이 아니라 이방인들까지 아무 차별없이 포함하는 의미라고 생각한다. 그러므로 정말로 율법 아래에 있었던 것은 유대인들뿐이었다고 생각하는 것이 합리적이지만, 그러나 "모든 사람들이" 율법을 따르지 않은 것에 대해 정죄받고 판단받는다는 것이 뒤이어 나오는 것이 타당하다.

이런 두 가지 근거들은 우리로 하여금 모든 사람들이 죄를 범했다고 생각하는 것이 지극히 자연스럽다고 말할 수 있게 해준다. 그 사람이 하나님의 기록된 율법을 범했던지 아니면 하나님께서 인간 마음에 기록해 주신 율법을 범했든지간에 말이다. 우리가 만약 여기에다가 하나님의 성령께서 주시는 분명한 확신까지 첨가한다면(요 16:7-11), 그렇다면 우리는 대부분의 사람들은 자신들이 죄인이라는 사실을(그들이 이 사실을 드러내건 감추건간에) 알고 있다고 분명히 말할 수 있다. 바로 여기가 복음전파가 세워지고 출발하는 중요한 출발점이다.

현대적 의미

이 구절들은 여러 중요한 의미들을 담고 있는데, 하나님의 율법(모세의 율법을 의미한다—주로 출애굽기, 레위기, 신명기)이 일정한 의미에서는 기독교인들에게는 폐지되었다는 결론도 이런 중요한 의미들중 하나이다. 모세의 율법은 자기 백성을 향한 하나님의 뜻이 무엇인지를 예비적으로 흘낏 보여준다. 자, 그렇다면 우리는 율법에 대한 이런 관점을 가지고 오늘날의 도덕적 문제들에 대해서 어떻게 행동해야 하는가? 아마도 우리는 19-25절에 관해 알고 있는 견지에서 오늘날의 도덕적 문제들에 대해 행동하고자 노력할 수 있을 것이다.

첫째로, 기독교인들은 두 가지 전제를 갖고 시작해야만 한다. (1) 만약 우리가 하나님께 받아들여지고자 한다면 믿음이 하나님을 향한 반응이 되어야만 하며, 또한 이 믿음은 복종안에서 역할을 한다. 그리고 (2) 성령안에서의(성령 아래에서의) 삶이 우리가 하나님 앞에서 순종적으로 살아가는 삶을 추구할 때 가장 중심적으로

13. J. R. Williams, *Renewal Theology: God, the World, and Redemption* (Grand Rapids: Zondervan, 1988), 239-40, 인용은 239에서 해 왔다.

삼아야할 행동 모드이다. 이는 중요한 논리적 귀결을 갖고 있다. 하나님의 뜻을 추구하고 있는 기독교인은 방향을 인도받기 위해 가장 먼저 모세의 율법에게로 향하지 않는다. 대신 그들은 하나님의 성령께 귀를 기울이며 예수님의 가르침들에 귀를 기울인다("그리스도의 법", 6:2를 보라). 이 두 가지는 기독교인들에게 그들이 "하나님을 사랑"해야만 하며 "서로 사랑"해야만 한다는 것을 가르친다. 성령님과 그리스도를 좇아감에 있어서, 기독교인들은 항상 율법이 그들에게 행하라고 말하고자 했던 것을 행할 것이다. 그러므로 그들은 실제로 하나님의 뜻을 행할 것이다.

만약 신약성경 안에 아무런 방향제시가 없다면, 그리고 만약 성령님께서 명료하게 말씀하시는 것이 아무것도 없는 것처럼 보인다면 어떻게 해야하는가? 성령님에 관한 이 질문은 논의를 할 필요가 있다. 나는 오늘날 기독교인들 중에 하나님의 성령님께서 기독교인의 윤리에 있어서 중심적인 초점이라고 믿는 사람들이 거의 없다는 점을 이야기하면서 시작하고자 한다. 사실 나는 기독교인들이 신약성경을 하나님의 성령께서 그분의 새로운 백성들을 이끌어 가시는 증거로써 대하기보다는 마치 두 번째 모세의 율법처럼 다룬다고 생각한다. 바울은 유대주의자들을 "율법-중심적인" 사람들로 보았고, 그는 교회가 "성령-중심적인" 사람들의 교회가 되기를 원했다. 그러나 우리는 이정도 수준의 관점에 갇혀 있을 수는 없다. 왜냐하면 우리는 기독교인들은 성령의 인도하심을 정말로 믿으며, 그것을 따라가며, 하나님의 성령께서 말씀하시는 것을 행할 것이라고 당연하게 생각하기 때문이다.

나는 위에서 물어보았던 질문을 계속 살펴보고자 한다. 만약 신약성경의 가르침과 성령님의 이끄심이 모세의 율법이나 모세가 쓴 성경의 증언과 갈등을 일으키는 것처럼 보일 경우 어떻게 해야하는가? 그렇다면 우리는 어떻게 하겠는가? 나는 한결 같이 도덕적 행동의 원칙들대로 할 것이다. 그러나 우리에게 가장 좋은 선택은 구체적인 경우에 합당한 성경의 증거를 찾아 그에 맞추어 행동하는 것이다. 왜냐하면 이런 방식을 통해서 바울의 윤리가 갖고 있는 새로움을 좀 더 명확하고 분명하게 볼 수 있기 때문이다. 이제 여기서 한 가지 시험적인 경우를 살펴보도록 하자—오늘날 기독교인들은 국제적인 전쟁에 어떻게 참여해야만 하는가.[14]

---

14. 구체적인 아젠다를 갖고 있는 것은 아니지만 기독교인들에게 모든 측면들에 대해 소개해주는 다음 두 권의 책들이 있다. (1)R. G. Clause, ed., *War: Four Christian Views*(Downers Grove, Ill.: InterVarsity Press,1981), 이 책에는 H. A. Hoyt, M. S. Augsburger, A. F. Holmes, H. O. J. Brown 등의 기고문들이 포함되어 있다. 다른 사람들의 관점에 대한 각각의 반응들 (2)J. A. Bernbaum, ed., *Perspectives on Peacemaking: Biblical Options in the Nuclear Age*(Ventura, Calif.: Regal Books, 1984), 이 책은 기독교 대학 연맹의 감독하에 출간되었다. 이 두 번째 책은 1983년 봄 파사데나에서 이 주제와 관련해 개최된

중심 문제는 다음과 같다. 기독교인들은 전쟁에 나가야만 하는가? 여기에서 내 목적은 때대로 기독교인들 사이에서 해결되지 않는 논쟁점을 해결하려는 것이 아니다(만약 내가 이 이슈를 완전히 해결할수만 있다면 그렇게 하겠지만). 지금 여기서 나의 목적은 좀 더 제한적이다. 나는 우리가 기독교인으로서 율법이 이미 폐지되었다는 바울의 관점 측면에서 이런 도덕적 결정을 어떻게 내려야만 하는지를 검토해보는 것이다. 달리 말해서, 우리는 지금 방법에 관심을 두고 있는 것이지, 대답에 관심을 두고 있는 것이 아니다. 비록 일정한 대답들이 제시되긴 하겠지만 말이다. 구약성경으로부터 오늘날 우리가 살고 있는 세상으로 옮겨오는 것이 얼마나 복잡한 것인지를 보여줄 필요가 있기 때문에, 나는 이 이슈에 지금부터 좀 더 많은 시간을 사용하고자 한다.

나는 이런 도덕적 이슈가 오늘날 복음주의 교회들에서 어떻게 처리되는지에 대해 부분적으로 스케치하면서 시작하고자 한다. 다행스럽게도, 지금 임박해 있는 전쟁이 없기에 우리가 이런 이슈를 생각하는 것에 대해 먹구름이 드리워질 것 같지는 않다. 하지만 불행하게도, 너무 많은 보수적 기독교인들이 이 이슈를 심각한 이슈로 거의 취급해보지 않았다. 분명 생명은 너무나 값진 것이고, 다른 사람의 생명을 빼앗는 것은 그 일을 한 사람에게 평생 동안 후유증을 남기는 심각한 행동이다. 살인 그 자체는 하나님께서 금지하신 것이며(출 20:13) 그 어떤 기독교인도 다른 사람을 살인하는 일에 관련되는 것을 원하지 않을 것이다. 나는 전쟁에서 피를 뿌리는 것이 살인이라고 주장하는 것은 아니다. 그러나 살인이 잘못된 일이며 또한 다른 사람의 생명을 빼앗는 일은 반드시 도덕적 이슈로 다루어져야만 한다는 점에는 우리 모두 동의할 것으로 믿는다.

불행하게도, 지난 15년 동안 특별히 미국에서는 많은 사람들에게 있어서 애국주의가 기독교의 핵심과 연결되어져왔다. 비록 나는 애국하는 것이 좋은 것이라고 믿기는 하지만, 그리고 세속 권력자들에게 복종하는 것이나 그들을 위해 기도하는 것도 좋은 일이라고 믿지만(롬 13:1-7; 딛 3:1; 벧전 2:13-17), 나는 또한 애국주의 역시 때때로 하나님의 뜻에 엎드려 복종해야만 한다고 믿는다(행 4:1-22). 그러므로 우리는 기독교인들이 국제적 갈등에 대해서, 그저 정부에 "동조하고 협조하는"것이 아니라 어떻게 반응해야만 하는가에 대해서 생각할 필요가 있다. 우리가

컨퍼런스 기간에 제출된 논문들을 포함하고 있다. 이 두 권의 책들은 매우 어렵고 감정적인 문제들이지만 우리가 반드시 풀어내야만 하는 기독교적 논의에 있어서 모델을 보여준다.

국가 정책에 동의하는(그리고 전쟁터에 나가고) 때도 있을 것이고, 그렇지 않은 때들도 있을 것이다(그래서 양심적인 반대자들이 되는). 어떤 경우건 상관없이, 우리는 이 이슈를 하나님 앞에서 생각해야만 하며 또한 그분께서 우리에게 무얼 하게끔 하시는지를 물어보아야만 한다.

최종적인 요점: 국제적 갈등에 대한 결정을 내릴 때, 서구 사회의 경제적 이익과 유리함만이 유일한 근거와 기준으로 작용하는 것이 아니다. 우리가 사는 이 세상은 물질주의적 세계이다. 나는 모든 사람들이 이 점에 대해 내게 동의하기를 원한다. 사실 나는 정치적 결정이나 국제적 결정들이 실제로 내려질 때 얼마나 경제적인 이유들이 동기부여를 하고 결정을 추진해가는지 알아야만 하지만 충분할만큼 우리가 다 알고 있다고 생각하지 않는다. 미국이 국제적인 갈등에 개입할 때에 어떤 경우에는 아니 심지어 대부분의 경우에 오직 경제적인 문제에 있어서 자기-이익만을 추구하는 방식으로 결정들을 내려왔다고 주장하는(때대로 강력하게) 사람들이 있어왔다. 나 역시 그런 경제적 관심들이 우리 정부를 종종 움직이곤 한다고 생각하는 사람이다. 나는 또한 경제적인 관심들이 반드시 나쁜 것은 아니라는 관점을 갖고 있기도 하다. 우리가 여기에서 필요로 하는 것은 이 문제에 대한 기독교적인 사고이다.

우리 정부가 국제적 갈등에 참여하는 것이 적절한 일이고 또한 어떤 이슈에 대해서는 참여가 반드시 필요한 일이라고 결정할 때, 그렇다면 기독교인들이 그런 일들에 동참할 것인지 말 것인지를 결정하는 것이 그토록 중요한 일인가? 아마도 때때로 기독교인들은 전쟁에 참여하기로 결정할 것이고(그저 전쟁 이론에 의해서) 또 다른 경우들에는 그렇게 하지 않을 것이다. 우리가 해야만 하는 일은, 견고한 성경적 근거들 위에서 하나님 앞에서 그런 결정들을 내리는 것이며, 우리는 그저 사람들의 경제적 동기부여나 이익들 때문에 무언가를 결정해서는 안된다.

기독교인들이 취해온 네 가지 기본적 접근 방법들이 있다. 여기서 말하는 것은 네 가지 입장들이 아니라, 기독교인이 참여해야 하는지 아닌지를 결정내리는 네 가지 방법들이다. 첫째 접근방법은 일반적으로 열정이나 정의를 추구하는 것에 제한하기는 하지만, 애국주의와 관련된 본문을 성경 전체에서 찾고자 추구하면서(가령, 민 25장; 여호수아-사사기; 왕상 18-19장; 롬 13:1-7; 벧전 2:13-17), 성경이 하나님의 백성들이 애국적인 사람들이 되고 정의를 추구하는 것을 기뻐하므로 기독교인들은 마찬가지 모습이 되어야만 하고 동일하게 행동해야만 한다고 주장하는 방법이다. 이는 전쟁에 참여하는 것을 의미한다. 성경 시대로부터 20세기로 이런 식으로 이동하는 것에는 분명 몇 가지 중요하고 큰 비약들이 있다. 이를 상세히 말하려면, 세 가지 고려사항들을 살펴봐야 한다.

(1) 신정국가였던 나라(과거 이스라엘이 그러했던 것처럼)에 충성하는 것은 세속적인 민주국가에 충성하는 것과는 매우 많이 다르다. (2) 정부에 "복종"할 것을 이야기하는 본문들은 평화라는 정황 속에서 그런 말을 하는 것이고, 또한 때때로 정부에 불복종할 의지를 갖고 있는 사람들이 이런 말을 한 것이었다(가령, 행 4:1-22에서의 베드로). 그러므로 이런 본문들은 정부의 권위를 무조건적으로 인정하는 것으로 여겨져서는 안된다. (3) 도대체 왜 애국이라는 것이 전쟁에 기꺼이 나가려는 의지나 혹은 전쟁을 수행하는 것을 의미하는 것인지는 명확하지가 않다. 애국자가 되는 또 다른 방법들은 없는 것인가? 결국 기독교적인 애국이란 어떤 것인가? 대부분의 독자들도 알다시피, 일부 기독교인들은 자신들의 유일한 충성은 그리스도를 향한 것이기에 "국기"를 향한 그 어떤 충성의 맹세를 하는 것도 거부한다. 애국이라는 이슈에 대한 이런 방식의 접근법은 몇몇 중요한 점들을 제기하기는 하지만, 그럼에도 불구하고 성경 본문상의 증거에 근거를 두고 애국주의를 주장하는 것은 너무 옹색한 일이다. 또한 이런 접근법에는 너무나 많은 병적인 모습들이 있다.

둘째 접근방법은 결정적인 성경적 증거로서 전쟁에 관한 내용을 담고 있는 구약성경 본문들을 검토하는 방식이다. 예측할 수 있겠지만, 다음 세 가지 결론들이 내려져왔다. (1) 일부 사람들에게는, 구약성경의 전쟁에 관한 증거가(가령, 신 7:20; 여호수아-사사기; 사무엘상·하)[15] 그들로 하여금 하나님께서 전쟁을 시작하셨으며, 전쟁을 이끌어가시며, 승자의 배후에 하나님께서 서 계시다는 생각을 하게끔 한다. 그러므로 전쟁은 비도덕적인 것으로 간주되어서는 안된다. 구약성경의 하나님께서 전쟁에 포함되어 있기 때문에, 그리고 기독교의 하나님은 동일한 하나님이시기에, 기독교인들 역시 전쟁에 포함될 수 있다는 결론이 내려진다. 일반적으로 이런 접근방법에서는 하나님께서 어느 편에 서 계신지, 어느 편이 옳은 편인지 분별할 것을 요구하며, 또한 바로 그 편에(마치 전쟁 이론처럼) 참여할 것을 요구한다. (2) 다른 일부 사람들은 기독교인들이 좀 더 진취적으로 접근할 것을 격려해야만 한다고 주장한다. 그들은 전 세계를 좀 더 정의롭고 평등한 세계로 만

15. 구약성경에 나오는 전쟁들에 관한 설명은 K. N. Schoville, "War: Warfare," in *NISBE*, ed. G. W. Bromiley(Grand Rapids: Eerdmans, 1988), 4:1013-18 등에서 찾아볼 수 있다. 그리고 동일한 사전에서 P. C. Craigie, "War, Idea of," 4:1018-21 부분도 보도록 하라.

들기 위해 공격적인 정부편에 서야만 할지도 모른다(십자군/예방적 전쟁 이론). (3) 이외에도 비록 구약성경에 전쟁기록이 분명 존재하기는 하지만, 이들은 오늘날 행해지는 그 어떤 전쟁과도 다른 부류 전쟁이라고 주장하는 사람들이 있다. 왜냐하면 이스라엘의 전쟁은 실질적으로 주님 자신께서 싸우시던 영적 전쟁이기 때문이다.[16]

비록 여기에서 내가 할 수 있는 것은 짧은 언급에 불과하기는 하겠지만, 전쟁이라는 이슈에 이런 방식으로 접근하는 것에 대해서 좀 더 살펴볼 필요가 있다. 첫째로, 나는 이런 접근방법을 추천한다. 반드시 살펴봐야만 하는 중요한 성경상의 몇몇 증거들에 대해서, 내가 믿는식으로 씨름하는 방식이기 때문이다. 구약성경 본문들은 전쟁에 대해서만 묘사하는 것이 아니라, 하나님의 주도권과 이에 대한 하나님의 뒷받침도 묘사하고 있다. 그러나 둘째로, 나는 바로 이 부분이 이 문제에 대한 기독교인의 접근이 근본적으로 중요한 부분임을 인정한다. 구약성경에서 하나님께서 전쟁에 참여하셨다는 것이 사실이긴 한데, 그렇다면 신약성경 시대(바로 우리들 시대)때 기독교인의 책임은 무엇인가? 신약성경에서는 이스라엘을 위한 전사가 아무도 등장하지 않는다는 점이나, 기독교인으로서 군사적 폭력을 행사한 사람은 아무도 찾아볼 수 없다는 점은 매우 흥미로운 일이다. 사실 교회 역사학자들은 초기 기독교인들이 주후 2세기 말경이 되어서야 로마 군대에 포함되기 시작했으며, 그나마도 일부 사람들로부터 비난이 있었다는 점에 일반적으로 동의한다.[17] 다시 우리가 펼치던 주장으로 돌아가자면, 구약성경의 전쟁에 대한 개념을 어떻게 신약성경이 담고 있는 "예수님(전쟁에서 싸우지 않으셨던)을 따르는 것"이나 "성령 안에서의 삶"이라는 개념과 연관시킬 것인가에 대해 여전히 논의해야 할 필요가 있다.

셋째 접근방법은 평화나 혹은 피스메이킹에 대한 성경 본문들을 살펴보고, 이런 본문들이 역할을 하고 주도적이 되게끔 하고, 그런 뒤 기독교인은 평화로운 방식으로 살아야만 한다고 주장하는 것이다. 물론, 우선권이 주어진 성경본문들은 마태복음 5:9, 38-42과 순교자들에 대한 기록들이다(가령, 행 12:2). 이전 다른 접근법들과 마찬가지로 이 방식에도 단지 몇 가지 기본적인 옵션들만이 있다. (1) 평

16. 이 관점은 M. C. Lind, *Yahweh Is a Warrior*(Scottdale, Pa.: Herald Press, 1980)에서 상세하게 설명해 놓았다.

17. 이 증거에 대해서는 L. J. Swift, *The Early Fathers on War and Military Service*(Message of the Church 19: Wilmington, Delaware: Michael Glazier, 1983)에 나오는 요약을 보도록 하라.

화를 추구한다는 것은 기독교인이 전쟁에 참여하는 모든 것을 부정하는 것을 의미한다(반전론자의 관점), (2) 평화를 추구한다는 것은 비폭력 형태들로 참여하는 것을 의미한다(수정된 반전주의 혹은 비폭력 저항 혹은 무저항주의 관점), (3) 평화를 추구하는 것은 군사적으로 평화를 구축한다는 것을 의미한다(힘을—통한—평화 관점). 그러나 이 문제에 대해 이런 방식으로 접근하는 것 역시 더 진전되지 못한다. 도대체 누가 이 개념에 대해 평화라는 개념을 통해서만 전개해야 한다고 정할 수 있단 말인가? 평화를 추구하는 것(마 5:9)은 군사적인 행동에 전혀 참여하지 않는 것을 의미하는가? 그것이 정말로 예수님 마음에 있던 생각인가? 또한, 성경을 믿는 사람들이 어떻게 구약성경이 전쟁에 대하 갖고 있는 분명한 증거들을 쉽게 누락시킬 수 있단 말인가? 이전과 마찬가지로, 전쟁이라는 전반적 문제에 이런 방식으로 접근하는 것은, 매우 중요한 문제점과 직면하게 된다.

마지막 접근방법에 대해서는 나는 개인주의 접근방법이라고 부르고자 한다. 이 접근법은 서구 문화에 상당히 많은 부분을 차지하고 있기 때문에, 기독교인들은 이 방법이 얼마나 오랜 기간 동안 영향력을 행사해왔는지 별반 생각해볼 것도 없이 무의식적으로 받아 들여왔다. 이 관점은 전쟁에 참여하는 것은 개인에게 달린 문제라고 단순하게 말한다. 이 관점은 개인들이 하나님 앞에서 결정을 해야만 하며, 또한 자신의 결정에 대해서 그에 대한 책임을 져야한다고 보는 관점이다. 현대 세계는 신앙 전반을 개인에게 맡겨놓는 묵인과 다원주의가 대세를 이루고 있고, 또한 도덕적 절대성이 일반적으로 부인되는 시대라는 점에서, 이런 접근법은 지극히 현대적이라고 할 수 있다. 또한 이런 접근 방법은 매우 비성경적인 방식이기도 한데, 왜냐하면 이 방식은 한 개인이 유일한 권위가 되게끔 만들어주고 성경이 말해야 할 부분에서 그렇게 하지 못하게끔 가로막는 것이기 때문이다. 우리는 이런 모든 모습들 중에서 어떤 것을 선택해야 하는가?

내가 뒤이어 나올 내용들에서 제시하고픈 몇 가지 사항들은 (1) 바울은 아브라함의 언약이 모세의 율법보다 우선성을 갖고 있으며, 새언약이 아브라함 언약의 최고봉이라는 주장을 했다는 관점에 토대를 두고 있으며 (2) 모든 종류의 증거에 뿌리를 두고 있고, (3) 궁극적으로는 기독교인들은 "그리스도의 법 아래에서" 그리고 "성령의 삶 안에서" 살아야만 한다는 관점에 의존하고 있다.

첫째로, 기독교인들은 자신의 삶의 스타일을 전적으로 그리스도에 대한 믿음, 그리스도에 대한 순종, 성령안에서의 삶에 토대를 둔다는 점이 근본적으로 중요하다. 이는 기독교인들은 하나님의 뜻을 발견하기 위해 가장 먼저 구약성경으로 달려가지는 않는다는 것을 의미한다. 비록 모세의 율법이 모두 하나님의 뜻이라는 테두리 안에 들어있기는 하지만, 하나님의 뜻은 모세의 율법으로 제한되지 않는다. 예수님께서는 우리를 인도해주실 보혜사를 약속하셨고(요 14-16장), 오순절은 이 약속을 성취했으며(행 2장), 바울은 성령님께서 어떻게 역사하시고 행하시는지를 보여주었다(갈 5장). 예수님께서는 또한 제자들에게 하나님을 사랑하고 이웃을 사랑하는 것을 통해서 율법을 "성취"하라고 가르치셨다. 그리고 이 두 가지는 순종을 측정하는 분명한 기준들이었다(마 22:34-40; 참고. 7:12). 바로 이 부분이 기독교인들이 시작하는 지점이다: 하나님과 이웃을 사랑하는 것을 통해서, 성령님께 복종하는 것을 통해서 예수님께 복종하는 것.

그렇다면, 성령님께 복종하고 예수님을 따르는 사람들은 자기자신을 국제적 갈등과 전쟁에 참여하게끔 해도 되는 것인가? 이는 기독교인이 시간을 들여 논의해야만하는 좋은 질문이다. 하나님께서는 기독교인의 삶과 관련해서 본질적으로 어떤 스타일을 삶을 살아야 한다고 디자인하시고 계실까? 어떻게 해야 그리스도의 십자가는 그런 하나님의 전반적인 디자인과 잘 어울리겠는가? 아마도, "자기-부인"(그리스도의 십자가를 통해 본을 보여주신)이 기독교인의 삶이 쫓아야 할 근본적인 모범이 아니겠는가? 우리는 이 점에 대해서 우리가 여지껏 생각해본 것보다 훨씬 더 많이 생각해볼 필요가 있다.[18]

둘째로, 나는 그리스도의 시대가 갖는 새로움과 그분이 주시는 선물이신 성령님께서, 구약성경의 신정주의적인 왕국을 쇄신하시며, 기능적으로 보자면 전쟁에 관한 구약성경 본문들이 기독교인들의 행동을 위한 패러다임이 되지 못하게끔 배제하신다고 주장하고자 한다.[19] 나는 이것이 바울이 율법(이스라엘이 어떻게 전쟁을 수행했으며 주님께서 어떻게 이스라엘 편에 서셨는지를 규정하는)에 관해 가르친 내용이며, 또한 그리스도를 통해서 그리고 그리스도 안에서 율법이 완성되고 폐지된 것이라는 그의 가르침의 의미라고 믿는다. 갈라디아서의 메시지는 하나님께서는 이제 모든 종류의 사람들과 더불어 역사하신다는 것이며, 하나님께서는 더 이상 민족주의적 의미에서는 역사하지 않으신다는 것, 그리고 하나님의 백성은 유

18. 이 이관점을 전쟁이라는 이슈에 적용한 도전적인 책으로는 R. J. Sider, *Christ and Violence*(Scottdale, Pa.: Herald Press, 1979)가 있다.

19. 이와 다른 관점에 대해서는 P. C. Craigie, *The Problem of War in the Old Testament*(Grand Rapids: Eerdmans, 1978)를 보도록 하라. 저자는 구약성경에 나오는 전쟁에 대해서 하나님의 뜻과 행동이 계시된 것으로 간주한다.

대인이건 이방인이건 믿음을 갖고 있는 모든 사람들로 구성된다는 것이다 나는 이런 보편주의는 하나님께서 이제 더 이상 배타적으로 어떤 한 나라 편에 서시지 않는다는 것을 의미한다고 믿는다.

이는 하나님께서 어떻게 이스라엘 편에 서계시는가에 관한 구약성경의 원칙들도(하나님께서 이스라엘 반대편에 서시는 경우들은 이스라엘로 하여금 회개케 하시려는 것이지, 다른 나라들이 정당하기 때문이 아니다) 마찬가지로 폐지되었다는 것을 의미한다. 왜냐하면 하나님께서는 더 이상 한 나라 편에 서시는 분이 아니시기 때문이다. 다시 말해서, 갈라디아서에 나오는 보편주의 메시지는 전쟁이라는 개념(이스라엘이 하나님의 나라이며 그렇기에 하나님께서는 이스라엘을 위해서 싸우신다는 개념) 뒤에서 작동하고 있는 성경적 개념들을 효과적으로 폐지해준다. 우리가 여기에서 계속해서 나무라고 있는 것은 갈라디아서 2:25에 의거해서 "율법의 폐지"를 실질적으로 적용한 것이며(나는 내가 절대적으로 옳다고 생각하는 척 하지 않는다), 이는 국제적 갈등과 전쟁에 어떻게 참여해야하는가를 놓고 고민하는 기독교인에게 적용할 수 있을 것이다.

셋째로, 기독교인이 삶에서 가장 중요한 우선순위를 두는 것은 그리스도를 따르는 것이며, 그리스도의 사랑안에 나타난 하나님의 좋은 소식을 가지고 온 세상을 전도하는 것이며(바울이 했던 것처럼), 성령님께 복종하는 삶을 사는 것이다. 내가 신약성경 안에서 발견한 것은 성령님께 복종했기에 군사적 행동을 했다는 흔적이 전혀 없다는 것과, 또한 그리스도를 따르는 증거로서 군사적 행동을 했다는 흔적 역시 전혀 찾을 수 없었다는 점이다. 이는 국제적 갈등에 참여한 것이 비기독교적이라는 것을 의미하는가? 내가 여러분에게 겸손하게 제시하고자 하는 바는(이것은 나의 관점이다), 기독교인이 국제적 갈등에 참여할 수 있는 경우란, 그리스도를 따르라고 부르시고, 성령 안에서 살라고 부르시고, 온 세상에 복음을 전하라고 부르신 바로 그 하나님의 소명이 확장되고 나타난 모습으로서 전쟁에 참여하는 경우이다. 또한, 이는 그리스도의 십자가와 이미 계시된 하나님의 뜻에 일관성있게 잘 부합되는 방식을 통해서만 그렇게 할 수 있다.[20]

이는 폭력과 전쟁 그 자체를 배제하는가? 나는 그렇다고 믿는다. 도대체 어떻게 기독교인이 주님께서 위해서 죽어주신 사람들(성도들이 아닌 사람들)을 죽이는 일

---

20. 물론 고전적인 경우는 디트리히트 본회퍼이다. 전반적으로 믿음은 평화주의적이긴 하지만 그는 자기자신을 히틀러에 대한 저항운동을 하다 죽음을 맞이했다.

을 할 수 있단 말인가? 또한 어떻게 어떤 기독교인이 믿음의 형제들인 성도들을 죽이는 일을 할 수 있단 말인가? 후자같은 경우, 가이사가 분명 하나님의 뜻이라고 인정하는 것이 될 것이다. 전자 같은 경우, 이는 가이사가 하나님의 뜻이 될 수도 있다고 만들어주는 것이 될 것이다. 우리는 탈출구가 없다. 내가 제시한 이런 입장 이면에는 갈라디아서가 가르치는 보편주의가 자리잡고 있다. 국제적 갈등 시기때 세워진 사회적 장벽들을 허물어버리는 내가 여러분들에게 제시하는 보편주의가 자리 잡고 있다.

우리는 믿음에 의한 칭의라는 바울의 메시지, 즉 그가 아브라함 언약의 우선성에 호소하는 것을 통해 입증했던 그의 메시지로부터 상당히 먼 거리까지 나와버렸다. 이 본문이 담고 있는 가장 중요한 의미는 칭의가 율법을 지키는 것을 통해서가 아니라 믿음을 통해서 얻어진다는 것이기는 하지만, 우리는 바울이 성경을 완전히 새롭게 읽어내는 작업을 하는 것, 즉 "율법을 제자리에 놓는" 방식으로 성경을 읽어내는 것에 대해서도 보았다. 바울 당시의 세계로부터 오늘날 우리가 사는 세상으로 움직여가고 적용하는 것은 그 자체가 이 본문안에 들어있는 바울이 율법에 관해 갖고 있던 개념과 밀접한 관련성을 갖고 있다. 우리는 바울이 이 관점에 있어서 상당히 급진적이었으며, 기독교인들인 우리가 그 의미를 깊이 고찰하고 적용해야 한다고 주장해왔다. 나는 그런 고찰을 오늘날 기독교인이 국제적인 갈등상황에 참여해야하는가라는 부분에서 적용해보고자 시도했었다. 오늘날 우리가 예수님의 제자로 살아가고자 할 때, 하나님께서 그분의 성령님을 통해 우리를 인도해 주시기를 간절히 바란다!

갈라디아서 3:26-4:7

26 너희가 다 믿음으로 말미암아 그리스도 예수
안에서 하나님의 아들이 되었으니
27 누구든지 그리스도와 합하기 위하여 세례를
받은 자는 그리스도로 옷 입었느니라
28 너희는 유대인이나 헬라인이나 종이나 자유
인이나 남자나 여자나 다 그리스도 예수 안
에서 하나이니라
29 너희가 그리스도의 것이면 곧 아브라함의 자
손이요 약속대로 유업을 이을 자니라

4:1 내가 또 말하노니 유업을 이을 자가 모든 것
의 주인이나 어렸을 동안에는 종과 다름이
없어서
2 그 아버지가 정한 때까지 후견인과 청지기
아래에 있나니
3 이와 같이 우리도 어렸을 때에 이 세상의 초
등학문 아래에 있어서 종 노릇 하였더니
4 때가 차매 하나님이 그 아들을 보내사 여자
에게서 나게 하시고 율법 아래에 나게 하신
것은
5 율법 아래에 있는 자들을 속량하시고 우리로
아들의 명분을 얻게 하려 하심이라
6 너희가 아들이므로 하나님이 그 아들의 영을
우리 마음 가운데 보내사 아빠 아버지라 부
르게 하셨느니라
7 그러므로 네가 이 후로는 종이 아니요 아들
이니 아들이면 하나님으로 말미암아 유업을
받을 자니라

원 의미

바울은 갈라디아 성도들에게 (1) 하나님께 받아들여지는 것과 그분과의 관계를 지속하는 것이 (2) 믿음에 토대를 두고 있으며 (3) 이는 모든 종류의 사람들에게 주어지는 것이고 (4) 이 관계를 완전하게 만들기 위해 율법을 행해야 하는 것은 아니라는 관점을 펼쳤다. 그리고 지금 이 섹션은 갈라디아서라는 좀 더 넓은 정황속에서 보자면, 이 관점과 관련된 셋째 주장이다. 바울은 자신의 전체적인 이론을 3:1-5에서 이미 언급했었다. 그의 첫째 주장은 구약성경에 토대를 두고 있었고 (6-14절), 그의 둘째 주장은 “일상에서 알 수 있는 예”(15-25절)에 관한 것이었다. 지금 다루는 셋째 주장은 “아들됨”에서부터 나온 것인데, 여기에는 앞부분과는 다른 “일상에서의 예”(4:1-2)가 들어있으며, 또한 자신의 관점에 동의할 것을 목회적으로 호소하는 내용으로 마무리된다(4:8-20). 이 마지막 부분에 들어있는 목회적 호소는 다음 챕터의 중심 내용이 될 것이다.

본질적으로, '아들됨'에서부터 나온 바울의 주장은 다음처럼 기술할 수 있다. (1) 예수 그리스도에 대한 믿음은 한 사람을 "하나님의 아들"이 되게 만들어주며, 여기에는 모든 사람들이 포함된다(3:28). (2) "하나님의 아들"이 되는 것은 또한 그 사람이 아브라함의 씨가 되는 것을 의미한다. 왜냐하면 그 사람은 그리스도와 관련된 사람이 되고, 그분은 아브라함의 씨이기 때문이다(29절). 성도들은 아브라함의 씨의 구성원들이기 때문에 (3) 그들은 또한 "약속에 의한 상속자들"이기도 하다(3:29). 이런 연결, 즉 믿음 → 하나님의 아들 → 아브라함의 씨 → 약속의 상속자라는 연결은 인간 사회속에서 아들이 커서 남성 어른이 되고, 남성 어른으로서 아버지의 약속을 유업으로 물려받는 구체적 제도를 통해 좀 더 상세하게 설명되고 풀이된다. 이와같은 은유는 이스라엘 역사에도 비유적으로 적용된다. 이스라엘이 율법 아래에 있었을 때, 이스라엘은 "종과같은" 아들이었으며, 아직 성숙하지 못하고 어른이 되었을때의 권리들을 누릴 수 없는 모습이었던 것으로 비유된다. 그러나 이스라엘이 성인 남성이 되었을 때(즉, 하나님께서 그리스도를 통해 그분의 계획들을 성취하셨을 때), 이스라엘은 율법에 대한 종노릇에서부터 해방되었고, 그렇기에 이스라엘은 특권을 온전히 갖고 있는 아들이 될 수 있었다(그리고 이방인들 역시 여기에 포함되었다). 이런 전체적인 주장을 통해서, 사도 바울은 보편주의를 강조한다(참고. 3:26-28). 유대주의자들은 하나님께 받아들여지는 것을 오직 유대인들이나 혹은 율법의 행위를 좇는 것을 통해 유대교에 참여하는 사람들에게만 제한했었다. 바울은 하나님께서 그리스도에 대한 믿음의 토대위에서 모든 사람들을 받아들이신다고 말한다.

나는 바울의 주장이 초기 기독교의 침례 경험(참고. 26절)을 통한 학습과 믿음을 통해 하나님을 "아버지"라고 부르던 경험에 뿌리를 두고 있다고 믿고 있다(참고. 4:6-7; 3:26-27과 더불어서). 이와같은 경험은 한 사람으로 하여금 자신이 하나님의 아들이 되었다는 것을 구체적으로 인식하게끔 만들어 주었을 것이다. 이런 토대위에서, 바울은 아들됨이 매우 중요한 의미를 갖고 있다고 주장한다. 아브라함과 그의 약속의 상속자가 되는 것. 이것이 바울 논쟁의 요점이다. 만약 네가 믿음을 통해 하나님의 아들이 되었다면(그리고 하나님을 "아버지"라고 부르는 경험을 통해 네가 이를 알고 있다면), 너는 또한 아브라함에게 주어진 언약적 약속들의 상속자가 된 것이기도 하다. 너는 믿음을 통해서 상속자가 된 것이며, 율법을 지키는 것을 통해서 그렇게 된 것이 아니다. 바울은 자신의 주장을 그들의 경험에 뿌리를 두고 전개하는 것을 통해서, 그들이 하나님의 아들이자 아브라함의 상속자로서 현재 살아가고 있는 삶이, 율법의 행위가 아니라 믿음이라는 방법을 통해서임을 입증한다. 바울은 여기서 멈추지 않고, 바로 이 믿음이 모든 사람들을 받아들이는 동일한 방법임을 강조한다(28절). 그렇기 때문에, 유대인이 되고자 하는 기독교인은 잘못된 길을 선택한 것이다. 믿음을 통해서 하나님께 받아들여진다는 사실을 알고 있는 자들에게는 유대인들만 받아들여진다고 주장하는 민족주의적인 제한들은 이미 끝나버렸다.

이 문단이 담고 있는 바울의 주장은 상당히 직선적이다. 바울은 모든 사람들이 믿음을 통해 아들이 될 수 있고 상속자가 될 수 있다는 자신의 요점(26-29절)을 제시한 이후, 그는 이에 대한 유추(4:1-2)를 제시하며 이 유추를 갈라디아 성도들에게 적용한다(3-7절). 바울의 가장 중요한 핵심 요점들은 3:26-29에 제시되고 있기 때문에, 이 주석에서는 이 구절들에 초점을 맞출 것이다.

논제 서술(3:26-29)

바울의 중심 논제는 갈라디아 성도들이 그리스도에 대한 믿음을 통해서 하나님의 아들과 상속자가 되었다는 것이다(26절). 그런 뒤 그는 침례받은 모든 사람들이 그리스도로 옷입었다는 점을 이야기하는 것을 통해(27절) 자신의 요점을 다시 언급한다. 바울이 가장 관심을 두고 있었던 단어인 '모든'이라는 단어 26절과 27절 두 구절에 모두 나오며, 28절에서 그가 제시하는 설명을 통해 의미가 매우 분명해진다. 그리스도안에는 그 어떤 혈통적, 사회적, 혹은 성별적인 구별이 없다. 왜냐하면 모든 자들이 하나이기 때문이다. 26-28절의 "모든"이 함축하는 바는 29절에서 두드러지게 나타난다. 그리스도에게 속한 자들은 아브라함의 씨이면서 동시에 상속자이기도 하다.

아들됨에 관한 선언(26절). 바울이 "너희"라는 단어로 시작하는 것은 갑작스러운 모습이고 조금은 뜻밖의 모습이다. 왜냐하면 그는 여지껏 유대인 기독교인들과 그들이 "율법 아래"로부터 "성령안에서의 삶"으로 옮겨간 것에 초점을 맞추어왔기 때문이다. 하지만 바울이 궁극적으로 마음에 두고 있던 생각은 그저 새로운 유대교(즉, 유대인 교회)가 아니었다. 이점은 그가 한 그룹에서 또다른 큰 그룹(보편적 교회)으로 매우 자유롭게 화제를 돌리는지를 통해서, 그것도 때때로 아무런 언급도 없이 이렇게 하는것을 통해서 아주 분명하게 알 수 있다. 사실, 4:1-7에서는 초점이 어디에 있는지가 상당히 많이 희뿌연한 모습이었고, 때때로 우리는 어떤 그룹에 초점이 맞추어져 있는지 분간하기 힘들기도 하다(참고. 4:6).

갈라디아 성도들의 경험에 있어서, "하나님의 아들"이라는 표현은 매우 중요하다. 왜냐하면 그들은 회심을 통해서 하나님을 "아바"라 부르는 법을 배웠기 때문이다(4:6). 앞부분에서 바울은 믿는 자들을 "아브라함의 자손"(3:7)이라고 표현했었지만, 그러나 지금은 그들이 "하나님의 아들"이라고 지적한다. 갈라디아서에서, 바울은 이런 용어를 오직 4:6-7에서만 사용하고 있으며, 이는 아마도 1-2절에서 사용된 아들에 대한 유비가 그로 하여금 이 부분에서 이 용어를 사용하게끔 촉진했기 때문일 것이다. "하나님의 아들이" 되는 것은 하나님께서 마지막 날에 베푸시는 특별한 약속이며, 또한 하나님의 백성들이 하나님과 가질 수 있는 특별하고 친밀한 관계를 묘사해준다(참고. 고후 6:18). 바울이 이들에 대해 "아들"이라는 표현을 사용한 것에 대해서, 우리는 이것이 "남성적인" 혹은 "남자"와 관련된 암시를 한다는 식으로 해석해서는 안된다. 도리어, 바울 서신들에서 "아들"이라는 표현은 율법으로부터 자유롭게 되어(갈 4:1-7) 지금은 그리스도안에서 믿음을 통해 살고 있으며(3:7, 26) 하나님의 영광스러운 자유의 성령안에서 살고 있으면서(참고. 롬 8:14) 하나님의 최종적인 구속(롬 8:19)을 기다리고 있는 모든 유대인들과 이방인들(롬 9:26)과 관련해서 사용되었다. "남자다움"이라는 측면은 바울이 아들이라는 용어를 사용할 때 그가 마음에 품었던 모습에 불과했다.

만일 우리가 모든이라는 단어에 바울이 강조점을 두고 있다는 사실을 발견해낸다면, 우린 바울의 진짜 의도에 매우 가까이 다가선 것이라 할 수 있다. 왜냐하면 이 단어가 헬라어 원어 문장에서 제일 처음에 등장하는 단어이기 때문이다(3:8, 22, 26, 28; 6:10을 보라). 이 단어는 유대화를 추구하던 잘못된 선교사들을 특별히 거슬리게 만든 단어였을 것이다. 그들의 목적은 이런 "반쯤-회심한 자들"로 하여금 모세의 규범을 받아들이게끔 설득하는 것을 통해 하나님의 교훈을 완성하게하고 이로써 "완전한 회심자들"이 되게 하려는 것이었다. 지금 바울은 그들에게 "모든" 사람들이 믿음을 통해 하나님의 아들이 된다고 말한다. 하나님의 계획에서의 "모든"이라는 것, 즉 보편주의는 비록 그리스도 안에서 성취될 것을 기다리고 있었던 계획이었고, 율법이 모든 사람들을 제한하고 있긴 했지만(22절), 그러나 아주 오래 전에 예언된 것이었다(8절). 그리스도께서 오시고 사람들이 그를 믿었을 때, "모든" 사람들은 "하나"가 되었으며, 이로써 유대인들의 행동을 통제하고 있었던 유대민족만 구원을 얻는다는 제한성은 끝나게 되었다. 또한, 하나님 백성의 일부가 되었으므로 기독교인들은 "모든" 사람들에게 선하게 행해야만 한다(6:10).

아들됨에 대한 재천명(27절). 바울은 아들됨이라는 자신의 논제를 재서술하면서, 아래 차트가 보여주듯 몇 가지 평행적인 언급들을 사용한다.

하나님의 아들	믿음을 통해서	그리스도 예수
그리스도와 연합	침례	
그리스도를 옷입다		

우리가 27절을 분석할 때 중요하게 인식해야 하는 점은 첫째로 바울이 믿음이란 원래적으로 "침례"를 통해 표현되는 것으로 간주했다는 점과, 둘째로 "아들"이 된다는 것에 대해서 침례 경험을 통해서 "그리스도와 연합"하고 "그리스도로 옷입는" 것으로 생각했다는 점에 대해서이다. 바울은 아마도 그리스도께서 하나님의 아들이시기 때문에 아들됨이라는 것은 그분과 연합하고 그분으로 옷입는 것이라고 생각하고 있었던 것 같다.

일부 사람들은 바울에게 있어서 믿음과 침례가 평행적인 표현이었다는 사실에 대해서 분명 문제를 제기할 것이다. 전세계의 많은 free churches들에게는 침례는 본질이 아니라 이차적인 문제로 취급되어져왔고 흔히 그저 공식적으로 성도가 되어 교회안으로 들어오는 "입교 의례"로만 인식되어져 왔다. 비록 사도 바울이 외적 의례들과 내적 실재 사이에 근본적인 차이점이 있다는 것을 분명히 하고 있고(참고. 롬 2:25-29; 빌 3:3; 골 2:11; 침고. 갈 5:6), 게다가 침례를 주는 것이 그의 목적이 아니라고 말했노라고 주장할 수도 있지만(고전 1:13-17), 그러나 침례는 초대 교회에서 믿음으로 반응하는 제일 첫 시작점이자 필수적인 과정이었다. 분명, 그들이 살던 당시 세계는 오늘날보다는 훨씬 더 제의-지향적인 세상이었으며, 결과적으로 우리가 오늘날 제의를 통해서 얻는 것보다 분명 훨씬 많은 것들을 제의들을 통해서 얻었다.[1] 그럼에도 불구하고, 우리는 침례에 대해서 "단순한 입교 의례일뿐, 그 이상이 아니다"라고 감히 말할 수 없다. 왜냐하면 초대 교회 기독교인들

1. 제의와 상징에 대해서는 문화인류학자인 메리 더글라스(Mary Douglas)의 기본적 연구인 *Purity and Danger: An Analysis of the Concepts of Pollution and Taboo*(London Routledge & Kagan Paul, 1966)를 보도록 하라. 좀 더 최근의 연구로는 B. J. Malina, *Christian Origins and Cultural Anthropology*(Atlanta: John Knox, 1986), 139-65가 있다.

에게 침례는 그들이 믿음을 갖던 처음 순간이었으며, 우리는 "침례받지 않은 성도"에 대해서는 알고 있는 바가 없기 때문이다.[2] 침례는 구원을 위해 필수적인 것은 아니었지만, 그러나 침례없는 믿음은 초대 교회에 있어서는 믿음이 아니었다. 갈라디아 성도들은 이를 알고 있었고, 그래서 바울은 그들의 경험에 호소했다.

초기의 침례의식은 그리스도와 더불어 함께 죽고 그리스도와 함께 다시 살아나는 의식이었다(롬 6:1-14). 이는 침례의 상징적 효과이다. 침례는 구원을 드라마화한다. 더군다나 이 의식은 종종 두 가지 도덕 개념과도 연관지어졌다. 죄를 제거해버리는 것과 새로운 삶을 옷입는 것(참고. 롬 13:12, 14; 엡 4:24; 6:11-17; 골 3:5-17).[3] "그리스도로 옷을 입는다"는 표현은 아마도 초기 기독교에서 자신이 입고 있던 옷을 벗은 뒤 침례의식을 행하고 다시금 하얀 제의복을 입는 것을 언급하는 것이었을 것이다. 아마도 이렇게 하는 것을 통해서, 자기자신으로부터 죄악을 제거해버리고 다시금 그리스도라는 옷으로 갈아입는 것을 상징적으로 보여주는 것을 지칭하는 표현이었을 것이다.[4]

연결점 한 가지를 더 살펴볼 필요가 있다. 위에서 언급한 것처럼, 26절에 나오는 "하나님의 아들"이라는 표현은 27절에 나오는 "그리스도와 연합했다"는 표현 및 "그리스도로 옷 입다"라는 표현과 평행을 이룬다. 나는 또한 갈라디아 성도들이 받은 세례(27절)는 그들이 하나님을 "아빠 아버지"(참고. 4:6-7)라고 부르는 법을 배운 순간이라고 생각하며, 그렇기에 실제로 그들 모두가 "하나님의 아들들"(3:26)임을 배운 순간이라고 생각한다. 바울은 지금 자신의 주장을 제시할 준비가 되었다. 유대주의자들은 틀렸다. 왜냐하면 그들은 갈라디아 회심자들이 침례를 받을 때 그들이 하나님의 아들이라는 사실을 깨달았다는 것을 전혀 깨닫지 못하기 때문이다.

설명(28절). 바울은 자신의 결론을 이야기하기 전에, 26-27절에서 그가 사용한 "다(all)"라는 표현이 어떤 의미인지를 설명하기 위해 잠시 시간을 낸다. 여기에서

---

2. 내가 본 것중 침례에 대해 가장 완벽하게 분석한 것으로는 G. R. Beasley-Murray, *Baptism in the New Testament*(Grand Rapids: Eerdmans, 1962)가 있다. "침례의 은혜"에 대해 긍정적으로 묘사한 내용은, G. W. Bromiley, "Baptism," in *The Evangelical Dictionary of Theology*, ed. W. A. Elwell(Grand Rapids: Baker, 1984), 113-14에서 찾아볼 수 있다. 그는 이 논문에 이어서 성도의 침례와 유아세례에 관한 논문을 썼다(114-17). 브루스(F. F. Bruce)의 논문인 *Galatians*, 185-87에는 갈라디아서에 담겨 있는 이슈들과 관련된 훌륭한 논의들이 담겨있다.
3. H. D. Betz, *Galatians*, 188-89를 보라.
4. Justin Martyr, *Dialogue with Trypho*, 116, ed. A. C. Coxe(Ante-Nicene Fathers: Grand Rapids: Eerdmans, 1979) 1:257.

그는 문화적, 사회적, 성별적 계층에 관한 언급을 시작한다. 이 내용들은 "그리스도 예수 안에서"라는 표현과 더불어 시작하는데 우리는 먼저 이 표현에 대해 살펴봐야만 한다.

"그리스도 예수 안에" 있다는 것은 무슨 의미인가? 갈라디아서에서 이 개념은 다양한 방식으로 표현되었다. "그리스도 안에"(1:22; 2:17), "그리스도 예수 안에"(2:4; 3:14, 26; 5:6), "주 안에서"(5:10). 때때로 "그리스도 안에"라는 표현은 그저 "그리스도로 말미암아"(2:17; 3:14; 5:10)라는 의미를 갖기도 한다. 딱 한번, 이 표현은 교회의 일련의 그룹들이 그리스도와 맺고 있는 특별한 관계성을 의미하기 위해 사용되기도 했다(1:22). 혹은 "성도들의 위치"를 의미하는 경우들도 있다. 성도들은 "그리스도 안에" 있다(2:4; 3:26, 28; 5:6). 바울이 사용한 이런 용법은 종종 "신비스러운 '안에'"라고 불려지곤 한다. 만약 우리가 신비스럽다는 용어를 황홀경적인 의미로 사용하지 않는다면(혹은 이런 의미에 중점을 두지 않는다면), 이 용어는 적절한 표현이라 할 수 있다. 왜냐하면 기독교인들은 그리스도 안으로 완전히 삼켜졌고 그래서 그들은 주님 안에서 거하며 주님과의 관계성을 통해서만 살아가기 때문이다. "그리스도 안에" 존재한다는 것은 하나님의 성령님을 통해서 주님과 영적 교제를 갖는다는 뜻이다. 이는 기독교인이란 어떤 존재인지를 규정하는 한 가지 방법이기도 하다. 기독교인은 "그리스도 안에" 있는 사람이다. 비록 두 개념들이 동일한 것은 아니지만, "의롭게 된다"는 것도 성도가 "그리스도 안에" 존재할 때 갖게 되는 존재성을 조금 다르게 표현하는 방식이다. 이 두 가지 표현들은 예수 그리스도께서 성령님을 통해 성도들에게 가져다 주시는 하나님과의 새로운 관계성이 무엇인지를 보여준다.

"그리스도 예수 안에" 있는 사람들은 주님을 믿는 사람들이며, 주님께서 삶의 모든 길에, 모든 나라들에, 남자들과 여자들 모두에 찾아오심을 믿는 사람들이다. 유대주의자들이 사도 바울과 관련해 제기하던 문제점은 그가 (그들이 보는 관점에 의하자면) 적절하게 교회를 세워나가지 않고 있다는 것이었다. 왜냐하면 바울은 유대인들과 이방인들 사이를 구별지어주는 구별선을 무너뜨리고 있었기 때문이다. 의심할 여지없이, 유대주의자들은 하나님께서 아브라함을 부르셨을 때(창 12장) 그분께서 친히 이 구별선을 만드셨노라고 주장했다. 바울은 지금 그리스도에 대한 믿음이 이런 구별을 무너뜨린다는 점을 보여주고 있으며, 또한 그렇기에 복음의 씨 안에서 세 가지 범주들이 한 나무안에 자리잡고 있노라고 주장한다. 문화적인 범주, 사회적 범주, 성별적인 범주.[5] 그러므로 바울은 아마도 초대 교회 기독교인들의 슬로건이었을 내용을 지금 이 부분과 다른 여러 부분들에서 이야기하는 것을 통해서(참고. 롬 10:12; 고전 7:17-28; 12:12-13; 엡 2:11-22; 골 3:5-11), 갈라디아가 관심두고 있는 부분을 넘어서서 이야기한다.[6] 바울의 혁명은 그리스도의 역사하심을 통해서 시작하며 특별히 주님을 향한 믿음을 통해서 시작한다.

일부 학자들은 일부 유대인들이 날마다 기도했던 유대인의 축복 기도문을 바울이 여기에서 역으로 사용하고 있다고 생각하기도 한다. "나를 이방인으로 만들지 않으신 하나님께 축복이 있기를, 나를 무지한 자로[혹은 노예로] 만들지 않으신 하나님께 축복이 있기를, 나를 여자로 만들지 않으신 하나님께 축복이 있기를" (Tosefta Berakoth 7:18). 이는 1세기 때는 충분히 가능한 기도이다. 분명 유대인들이나 다른 누군가는 이런 기도문 뒤에 깔려 있는 차별과 구별들을 종종 만들었을 것이다.[7] 어떤 경우에도 바울은 사람을 이처럼 계층화시키고 구별하는 모습에 대해서 지금 분명하게 대응하고 있다.

문화적 계층[8]: "유대인이나 헬라인이나." 우리는 문화적 계층과 관련된 권고에 대해서, 지금껏 계속해서 반복적으로 이야기해왔다. 바울은 기독교인이 되려면 문화적으로 그리고 민족적으로 회심과 변화를 해야만 한다는 그 어떤 종류의 요구들에 대해서도 항상 고개를 돌리고 외면해왔다. 그 누구도 기독교인이 되기 위해서 유대인이 될 필요가 없다. 유대인들 편에서 갖고 있었던 민족적으로 구별되어 있다는 느낌은 그리스도의 보혈을 통해 깨졌으며(참고. 엡 2:13), 이는 율법의 저주와 통치를 실제적으로 무력화시켰다(갈 3:10-14; 엡 2:14-15). 새로운 시대와 더불어 문화적 혁명이 도래했다(그리고 능력 있는 모습으로 왔다). 문화적 구별들이 예수 그리스도의 교회 안에서는 더 이상 자리 잡아서는 안 된다. 결코 안 된다. 모든 사람들은 그리스도를 통해 주어지는 하나님의 사랑이라는 측면에서만 대해져야만 하며, 그들의 문화적 과거라는 측면에서 다루어져서는 결코 안 된다.

---

5. 나는 이런 표현들을 R. N. Longenecker, *New Testament Social Ethics for Today*(Grand Rapids: Eerdmans, 1984)에서 차용해왔다. 여기서의 각각의 주제들을 좀 더 충분히 발전적으로 살펴보려는 사람들에게 이 책을 추천한다.
6. R. N. Longenecker(*Galatians*, 157)는 "둘째와 셋째 쌍"은 바울이 지금 주장하는 바와 긴밀한 연관성이 없다고 서술한다.
7. "다른 사람들"에 대해서는 F. F. Bruce, *Galatians*, 187-88을 보라. 그는 탈레스(Thales)의 문헌 한 가지를 언급하는데, 거기에서 그는 자신이 짐승, 여자, 야만인으로 태어나지 않은 것에 대해서 감사하다고 이야기한다.
8. R. N. Longenecker, *New Testament Social Ethics for Today*, 29-47을 보라. H. D. Betz, (*Galatians*, 190-92)는 풍성한 배경 증거와 사상들에 대해서 제공해준다.

1세기 기독교인들에게 이런 구분과 차별을 제거하는 일이란, 너무나 험난한 일이었다는 점은 두말할 필요가 없을 것이다. 바울은 갈라디아서 2:11-14에서 한 가지 예를 제시했다. 유대주의자들은 복음의 이런 본질적 핵심과 맞서 싸우고자 했다. 베드로는 다른 부분에서도 곤란한 모습을 보였으나(행 10:1-11:18), 그러나 예루살렘 교회는 결국 "하나님께서 이방인들에게조차(이 용어에 주목하라!) 생명을 얻는 회개를 주셨도다"라고 기꺼이 말하게 되었다(행 11:18).

사회적 계층[9]: "종이나 자유인이나." 고대 세계에서는 이방인과 유대인 사회 모두에 노예제도가 널리 퍼져 있었다. 당시의 노예제도는 17세기부터 19세기까지 미국에서 분명하게 퍼져 있었던 노예제도 즉, 인종적으로 다른 사람들을 노예로 부리던 모습과는(이런 모습도 일부분 포함되어 있기는 했지만) 일반적 측면에서 사뭇 다른 것이었다. 고대 로마 세계는 노예들이 인구의 약 33퍼센트를 차지했던 것으로 평가되고 있다. 노예들은 매우 다양한 방식으로 얻을 수 있었다. 매매를 통해서, 빚 때문에, 전쟁 포로로, 태어날 때부터, 이런 여러 경우들중 어떤 경우에도, 노예들을 공평하고 친절하게 대하고 다룬다는 것은 일상적인 모습보다는 예외적인 모습이었다. 구약성경은 노예들을 향해 친절하게 행하라는 규율들을 발전시켰다(참고. 레 25:39-55).

갈라디아서에 나타나는 사회적 계층에 대한 언급은 두 가지 방식으로 다룰 수 있다. 노예제도를 철폐하라는 사회적 성명으로 다루거나 혹은 그리스도 안에 무언가 이와 관련된 제도와 조직이 존재하는 것이 부적절하다는 선언으로 다루거나 고린도전서 7:21-24과 빌레몬서 측면에서 볼 때, 바울이 두 번째 옵션의 성격을 갖는 선언을 하고 있다고 보는 것이 가장 적절해 보인다. 한 사람의 사회적 지위를 하나님께 받아들여지는 것이나 교회생활과 연관짓는 것이 부적절하다는 선언, 문화나 인종에 대해서와 마찬가지로 사회적 신분과 지위 역시 그러하다. 구별이 분명히 존재했지만, 그러나 이런 구별은 적절치 않은 것이다. 사도 바울은 말한다. "그리스도 안에서" 노예가 우리 "형제"가 된다고 말이다(몬 16절). 자유자나 노예들이나 모두 다 성령을 받았으며, 그리스도의 몸 안에 있다(고전 7:21-24). 실제로 초대교회 시기 때, 노예들은 리더들이었고 그들의 주인들은 교회에서 그들에게 복종했었던 것으로 보인다.[10] R. N. 롱에네커는 이 부분에서 다음 내용을 관찰한다. "이 구

9. R. N. Longenecker, *New Testament Social Ethics for Today*, 48-69; H. D. Betz, *Galatians*, 192-95를 보라.
10. F. F. Bruce(*Galatians*, 189)는 오네시모를 지적하는데, 그는 비록 노예였지만 에베소의 감독이 되었던 것으로 추정되는 사람이다.

문은 사회적 의미도 또한 함축하고 있다. 그리고 의심할여지없이 초기 기독교인들은 자신들이 고백하고 있는 내용이 당시 사회에 어떤 중요성을 갖고 있는지를 적어도 일정부분 깨닫고 있었다."[11]

비록 바울이 지금 이 부분에서 사회적 아젠다를 제시하고 있는 것은 아니지만, 그는 결국엔 전세계에서 노예제도를 없애버리도록 이끌고 가는 그런 분위기를 만들었다. 교회 역사에서, 다양한 운동들(우리가 퀘이커라고 부르는 후대의 운동들 중에서)은 노예제도를 완전히 폐지하는 것을 이루고자 노력했다. 미국에서 1950년대와 60년대에 일어난 시민 권리 운동이 진행될 때, 이 모든 이슈도 교회의 새로운 중요 이슈로 함께 더불어 떠올랐다. 비록 느리게 진보가 진행되어 왔고 교회 안에서도 마땅히 나타나야할 속도보다 훨씬 더 느리게 진보가 진행되었지만, 그러나 여하튼 점차적으로 진보가 이루어져왔다. 우리는 노예 제도가 그리스도 안에서 "부적절"하다는 것을 알고 있기에, 이런 생각에 잘 어울리고 일치하는 방식으로 삶을 살아갈 수 있는 용기를 더 갖게 해 달라고 그저 기도할 수 있을 따름이다. 사회계층이나 계급은 교회의 사역과는 결코 아무 상관성도 가져서는 안 된다.

성별적 계층[12]: "남자나 여자나."[13] 여러 이유들로 인해서, 성별에 대한 권고는 문화나 사회적 권고들보다 훨씬 더 큰 폭발력을 갖고 있었다. 우리는 다시 한 번 더 바울이 자신이 살던 역사적 사회적 정황 속에서 이 말들을 했다는 것을 기억할 필요가 있으며, 당시 사회는 여성은 열등하다고 믿었던 정황이었음을 기억해야 한다. 우리가 본문을 그레코-로만 세계(갈라디아의 정황)로부터 본문을 인용하건 혹은 유대 사회(바울의 정황 혹은 일부 갈라디아 사람들의 정황)로부터 인용하건간에,

---

11. R. N. Longenecker, *New Testament Social Ethics for Today*, 51.

12. Ibid., 70-93; H. D. Betz, *Galatians*, 195-200. 또한, K. R. Snodgrass, *Women, Athority and the Bible*, ed. A. Mickelsen (Downers Grove, Ill.: InterVarsity Press, 1986), 161-81 부분도 보도록 하라. 이에 대한 반응을 담고 있는 S. C. Stanley(pp.181-88), W. W. Gasque(pp. 188-92)도 보도록 하라. 이 책 전체는 교회내에서의 여성들이라는 주제에 관한 논쟁을 담고 있는 훌륭한 책이다. 좀 더 전통적인 입장에서 이 문제를 어떻게 보고 있는지에 대해서는 S. L. Johnson "Role Distinction in the Church: Galatians 3:28," *Recovering Biblical Manhood and Womanhood: A Response to Evangelical Feminism*, ed. J. Piper and W. Grudem(Wheaton: Crossway, 1991), 154-64를 보도록 하라.

13. 이 부분에서는 바울의 패턴이 아주 미묘하지만 달라진 모습이다. 그는 처음 두 쌍에서는 "neither…nor"라고 말하는 반면, 지금 여기에서는 "not male and female"이라고 말한다(NIV에서는 그냥 nor로 번역했다). 일부 사람들은 이런 변화 속에서 완전히 다른 개념을 찾아내곤 한다. 즉 성별에 의한 차별을 완전히 제거하는 것 등. 하지만 "and"라는 표현은 바울이 창 1:27(헬라어) 본문을 인용하는데서 왔으며 그렇기에 다른 여러 쌍들과 마찬가지 모습이라고 보는 것이 훨씬 더 타당할 것이다. F. F. Bruce, *Galatians*, 189-190을 보라. 그러나 바울이 염두에 두고 있었던 것은 남편과 아내의 관계가 아니라, 일반적인 남성과 여성에 관한 것이었다.

당시에는 여성들이 열등한 존재라는 확신이 넓게 퍼져 있었다. 예를 들어, 유대인 역사가 요세푸스는 다음처럼 썼다. "율법은 말한다, 여성은 모든 점에 있어서 남성보다 열등하다"(Against Apion, 2.201). 28절에 드러나 있는 바울의 아젠다는 이런 정황을 전제로 하고 있다. 바울은 왜 그리스도안에서 없어져야 할 셋째 쌍으로써 "남자나 여자나"를 지적했던 것일까?

이런 열등성의 원칙은 매우 다양한 방식들로 작동하면서 나타나곤 한다. 나는 그저 몇몇 적은 경우들에 대해서만 언급했을 뿐이다. 남성들은 여성들에 대해 이야기할 때 무례하거나 거들먹거리는 태도로 이야기하곤 했다. 여성들에게는 율법을 가르치지 않았다. 여성들은 자녀들에게 묶여있어야만 했다. 그들은 법정에서 신뢰할만한 증인으로 여겨지지 않았다. 그들은 회당에서도 남성들과는 분리되어 있는 다른 자리에 앉아야만 했다. 만약 우리가 이와 관련된 내용을 좀 더 상세하게 말하고자 한다면, 우린 더욱 더 암울한 그림을 그릴 수도 있을 것이다. 그러나 내가 그렇게 하지 않는 것은 나는 여성들이 때때로 리더십의 자리에 있었다는 점도 알고 있으며(예를 들어, 롬 16:1-2에 나오는 뵈뵈), 현재 남아있는 문헌들이 제시해주는 것보다 실제적인 측면에서 훨씬 더 많은 존경을 받았던 것으로 생각하기 때문이다(행 18장에 나오는 브리스길라 스토리를 보라).[14] 그러나 이런 긍정적인 생각들이 바울의 바램 이면에 있었던 것은 아니었다. 바울은 "악한" 장벽들이 허물어지는 것을 보기 원했다.

그러므로 바울이 "남자나 여자나"라는 선언을 통해 반대하고자 했던 것은 다름 아니라 종교적 공동체들 속에서 여성이 열등하다는 생각이 작동하고 있는 것에 대해서였다. 문화적/인종적 차별이 있어서는 안되고 또한 사회적 신분에 대한 편견들이 존재해서는 안 되는 것과 마찬가지로, 성별에 관한 편견 역시 존재해서는 안된다. 그리스도 안에 있는 사람들에게는 적대감, 비판주의, 저속한 표현, 미묘한 멸시, 공공연한 편견등이 있어서는 안되며 이런 것들은 반드시 끝나야만 한다. 왜냐하면 주님 안에서는 남자나 여자나 모두 하나이기 때문이다. 나는 노예의 경우와 마찬가지로 여성들에 대해서도, 바울이 교회와 사회가 하나님 앞에서 적절하고 명

14. 좀 더 많은 증거들과 그런 증거들에 대한 적절한 평가를 살펴보려면, R. A. Tucker & W. Liefeld, *Daughters of the Church: Women and Ministry from New Testament Times to the Present*(Grand Rapids: Zondervan, 1987), esp. 19-87을 보라. 특히 바울 시기에 관해서는 19-87을 보도록 하라. 또한, B. Witherington III, *Women and the Genesis of Christianity*, ed. A. Witherington(New York: Cambridge, 1990)도 보도록 하라. 이 책은 그가 이전에 여성이라는 주제에 대해 다루었던 학문적 책 두 권을 요약하고 있다.

예스럽게 행동하고 성취를 이루어나가는데 상당히 오랜 시간이 걸리는 아젠다를 제시하고 있다고 믿는다.

함축적 의미(29절). 바울은 하나님의 아들이 되는 것이 어떤 함축성을 갖는지를 이야기하며 결론짓는다. 갈라디아 성도들이 "그리스도 안에" 있기 때문에 그리고 그리스도께서 아브라함의 씨(19절)이시기 때문에, 갈라디아 성도들 역시 아브라함의 씨라는 결론이 뒤따르게 된다. 그리고 만약 그들이 아브라함의 씨라면, 그들은 또한 아브라함이 받은 약속의 상속자이기도 하다. 하나님과의 관계는 하나님의 축복과 선하심을 동반한다. 그러므로 바울은 유대주의자들이 틀렸다고 결론짓는다. 왜냐하면 그가 강조한 연결성 때문이다. 아브라함-믿음-그리스도-믿음으로 말미암은 아브라함의 씨: 유대인들과 이방인들 모두. 유대주의자들이 원했던 것은 아브라함의 약속이었고, 이를 얻기 위해서는 모세의 율법을 따라야만 한다고 생각했었다. 하지만 바울은 한 사람이 아브라함의 약속을 받는 것은 믿음을 통해서라는 것을 알고 있었다. 갈라디아 성도들은 하나님께서 그들의 아버지이심을 알고 있었고, 이는 바울에게 있어서는 충분한 증거이기도 했다.

유추와 그 의미(4:1-7)

우리는 지금껏 좀 더 철저한 방식으로 바울의 논제를 다루어왔다. 이제 바울은 유추를 통해서 자신의 논제를 구체적으로 보여주고 그런뒤 이를 적용한다. 바울이 "내가 말하고 있는 것은…"이라고 말할 때까지, 우리는 그의 논리를 이해할 수 없을 수도 있다. 그러나 지금 우리는 3:26-29에서 바울이 자신의 기본적인 요점을 제시하고 있음을 보고 있다. 그의 요점은 아들됨이 유대주의자들이 틀렸다는 점을 제시해준다는 것이다. 바울은 그 뒤의 두 구절(4:1-2)을 통해서, 자신의 요점을 어떻게 주장하고 전달할 것인지를 우리에게 보여준다. 유업을 이을 아이는 그가 어린 아이일 동안에는 종이나 다름이 없다(스무살에서 스물 다섯 살이 될때까지). 왜냐하면 그는 어른이 될 때까지 유업을 상속받을 수 없기 때문이다. 이 기간동안 그는 "후견인과 청지기" 아래에 있게 되지만, 그러나 아버지가 상속해주기로 정한 시간이 될 때까지만 이렇게 있으면 된다.

3-7절에서 바울은 이 유추를 적용해서 이스라엘 역사에 대해 설명하는데, 이는 3:15-25에서 제시했던 요점과 거의 동일하다. 즉 "어린아이 시기"는 율법 시기이며, "상속 시기"는 예수 그리스도께서 시작케 하신 시기이다. 완전한 모든 권리들

(가령, 율법으로부터의 자유 등)은 그리스도의 사역이 완료될 때까지는 오지 않는다. 율법의 시간은 종의 시간이며, 그리스도의 시간은 자유의 시간이다. 바울이 구체적으로 말하지는 않지만 그러나 그가 함축적으로 말하고 있는 바도 있다. 종의 시간은 "율법의 행위"의 시간이며 그리스도의 시간은 "믿음"의 시간이라는 점이다.

첫째. 함축적 의미: 우리는 종노릇 하고 있었다(3절). "우리가 어렸을 때"라는 표현은 바울이 율법 아래에서 유대인들이 살아가던 것(그리고 아마도 이방인들이 "그들 마음에 새겨져 있는 율법" 아래에서 살아가는 것)을 묘사한 것이다. 그러나 바울은 그들이 "이 세상의 초등학문 아래에 있어서" 종노릇 했노라고 말한다. 이 표현은 도대체 어떤 의미인가?

갈라디아서에서 바울이 이 표현을 사용한 유일한 다른 곳은 4:9이다.[15] 이 부분에서 그는 종족적/민족적 종교와 더불어 이교적인 생활로 돌아가거나(참고. 8절) 혹은 "특정한 날과 달과 절기와 해"와 관련된 모세의 율법들로 돌아가는 것에 대해서 묘사한다. 우리는 3:15-25에 묘사된 이전 시대의 부정적인 차원들과 "초등학문"을 비교해보는 것을 통해서, 이 표현이 어떤 의미인지에 관해 좀 더 통찰력을 얻을 수 있다. 여기에서 이 표현은 약속 이후에 온 율법에 대해서(15-18절), 죄를 드러나게 하는 목적에 대해서(19절), 율법의 시간적인 제한성에 대해서(19절), 중재자가 필요하기 때문에 율법이 갖는 열등성에 대해서(19-20절), 생명을 가져오는 데 있어서 무능력하다는 점에 대해서(21절), 그리고 감옥에 가둬두는 기능에 대해서 이야기한다. 그러므로 "초등학문"이란 표현은, 율법의 부정적인 특징과 율법의 중단된 효용과 특징에 초점 맞추어 언급한 것이라고 보는 것이 가장 좋을 것이다.

다시 한번 더 말하지만, 유대주의자들은 바울이 율법을 깔보는듯한 관점에 대해 마음이 상했을 것이다. 우리는 그들이 이렇게 질문했을 것이라고 얼마든지 추측해 볼 수 있다. 도대체 바울이 어떻게 율법이 하나님의 계시에 있어서 그저 "가장 기초적인 ㄱㄴㄷ"에 불과할 뿐이라고 말할 수 있단 말인가? 나는 바울이 이 주장을 매우 조심스럽게 전개했을 것이라고 믿는다. 왜냐하면 그는 예수 그리스도께서 모세를 통해 주어진 계시를 최고봉으로 성취하신 분이라고 보았기 때문이다. 앞에서 내가 사용했던 수동 타자기 예로 다시 돌아가 보자면, 이전 시대는 유대인들이 고작해야 ABC를 수동타자기로 두들겨대던 시대에 불과했다면, 새로운 시대

15. 헬라어 표현은 *hypo ta stoicheia kosmou*("under the basic elements of the world")이다. 이 표현은 골 2:8, 20에서도 사용되었지만 그곳에서는 분명히 전혀 다른 의미로 사용되었다.

는 기계가 발전해서 완전히 새로운 아젠다의 질서가 자리잡힌 시대라고 할 수 있다. 이제는 그저 ABC만이 아니라 문장, 문단, 챕터, 책들을 편집하고 만들 수 있는 시대가 온 것이다. 구식 수동 타자기(율법)는 컴퓨터 시대(예수 그리스도와 하나님의 성령)의 도래에 비하자면 고작해야 "초등학문"에 불과할 뿐이다.

둘째. 함축적 의미: 우리는 아들이 되었다(4-5절). 아버지께서는 자기 아들로 하여금 성장해서 유업을 받을 수 있는 시간을 준비하셨고, 그에 따라 하나님께서도 일들을 준비하셨다. "때가 찾을" 때, 하나님께서는 자기 독생자를 보내셔서 유업이 주어지게끔 하셨다. "완전히 찼다"는 표현은 3절에 나오는 "초등 학문"의 완성을 의미한다. 하나님께서는 자기 아들을 보내셨고, 이 아들은 율법 아래에서 사셨으며(비록 죄 아래에 계시지 않으셨음에도 불구하고), 그 결과 그분은 율법의 저주를 담당하실 수 있으셨고, 하나님의 분노를 비우셨고, 율법 아래에 있는 자들을 구속하셨다. 하나님의 독생자께서 이 일을 단번에 행하셨기에, 하나님과 사람들 사이에 세워져 있던 막힌 담이 허물어졌으며(그리고 민족들 간의 장벽도), 그들은 하나님의 아들들이 될 수 있었다(5절). 그들의 아들됨은 "모든 유업"을 관할하는 지위를 갖는 것이었으며(1절), 이제 바울은 이를 보여줄 것이다.

셋째. 함축적 의미: 우리는 상속자들이다(6-7절). "하나님의 아들"이 된다는 것은 아브라함의 약속인 하나님의 성령을 소유한다는 것을 의미한다(3:14). 이는 유대주의자들 역시 원하는 것이기도 하다. 하나님의 성령은 하나님의 아들로 하여금 "아빠"라고 부를 수 있게 해준다. "아빠"라는 표현은 "아버지"를 뜻하는 아람어이며, 예수님께서 하나님 아버지를 부르실 때 사용되던 특별한 언어였다(마 6:9-13; 막 14:36).[16] 초대 교회는 예수님께서 기도하실 때 사용하신 언어를 따라했으며, 그렇기에 초기 기독교인들은 하나님을 "아빠"라고 부르고 호칭하는 것을 그들을 독특하게 구별해주는 표식으로 간주했다. 이 호칭은 마치 할례가 유대인 남성을 따로 구별해주는 것처럼 기독교인들을 표시해주었으며, 기독교인들로 하여금 자신들이 "하나님의 자녀들"임을 깨닫고 인식하게 만들어주는 방식이기도 했다.

그렇기 때문에 만약 갈라디아 기독교인들이 하나님을 "아빠"라고 부르고 있다면, 그들은 "하나님의 아들들"이다. 하나님을 "아빠"라고 부를 수 있는 능력은 하나님의 아들이라는 것을 보여주는 증거가 된다. 이는 그들이 더 이상 "노예"가 아

---

16. 이와 관련된 예레미야스(J. Jeremias)의 고전적인 연구인 *The Prayers of Jesus*(London: SCM, 1967), 11-65를 보도록 하라. 또한, J. D. G. Dunn, "Prayer," in *DJG*, 618-19도 보도록 하라.

니라는 것을 뜻하며, 더 이상 옛 시대속에서 살고 있는 것이 아니라는 것을 뜻한다(수동 타이프로 타이핑하지 않는다는 것을 뜻한다). 또한, 그들은 아들들이기 때문에, 유산도 역시 갖고 있다.

우리는 이제 바울의 논리를 완전하게 작성할 수 있다. 성도들은 믿음을 통해 유업을 갖고 있기 때문에, 그들은 "율법의 행위"를 따라 살아갈 필요가 없다. 그렇기 때문에 유대주의자들이 하나님의 역사하심을 민족주의적인 관점을 가지고 설명하면서 이를 따르도록 촉구하는 것은 틀린 일이며, 그런 주장들을 따라갈 필요가 전혀 없다.

상황잇기

우리는 다시 한번 더 똑같은 해안가에 도달했다. 하나님께 받아들여지는 것은 그리스도에 대한 믿음에 토대를 두고 이루어지는 것이지, 율법을 지키는 것을 통해서 얻어지는 것이 아니다. 유대인이건 이방인이건, 종이건 자유인이건, 남자이건 여자이건, 하나님께서는 믿는 사람들을 받아들여주신다. 반대로, 유대주의자들은 갈라디아 회심자들로 하여금 자신들이 "유대교로 철저하게" 회심해야만 한다고 믿게끔 속여왔다. 즉 하나님께 완전히 받아들여기 위해서는 특정한 나라와 민족으로 회심해야만 한다고 속여왔다. 그러나 바울은 모든 사람들이 믿음으로 말미암아 성령 안에서 그리스도를 통해 하나님의 은혜를 누린다는 입장을 흔들림없이 견고하게 취했다. 이는 처음부터 그가 줄기차게 주장해온 메시지이다. 그러나 바울은 이번에는 다른 보트를 타고 이 해안가에 도착했다. 아들됨이라는 보트. 그는 아들됨이라는 주제에 대해 살펴보았으며, 갈라디아 성도들이 이미 잘 알고 있는 아들됨의 경험을 통해 자신의 주장을 전개했다.

우리는 아들됨이라는 주제를 어떻게 오늘날 우리들이 살아가는 정황속에 적용할 수 있는가? 오늘날 우리가 살고 있는 시대는 종종 "여성 해방"이라는 표현이 묘사해주는 여러 현상들로부터 깊게 영향을 받아 온 시대이다. 나는 "여성들의 해방"에 대해 전적으로 찬성하며, 뿐만 아니라 모든 사람들과 모든 것들의 해방에 대해서도 찬성하는 입장이다—"해방"이 "그리스도의 종"을 의미하는 한에 있어서(갈 1:10; 참고. 롬 12:11; 14:18) 그리고 사랑 안에서 피차 종이 되는 것 안에서 말이다(갈 5:13). 기독교인인 우리는 세계 역사 속에서 여성들이 당해온 곤궁에 대해 동감할 필요가 있으며, 또한 일부 끔찍한 제도들이 어떻게 여성들로 하여금 현재 모습이 되게끔 만들어왔는지에 대해서도 이해할 필요가 있다.

사실, 페미니스트들은 성경이 여성을 길들이고 억압해 왔다고 성경의 가르침을 고발해 왔으며, 바울 역시 이런 고발대상에서 예외가 아니다. 비록 페미니스트 성경 해석자들이 3:28 본문에 나타나는 바울의 "통찰력"을 칭송하긴 하지만 그들은 바울 자신이나(고전 14:34-35; 엡 5:22-33; 딤전 2:8-15) 다른 신약성경 저자들이 여기 나오는 해방의 선포가 의미하는 바를 그들 입장으로 잘 견지하지 않는다는 점도 동시에 지적한다. 그들은 교회가 인종간의 평등성을 이해하고 정착시키는데 오랜 시간이 걸렸던 것처럼(그래서 결국 노예제도가 사라졌듯이), 여성에 관한 문제도 마찬가지로 오랜 시간이 걸릴 것이라고 주장한다. 여성을 남성 지배라는 구속으로부터 자유롭게 하고, 도한 편파적인 세상으로부터 자유롭게 하는 것에 있어서, 왜 이런 이야기를 지금 여기에 제기하고 있는 것이냐면, 성경 메시지에 대해 이런 입장을 갖고 비평하는 사람들은 하나님의 자녀들에 대해 "아들들"이라고 부르는 것 역시 남성-지배적인 세계관이 표출된 것이고, 교조주의적이고 권위주의적인 세계관이 반영된 것이라고 주장하기 때문이다. 그들은 자신들이 남성이 아니므로 "아들들"이라고 불리는 것을 원하지 않는다고 말한다. 그들은 "딸들"이라고 불리기 원한다고 주장한다. 그들은 하나님께서는 "남성"이 아니라고 주장하면서, 예민한 사람들을 향해 성경안에 사용된 이런 편향된 "제국주의적 언어"를 사용하지말고 "자녀들"과 같은 "성별이 없는" 용어를 사용해야 한다고 촉구한다.

NIV 성경은 3:7에서 정확하게 이런 방식으로 번역했다. 우리는 이런 문제에 대해 어떻게 해야만 하는가?

나는 두 가지 점을 분명히 하고자 한다. 첫째는 번역에 대한 것이고, 둘째는 감성(동감)에 관한 것이다. 나는 마지막 섹션에서 아들됨에 관한 바울의 메시지를 오늘날 우리가 사는 세계속에 적용하기 위해 "업데이트"하고자 시도할 것이다. 첫째로, 번역의 문제이다. 남자 아이를 언급하는 단어인 *huios*("아들")에 대해서 어떻게 번역해야 할 것인가? 이 단어는 소녀를 언급하는 단어가 아니며, "아이"(child, 이 용어는 대체로 한 사람이 성장단계에 있는 것을 묘사하는 단어이다)와도 다른 단어이다. 더군다나, 아들이라는 언급안에는 "아이"나 혹은 "딸"이라는 용어가 담고 있지 않은 중요한 무언가가 함축되어 있다. 즉 한 사람의 상속자가 되는 특권과 아버지의 유업을 상속받는다는 특권이 함축되어 있다(가부장적인 세계에서). 그러므로 "아이"(NIV가 3:7을 번역한 것처럼)라는 용어를 선호할 경우, 중요한 사실을 놓치게 된다. 과연 불쾌감을 느끼지 않기 위해 중요한 무언가를 놓치는 것이 가장 좋은 번역일까? 나는 적어도 이 경우에 있어서는 그렇지 않다고 생각한다. 이러면 번역이 더 이상 번역이 아니라 "업데이트" "선전" 혹은 "정황화"가 되버리는 상황이 오게 된다.

나는 번역과 적용에 있어서 여러 묘책들에 대해서 대찬성을 한다. 하지만 나는 본문의 원 의미에 손상을 끼치는 이런 방식으로 본문을 번역하는 것에 대해서는 찬성하지 않는다. 복음을 현재에 적실성있게 만드는 것이 얼마나 중요한 일인지와 상관없이, 본문의 메시지를 적실성 있게 만들고자 본문에 간섭해서는 안되는 그런 부분들도 분명히 있다. 비록 나는 가부장제와 제국주의를 상당히 싫어하지만, 나는 마치 그런 모습들이 존재하지 않았던 것인양 고대 본문들을 재번역하는 것이 그런 모습들을 사회에서 박멸하는 방법이라고는 믿지 않는다. 그보다는 나는 대중적인 번역을 할때나 특히 교회에 비치해 놓는 성경같은 경우에, "각주"나 혹은 특별한 방식들(가령, 이슈가 되는 한 문장을 모두 SONS OF GOD처럼 대문자 처리를 하는 방법등)을 더 선호한다. 이런 방식들은 오늘날 현대 교회가 당면하고 있는 중요한 이슈들에 대해서 주의를 기울이게끔 해 줄 것이다.

둘째로, 감성(동감)에 관한 문제이다. 이미 앞에서 나는 가부장적인 흔적들을 피하기 위해 전체 성경을 다시 번역하는 것을 별로 선호하지 않는다고 말했다. 나는 또한 기독교인들이 가능한한 (위의 조건하에서) "비성별적" 언어를 사용하고 동감하는 모습을 갖는 것이 근본적으로 매우 중요하다는 관점을 갖고 있다. 우리는 동감하는 모습을 가져야할뿐만 아니라, 또한 사회적 구조들을 변화시켜서 여성을 향한 억압들이 사라지게끔 해야만 한다. 마치 우리가 여지껏 문화적 인종적 차별과 장벽들에 능동적으로 반대해왔던 것처럼 말이다.

그러므로 우리가 아들됨에 대한 바울의 메시지가 의미하는 바를 오늘날 우리가 살고 있는 세계 속으로 옮겨오기 위해서는, 무엇보다도 본문 자체가 갖고 있는 의미를 존중하는 동시에 그 안에 담겨있는 가부장적이고 남성 지배적인 수사학들을 완전히 제거해야만 한다. 그리고 우리는 유대인 세계 속에서(그리고 갈라디아 세계 속에서) "아들됨"과 "유업"이 어떤 의미를 갖고 있었는지를 찾아낼 필요가 있으며, 이런 과정을 통해 바울이 의미하려 했던 바를 견고하게 찾아내고 붙들게 될 것이다. 원 의미 부분에서 이미 말했던 내용을 다시 반복하자면, 아들이라는 용어는 "마초"라는 의미에서 "남성다움"을 뜻하는 그런 의미와는 아무 상관없는 단어이다. 여기에서 많은 해석자들은(그리고 일부 페미니스트들은) 엉뚱한 곳으로 가곤 한다.

그들은 오늘날 "아들"이 무얼 의미하는지에서부터 시작하거나 혹은 그들이 재구성한 가부장적 세계 속에서 이 단어가 무얼 의미하는지에서부터 시작해서, 곧 이 본문이 얼마나 제국주의적인 본문이 될 수 있는지를 보여주는데로 나아가 버리곤 한다. 만약 내가 분명히 가부장적인 고대 세계를 있는 그대로 정확하게 들여다보지 않는다면, 나는 한 단어와 그 단어가 갖는 연관성들에 대해 연구함에 있어서, "아들"이 오늘날 우리 세계에서 어떤 의미를 갖는지 또한 "아들"이 과거 가부장적 세계에서 어떤 의미였는지를 살펴보지 않은채 연구를 진행하는 꼴이 되버릴 것이다. 우리가 해야 하는 일은 바울이 아들이라는 이 용어를 어떻게 사용했는지를 살펴보고 그런 뒤 그가 자기 독자들에게 어떻게 이 용어를 연결시키고 어떤 의미로 사용했는지를 추적하는 것이다. 바로 이런 점들이 우리가 초점 맞추기 원하는 개념들이고 생각들이다. 나는 바울에게 있어서 "아들"이라는 단어가 많은 페미니스트들이 생각하는 그런 식의 의미를 갖고 있지 않다고 확신한다. 분명히, 이 단어는 남성들이 여성들에 비해 우월감을 갖고 있었고 아들들이 딸들보다 우월감을 갖고 있던 가부장적 사회에서 유래되었다. 그러나 여기에서 내가 말하려는 요점은 바울은 이런 특징들이나 가부장제의 모습들을 활용하려 한 것이 아니라 그보다는 긍정적인 개념들을 좀 더 사용하려 했다는 것이다.

바울에게 있어서 아들됨이란, 하나님의 백성이 하나님과 더불어 가질 수 있는 특별한 친밀함이었으며, 바로 그들이 율법의 구속과 저주로부터 누릴 수 있는 자유였으며, 하나님께서 이 모든 일들을 가능케 하시고자 성령님을 채워주신다는 의미였다. 이뿐만이 아니라, 아들됨이라는 주제는 또한 성도가(남자건 혹은 여자건 간에) 구원의 완성을 기다리는 소망 가득한 위치에 있다는 점도 이야기한다. 이런 모든 점들을 우리는 그리스도안에서 우리가 아들이 되었다는 것에 관해 생각할 때 탐구하고 살펴볼 필요가 있다. 우리가 아들됨의 메시지를 적용할 때, 우리는 역사적으로 정확성을 기할 필요가 있고 동시에 목회적으로 예민할 필요가 있다. 이 단어는 매우 실제적으로 가부장적인 개념을 표현하고 있기에 감성들을 불쾌하게 만들지 않으면서 저자가 중요시하던 특징과 내용에 초점을 맞추고자 노력하면서 말이다.

이 본문이 독자들에게 강력하게 다가서는 둘째 특징은 "다(all)"라는 표현에 강조점을 두고 있다는 점이다. 이 특징은 바울이 "논제"를 제시하는 섹션(3:26-29)에서, 보편주의라는 주제로 나타난다. 갈라디아서의 다른 어느 부분에서도, 바울은 모든 사람을 향한 하나님 사랑의 광대함에 대해서 설명하지 않는다. 그는 너희는 "다" 하나님의 아들들이라고 말하는데(26절), 이는 너희가 "다" 그리스도와 연합했기 때문이며, 또한 "예수 그리스도 안에는 유대인이나 헬라인, 종이나 자유인, 남자나 여자가 없이 너희 모두가 다 하나이기 때문"이다(28절). 네가 누구냐와는 아무 상관없이, 만약 네가 믿는 사람이라면, 너는 아브라함의 약속들을 유업으로 물려받는다(29절).

우리는 어떻게해야 이 보편주의 메시지를 오늘날 우리가 사는 세계 속으로 가져올 수 있을까? 우리는 이미 바울의 보편주의를 인종주의라는 오늘날의 영역에다 적용해 보았으며(28절에 나오는 사회 계층), 분파주의라는 영역에도 적용해보았다(28절의 사회적 문화적 계층). 이제 아직 우리가 살펴보지 않은채 남아있는 한 가지 계층은 28절에 나오는 성별적 계층이다. "남자나 여자나." 그러므로 이제 여기에서 이 부분에 대해서 살펴보고자 한다.

나는 신약성경이 담고 있는 여성에 대한 본문들을 오늘날 세계에 "적용"하는 몇몇 방식들에 대해서 알고 있다.[17] 첫째 방식에 대해서, 우리는 "비난과 무시" 접근법이라고 부른다. 이런 접근법에서는 신약성경이 보여주는 바는 거의 제국주의적인 모습이며(하지만 대부분의 사람들은 28절만큼은 예외로 취급한다) 그렇기 때문에 그 시대의 산물로 비난받아야만 한다고 배타적으로 결론내린다. 그렇기에 이런 본문들은 그 본문이 우리에게 가르쳐주는 당시의 억압에 대해 배운 이후에는 버려야만 한다. 대부분의 독자들은 이런 관점에서는 복음주의적인 신학을 견고하게 유지하기가 거의 어렵다는 것을 알 수 있을 것이다. 또한 대부분의 복음주의자들은 이런 관점 자체를 묵살해왔다.

둘째 접근법에 대해서, 나는 상호 평등하지만 기능적으로 종속되어 있다고 보는 관점이라고 부른다. 이는 전통적인 관점이며, 교회 역사를 통해 두둔되어온 관점이다. 이 관점을 지지하는 사람들은 신약성경이 하나님 앞에서 신분상 평등하다는 것을 가르침과 동시에(28절), 공적으로는 기능상 종속되어 있다고 가르친다고 본다(가령, 딤전 2:11-15). 그러므로 이런 관점을 지지하는 사람들은 신약성경안에 있는 두갈래 흐름들을 하나로 잘 엮을 수 있다고 생각한다. 즉 하나님께서 남성들을 받아들이시는 것과 동일한 방식으로 여성들을 받아들이시기는 하지만(그리스도에 대한 믿음을 통해서), 이런 받아들임이 사회적 차이와 여성과 남성이 갖고 있는 서로 다른 역할들을 뒤집어 엎는 것은 아니라는 입장을 조화시키는 것을 통해

17. 좀 더 평이하고 이해하기 쉬운 현대적 연구를 R. A. Tucker & W. Liefeld, *Daughters of the Church*, 401-34 부분에서 찾아볼 수 있다.

서 하나로 엮고자 한다. 교회 안에서 여성들이 어떤 역할을 가져야 하는가에 대한 교훈들은 대부분 이 관점을 상당히 많이 따르고 있다.

셋째 관점은 복음주의적이고 여성해방적인 관점이라고 불려질 수 있을 것이다. 이 관점은 성경 본문에 복종하기를 원하지만(이런 본문들에 대한 첫째 접근법에서는 찾아 볼 수 없는), 동시에 신약성경 본문이 갖고 있는 문화적 조건들에 대해서도 인식하고 있으며, 하나님의 진리를 오늘날 현대 세계로 옮겨 적용할 때에 그런 요소들을 제거하는 것을 추구하는 관점이다. 무엇보다도, 이런 접근법에는 오늘날 사회가 바울이 살던 당시 사회와 상당히 다르다는 인식이 전제되어 있다.

우리는 어떻게 접근해 나가야만 하는가? 나는 우리가 사용할 수 있는 모델 한 가지를 제시하고자 한다. 이 방식은 처음 시작점부터 둘째 접근법 및 셋째 접근법과 모순을 이루지 않을 것이다. 우선, 우리는 고대 세계와 관련된 숙제(지중해 인근 지역에서 여성들의 삶이 어떠했었는가?)를 해야만 하고, 신약성경 본문 자체에 대한 숙제도 해야만 한다. 우리는 성경 본문을 우리 세계로 옮겨오려는 바램을 갖기 이전에, 우선 이 본문이 당시 세계에서 어떤 뜻이었는지를 먼저 이해해야만 한다. 지난 수십 년 동안 이 분야에 대한 연구가 상당히 많이 진척되었다.[18] NIV 적용주석 시리즈의 가장 중요한 기초는 고대 세계는 오늘날 우리가 살고 있는 세계와 동일하지 않다는 것이며, 또한 고대 본문을 오늘날 세계에 적용하려면 인내심을 갖고 역사적 연구를 해서 본문이 당시에 어떤 의미였는지를 분별해내는 것이다.

이 단계에서 우리가 조심스럽게 검토하고 조사해봐야 하는 것은 바울이 여성에 대해 무어라고 말하고 있는가에 대해서이다. 성경 독자들과 전문적인 해석자들(적어도 좀 더 잘 알고 있어야만 하는 사람들인)은 여러 본문들 중 어떤 한 본문이 다른 본문에 비해 좀 더 우월한지를 상당히 자주 결정해야만 한다. 그래서 이런 사람들은 좀 더 적합한 일련의 본문들을 갖고 있다. 지금 다루고 있는 특별한 이슈와 관련해서, 일부 사람들은 갈라디아서 3:28이 여성에 대한 바울의 관점중 가장 중요한 진리를 담고 있다고 간주하며, 또한 고린도전서 14:34-35과 디모데전서 2:11-15 등도 바울의 여성관에 적합한 본문들이라고 생각하면서, 바울을 첫 번째

---

18. 이 분야와 관련해 가장 최근의 연구는 R. C. Kroeger & C. C. Kroeger, *I Suffer Not a Woman: Rethinking 1 Timothy 2:11-15 in Light of Ancient Evidence*(Grand Rapids: Baker, 1992)이다. 위에서 인용했던 J. Piper and W. Grudem, *Recovering Biblical Manhood and Womanhood* 가 갖고 있는 특별한 단점은 고대 세계에서의 여성들에 대해서 섹션들을 할애하지 않았다는 점과, 여성들과 관련된 문제점들을 고대세계의 자료들로부터 오늘날의 문제로까지 확장시켜 다루지 않았다는 점이다.

페미니스트로 만들곤 한다. 다른 일부 사람들은 정반대 방향으로 작업을 한다. 즉 갈라디아서 3:28에서 모든 것을 쥐어짜내서 이 본문이 이전과 전혀 다른 완전히 새로운 내용은 전혀 담고 있지 않다고(하나님께서는 모든 사람들을 사랑하신다) 말하는 지점까지 이른다. 유일하게 타당한 방식은 진지하게 성경적 신학을 하는 것이며, 이는 모든 본문들을 믿는 것이고 또한 본문들 전체를 합리적 모습으로 묶어내는 것이다. 28절과 관련해서, 만약 우리가 여성에 대한 바울의 관점을 적절하게 검토하고자 한다면, 우리는 바울이 말하는 바가 "그리스도안에서의 평등"이기는 하지만 이것이 그가 살던 시대에 있어서 "역할에 있어서의 차이마저도 제거해버리는" 의미는 아니었다고 말해야만 한다.

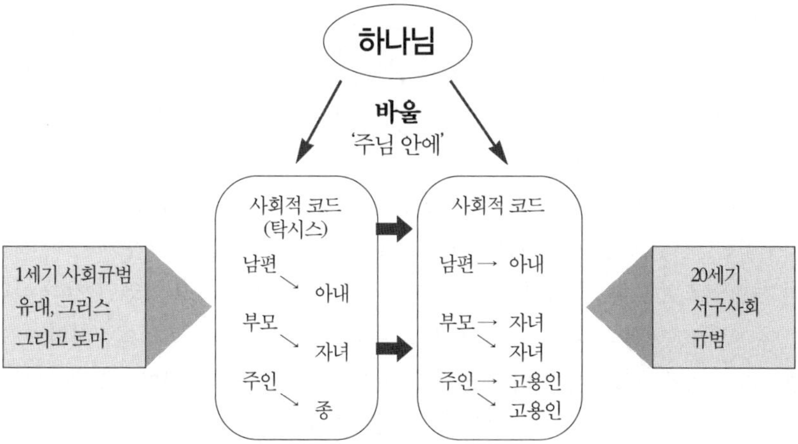

둘째로, 우리는 이런 역사적 연구의 결과로써, 당시의 사회와 오늘날 사회를 비교해야만 하며, 특별히 여성들이 고대 세계에서 갖고 있었던 역할과 오늘날 사회에서 갖고 있는 역할을 비교해야만 한다—현대 세계는 정말이지 상당히 다르다. 이렇게 하기 위해서, 우리는 오늘날 우리 문화에 대한 책들과 우리 문화속에서의 여성들에 관한 책들을 읽을 필요가 있다.[19] 우리는 고대와 현대 양편 세계 모두를 잘 알고 있는 상태에서 양자를 비교할 필요가 있으며, 그런뒤 바울의 가르침이 어떻게 오늘날 세계에 "적합한지"(혹은 "적합하지" 않은지)를 살펴봐야 한다. 이렇게

19. 비록 시간이 좀 지나기는 했지만, 가장 표준적인 저작집은 N. Glazer & H. Y. Waehrer, eds., *Woman in a Man-Made World: A Socioeconomic Handbook*(Chicago: Rand McNally, 1977)이다.

한 뒤에 적용을 시작하도록 하자. 우리는 오늘날 여성이 갖고 있는 역할과 당시 사회에서 여성이 갖고 있던 역할이 매우 다르다는 점을 금방 발견할 수 있다.

우리는 신약성경과 사도 바울이 당시 유대, 그리스, 로마 사회의 지배적 규범들로부터(많은 사람들은 이것이 바울이 고전 11:2-16에서 이야기하고 있는 내용이라고 말한다) 영향을 받았음을 알 수 있다. 이런 규범들은 당시엔 당연시되던 진리와 관습이었다. 오늘날에는 남성들이 드레스를 입는 것을 틀린 것으로 생각하지만(대부분의 서구 사회에서), 그러나 아프리카의 남성들은 우리가 갖고 있는 관점으로 보자면 전적으로 여성적인 겉옷들을 입곤 한다. 우리는 이런 일들에 대해서 옳고 그르다고 생각하곤 한다. 이런 일들이 우리 행동의 근거인 사회적 관습들, 규칙들임에 불과한데도 말이다. 바울이 살던 당시의 사회 질서에 대해서 당시 사람들은 하나님의 섭리라고 여겼으며, 우리는 이와 똑같은 양상을 우리가 살고 있는 세계 속에서도 볼 수 있다. 우리에게 필요한 것은 사회적 규범들을 비교해보는 것이며, 바울의 선언들이 이런 사회적 규범들에 얼마나 잘 맞는지를 살펴보고, 그런뒤 적용점들을 찾아보는 것이다.

셋째 단계는 사회 구조 속에서의 발전은 수 세기를 걸쳐 오랫동안 점층적으로 이루어진다는 사실을 인식하는 것이다. 1세기의 사회 구조는 우리가 사는 이 시대의 사회구조보다 좀 더 하나님께서 제정하신 그런 구조를 갖고 있었던 것이 아니었다. 때때로 지금 이 시대가 그때보다 더 훌륭한 사회 구조를 갖고 있곤하다. 과연 과거의 구조가 오늘날보다 더 좋은 경우들이 있는 것일까? 수 세기 동안 이루어진 발전은 변화를 가져왔고, 이런 변화는 서로 다른 세계를 해석하고 적용해야 할 필요성을 만들어왔다.

한 가지 예를 통해서, 변화에 대한 우리의 설명을 충분히 제시할 수 있을 것이다. 나는 다른 성도들의 발을 씻겨주는 것을 믿는 한 두 개의 작은 교파들에 대해서 알고 있다. 그들은 다른 기독교인들은 틀렸으며 자신들이 옳다고 생각한다. 나는 하나님께서 자기 백성들이 서로의 발을 씻겨주지 않는다는 이유로 그들을 축복하는 것을 거부하신다고 생각하지 않는다. 물론, 예수님께서는 이런 실천을 명령하셨고(요 13:12-17), 초대 교회는 명백하게 이 명령을 실천했다(딤전 5:10; 어거스틴 *Letters* 119.8). 그러나 예수님의 직접적인 말씀과 초대 교회가 그분의 말씀에 순종했다는 증거에도 불구하고, 모든 세대와 모든 장소의 기독교인들은 이에 대해서 고대 세계의 관습이며 오늘날에는 다른 방식으로 실천하고 성취할 수 있다고 결론짓는데 아무 문제를 느끼지 않는다. 특별히, 나는 한 사람을 친절하게 맞이하는 것이 이와 마찬가지 행동이라고 배웠다. 그래서 우리는 다른 사람들이 집에 들어올 때 일어서서 맞이하라고 배웠고, 그들에게 인사하라고 배웠고, 그들에게 편안함을 주기 위해서 필요한 이것저것들을 하라고 배웠다(손님들의 옷과 모자를 받아주고, 차를 대접하는 등). 나는 이것이 옳다고 생각한다. 그러나 이런 해석 과정은 명백하게 예수님의 명령을 제거하고 문화적으로 동등한 다른 행동으로 대체하는 해석이다.

여기에서 "문화적으로 동등"하다는 것이 핵심적인 열쇠이다. 비록 베드로가 금지했지만(벧전 3:3-6), 오늘날 여성들이 보석으로 치장하는 것(주일에 교회에 갈 때만!)을 허용하고 있는 부분이나, 혹은 바울이 남자들이 짧은 머리를 하고 여자들은 긴 머리를 하라는 바울의 언급들에 대해서(고전 11:2-16) 우리가 신학적 토대 위에서 이런 부분을 거의 문제삼지 않는다는 것등도 다른 예들이 될 수 있을 것이다. 나는 여성들과 관련된 본문들을 적용하는 것도 이와 비슷한 과정을 포함한다고 생각한다. 고대 사회에서의 여성에 대해서 성경적으로 그리고 사회학적으로 진지하게 연구하고, 바울 서신에서의 여성에 대해서 연구하고, 오늘날 세계에서의 여성에 대해서 연구하고, 고대와 현대에서 여성의 역할이 무엇인지를 조심스럽게 비교해보고, 어떤 변화와 발전이 나타났는지를 규정하고, 문화적으로 동등한 모습들을 찾아내는 것.

발전과 변화에 대해 이야기하다보면 우리는 또다른 생각으로 나아가게 된다. 바울이 말하는 바가 점진적으로 실현되고 있다는 생각. 나는 노예가 옳다고 생각하는 사람은 거의 본 적이 없다. 그러나 바울은 분명히 노예가 완전히 틀린 것이라고 생각하지 않았다. 그래서 그는 종들에게 종인채로 남아 있으라고 권면했고, 주인들에게는 자신의 종들에게 친절히 대하라고 명령했었다. 그는 분명히 노예제도를 제거시키는 방식으로 복음이 사회적 혁명을 불러온다고 생각하지 않았다. 그러나 현대인들에게 있어서, 노예는 틀린 것이다. 대부분의 기독교 해석자들은 성경이 고대 세계가 노예에 대해 갖고 있던 관점보다 좀 더 친절한 관점을 갖고 있다고 생각한다(이는 분명히 일반적으로 사실이다).

또한 28절에 나오는 바울의 말들도 결국엔 노예제도의 소멸로 이끌고 가는 그런 언급이라고 생각한다. 이런 해석자들은 하나님의 뜻이 실제적으로 구현되고 성취되는 데에는 점진적 과정들이 있다고 생각하며, 성경은 그런 과정중 일부분만을 가르치고 있다고 생각한다. 아마도 바울이 28절에서 여성에 대해 말한 내용도 노예에 대한 언급이 역사 속에서 성취되고 전개된 것과 비슷한 방식으로 전개될 것이다. 누군가 한 사람이 다른 사람을 끔찍하게 붙잡고 소유하는 노예제도로부터 인류가 자유롭게 된 것과 마찬가지로, 여성들도 그들을 사회적으로 열등한 존재로 얽어매고 있는 억압으로부터 자유롭게 될 것이다.

나는 우리가 교회에서 여성에 대해서 이야기하기 전에, 우리가 바울이 갈라디아서 3:28에서 말한 내용을 진실하고 책임감 있는 모습으로 우리가 사는 세상에 적용하기 전에, 이런 단계들을 거쳐야만 한다고 믿는다. 우리가 이제 살펴봐야 하는 것은 바울로 하여금 자신이 선포한 복음이 손상되지 않게끔 하고자 여성과 남성이 동등하다는 적용을 하게 만든 것은 고대 사회의 문화적 정황이라는 점에 대해서이다. 그러나 이런 문화적 조건들이 변화하면, 바울도 역시 자신의 적용들을 바꾸었을 것이다. 나는 28절에 나오는 바울의 선언이 그의 전체적인 접근법에 있어서 매우 근본적인 것이며 우리들 역시 이런 태도를 갖고 있어야만 한다는 관점을 갖고 있다.

이 섹션에서 우리는 두 가지 이슈들을 살펴보았다. 아들됨 그리고 갈라디아서 3:28에 따른 여성의 평등성. 다른 섹션에서는 나는 아들됨에 대해서 살펴볼 것이고, 바울의 가르침을 우리가 사는 현대에 적용할 적용점들을 찾아볼 것이다. 윗부분에서 전개한 여성에 대한 논의는 우리가 갖고 있는 목적만 놓고볼 때 이미 충분히 다루었다고 생각한다—지면 관계상, 그리고 여성에 대한 위의 논의는 우리가 어떤 방향으로 적용해야 할지 방향성을 이미 제시해 주었다는 점에서. 결국, 우리가 지금 함께 나누고 있는 이 본문은 아들됨에 관한 것이다.

현대적 의미

우리는 아들됨에 대한 새로운 관점과 더불어 시작한다. 이 메시지가 오늘날 우리가 살고 있는 세계와 상관성을 갖게끔 하기 위해서, 내가 이미 위에서 말한 것처럼, 우리는 성별적인 언어에 예민할 필요가 있다. 그래서 나는 제안하고자 한다. 우리가 "아들"이라는 용어를 계속해서 사용하기는 하겠지만, 우리는 이 단어가 성별을 지칭하는 것이 아닌 다른 의미로 사용할 것이다. 하나님의 "아들"이 된다는 것은 "남성적이" 된다거나 혹은 "근육질적인" 사람이 된다는 의미가 아니다. 이는 하나님과 친밀한 존재가 된다는 의미이다. 현재 우리가 살고 있는 세계에서는 "하나님의 아들"은 "하나님과 친밀하게 된다"는 것과 별로 유사한 뜻이 아니다. 그러나 바울에 의하자면, "하나님의 아들"은 하나님께서 그분의 영을 자기 아들들에게 주셨기 때문에 하나님을 아빠(abba) 아버지라고 부르게 되는 것을 의미한다. 아빠라고 부르는 것은 유대 세계에서는 가족안에서 불려지는 가장 친밀한 언어였다. 이 단어는 유대인 아이가 가장 먼저 배우는 단어였고(*imma*, "엄마"와 더불어), "아빠"라고 번역할 수 있는 단어이다. 비록 "아빠"가 정확한 의미이기는 하지만, 여기에는 어린아이의 언어 그 이상의 의미가 있다. 유대교에서 아버지(abba)는 또한 유대인 가족들에게 명령을 내리는 권위 있는 인물이었으며, 자녀들은 결코 아버지에게 반기를 들어서는 안되며 항상 존경해야만 한다고 교육받았다. 그러므로 아빠라는 용어는 그저 단순히 어린 아이가 조잘거리는 언어만이 아니었으며, 꼬맹이 녀석들이 사랑하는 아버지와 게임을 하거나 재미난 이야기를 재잘거리는 것을 보여주는 그런 용어만은 아니었다. 도리어, 이 용어는 유대인들이 관계적인 친밀함과 존경하는 마음 두 가지를 포함시켜서 아버지와의 관계를 표현할 때 사용하던 용어였다.

"하나님의 아들"은 사랑을 통해 그리고 존경을 통해 하나님과 관계 맺는 사람이다. 우리는 기도를 통해 하나님과 친밀함을 발전시킨다. 기도는 우리를 향한 하나님의 관계성과 하나님을 향한 우리의 관계성을 확장시켜 주며, 기도는 하나님의 약속과 분명한 말씀을 신뢰하는 것이고, 기도는 하나님 앞에서 우리가 순종적이고 사랑 가득한 모습이 되게해 준다. 우리는 매일의 삶의 과정속에서 하나님과 계속해서 대화하는 라이프스타일을 통해서 하나님과의 친밀함을 발전시킨다. 우리는 운전을 하거나 설거지를 하거나 산책을 하는동안 쓸데없는 생각들로 시간을 허비해버리는 대신에, 우리는 하나님께 이야기를 하고 그분께서 자기 자녀들인 우리에게 말씀하시는 것을 들으면서 시간을 보낼 수 있다. 우리는 기도할 수 있고 하나님에 대해 배울 수 있다.

우리는 또한 그분의 말씀을 읽고, 믿고, 복종하고, 다른 사람들과 말씀을 나누면서 하나님과의 친밀함을 발전시킨다. 그러나 우리가 하나님과의 친밀함을 배워가는 가장 일상적인 방법은 그분을 신뢰하고 이런 신뢰를 통해 그분이 우리를 사랑하고 계시며 선한 분이심을 배워나가는 것이다. 하나님께서는 우리가 그분을 갈망하기를 원하신다. 이런 갈망을 통해서 그분은 기뻐하시며, 우리는 그분의 기쁨 안에서 기쁨을 누리게 된다. 하나님의 기쁨을 사랑하는 바로 이것이 친밀함이며, 바로 이것이 하나님의 아들이 된다는 의미이기도 하다.

율법의 저주로부터 자유로와지는 것. 하나님의 아들이 된다는 것은 우리 모두가(유대인들과 이방인들) 율법의 저주로부터 자유로와졌다는 것을 의미한다. 즉 우리가 B.C 시대로부터 A.D 시대로 옮겨왔다는 것을 의미한다(내가 수동타자기와 컴퓨터에 대해 또다시 이야기할 필요는 없을 것이다). 또한 이는 초등교사와 초등학문으로부터 하나님의 성령을 통해 인도받는 시대로 옮겨왔다는 것을 의미한다. 나는 여기에서 비유들이 도움을 준다고 믿는다.

우리는 자녀들이 아직 어릴때에는 부모로서 그들과 동행한다. 그들이 아직은 좋은 결정들을 내리기 힘들다는 것을 알기 때문이다. 물론, 자녀들로 하여금 스스로 자신의 결정을 내릴 수 있게끔 허용해주는 정도는 부모들마다 각각 다르다. 그러나 나는 내 자녀들이 대학에 가고, 결혼을 하고, 직장생활을 시작했을때에도 자녀들을 따라다닌다고 말하는 것은 아니다. 우리 아이들이 아직 어릴 때, 우리는 그들이 비탈진 길을 한걸음씩 올라갈 수 있도록 도와주고, 그래서 그들이 미끌어지지 않게끔 한다. 우리는 그들과 함께 버스 정류장에 가주고 그래서 그들이 길거리에서 방황하지 않도록 도와준다. 우리는 그들과 함께 스포츠 게임을 하러 가고 그래서 그들이 위험에 처하지 않게끔 한다. 우리는 그들이 숙제하는 것을 도와주고 그래서 그들이 제시간에 숙제를 다 마칠 수 있게끔 도와준다. 우리는 그들과 함께 운전을 하고(우리는 최근에 딸 로라(Laura)와 함께 운전을 했다) 이를 통해서 그들이 책임감 있고 조심스럽게 운전하는 법을 배우게 하고, 운전을 하면서 창문 밖으로 손을 내밀어 친구들과 인사하거나 친구들을 쳐다보지 못하게끔 주의를 준다. 이 외에도 우리는 여러 가지 일들을 한다. 아이들은 돌봄을 받는 것에 대해서 싫증을 느껴야만하며, 그들이 학교에 갈 때(자기 부모들로부터 떨어질 때), 여름 캠프에 참여할 때, 대학에 갈 때, 그리고 결국 집을 떠나서 자기만의 독립적인 생활을 할 때, 이를 좋아하고 좋은 느낌을 느껴야만 한다. 이처럼 "돌봄을 받는 상태"로부터 그리고 "계속해서 행동을 시정 받는 상태"로부터 벗어났다는 느낌은 바울이 "하나님의 아들이 되는 것"이라고 표현한 것과 비슷하다. "하나님의 아들"은 보호감독으로부터 자유롭게 된 사람이며, 성령님께서 그들을 인도하시게끔 그분께 자신을 드린 사람이다.

더 이상 하나님 앞에서 죄인이라는 죄책감으로 고통당하지 않으며, 더 이상 하나님의 두려운 저주를 두려워하지도 않으며, 더 이상 하나님으로부터 저주받을 것이라는 선포를 듣지도 않는다. 바로 이것이 "하나님의 아들"이 된다는 의미이다. 하나님 앞에서 자신의 죄가 용서받았다는 것을 느끼는 모든 사람들이, 자신이 하나님의 큰 가족 안에 들어온 것을 환영받고 있음을 알고 있는 모든 사람들이, 그리스도께서 율법의 저주를 담당하셨으므로 더 이상 율법이 자신을 저주할 수 없다는 것을 알고 있는 사람들이, 이들이 바로 "하나님의 아들"이다. 우리는 오직 하나님의 독생자이신 예수 그리스도께서 우리를 위해 죽어주시는 것을 통해 우리를 그분 가족의 구성원으로 만들어주셨기 때문에 하나님의 아들이 되었다.

하나님의 성령님으로부터 인도받는 것. 우리는 하나님의 아들들이 되었기 때문에, 하나님께서는 그분의 성령님을 우리 심령속에 보내주셨다. 나는 우리가 이 일들이 일어나는 순서에 대해서 알 수 있는 것인지 아니면 알 수 없는 것인지에 대해서 상당히 의심하곤 한다. 회심은 하나님께서 그 안에서 역사하시고 우리 역시 그 안에서 반응하는 매우 복합적인 사건이다. 또한 하나님께서 역사하시고 우리가 반응하기 때문에, 분명 좋은 일들이 우리에게 일어난다. 이런 좋은 일들은 여러 방식들로 규정될 수 있다. 바울은 이렇게 벌어지는 일들을 묘사하기 위해 고대 어휘들을 사용했다—그는 구원, 칭의, 화해, 속죄 등의 표현들을 사용했다(이런 용어들은 우리에게는 낯선 용어들이다). 그러나 본질적으로 벌어지는 일은 하나님께서 "우리를 다시 회복시키시고" 또한 "우리를 받아주시는" 사건이다(이런 표현들이 우리에게는 좀 더 의미있게 다가올 것이다).

하나님께서 우리가 그분의 아들들이기 때문에 우리에게 베푸시는 위대한 선물은, 성령님이라는 선물이다. 바울은 하나님의 아들인 모든 사람들은 "성령님으로부터 인도받는다고"(롬 8:14) 말한다. 바울이 비록 갈라디아서에서는 "아들됨"과 "성령님을 통해 인도받는" 상태를 연결하지는 않지만, 그는 분명 이 두 가지가 연결되어 있다고 생각했다. 왜냐하면 그는 기독교인들에 대해 아들들로 간주하고 있고(갈 3:26-4:7) 또한 기독교인들에 대해서 "성령님 아래에 있는" 사람들이라고 간주하기 때문이다(5:16-26). 그렇기에 하나님의 아들은 "하나님의 성령님을 통해 인도받는" 사람이다.

율법학자들은 율법을 통해 인도받는다. 쾌락주의자들은 자신들의 욕망을 통해 인도받는다. 물질주의자들은 그들의 소유를 통해 인도받는다. 그러나 하나님의 아들들인 기독교인들은 성령님을 통해 인도받는다. 성도들의 행동을 유발시키고, 성도들의 감정을 흔들어놓고, 성도들의 행동을 인도하고 지도하며, 성도들의 진로를 결정하시는 분은 하나님의 성령님이시다. 뿐만 아니라, 하나님의 아들들은 성령님께서 그들을 어디로 인도하실지 두려워하지도 않고 염려하지도 않는다. 그들은 하나님의 성령님께서 그들을 완벽하게 하나님의 뜻과 하나님의 축복 안으로 인도해 주실 것을 알고 있기에, 성령님께서 인도하시는대로 확신과 기쁨을 갖고 행진할 것이다.

당신은 "하나님의 아들"인가? 당신은 하나님과 친밀한가, 당신은 율법의 두려운 저주로부터 자유로운가, 당신은 하나님의 성령님을 통해 인도받는가? 당신은 믿음을 통해 그런 사람이 될 수 있다. "너희가 다 믿음으로 말미암아 그리스도 예수 안에서 하나님의 아들이 되었으니"(26절).

갈라디아서 4:8-20

8 그러나 너희가 그때에는 하나님을 알지 못하
여 본질상 하나님이 아닌 자들에게 종 노릇
하였더니
9 이제는 너희가 하나님을 알 뿐 아니라 더욱
이 하나님이 아신 바 되었거늘 어찌하여 다
시 약하고 천박한 초등학문으로 돌아가서 다
시 그들에게 종 노릇 하려 하느냐
10 너희가 날과 달과 절기와 해를 삼가 지키니
11 내가 너희를 위하여 수고한 것이 헛될까 두
려워하노라
12 형제들아 내가 너희와 같이 되었은즉 너희도
나와 같이 되기를 구하노라 너희가 내게 해
롭게 하지 아니하였느니라
13 내가 처음에 육체의 약함으로 말미암아 너희
에게 복음을 전한 것을 너희가 아는 바라
14 너희를 시험하는 것이 내 육체에 있으되 이
것을 너희가 업신여기지도 아니하며 버리지
도 아니하고 오직 나를 하나님의 천사와 같
이 또는 그리스도 예수와 같이 영접하였도다
15 너희의 복이 지금 어디 있느냐 내가 너희에
게 증언하노니 너희가 할 수만 있었더라면
너희의 눈이라도 빼어 나에게 주었으리라
16 그런즉 내가 너희에게 참된 말을 하므로 원
수가 되었느냐
17 그들이 너희에게 대하여 열심 내는 것은 좋
은 뜻이 아니요 오직 너희를 이간시켜 너희로
그들에게 대하여 열심을 내게 하려 함이라
18 좋은 일에 대하여 열심으로 사모함을 받음은
내가 너희를 대하였을 때뿐 아니라 언제든지
좋으니라
19 나의 자녀들아 너희 속에 그리스도의 형상을
이루기까지 다시 너희를 위하여 해산하는 수
고를 하노니
20 내가 이제라도 너희와 함께 있어 내 언성을
높이려 함은 너희에 대하여 의혹이 있음이라

원 의미

바울은 좋은 목회자이다. 그래서 그는 이 "설교"가 완전히 끝날때까지 기다렸다가 적용하는 것을 기다릴 수가 없었다. 비록 바울이 자신의 주장을 완전히 다 제시하려면 아직 한 가지 주장을 더 펼쳐야만 하지만(4:21-31), 그럼에도 그는 자신의 중요한 주장을 좀 더 전개하는데로 뛰어든다. 그는 여지껏 구약성경으로부터(3:6-14), 언약의 본성으로부터(3:15-25), 아들됨으로부터(3:26-4:7) 자신의 주장을 전개해 왔다. 적용을 담고 있는 지금 이 섹션은 아들됨으로부터 바울이 주장을 전개하는 부분에 속해 있지만, 이를 넘어서서 그의 전체 주장에 대한 적용 부분으로 자리잡고 있다.

이 섹션은 깔끔하게 (균등하지 않은) 두 부분으로 나눌 수 있다. (1) 문제(8-11절) 그리고 (2) 권면(12-20절). 권면은 불규칙적이고 감성적이다. 바울은 권면 부분에서 그들이 유대교로 돌아가는 것과 관련해서 자기자신을 예로 제시하면서 호소한다(12-16절). 그런 뒤, 그는 다시 한번 더 좀 더 감성적인 톤으로 호소하기 전에(19-20절), 갈라디아에서 실제적으로 어떤 일들이 진행되고 있는지를 설명한다(17-18절).

문제(8-11절)

바울은 다른 서신서들에서 자신의 이방인 회심자들의 과거에 대해 부정적인 용어들로 묘사한 경우들이 있다(참고. 롬 1:18-23; 고전 12:2; 엡 2:11-13; 살전 4:5). 그는 지금 이 부분에서도 마찬가지로 동일하게 한다. "이전에[1] 너희가 하나님을 알지 못했을 때, 너희는 본질상 하나님이 아닌 자들에게 종노릇했다." 이를 달리 표현하자면, 그들의 종교적 과거에는 두 가지 종교적 차원이 있었다. (1) 그들은 온 세상의 참된 하나님이신 이스라엘의 하나님을 알지 못했었다.[2] 그리고 (2) 그들이 알고 있던 신들은 "본질상…신이 아니었다"(참고. 고전 8:4-6). 이런 표현들은 갈라디아의 회심자들이 이전에는 이방인이었음을 분명히 확인해 준다.

바울은 계속해서 그러나 그들이 지금은 회심했으며, 그들이 좋은 출발을 했다고 서술한다. 그는 그들의 회심을 묘사하면서 자신의 언어를 다시 수정한다. "그러나 지금 너희는 하나님을 알고 있으며—더욱이 하나님이 아신 바 되었다…" 이와 같은 수정은 의도적인 것인데, 그들이 하나님을 몰랐다는 것을 가르치기 위해서가 아니라, 바울이 일반적으로 강조점을 두는 부분을 강조하기 위한 것이다. 하나님의 주권적인 은혜가 그들의 회심을 시작하게 하는 능력이었다는 점. 바울은 사람들이 하나님을 추구하지 않는다고 주장한다(참고. 롬 3:11: "하나님을 찾는 이가 아무도 없다"). 도리어 하나님께서 사람들을 찾으신다고 주장한다. 인간은 자신들의 죄에 사로잡혀 있고, 자신들의 죄를 사랑하기에 그들은 거룩함이나 사랑을 찾

---

1. 헬라어 단어는 *tote* 이다("then" 혹은 "formerly"). 이 단어는 종종 4:9에서처럼(롬 6:20, 22; 7:5-6; 고전 13:12; [다른 용어들이지만 비슷한 의미를 갖고 있는] 골 1:21-22를 보도록 하라) "now"와 대조적인 용례로 사용되곤 한다.
2. 이는 디아스포라 지역에 살면서 그들 주변 환경이 "참된 하나님에 대해 무지"하다고 여겼던 대다수 유대인들의 공통적 불평이었다(렘 10:25; 행 17:20, 23; 엡 4:18; 벧전 1:14 등을 보라).

지 않는다(참고. 고전 8:3; 13:12; 요일 4:19; "우리가 사랑하자 왜냐하면 그가 먼저 우리를 사랑하셨으므로"[참고. 10절]).

그러나 좋았던 첫 시작은 지금은 나쁜 상황이 되었다. 바로 이것이 갈라디아 교회들의 문제이다. 하나님에 대한 지식을 받았고 이미 갖고 있음에도 불구하고, 그들은 그들이 이전에 행하던 길로 다시 되돌아가 버렸다. 바울은 알고자 한다, "도대체 어떻게 너희가 되돌아갈 수 있단 말인가?" 그가 여기에서 말하는 내용은, 아마도 그가 다른 서신들에서 율법에 대해 말한 모든 내용들중에서 가장 급진적인 서술일 것이다. 갈라디아 성도들은 전형적인 이교도의 과거를 갖고 있었다(참된 하나님에 대한 무지와 신이 아닌 것들에 대한 경배). 그들은 바울이 행한 설교의 결과로(3:1) 너무나 놀랍게도 회심을 했었다.

그러나 지금 그들은 "약하고 천박한 초등학문"에게로 다시 돌아가고 있었다(참고. 1:6; 3:3).[3] 여기에서 바울은 그들의 "새롭지만 나쁜 상황"에 대해 초등학문이라는 용어로 묘사했는데, 바울은 앞선 4:3에서 유대인들이 과거 율법하에 있던 것을 묘사하면서 동일한 단어를 사용했었다. 더군다나, 바울은 10절에서는 유대인들이 지키던 거룩한 날들과 절기들에 대해서 거의 일일이 말하고 있다[4](참고. 롬 14:5-12; 골 2:16-17). 여기에서 바울이 "유대교로 옮겨가는 것"에 대해서 "하나님이 아닌 것들"을 섬기던 "이교주의"로 다시 되돌아가는 것에 불과한 것으로 생각하고 있다는 점은 혁명적인 모습이다(참고. 갈 1:6). 그는 묻는다 "너희는 다시금 그들에게 종노릇하기를 원하는가?" 그들이 우상숭배로부터 기독교로 옮겨왔다가 지금 다시금 유대교로 옮겨가는 것은, 바울에게 있어서는 "우상숭배"나 "이교주의"로 되돌아가는 것과 아무 차이가 없는 일이었다.

R. N. 롱네이커는 이에 대해서 잘 설명한다.

> 두말할 것도 없이, 바울이 유대교와 이교주의를 이런 방식으로 한묶음으로 처리하는 것은 극단적으로 급진적인 모습이다. 그 어떤 유대주의자도 토라를 준수하는 것을 이런 방식으로 특징화시키는 것에 대해서 결코 받아들이지 않았을 것이다. 또한 갈라디

3. 이런 "초등학문들"은 죄로부터 건져내고 영적 생명을 주는데 있어서 무능력하기 때문에 "약하다"(롬 8:3; 갈 3:21을 보라). 또한, 하나님의 풍성한 축복을 제공해줄 수 없다는 점에서 "불행"하다(참고. 갈 4:1, 여기에서 아들은 남성 어른이 되어 축복을 유산으로 받을 수 있는 시점이 될 때가지는 그저 가난한 노예에 불과할 따름이다).

4. 이 용어는 현재 중간태 동사이며, 바울은 여기에서 "세밀한 준수"를 묘사하기 위해 이 표현을 사용하고 있다. J. B. Lightfoot, *Galatians*, 172를 보라.

아에 있던 사람들중 그들의 메시지를 받아들인 사람들도 마찬가지였을 것이다…하지만 바울에게 있어서는 무엇이건간에 한 사람을 오직 그리스도만을 의지하게 하는 것으로부터 멀어지게끔 이끌고 가는 것은 그것이 선한 의도에 토대를 둔 것이건 혹은 욕망 때문에 배태된 것이건간에, 기독교적인 것이 아니고 그렇기에 비난받아야만 하는 것이었다.[5]

브루스(F. F. Bruce)는 이 관점에 대해 "논쟁의 뜨거운 열기속에서 과장으로써 생겨난 것이 아니라, 조심스럽게 생각하고 판단한 결과를 주도면밀하게 표현한 것"이라고 덧붙인다.[6] 바울이 회심하지 않은 유대인들과 이방인을 "초등학문"아래에 의도적으로 한묶음으로 묶어버리는 것은 우리가 갈라디아서 본문을 오늘날 모든 그룹의 사람들에게 적용하는데 용기를 북돋아준다. 왜냐하면 이 본문은 유대인 기독교인들이 갖고 있던 문제점에 대해서 이야기하고 있지만, 지금 바울은 모든 인간 존재는 어떤 방식으로건 "초등학문"에 사로잡혀 있으며, 오직 예수 그리스도를 통해서만이 자유롭게 될 수 있노라고 말하고 있기 때문이다.

이런 나쁜 상황은 바울의 두려움을 이끌어낸다. "내가 너희를 위하여 수고한 것이 헛될까 두려워하노라." 바울은 갈라디아 성도들을 위해서 그리고 복음의 보편성을 위해서 열심히 수고하고 사역했다. 그는 거부당하는 것을 마다하지 않았고, 개인적인 만남의 위험을 감수했으며(2:1-10), 공개적으로 베드로를 꾸짖기도 했다(2:11-14). 그는 선교 사역을 위해 자신의 생명을 내걸기도 했고(참고. 4:12-16) 또한 유대주의자들로부터 매우 큰 비난을 경험하기도 했다. 모든 목사들은 자신이 섬기던 성도들이 흔들리거나, 실족하거나, 심지어 교회를 떠날 때 오는 마음의 고통과 두려움이 어떤 것인지를 알고 있다. 바로 이것이 지금 바울이 말하고 있는 내용이다. 바울은 다른 교회들을 향해서도 비슷한 일들을 이야기할 것이고, 또한 이 문제들을 바로잡고자 노력할 것이다(고전 4:16-17; 살전 3:5). 그의 두려움과 좌절은 이제 권면을 향해 나아간다.

5. R. N. Longenecker, *Galatians*, 181.
6. F. F. Bruce, *Galatians*, 203.

권면(12-20절)

이미 언급했던 것처럼, 여기서 바울이 호소하는 내용은 불규칙적이고 감성적이다. 그는 갈라디아 성도들에게 자신이 보여준 모범을 따르라고 말하며(12a절), 또한 그들이 다시 되돌아가고 이반(離反)하고 있는 지금 그들을 위한 자신의 역할이 무엇인지에 대해서 이야기한다(12b절). 바울은 계속해서 그들로 하여금 그들이 바울에게 처음에 어떻게 반응했었는지를 상기하게끔 한다(13-16절). 그런뒤 그는 갈라디아의 상황에 대해서 설명하고 이를 통해서 지금 도대체 어떤 일이 벌어지고 있는 것인지를 그들이 알 수 있게끔 한다(17-18절). 마지막으로, 그는 자신의 주장을 마무리짓는 감성적인 호소 혹은 감성적 바램을 이야기한다(19-20절).

바울의 모범(12a절). 바울은 갈라디아서를 다 쓴뒤 얼마후 고린도 성도들과 데살로니가 성도들 양자 모두에게도 자기자신을 모범으로서 상기시킬 것이다(고전 2:1-5; 11:1; 살전 1:2-10). 그들에게 호소할 수 있는 토대로서 말이다. 그때 사용될 호소하는 기술들은 지금 여기에서 갈라디아 성도들에게 사용하고 있는 테크닉에서부터 시작되었다. "나처럼 되라, 왜냐하면 내가 너희처럼 되었기 때문이다." 바울이 여기에서 말하려하는 바는 아마도 이런 의미가 아닐까 싶다: "너희 자신을 모세의 율법으로부터 자유롭게 하는 것을 통해서 나처럼 되라, 마치 내가 모세의 율법에 대해서 하나님께서 자기 백성에게 주신 지배적인 계시라는 것을 포기했던 것처럼 말이다"(참고. 갈 2:15-21). 그러므로 둘째 구문인 "왜냐하면 내가 너희처럼 되었기 때문에"는 이런 의미일 것이다: 나는 율법을 포기했을 때, 나 역시 죄인이라는 것을 받아들였을 때, 그런뒤 예수 그리스도에게로 돌아섰을 때, 너희들 이방인들처럼 되었다(다시 한번 더 2:15-21; 고전 9:19-23도 보도록 하라).[7]

이 부분에 대한 또다른 해석은 여기에서 소통의 신학을 찾아내기도 한다. "나처럼 되라, 왜냐하면 내가 너희처럼 되었기 때문이다"라는 이 표현은 성도들을 깊이 동감하고 있는 목회자, 자기자신을 성도들과 일치시키고 있는 목회자의 호소이다. 이런 입장에 대한 증거도 마찬가지로 고린도전서 9:19-23에서 찾아볼 수 있다. 하지만 이런 관점에서는 강조점이 신학적 토대보다는 동기부여에 주어진다.[8] 그러나 설령 소통의 비밀이 일치와 동감에 있다는 것을 인정한다 하더라도, 나는 이 구절

7. J. B. Lightfoot, *Galatians*, 173-4를 보라. H. D. Betz, *Galatians*, 221-23(그는 바울의 호소를 이해하기 위해 우정 관계에도 호소한다)을 보라. R. N. Longenecker, *Galatians*, 189를 보라.
8. J. R. W. Scott, *Galatians*, 112-13에 나오는 설명을 보라.

에 대한 이런 관점은 바울이 직면하고 있던 당시의 본질적 문제와 잘 맞아떨어지기보다는 현대에 좀 더 잘 어울리는 관점이 아닐까 생각한다. 유대주의자들은 갈라디아 성도들을 향해 율법 아래에서 살도록 설득하고 있었다.

그들이 이반(離反)하는 상황속에서의 바울의 역할(12b절). "너희가 내게 해롭게 하지 아니하였느니라." 바울이 사용한 이 표현은 어떤 의미인가? 이 말은 단순히 친구 사이에 오고가는 신뢰를 표현하는 말에 불과한가? 친구들은 서로에게 상처주지 않기 위해 서로에게 동의한다. 그리고 너희는 내게 상처를 주지 않았다?[9] 나는 그렇게 생각하지 않는다. 도리어 바울은 그들이 유대주의자들에게로 넘어가고 바울이 전한 복음의 진리를 포기할때에, 그들이 바울에게 상처를 주고 있는 것이라는 식으로 말하지 않았다.[10] 어쩌면 유대주의자들은 개인적인 주장들을 펼치면서, "떠나지 말라, 만약 너희가 떠난다면 그건 우리를 아프게 하는 것이다" 이렇게 말했을 수도 있지만, 바울은 그들이 자신이 전한 복음을 떠나는 것이 단순히 그를 떠나는 것이 아니라 하나님을 떠나는 것임을 알고 있었다(1:6; 4:12a). 바울이 이같은 생각을 가지는데에는 건강한 "자화상"(우리가 쓰는 용어를 사용하자면)과 사도 이외에는 그리 많은 사람이 갖고 있지 못한 견고한 확신이 필요하다. 바울은 자신이 하나님의 종이며, 하나님 사역의 중심이 아니라는 것을 알고 있었고, 또한 자신을 거부하는 것은 좀 더 의미심장하게 보자면 하나님을 거부하는 것임을 알고 있었다(참고. 마 10:40-42).

바울이 그들이 처음 보였던 반응을 기억하게 하다(13-16절). 비록 갈라디아 성도들이 개인적으로 바울을 떠난 것은 아니었지만, 바울은 그들이 이전에 자신에게 어떻게 반응하고 행동했었는지를 상기시킨다. 그들이 그런 반응을 반복하기를 바라는 소망으로, 유대주의자들을 포기하고 다시 한번 더 복음의 보편주의로 돌아오기를 소망하는 마음으로 말이다.

바울이 처음에 복음을 그들에게 선포했을 때, 그는 "육체의 약함 때문에"(13절) 그렇게 했었는데, 이는 그들에게 "시험거리"였었다(14절). 이 육체의 약함은 무엇이었을까? 여러 추측과 주장들이 있어왔지만 하나의 의견으로 모아지지는 않는다. 이런 추측들에는 바울이 말라리아에 걸렸다거나, 간질 혹은 눈병이 있었다는 것들도 포함된다. 이 약함이 무엇인지 알아보기에는 증거도 불완전하고, 뿐만 아니라

9. H. D. Betz, *Galatians*, 223.
10. R. N. Longenecker, *Galatians*, 190.

우리는 이 약함이 고린도후서 12:7에 나오는 "육체의 가시"와 동일한 것인지 아닌지도 알 수가 없다. 우리가 알 수 있는 것은 바로 이 약함 "때문에" 바울이 갈라디아에 다다르게 되었다는 점이다. 어쩌면 바울은 도움이 필요했었는데 오직 갈라디아에서만 그 도움을 찾을 수 있었던 것일 수도 있다(가령, 특정 질병에 대한 의사). 혹은 그 지역의 상황들이 바울의 회복과 치유에 좋은 여건이었을수도 있다. 이 육체의 약함은 명확한 것이었고, 청중들에게 분명 불쾌감을 줄 수 있는 것이었다(그렇기에 "너희에게 시험"인).

그러나 정작 더 중요한 것은 이런 육체의 약함이 갈라디아 성도들을 방해하지 못했다는 점이다(14-16절). 그들은 약함 너머를 보았고, 바울이 선포하는 하나님의 진리를 깨달았다. 왜냐하면 바울의 메시지에는 성령님의 능력이 함께하고 있었기 때문이다(참고. 고전 2:4-5; 4:20; 살전 2:6). 사실, 그들은 마치 바울이 천사라도 되는양 그를 영접했다(갈 1:8).[11] 심지어 그들은 바울을 마치 예수 그리스도를 영접하듯이 그렇게 영접했다. 이처럼 누군가를 예수 그리스도를 대하듯이 영접하는 개념은 사도권이라는 주제와도 연결될 수 있다(1:1에 대한 각주를 보라). 사도들은 개인적 대리자들이었으며, 이런 사람들을 영접하는 것은 보낸이를 영접하는 것과 동일한 의미를 갖는 것이었다(참고. 마 10:40-42).

바울은 그들이 자신을 매우 환대했으며 심지어 할 수만 있다면 그들의 눈이라도 빼내어서 주었을 것이라고까지 이야기한다(15절). 많은 사람들이 바울의 "육체의 약함"이 눈병이었을 것이라고 생각하게 만든 것도 바로 이 구절이다. 물론 이런 추측도 가능하기는하지만, 확실한 것은 결코 아니다 사실, 베츠(H. D. Betz)는 고대 사회에서는 우정이라는 주제와 관련해 얼마나 친구에게 자신이 깊이 헌신하고 있는지를 보여주기 위해 눈을 주는 것과 연관시켜 표현하곤 했다는 점을 보여준다.[12]

갈라디아 성도들로 하여금 그들이 이전에 바울에게 얼마나 헌신했었는지를 다시 기억하게끔 하는 것은 바울로 하여금 현재의 상황에 대해 도저히 참을 수 없게끔 만든다. "도대체 무슨 일이 벌어진 것인가?"(15절) 그리고 "내가 너희들에게 진리를 말하기 때문에 너희 대적이 되고 있는 것인가?"(16절). 바울은 이런 전체적인

---

11. 행 14:11-20은 바울이 루스드라에서 설교했을 때 마치 그가 신인것처럼 대우받았던 사건을 기록한다.
12. H. D. Betz, *Galatians*, 226-28을 보라. 그는 루시안(Lucian)의 스토리를 상세하게 설명하는데, 거기에는 단다미스(Dandamis)와 아미초세스(Amizoces) 사이의 우정에 관한 이야기와 단다미스가 포로가 된 아미초세스를 풀어주기 위해 자신의 눈을 빼낸 이야기가 들어있다. 풀려난 아미초세스는 이 일이 너무나 괴로웠고 그래서 자신 역시 눈을 빼냈다.

상황을 그들이 분명하게 알아야 한다고 생각하며, 그래서 그 다음으로 내용을 전개시킨다.

상황에 대한 바울의 설명(17-18절). 바울은 유대주의화를 부추기고 있는 기독교인들(즉, "그들")이 "너희에 대하여 열심을 낸다"고 주장한다. 그들은 "[우리로부터] 너희를 이간시키고자 하고,[13] 그래서 너희로 그들에 대해 열심을 내게 하려고" 한다. 열심이라는 용어는 갈라디아의 상황을 이해하는데 있어서 상당히 중요하다. 이 용어는 부정적으로 사용되었을 때 "질투"의 감정을 묘사하며, 종종 폭력을 동반해 어떤 상황을 타개하려는 "해결책"이라는 의미가 되기도 한다. 우리는 대전쟁(Great War, A.D 66-73) 기간 동안 "열심당원"이 있었다는 사실에 대해서 알고 있으며, 이들의 유일한 목표는 폭력을 사용해서 로마제국을 물리치고 예루살렘이 다시 하나님께 경배드리는 장소가 되게끔 하는 것이었다는 사실도 알고 있다.[14]

유대주의자들은 폭력적인 열심당원들이었는가? 물론, "너희에게 열심을 낸다"는 표현이 비록 그저 "너희를 개종시키고자 열심히 일을 한다"[15]는 의미만 가질뿐 그 이상이 아닐 수 있지만, 나는 여기에서 사용된 이 용어는 그들이 취하는 강력한 행동을 묘사해주고 또한 그런 행동이 일반적으로 갖는 민족주의적 성격을 묘사한다는 관점을 갖고 있다. 달리 말해서, 갈라디아 교회들에서 활동하던 유대주의자들은 회심자들을 만들어내기 위해, 전쟁에서 행하는 폭력적 행동들을 하는 것은 아니었을 것이다. 그러나 좀 넓게 보자면 그들 역시 상당히 강력한 민족주의적 운동 중 일부분을 구성하고 있었으며, 또한 좀 더 상황이 허락한다면 얼마든지 폭력을 일으킬 수도 있는 그런 상황이었을 것이다. 물리적 강제력이 갈라디아에서 사용되었을 수도 있다(참고. 2:14와 6:12에 대한 각주를 보라). 나는 이렇게 생각하는 것이 6:12에서 "억지로 너희로 할례를 받게 함은"이라는 표현에 대한 자연스러운 추론이라고 생각한다. 6:12부분에서 우리는 진짜 "열심당원들"이 예루살렘에 돌아와 있었으며, 이런 "열심당원들"이 유대주의자들에게 회당으로 하여금 모든 율법에 충실하라고 강요하게끔 압력을 넣고 있었음을 살펴볼 것이다. 여하튼 좀 더 분명한 사실은 그들의 지향점이 매우 민족주의적이었으며, 그래서 바울은 "너희에게 열심을 낸다"는 표현과 용어를 사용하고 있다는 점이다. 우리는 이들의 열심의 중심적인 특징이 이스라엘과 율법이라는 사실을 기억해야만 한다-그리고 특

13. 이 단어들이 함축되어 있다.
14. 이점에 대해서는 W. J. Heard, "Revolutionary Movements" in *DJG*, 688-98을 보라.
15. 이점에 대해서는 대체로 의견수렴이 이루어지고 있다(가령, F. F. Bruce, *Galatians*, 211-12).

별히 할례에 관한 율법. 할례는 유대인들을 이방인들로부터 구별시켜주는 행동이었다. 그렇기 때문에, 본질적으로 그들의 "열심"은 민족주의였다.[16]

이는 여기 등장하는 "이간"이라는 단어의 의미를 규정하는데 도움을 준다. "[우리로부터] 너희를 이간시켜 그들 안에 들어오게 하고, 할례를 통해 이스라엘이 되게 하려한다" "너희들을 한 그룹으로부터 다른 그룹으로 옮겨가게끔 허용하고자." 물론, 유대주의자들의 목적은 갈라디아 성도들이 그들에게 "열심을" 내게끔 하는 것이었다. 율법에 상당히 헌신하게끔 해서 갈라디아 성도들로 하여금 하나님의 백성을 이방인들 세계로부터 구별하라는 유대주의자들의 주장을 실천하게 하고, 예수 그리스도께서 허물어버리신 장벽들을 건설하는 것. 하지만 그들의 행동은 "좋은 뜻이 아니었다"(17절). 즉 바울이 갈라디아서 제일 처음부터 설명한 것처럼, 그런 행동은 결코 그들을 하나님께 받아들여지게끔 인도하지 못한다.

바울은 이제 잠시 호흡을 가다듬으면서 "열심"에 대한 각주적인 설명을 첨가한다. 만약 이스라엘의 성도들이 과거에 그렇게 했던 것처럼, 누군가가 하나님을 향해 열심을 낸다면 그것은 좋은 열심이다(참고. 창 34장; 민 25:10-13; 마카비1서 2:19-27, 50, 58; 마카비2서 2:58). 하지만 만약 누군가의 열심히 민족주의적인 것이고 아브라함의 약속들과 대립하는 것이라면, 그것은 "좋지 못하다." 그리고 그들의 열심은 하나님을 향하여 표현되어야만 하며, 이는 바울이 그들과 함께 있을때만이 아니라 "항상" 그러해야만 한다. 우리는 바울이 회심한 갈라디아 성도들을 향해 자신이 이미 그들에게 가르친 모든 것들에 대해 그들이 전적으로 헌신하는 방향으로 나아가야만 한다고 말하고 있는 것으로 추측해 볼 수 있다. 바울은 지금 이런 "복음을 향한 열심"이 한풀 꺾였다는 것을 알아차렸고, 다시금 불을 지필 필요가 있다고 생각하고 있다.

바울의 바램(19-20절). 바울은 지금 그들과 함께하고 싶다고, 그래서 그들을 다시금 고쳐주고 싶다고 자신의 바램을 이야기한다. 우리는 여기에서 목회자의 심정을 볼 수 있다(목회적 부분인 고후 2:14-7:4와 매우 흡사한). 그의 목표는 분명했다. "그리스도의 형상이 너희 안에 이루어지기까지"(19절; 참고. 2:20; 고후 3:18). 그는 갈라디아 회심자들이 그들 안에서 그리스도의 형상이 이루어질때까지 성령님 안에서 성장하기를 원했다-실질적으로 "변형되기를"(참고. 롬 12:1-2; 13:14; 엡 4:23-24; 골 1:24-2:5; 3:10). 이런 삶은 율법의 삶이 아니라 성령의 삶이 될 것

16. J. D. G. Dunn, *Jesus, Paul, and the Law*, 133-36을 보라.

이다. 이런 삶은 모세에게 중심을 두는 것이 아니라 그리스도께 중심을 두는 삶이 될 것이다. 이런 삶은 유대주의자들이 모세의 율법을 바라보는 민족주의적 삶이 아니라 아브라함의 약속이 갖는 보편주의적인 삶이 될 것이다.

갈라디아 교회의 상황에 대한 바울의 묘사는 그로 하여금 자신의 목회적 역할이 마치 자녀들을 낳는 사람과 비슷하다고 생각하게끔 이끌고 간다. 비록 바울이 여기에서 이야기하는 것은 새로운 출생에 대한 것이지만, 그가 말하는 내용들은 또한 실제적으로는 태아를 유산했다고 여길 수 있는 그런 상황들을 대적들이 야기하고 있다는 것이기도 하다. 이제 바울은 갈라디아 성도들이 이전에 품고 있었던 믿음으로 그들을 이끌고 가는 일을 "다시" 해야만 한다(19절).[17] 그는 그들이 그리스도 안에서 자라가기를 원하고 있다.

그러나 바울은 갈라디아 성도들이 자라나게 하려면 자신이 그곳에 함께 있어야만 하고 "목소리 톤을 바꾸어야만" 한다는 점도 생각하고 있다—지금의 엄격하고 거친 경고의 톤으로부터, 갈라디아 성도들을 유대주의자들로부터 "떨어지게 해서" 다시 바울 편에 서게끔 설득할 수 있는 부드럽고 사랑스러운 톤으로. 바울은 자신이 지금 쓰고 있는 편지가 자신이 그들과 함께 하고 있을 때 줄 수 있는 강력한 도움에 비해서는 미약한 소통만을 하는 것뿐이라고 이야기하는 셈이기도 하다.

상황잇기

바울의 감성적인 호소는 오늘날 여러 목회자들, 교사들, 부모들, 친구들이 하는 감성적 호소와 별반 다르지 않다. 이런 모습은 오늘날 벌어지는 일들과 매우 비슷하기 때문에, 이 본문의 일반적인 특징을 적용하는 것은 어려운 일이 아니다. 우리가 지금 보고 있는 모습은 목회자가 사역을 감당하고 있는 모습이며, 우리는 목회자인 바울로부터 교훈들을 배울 수 있다. 사실 지금 이 성경본문은 바울이 "나처럼 되라, 왜냐하면 내가 너희처럼 되었으므로"라고 말한 바로 그 방향을 지시해준다. 이런 바울의 선언을 다른 부분들에 나오는 "그를 닮는 것"에 대한 내용들과 함께 묶어 보면(참고. 고전 4:16; 11:1; 빌 3:17; 4:9; 살전 1:6; 살후 3:7, 9), 목회적 적용을 찾아 볼 수 있다. 그러므로 우리는 바울이라는 모범을 통해서 목회

17. 여기에서는 바울이 배교자가 다시 거듭날 수 있는지에 대해 무어라 생각했는지 추측하지 않는 것이 좋을듯하다. 나는 과연 바울이 이점에 대해 생각했었는지 매우 많이 의심스럽고, 또한 나 역시 이 부분에서는 바울이 그런 생각을 염두에 두고 있지 않았다고 확신한다. 바울은 개별적이고 개인적인 차원에서보다는 좀 더 교회와 연합적인 차원에서 생각하고 있다.

에 대한 교훈들, 혹은 다른 사람들을 섬기고 돌보는 것에 대한 교훈들을 배울 수 있다.

갈라디아 성도들을 향해 자신처럼 되라는 이런 특별한 명령은 비록 일정한 차원에서는 바울이 그들을 향해 그저 단순하게 자신을 따르라고 명령하는 선언에 불과할 것이다. 그러나 우리가 이 선언을 이와 비슷한 성격을 갖고 있는 바울 자신이 가르친 가르침 속에서 살펴보면, 우린 특정한 방식에서만 그렇긴 하지만 여하튼 하나의 패턴을 찾아낼 수 있다. 바울은 자기자신이 그리스도를 따라가는 좋은 모범이 된다고 생각했으며, 또한 예수 그리스도를 따라가는 것이 궁극적인 목표이기는 하지만, 그는 젊은 기독교인들을 향해 자신을 따라오도록 격려하는 것을 통해 기독교인으로서 살아가는 법을 배우게끔 했다. 그러므로 우리는 바울 서신에 나오는 이런 명령과 격려들을 추적해보면서, 바울이 했던 이런 특별한 선언을 일반적인 패턴으로 만들 수 있다.

우리가 본문에 접근할 때, 우리는 오늘날로 적용하고 옮겨올 수 있는 교훈을 발견하기 위해서 무엇을 어떻게 해야만 하는가? 몇 가지 테크닉들을 추천할 수 있다. (1) 일부 직접적인 선포들은 직설적인 적용들을 담고 있다. "나처럼 되라"는 명령은 이해하기 어려운 내용이 아니다. 바울이 율법에서 분리된 삶을 살았던 것처럼, 우리도 마땅히 그렇게 살아야만 한다. (2) 때때로, 어떤 선포나 개념 뒤에 담겨 있는 상황들이 오늘날 우리들의 상황과 유사할 수도 있다. 지금 현재 이 본문에서, 우리는 바울이 처해있는 상황(회심자들을 잃는)이 오늘날 우리의 상황과 비슷하다는 점을 찾아낼 수도 있으며, 또한 이를 통해서 바울이 이런 상황 속에서 대처한 것과 비슷한 방식으로 대처법을 배울 수 있다.

이와 마찬가지 내용은 바울의 육체적 약함에 대해서도 동일하게 적용된다. 우리는 어떻게 이를 적용할 것인가? 나는 그의 육체적 약함에 대해서, 갈라디아 성도들의 마음에 다다르고자 했던 바울의 바램을 가로막고 있었던 "소통의 장애물"이며, 또한 동시에 하나님께서 간단하게 뛰어넘으신 "소통의 장애물"이라고 본다. 우리는 이와 유사한 "소통의 장벽들"을 찾아내는 것을 통해서 이점을 적용할 수 있다. (3) 우리는 종종 동일한 종류의 본문들을 통해서 한 본문을 검토하고 살펴볼 필요가 있으며, 이를 통해 좀 더 완성적이고 큰 그림을 그려내어 적용이 가능하게끔 할 수도 있다. 우리는 바울을 닮는 것이라는 개념에 대해서 이런 방식을 제시했었다. (4) 우리는 바울이 행한 어떤 일들은 오늘날 우리를 위한 것이 아니라는 점도 배울 수 있다. 그의 권위에 대한 것이건 혹은 그의 사회적 역사적 정황에 관한 것이건간에, 때때로 그의 시대는 우리가 살고 있는 세계와는 매우 달라서 우리는 그를 닮을 수 없는 경우들도 있다. (5) 우리는 종종 바울이 갖고 있었던 동기가 무엇이었는지를 분별할 수 있다. 사도는 닮아야 할 가치가 있는 존재인가라는 문제에 있어서, 우리는 그가 이렇게 말한 동기가 무엇인지를 추측할 수 있고, 우리가 성도들에게 비슷한 이야기를 할때의 동기도 바울과 마찬가지가 되어야만 한다.

이미 위에서 언급한 것처럼, 바울은 이 부분에서 감성적인 호소를 한다. 그러나 우리는 이런 종류의 호소만이 바울이 할 수 있었던 유일한 호소가 아니라는 사실을 잘 살펴봐야만 한다. 바울은 자신의 주장을 전개함에 있어서 매우 논리적으로 합리적으로 설득하는 방식도 선택 할 수 있었으며, 실제로 복잡하고 세밀한 논지를 전개하기도 했다(참고. 3:6-4:7; 4:21-31). 베드로는 바울이 가르친 내용들 중에는 이해하기 어려운 부분들도 있다는 사실을 알고 있었다(벧후 3:15-16). 비록 바울이 지금 이 본문에서는 감성적이지만, 감성적 호소만이 그의 유일한 수단은 아니었다. 그는 언제 지성적이고 언제 김성적이어야하는지를 알고 있었다. 마치 언제 유대인이어야 하고 언제 이방인처럼 되어야만 하는지를 알고 있었던 것처럼 말이다(고전 9:19-23).

현대적 의미

지금 이 부분에 나오는 바울의 감성적 반응은 의심할 여지 없이 일부 설교자들이 "건조한" 방식으로 가르침과 설교에 접근하는 것에 대한 비판으로서 역할한다. 그리스도의 복음이 우리 감성들을 흔들어 놓는 것과 마찬가지로, 우리는 복음을 듣는 사람들의 감성들을 흔들고자 노력해야만 한다. 죄에 대한 메시지가 우리의 양심을 흔들어 깨우는 것과 마찬가지로, 우리는 다른 사람들에게도 자신들이 죄인임을 확실히 깨닫을 수 있도록 노력해야만 한다. 하나님의 사랑에 진실함과 고상함이 흘러넘치는 것과 마찬가지로, 우리는 성도들에게 하나님께서 그들을 사랑하시므로 그들이 존귀하다는 것을 느끼고 누릴 수 있게끔 해주어야만 한다. 감성적인 모습이 성경 본문에 담겨져 있고, 전해 내려오므로, 우리는 그 본문이 있는 모습 그대로 그 자리에 있께끔 해야만하며, 또한 우리는 성경 본문들로부터 이런 감성들을 이끌어내야만 한다. 만일 이렇지 못하다면, 우리는 성경을 제대로 읽은 것이 아니다. 우리는 감히 성경이 학문적인 책인척 해서는 안되며, 성경이 그저 지적인 자극과 논쟁을 위해서만 고안된 것인척 해서는 안 된다. 성경은 리얼리티의 책이며, 또한 감성은 이런 리얼리티의 일부분이다. 현대적 의미에서 중요한 이슈는 바울을 닮는 것이다. 나는 무엇보다도 우선 바울을 읽는 독자들에게 그가 자신을 따르는 것에 대해 이야기하고 있는 본문을 읽는 일부터 시작하라고 권하며 그런뒤 그가 도대체 독자들이 자신의 어떤 부분을 좇아오길 원하는지를 찾아볼 것을 권한다. 이런 본문들로는 갈라디아서 4:8-20; 고린도전서 4:16; 11:1; 빌립보서 3:17; 4:9; 데살로니가전서 1:6; 데살로니가후서 3:7, 9 등이 있다. 이런 본문들을 읽고, 바울이 다른 사람들에게 어떤 것들을 닮으라고 명령했는지 목록으로 만들도록 하라.

이렇게 하는 동안 한 가지 질문을 물어볼 필요가 있다. 사람들을 영적으로 양육하는데 있어서 사도와 목회자 양자 사이에는 차이점이 있는가? 분명히 있다. 이런 차이점들은 우리가 바울을 닮는 것에 대해 관찰한 내용들을 무효화시키거나 혹은 약화시키는가? 내가 지금 이 지점에서 기록하기 원하는 중요한 사실 한 가지가 있다. 사도는 목회자들이나 부모들이나 "제자들"이 감히 자신들이 갖고 있다고 생각할 수 없는 그런 종류의 권위를 갖고 있다. 나는 우리들이 "바울을 닮는"것에 대해 생각할 때 매우 조심스러울 필요가 있다고 믿는다. 또한, 우리가 조심스러운 태도를 견지하게끔 해주는 확실한 방법 한 가지는 우리가 바울이 갖고 있던 것과 동일한 권위를 갖고 있는 것이 아니라는 것을 분명하고 올바르게 잘 인식하는 것이다.

둘째로, 나는 "바울을 따르는" 혹은 "그의 모범으로부터 배우는" 원칙을 갈라디아서 4:8-20에 적용하고자 한다. 우리는 바울 자신이 보여준 모범을 통해서, 다른 사람의 영적 복지(welfare)를 목양하거나 돌보는데 있어서 무엇을 배울 수 있는가? 네 가지 사항을 생각해 봐야 한다.

(1) 그의 목표와 우리의 목표: 다른 사람들 안에 그리스도의 형상을 만드는 것(19절). 바울의 목표는 사람들이 그를 향해 위대한 복음전도자라고 말하게 만드는 것이 아니었다. 다른 사람들로부터 인정받는 것이 아니었다. 예루살렘의 재가를 얻는 것이 아니었다. 그가 사람들에게 사역을 했던 목표는, 그들 안에 그리스도의 형상을 만드는 것이었다. 12b절에서, 우리는 갈라디아 성도들이 유대주의자들에게 넘어갔을때에 바울이 "개인적으로 상처입은" 것이 아님을 발견할 수 있다. 또한 16절에서 바울은 만약 갈라디아 성도들에게 진리를 말함으로써 그들의 대적이 되어야만 한다면 기꺼이 그렇게 되겠다는 뜻을 보여주었다. 이런 두 가지 선언들은 오직 하나님을 기쁘시게 하려고 사역을 하는 사람으로부터만 나올 수 있는 선언이며, 사람들의 배척이나 반대에 구애받지 않는 사람만이 할 수 있는 선언이다. 바울은

다른 사람들에게 무엇을 원하는가? 내가 위에서 대략적으로 제시했던 것처럼, 그는 "성령님께서 인도하시는 삶"과 "그리스도 중심적인 존재"를 원했다. 그렇다면 우리의 목표는 무엇인가?

우리는 두말할 것도 없이 다른 사람들로부터 인정받고자 하는 유혹에 빠질 수도 있다. 우리는 오직 하나님만을 섬기려는 열망으로 시작할 수도 있지만, 그러나 몇몇 좋은 경험들을 한 이후에는 다른 사람들이 인정해주는 것이 점점 우리를 만족시키고 있는 모습을 발견하곤 한다. 나는 다른 사람들이 인정해주는 것이 암적인 모습이 될 수 있다고 믿는다. 오래가지 않아 우리는 그것을 갈망하게 될 것이고 또한 좀 더 시간이 지나게 되면 우리가 부분적으로는 다른 사람들로부터 인정받으려는 모습이 동기가 되어 행동하고 있음을 발견하게 될 것이다. 우리는 이를 어떻게 바라봐야 하는가? 우리가 실망했을 때는 사람들이 우리를 인정하지 않을때이다.

주일학교 선생님에 관한 예를 한 가지 생각해 보도록 하자. 이 선생님은 자신이 맡고 있는 장년 학생들을 위해서 열심히 봉사를 했고, 또한 학생들도 잘 배우고 성장하게 되었다. 이 교사는 얼마동안은 아무 의식도 하지 않고 오직 하나님만을 섬기기 위해 봉사를 했고 자신의 은사들을 활용했다. 몇 번의 기간들이 지나고 난 뒤에, 이 교사는 자신이 가르치는 몇몇 학생들이 성장하고 있음을 보게 되었고, 또한 자신이 그들의 성장에 도구로 쓰임 받고 있음을 알게 되면서 만족감을 얻게 되었다. 몇 달 후에(혹은 몇 년 후에) 교사는 자신이 예전만큼 확신이 있지 못하고 확신의 정도도 약해졌다는 것을 보게 되었다. 이후에 그녀는 확신이 부족하다는 것을 알아차리기 시작했다. 이쯤에서부터 그녀는 "감사가 부족"하다는 것을 느끼기 시작했고 그래서 주일학교를 섬기는데 있어서 조금씩 거칠어지기 시작했다. 이 이야기는 계속해서 전개될 것이고, 그녀의 느낌들은 쓰라림과 심지어 교사를 그만두는데까지 좋지 못하게 끝나버릴 수도 있을 것이다. 만약 그녀가 자신이 다른 사람을 기쁘게 하려는 덫에 걸려들었다는 사실을 깨닫지 못한다면 말이다. 나는 그녀가 신속하게 회복될 수 있다고 믿는다. 일단 그녀의 목표가 사람들로 하여금 "성령님 안에서 살도록" 격려하고, "그들 삶에서 그리스도께서 중심이 되시게끔 만드는" 것임을 다시 깨닫는다면 말이다. 사람들이 보이는 반응들은 우리가 과연 하나님을 적절하게 섬기고 있는지를 제대로 평가해주는 기준이 거의 되지 못한다. 적용점의 초점을 바꿔 보도록 하자. 나는 목회자들이 일정 기간 동안 설교를 마친 이후에

"교회 뒤편에" 서 있어 보기를 제안한다. 설교자들이 회중들에게 의존하고 있는지 아닌지를 살펴보기 위해서 말이다.

동시에, 나는 우리들이 사역하는 목적이 다른 사람들을 돕기 위한 것임을 다시 한 번 더 상기했으면 좋겠다. 그리고 다른 사람들을 도왔다는 사실을 발견하면서 무언가 기쁨을 누리는 것은 정상적이고 받아들일만한 일이라고 생각한다. 이슈는 매우 간단하다. 우리의 동기는 무엇인가? 우리는 다른 사람들로부터 인정받기 위해 섬기는가 아니면 하나님으로부터 인정받는 것을 추구하는가?

(2) 그의 근거와 우리의 근거: 동일한 개인적 경험(12절). 바울은 갈라디아 성도들을 향해 자기 자신처럼 되라고 명령할 수 있었다. 왜냐하면 그가 이미 그들처럼 되었기 때문이다. 즉 그는 율법과 상관없이 살아가는 법을 이미 배웠다. 그는 갈라디아 성도들도 마찬가지로 그렇게 하기를 원했다. 바로 여기에 사역의 근본적인 원리가 있다. 우리는 우리가 주장하는 바를 직접 경험하는 모습을 보여줄 때, 사람들을 향해 가장 효과적인 모습으로 사역하고 권면할 수 있다. 또한 우리가 경험한 일들은 우리가 이야기하기 좋아하는 내용들이 되곤 한다. 만약 우리가 이야기하고는 있지만 실제로는 우리 자신도 그렇게 살고 있지는 않을 경우, 우리는 종종 우리 스스로가 "곤란해하는" 경우들을 보곤 한다. 만약 아버지나 어머니가 되어본 적이 없는 어떤 사람이 강단에 서서 자녀양육에 대해 이야기한다면 별로 설득력이 없는 것과 마찬가지로, 만약 "율법과 상관없이 사는 것"에 대해 말하는 사람이 율법주의적인 삶을 살아간다면 이 역시 설득력이 거의 없을 것이다. 가르침과 영향력에 있어서 '경험'이라는 근거는 삶의 모든 훈련에서 찾아볼 수 있다. 교회 생활 전반에 있어서 중요한 개념과 생각들은, 이처럼 경험이 기초를 형성한다. 즉 우리는 경험자가 우리에게 사역하는 것을 원한다.

당신은 교회 인사위원회 위원들이 어떤 젊은 목회자를 면접하는데 그 사람이 교회에 정기적으로 참석해본 적이 전혀 없고, 주일 학교에서 학생들을 가르쳐본 적도 없고, 한 사람도 그리스도께로 인도해본 적이 전혀 없고, 결혼을 하지 않았기에 전혀 자녀들을 양육해본 적도 없고, 교회 위원회에서 섬겨본 적도 전혀 없고, 찬양이나 기도회를 인도해본 적도 전혀 없고, 교회에서 설교도 전혀 해본 적이 없는 사람이라면, 과연 위원들이 면접할 때 어떤 표정을 지을지 그 얼굴 모습을 상상할 수 있겠는가? 그 젊은 사람이 신학교를 졸업한 것만으로 자격조건은 충분히 채웠다고 말한다면, 교회 인사위원회에서는 아마도 그 사람에게 "가서 좀 더 경험을 쌓고 오세요"라고 말할 것이다.

(3) **그의 성실성과 우리의 성실성**: 출산의 고통(19절). 나는 출산의 고통이 얼마나 큰지 정확하게는 알지 못하지만, 그러나 아내가 우리 아이들을 낳던 출산 장소에 함께 있었던 경험이 있다(아들 루카스[Lukas]가 태어날때에는 내가 얼마나 힘겨워 하고 고통스러워했는지, 간호사가 내가 기절하지 않도록 내 옆에서 나를 지켜주어야만 했다!). 내가 아는 것은 출산은 매우 힘들고 고통스러운 일이라는 점이다. 한 아이가 세상을 보게 되는 것은 정말이지 엄청난 노력의 결과를 통해서이다.

바울의 목회적 경험은 그로 하여금 "영적 일들에 있어서 다른 사람들을 양육하는 것"이 출산과 비슷한 일이라고 바라보게끔 했다. 바울은 목양하는 일이 매우 힘겹고 고통스로운 일이라는 것을 잘 알고 있었다. 그는 목양이 상당히 많은 염려를 해야하고, 하나님을 매우 많이 신뢰해야 하는 일이라는 것도 알고 있었다. 그는 목양이 사람들에 대해 세세한 일들에 대해서조차 매우 많은 관심을 기울여야 하는 일이라는 것도 잘 알고 있었다. 간단히 말해서, 목회는 상당부분 어머니 역할과 비슷한 모습이다. 비록 일부 교회 전통에서는 목회자를 "아버지"라고 부르고 있고 이런 호칭이 적절한 것이기는 하지만, 사실 목회자들을 "어머니"라고 부르지 않는다는 것은 정말이지 놀라운 일이다! 출산을 하고 양육을 하는 것은 둘 다 매우 집중적인 사역이다. 갈라디아서를 처음부터 끝까지 한 자리에서 읽어보면, 우리는 바울이 이 편지를 얼마나 집중적으로 썼는지를 알 수 있다. 그의 편지는 그가 하고자 하는 일에 대해서 그저 간략한 스케치만을 제시해줄 뿐이다!(그래서 20절에서 그는 우리에게 말한다) 여기에서 바울은 자신의 신학에 대해서만이 아니라 갈라디아 성도들을 향한 자신의 느낌들에 대해서, 그들을 향한 자신의 소망들에 대해서, 그들을 향한 자신의 실망에 대해서, 그의 좌절들에 대해서 이야기한다. 바울의 목회자로서의 강렬함을 다른 부분에서 보고자 한다면, 골로새서 1:24-2:5 부분을 읽어 보라.

다른 사람들의 영적인 생활을 위한 사역을 하는 사람들은 바울이 지금 말하고 있는 것이 무슨 내용인지를 알 수 있다. 바울이 말하는 바는 그들을 위해 열심히 힘들여서 기도하는 것을 의미한다. 여기에서는 한 사람이 죄에서 벗어날 수 있게끔 기도하는 것이고, 다른 곳에서는 또 다른 문제를 넘어서기 위해서 기도한다. 또한 바울이 말하는 바는 젊은 기독교인들이 갖고 있는 질문들에 대해 대답해주고자 노력하면서 논리적, 지적으로 논의하는 것을 의미한다.

(4) **그의 상황 그리고 우리의 상황:** 불쾌한 연약함(13-14절). 바울의 육체적 약함이 무엇이었든지 간에, 그것은 명백하게 불쾌한 것이었다. 바울은 "나의 육체적 약함이 너희에게 시험이었음에도 불구하고"라고 쓴다. 이는 갈라디아 성도들이 바울의 육체적 약함과 관련해서 바울과 함께 살기 어려운 무언가라고 보았다는 것을 의미한다. 이는 바울과 갈라디아 성도들 사이에 긴장성을 만들었으며, 의사소통이 어렵게끔 만들었다. 그럼에도 불구하고, 하나님의 성령께서는 이 문제를 극복케 하셨고, 그래서 갈라디아 성도들은 회심했고 복음의 진리를 배웠다.

우리는 유추를 통해서 이 점을 적용할 수 있다. 리더가 갖고 있는 단점으로 인해 무엇이건 의사소통에 장애가 생길 경우, 이는 성령님을 통해 극복 가능하다. 나는 평생을 살아오는 동안 하나님께서 매우 다양한 종류의 사람들을 사용하시는 것을 보아왔다. 말하는데 장애를 갖고 있는 설교자로부터, 육체적 장애를 갖고 있는 운동선수 및 의사소통에 문제를 갖고 있던 제자들에 이르기까지. 비록 우리는 "의사소통의 장애요소들"이 하나님께서 한 사람을 사용하시는 가장 확실한 방법이라고 인정하고 싶지는 않지만, 그러나 우리는 하나님께서 복음을 전하시는데 있어서 능력 있는 연약한 질그릇들을 사용하실 수 있으시며 또한 사용해 오셨다는 사실을 우리 스스로에게 상기시켜야만 한다.

이와 관련된 문제는 우리가 어떤 모습인지를 직접적으로 보여준다. 우리는 키가 크고, 날씬하고, 잘 생기고, 말을 잘하고, 깊은 목소리를 가진(남성) 목사들을 좋아한다. 우리는 목사들이 깔끔하게 면도를 하고 잘 차려입은 것을 좋아한다. 더군다나, 우리는 목회자들이 동정심이 많고 신사적이고 강단에서 호소력을 갖고 있는 것을 좋아한다. 우리 의식 속에는 이런 "타입"을 좋아하는 생각들이 활동을 하고, 또한 각각의 개개인들은 "이런 묘사에 잘 들어맞는" 사람들에 대해서는 선호하고 그렇지 않은 사람들에 대해서는 환영하지 않는 반응을 하곤 한다. 그렇기에 하나님께서 어떤 사람을 사용하시는가에 관한 우리의 판단과 인식은 성경적인 가치와 전통에 뿌리를 둔 판단이기보다는 문화적 가치들을 전형화시킨 것들에 불과한 경우들이 많다.

나는 언젠가 어떤 목사가 설교하는 것을 처음 몇분간 본 뒤에 도대체 어떻게 목사로서 저런 모습으로 설교할 수 있는 건지 의아스러워 했던 적이 있었다. 그는 키가 크고 야윈 사람이었는데, 그의 몸은 조금 이상스럽게 경련을 일으키는 모습이었다. 더군다나 설교를 전달하고자 노력할 때 심심찮게 말을 더듬거나 머뭇거리기도 했다. 나는 이런 이상한 타입의 설교에 "익숙해진" 한참뒤에서야, 비로소 그 설교자가 경험한 하나님의 놀라운 은혜로 인해 그리고 그가 전한 메시지의 심오함 때문에 마치 벼락을 맞은 것처럼 충격을 받았다. 이후에 나는 그가 매우 권능 있는 목회자이며 큰 규모의 교회에서 능력있게 사역을 감당하고 있다는 사실을 알게 되었다. 내게 "시험"거리가 되었던 모습들이, 하나님의 은혜를 향해 보이지 않는 장애물이 되었던 것이다.

갈라디아서 4:21-31

21 내게 말하라 율법 아래에 있고자 하는 자들
아 율법을 듣지 못하였느냐
22 기록된 바 아브라함에게 두 아들이 있으니
하나는 여종에게서, 하나는 자유 있는 여자
에게서 났다 하였으며
23 여종에게서는 육체를 따라 났고 자유 있는
여자에게서는 약속으로 말미암았느니라
24 이것은 비유니 이 여자들은 두 언약이라 하
나는 시내 산으로부터 종을 낳은 자니 곧 하
갈이라
25 이 하갈은 아라비아에 있는 시내 산으로서
지금 있는 예루살렘과 같은 곳이니 그가 그
자녀들과 더불어 종 노릇 하고
26 오직 위에 있는 예루살렘은 자유자니 곧 우
리 어머니라
27 기록된 바 잉태하지 못한 자여 즐거워하라
산고를 모르는 자여 소리 질러 외치라 이는
홀로 사는 자의 자녀가 남편 있는 자의 자녀
보다 많음이라 하였으니
28 형제들아 너희는 이삭과 같이 약속의 자녀라
29 그러나 그때에 육체를 따라 난 자가 성령을
따라 난 자를 박해한 것 같이 이제도 그러하
도다
30 그러나 성경이 무엇을 말하느냐 여종과 그
아들을 내쫓으라 여종의 아들이 자유 있는
여자의 아들과 더불어 유업을 얻지 못하리라
하였느니라
31 그런즉 형제들아 우리는 여종의 자녀가 아니
요 자유 있는 여자의 자녀니라

원 의미

사도 바울은 유대주의자들에 반대하는 자신의 주장을 전개함에 있어서, 이 부분에서 가장 흥미롭게 구약성경을 "사용"하고 있으며, 이를 통해서 자신의 최종적이고 최고조에 이른 주장을 전개한다. 유대주의자들은 만약 예수 그리스도에 대한 신뢰와 모세의 율법에 대한 헌신 이 두 가지 구성요소가 되지 않는다면 이방인들을 향한 하나님의 역사하심이 불완전하다고 생각했다. 그러나 바울은 하나님께 받아들여지는 것은 오직 예수 그리스도로만 이루어진다고 주장한다. 모세 시대는 지나가버렸다.

바울은 이 마지막 주장을 통해서, 만약 우리가 성경본문을 "알레고리칼하게" 읽는다면, 아브라함-사라-이삭과 아브라함-하갈-이스마엘 스토리들이 바울 자신이 주장하는 바를 가르쳐준다는 사실을 알 수 있다고 주장한다. 하나님의 방법은 "육체"를 통해서가 아니라 "언약"을 통해서이다. 율법(즉, 오경)에 관한 내용을 활용하는 이 마지막 주장은 그가 앞부분에서 했던 세 가지 주장들을 완성시켜준다. 성경 본문(3:6-14)을 활용한 주장, 언약(15-25절)을 활용한 주장, 아들됨(3:26-4:20)을 활용한 주장. 바울은 여기에서도 앞부분과 마찬가지로 족장중에서도 자신이 생각할 때 최고봉이라고 생각하는 족장의 경우를 통해 자신의 주장을 펼친다: 모세가 아니라 아브라함.

몇몇 학자들은 고대 세계에서는 누군가가 논쟁을 마무리할 때 "상상을 동원한 알레고리"를 사용하는 것을 선호했고, 이는 매우 높은 수준의 논쟁 기술이었다는 점을 관찰해왔다. 질문이라는 방법을 통해 처음 시작했던 방식으로 다시 되돌아가는 것을 통해서(3:1-5에서 바울이 섹션을 시작할때와 마찬가지로), 바울은 갈라디아서를 읽는 독자들로 하여금 "주제와 핵심을 스스로 분별하고 알아내도록" 하는 방식을 취했다. 그의 "알레고리칼한 스토리"는 독자들로 하여금 이 스토리를 스스로 읽고 해석하게 하며, 그 의미를 스스로 발견하게 하고, 그런뒤 여기서 얻을 수 있는 교훈도 스스로 적용하게 한다. 이는 수사학적으로 건전한 방식이다.[1] 뿐만 아니라, 예화를 통해 논지나 주장을 마무리하는 것은 아주 오래전부터 끝맺음에 가장 적합한 방식으로 여겨져왔다.

이 본문은 깔끔하게 몇 개의 소단락으로 나눌 수 있다. (1) 질문(21절): 너희는 율법이 무엇을 말하는지 정말로 아는가?(너희는 율법을 듣지 못하였느냐?) (2) 성경 본문상의 재료(22-23절). 율법이 말하는 바가 여기에서 서술된다: 아브라함이 두 여인과 맺고 있는 관계성이, 전체 율법 구성의 기초를 형성한다. 율법의 구성은 "약속"인가 아니면 "육체"인가(NIV: "일반적 방식")이다. (3) 해석(24-27절): 아브라함의 두 여자들인 하갈과 사라는 두 개의 언약적 배치와 상응한다. 하나는 약속에 따른 언약이고(사라-하늘의 예루살렘-자유), 반면 다른 하나는 "육체적" 언약이다(하갈-율법-노예-지상의 예루살렘). (4) 적용(28-31절): 지금 박해당하는 자들은 당시 박해당하던 자와 상응한다. "그때" 박해당하던 자들은 약속의 아들들이었

1. H. D. Betz, *Galatians*, 239-40에 나오는 고대 논쟁자들에 대한 설명과 인용들을 보라. 이런 논쟁자들 중 일부 사람들은 어떤 주장들에 대해서 가장 강력한 것에서부터 가장 약한 것으로 등급매기는 것이 가장 좋은 방법이라고 생각했고(이런 방식은 지금 이 책을 가장 약한 주장들로 간주할 것이다), 다른 사람들은 "간접적인 주장"과 독자로 하여금 주장을 가장 효과적으로 발견하게끔 만드는 강력한 주장으로 등급을 매겼다.

으므로, 지금 박해당하고 있는 자들도 마찬가지로 "약속의 아들들"이다.

비록 이 문단을 해석하는 것은 그리 어려운 일이 아니지만, 바울이 어떻게 이렇게 지혜로운 알레고리를 찾아냈는지를 알아내는 것은 어려운 일이다.[2] 이 알레고리를 잘 이해하려면, 서로 상응하는 내용들끼리 마주보게끔 두 줄을 만들고, 하나의 언약 밑에 사람이나 사건 등을 배치하면서 "맞물리는 상대측"[3]끼리 마주보게끔 만들어 보는 것이 가장 좋고 쉬운 방법일 것이다. 몇몇 항목들은 서로 맞대응하는 내용들이 명시적으로 나오지 않기 때문에, 내가 추측을 해서 임의로 채워넣어야만 했다. 비록 명확하게 언급되지는 않았지만 우리가 분명하게 알 수 있는 점은 바울 자신은 사라편에 속하고 유대주의자들은 하갈편에 속한다는 점이다.

율법	**그리스도**
	아브라함
하갈 언약	사라 언약
이스마엘("육체")	이삭("약속")
박해자	박해받는 자
자녀-종	자녀-자유하는 자
시내 산	(시온 산? 골고다? 하나님 나라?)
지상의 예루살렘	하늘의 예루살렘

2. 알렉산드리아의 필로(Philo of Alexandria)는 이미 이와 유사한 대조들을 알레고리칼한 방식을 통해 발견했었다. 그는 아브라함과 사라를 덕(virtue)로 간주했고, 이삭은 높은 지혜, 하갈은 낮은 학문으로 그리고 이스마엘은 궤변으로 간주했었다. 그의 다음과 같은 책들을 보라. *Abraham*, 68; *On Flight and Finding*, 128, 209-10; *On the Change of Names*, 255. 필로의 전체 작품들은 종종 구약성경 본문들을 알레고리칼한 방식으로 해석하곤 한다. 하갈-사라 스토리에 대한 유대 문헌의 모든 해석들을 R. N. Longenecker, *Galatians*, 200-206에서 볼 수 있다.

3. 흔히 "키아즘"(chiasm)이라고 부르는 전환된 방식으로 이런 여러 항목들을 서로 연관지어 배열했다. 여기서 내가 제시한 도표는 R. N. Longenecker, *Galatians*, 213에 나오는 내용을 다시 구성한 것이다. A, B, C, D 각각은 서로서로에게 맞대응한다. 이들 각각에 대한 그의 설명을 보도록 하라.

A 하갈
  B 시내산
    C 노예
      D 현재 지상의 예루살렘
      D′ 하늘의 예루살렘
    C′ 자유
  B′ (시온산)
A′ 우리 어머니

노예 상황에서	자유 하는 상황에서
유대주의자들	**바울**
옛 언약	**새 언약**

이 본문 내용을 상세하게 살펴보기 전에, 우선 이 내용이 알레고리칼한 해석인지 아니면 일종의 모형론적 해석인지부터 알아보는 것이 유익할 것이다. 지금 이 부분에서는 이 두 가지 용어의 개념정의가 중요하기는 하지만, 내가 생각하기엔 본문의 의미를 결정하는데 있어서는 그리 큰 최종적인 차이가 있는 것은 아닌 듯하다. 그러나 바울이 숨겨진 의미(알레고리)를 추구하고 있는 것인지 아니면 하나님의 구속 계획에 따라 벌어지는 일련의 사건들 사이에 서로 상응점들(모형론)을 찾고자 하는 것인지를 잘 살펴보는 것은 따져볼만한 일이다.[4]

내가 생각하기에, 베츠(H. D. Betz)가 이 두 가지 개념에 대해 내린 정의가 내가 본 것들 중에 가장 훌륭하지 않을까 싶다.[5] 알레고리: "알레고리는 성경본문에 언급된 구체적인 내용들이나 전통(신화학)을 가져다가, 그 안에 담겨 있는 더 깊은 의미를 표면으로 드러나게끔 하거나, 혹은 좀 더 깊은 진리를 담고 있는 흔적들을 취해서 이 방법을 통해 숨어있는 더 깊은 진리를 드러내게 하는 방법이다.

모형론: "성경에 나오는 사람들, 사건들, 제도들, 그리고 전통이, 현재의 사람들, 사건들, 제도들에 대한 원형(프로토타입)으로 취급되며, 현재의 모습은 구원사라는 프레임 속에서 과거의 성취, 반복, 완성 등으로 설명된다. 베츠는 바울이 21-31절에서 사용하고 있는 방법은 이 두 가지 방법을 혼합한 것이라고 결론짓는다.

바울은 분명히 상응하는 내용들을 강조(모형론)하고 있지만, 그는 이와 같은 내용들이 구약성경 내러티브의 좀 더 깊은 의미들(알레고리)을 알려주고 있다고 힌트를 준다. 베츠는 바울이 사용하고 있는 방법에 대해서, 비록 모형론적인 측면에 강조점이 주어지고 있기는 하지만, 알레고리나 혹은 모형론중 어느 한 가지로 국한하는 것은 너무 제한적으로 보는 것이라고 결론짓는다. 나도 그의 견해에 동의

---

4. 헬라어 단어인 *allegoroumena*(NIV: "비유적으로 간주하면")에 주목하거나 이를 통해 이것이 "알레고리"라고 말하는 것은 우리 문제를 해결해 주지 못한다. 여기서의 헬라어 단어는 풍성한 방법들을 지칭하는 것으로 볼 수 있다.

5. H. D. Betz, *Galatians*, 239를 보라. 이와 비슷한 규정을, 매우 유익한 책인 R. N. Longenecker, *Biblical Exegesis in the Apostolic Period*(Grand Rapids: Eerdmans, 1975), 127에서도 찾아 볼 수 있다. 그의 책은 유대인들이 사용한 주해 방법들에 대해 간략하게 요약해 준다. 또한, F. F. Bruce, *Galatians*, 217도 보도록 하라.

하는 입장이다. 우리가 알 수 있는 것은 구약성경에 대한 바울의 접근법은 그가 다메섹 도상에서 그리스도를 만난 사건을 통해 혁명적으로 뒤집어졌다는 사실이다. 그 순간 이후부터, 그는 유대인들의 성경이 그리스도 안에서 성취되었다는 측면에서 성경을 다시 읽는 법을 배웠다. 그가 성경을 읽는 방법은 정말로 철저하게 "그리스도 중심적"인 방식이다.

비록 순전히 우리의 추측에 불과하기는 하지만, 바울이 여기에서 알레고리를 사용한 이유가, 유대주의자들 편에서 이방인들의 첫 시발점 중 한 사람인 아브라함의 아들 이스마엘에 관한 내용을 비슷한 방식으로 주장했기 때문이었을 가능성도 있다. 유대주의자들은 아브라함의 후손들은 그의 "육체적인" 후손들, 즉 유대인들이라고 주장했을 수 있다. 또한 그렇기에 갈라디아 성도들은 유대인들이 되어야 한다고 주장했을 수 있다. 바울은 아브라함의 진짜 "육체적" 후손들은 하갈과 이스마엘 계통의 후손들이지 아브라함의 후손이 아니라고 반대 주장을 한다. 아브라함의 진짜 "씨"는 그리스도이며 그의 백성들이다.[6]

질문(21절). 만약 유대주의자들이 사라-하갈 스토리를 사용했고 바울이 이에 대해서 반응하고 있는 것이라면, 바울이 여기에서 하고 있는 것은 그 스토리의 "진짜 의미"를 설명하고 있는 것이라 할 수 있다. 하갈이 구약성경에서 "육체"와 연결되어 있고, "육체"는 성령과 반대되는 것임을 보여주는 것을 통해서 말이다. "율법 아래에" 있기 원하는 자들(그리스도께서 가려지게 하는 방식으로 모세의 율법에 따라 살아가는)은 하나님께서 그리스도 안에서 행하신 일의 조명을 받아 율법을 읽는 법을 배울 필요가 있다.

성경 본문의 재료(22-23절). 바울은 여기에서 창세기 16장, 21장, 25장 내용을 넌지시 이야기한다. 우리는 이런 창세기 본문들을 통해서, 아이를 낳지 못해서 깊이 좌절하던 사라가, 당시 관습에서 분명하게 허용되던 방식대로 자신의 여종을 통해 아브라함이 자녀들을 얻게끔 이끌고 가는 모습을 볼 수 있다(참고. 30:3-13). 하갈은 이스마엘이라는 이름의 아들을 갖게 되었지만, 하갈은 사라를 존경하지 않는 사람이 되어버렸다. 그래서 사라는 그녀에게 벌을 주었고, 하갈은 사라의 분노를 피해 도망을 쳤다. 결국에는 다시 되돌아오게 되지만 말이다. 하나님께서 약속하셨던 것처럼(16:12), 이스마엘은 사라의 후손들로부터 미움을 받았고, 그들로부터

6. 이점에 대해서는 C. K. Barett, "The Allegory of Abraham, Sarah, and Hagar in the Argument of Galatians," in *Essays on Paul*, ed. C. K. Barett(Philadelpia: Westminster, 1982), 154-70을 보라. 그는 일반적으로 F. F. Bruce(*Galatians*, 218)와 R. N. Longenecker(*Galatians*, 197-219)의 입장을 따랐다.

떨어져서 살았으며, 브엘세바와 바란 광야에서 살았고(21:14-21), 결국에는 아랍의 유명무실한 우두머리가 되었다.

바울은 (1) 한 명의 여자는 "종인 여자"라고 묘사하고 다른 여자는 "자유하는 여자"라고 묘사하면서(이런 구도는 바울의 논쟁 구조와 잘 들어맞는다) 두 명의 여자들에게 관심을 집중한다. 또한 (2) 두 사내아이의 출생에—한명은 "일반적인 방식"의 출생으로 그리고 다른 아이는 "약속의 결과로서"—관심을 집중한다.[7] 구약성경에서는 사라가 남편 아브라함에게 하갈과 동침해서 아이를 낳으라고 권하는 것을 "불신앙"으로 여겼으며, 바울은 이를 "육체적인" 것으로 간주했다. 바울이 육체적이라고 해석한 것은 "욕망"적이라는 의미가 아니라, 하나님께서 아브라함으로부터 나라를 이루시겠노라고 하셨던 "약속에 따라 살지 않았다"는 의미이다(창 12:2-3).

해석(24-27절). 우리가 위에서 도표로 만들어서 살펴본 것처럼, 이 두 여자들은 두 언약들과 상응한다. 하갈은 시내 산(이곳은 언약이 주어진 곳이다)이고, 그녀의 자녀들은 모두 종들이다(율법 아래에 사는 사람들의 신분; 참고. 3:26-4:7). 예루살렘은 바로 이 시내 산과 상응하는데, 왜냐하면 그곳 거주민들은 율법 아래에서 살아가기 때문이며, 그곳 백성들은 종들이기 때문이다. 이와같이 상응시키는 것은 유대주의자들과 모든 유대인들에게 충격을 주었을 것이다. "율법에 복종하는 자들"에 대해서 바울이 바로 그 이유 때문에 이스마엘 계통으로 규정하고 있다는 점을 생각해보라! 분명히 이런 내용은 그들이 여지껏 들어오던 것과는 매우 다른 내용이었다.

하갈 → 이스마엘 → 시내 산의 율법 → 예루살렘 → 종들인 거주자들!

이는 과거를 읽고 해석하는 법에 관한 혁명이었다.

그러나 바울은 여기서 멈추지 않고 계속해서 설명을 진행한다. 사라의 씨는 "하늘의 예루살렘"에서 세워진 언약을 갖고 있다. "광야같은 여자"로부터 태어난 자녀들이라는 표현은 창세기 11:30에서 나온 것인데, 사라는 창세기에서 "광야"같다고 묘사되었다. 그러나 이 사라는 "광야"라는 단어를 통해 이사야 54:1과 연결된

7. NIV에서 "ordinary way"라고 번역한 것은 kata sarka에서 비롯된 것이다. 이 표현은 바울에게 있어서 "성령님 바깥의 생활"을 의미한다. 3:3에 대한 설명들을 보라.

다(참고. 사 51:2도 보라). 54:1에서 우리는 하나님께서 시온을 회복시키실 것이라는 약속들을 본다. 그러므로 이사야는 예루살렘의 미래를 예언하고 있는 것이다. 사실, 바울은 54:1의 성취라는 의미에서 그들의 존재를 참된 예루살렘과 연결시키는 것을 통해서, 그는 그리스도를 믿는 사람들이 새로운 시대, 성취의 시대를 살아가고 있다고 선포하고 있다. 이들은 "더욱" 많은 숫자이고, 이는 하나님께서 그들을 더욱 축복하셨다는 의미를 갖는다.

적용(28-31절). "이제 너희들, 형제들아, 이삭처럼 약속의 자녀들아" 여기에서 바울은 갈라디아의 상황에 앞선 내용을 적용한다. 그는 매우 흥미로운 방식으로 적용을 하는데, 다시 한번 더 경험을 통해 주장을 제기하는 방식을 사용한다. 이 두 사내아이들이 서로를 다루었던 바로 그 방식이, 오늘날에도 마찬가지로 상응하는 모습으로 나타나고 있다. 이삭이 이스마엘로부터 박해받았던 것과 마찬가지로,[8] "그리스도를 믿는 자들"이 "그리스도에 모세를 더하는 유대주의자들"로부터 박해받고 있다.[9] 이를 달리 말하자면, 너희는 누가 박해받고 있으며 또한 누가 박해하는 사람들인지를 알아보는 것을 통해서 너희가 어느 편에 있는지를 알 수 있다는 뜻이다. 박해자들이 틀렸으며(1:13, 23) 박해받는 자들이 올바르다. 무엇이 해결책인가? 사라가 하갈과 그의 아들을 쫓아낸 것처럼(창 21:10), 마찬가지로 갈라디아 성도들도 유대주의자들을 쫓아내야 한다. 그러나 이는 모든 유대인들이나 모든 유대교를 반대하는 것을 확장해석되어서는 안 된다. 이는 구체적인 일단의 사람들을 향한 매우 구체적인 명령이다: 모세의 율법을 이방인 회심자들에게 부과하고 명령하려 하는 유대주의자들.

바울은 28-29절로부터 31절로 건너뛰면서 결론을 그려낸다(30절은 일종의 "목회적 권면"이다). 우리는 박해받는 자들이기 때문에, 우리는 "자유하는 여자의 자녀들"이며 "종인 여자"의 아들들이 아니다. 이는 "사라의 아들"이 되려면 율법을 반드시 받아들이고 지켜야만 한다고 주장하던 유대주의자들이 틀렸다는 의미이다.

---

8. 구약성경에는 이스마엘이 이삭을 실제로 박해했다는 명시적 표현이 없다. 여기에는 두 가지 설명이 있다. (1) 이스마엘이 이삭을 "희롱"했다는 창 21:9의 설명을 "놀려댔다"는 의미로 이해했고, 그래서 유대 역사를 통해 "박해"라는 의미가 나오게 되었는 설명, 혹은 (2) 아랍과 유대인들의 갈등의 역사가, 아랍의 조상인 이스마엘(가령, 삿 8:24; 시 83:6)을 향해 이와같이 표현하기에 충분했다고 보는 설명. R. N. Longenecker, *Galatians*, 217; F. F. Bruce, *Galatians*, 223-24 등을 보라.

9. 박해라는 주제는 단지 사회적 골칫거리라는 것을 지칭하는 것일 수 있다. 그러나 나는 우리가 베드로(갈 2:14)와 유대주의자들이 강압적 힘을 사용했을 수도 있다고 보는 관점(2:3; 4:18; 6:12)을 이 표현이 확인해 준다고 생각한다.

상황잇기

아마도 바울이 본문을 해석하는데 사용한 방식과 관련된 것에서부터 시작하는 것이 가장 쉬운 길이 아닐까 싶다. 왜냐하면 바울이 결론에 도달한 것이 바로 자신의 해석 방식을 통해서였기 때문이다. 우리는 여지껏 그가 내린 결론을 계속 반복해서 강조해왔다(모세의 율법을 통해서가 아니라 믿음을 통해서 하나님께 받아들여지는 것). 여기서는 바울이 사용한 방식으로 관심을 바꾸어보자. 사도 바울은 성경본문을 해석함에 있어서 오늘날 우리가 그렇게 하지 말라고 배워왔던 방식을 사용하고 있다. 우리도 바울이 여기에서 한 방식을 사용할 수 있는 것인가?

우리가 성경본문을 해석하는 일반적인 패턴은 본문의 의미를 정황 속에서 발견해내는 것에서 출발해서, 그 뒤에 현대라는 정황 속에 그 의미를 적용하는 쪽으로 나아가는 것이다. 본질적으로, 우리가 취하는 과정은 고대 세계와 오늘날 우리가 살아가는 세계를 하나로 묶어내기 위해서 "정황들을 사용"하는 것이다. 고대 본문이 담고 있는 메시지를 오늘날 우리세계로 끌어들이는 것을 통해서 말이다. 존 스토트는 이에 대해서, 성경을 해석하고 그것을 우리 세계에 적용하고, 그 내용을 설교라는 일종의 "가교적 건물"을 통해 전달하고 설교하는 것이라고 묘사한다.[10] 우리는 한 손에는 성경을, 다른 손에는 신문을 들고 있으라고 배웠다. 복음의 시간초월성과 시의적절성을 갖고 그 메시지를 적용하는 것을 하나로 묶어내기 위해서나, 혹은 성경의 언어들을 읽고 오늘날 문화의 언어로 그것을 이야기하기 위해서 말이다.

이런 접근법의 근본 기초는—그리고 바로 이런 진행과정이 이 주석 시리즈의 진행과정이기도 하다—우선 성경 본문을 본문의 정황 속에서 검토하고 해석하는 것이다. 우리는 단어들, 구문들, 절들, 문장들, 문단들, 그리고 성경 한권을 각각의 정황들 속에서 주해하는 일에서부터 시작한다. 우리는 고대 본문 자체 속에서 메시지를 발견해낼 때까지는 그 메시지를 곧장 우리가 사는 세상으로 끌고 나올 수 없다.

그러나 바울이 지금 하고 있는 모습은 결코 이런 모습이 아니다. 본문이 원래 갖고 있던 정황들은 무시되고 있다. 우리가 알고 있는 한, 사라와 하갈은 언약을 대표하지 않는다. 우리는 어떻게 반응해야 할까? 세 가지 반응 중 한 가지 태도가 우리가 반응하는 모습이 아닐까 싶다: 우리가 틀리고 바울이 맞는다는 반응. 바울이

10. J. R. W. Scott, *Between Two Worlds: The Art of Preaching in the Twentieth Century*(Grand Rapids: Eerdmans, 1982), 135-79를 보라.

틀리고 우리가 맞는다는 반응. 아니면, 이는 "옳고 그름"의 문제가 아니라 그저 우리가 더 이상 사용하지 않는 해석과정의 문제이며, 바울은 그저 드물게 사용되는 방식을 사용했을 뿐이고, 또한 자신이 하고 있는 것이 "주해"가 아니라는 것을 충분히 알고 있었고 특별한 이유로 인해 이렇게 했다는 반응.

우리가 본문의 '원래 의미"를 추구하는 것은 틀린 것인가? 나는 그렇지 않다고 생각한다. 원래의 의미가 무엇이었는지를 물어보는 근본 토대는(이를 "주해의 역사적 측면"이라고 부른다), 시간과 공간속에 주어진 하나님 말씀에 대한 존중, 하나님께서 그 당시에 말씀하신 것에 대한 존중이다.[11] 이런 역사적 측면은 우리를 "실제로 벌어진 사건들과 실제로 선포된 말씀들"로 묶어주며, 우리에게 해석과 평가를 할 수 있는 기준을 제공해 준다. 만약 이런 역사적 측면이 없다면, 도대체 복음이 무엇이며 또한 하나님의 이름으로 선포된 말씀이 어떤 모습이어야 하는가에 대해 아무런 통제도 할 수 없을 것이다. 만약 사람들이 원하는 것이 무엇이건간에 성경 본문들이 그런 의미를 담는 본문으로 전락한다면, 성경 본문은 모든 사람들에게 아무 의미가 없는 것이 되버린다. 그건 그저 개인들에게만 의미가 있는 것이 되버린다. 그렇기에 나는 우리가 틀린 것이 아니라는 확신을 갖고 있다. 하지만 그렇다고해서 나는 바울이 틀렸다고 확신하는 것은 결코 아니다.

셋째 옵션이 가장 좋은 옵션이다. 바울은 이 부분에서 자신이 살던 시대때 받아들여지던 무언가를 행하고 있었고, 자신이 하고 있는 성경 해석에 관해 충분히 알고 있었으며, 또한 그는 자신이 특정한 정황 속에서만 행할 수 있는 일을 하고 있다는 점도 알고 있었다. 뿐만 아니라, 그가 행하던 일은 만약 우리가 원의미를 추구한다면, 우리에게는 추천할 수 없는 그런 일이었다. 오늘날 많은 학자들이 생각하듯이, 만일 바울이 그저 유대주의자들의 주장을 완전히 뒤집어 생각하게끔 하고 있는 것이라면, 그렇다면 바울이 지금 행하는 일은 자신이 주도권을 잡으려는 목적때문이 아니라는 것이 매우 분명해진다. 고린도후서 11장에 나오는 표현들을 사용하자면, 바울은 "어리석은 모습으로" 행동하고 있었다. 그는 "그들이 벌여놓은 일에" 참여하고 있는 것이었고, 이를 훌륭하게 잘 감당했다. 그들은 하나님의 참된 자녀는 유대인이 되어야만 한다고 말하면서 문제를 일으키기 시작했고, 그러면서 아브라함에게 매달렸다. 그들은 또한 이방인 계열은 이삭이 아니라 이스마엘에게

11. "의미"라는 이슈에 대해 학자들 사이에 전문적으로 논의된 내용에 대해서는 G. R. Osborne, *The Hermeneutical Spiral: A Comprehensive Introduction to Biblical Interpretation* (Downers Grove, Ill.: InterVarsity Press, 1991), 366-415를 보라.

로 거슬러 올라간다고 말했다. 그래서 바울은 이 문제를 좀 더 진지하게 살펴보는 것을 통해서, 이스마엘이 "종의" 자녀임을 보여주었다. 결과적으로, 율법에 종노릇하며 얽매여 있는 자들은 이스마엘의 전통을 따르고 있는 것이다. 하나님의 참된 자녀들은 사라의 계통에서 태어난 자들이다. 만약 바울이 이런 종류의 상황에 대해 반응하면서 이런 해석과 설명을 하고 있는 것이었다면, 우리는 이에 대해 아무것도 문제시하지 않을 수 있다.

뿐만 아니라, 내가 보기에는 바울에게 있어서 이런 식의 과정이 매우 드물게 나타난다는 점은(참고. 고전 9:9-10; 아마도 고전 10:1-11도 여기에 들어간다고 볼 수도 있을지 모르겠다), 바울 자신도 이런 방식이 일반적인 성경 해석 규칙에서 벗어난 것임을 잘 알고 있음을 알려준다. 종종, 바울은 성경을 우리가 "역사적 측면" 방식과 일치하는 모습으로 해석하곤 한다. 우리가 배경을 먼저 추적하는데 우리의 관심을 두고 질문하는 것(이런 과정은 반드시 필요하다. 왜냐하면 우리는 2천년이나 혹은 그보다 더 많은 시간이 지난 이후 시대를 살고 있기 때문이다)과 비슷하게 말이다. 바울은 본문을 원래의 언어(히브리어이건 혹은 헬라어이건)를 통해 이해하는 것을 추구했으며 일반적인 문법과 구문론에 따라 이해하는 것을 추구했다. 그러나 그는 지금 여기에서는 그의 대적들이 사용했었던 방식이자 그가 살던 시대에 "유행하던" 방식에 잠깐 손을 대고 있다.

그렇기에 나는 바울이 지금 여기에서 보여주고 있는 모습은 틀린 것이 아니라는 관점을 갖고 있다. 그러나 우리가 성경을 적절하게 연구하는데 있어서 "역사적 측면"을 통해 해석하는 것이 근본적이라고 주장하는 것도 마찬가지로 틀린 것이 아니다. 바울은 우리가 실제로는 모방할 수 없는 일을 했으며, 이 일은 지금 우리가 살고 있는 것과는 전혀 다른 정황 속에서 전개된 일이었다. 다른 한편으로, 우리가 구약성경의 인물들을 사용해서 복음과 그들을 연관시키는 일은 결코 틀린 일이 아니다. 이런 해석이 구약 본문의 원 의미라고 주장하지 않는 한 말이다. 나는 구약성경 본문에 토대를 둔 설교나 성경 공부들을 듣곤 하는데, 종종 어떤 사람들은 구약 본문의 원 의미와 정황에 대해 재해석해서 말한 이후에 원 의미와 관련해서는 거의 아무것도 말하지 않은 채 곧장 하나님께서 우리에게 무얼 원하시는지에 관해 이야기하는 경우들을 보곤 한다.

분명, 이들 선한 의도를 갖고 있는 무리들은 자신들이 주해를 하고 있다고 생각하겠지만, 그러나 그들은 틀렸다. 하지만 그럼에도 불구하고 이런 설교들은 예수 그리스도에 대한 복음을 새롭게 고쳐 말하기 위해 구약성경에 나오는 인물과 그에

(혹은 그녀에) 관한 내러티브를 사용했을 뿐이다.

이런 "고쳐 말하는 것"은 20년전 보다는 오늘날 별로 많이 이루어지지 않는다. 왜냐하면 요즘 교회에 출석하는 사람들이 20여 년 전 사람들보다 성경에 대해서 잘 모르기 때문이다. 구약성경에 대한 암시나 언급이 그리 많이 이루어지지 않는 것은 설교자들이나 청중들이 구약성경에 충분히 익숙하지 못하고 그 내용을 잘 알지 못하기 때문이다. 오늘날 교회에 출석하는 사람들 중 얼마나 많은 사람들이 이가봇, 에훗, 히스기야, 혹은 호세아등과 같은 사람들의 이름이나 그들에 대한 스토리들을 알고 있을까? 만약 내가 바울이 갈라디아 이탈자들을 향하여 엘리와 그의 며느리가 아들과 남편이 사망 소식을 전해준 자들에게 반응했던 것처럼 반응했으며, 또한 갈라디아 지역에 사는 자들이 이제 이가봇이 되었다고 선포했노라고 말한다면 어떨까?(삼상 4:1-22를 읽으라)

나는 이런 예에서 제시한것처럼 구약성경의 인물과 사건들을 통해 복음의 메시지를 우리가 얼마든지 다시 설명할 수 있다고 생각한다. 내가 생각하기에는 기독교인들이 구약성경에 나오는 등장인물들과 사건들을 황용하는 것을 통해 복음을 표현하지 못할 아무런 이유가 없다. 이렇게 하는 것은 실질적으로 구약성경 내러티브를 기독교 복음의 용어로 다시 설명하고 이야기하는 것이다. 그러므로 나는 구약성경 스토리들 속에서 복음에 대한 유추들을 찾아내지 못할 아무런 이유가 없다고 생각한다. 우리가 하고 있는 일이 역사적 주해가 아니기는 하지만 적용과 다시 읽기라는 것을 잘 인식하고 있는 한 말이다.

여기에서 논의해 봐야 할 둘째 이슈는 바울이 옳은 편에 서 있는 사람들은 박해받고 있는 사람들이라고 가정하고 있다는 점이다(28-31절). 과연 항상 그런 것인가? 비록 실제 삶속에서는 해결하기가 어렵긴 하지만, 이 질문에 대한 대답은 매우 간단하다. 박해자들이 항상 틀린 것은 아니며, 박해받는 사람들이 항상 옳은 것도 아니다. 그러나 바울 시대 때에는 대체로 박해하는 자들이 틀린 자들이었고 박해받는 자들이 올바른 자들이었다. 이런 현실은 바울로 하여금 박해받는 자들이 하나님 편에 있다는 일반적 가정을 하게끔 이끌었다. 그러나 박해받는 자들이 올바르다는 생각으로 나아가기 전에, 우리는 반드시 몇단계를 거쳐서 생각해야만 한다. 첫째로, 우리는 이 가르침이 어떤 정황에서 주어진 것인지를 생각해 볼 필요가 있으며[12] 이 가르침의 전체적인 의미가 무엇인지를 이해할 필요가 있다. 그런뒤 우리

12. T. Lewis, "Persecution," in *Dictionary of the Apostolic Church*, ed. J. Hastings(New York: Charles

는 당시의 박해와 비교해볼만한 오늘날 세계의 "박해들"을 찾아볼 수 있다.

우리는 박해라는 단어를 들으면서 곧장 다니엘과 세 친구들에 대해서 생각해 볼 수 있다. 그들은 느부갓네살왕이 모든 사람들로 하여금 자신이 만든 우상 앞에 절하게끔 했을 때 목숨을 걸고 저항했던 사람들이었다. 그들은 극렬한 풀무불 속에 던져졌지만, 그러나 하나님께서 그들을 구원해 주셨다(단 3장). 이후에 다니엘 자신은 이스라엘의 하나님께 기도한다는 이유 때문에 다시 한번 더 사자굴에 던져졌고, 하나님께서는 그를 구원해 주셨다(단 6장). 다른 많은 사람들도 생명을 건 복종 때문에 그리고 두려움없이 하나님 말씀을 선포하고 경고한 것으로 인해 고통당해야만 했다(참고. 왕상 18장; 22:13-28; 렘 26:20-24). 주전 2세기경에 기록된 중요한 책 한권은 순교자들의 영웅적인 행동들에 헌정되기도 했다(마카비 1서). 우리는 히브리서 11:32-38에서 순결한 순교자들의 명단과 그들이 당한 고통을 찾아볼 수 있다. 그들이 이런 일들을 통해 고통당했던 것은 그들이 하나님 앞에 신실했기 때문이었다.

사실, 예수님 자신께서 순교자의 모습을 보여주시는 전형이셨다. 주님의 대적들은 주님께서 설교하지 못하고 침묵하시게끔 하려고 온갖 일들을 벌였으며(눅 4:29), 주님께서 행하시는 일들과 가르침들 속에서 흠을 잡아내고자 했다(마 11:27-33; 12:13-17, 18-27, 28-34). 외부인들이 보기엔 주님께서 십자가를 지신 것은 주님께서 결국 제거당한 것으로 보였다. 그러나 하나님께서는 십자가를 통해 바로 이런 외부인들이 가까이 다가 올 수 있게 된 사건으로 보셨다. 예수님께서는 핍박당하는 자들이 하나님께 복을 받는다고 선포하셨으며(마 5:10-12) 선지자들에게 행했던 것처럼 행하는 자들은 악한 대우를 받게 될 것이라고 선포하셨다(23:33-39). 이런 모습은 예수님의 모습과 초대교회의 모습안에도 그대로 반영되어 있다(행 4:1-22; 5:17-42; 6:9-15; 7:51-8:3; 9:1-2, 23, 29; 12:1-5). 바울도 마찬가지로 핍박받은 많은 경험을 가지고 있으며(참고. 행 13:8, 45, 50; 14:2, 4-7, 19; 16;19-34; 17:5-9, 13; 18:6, 12-17; 19:9, 13-16, 23-41; 21:27-28:28) 심지어 자신이 받은 박해를 목록으로 만들어 제시하기도 했다(고후 11:23-27). 그는 다른 사람들에 대해서도 마찬가지 동일한 관점을 갖고 있었다: 예수 그리스도를 좇는 자들은 박해로 고통당할 것이다(딤후 3:12). 베드로 역시 박해받는 것에 대해서 경

Scribner's Sons, 1918), 2:168-86에서 매우 훌륭하게 정리를 해 놓았다. G. W. Bromiley, "Persecute," in *NISBE*, 3:771-74도 보라.

고했었으며(벧전 3:8-17; 4:12-19) 야고보도 일부 기독교인들이 경제적으로 박해받고 있다는 점을 분명하게 드러냈다(약 5:1-6). 요한계시록은 하나님께서 악한 세상에 대해 자기백성을 위해 역사하시고 모든 일들을 올바르게 만드시는 일련의 장면들을 담고 있다(계 7:14-17; 19:1-22:6).

그러므로 바울 편에서 이런 가정을 이해하려면, 우리는 정황을 바드시 이해해야만 한다. 이 정황은 기독교는 올바르다는 것이며, 유대교와 로마 제국은 일반적으로 기독교와 기독교 전도자들에 대해 분노하고 있다는 것이며, 여러 다양한 지역 그룹들이 기독교인 개개인들을 박해하고 있다는 것이며, 기독교인들은 자신들이 기독교인이라는 이유 때문에 박해받고 있다는 것이다. 초대교회의 복음전도에 대해 매우 훌륭한 연구업적을 남긴 마이클 그린(Michael Green)은 이점을 매우 잘 설명해준다.

> 어떤 정도와 차원에서건간에, 초대교회에서의 복음전도는 매우 벅찬 일이었다. 복음전도는 사회적 혐오, 정치적 위험, 신들과 국가에 대한 배반과 이에 대한 책임, 잠재적 범죄자로 낙인찍힘, 언제건 강력한 여러 세력들로부터 반대받고 적대시 될 수 있는 상황 등을 포함하고 있는 직무였다.[13]

바로 이것이 그들의 정황이다. 그들은 어떻게 반응했는가?

그들이 박해에 성공적으로 "대처"했던 전략들은 몇 가지 상호보완적인 개념들에 뿌리를 두고 있다. (1) 그리스도께서 박해받으셨으며 (2) 하나님의 사자들은 자신들이 선포하는 메시지로 인해 박해받았으며 (3) 하나님의 백성들은 종종 자신들이 하나님의 뜻대로 신실하게 행동하는 것으로인해 믿지 않는 사람들로부터 저주를 받거나 종종 고통당해왔으며 (4) 하나님께서는 그분 자신의 역사하심을 통해 공의를 세우시고 죽은 자들 가운데서 자기 백성을 부활시키실 것이며 이를 통해 결국 모든 일들을 올바르게 바로잡으시고 자기 백성들을 위로하실 것이다.

초대 교회들은 현재 진행되고 있는 일들 가운데서 자신들이 하나님의 마음을 얻고 있노라고 생각했기에 대적들의 반대에 대해 대처했었다. 그들은 사람이 아니라 하나님을 두려워했다. 그들은 이 땅에서의 삶이 전부가 아니라는 것을 알았다.

---

13. Machael Green, *Evangelism in the Church* (Grand Rapids: Eerdmans,1970), 47. 여기서의 인용은 그가 "Obstacles to Evangelism"에 대해 요약한 것에서 옮겨온 것이다.

그들은 예수님의 모범으로부터 용기를 얻었으며 교회 역사속에 있었던 박해받은 수많은 사람들로부터 용기를 얻었다.

현대적 의미

나는 여기에서 박해라는 주제에 대해 살펴보고자 한다. 우리는 복음의 진리에 반대하는 일들을 만날 때, 즉 그것이 일반적인 불신 차원이건 혹은 복음과 관련된 사람에게 과도하게 적대적으로 대하는 것이건간에, 어떻게 대처해야 하는가? 이미 우리가 살펴본 것처럼, 사도 바울은 지금 이 성경본문을 통해서 박해당하는 것이 하나님의 신실한 백성들이 감내해온 역사의 일부분이라고 호소했으며 그렇기에 박해는 한 사람이 과연 신실한지를 가늠하는 척도가 될 수 있었다. 우리는 오늘날에도 이런 척도를 사용할 수 있는가?

첫째, 우리는 무엇을 "박해"라고 하는지 우선 먼저 개념규정을 할 필요가 있다. 박해란, 기독교인이 하나님께 복종하는 것을 적대시하거나 혹은 기독교인이 하나님의 뜻과 진리를 선포하는 것을 반대하고 적대하는 것이다. 우리는 물질주의 사회에서 유복한 사람들이 재정적으로 바둥바둥거리는 것에 대해서 박해라고 이야기하는 것이 아니다. 한 사람이 직장에 출근하던 중 타이어에 펑크가 나서 일정에 차질이 생긴 것에 대해서 박해라고 이야기하는 것도 아니다. 또한 우리는 청년기 때 부모들과 다툼을 벌이는 것에 대해서 박해라고 이야기하고 있는 것도 아니고, 부모들이 자기 자녀들을 향해 품고 있던 바람이 이루어지지 않은 것에 대해서 이야기하고 있는 것도 아니다. 비록 지금 언급한 이 모든 일들이 기독교인의 성품이 성숙하고 발전해 나가는데 일정부분 역할을 하고 기여를 하기는 하지만, 이런 일들은 박해가 아니다. 박해에 대한 성경적 가르침을 살펴보기 위해 윗 문단들에서 언급하고 있는 사건들을 슬쩍 쳐다보기만 한다면, 누구든지 청년들이 씨름하고 있는 세속적 일들을 박해라고 생각하지 않을 것이다. 만약 우리가 오직 복음을 위해 쫓겨나고, 불에 던져지고, 죽임당하는 박해들을, 지금 일상에서 벌어지는 "타이어에 펑크가 나는 일" 따위와 같은 부류로 취급한다면, 이는 복음을 위해 부름 받은 성도들을 모욕하는 것이 될 것이다.

여기에 우리가 갖고 있는 문제가 있다. 오늘날에는 기독교에 대해서나 복음을 선포하는 것에 대해 적대적이지 않은 나라에 살고 있는 많은 기독교인들이 있다. 우리는 사회적인 압박없이 기독교 학교들에 다닐 수 있고, 기독교인과 결혼할 수 있고, 또한 기독교 기관에서 자신이 받은 소명을 감당할 수 있다. 이런 부류의 사람들은 자신들의 삶속에서 결코 박해로 고통당하지 않을 것이다. 이런 사람들에게 있어서, 박해받는 자들이 옳은 자들이라고 전제하고 있는 바울의 메시지는 거의 전적으로 관련성이 없는 메시지이다. 우리는 이점을 인정할 필요가 있다. 이런 사람들에게는 설령 그들이 박해를 만나보지 못했다 하더라도, 박해에 대해서 배우는 것이 신앙을 격려해 줄 수 있을 것이고 또한 그들 삶의 문제들에 대해 믿음으로 대처하는 방법들을 알게 해 줄 수 있을 것이다. 이들에게는 바울이 인생 마지막 때 선언한 말들은 그저 그들이 경험해본 적이 없는 일이기에 아마도 적절한 관련성이 없는 말일 수도 있다. 예수 그리스도를 따르는 자들은 박해로 고통당할 것이다(딤후 3:12). 내 생각으로는 그리스도를 따르면서도 박해로 고통당하지 않는 것이 이론적으로는 실제로 가능할 수도 있지 않나 싶다.

하지만 바울이 틀린 것은 아니다. 우리는 성경의 정황이나 바울이 이런 말들을 하고 있던 당시 사회의 상황들을 통해서 이 말들이 일반적인 진실이었음을 알 수 있다. 물론 상정 가능한 모든 상황에서 항상 맞아떨어지는 것이 아닐 수도 있긴 하지만 말이다. 그러나 나는 비록 그리스도를 따르면서 박해받지 않는 것이 "이론적으로 가능"하다고 생각하지만, 실제로 그런 모습은 드물다고 생각한다. 그러므로 실천적으로 말했을 때 비록 바울의 가르침과 전제들이 부적절한 것일 수도 있지만, 그보다는 그의 가르침들은 적절성을 훨씬 더 많이 갖고 있고 또한 그리스도를 따르는 자들은 박해에 대한 성경의 메시지가 실제적이라는 사실을 발견하게 될 것이다.

우리가 만약 우리가 사는 실제 세계 속에서 그리스도를 추구한다면, 우리는 금방 그리스도를 따르는 자들을 기다리고 있는 다양한 형태의 박해가 있다는 사실을 발견하게 될 것이다. 이런 박해들은 박해받는 자들이 옳다는 바울의 전제를 확인해 준다. 우리는 어디에서 이런 모습들을 발견할 수 있을까? 나는 일반적인 차원에서 *Zeitgeist*(혹은 "이 세대의 영")가 복음의 진리에 대적한다는 점을 제시하고자 한다. 우리 사회가 사람들로 하여금 "다원주의"와 "관용(똘레랑스)이라는 복음"을 생각하게 만든다는 점에 대해서 생각해 보도록 하자. 이 두 가지 개념들은 직접적으로 복음의 진리와 대치되는 개념들이다. 이 두 가지 개념들은 "절대적 진리"라는 개념에 대립한다. 만약 다원주의가 옳고 그름을 추구하는데 있어서, 선한 삶을 추구하는데 있어서, 하나님께 최종적으로 받아들여지는 것을 추구하는데 있어서 "다양한 옵션들"이 존재한다는 것을 의미한다면, 그렇다면 예수 그리스도께서 구원을 주시는 하나님의 유일한 대리자라는 메시지는 다원주의와 충돌을 일으킬 것이고,

또한 이런 충돌은 박해로 이어질 수 있을 것이다. 만약 관용(똘레랑스)이 사회적, 정치적, 종교 정책적 주안점이라면, 그렇다면 기독교인들은 분명 치워야할 잔뜩 쌓인 짐과 직면하게 될 것이다. 비록 기독교인들은 사랑을 베풀겠지만, 그러나 관용이 주안점이라는데 동의하지 않으며, 또한 죄악이나 잘못된 진리를 관용하라는 주장은 적절치 않다고 생각한다.

달리 말해서, 오늘날 현대 세계에서는 기독교인과 비기독교인이 만날 때, 세계관에 있어서 일반적인 갈등이 존재한다. 비록 우리가 지금 여기에서 바울의 사상에 있어서 "세계"가 어떤 것을 의미하는 것인지 설명할 수는 없지만, 전체 성경이 마치 어둠이 빛과 정반대이듯이(요 3:19-21) 이 세계 역시 복음과 반대된다고 증언하고 있음을 기억해야 할 것이다. 이 세계는 하나님과 대립한다(고전 1:18-25). 왜냐하면 하나님께서는 진리이시고 이 세계의 본질 및 이 세계가 하나님으로부터 떠나는 것을 지향하고 있다는 점을 드러내시기 때문이다(롬 3:19). 이는 기독교인들은 이 "세계"속에서 복음과 연합하는 무언가를 발견하는 것을 기대할 수 없다는 의미이다. 오직 대립과 반대만을 예측할 수 있을 뿐이다. 양자간에는 일반적인 갈등이 존재한다.

그러나 일반적 갈등은 극단적 상황을 제외하고서는 박해를 의미하지는 않는다. 그러나 바로 이 부분이 난처한 부분이다. 기독교인이 복음의 진리에 대해 자신의 주장을 말하고자 하는 순간, 바로 그 순간 일종의 박해가 종종 그 모습을 드러내곤 한다. 어떻게? 박해는 아주 교묘할 수도 있고 또한 공공연한 모습을 갖고 있을 수도 있다. 교묘한 대립과 반대는 찡그리고, 눈썹을 치켜 올리고, 사회적으로 배제시키고, 가십거리로 삼고, 블랙리스트에 올리고, 교묘한 행동을 취하는 것등을 통해서 기독교인들로 하여금 주저앉거나 뒷걸음치게 하는 것이다. 우리가 분명하게 의사표현을 하는 것에 대해 공공연하게 반대하는 양상은 여러 형태들로 다가온다: 부정적인 사회적 코멘트에서부터 적대적인 코멘트에 이르기까지, 경제적 제재로부터 해고에 이르기까지, 그리고 물리적 압력으로부터 공공연하게 살해하는 것에 이르기까지. 하지만 나는 다루기 가장 어려운 박해는 아주 교묘하다는 사실을 발견하곤 한다. 대부분의 기독교인들이 피하고 싶어 하는 것은 자신이 인정받지 못하게 되고 그래서 이러쿵 저러쿵 남의 이야깃거리가 되는 두려움이다.

그 결과 우리는 크게 말하거나 신실한 모습이 되는데 실패한다. 나는 두 가지 예를 제시하고자 한다. 이중 한 가지는 기독교인이 다른 기독교인에게 은근히 압력을 가하는 세계와 관련된 것이고, 다른 한 가지는 누군가 일반인이 기독교인들에게 압력을 가하는 세계와 관련된 것이다.

최근에 나는 한 기독교 TV에서 방송해주는 토론을 보았다. 목회자들과 심리학자들이 나와서 우리 사회의 예민한 토픽에 관해 토론하고 있었다. 성(性)중독. 사회자는 이 문제가 얼마나 끔찍한 것인지를 간략하게 이야기한 뒤에, 패널들에게 의견을 개진하게끔 했다. 심리학자들은 매우 전형적인 방식으로 이야기를 시작했다. 그들 이야기의 매우 중요한 출발점은 우리가 그런 사람을 반드시 수용하고 받아주어야만 하며, 그 사람은 하나님께서 자신을 사랑하신다는 것을 반드시 이해해야만 하며, 그 사람은 다른 사람들이 받아들일 수 없는 행동을 하게끔 자신을 이끌고 온 자신만의 과거가 있다는 점도 반드시 이해해야만 하며, 그 사람은 자신이 변화를 원할 때 까지는 의사가 이 문제를 치료할 수 없다는 점도 반드시 이해해야만 한다는 것 등등이었다. 토론이 진행되어 갔지만, 나는 거의 아무런 논의 전개도 이루어지지 않고 있다고 느꼈고 또한 기독교만의 사상이나 개념들이 거의 아무것도 이야기되고 있지 않다고 느꼈다(물론, 그런 사람들을 받아들여주는 것은 중요한 부분이긴 하다).

이런 상황 속에서, 어떤 목사가 발언하기 시작했고, 좀 머뭇거리다가 이 문제와 관련해서 성경은 이런 종류의 문제를 "죄"라고 여긴다고 제시했다. 그런뒤 좀 더 담대하게, 예수 그리스도께서 그리고 성령님의 능력이 이런 종류의 받아들일 수 없는 행동에 대한 본질적 치유책이라고 주장했다. 토론이 진행되던 바로 이 지점에서, 다른 참가자들은 동의를 표하며 고개를 끄덕이기 시작했고, 결국에는 모든 사람들이 근본적인 동의를 하기에 이르렀다.

내가 여기서 말하려는 요점은 물론 나는 성경적인 해결책이 근본적인 해결책이라고 믿지만, 성(性)중독에 대한 치유방법에 관한 것이 아니다. 내가 말하려는 바는 심리학자들은 진단, 분석, 이런 문제에 대한 논의 전개 등에 있어서 상당히 유용한 사람들이지만, 그러나 그들은 "죄"라는 말을 하는 것은 꺼려한다는 점이다. 그들은 "전문가적이지 않다"는 말을 듣는 것을 원치 않았으며, 또한 심리학은 기독교 세계에 아무것도 줄 수 없다고 생각하는 그런 심리학자들이나 목회자들 카테고리에 자신이 포함되는 것을 원치 않았다. 이들은 존경받는 위치에 남아있고픈 욕심 때문에(이 욕심은 적절하게 행해진다면 절대로 나쁜 욕심이 아니다), 성경의 메시지를 제한했다.

내가 이 이야기를 하는 이유는 나는 이것이 기독교 심리학자들의 문제점이라고 생각하기 때문이다-그리고 나는 이 전문 직업을 매우 존경한다(내 아내도 이 직업을 가질 뻔했다!). 내가 여기에서 발견하는 아주 미묘한 압력은 올바른 용어들을 아주 조심스럽게 사용하게끔 만드는 압력이다. 그래서 이런 압력은 때때로 성경이 죄라고 부르는 무언가에 대해서 그렇게 "죄"라고 부르지 않고자 하는 태도들이 생겨나게끔 한다. 그러면서 성경이 그런 죄를 끊는 자에게 약속한 죄사함에 대해 말하는 것 역시 내켜하지 않게 만들곤 한다. 그들은 자신들의 학문 분야를 보호하길 원하고 또한 그들의 전문 영역에서 존경받는 입지를 그대로 유지하고자 하기 때문에, 뿐만 아니라 많은 문제들은 신속한 치유(그리스도께 혹은 성령님께 복종하는 것)가 별로 효과적이지 않다고 생각하기 때문에,[14] 기독교인 심리학자들은 다른 사람들과 자기자신을 향해 은근한 압력을 주곤 한다. 그들이 결국 복음의 진리를 선포하는 것을 거부하게끔 결말짓는 그런 방식으로 말이다.

갈라디아서 4:21-31의 내용과 관련해서 이야기하자면, 나는 여기에서 이점을 이야기하고자 한다. 기독교인 심리학자들이 복음의 진리가 감성과 정신건강의 토대가 된다고 옹호하려 하면 그들은 자신들이 행하는 일에 대한 반대를 느끼게 될 것이고, 그들은 또한 바울의 말들이 진리라는 점도 경험하게 될 것이다. 그들은 하나님을 신뢰하지 않는 자들이 복음을 대적하는 것을 목격하는 것을 통해, 복음의 신실성을 확인하게 될 것이다. 다른 사람들로부터 공공연하게 압력을 받는 것은 감지하기는 좀 더 쉽지만 받아들이기는 훨씬 어려운 일이다.

나는 최근에 한 사람과 대화를 나누었는데, 그 사람은 내게 자신이 루터교 신자인 여성과 결혼을 했으며(그는 이전에 로마 가톨릭에 다녔다) 교회를 바꾸는 것이 얼마나 어려운지 모르겠다고 이야기했다. 그런뒤 그 사람은 조금은 허세를 부려가면서 내게 이야기했다. 자기 교회에 새로 부임한 목사가 오직 그리스도를 통해서만 구원을 얻는다고 설교한 이후에 자신이 그 목사의 설교를 "바로잡아" 주었노라고 말이다. 그는 내게 자신이 그 목사의 설교에 어떤 방식으로 접근했는지에 대해 이야기했고, 또한 그 목사에게 자신이 "구원의 유일한 한 가지 방법"이라는 내용의 설교를 더 이상 듣지 않을 것임을 어떤 방식으로 전달했는지에 대해서도 이야기했다. 그는 그런뒤 기독교인들이 얼마나 도덕적으로 옳지 않은 사람들인지에 대해서 마치 논문을 발표하듯 이야기했고, 또한 자신들이 진리를 알고 있다고 생각하거나

14. 나는 이 주장이 사실이라고 생각한다. 많은 문제들에 있어서 장기적인 치료를 하면서, 한 사람의 개인사를 잘 살펴보고 그 사람의 감정들과 문제점들을 잘 살펴보면서 치유과정을 거치는 것이 필요하다. 그러나 나는 예수 그리스도의 복음과 성령님의 능력이 감정과 정신 건강의 가장 밑바탕에 깔려 있다는 점 역시 믿는다. 바로 이것이 기독교를 믿는다는 의미이기도 하다!

혹은 하나님께서 오직 기독교인들만 받아주실 것이라고 생각하는 자들이 얼마나 옳지 않은지에 대해서 구구절절 이야기를 했다. 그는 말을 하면서 감정들이 점차 격앙되어갔다. 그런뒤 그는 나를 바라보고서는 이야기했다. "기독교인들만 천국에 갈 것이라고 말하지 마세요. 그렇게 말하는건 기독교인이 아닙니다. 설마 당신도 그렇게 믿는건 아니겠지요, 그렇지요 스캇?"

나는 내가 또 다른 격론의 공격대상이 되는 것을 원치 않았다는 점을 솔직히 인정해야만 할듯하다. 나는 그 순간 진리에 대하여, 그리스도안에 나타난 하나님의 계시에 대하여, 무엇이 "기독교인"인지에 대하여 긴 논의를 다시금 시작하는 것을 원치 않았었다. 이 사람에게는 이런 모든 것들이 "나이스하고 관용적인 사람이 되고, 선한 행위가 가득한 사람 되는 것"을 의미했지만, 분명 정통주의적인 사람이 되는 것을 의미하지는 않았다. 나는 이렇게 말했다. "친구, 나는 예수 그리스도를 믿는다네, 그리고 성경은 우리가 오직 예수 그리스도를 통해서만 하나님께 받아들여진다고 가르친다네." 나는 불편한 느낌을 가졌지만(누구든지 이런 주제에 대해 그와 이야기를 나누면 이런 느낌을 가졌을 것이다), 그러나 나는 또한 자유로움도 느꼈다. 왜냐하면 그리스도에 대한 좋은 소식을 기꺼이 선포할 때, 그 안에 자유로움이 있었기 때문이다. 나는 그가 나를 좋아하는지 아닌지가 그리 중요한 문제가 되지 않는다고 느꼈다. 나는 그가 나를 받아들이느냐 마느냐의 문제보다는 그리스도를 따르는 것이 훨씬 더 중요하다는 사실을 알고 있었다. 그러나 나는 그의 우정을 매우 중시했다(그리고 지금도 그렇다). 뒤이어진 대화들에서, 나는 그가 불행한 과거(오직 로마 가톨릭만이 기독교인이 될 수 있었던)에 대해 지나치게 격한 반응을 하고 있으며 그가 자기자신에 대해 성도이며 기독교인이라고 생각하고 있다는 점을 알게 되었다. 그때부터 나는 그가 기독교인이라는 확신을 가질 수 없었고(적어도 정통주의적 의미에서는), 나는 그리스도를 따르는 모든 이가 경험하는 압박을 경험했다: 복음의 진리를 부인하라는 압박 속에서 그리스도를 옹호하는 것.

다시 한번 더 나는 동일한 점을 관찰할 수 있다. 복음편에 서서 담대하게 그 내용들을 선포할 때, 기독교인은 바울이 한 말들이 진실이라는 것을 발견하게 될 것이다. 그리스도를 따르는 자들은 박해로 고통당할 것이다. 즉 반대에 직면하는 경험은 기독교인들로 하여금 복음의 진리를 확인받게끔 해준다. 이런 경험이 복음을 확인해주는 것이 아니다. 대적 받는 것을 통해 복음이 자기 자신을 확인해준다.

우리가 이런 경험들을 겪을 때, 우리는 이런 일들에 대해서 초대교회 기독교인들이 이런 경험들에 대해 어떤 식으로 바라보았는지를 배울 필요가 있다. (1) 우리는 우리가 예수님의 뒤를 따라 올바르게 걷고 있을 뿐이라는 것을 잘 깨달을 필요가 있다. 이는 박해받는 자들로 하여금 그들이 예수님께서 취급당하셨던 바로 그 방식대로 자신들도 취급당하고 있다는 것을 깨닫게끔 격려해 준다. (2) 우리는 하나님의 백성들은 항상 대적당했었다는 사상을 기억할 필요가 있다. 만약 우리가 과거 대적당했던 사람들의 발걸음을 따르지 않고 그저 세상에 순종적으로만 살아간다면, 우리는 도대체 우리 자신을 누구라고 생각해야 한단 말인가? (3) 우리는 하나님께서 최후에 베푸실 상급과 우리가 누리게 될 부활이라는 소망에 우리의 확신을 뿌리박게 할 수 있다. 지금 당장 눈앞의 현실이 어떠하든지 간에, 우리는 하나님께서 결국에 모든 일들을 올바르게 만드실 것임을 알고 있다. 여기에는 우리 자신의 부활과 하나님의 임재 안에서 영광스럽게 영생을 누리는 것도 포함되어 있다. 우리가 복음에 대한 반대와 박해에 직면했을 때, 바로 이 소망이 우리 영혼에 활기를 불어넣어주어야만 한다.

그러나 우리는 이미 맨 앞부분에서 현대 기독교 세계 속에서는 박해의 부재가 너무나 크게 자리잡고 있다고 말했던 바로 그 내용으로 돌아가야만 한다. 이런 상황의 근저에는 다른 사람들로부터 받아들여지고픈 바람이 자리잡고 있다. 바울은 이 바람에 대해서 갈라디아서 1:10에서 반대 입장에 서서 이야기했으며, 또한 이런 바람은 유대주의자들이 뿌리를 두고 있는 부분이기도 하다. 예루살렘으로 돌아가 그곳에서 받아들여지는 것. 이런 바람과 욕구는 우리가 살고 있는 현 세계에서 너무나 강력하기 때문에, 우리가 그리스도를 따르려는 의지를 품는 것을 오염시킬 수 있다. 실제로 우리가 다른 사람들에게 받아들여지고 싶어하는 바램은 다른 사람들로부터 대적당하는 것을 통해 우리 믿음을 확인하고 확정지을 수 있는 기회를 날려버리게 한다.

베키 피펏(Becky Pippert)은 자신이 쓴 『*Out of the Salt Shaker and Into the World*』[15]라는 책에서, 기독교인이 이 세상과의 관계에 있어서 "밉상"이 되는 것과 "공격적"이 되는 것을 구별한다. 그녀는 밉상이 되는 것은 옳지 않지만, 공격적인 되는 것은 정상적인 것이라고 주장하는데, 이는 매우 적절한 주장이다. 그녀는 이렇게 쓰고 있다. "만약 누군가가 공격적이라는 것으로 인해 죄책감을 느껴야만 한

15. Becky Pippert, *Out of the Salt Shaker and Into the World* (Downers Grove, Ill.: InterVarsity Press, 1979), esp. 15-31.

다면, 그건 내가 아니라 예수님께서 그렇게 느끼셔야만 한다. 주님께서 하나님께로 가는 유일한 길이라는 것은 내 생각이 아니라 바로 주님의 생각이셨다." 그리고 그녀는 이런 사상과 관련해 불신자와 가상의 대화를 나누는 장면을 통해 끝맺음을 한다. "나도 알아요. 그런데 예수님께서 실제로 이렇게 많은 협소하고 편협해 보이는 일들에 대해 말씀하셨다는 것이 놀랍지 않습니까? 도대체 왜 예수님께서 그렇게 자기중심적인 주장들을 하셨는지 그분에 대해서 연구하면서 한번 알아보고 싶은 관심이 생기지 않습니까?"[16]

만약 복음을 적절하게 이해하고 또한 설득력있게 제시한다면, 복음은 죄악 가득한 사람들에게 공격적이다. 여기에는 중간지대가 없다. 그리스도의 제자가 된다는 것은 필연적인 갈등을 겪는다는 것을 의미하며, 이는 마음에 상처를 입는다는 것을 의미한다. 우리는 기회를 회피해서는 안된다. 복음을 전했다가 거부당하는 것은 실제적으로 우리들이 아니다(마 10:40-42). 하지만 우리는 대적당하는 경험을 통해서, 과거 신실한 형제 자매들이 배웠던 바로 그런 방식으로 우리들도 취급당하고 있다는 사실을 확인하게 된다. 바울은 썼다, 그때 이후로 하나님의 백성들은 박해 받아왔으며, "지금도 그러하도다"라고 말이다(갈 4:29).

16. Ibid., 27.

갈라디아서 5:1-12

1 그리스도께서 우리를 자유롭게 하려고 자유를 주셨으니 그러므로 굳건하게 서서 다시는 종의 멍에를 메지 말라
2 보라 나 바울은 너희에게 말하노니 너희가 만일 할례를 받으면 그리스도께서 너희에게 아무 유익이 없으리라
3 내가 할례를 받는 각 사람에게 다시 증언하노니 그는 율법 전체를 행할 의무를 가진 자라
4 율법 안에서 의롭다 함을 얻으려 하는 너희는 그리스도에게서 끊어지고 은혜에서 떨어진 자로다
5 우리가 성령으로 믿음을 따라 의의 소망을 기다리노니
6 그리스도 예수 안에서는 할례나 무할례나 효력이 없으되 사랑으로써 역사하는 믿음뿐이니라
7 너희가 달음질을 잘 하더니 누가 너희를 막아 진리를 순종하지 못하게 하더냐
8 그 권면은 너희를 부르신 이에게서 난 것이 아니니라
9 적은 누룩이 온 덩이에 퍼지느니라
10 나는 너희가 아무 다른 마음을 품지 아니할 줄을 주 안에서 확신하노라 그러나 너희를 요동하게 하는 자는 누구든지 심판을 받으리라
11 형제들아 내가 지금까지 할례를 전한다면 어찌하여 지금까지 박해를 받으리요 그리하였으면 십자가의 걸림돌이 제거되었으리니
12 너희를 어지럽게 하는 자들은 스스로 베어 버리기를 원하노라

원 의미

1절에 나오는 자유를 향한 바울의 선포는 갈라디아 성도들을 향한 그의 가장 본질적 메시지이다. 그리스도께서 역사하신 목적은 유대인들로 하여금 율법의 저주로부터 자유를 누리게 하고, 또한 이방인들을 얽어매고 있는 불순종과 죄악의 사슬을 부숴뜨리고 그들로 하여금 동일한 자유를 누리게 하시려는 것이었다. 이 서신에서 "자유"라는 개념이 얼마나 중요한지는 그 어떤 말로도 다 표현할 수 없을 것이다.

갈라디아서의 전체적인 구조를 놓고 생각했을 때, 지금 이 본문은 중요한 섹션을 새롭게 시작하는 부분이다. 바울은 앞서 나온 첫째 중요 섹션(1:10-2:21)에서는 자신의 독립성을 제시하는 것을 통해서 그가 전한 메시지의 정당성을 입증하고자 노력했다. 반면에 둘째 섹션(3-4장)에서는 이와 동일한 내용을 입증하고자 신

학적 주장들을 사용했었다. 바울은 마지막 섹션(5:1-6:10)에서, 자신의 메시지를 갈라디아 교회들의 상황에 적용한다. 갈라디아 교회들은 바이러스에 감염되어 있었다. 한 사람이 하나님께 받아들여지려면, 예수 그리스도께 복종해야만 할뿐만 아니라 모세의 율법에도 복종해야 한다고 주장하는 바이러스에 말이다. 바울은 갈라디아 교회들에게 해독제를 접종시킨다. 한 사람이 예수 그리스도께 돌아오면, 그는 모세로부터 돌아선 것이며 그는 하나님께서 그 사람 심령안에 보내주시는 그리스도와 성령님의 다스리심 속에서 살기 시작하는 것이다. 바울은 그리스도의 사람들은 율법으로부터 자유롭다고 주장한다.

우리는 바울이 앞에 나온 논쟁적인 내용에다가 아무 연결성도 없는데도 불구하고 5-6장을 그냥 덧붙인 것이 결코 아님을 분명히 해야만 한다.[1] 비록, 1-4장이 모세의 율법주의라는 문제를 강조하고 있고 5-6장은 죄에 대한 변명을 하는데 자유를 사용해서는 안된다는 점을 강조하고 있어서 얼핏 보기엔 깊은 연관성이 없는 것처럼 보일지도 모르지만, 이 섹션들 사이에는 그냥 눈에 보이는 것보다 훨씬 더 깊은 연관성이 있다. 갈라디아서는 맨 처음 섹션부터 마지막 섹션까지 두 가지 차원의 이슈를 담고 있다. 누가 하나님의 참된 백성인가(이스라엘인가 혹은 교회인가) 그리고 이들은 자신의 삶을 어떻게 관리해야만 하는가?(모세에 복종하는 것을 통해서인가 아니면 성령님을 따르는 것을 통해서인가) 바울은 이 두 가지에 대해 "교회"가 하나님의 백성이며, "성령님을 따르는 삶"을 추구해야 한다고 주장한다. 이 마지막 결론은 그를 대적하던 유대주의자들은 도저히 받아들일 수 없는 것이기에 문제들을 야기했으며, 바울이 하나님의 백성은 율법을 따르는 것이 아니라 성령님을 따라야만 한다고 주장하는 것에 대해서, 그들은 분명 바울을 향해 그가 갈라디아 성도들에게 적절한 지침을 주지 않고 있노라고 책임을 물었을 것이다. 그들은 기독교 윤리에 대한 바울의 근본적 관점이 무엇인지 질문을 던졌으며, 또한 과연 성령님께서 도덕적 인도와 지침에 있어서 충분한 존재인지 그리고 "육체"에 대항해 싸우는데 있어서 적절한지 의문을 제기했다. 바울은 바로 이 문제에 대응했다. 기독교인들은 성령님 안에서 살아야만하고 율법아래에서 살아서는 안된다. 그러나 그들의 삶은 유대교에 있는 사람들보다 더욱 거룩해야만 하고, 또한 성도들은 좀 더 사랑가득한 삶을 살아야만 한다. 왜냐하면 성령님께서 그들 삶속에 임

---

1. 이 책의 이 관점은 J. M. G. Barclay, *Obeying the Truth : A Study of Paul's Ethics in Galatians*(Edinburgh : T & T Clark, 1988)에 상당히 훌륭하게 잘 제시되어 있다.

재하고 계시기 때문이다. 우리가 이전에 사용했던 비유를 다시 활용해 보자면, 바울은 컴퓨터를 사용하는 사람들은 수동타자기를 때려 부순 사람들보다는 좀 더 효율적으로 일해야만 한다고 이야기하고 있다.

갈라디아서의 마지막 섹션인 이 부분은 주제 진술(1절)을 통해 시작하며, 그 이후 바울은 자유라는 주제를 몇몇 다른 이슈들에 적용한다. (1) 할례(2-12절), (2) 기독교인의 자유(13-15절), (3) 육과 영(16-26절), (4) 짐을 지는 것(6:1-5), (5) 나눔(6절), (6) 뿌리고 심는 것(7절), (7) 선을 행하는 것(8-12절). 우리는 지금 이 챕터에서 주제(5:1)에 관해 살펴볼 것이고, 이 주제를 할례 시행(2-12절)에 적용한 것에 관해 살펴볼 것이다. 이 주석의 다음 섹션에서는 둘째, 셋째 이슈들에 대해 살펴볼 것이다.

주제: 자유(5:1)

이 주제는 두 가지 구성요소를 갖고 있다. 자유에 대한 선언(1a절)과 자유가 함축하는 의미(1b절). 이를 달리 말하자면 이렇게 말할 수 있다. 너희는 자유롭다. 그러므로 모세의 율법에 포로가 되지 말라.

헬라어 원문 성경의 단어들은 NIV 성경이 영어로 번역하고자 시도한 것보다 좀 더 강력한 의미들을 담고 있다. 헬라어 단어 배열 순서를 따른다면, 우리는 다음처럼 좀 무뚝뚝하게 번역해야 할 것이다. "자유를 위해서 그리스도께서 너희를 자유롭게 하셨다." 이 부분은 헬라어로는 오직 네 단어로만 구성되어 있다(단어 배열 순서) "자유" "너희" "그리스도" 그리고 "자유롭게". 헬라어 문장에서는 제일 첫단어와 마지막 단어가 강조적 의미를 담고 있을 수 있는데, 이 문장에서는 처음과 마지막 부분이 자유라는 단어로 연결되어 있다-하나는 명사로, 다른 하나는 동사로 여기서의 동사는 과거형인 애오리스트(aorist) 시제로 되어 있다. 이 시제는 언제 혹은 어떻게 자유롭게 되었는지에 대해서는 알려주지 않고, 그들이 자유롭다는 상황에 대해서만 알려준다. 즉 바울의 중심 초점은 그들 존재가 자유롭다는 사실에 있다.

우리가 이 문단에서 이해할 수 있는 모든 것들 그리고 궁극적으로 우리가 갈라디아서에서 "가져올 수 있는" 모든 것들은 이 서신에서 사용되고 있는 자유라는 용어의 의미를 우리가 얼마나 잘 이해하고 깨달을 수 있느냐에 달려 있다. 베츠(H. D. Betz)는 다음처럼 말했다. "그 결과… '자유' 는 핵심적인 신학적 개념이며, 이는 이 세상에서 기독교인의 상황이 어떠한지는 물론이고 하나님 앞에서 기독교인의 상황이 무엇인지에 대해서도 종합해 준다. 자유는 바울이 전체 갈라디아서를 통해 주장하는 내용들에 기본적으로 깔려 있는 기초개념이다."[2] 그러므로 이제 우리는 갈라디아서와 바울 서신들에서 자유라는 개념이 어떤 의미인지를 우선 살펴보고자 한다.[3]

첫째, 우리는 "자유롭다"는 것이 하나님과의 관계성임을 관찰해야만 한다. 하나님의 임재안에서만, 우리는 율법의 저주로부터(참고. 3:10-14; 5:1, 13) 그리고 "죄악된 상태"로부터(롬 6:18, 20, 22; 8:2) 자유롭기 때문에, 우리는 그분 안에서 그의 "자유로운 자녀들"로 살 수 있다(갈 4:21-31). 둘째로, "자유롭다"는 것은 예수 그리스도의 죽음의 결과이다. 우리는 죄와 율법의 포로였지만, 그러나 그리스도의 죽음이 우리를 율법의 저주로부터 구속했다(2:4; 3:13; 5:1; 참고. 요 8:36). "자유"라는 언어는 "구속"이라는 언어와 하나로 묶여 있다(참고. 1:4; 3:13; 4:5).[4] 셋째로, "자유롭다"는 것은 하나님의 성령 안에서의 삶이다. "주는 영이시니 주의 영이 있는 곳에는 자유가 있느니라"(고후 3:17). 바울은 이 세 가지 개념들을 이후에 로마서 8:2에서 하나로 묶었다. "이는 그리스도 예수 안에 있는 생명의 성령의 법이 죄와 사망의 법에서 너를 해방하였음이라." 우리 삶에서 하나님께서 성령님과 그리스도 예수를 통해 역사하시는 것을 통해 자유가 주어지는 것임을 철저하고 충분히 이해할때까지는 우리가 자유에 대해 이야기하는 것은 아무 의미가 없다. 자유는 우리가 원하는 것들(즉, 자아중심주의)로부터 자유로와지는 것이 아니다. 또한 자유는 일종의 "자아 발견"도 아니고 혹은 "자기 입증"도 아니다(이 역시 자기중심주의이다). 자유는 그런 것들이 아니라 하나님의 생명과 하나로 통합되어가는 것이고, 하나님께서 그리스도를 통해 우리에게 중재해주시는 것이며 또한 우리가 성령 안에서 누릴 수 있도록 허락해 주시는 것이기도 하다.

우리는 자유에 관한 이 처음 세 가지 개념들을, 자유의 "신학적 측면"이라고 부를 수 있을 것이다.[5] 우리는 이제 "인간적인 측면들"로 관심을 돌려볼까 한다. 넷

---

2. H. D. Betz, *Galatians*, 255.
3. J. Blunck, "Freedom" in *NIDNTT*, 1:715-21; R. N. Longenecker, *Paul, Apostle of Liberty: The Origin and Nature of Paul's Christianity*(reprint edition: Grand Rapids: Baker, 1976), 156-208; J. R. W. Scott, *The Contemporary Christian*, 46-56을 보라.
4. 구속과 자유 사이의 연결성 대한 뛰어난 연구를 E. J. Epp, "Paul's Diverse Imageries of Human Situation and His Unifying Theme of Freedom" in *Unity and Diversity in New Testament Theology: Essays in Honor of Gorge E. Ladd*, ed. R. A. Guelich(Grand Rapids: Eerdmans, 1978), 100-116에서 찾아 볼 수 있다.

째로, 자유에는 논쟁적 측면이 있다. 자유는 기독교인들이 알고 있는 중요한 무언가이며, 기독교인들이 누리고, 기독교인들이 경험하는 중요한 무언가이다. 또한 자유는 유대주의자들이 알지 못하는 그리고 그들이 모세의 율법에 대한 집착을 포기할 때까지는 도무지 알 수도 없는 그런 것이기도 하다(2:4; 4:21-31; 5:1). 이것이 갈라디아서의 중심적인 강조점이다. 유대주의자들은 갈라디아 지역에 들어와서는 하나님께서 모세를 통해 계시하신 내용들을 설교했으며, 갈라디아 기독교인들은 모세의 율법에 복종하는 것을 통해 하나님과의 관계를 완벽하게 만들어야만 한다고 주장했다. 바울은 포문을 여는 속도를 올렸다: 모세의 율법은 제한된 시간동안만을 위한 것이었으며(그리스도께서 오실때까지) 또한 제한된 목적만을 위한 것이었다(죄를 드러내는 것). 그렇기 때문에, 갈라디아 성도들은 율법에 복종해서는 안된다. 대신, 그들은 그리스도께 복종해야만 하며 성령 안에서 살아야만 한다. 이는 그들을 성령님을 소유한(4:7) "성숙한 아들들"로 만들어주며(3:26-4:7), 또한 성인의 자유를 누리며 살 수 있는 사람들로 만들어준다. 성인의 자유는 그들이 더 이상 초등교사의 감독하에서 살 필요가 없다는 것을 의미한다(4:1-7). 그러므로 갈라디아서에서의 이 자유는 결정적으로 중요한 논점을 갖고 있다. 이 자유는 유대주의자들이 갈라디아 성도들로부터 훔치가려고 시도하는 중요한 것이다.

다섯째로, 우리는 바울이 "자유롭다"는 것에 대해서 하나님께서 우릴 향해 갖고 계신 바람대로 우리가 되고 또한 하나님께서 우리가 행하길 원하는대로 우리가 행하는 그런 자유로움을 누리게 된다는 의미에서 인격적이고 존재적인 것으로 간주하고 있음을 살펴볼 필요가 있다. 이 카테고리는 약간은 현대적으로 보일수도 있지만, 그러나 나는 바울이 이런 모습을 지향하고 있었다고 생각한다.[6] 그는 그리스도 안에서의 자유란 죄와 사망의 권세로부터 자유로와지는 것이라고 가르친다(롬 6:7, 18, 22; 8:2). 죄에 대한 이런 개념은 죄인이 죄에 속박되어 있다는 개념이고, 또한 죄인은 자신의 의지와 양심이 죄에 얽매여 있음을 보게 된다는 개념이다. 이

5. "자유"에 대한 일반적인 그레코-로만의 관점은 "한 사람의 삶의 주인"이 된다는 의미에서 악이나 기쁨으로부터 해방된다는 의미로 좀 더 자주 언급되곤 한다. 이런 관점은 자유에 대해 은혜를 베푸시는 하나님의 역사하심이라고 바라보는 바울의 관점과는 아무 상관도 없다. 이와 관련된 내용들을 관찰하고 인용한 것들을 A. J. Malherbe, *Moral Exhortation, a Greco-Roman Sourcebook*(Library of Early Christianity; Philadelphia: Westminster, 1986), 158-59에서 보라.

6. 또한, R. N. Longenecker, *Paul, Apostle of Liberty*, 171-73; H. N. Ridderbos, *Paul: An Outline of His Theology*, trans. J. R. DeWitt (Grand Rapids: Eerdmans, 1975), 258-65, 288-93; J. R. W. Scott, *The Contemporary Christian*, 52-56도 보라.

련 속박은 깨어졌는데, 이를 묘사하려면 개인적으로 자유케 되었다는 방식으로만 묘사할 수 있다-한 사람으로 하여금 하나님께서 원하시는 것을 행하게끔 자유롭게 하는 것. 5:16-26은 성령님께서 한 사람의 내적 삶을 책임지실 때, 그 사람의 내적 삶에 어떤 일이 일어나는지를 묘사하고 설명한다. 나는 이 묘사가 우리 "존재"와 관련된 카테고리에서 묘사하는 것이라고 믿는다. "자유롭다"는 것은 우리가 자유롭게 되어서 하나님께서 우리에게 원하시는 그런 모습의 존재가 되는 것이다. 물론 율법도 우리를 우리의 죄악된 본성에 얽어매지만, 죄인들은 그들이 통제할 수 없는 영적 권세들을 통해 죄에 얽매여 있다. "자유롭다"는 것은 이런 속박을 깨고 부순다는 의미도 포함한다(엡 6:10-18; 골 2:15). 일반적으로, 우리에게 있어서 "자유롭다"는 것은 한 사람의 영혼이 자신을 죄와 추함에 얽어매는 모든 것들로부터 해방되는 것을 의미한다. "자유롭다"는 것은 한 사람의 영혼이 하나님께서 원하시는 일을 행하게끔 해방시켜주고, 하나님께서 원하시는 모습이 되게끔 해방시켜 주는 것이며, 하나님께서 이 땅에서 우리에게 주시는 생명을 기뻐하고 누리게끔 해방시켜 주는 것이다.

그러나 역설적이게도, 이처럼 무언가로부터(from)의 자유는 동시에 무언가를 위한(for) 자유이며 또한 누군가를 향한 해방이다. 우리는 우리가 원하는 모든 일을 행하기 위해 자유롭게 되는 것이 아니다. 도리어, 우리는 올바른 것을 행하기 위해서 그리고 우리가 되어야만 하는 모습이 되기 위해서 자유로와지는 것이다. 자유에 대한 기독교적 의미에는 이처럼 명확한 한계점들이 담겨 있다. 훌륭한 독일 목사인 헬무트 틸리케(Helmut Thielike)는 다음처럼 말하면서 매우 날카롭게 이 점을 분명히 보여주었다. "참된 자유는 다른 한편으로는 '우리가 ~해야만 하는 사람이 되는' 자유이기에, 분명하게 얽매임이나 의무 형태로 규정되어야만 한다. 참된 자유는 속박이며 다른 아무것도 아니다."[7] 그러므로 자유롭게 된 사람들은 그리스도의 종이 되며(고전 7:22; 엡 6:6), 하나님의 종이 되고(롬 6:22), 의의 종이 된다(18절).

마지막으로, "자유롭게 된다"는 것은 사회적 의미를 갖는다. 하나님께서 그리스도를 통해 그리고 성령안에서 자유롭게 해주신 사람들은 다른 사람들을 사랑하는 삶을 살아가는 것을 통해(갈 5:6, 13-15) 그리고 친절함과 선함등과 같은 특징적인

7. H. Tielicke, *The Freedom Of the Christian Man: A Christian Confrontation with the Secular Gods*, trans. J. W. Doberstein(Grand Rapids: Baker, 1975), 14.

모습들 안에서(22-24절) 다른 사람들과의 관계를 발전시켜나가는 것을 통해, 이런 자유의 삶을 누리고 살아나가는 사람들이다. 나는 이런 자유가 바울이 내린 결론, 즉 그리스도 안에는 유대인이나 헬라인이 없으며, 종이나 자유자가 없으며, 남자나 여자가 없다는 결론(3:28)을 뒷받침해준다고 믿는다. 자유 안에서 사는 자들은 사회적 관습이 우리에게 가르친 장벽들을 거부하는 법을 배우며 이로써 하나님의 뜻을 추구할 수 있게끔 된다(고전 9:19-23을 보라). 바울이 쓴 서신들이나 그의 삶을 통해서 볼 때, 그가 자유라는 개념과 관련해 명확한 정치적 아젠다를 갖고 있었던 것은 분명 아닌 것으로 보인다. 그러나 한 사람이 하나님과의 관계 및 다른 사람들과의 관계에서 어떤 모습이 되어야하는지에 대해 그가 믿고 있었던 바는 분명 기독교인들로 하여금 좀 더 넓은 세상과 자신들과의 관계에 대해 어떻게 바라보아야 하고 행동해야하는지를 생각하기 시작하고 행동하기 시작하게끔 했을 것이다. 그렇기에 나는 현대적인 "자유"라는 개념이나 "시민의 권리" 그리고 "해방"등의 개념들이, 사도 바울의 "자유" 개념에 상당부분 빚지고 있다고 믿고 있으며, 또한 이런 저런 방식들을 통해 그의 자유 개념이 확장된 결과라고 믿고 있다. 자유롭게 된 사람들은 삶의 모든 차원들에 대해 자유 누리기를 원한다.

간략하게 말해서, 바울에게 있어서 "자유"란 복음의 핵심이었다. 하나님께서는 그리스도를 통해서 그리고 성령님 안에서 우리를 자유롭게 하시며, 그 결과 우리는 하나님과 이웃을 사랑할 수 있다. 엡(E. J. Epp)은 바울 사상에 있어서 자유가 무엇인지를 잘 이해할 수 있도록 매우 훌륭하게 설명했다.

> 바울이 전개해 나가고 있는 기독교의 자유는 그 의미가 상당히 광대하고 폭넓다. 그러나 바울은 자유에 대해서 본질적으로 그리스도 사건을 통해 주어진 결과로 간주하며, 죄의 권세를 부숴버린 것으로 또한 하나님을 향한 개개인들의 적대감을 중화시킨 것으로 간주한다. 동시에 죄의 얼룩과 죄책감을 덮어주고 과거를 지워버려주는 것으로 간주한다. 그리고 종교적 관습, 현재의 죄악의 권능, 전 우주적인 권세들, 자기자신에게 종속되고 종노릇하는 모든 것들을 깨버리는 것으로 간주한다. 또한 죽음을 피할 수 없는 인간의 운명을 포함해서 인류를 지배하는 모든 권능들에 대한 승리라고 간주한다. 그러나 이는 바울이 말하는 자유의 한 면에 불과할 뿐이다—"무엇으로부터의 자유". 또 다른 중요한 한 측면 즉, "무엇을 위한 자유"라는 측면도 있는데, 이 부분에 대해서는 단순하게 말할 수도 있지만 상당히 복잡한 외양을 갖고 있고, 바울은 매우 다양한 측면과 모습들에 대해 강조를 하고 있다. 이제 기독교인은 다른 동료 인간 존재들을

사심 없는 사랑으로 섬기는 것을 통해 하나님을 섬기는 자유를 누리고 있다.[8]

그리스도께서 우리를 자유케 하신다는 의미에 대해서, 갈라디아서에서는 부정적 측면에서 이야기한다. "다시는 종의 멍에를 메지 말라"(1b절). 이 명령은 (1) 유대 기독교인들이 다시 모세의 율법이 그들 삶을 관할하는 모습으로 전락하는 것을 지칭하거나, 혹은 (2) 이방 기독교인들이 과거 종으로 살던 삶의 형태(이교도로서 죄를 범하던)로부터 벗어나 그리스도 안에서 자유를 누리고 있는데 그들이 지금 또다시 다른 형태의 종됨(그리스도 없는 유대교)으로 빠져들어 가고 있는 것을 의미하는 것일 수 있다. 4:8-9은 5:1b의 명령이 이 두 가지 중 후자의 해석을 선포하는데 좀 더 가깝다는 증거를 보여준다. 우리가 바울이 여기에서 언급한 내용을 통해 배울 수 있는 점은 자유는 반드시 진행되고 유지되어야하며, 오염으로부터 지켜져야만 하며, 항상 새로워져야만 한다는 것이다.

주제를 할례에 적용함(2-12절)

바울은 이제 기독교인은 참으로 자유로운 존재라는 자신의 주제를, 당시 갈라디아 성도들이 직면하고 있었던 가장 두드러진 주제인 할례에 적용한다. 그들은 바울이 전하는 "율법에서 자유로운" 복음을 따를 것인가, 아니면 예수 그리스도의 복음에 모세의 복음을 혼합하고 있는 유대주의자들의 가르침에 굴복할 것인가? 바울은 한 가지를 단언하고(2절) 그런뒤 이에 대해서 설명한다(3-6절). 이렇게 한 다음에, 그는 자유에 대한 자신의 메시지를 갈라디아 성도들에게 적용한다(7-12절).

단언(2절). 바울은 사도이기 때문에(1:1) "나 바울은 너희에게 말하노니"라고 말한다. 그가 한 말들 중에서 두 가지 점들에 대해서 주의를 기울일 필요가 있다. "너희가 만일 할례를 받으면"이라는 표현과 "그리스도께서 너희에게 아무 유익이 없으리라"라는 표현이다. 이 두 가지 표현은 어떤 의미인가?

"너희가 만일 할례를 받으면"이라는 표현은 그저 단순히 유대인이나 이방인 남성들에게 할례 의례를 행하는 것을 지칭하는 것이 아니다. 바울은 조금 뒤인 6절에서 "할례나 무할례나 효력이 없다"고 말한다. 그에게 있어서 이런 일들은 중요하지 않은 일들에 불과하다. 그러나 여기에서는 할례가 중요한 문제인 것으로 주장하는

8. E. J. Epp, "Paul's Diverse Imageries of Human Situation and His Unifying Theme of Freedom," 114.

것으로 보인다. 왜 이렇게 보이는 것일까? 우선, 바울은 여기에서 중간태를 사용하면서 "자기자신이 개인적인 방식으로 의례에 복종하는 것"이란 개념을 표현하고 있다. 그냥 단순히 할례를 받는 것은 이슈꺼리가 아니니다. 그보다 지금 바울을 자극하는 것은 다름아니라 그들이 할례를 받는 이유 때문이다. 만약 갈라디아 성도들이 할례를 받는 이유가 유대주의자들이 끼친 영향때문이라면, 그들은 할례에 복종하는 행동을 통해서, 자신들이 생각할 때 그리스도만으로는 불충분하며, 성령님은 삶에 있어서 선한 인도자가 되지 못하며, 하나님께 받아들여지려면 모세가 필요하며, 하나님의 자녀가 되려면 유대인이 되는 것이 필요하다고 고백하는 것이 될 것이다. 바로 이것이 바울이 갈라디아서에서 격하게 반응하고 있는 이유이다-할례 그 자체가 아니라, 모세의 율법과 유대 나라가 우월하다는 믿음의 고백으로서 할례를 행하는 것(참고. 롬 2:25).

그래서 바울은 이런 행동의 결과에 대해 설명한다. "그리스도께서 아무 유익이 없게 될 것이다." 바울은 2:21에서도 만약 율법에 복종하는 결과로써 하나님 앞에 온전히 설 수 있다면 그리스도께서 오신 것은 아무 쓸데 없는 일이라고 말했었는데, 지금도 마찬가지다. 만약 그들이 할례받는 것을 통해서 모세를 향한 그들의 믿음을 고백한다면, 그리스도께서는 그들에게 아무 유익도 없다. 즉 그리스도께서는 그들을 이 악한 세대로부터(1:4) 건져내시거나 혹은 율법의 저주로부터(3:13) 건져내지 않으실 것이고, 또한 그들은 믿는 자들이 아브라함의 자녀가 되는 그런 일도 누리지 못할 것이다(3:6-9, 19-25; 3:26-4:7).

설명(3-6절). 바울은 이제 자신이 "그리스도께서 아무 유익이 없으리라"는 표현을 통해서 무얼 말하고자 하는지에 대해서 약간의 보충과 설명을 한다. 그는 세 가지 사항들을 제시한다: 만약 그들이 지금 율법에게로 간다면, (1) 그들은 율법 전체를 행해야 할 의무를 갖게 될 것이고, (2) 그들은 그리스도와 은혜로부터 분리될 것이며, (3) 그들은 정말로 중요한 것을 놓치게 될 것이다: 믿음.

(1) 그들은 율법 전체를 행해야 할 의무를 갖게 될 것이다(3절). "다시"라는 표현은 바울이 율법에 대해 이전에 했던 다른 이야기들이 아니라, 2절에 나오는 단언을 지칭한다. 갈라디아 성도들이 만약 모세의 율법을 선택하게 된다면, 그들은 전체 율법에 대한 "의무자들"이 될 것이다. 바울은 윽박질러대고 있다. 율법을 당연히 여기는 것은 한 사람이 전체 율법을 반드시 지켜야 한다는 것을 의미하는 것이고, 이는 그리스도를 제거하는 것을 의미한다고 말이다.[9] 이 표현은 바울이 "율법하에 있는 사람들"을 표현하기 위해 이미 사용했던 다른 용어들과 별반 다르지 않다. 그들은

얽매여 있다(2:4; 4:1-7; 5:1), 그들은 저주아래 있다(3:10-14), 그들은 가두어져 있다(3:22-23), 그들은 죄아래 있다(3:22), 그들은 초등교사 아래 있다(3:24), 그들은 초등학문 아래 있다(4:3, 9), 그들은 이스마엘처럼 되었다(4:21-31). 바울은 지금 여기에서 역사적 사실(율법은 이전 시대에 속한다, "수동 타자기 시대"), 사회적(유대인 국가는 하나님께서 역사하시는 유일한 장소가 아니다), 성경해석적(적절하게 이해할 경우 율법은 우리를 하나님께 받아들여지게끔 하지 않는다) 토대 위에서 이런 점들을 제시한다. 그들은 전체 율법에 대한 채무자가 되며, 이는 정죄를 의미한다. 왜냐하면 바로 이것이 율법이 할 수 있는 유일한 일이기 때문이다.

나는 과연 바울이 말하려 하는 바가, 그들이 만약 율법을 선택하면 그들은 반드시 모든 율법을 완전하게 행해야만 한다는 것이었는지에 대해서는 상당히 많이 의심스럽다(그리고 만약 그들이 그렇게 해야만 하나님께 받아들여진다는 것인지). 그 어떤 유대인들도 유대인들이 하나님께 받아들여지기 위해 반드시 죄가 없어야만 한다고 믿지 않았다. 도리어 율법 자체는 율법대로 적절하게 살지 않은 자들을 위한 방법을 제공해주었다(속죄 시스템). 우리는 또한 바울이 유대인들이 율법에 아무 흠없이 순종해야만 하나님께 받아들여진다고 생각했다는 그 어떤 증거도 갈라디아서에서 찾아볼 수 없다. 우리가 갈라디아서에서 찾아볼 수 있는 내용은 율법을 선택하는 것은 율법이 어떤 일을 행하고자 준비된 것인지를 오해하는 것이라는 점이다(3:19-25)—이는 열등한 시대를 열등한 시스템 속에서 살기로 선택하는 것이며, 또한 하나님의 역사하심이 여전히 민족주의적이라고 선택하는 것이다. 그러므로 내가 보기엔 "의무가 있다"는 표현은 "저주를 받았다"라는 표현과 마찬가지가 아닐까 싶다. 왜냐하면 바로 이것이 율법이 한 사람에게 할 수 있는 모든 것이기 때문이다(3:19-25).

(2) 그들은 그리스도와 은혜로부터 분리될 것이다(4절). 바울은 이 부분에서 율법에 대한 "의무"를 다시 언급한다. 이것이 재차 언급하는 것이라는 사실은 3절이 기록하고 있는 전통적인 관점이 정확하지 않다는 것을 보여준다. 이 재언급은 율법 시

9. 이런 관찰은 전문적 연구인 E. P. Sanders, *Paul, the Law, and the Jewish People*(Philadelphia: Fortress, 1983), 특히 27-29에서부터 온 것이다. 샌더스는 3절에 대한 전통적 해석은 바울이나 그 어떤 유대인도 실제로는 언급하지 않은 두 가지 전제들을 갖고 있다고 적절하게 지적한다. 이 두 가지 전제들은 율법에 복종하는 것과 관련된 것들이다(두 번째와 세 번째는 틀린 것이다). (1) 한 사람은 율법 전체를 지켜야만 한다 (2) 한 사람은 그렇게 할 수 없다 (3) 죄에 대한 용서와 죄사함이 없다 (4) 그렇기 때문에 율법을 받아들이는 것은 필연적으로 저주받는 상태로 이끌고 간다.

스템을 선택[10]하는 자들은 그리스도 시스템 혹은 은혜 시스템에서 끊어지는 것임을 주장한다. 이를 달리 말하자면, 그들은 하나님께 받아들여지는 사람이 되는 또 다른 방법을 선택하고 있는 것이며, 그들이 선택한 이런 방식은 그들의 생각과는 달리 제대로 기능할 수 없을 것이다. 그러므로 지금 현재의 이슈는 그들이 지금 어떤 시스템을 의지하고 있느냐는 것이다. 한 사람은 어떻게 해서 하나님께서 받아들여지는 것인가? 사람들은 하나님의 백성으로서 어떻게 살아야만 하는가?

4절은 많은 사람들이 매우 예민하게 반응하는 이슈를 제기한다. 바울은 여기에서 그리스도로부터 분리되는 것과 "은혜에서 떨어져 나가는" 것에 대해 이야기하는데, 이는 이런 선택을 하는 갈라디아 회심자들이 그들의 구원을 잃어버렸다고 말하는 것인가? 첫째로, 나는 바울이 지금 여기에서 성도들 개개인들과 관련된 측면에서 이런 이야기를 하고 있는 것은 아니라고 생각한다. 그보다는 그는 시스템의 측면에서 이야기를 전개하고 있다. 모세의 율법 시스템은 저주를 가져올 것이고 하나님께 받아들여지게끔 하지 못할 것이다. 그리스도 시스템 혹은 은혜 시스템은 하나님께 받아들여지는 결과를 가져올 것이다. 둘째로, 이 표현은 동의어 반복적인 양상을 갖고 있다. 그리스도로부터 분리되는 것은 은혜에서 떨어져 나가는 것과 동일하다. 셋째로, 이런 두 가지 사항에 대해 제시하면서, 우리는 필연적으로 한 사람이 구원을 잃어버릴 수 있는가라는 이슈와 만나게 된다. 비록 이 구절이 직접적으로 이런 이슈에 집중하고 있는 것은 아니지만, 그러나 어떤 한 사람이 할례를 선택할 때 우리는 그 사람과 관련해 이런 문제를 생각하게 되는 것만큼은 분명하다. 이 구절은 이와 관련해 어떤 의미를 담고 있고 또한 알려주는가? 그 어떤 성경해석자도 이런 중요한 토픽과 관련된 어떤 관점을 주장하면서 그저 단 한 구절에만(가령, 여기의 4절) 의지하거나 호소하지는 않는다. 이런 토픽은 성경에 나타나는 두 가지 토픽과 관련해 상당히 광범위한 분석을 필요로 한다. 하나님께서 자기 백성을 보호하신다는 토픽과 하나님 앞에서 인간이 져야 할 책임이라는 토픽.

10. 우리는 NIV에서 "시도하는"이라는 용어를 선택한 것에 대해 강조를 두어서는 안되며, 바울이 여기에서 "노력"에 반대하는 입장을 취하고 있다고 결론내려야만 한다. "시도하는"이라는 단어는 헬라어 원문에는 들어있지 않다. 이 표현은 단순히 동사 *dikaiousthe*("너는 의롭게 되었다")로 되어 있다. 이 동사는 현재형이기 때문에, 많은 사람들은 이 동사가 또한 능동적 의미를 담는다고 결론지으면서(즉, "행동을 시도했음"을 묘사하고 있는 것이라고) 이 단어를 "의롭게 되고자 시도한다"라고 번역하곤 한다. 이 단어가 "능동적인" 의미를 담을 수는 있지만, 그러나 강조점은 "시도하는"이라는 단어에 강조점이 있는 것은 아니다. 도리어, 현재 시제는 아직 완료되지 않은 행동을 묘사하기 위해 쓰이곤 한다. 그는 갈라디아 성도들에 대해서 결정을 내리는 시기, 아마도 과도기 중인 시기에 있는 것으로 간주하며, 그들에게 "자신의 간단한 연설대로 행하라고" 말한다.

우리는 구원의 확실성(가령, 롬 5:1; 8:28-39; 고전 1:8-9; 고후 5:5)과 관련된 본문들만이 아니라, 구원에서 떨어져 나갈 가능성을 함축하는 듯 보이는 본문들에 대해서도(고전 9:27; 갈 5:4; 골 1:21-23; 히 6:4-6; 10:19-39)[11] 반드시 함께 연구해야만 한다.

한번 구원받은 사람은 절대로 그 구원을 잃어버릴 수 없다는 관점을 갖고 있는 사람들(칼빈주의적 관점)이 생각하기엔, 4절이 묘사하는 내용은 온전히 그리스도께 속한 적이 결코 없었던 사람이거나 혹은 구원을 얻을만한 참되고 순수한 믿음을 결코 경험해보지 못한 사람에 관한 내용일 것이다.[12] 반면 구원받았던 사람도 얼마든지 그 구원을 잃어버릴 수 있다고 생각하는 사람들은(알미니안적 관점), 이 구절은 그리스도께 회심했던 갈라디아의 회심자가 만약 모세의 율법을 선택하면 그리스도 안에서 하나님과 맺은 관계를 잃어버리게 되고 그렇기에 구원을 상실하게 되는 것을 묘사하는 구절이라고 생각할 것이다.[13]

나는 신약성경은 전반적으로 기독교인들이 견인된다고 가르치는 것으로 믿는다. 신약성경 안에는 기독교인들은 최종적인 운명에 있어서 구원받는다는 것을 확신케 해주는 여러 구절들이 있다. 그러나 나는 또한 우리들로 하여금 배교가 실제로 가능하다고 생각하게끔 해주는 "끔찍한" 본문들과 배교했을 경우 한 사람이 "자신의 구원을 상실"할 수 있다고 여길 수 있는 본문들이 성경안에 실제로 상당히 많이 있다는 관점을 갖고 있다.[14] 하지만 나는 여기에서는 신학적인 그리고 목회적인 입장을 이야기하고자 한다. 신학적으로 말하자면, 나는 기독교인이 그리스도를 통해 하나님과 맺은 관계를 끊어버릴 수 있는 유일한 죄는 배교의 죄 한 가지뿐이라고 믿는다. 배교는 믿음을 버린 기독교인이 그리스도와의 관계를 비난하고

---

11. 이런 입장과 관련해서 양편의 입장을 보여주되 증거들을 충분히 제시하는 두 권의 책이 있다. 그중 한 권은 I. H. Marshall, *Kept by the Power of God: A Study of Perseverance and Falling Away*(Minneapolis: Bethany Fellowship, Inc., 1969)이고, 다른 한 권은 J. M. Gundry Volf, *Paul and Perseverance: Staying In and Falling Away*(Louisville: Westminster/John Knox Press, 1990)이다.
12. 이는 W. Hendriksen, *Galatians*, 37-39, 196의 관점이다.
13. I. H. Marshall, *Kept by the Power of God*, 110. 그는 다음처럼 말한다. "할례에 복종하는 것은 그리스도에 대한 믿음을 중단하는 것을 보여주는 것이었다" 그리고 "이는 그리스도를 통해 나타난 하나님의 은혜를 거부하는 것을 행동으로 표현하는 것이기도 했다."
14. 나는 히브리어 본문과 관련된 에세이를 썼다. 비록 내가 쓴 글이 전문적인 글이기는 하지만, 누구든지 이 이슈의 핵심이 무엇인지를 알기 원하는 사람이라면 얼마든지 사용할 수 있는 글이기도 하다. "The Warning Passages of Hebrews: A Formal Analysis and Theological Conclusions," *Trinity Journal* 13 (1992): 21-59를 보도록 하라. 여기에서 나는 네 가지 토픽들에 대한 히브리어 증거들과 관련해 작업을 했다: 청중, 묘사되고 있는 죄악, 권면, 죄의 결과.

하나님의 뜻에 복종하기를 거부하면서 격하게 취하는 행동이다. 이런 행동은 무계획적이거나 혹은 무의식적인 것일 수도 있다. 동시에 이런 행동은 의도적인 것이고 숙지한 상황에서 취하는 행동일 수도 있다. 이런 결정을 내리는 사람은 이런 행동을 허풍스럽게 취하기도 한다. 목회적으로 말하자면, 나는 자신이 배교의 죄를 범했는지 아닌지를 생각하고 고민하는 사람은 아직 배교하지 않은 사람이라고 확신한다. 배교를 행한 사람은 자신이 배교했다는 사실을 알고 있고, 또한 자신의 행동을 당당하게 미화하고 칭송한다.

(3) 그들은 정말로 중요한 것을 놓치게 될 것이다: 믿음(5-6절). 만약 갈라디아 회심자들이 모세의 율법을 선택하고 또한 개인적으로 할례를 받는 것을 통해 자신의 선택을 표현한다면, 그들은 정말로 중요한 것을 놓치게 될 것이다: 그들이 이전에 보여주었던 믿음(3:1-5). 바울은 여기에서 자신이 했던 첫주장에 대한 결론들을 전제로 깔고 있다. 그는 갈라디아 성도들의 모든 좋은 모든 경험들은 율법을 지켜서가 아니라 처음부터 끝까지 믿음의 결과로 왔다는 것을 보여주었다. 바울은 "우리들이 믿음을 따라 성령님을 통해서 의로움[15]의 소망을 열정적으로 기다리기 때문"에 그들이 이를 저버리면 저주받게 될 것이라고 경고한다. "중요한 것은 믿음"이다. 할례는 이럴 수도 있고 저럴 수도 있는 대수롭지 않은 문제일 뿐이다(참고. 6:15; 고전 7:18-19). 그리고 이 믿음은 "사랑을 통해 자기자신을 표현하고 드러내는"것을 볼 수 있다(갈 5:6)—바울이 13-15절을 통해 설명하는 토픽.

흔히 5-6절이 바울의 전체 서신을 탁월하게 요약해준다고 이야기들 하곤 한다. 나도 여기에 동의한다. 여기에서 우리는 (1) 믿음, (2) 하나님의 성령, (3) 칭의 (4) 미래의 소망 (5) 사랑, (6) 할례에 반대하는 논쟁 등을 찾아볼 수 있다. 이것은 갈라디아서의 내용이기도 하다.

적용(7-12절). 이 구절들은 구성이 타이트하지는 않다. 대신, 바울은 그저 한쪽 방향으로 갔다가 다시 다른 방향으로 틀곤 한다. 그는 자신의 목회적 권면들뿐만 아니라 자신의 신학과 윤리에 대해서도 요약한다.

바울은 경기하는 세계에 대한 비유를 사용하면서, 도대체 누가 갈라디아 성도

15. 이처럼 의로움(헬라어 단어로는 "칭의"와 동일한)을 미래에 얻는다는 것은 바울이 기독교인들이 이제 막 구원을 시작하고 구원안에 돌입했다고 생각했음을 보여준다. 그는 우리가 의롭게 되었고 믿었지만(롬 5:1), 그러나 성도는 여전히 온전하고 완벽한 칭의를 기다리고 있다고 생각한다(갈 5:5). 이와 관련해서는 특히 G. E. Ladd, *A Theology of the New Testament*(Grand Rapids: Eerdmans, 1974), 441-43을 보도록 하라.

들에게 "끼어들었는지" 그리고 그런뒤 그들로 하여금 "진리에 복종하는" 달음박질을 멈추게 만들었는지(7절) 의아스러워한다. 고대의 경기자들은 오늘날처럼 원형 트랙을 돌았던 것이 아니었다. 당시에는 목표지점이 정해져 있었고, 거기까지 갔다가 다시 돌아오는 방식으로 경기를 했다. 만약 어떤 경기자가 다른 경기자에게 끼어든다면, 특히나 최종 목표를 불과 얼마 남겨놓지 않은 상황에서 끼어든다면, 이럴 경우 경기자는 속도를 줄일 수밖에 없었다.[16] 바울은 유대주의자들의 행동들을 이런 비신사적이고 비매너적인 행동으로 비유하는 것을 좋아했다. 그들은 갈라디아 성도들이 자신들의 최종 목표를 향해 달려나가는 과정에 끼어들고 있었고, 또한 그들의 속도를 늦추게끔 만들고 있었다. 비록 바울은 겉으로는 "도대체 누가"라고 묻고 있지만, 그는 그들이 누구인지 알고 있었기에 이 질문에 굳이 대답할 필요가 없었다(참고. 3:1).

바울은 곧이어 이런 종류의 행동에 대해 평가하면서(8-9절), 이는 하나님으로부터 온 것이 아니며, 사소한 이런 일들이 큰 문제들을 일으킬 것이라고 이야기한다. 다시 한번 더, 바울은 메신저를 그를 보낸 사람과 하나로 묶는다(참고. 1:1; 마 10:40-42). 유대주의자들의 메시지는 하나님으로부터 온 것이 아니기 때문에, 이런 행동은 하나님으로부터 온 것이 아니다.

이제 우리는 바울이 확신있게 목회적으로 이야기하는 것을 볼 수 있다(10a절). "나는 너희가 아무 다른 마음을 품지 아니할 줄을 주안에서 확신하노라." 우리가 이 표현이 문자 그대로의 의미라기 보다는 좀 더 서사적 언급일 것이라고 생각하더라도, 아마 바울은 우리를 이해해줄 것이다. 바울은 여지껏은 갈라디아 성도들에게 몇 가지 주장들을 표현하면서 심각한 관심을 표현했지만, 그러나 지금은 그들에 대해 긍정적인 관점을 갖는 모습으로 돌아가는 것처럼 보인다. 바울은 그들이 자신의 말을 들을 것이라고, 유대주의자들을 잊을 것이라고, 그리스도와 성령님의 길을 계속해서 걸어갈 것이라고 생각한다. 나는 비록 바울이 독자들에 대해 나름대로 확신을 갖고 있기는 했지만, 그가 이 문제들에 대해 다른 각도에서 생각해보면서, 이런 확신을 잃어버렸다는 관점을 갖고 있다. 그러므로 바울은 아마도

---

16. 고대 세계의 운동경기와 관련해서는 다음 책들을 보도록 하라. H. A. Harris, *Greek Athletics and the Jews*(Cardiff: University of Wales Press, 1976); C. E. DeVries, "Paul's Cutting' Remarks about a Race: Galatians 5: 1-12," in *Current Issues in Biblical and Partristic Interpretation: Studies in Honor of Merrill C. Tenney CPresented by His Former Students*, ed. G. F. Hawthorne (Grand Rapids: Eerdmans, 1975), 115-20.

이 표현을 전략적으로 사용하고 있는 것이 아닐까 싶다. 그는 갈라디아 성도들이 긍정적인 결정을 내릴 수 있게끔 돕기 위해 자기 자신이 긍정적인 모습이 된다.[17]

갈라디아 성도들을 향한 그의 확신은 바울이 유대주의자들에게 앞으로 결국 어떤 일이 벌어질 것인지에 대해 경고할 수 있게 만들어주었음을 의미한다. 최종적인 심판[18](10b절). 비록 바울이 단수형태("그가 누구든지간에")를 사용하고 있긴 하지만, 이런 단수형은 "일반적" 단수이며 여기에는 한 사람만이 아니라 그 이상의 사람들이 포함되어 있다고 간주한다(1:7; 5:12를 보라).

아무 신호도 없이, 바울은 갑작스럽게 유대주의자들이 바울을 향해 제기하던 여러 비판중 하나에 대해 대답한다(11절). 즉 여기 나오는 "만약 내가 여전히[19] 할례에 대해서 설교한다면"이라는 대답은 유대주의자들이 바울이 할례를 요구했었다고 주장하고 있었을 경우에만 의미가 통한다. 어떻게 해서 이런 일이 벌어질 수 있었는지에 우린 그저 추측만 할 수 있을 따름이다. 내가 추측하기에는 사실은 바울은 갈라디아 성도들과 함께 있는 동안 할례를 요구하지 않았음에도 불구하고, 유대주의자들은 그가 그렇게 했었다는 식으로 주장했던 것이 아닐까 싶다. 그렇기에 그들은 만약 바울이 더 오랫동안 머물렀다면, 갈라디아 성도들에게 "하나님의 모든 지혜"에 대해 가르쳤을 것이라고 주장했던 것이 아닐까 싶다. 또한 그들은 바울이 율법에 복종할 필요성까지 가르쳤을 것이라고 주장했을 것으로 보인다. 그러므로 유대주의자들은 바울의 메시지가 자신들의 주장과 마찬가지로 민족주의적이었노라고 주장했던 것이 분명하다. 그들은 바울이 이런 식의 가르침을 선포했기에 그곳에 오랫동안 머무를 수 있었다고 주장했던 것이 틀림없다. 그래서 유대주의자들은 자신들이 하는 일이란 그저 바울이 주장하고 가르친 내용을 그가 떠난 이후에 단순하고 명확하게 해주는 것일 뿐이라고 주장했을 것이다.

바울의 반응에는 그가 종종 사용하는 전제가 포함되어 있다. 박해받는 자들이 옳은 자들이다(4:21-31에 대한 주석을 보라). 그리고 바울 자신이 지금 유대인들로

---

17. 바울 서신의 이런 본문들에 대한 분석을, S. N. Olson, "Pauline Expressions of Confidence in His Addressees," *Catholic Biblical Quarterly* 47(1985): 282-95에서 찾아볼 수 있다. 이와 비슷한 다른 본문들로는 롬 15:14; 고후 7:4, 16; 9:1-2; 살후 3:4; 몬 21절 등이 있다.

18. 고후 11:15와 살전 2:16을 갈 1:8-9와 더불어 읽어보면, 지금 이것이 비난이라는 점이 매우 명확해진다.

19. 이 표현은 그의 회심 이전 즉, 유대교와 연관되기 원하는 모든 사람들에게 할례를 요구하던 시기에 관해 표현하는 것이거나(참고. 행 9:1-3), 혹은 그가 회심한 이후 갈라디아에서 사역하기 이전에 회심자들로 하여금 할례받기를 원했던 것으로 추정되는(그러나 정확하지 않은) 일정 시기에 대해 표현하는 것이거나, 혹은 바울이 이 이슈와 관련해 가질 수 있었던 외견상 모호한 모습등에 관한 표현일 수 있다(참고. 행 16:1-3; 고전 9:20; 갈 5:6).

부터 박해받고 있으므로, 그는 올바른 사람임에 틀림없다. 만약 그가 할례를 설교했었다면, 그리스도의 십자가는 불필요한 것이 되었을 것이다(2:21; 5:2). 그는 말한다, 이런 "공격"은 여전히 사라지지 않았으며, 바로 이것이 내가 지금 박해받고 있는 이유라고 말이다. 그에게 있어서 복음과 할례는 하나님의 백성을 규정하는데 있어서 결코 양립할 수 없고 대체불가능한 것이다.

마지막으로, 바울은 유대주의자들을 향해 빈정거리듯 끝가지 한번 가보라고 말한다(12절). 만약 그들 자신들이 할례라는 정결규례에 포함되고자 한다면, 그들은 거세를 하는 모습이 될 때까지 끝까지 가야만 한다. 거기까지 가서 문제를 끝내야만 한다! 어떤 학자는 1-12절에 나오는 바울의 말들에 대해서 약간 비틀어서 "바울의 잘라내는 말들"이라고 묘사하기도 했다: 유대주의자들은 "둘레를 잘라내는 것"(할례라는 헬라어 단어의 문자적 의미)에 관심을 두고 있었지만, 반면 바울은 이미 경기하고 있는 사람들에게 중간에 "잘라 들어오는"것에 관해 이야기한 뒤, 이를 12절에서는 "베어버리는"것으로 적용하고 있다.[20] 유대주의자들을 거세하는 자들이라고 구분하는 것은 그들을 불신하고 깔보는 방법이다. 거세하는 자들은 유대 민족에게서 "잘려나가는" 자들이었다(신 23:1). 바울은 그들이 배제되는 것을 원하고 있었던 것일까?

바울은 이와같은 신랄한 표현을 사용하면서, 자신이 주장하는 중요한 요점에 대한 첫째 적용을 마무리한다. 그의 요점은 그리스도 안에 존재하는 것은 자유 안에서 사는 것이라는 것이다. 자유 안에서 산다는 것은 할례를 요구하는 모세의 율법에 사로잡히지 않는 것을 의미한다.

상황잇기

이 부분에는 적용할 거리가 정말이지 너무나 많다. 우리는 자유에 대한 바울의 장엄한 선포(1절)를 그의 첫째 적용(2-12절)과 묶어보았다. 비록 그의 주제 진술이 자유라는 단 한 가지 사상에만 집중하고 있지만, 적용 섹션은 이와는 달리 우리가 적용점들을 찾아볼 수 있는 여러 다양한 경로들을 제시해 준다. 우리는 할례와 비슷한 양상을 갖는 다른 여러 것들에 대해서 이야기해 볼 수 있을 것이다.

20. C. E. DeVries, "Paul's 'Cutting' Remarks about a Race: Galatians 5:1-12"를 보라.

과연 제의들 중에서 어떤 것들이 할례와 비슷한지 그리고 그 이외에 할례와 비슷한 상징적 가치들을 갖는 것들로는 어떤 것들이 있는지를 탐구해 볼 수 있을 것이다. 한 사람의 신앙고백을 보여주거나 혹은 한 그룹이 누군가가 하나님께 받아들여졌다고 간주했던 통과의례들(침례, 예배시간에 손을 드는 것 등). 우리는 또한 그리스도가 아닌 다른 시스템을 받아들이는 것이 어떤 의미를 갖는 것인지에 대해서 살펴볼 수도 있고, 혹은 갈라디아의 배교에 관해서도 탐구해 볼 수도 있다. 우리는 대적들이 "우리들에게 침투해 들어오기 위해" 사용하는 방법들과 그런 방법들이 어떻게 교회를 오염시키는지에 대해서도 찾아볼 수 있다. 우리는 심지어 바울이 그의 대적들에게 반응하면서 사용한 방식을 살펴보는 것을 통해서도 적용점들을 찾아 볼 수도 있다. 그렇다면 12절은 비꼬는 것을 정당화시켜주는가? 물론 이런 각각의 내용들 모두가 이 본문에 대한 연구를 풍성하게 만들어줄 수 있기는 하지만, 나는 자유에 초점을 맞추고자 한다. 왜냐하면 바울 서신에서 가장 중요한 핵심이 바로 이것이고, 뒤이어 나오는 모든 적용들의 토대도 바로 이 자유이기 때문이다. 그러므로 우리는 이제 자유라는 내용에 관심을 돌리고자 한다.

자유라는 메시지를 우리 삶에 적용하기에 앞서서, 우리는 바울이 제시하려던 목표가 무엇이었는지를 우선 이해해야만 한다. 또한 자유에 대해 오늘날 우리가 살아가는 세계에서는 어떻게 규정하고 이해하고 있는지를 살펴볼 필요가 있다. 나는 우리 사회 속에서 자유가 갖는 세 가지 개념들을 살펴보는 것을 통해, 우선 후자를 먼저 하고자 한다.[21] 개인적 자유, 사회적 자유, 인격적인 심리학적 자유. 나는 이 세 가지 의미가 자유의 의미를 완전히 포괄적으로 담아낸다고 생각하지도 않고, 이들이 상호배타적인 것이라고도 생각하지 않는다. "개인적인" 자유를 추구하는 사람들은 "심리학적" 자유를 추구하는 방향으로 선회할 수도 있다. 그러나 이 세 가지는 현대 사람들이 문화와 자유에 대해서 어떻게 생각하는지를 보여주는 전형이며, 또한 자유에 대해 질문했을 때 제시되는 대답들의 전형이기도 하다.

나는 앞부분에서 만약 가정이 부모님들의 지나친 간섭과 보호 하에 있는 곳으로 특징지워진다면, 청년들이 집을 떠날 때 대단히 자유와 구원감을 느낄 것이라

---

21. 자유에 관한 매우 탁월한 검토를 *Great Books of the Western World. The Great Ideas: A Syntopicon of Great Books of the Western World*에서 찾아볼 수 있는데, 여기에서는 "해방"이라는 주제를 추적하는 방식을 취하고 있다. 이 토픽과 이와 관련해서 *Great Books*에 나오는 많은 자료들을 애들러(Mortimer Alder)가 개괄했는데, 그 내용을 *The Great Ideas: A Syntopicon of Great Books of the Western World*, M. Alder and W. Gorman(Chicago: Encyclopaedia Britannica, Inc., 1952), 1:991-1012에서 볼 수 있다.

고 말한 적이 있었다. 이런 아이들이 집을 떠나면서 느끼는 감정중 한 가지가 "자유"이다. 그들은 자기 부모들의 간섭과 규칙들로부터 자유를 느낀다. 그들은 더 이상 취침시간 소등을 당하지 않아도 되고, 더 이상 전화를 하면서 감시당하지 않아도 되고, 더 이상 어디에 갈지 누구랑 갈지를 허락받지 않아도 된다. 그들은 자신들이 원하는 것을 자신들이 원할 때 할 수 있다. 그들은 자기들이 원하는 것이라면 무엇이건 할 수 있다. 바로 이것이 많은 대학생들(혹은 가정을 떠나는 젊은 청년들)이 자유를 규정하는 방식이다. 이런 사람들에 있어서 자유란, 스스로 자기자신의 삶을 절대적으로 컨트롤하는 것, 즉 개인적인 자유를 의미한다. 대부분의 경우에 있어서, 이런 자유는 단순한 자기중심주의나 자아도취와 별반 다르지 않다.

나는 여기에다가 이런 형태의 자유가 그저 젊은 청년들에게만 국한되는 것이 아니라는 점을 서둘러 덧붙이고자 한다. 로버트 벨라(Robert Bellah) 학자팀은 미국에서의 개인주의라는 문제에 대해 상당히 폭넓은 차원에서 조사했었다. 특별히 우리 사회의 어른들은 개인주의라는 신화에 사로잡혀 있다. 개인이 실존의 중심 형태다. 흔히 사람들은 개인주의가 다른 사람들에 대한 성경적 책임감과 사회적 책임감 양자로부터 발전된 것이라고 주장한다. 그러나 이런 두 가지 정신적 지주들 모두가 부식함에 따라, 서구적 개인주의도 길을 잃어버리게 되었다. 벨라와 다른 몇몇 사람들은 이제 (내가 생각하기엔 적절하다고 본다) 이런 개인주의는 "한 개인의 존엄성을 이상으로 놓고 거기에 의미를 부여하는 그런 개인주의를 약화시킨다"고 주장한다. 그는 계속해서 주장한다, "그렇기에 우리는 심각한 곤경에 직면하고 있다. 현대 개인주의는 개인적으로도 생명력이 없고 또한 사회적으로도 대안이 되지 못하는 그런 방식을 만들어내고 있는 것으로 보인다.…"[22] 이런 사람들에게는 자유란 "내가 원하는 것을 하는 것"이며, "나 자신을 발견하는 것"일 뿐이다.

이를 달리 말하면, 독립, 자율, 개인적 주장과 권리이다. 신학적으로 말하자면, 이런 식으로 한 사람의 개인적인 욕망을 자유라고 규정하는 것은 심각하게 죄의 냄새를 피우는 규정이다. 삶을 이런 식으로 바라보는 것은, 자유에 대해서 제한이 없는 것으로 간주하는 것이며, 또한 자기-충족이 있는 것으로 간주하는 것이다. 하

22. Robert Bellah, et al., *Habits of the Heart: Individualism and Commitment in American Life*(New York: Harper & Row, 1985), 144. 특히 55-84, 142-63을 보라. 또한 그의 팀의 *Individualism and Commitment in American Life: Readings on the Themes of Habits of the Heart*(New York: Harper & Row, 1987), 51-95도 보도록 하라. 나는 현대 서구 사회를 이해하기 원하는 사람이라면, 벨라(Bellah)의 *Habits of the Heart*를 반드시 읽도록 권하고 싶다.

지만, 모티머 애들러(Mortimer Adler)는 묻는다, "여기서 우리가 물어야 하는 진정한 질문은 형이상학적인 것이 아닐까 싶다. 유한한 것들중 과연 절대적으로 독립적일 수 있는 것이 있는가?" 그리고 그는 계속해서 이야기한다 "하나님께서는 유한한 무언가에 종속되지 않을 수 있는 자율적인 자유를 갖고 계신다."[23] 그는 적절하게 지적했다. 이런 종류의 자유가 가져오는 것은 그저 인간의 교만일 뿐이며, 마치 자기자신이 절대적으로 독립적이고, 자기-충족적이고, 자율적인 것처럼 위장하는 것을 통해 스스로를 하나님처럼 만들고자 시도하는 것뿐이다.

이와같은 개인주의는 "재정적 독립"을 추구하는 것을 통해 그 모습을 종종 드러내곤 한다. 이는 종종 자기자신을 사회의 다른 사람들과 관련시키지 않으려는 바람을 경제적으로 표현하는 것에 불과한 것이거나, 혹은 자신이 성공했다는 사실을 세상 사람들에게 과시하고 보여주려는 것에 불과한(그러나 세상은 별로 쳐다보지도 않는) 경우들이곤 하다. 자유에 대한 이런 개념에서는, 자유에 대해서 자기자신이 원하는 것을 하거나 혹은 자기자신을 발견하는 것으로 간주하기 때문에, 다른 동료 인간을 향한 의무나 혹은 하나님의 뜻에 대한 의무에 관한 이야기는 아무 능력을 갖지 못한다. 이런 종류의 개인주의가 한 사람의 운명을 만들어가고 있고 결정짓고 있다. 그렇기에 전형적인 서구 사회의 성인은 도덕적, 사회적, 종교적 쇠약현상에 사로잡혀 있다.

벨라(Bellah)는 자신의 사회적 연구를 통해 몇몇 사람들이 품고 있는 열망이 무엇인지를 살펴본 이후에, 다음처럼 이를 종합한다.

> 자유는 아마도 가장 깊이 공감되고, 가장 많이 주창되는 미국의 가치일 것이다. 어떤 의미에서는, 자유는 개인적으로나 정치적 생활 양자 모두에 있어서 좋은 것으로 규정된다. 그러나 자유는 다른 사람들로부터 버림받아 나 혼자인 상태를 의미하는 모습이 되곤 한다. 다른 사람들의 가치들, 생각들, 삶의 스타일등을 내게 강요하지 않은 채로, 그리고 일이나 가족이나 정치적 삶에서 중재적인 권위로부터 벗어나 있는 상태인 채로 말이다. 이런 자유를 가지고 도대체 한 사람이 무엇을 할 수 있는지를 규정하는 것

---

23. M. Adler의 *The Great Ideas: A Syntopicon of Great Books of the Western World*, volume 1, in *Great Books of the Western World*(Chicago: Encyclopaedia Britannica, Inc., 1952), 2:993. *Great Books*에서, 이와 관련된 훌륭한 예를 J. S. Mill, *On Liberty*, 43, 263-323에서 찾아볼 수 있는데, 여기에서 밀(Mill)은 특히 정치적 자유라는 개념에 대해 면밀하게 검토한다. 그러나 그는 상당히 자아중심적 개념에 기초를 두고 이런 검토를 한다(특별히 293-302를 보라).

은 미국 사람들에게는 훨씬 더 어려운 일이다.

그는 결론짓는다. "어떤 의미에서는…홀로 남겨질 수 있는 자유란, 혼자가 된다는 것을 의미하는 자유이다."[24]

어떤 이들에게는 "자유"는 억압적인 것으로 여겨지거나 혹은 평등과 정의에 장애물로 여겨지는 사회 구조를 부숴버리는 것을 의미한다. 이런 일들은 우리가 품어야 할 좋은 목표들이기도 하고 또한 자유는 분명 사회적 불의들을 찢어버리는 것을 포함한다.[25] 바로 이런 종류의 자유를 삶의 유일한 목표로 삼고 있는 여러 정치가들이 있으며, 우리는 그들이 우리 편에 서서 우리를 위해 기울여주는 노고에 대해 감사해야만 한다. 이런 장애물들에는 공동체 안에서 긴장을 촉발시키고 키워나가는 것, 공공 정책들을 결정하는 인종적 편견, 임금 체계에 영향을 끼치는 성별에 대한 차별, 국제 사회에서 일정 국가들로 하여금 개발이 되지 못하게 가로막고 있거나 경제 사다리에서 하층부를 구성하게끔 강제하는 국제적 제국주의 등이 자연스럽게 포함된다. 이런 불의에 대해서는 반대해야만 하며, 이런 영역들에서 자유가 역할하는 것은 전적으로 좋은 일이다.

그러나 종종 불균형이 나타나곤 한다. 많은 사람들에게 있어서, 사회정의를 위한 투쟁은 하나님께서 악한 사탄적 권세에 대해 투쟁하시는 것으로 여겨지고, 또한 사회정의의 확립은 하나님의 구원으로 간주되곤 한다. 이런 투쟁은 사회적 영역, 인종적 영역, 성별적 영역등에서 일어날 수 있다. 그리고 이런 각각의 투쟁은 말 그대로 투쟁이다. "해방 신학"의 가장 대표적인 학자이자 대변인격으로 알려져 있는 사람이 있다. 구스타프 구티에레즈(Gustavo Gutierrez)이다. 이 라틴 아메리카 학자는 세 가지 차원의 해방이 있다고 주장한다. 억압당하는 사람들의 사회적 열망, 자신과 사회를 새로운 인간과 이전과는 다른 사회로 발전하시키고 개발하려는 열망, 그리스도를 통해 죄로부터 자유롭게 되려는 영적 열망. 그는 한걸음 더 나아간다. "하지만 이 세 가지는 세개의 병행적 사건이 아니고, 또한 시간적으로 연속해서 일어나는 사건도 아니다. 한 가지 사건 혹은 복합적으로 벌어지는 사건과 과정들은 이런 세 가지 차원의 의미를 갖고 있다.

---

24. Robert Bellah, et al., *Habits of the Heart*, 23.
25. 미국 상황과 관련해서는 우리의 관점을 형성한 정치적 이상들을 잘 설명하고 있는 M. J. Adler, *We Hold These Truths : Understanding the Ideas and Ideals of the Constitution* (New York : Macmillan, 1987), 51-61(행복에 대하여)와 123-30(자유에 대하여)을 읽어볼 것을 추천한다.

또한 이런 세 가지 차원들은 그리스도께서 구원을 베푸시는 모습 속에서 가장 깊은 의미와 가장 온전하고 풍성한 성취를 찾아볼 수 있다."[26] 내가 추측하건대, 이점에 대해 동의하지 않을 독자들은 거의 없을 것이다. 그러나 구티에레쯔 입장에 서 있는 실천가들중 "가장 깊은 의미"가 갖는 중요성에 주안점을 두거나, 영적 과정에 대해 사회적 인간적 과정들과 동등한 위치를 부여하는 사람들이 거의 없다는 것이 문제이다. 분명히 사회적 자유도 바울이 말하는 자유 개념의 한 측면임에 틀림없지만, 그러나 그것이 자유의 총체성인 것은 결코 아니다. 또한 해방 신학자들과 활동가들에게는 자유의 개념이 너무나 물질주의적이어서, 자유에 대한 성경적인 다양한 개념들과 내용들을 충분히 끌어안지 못한다.

자유에 대한 또 다른 인식이 있는데, 매우 개인주의적인 인식이다: 자아-실현의 자유.[27] 이런 자유는 가족의 기대나 현재 상태에 순응하는 것으로부터의 자유를 포함하고, 정신적으로나 육체적으로 의존하고 있는 습관이나 약물로부터의 자유를 포함하고, 자신이 갖고 있는 가능성에 대해 충분히 깨닫고 실현해 나가는 자유를 포함한다. 내가 지금 여기에서 말하는 것은 우리가 흔히 심리학적인 자유라고 부르는 것에 대해서이다.

로버트 벨라는 이 부분에 있어서도 "마가렛(Margaret)"에 대해 묘사하면서 자유에 대한 이런 생각이 어떤 것인지를 잘 잡아내고 있다.

> 마가렛에게 있어서는 현대 심리학의 이상형에 영향을 받은 다른 사람들과 마찬가지로, 자유롭게 된다는 것은 그저 단순히 다른 사람들로부터 떨어져 홀로 남겨지는 것을 의미하지 않는다. 자유롭게 된다는 것은 내가 나 자신에 대해 규정한 바로 그 모습대로 나 자신만의 정체성과 인격을 갖는 사람이 된다는 것을 뜻하며, 내가 삶에서 원하는 것을 내 힘으로 해내는 것을 뜻하며, 가족이나 친구 혹은 공동체에 순응하라는 요구에서 할 수 있는 한 최대로 자유로와지는 것을 뜻한다.[28]

나는 심리학적으로 부모나 약물중독 혹은 자신의 과거로부터 독립적이 되는 것

26. Gustavo Gutierrez, *A Theology of Liberation*, trans. C. India and J. Eagleson(London: SCM, 1974). 나는 37페이지에서 인용했지만, 좀 더 넓은 섹션에서 이 내용이 언급되고 있다(1-42페이지).
27. "자유"에 대한 이 관점은 특히나 Carl R. Rogers의 심리학과 깊이 연관되어 있다. 이와같은 "인격-중심적 치료법"에 관한 내용은 R. J. Corsini, ed., *Current Psychotherapies*(3rd ed.m Itasca, Ill.: F. E. Peacock, 1984), 142-95에서 요약된 내용을 찾아볼 수 있다.
28. Robert Bellah, et al., *Habits of the Heart*, 23.

에 대해서 그래서 "개인적"이 되거나 혹은 인격적으로 책임감 있는 성인이 되는 것에 대해 결코 반대하지 않는다. 그러나 많은 사람들은 자유롭게 생각하는 개인이 되는 과정이나, 성장하는 과정, 혹은 자신의 과거를 극복하고 넘어서는 과정등을 자유의 본질로 삼거나 혹은 삶의 목표로 삼곤 한다. 모든 개인들이 거울을 바라보면서 자기자신의 현재 모습이 어떠한지를 인정하고 거울을 통해 보여지는 자신을 포용하는 것은 근본적으로 매우 중요한 일이다. 이것은 우리 자신에 대해 잘 이해하고 알아가는 과정이기 때문이다. 그러나 자기자신에 대한 지식은 성경적인 자유가 아니다. 자기자신을 아는 것은 우리가 하나님 앞에서 누구인지를 알아가는 한 과정에 불과할 뿐이며, 우리가 그리스도를 통해서 성령님 안에서 무얼 할 수 있는지를 배워나가는 과정에 불과할 뿐이다. 정신 건강과 심리적 건강은 마치 인종 차별을 제거하는 것이 밀레니엄이 아닌 것과 마찬가지로 결코 성경적 자유가 아니다.

성경은 심리적 건강에 대해서 우리 자신이 누구인지(죄인이라는 사실)를 배워나가고, 우리 자아를 예수님께 복종시키고(회심), 하나님께서 원하시는 존재(순종하는 기독교인)가 되어가는 결과로서 주어진다고 간주한다. 분명, 심리적 건강을 얻는 과정은 몇몇 사람들에게는 매우 거친 과정일 수도 있고 일시적으로는 매우 곤혹스러운 과정일 수도 있다. 그렇기 때문에 이 부분에 대해서는 특별한 관심을 기울여야만 한다. 그럼에도 불구하고, 나는 정신적 자유가 자유의 목표가 아니라 하나님의 은혜로 주어지는 결과물이라고 주장한다.

위에서 언급한 자유에 대한 각각의 모델들은 오늘날 우리 사회 안에 여러 다양한 모습들로 나타나며, 이들은 성경이 규정하는 자유의 일부분들을 구성한다. 그러나 만약 우리가 이런 식의 추구들을 바울이 말하는 자유와 동일시한다면, 우리는 잘못된 생각을 갖고 있는 것이다. 우리가 지금 어느 쪽을 향해 나아가고 있는지를 알기 위해서, 자유에 대한 바울의 생각을 우리가 어떻게 적절하게 적용할 수 있는지에 대해, 다시 한번 더 우리 스스로에게 상기시키도록 하자. 첫째로, 우리는 사도 바울이 자신의 정황 속에서 어떤 의미로 이 표현을 사용하는지를 살펴봐야만 하며, 그런 뒤에 이 개념이 오늘날에는 어떤 의미로 사용되고 있는지를 살펴봐야 한다. 그리고 마지막으로 바울의 메시지를 오늘날 사회에 융합시켜야 할 것이다. 우리가 오늘날 갖고 있는 자유에 대한 개념을 향해 성경이 가르쳐주는 정보를 제시해주고 우리의 잘못된 생각들을 바로잡아주는 방식으로 말이다. 우리는 바울의 관점에 대해서 언급했고, 오늘날 사회가 갖고 있는 자유에 대한 세 가지 개념에 관해서도 간략하게 살펴보았다. 이제 다음 섹션에서는 몇 가지 적용을 할 것이다.

현대적 의미

우리는 적용으로 한걸음 더 나아가기에 앞서, 바울 서신들에서 자유라는 개념이 어떤 의미인지에 대해 짧게 개괄적으로 다시 살펴볼 필요가 있다. 바울이 사용한 자유라는 개념에는 신학적 차원과 인간적 차원 이렇게 두 가지 차원이 있다. 신학적 차원은 그리스도를 통하여 성령님 안에서 하나님과 맺는 관계성을 포함하며, 인간적 차원은 개인적인 측면과 사회적 측면을 포함한다. 바울의 강조점들은 율법의 저주로부터의 자유와, 모든 사람들이 하나님 가족의 구성원이 될 수 있다는 자유에 초점이 맞추어져 있다(3:28). 우리는 또한 이미 앞에서 이야기했던 내용, 즉 오늘날 사회에서 갖고 있는 자유에 대한 전형적인 관념에 대해서도 기억하고 있어야만 한다. 개인적인, 사회적인, 심리학적인 자유.

우리가 인식해야 할 점은 자유에 대한 바울의 관점과 우리 사회가 갖고 있는 관점이 동일하지 않다는 점이다. 사실, 종종 이 두 가지는 거의 정면으로 대치되는 경우들이 있다. 바울의 자유는 "하나님과 그분의 뜻에 대해 종이 되는 것"을 포함하지만, 반면 현대인들의 자유는 자기가 원하는 것을 행하는 것을 뜻하곤 한다. 바울에게 있어서 자유는 그리스도를 통해 성령님 안에서 하나님과 관계맺는 것을 통해 시작하지만, 반면 현대인들의 자유는 혼자가 되는 것을 의미한다. 바울에게 있어서 개인, 사회, 심리학적 자유는 하나님께서 그리스도를 통해 성령님 안에서 한 사람에게 행하시고 베푸시는 영광스러운 결과물이지만, 반면 현대인들에게는 자유의 이런 형태들은 삶의 가장 결정적인 목표다. 바울에게 있어서 자유는 상호의존이지만, 반면 현대인들에게 자유는 독립일 뿐이다. 달리 말하자면, 이 양자 사이가 서로 어색하고 부자연스럽다는 사실을 인식할때까지 우리는 바울의 자유를 오늘날 현대 사회에 적용할 수 없다. 이런 사실은 우리로 하여금 둘 중 한 가지를 결정할 것을 요구한다. "우리는 우리를 자유롭게 해 주시는 하나님 아버지의 굴레와 우리를 노예로 만드는 이 세상 권세의 굴레 둘 중 한 가지를 선택해야만 한다."[29]

그렇다면 우리는 어떻게 적용할 것인가? 첫째로, 사람들은 자신들이 자유로와질 수 있기 전에, 무엇으로부터 자유로와질 필요가 있는지를 분별해야만 한다. 바울의 메시지는 우리가 율법과 그 저주에 얽매여 있으며, 죄와 자기자신과 악한 세상에 얽매여 있다는 것이다. 갈라디아서 1:4은 이 서신에서 자유에 관해 바울이 언급하는 첫 번째 내용이다. "이 악한 세대에서 우리를 건지시려고 우리 죄를 대속하

29. H. Tielicke, *The Freedom Of the Christian Man*, 28.

기 위하여 자기 몸을 주신 분이 누구신가?" 바울의 이 언급 안에서 우리는 네 가지를 찾아볼 수 있다. 죄라는 단어 안에는 율법이 함축되어 있고, "우리를"과 "우리"라는 단어들 안에는 자기자신이, "이 악한 세대"라는 표현 안에는 이 세상이 함축적으로 들어있다. 그 누구도 자신이 죄, 자기자신, 이 세상에 종으로 얽매여 있다는 사실을 받아들이기 전에는 "성경적인 자유"를 누릴 수가 없다.

어떤 죄수가 안락한 리조트에서 낮에는 골프를 즐기고 밤에는 와인을 곁들여 여자들과 더불어 노래하며 즐겁게 춤을 추며 지낸다고 가정해 보자. 그런데 그 사람에게 만약 지금 누리고 있는 대부분의 생활을 계속해서 누리고 살려면 자유롭게 되야 한다고 말한다면, 그건 아무짝에도 쓸데 없는 말이 될 것이다. 하지만 만약 이 사람이 갖고 있는 가장 큰 바람이 "바깥에 나가는" 것이라면, 그는 자신이 박탈당한 것들을 되찾고 바깥으로 나가는 자유를 얻을 수 있다. 마찬가지로 만약 자신들이 죄인인 상태가 얼마나 끔찍한지 전혀 깨닫지 못하는 사람들에게는 죄로부터 자유를 얻는 것이 필요하다고 말해주는 것이 아무 유익을 주지 못한다. 존 스토트가 말하는 것처럼, "참된 자유는 나의 어리석고 볼품없는 자아로부터의 자유이며, 하나님과 다른 사람들을 향해 사랑 안에서 책임 있는 삶을 살기 위해 누리는 자유이다."[30]

이를 다른 방식으로 설명해 보도록 하자. 만약 우리가 복음을 우리가 사는 세상과 공유하지 않는다면, 우리는 자유를 우리가 사는 세상에 적용할 수 없다. 이는 우리가 죄의 실체성을 선포할 때까지는 우리가 자유에 대한 메시지를 선포할 수 없다는 것을 의미한다. 가장 위대한 신학자인 어거스틴은 이렇게 말했다. "의지는 죄악과 사학함의 노예가 아닐 때, 그때서야 참으로 자유롭다."[31]

둘째로, 우리는 우리가 사는 세상을 향해 그리스도를 통해 성령님 안에서 그들이 무엇을 위해 자유를 누리게 되는지에 대해 정보를 주고 알려주어야만 한다. 사람들은 하나님을 섬기기 위해, 예수님을 따르기 위해, 그리고 성령님 안에서 살기 위해 자유롭게 되는 것이다. 다시 한번 더 말하지만, 이것은 오늘날 우리가 살고 있는 사회가 원하는 그런 자유가 아니다. 그러나 진정한 기독교인들은 정확하게 바로 이 자유를 원한다. 우리 사회는 홀로 남아있는 것을 원하고, 사회적 장벽들을 허물어 버리기를 원하고, 자기자신을 발견하기를 원한다. 예수님께서는 우리들이 주님과 함께하고 그분 백성들과 함께 하기 위해 홀로 남게 되기를 원하셨으며, 우리

30 J. R. W. Scott, *The Contemporary Christian*, 14-11.
31. Augustine, *The City of God*, 14, 11.

마음에 있는 하나님의 사랑이 반영된 결과로써 사회적 장벽들이 허물어지기를 원하셨으며, 하나님 앞에서 우리 자신을 부인함으로써 우리 자신이 누구인지 발견하게 되기를 원하셨다. 이에 대해 틸리케가 다음처럼 언급했다. "기독교인들에게는 율법 아래에서 종노릇하는 것과 구별되는 모습으로서의 자유는 내가 하나님의 책임있는 자녀로서 권세를 얻게 된 결과로써 주어지며, 또한 하나님의 뜻에 합당하게 내가 행하고자 하는 것을 배우면서 주어진다. 여기서의 자유는 자발적으로 곧장 실천하는 사랑이 된다."[32] 그리고 애들러(Mortimer Adler)는 이렇게 덧붙인다. "사람은 하나님의 도우심으로 말미암아 사랑을 통해서 자기자신을 하나님의 통치하심에 복종시키는데 성공할 때보다 더 자유로울 수 없다."[33]

우리가 이런 자유를 발견했을 때, 이 자유는 어떤 것과 비슷한 모습일까? 진정으로 자유로운 사람은 (1) 그리스도를 통해서 성령님 안에서 하나님을 신뢰하고, 사랑하고 하나님께 복종하는 사람이며, (2) 다른 사람들을 섬기고 사랑하는 사람이며, (3) 하나님 앞에서 성장해감에 따라 깨끗한 양심을 가지고 거룩함과 사랑을 가지고 하나님 앞에서 살아가는 사람이다. 그러므로 다음과 같은 모습에서 나는 우리 시대에 동의한다. 자유에는 적어도 세 가지 차원이 있다. 우리는 개인적으로 자유로울 필요가 있으며(그래서 우리는 하나님께서 원하시는 사람이 될 수 있으며), 사회적으로 자유로울 필요가 있으며(그래서 모든 사람들이 하나님의 영광을 보고) 또한 심리학적으로 자유로울 필요가 있다(그래서 우리가 하나님 및 다른 사람들과 신뢰할만하고 상큼하게 관계맺을 수 있는).

우리는 그리스도를 통해서 그리고 성령님 안에서 자유가 갖는 세 가지 차원의 의미를 성취할 수 있다. (1) 우리는 하나님 앞에서 우리 자신에 대해서 솔직하고 정직해야만 한다. 성경은 이런 고백을 우리에게 요구한다. 우리가 우리 자신이 실제 어떤 존재인지를 정면으로 드러내게 될 때까지(우리의 불완전함 때문에 계속적으로 죄악가운데 살고 있고, 그렇기에 죄악 가득하고 불완전한 존재에 불과한), 우리는 자유로와질 수 없다. 이 고백은 다른 사람들과 "연대해서 하는 고백"(다른 사람들과 마찬가지로, 저는 죄인입니다)이 아니라, "독자적인 고백"(다른 사람들은 나와 다를 수도 있겠지만, 저는 죄인입니다)이어야만 한다. 우리가 하나님 앞에 우리의 참된 모습이 어떤 것인지를 인정하면서 그분의 평가를 받고자 할 때, 우리는 그

32. H. Tielicke, *The Freedom Of the Christian Man*, 15.
33. M. J. Adler, "Liberty," 995.

분의 자유를 얻게 될 것이다.

(2) 우리는 하나님께서 우리가 의지하기 원하시는 바로 그분 예수 그리스도를 의지하는 모습으로 하나님 앞에 정직하게 나와야만 한다. 그렇게 할 때에만, 우리는 하나님께서 원하시는 자유를 경험하게 될 것이다. 예수 그리스도는 하나님께서 우리에게 자유로 가는 길을 주시고자 열어주신 유일한 길이다. 예수님께서는 그분의 죽음을 통해서 이 일을 감당하셨으며, 또한 주님께서는 모든 장벽들을 헐어버리셨고 우리를 죄와 불완전으로부터 정결케 하셨다. 우리가 하나님께서 "그분을 의지하라고 지목하신" 그분을 의지할 때, 우리는 하나님의 자유를 발견하게 된다.

(3) 그런 뒤 우리는 "성령님 안에서" 살아야만 한다. 하나님의 성령님은 우리가 새로워지고, 고침 받고, 완전하게 만들어질 수 있는 길로써 하나님께서 약속하신 분이시다. 성령님께서는 하나님 앞에서 우리 삶에 활기를 불어넣으시며 그래서 우리가 하나님께서 우리가 되기 원하시는 모습이 될 수 있게끔 해 주시고, 또한 하나님께서 우리가 행하기 원하시는 일들을 행할 수 있게끔 해주신다.

우리가 하나님께 나아오고 또한 그리스도를 통해 성령님 안에서 살아갈 때, 우리는 자유 안에서 살아가게 된다. 그러면 우리에게는 세 가지 일들이 일어난다. 우리는 개인적으로 우리의 죄와 우리의 불행한 과거(비록 몇몇 치료방법을 사용해야 하고 치유하는데 시간이 걸리기도 하지만)로부터 자유롭게 되며, 우리는 자유롭게 되어 다른 사람들을 섬기게 되고 그 결과 사회적 장벽들이 허물어지게 되며, 또한 우리는 우리가 항상 되고자 원했었던 모습이 된다. 비록 이전에는 우리가 진정 원했던 모습이 어떤 것인지조차 몰랐었다 할지라도 말이다. 그러므로 우리는 심리학적으로, 사회적으로, 개인적으로 자유롭게 된다. 이런 사람들에게는 율법주의적인 공격들, 문화적 제국주의, 인종 차별 등은 충격이나 놀라움을 가져오지 못한다. 왜냐하면, 이런 사람들은 성령 안에서 그리고 그리스도를 통해서, 이런 것들을 넘어서서 살 수 있고 또한 이런 것들 속에서도 자유를 누리며 살아갈 수 있기 때문이다.

그러나 자유가 갖는 이런 세 가지 차원의 모습들은 실제로 구현되고 나타나는 양상에 있어서 우리 사회와 정반대 대조를 이룬다. "개인적 자유"라는 이슈에 대해서 생각해보자. 우리 사회는 개인적 자유에 대해 "홀로 남겨지는 것" 혹은 "자기자신을 발견하는 것"이라고 간주하는 반면, 기독교인들은 그렇게 생각하지 않는다. 기독교인들은 자신이 삶의 풍랑 속에서 견고한 모습을 갖고 있는 독립적인 섬이 되는 것을 개인적인 자유라고 생각하는 것이 아니라, 하나님께서 그리스도를 통해 그리고 성령님 안에서 우리를 자유롭게 해 주신다는 사실을 알고 있다. 도리어 개인적 자유란 한 사람이 자신이 하나님과 다른 사람들 앞에서 어떤 자리에 있는지를 아는 것을 의미한다. 우리의 정체성은 우리 자신이 누구인지를 발견하는 것에서부터 오는 것이 아니라 하나님을 알고 하나님의 자녀로서 다른 사람들과 관계 맺는 것을 배우는 것을 통해서 주어진다. 분명히, 기독교인들은 개인적으로 자유로와지지만, 그러나 자신들이 공동체의 일부분이 되고자 하는 모습으로 그렇게 되는 것이다. 기독교인의 자유는 고립이 아니라 사귐을 추구한다.

사회적 자유에 대해 생각해보자. 얼핏 보면, 기독교인도 낙태 시술을 하는 병원에 반대 시위를 하는 비기독교인 사회 활동가들과 함께 그런 시위에 참여하기도 하고, 혹은 비기독교인들도 법정에서 정의로운 판단을 촉구하는 모습을 보여주기도 하기 때문에, 양자가 비슷해 보일수도 있다. 그러나 양측의 개념은 전혀 동일하지 않다. 기독교인은 하나님께서 의로우시기 때문에 정의가 있기를 원하는 것이지, 정의가 무언가 형이상학적 실체이기 때문에 정의를 원하는 것은 아니다. 기독교인들이 성적 차별을 철폐하기 원하는 것은 공상적 사회박애주의자이어서가 아니라, 예수 그리스도의 복음 안에서는 "남자도 여자도 없기 때문"이다. 기독교인들이 각각의 사회적 활동에 참여하는 것은 예수 그리스도의 복음이 사회적 영향력을 갖고 있기 때문이다. 사회 정의는 그 자체가 목적이 아니다. 기독교인들에게 있어서 사회 정의란, 하나님의 역사하심을 선포하는 방법일 뿐이다.

기독교인들은 심리학적으로 자유롭게 되었고 그렇기에 하나님과의 관계성은 물론이고 다른 사람들이나 자기자신과의 관계성에 있어서도 건강할 수 있다. 내가 이 항목을 마지막에 자리잡게 한 것은 우리 사회가 가장 우선적으로 가치를 부여하는 것들에 대해서 성경은 다르게 간주하기 때문이다. 자아발견은 하나님께서 우리를 자유롭게 하시는 세 가지 이유들 중 한 가지에 불과할 뿐이다. 하나님 편에서는 자기 백성들이 정신적으로 건강한 것을 보는 것보다 더 기쁘고 즐거운 일은 없다: 하나님 백성들이 맺는 모든 관계들이 건강한 것. 그러나 여기서도 다시 한번 더, 우리는 이 자유가 다른 중요한 것을 위한 자유라는 사실을 보게 된다. 하나님 및 자기자신 그리고 다른 사람들과 관계 맺기 위한 자유. 이 자유는 개인적인 흡수나 혹은 자기 중심적인 그런 자유가 아니다. 하나님의 성령께서 주시는 자유는 그분의 인자한 영을 우리 영혼 속에 불어넣어주시고 그래서 우리가 하나님과 다른 사람들 앞에서 치유 받을 수 있게 해 주시는 그런 자유이다.

바울이 지금 우리가 사는 세상 속에서 우리가 행하기 원하는 능력은 자유를 축소하는 것을 줄이는 능력이다. 무엇이 우리로 하여금 그리스도의 자유 안에서 살아가는 것을 훼방하는가? 무엇이 성령님 안에서 누리는 우리의 자유를 파고 들어오는가? 아마 우리 모두에게 이렇게 행하는 가장 분명한 악한 상대중 하나가 바로 사회적 관습일 것이다. 왜 지역 교회들은 주일 오전 예배를 드릴 때 일반적으로 45분에서 1시간정도 시간을 정해놓고 예배를 드리는가? 나는 사회적 관습 때문이라고 생각한다—"오븐에 넣어둔 음식물이 타기전에" 집에 가려는, 집에 가서 오후에는 계획했던 일들을 하면서 시간을 보내려는, 집에 가서 NFL 풋볼 경기를 보려는, 제때 집에 가서 가족들이 근처 호숫가에 놀러갈 수 있도록 해 주려는, 오랫동안 계속되어온 경험과 필요 때문에 생겨난 사회적 관습. 만약 하나님의 성령님께서 갑자기 예배시간에 역사하시기 시작하시거나 하나님의 거룩함을 새롭게 만들어 내시거나 성령님의 교제를 베풀어 주신다면, 이런 사회적 관습들은 어떻게 작동할까? 아마 여러 가지 방식을 통해 갑작스럽게 나타난 하나님의 역사하심들을 억누르고 얽어매는 일들을 할 것이다. 누군가가 우리의 사회적 관습을 표현하고 주장할 것이고, 그 결과 하나님의 선한 역사하심은 짓눌려질 것이다.

지금 내가 여기서 제시하는 주장은 그 무엇이건 하나님의 성령님의 자유를 잘라내는 것이 있다면, 그것 자체를 잘라내야 할 필요가 있다는 것이다. 우리는 사회적 관습에 의해 예배 길이가 결정되지 않는 예배를 드려야하며, 우리는 사회적 인종에 의해 분리되지 않는 교제를 나누어야하며, 우리는 문화적 배경 때문에 제한되지 않는 교회들을 이루어나가야만 한다. 그리고 우리는 성별이 무엇인지에따라 장벽이 형성되지 않는 사역들을 해야만 한다. 우리는 모든 일들이 하나님의 성령께서 이끄시게끔 해야만 한다. 성령님께서 계시는 곳에는 주님의 자유가 있다.

갈라디아서에 나타나는 바울의 전체 메시지는 우선 이렇게 요약할 수 있다.그리스도를 통해 그리고 성령님 안에서 자유롭게 되라! 우리가 그리스도를 통해 성령님 안에서 하나님께 나아올 때, 우리는 자유롭게 된다. 전능하신 하나님, 감사합니다! 우리는 이제 자유롭습니다.[34]

---

34. 이 말씀은 마틴 루터 킹 목사의 비문에 담겨 있는 글과 흡사하다. 그는 자신의 죽음을 통해 인종 차별의 억압으로부터 결국 자유롭게 되었다. 나는 이 표현들을 그가 남긴 업적을 생각하면서 약간 다른 곳에 초점을 맞추어 사용했다. 그의 연설과 말들은 궁극적으로 영적인 것에서부터 온 것이며 링컨 기념관 앞에서 공개적으로 연설되었다. "I have a dream," in *A Testament of Hope: The Essential Writings of Martin Luther King, Jr.*, ed. J. M. Washington (San Francisco: Harper & Row, 1986), 217-20을 보라.

갈라디아서 5:13-26

13 형제들아 너희가 자유를 위하여 부르심을 입었으나 그러나 그 자유로 육체의 기회를 삼지 말고[1] 오직 사랑으로 서로 종 노릇 하라
14 온 율법은 네 이웃 사랑하기를 네 자신 같이 하라 하신 한 말씀에서 이루어졌나니
15 만일 서로 물고 먹으면 피차 멸망할까 조심하라
16 내가 이르노니 너희는 성령을 따라 행하라 그리하면 육체의 욕심을 이루지 아니하리라
17 육체의 소욕은 성령을 거스르고 성령은 육체를 거스르나니 이 둘이 서로 대적함으로 너희가 원하는 것을 하지 못하게 하려 함이니라
18 너희가 만일 성령의 인도하시는 바가 되면 율법 아래에 있지 아니하리라
19 육체[2]의 일은 분명하니 곧 음행과 더러운 것과 호색과
20 우상 숭배와 주술과 원수 맺는 것과 분쟁과 시기와 분냄과 당 짓는 것과 분열함과 이단과
21 투기와 술 취함과 방탕함과 또 그와 같은 것들이라 전에 너희에게 경계한 것 같이 경계하노니 이런 일을 하는 자들은 하나님의 나라를 유업으로 받지 못할 것이요
22 오직 성령의 열매는 사랑과 희락과 화평과 오래 참음과 자비와 양선과 충성과
23 온유와 절제니 이같은 것을 금지할 법이 없느니라
24 그리스도 예수의 사람들은 육체와 함께 그 정욕과 탐심을 십자가에 못 박았느니라
25 만일 우리가 성령으로 살면 또한 성령으로 행할지니
26 헛된 영광을 구하여 서로 노엽게 하거나 서로 투기하지 말지니라

원 의미

바울은 하나님께 받아들여지는 것이, 율법의 행위에 토대를 두고 있는 것이 아니라 그리스도에 대한 믿음에 토대를 두고 있음을 분명히 보여주었기 때문에—그리고 그는 왜 그러한지에 대해서 모든 종류의 주장과 근거들을 제시하기

1. NIV는 헬라어 *sarx*를 지속적으로 "죄악 가득한 본성"이라고 번역한다. 이 단어에 대한 좀 더 일반적인 번역은 "육체"이고, 우리는 이 부분에서 그렇게 읽어야만 한다. 왜냐하면 "육체"와 "영"은 두 세대를 보여주는 대표적 표현이기 때문이다. 뿐만아니라, "육체"는 "죄악 가득한 본성"이라는 표현은 갖고 있지 못한 함축성을 갖고 있다. 그리스도께서 오심으로 종결된 시대는 물론이고 율법과 할례 등과 연결되어 있는 그런 함축성을 갖고 있다. J. M. G. Barclay, *Obeying the Truth*, 110-19, 203-9, 227-28을 보라.
2. NIV에서는 헬라어 *erga*에 대해 "acts"라고 번역하는 것을 선호한다. 이 용어는 일반적으로 "행위들(works)"이라고 번역된다.

시작했고—그는 예수 그리스도에 대한 믿음의 삶과 성령님 안에서의 삶이 자유라는 특징을 갖고 있다고 주장한다(5:1). 이 자유는 특별히 율법과 그 저주로부터의 자유이다. 그런 뒤, 그는 이런 자유가 할례와 관련해 어떤 의미를 갖는지에 대해서 보여주었다(2-12절). 그가 제시하는 요점은 할례에 복종하는 것은 예수 그리스도와 하나님의 은혜를 포기한다는 것을 의미한다는 것이었다. 바울은 이제 자유라는 교리를 "육체"와 더불어 싸운다는 이슈에 적용한다(헬라어. *sarx*; NIV에서는 "sinful nature"라고 번역했다. 우리는 이 챕터에서 이 용어를 "육체"라는 표현으로 사용할 것이다). 육체에 대한 대응법은 모세의 율법에 복종하는 것이 아니라 성령님 안에 거하는 것이다. 그는 하나님의 백성은 율법이 아니라 하나님의 성령을 통해 표시된다고 주장한다. 바로 이것이 하나님의 백성들이 규정되는 방법이고 그들이 삶을 살아가는 방법이기도 하다. 1-4장 내용은 "그리스도를 통한 삶"으로 특징지워질수 있는 반면, 5-6장은 "성령님 안에서의 삶"으로 특징지울 수 있다.

우리가 지금 살펴보고 있는 섹션은 육체와의 싸움에 있어서 자유가 갖는 중요성에 관한 내용을 담고 있다. 이 섹션은 네 개의 소단락으로 다시 나눌 수 있다. (1) 바울은 육체의 소욕으로부터 자유를 누리는 삶을 살라고 우리를 부른다(13-15절). 자유가운데 거한다는 것은 육체의 소욕을 이루며 사는 것이 아니라 사랑안에서 살아가는 것을 뜻한다(참고. 6절). (2) 그는 자유에 대한 자신의 부름을, 육체를 거스르는 성령님 안에서의 삶을 살라는 부름으로 다시 설명한다(16-18절). (3) 그는 육체안에서의 삶에 대해서 상세하게 설명한다(19-21절). (4) 그는 성령님 안에서의 삶에 대해 상세하게 설명한다(22-26절).

이 섹션의 구절들과 내용들을 좀 더 주의깊게 살펴보기 전에, 먼저 이 섹션의 배경에 대해 간략하게 살펴보도록 하자. 나는 두 가지 서로 다른 토픽들을 우선 살펴보고자 한다. (1) 성령님 안에서의 삶에 대한 바울의 관점과 이런 관점이 유대주의자들과 일으킨 문제, 그리고 (2) 육체와 더불어 어떻게 싸울 것인가에 대한 바울의 관점과 이 관점이 갖고 있는 랍비적 정황.

(1) 한 사람이 "성령님 안에서" 자신의 삶을 꾸려나가는 것을 통해 하나님 앞에서 살아가는 것에 대해, 바울의 관점은 유대주의자들과 어떤 문제를 일으켰는가? 어떤 사람들은 갈라디아서는 실제적으로는 갈라디아 교회들에 있었던 두 가지 서로 다른 문제들과 다툼을 벌이는 내용이라고 주장해왔다. 이들이 주장하는 두 가지 문제들 중 한 가지는 바울이 1-4장에서 서술했던 율법주의라는 문제였고, 다른 문제는 기독교인의 삶의 스타일에 있어서 자유주의, 도덕폐기주의 혹은 완전한 비

도덕성이라는 문제였다. 하지만 나는 앞 섹션을 통해서, 바울이 갈라디아서의 3분의 2를 전개하면서 우선 한그룹 사람들의 주장에 반대하는 주장을 펼친 뒤, 그 다음에 다시 나머지 3분의 1 내용을 통해 또다른 사람들의 주장에 반대하는 주장을 펼친 것으로 보기 어렵다는 점을 분명히 했다. 갈라디아서를 이런 구조로 보는 것은 첫째 그룹의 사람들에게는 아무 적용점도 줄 수 없고, 또 나중 그룹 사람들에게는 아무 신학도 주지 못할 것이다. 바울은 이런 식으로 글을 쓰거나 주장을 전개하지 않았다. 더군다나, 우리는 이 두 가지 이슈들이 하나로 묶여질 수 있다는 사실을 얼마든지 알 수 있다.

우리는 추측해 볼 수 있다. 유대주의자들이 갈라디아 회심자들을 향해 그들이 하나님께 받아들여지려면 율법 전체를 수용해야만 하며, 이렇게 하는 것을 통해 하나님의 계시 전체를 다 신뢰한다는 것을 표현할 수 있다고 주장했으며, 동시에 적절한 도덕적 지침(율법)도 제공받을 수 있다고 주장했던 것으로 말이다. 나는 이 뒷부분 내용이 갈라디아 회심자들에게 강한 호소력을 갖고 있지 않았을까 추측한다. 베츠(H. D. Betz)는 이 점을 잘 설명한다. "율법 체제가 부재한 상황 속에서 성도들은 종교적 죄악을 어떻게 다루어야만 했을까?"[3] 그리고 바클레이(J. M. G. Barclay)는 여기에 덧붙여 이렇게 말한다. "옳고 그름을 분별해줄 율법이 없는 상황 속에서 그리고 종교적 죄악들을 처리해줄 제의들이나 확신을 제공해줄 방법이 없는 상황 속에서 자신들이 구원받았다는 확실성이나 자기 확신은 상당히 흔들리는 양상이었다."[4] 유대주의자들은 이런 상황에 대해 준비된 해답을 갖고 있었다. 율법의 멍에를 메라. 이런 율법들을 짊어지게 되면, 갈라디아 성도들은 사회적 정체성을 얻게 될 것이다. 당시 유대교는 로마법이 인정해주는 종교였고, 율법을 지키는 자들은 거기에 속한 유대교 개종자가 된다.

그런 다음 유대주의자들은 (내가 추측하기로는) 바울이 갈라디아 성도들이 어떻게든 복음을 듣게 하려는 목적으로 축약된 복음(모세가 없는 예수 그리스도)을 가르치고 있었고, 그가 그곳에 오래 머무르지 못했기 때문에 그랬지 만약 오래 있었으면 갈라디아 성도들에게 모세의 율법에 관한 교리교육을 시켰을 것이라고 주장했다. 그렇기 때문에 갈라디아 성도들은 이제 바울이 그들 가운데서 사역한 일을 마무리하기 위해서라도 율법을 받아들여야만 한다. 더군다나, 나는 유대주의자

3. H. D. Betz, *Galatians*, 273.
4. J. M. G. Barclay, *Obeying the Truth*, 71.

들이 어쩌면 갈라디아 성도들로 하여금 "성령님 안에서의 삶"이 그 자체가 근본적으로 부적절하다고 생각하게끔 만들면서 이 부분에 대해 생각하는 것조차 힘들게끔 가르치고 주장했던 것은 아닐까 추측한다. 그들이 생각하기엔, 이런 식의 삶은 누군가 한 사람을 그 무엇보다도 빨리 비도덕적인 삶으로 이끌고 갈 것이고, 또한 그들 삶에서 결코 육체의 소욕과 맞서 싸울 수 없는 삶의 모습이었을 것이다.

그러나 만약 갈라디아 성도들이 율법을 받아들인다면, 이 모든 문제들이 해결될 것이다. 비도덕성도 해결되고, 육체와 관련된 문제도 해결되고, 하나님께도 완전히 받아들여지게 될 것이다-예루살렘에 받아들여지는 것이나 민족주의자들에게 받아들여지는 것은 두말할 필요도 없다! 나는 바로 이런 방식이 유대주의자들이 자신들의 주장을 전개한 방식이라고 믿고 있다. 그리고 갈라디아 성도들은 이를 받아들였으며, 바울이 5:13-26에서 강조점을 두고 있는 내용들은 이 구절들의 초점이 분파주의, 혹은 분열주의였다고 생각하게끔 한다(참조. 5:15, 26 그리고 20-21). 바울이 기록한 편지는 우리가 그들이 전화를 통해 나눈 대화를 갖고 있는 양상이다-지금 막 상대방이 전화를 끊었지만, 바울은 그들이 그에게 무엇에 대해 이야기했는지를 우리가 충분히 알 수 있게끔 이야기해준다.

(2) 유대주의자들이 바울과 관련해 주장하고 있는 이슈중 하나는 육체라는 이슈이다. 유대교 도덕주의자들은 사람들이 육체의 소욕에 대해 어떻게 대처하고 싸워야 하는지에 대해서 오랫동안 심각하게 생각해왔다. 비록 1세기의 논쟁과 증거들이 거의 남아있지 않긴 하지만, 우린 후대 랍비들을 통해서 일부 중요한 증거를 찾아볼 수 있으며, 또한 그들을 통해서 바울이 보인 반응이 도대체 어떤 내용인지를 조명해 볼 수 있다. 유대인들, 특별히 랍비들은 어떻게 해서 유대인들로 하여금 육체와의 싸움에 나서도록 순종하게 만들고 격려했는가?[5] 그레코-로마의 도덕주의자들과 마찬가지로, 모든 유대인들도 인간이 죄를 향한 강한 경향성을 갖고 있다는 사실을 인식했으며, 또한 종교적 죄악들이 일어난다는 점을 알고 있었다. 이들이 추구하고 원했던 것은 죄를 향한 이런 경향성과 싸우는 능력이었다.

랍비들은 모든 인간존재는 두 가지 욕구들을 갖고 있다고 주장했다. 예체르 토브(*yetser tob*) 그리고 예체르 하라(*yetser hara*, 선한 충동과 악한 충동). 이런 개념은 기원후 1세기경 이전부터 내려오는 랍비 문헌 속에서도 찾아볼 수 있다. "만약

5. 이에 대한 표준적인 취급은 W. D. Davies, *Paul and Rabbinic Judaism: Some Rabbinic Elements in Pauline Theology*(4th ed., Philadelphia: Fortress, 1980), 17-35에서 찾아볼 수 있다. 나는 이 부분에서 그의 연구에 상당히 많이 빚지고 있다.

그 영혼이 선한 길을 따르고자 한다면,[6] 그 모든 행위들은 의로움 속에서 행해질 것이고 모든 죄는 즉각 회개될 것이다"(Testament of Asher 1:6). 랍비들은 이 싸움이 마음속에서 일어난다고 확신했으며 예체르 하라가 사람들을 성적인 죄와 우상숭배로 유혹한다고 생각했다(19-21절에 나오는 그들의 강조점을 보라). 랍비들은 "악한 충동을 거스르고 자신을 보호하는 가장 우선적인 방법들은 토라를 공부하는 것"과 회개하는 것[7]이라고 주장했는데, 이것이 가장 중요한 주장이었다. 뿐만 아니라, 몇몇 랍비들은 다가올 세대에서 성적 부도덕성과 우상숭배에 대한 악한 충동은 파괴되고 사라질 것이라고도 생각했다. 그러나 바울은 "다가올 세대"가 그리스도 안에서 이미 왔다고 이야기하고 있는 것처럼 보이지도 않고, 또한 십자가에서 악한 충동(즉, 육체)이 이미 죽음에 이르렀다고(24절) 말하는 것처럼 보이지도 않는다.

여기에는 몇 가지 사항들이 하나로 묶여져 있다. 또한 내가 보기에는 이런 사항들은 지금 바울이 어떤 종교적 사회적 정황 속에서 이야기를 하고 있는지 그 상황들에 대해 좀 더 정확한 그림을 제공해주고 있다. 갈라디아 회심자들은 자신들의 도덕적 지침에 대해 불안정한 상황에 있었고, 특히나 육체와 더불어 어떻게 싸워야 하는지에 대해서 잘 모르는 상황 속에 있었다. 유대주의자들은 모세의 율법이 하나님의 도덕적 지침이라고 배워왔기에, 마찬가지로 율법이 갈라디아 성도들로 하여금 육체와 더불어 싸울 수 있게 해 줄 것이라고 주장했다. 바울은 육체는 이미 실제적으로 죽음에 처해졌다고 주장하면서, 도덕적 삶을 살도록 인도받는 방법들 역시 이미 주어졌노라고 주장한다. 하나님의 성령. 바울에게 있어서는 예수님께서 율법의 성취자이신 것과 마찬가지로, 성령님께서는 하나님께서 주신 도덕적 지침의 대체자이시며 완성자이시다. 달리 말해서, 기독교인들에게는 성령님께서 율법이 원래 갖고 있던 자리를 대신하신다. 바울은 육체와의 싸움에 대해 자유라는 개념을 적용했는데, 바로 이것이 그가 이런 선포를 했던 역사적 정황이다.

육체로부터 자유로운 삶을 살라는 부름(13-15절)

만약 내가 위에서 제기한 추측들이 실제에 가깝다면, 그렇다면 자유의 삶에 대

6. 원문에는 "길"이라는 단어는 없고 단지 "선한"이라는 단어만 있다. 우리는 이 개념이 "충동, 욕구"라고 설명할 수도 있을 것이다.

7. W. D. Davies, *Paul and Rabbinic Judaism*, 22-23.

한 바울의 부름 즉, 육체의 소욕을 따르지 말라는 부름은 율법과 분리된 삶은 항상 욕망을 추종하는 삶으로 귀결된다는 유대주의자들의 주장을 반박하는 것이다. 바울은 자유의 삶은 다른 사람들을 사랑하는 삶이며(율법의 핵심!) 또한 육체의 소욕을 따르지 않는 삶이라고 주장한다. 그러므로 자유에 대한 부름(13절)은 앞부분에 나왔던 자유에 대한 부름(1절)을 다시 선언한 것이기는 하지만, 지금은 자유가 함축하는 의미가 그때와는 다른 방향성을 갖고 있다. 앞부분에서의 자유는 할례로 이끌고 가지 않는 모습을 보이고, 지금의 자유는 육체의 소욕을 이루는 쪽으로 이끌고 가지 않는 모습을 갖고 있다.

바울은 자유에 대한 부름을 제시한 뒤(13a절), 자신의 생각들을 키아즘(chiasm) 형태로 배열해 제시한다.

A. 육체를 위하여 자유를 사용하지 말라(13b절)
  B. 대신, 사랑을 위해 자유를 사용하라(13c절)
  B′. 사랑은 요약적인 명령이다(14절)
A′. 네가 다른 사람들과 다툴 때 육체가 나타나고 볼 수 있다(15절)

설명을 쉽게 하기 위해서 나는 육체에 대해 먼저 살펴본 뒤 뒤이어서 사랑에 대해서 살펴보도록 하겠다.

바울의 전반적 선포인 "자유와 성령의 윤리"에 대한 비평은 이런 주장이 육체의 소욕을 추구하는 것이나 무질서한 행동 그리고 모세의 율법에서 완전히 벗어난 삶으로 귀결될 수 있다는데 있다. 그러나 바울은 자유는 육체의 소욕을 "추구하고 이루기"(헬라어. *aphormen*) 위해 사용되어서는 결코 안된다고 단언한다. "욕망을 만족시키다"는 의미인 이 헬라어 표현은 비유적이고 묘사적이다. 이 단어는 종종 "~을 위한 기회"(RSV), "~에 대한 변명"(New Century Version), 혹은 "~을 위한 행동들의 토대"(The New Translation) 등으로 번역되기도 한다. 이 용어는 원래는 군대의 "작전기지"를 묘사하거나 혹은 일종의 군사작전과 행진을 "시작하는 지점"을 뜻했다. 그러나 이 단어는 또한 "기회", "구실, 핑계", 혹은 " 경우"[8] 등의 의미도 갖

8. J. P. Louw와 E. A. Nida 사이의 논쟁인 *Greek-English Lexicon of the New Testament Based on Semantic Domains*(New York: United Bible Societies, 1988), 1.247-48을 살펴보라. 여기에서는 이 단어가 셈어로서 "문제, 어려움, 구원, 선호하는 환경들"의 범주에 속하는 것으로 분류되었고, 그 중에서도 "선호하는 환경들 혹은 상태"라는 하위 범주로 구별되었다. 이들은 이런 단어들로 "평화, 평온, 참으로 선호하는, 선

게 되었다. 바울은 이 단어를 다른 장소에서는 “죄를 향한 기회”를 잡는다는 의미로 사용하는데(롬 7:8, 11), 허풍을 떠벌리는 기회(고후 5:12)나 비교하는 기회(11:12) 그리고 사탄이 공동체 안에서 허물들을 찾아내는 기회(딤전 5:14) 등을 표현하기 위해 사용하기도 했다. 과거의 한 파피루스에서는 어떤 딸이 “저는 절대로 당신께[그녀의 아버지] 제 건강과 우리 가족의 건강에 대해 편지를 쓰는 기회를 놓치지 않을겁니다”[9]라고 기록한 내용이 나오기도 한다. 비록 성도들은 자유를 누리는 사람들이지만, 그 자유는 죄악 가득한 삶을 위한 발판은 아니다.

다시 한번 더 말하지만, “육체 가운데” 살아가는 것은 근본적으로 하나님의 성령의 영역 바깥쪽에서 살아가는 것이다. “육체”는 반드시 노력해야만 하는 것은 아니다(비록 노력이 포함될 수 있기는 하지만). 그보다는 “육체”는 비(非)영적인 삶이다. 그러므로 “육체”는 밀접하게 “율법 아래서의” 삶과 맞닿아있다. 왜냐하면 바울이 이 서신 전체를 통해 설명하듯이(3:19-25를 보라), 한 사람이 율법이 자신의 삶을 관할하도록 허용하는 것은 성령님의 관할 하에서 살지 않는 것을 선택하는 것이기 때문이다. 육체와 율법은 지금은 이미 지나가버린 시대에 속해 있다. 새로운 시대는 성령님과 그리스도로 특징지워진다. 뿐만 아니라, 현대인들은 바울이 “육체”라는 단어를 사용할 때 그가 “몸”이라는 용어에 중점을 둔 개념을 생각하고 있는 것이 아니며 또한 인간 본성 중 영적 측면과 비교해볼 때 좀 더 열등한 부분을 생각하고 있는 것이 아니라는 점을 잘 이해할 필요가 있다. 이런 식의 개념은 성경적인 개념이 아니라 플라톤적인 개념이다. 바울이 염두에 두고 있는 것은 “하나님의 뜻 바깥에서 살아가는 그리고 성령님을 통해 인도하시는 하나님의 영향력과 별개로 살아가는 전인격”[10]이다.

위에서 언급했듯이, 13b절은 15절과 상응한다. 죄악 가득한 본성의 욕망을 충족시키는 것은 내적 분쟁을 키우는 일이다. 실제적으로, 15절은 명령형을 사용하는 것을 통해 조건적 측면이 성취가 된 것을 보여주는 문장으로 되어 있다. 바울이 말하는 바는 문자적으로는 이렇다. “만약 너희가 너희들끼리 서로 계속해서 물고 뜯어먹는다면, 경계하라 그렇지 않으면 너희는 서로서로에 의해 파괴될 것이다.” 기술적으로 보자면, 바울은 다음처럼 말할 수도 있었을 것이다. “만약 너희가 계속해

호하는 기회 혹은 좋은 경우” 그리고 “성공” 등을 목록으로 제시하고 있다.

9. BGU II. 632.11. 이 번역은 내가 J. H. Moulton and G. Milligan, *The Vocabulary of the Greek Testament* (Grand Rapids: Eerdmans, 1930), 99에서부터 직접 한 번역이다.

10. 이와 관련된 훌륭한 논의를 R. N. Longenecker, *Galatians*, 239-41에서 찾아볼 수 있다.

서 서로를 물고 뜯어먹는다면, 너희는 서로에 의해 파괴될 것이다." 바울이 "경계하라"는 표현을 첨가한 것은 죄에 대해 감성적으로 강조하기 위해서이다. 갈라디아 성도들의 문제점은 전형적인 인간적 문제점이다. 자아들(egos)이 사람들 사이에서 다툼을 시작했고, 오래전부터 누가 이길 것인가가 이슈가 되었다. 그리고 지금은 무엇이 옳은가가 아니라, 누가 옳은가가 이슈가 되고 있다.

이것이 갈라디아에서의 주요한 이슈였다. 5:1-6:10 부분을 쓱 훑어보는 것만으로도 알 수 있듯이, 수많은 내적 싸움들이 있었다. 우리는 5:1-12 부분에서, 갈라디아 성도들은 자신들이 어떤 그룹에 참여할 것인지를 분명하게 결정해야 하는 모습임을 찾아볼 수 있고, 이때 유대주의자들의 분파에 들어가는 핵심 초점은 할례였다는 것도 찾아 볼 수 있다. 동일 구절들에서 우리는 주모자들이 누구인지에 대해서는 물론이고(7-10절) 바울을 대적하는 잘못된 주장들도 찾아볼 수 있다(11절). 13-26절에서 우리는 분파와 투쟁에 강조점이 있다는 것도 찾아볼 수 있다. 그들은 중요한 차원에서 서로 심각하게 싸움을 벌이고 있었다(15절). 16-18절에 나오는 갈등에 대한 단어표현들은, 아마도 교회들 안에 있었던 갈등들을 반영하고 있을 것이다. 바울은 19-21절에서 여러 죄악들을 목록으로 제시하면서, 사람들 사이의 갈등들을 강조하고 있다(15가지 죄악들이 목록으로 제시되고 있는데, 8가지가 사람들 사이의 관계성에 대한 것들이다). "성령의 열매"에 대한 그의 강조도 이와 비슷하게 매우 명확하게 사람들 사이의 관계들에 대한 것들이다(22-23절). 바울은 자신이 제시한 목록 마지막 부분에서, 한걸음 더 나아가 갈등을 좀 더 명확하게 지적한다, "헛된 영광을 구하여, 서로 노엽게 하거나 서로 투기하지 말지니라"(26절). 우리는 바울이 6장에서 우리는 교만(6:1-5), 인색(6절), 다른 사람들에 대해 사려 깊은 모습이 되는 것(7-10절) 등에 강조점을 두는 것을 찾아 볼 수 있다.

우리가 갈라디아 교회들에 대해 생각해 볼 때, 갈라디아 교회가 마치 분기점에 자리잡고 있는데 바울은 한쪽 길로 거기까지 내려오고 유대주의자들은 다른 길로 내려오다가 거기까지 이르러서는 서로가 갈라디아 여행객들에게 자신들이 그 분기점까지 온 길이 올바른 길이라고 주장하고 자신들이 온 길로 결정하라고 손짓하고 있는 것인 양 생각해서는 결코 안된다. 도리어 우리는 바울과 유대주의자들이 무대 연단에 올라가 있으면서 자신들의 시스템에 대해 각각 주장을 펼치고 있고, 갈라디아의 청중들은 서로를 향해 전쟁을 하고 있으면서 각각 분리된 고립지역들을 형성하고 있고, 그곳에서 소소한 승리들을 거두었노라고 주장하는 교만하고 시끄러운 리더들이 있는 그런 형국이라고 생각해야만 한다. 우리는 서로 간에 이야기하지 않는 분리된 가정 교회들간에 경쟁관계가 형성되어 있는 모습을 생각해야만 하며, 할례받으며 생활해온 사람들이 갖고 있던 영적 교만에 대해서 생각해야만 하며, 공동체 안에서 주장과 구호들이 난무하며 서로 맞부딪히는 모습에 대해서 생각해야만 한다. 우리가 그려 볼 수 있는 그림은 슬픈 그림이다-이 그림이 슬픈 이유는 그들이 자신들이 갖고 있는 자유를 그저 육체의 소욕을 이루기 위한 출발점으로만 만들어버리는 그런 패턴을 받아들였기 때문이다. 이와는 정반대로, 바울은 그들의 자유가 서로서로를 사랑으로 섬기기 위한 발판이 되어야만 한다고 말한다. 비록 내가 지금 여기에서 바울 신학에 있어서 "사랑"이 어떤 것인지를 길고 자세하게 첨부할 수는 없지만, 사랑에 대한 그의 가르침이 갖고 있는 중요한 세 가지 흐름들에 대해서 요약적으로 제시하고자 한다. 바울에게 있어서 (1) 사랑은 그리스도께서 사랑 안에서 자신의 생명을 희생적으로 주신 것을 통해 규정된다(2:20), (2) 사랑은 하나님의 성령을 통해 감동된 것이며(5:22-23), 그리고 (3) 사랑은 선을 행하는 것을 통해서 표현되며 사회 안에서 특별히 교회 안에서 사람들 사이의 관계성을 통해 표현된다(5:13-14; 6:10).[11]

지금 우리가 함께 나누고 있는 이 본문에서, 바울은 사랑에 관해 두 가지를 말한다. (1) 갈라디아 성도들은 사랑으로 "서로서로를 섬겨야만" 하며, 또한 (2) 모세의 율법 전체 내용은 레위기 19:18에 나오는 요약적 명령을 통해 종합될 수 있다. "네 이웃을 네 자신처럼 사랑하라." 바울이 지금 여기에서 어떤 일을 하고 있는지는 의심할 여지가 없다. 그는 갈라디아 교회들에 보낸 편지에서, 성취라는 패턴을 사용해서 모세의 율법은 이미 성취가 된 것이고 그렇기에 과거의 것에 불과하다고 뒤쪽으로 치워버리고 있다. 그는 갈라디아 성도들에게 그들이 갈망하는 도덕적 가이드라인은 최상의 가이드라인이라고 말한다. 그리고 바울은 그들에게 만약 그들이 성령 안에서 살고 있다면, 그들은 사랑을 갖게 될 것이고(5:22), 사랑 안에서 살아가는 것이 율법과는 비교도 할 수 없이 가장 좋은 것이라고 말한다. 왜냐하면 사랑은 율법의 성취이기 때문이다(14절). 마치 컴퓨터를 사용해 타이핑을 하는 것이 수동타자기를 사용해 타이핑 작업하는 것의 성취인 것과 마찬가지로, 성령과 사랑 안에서 살아가는 것이 모세의 율법 안에서 살아가는 삶의 성취이다.

바울이 선포하는 모든 윤리는 세 가지 단순한 표현을 통해 논할 수 있다. 갈라

---

11. 사랑에 대한 성경적 연구중에서는 L. L. Morris, *Testaments of Love: A Study of in the Bible*(Grand Rapids: Eerdmans, 1981) 보다 더 훌륭한 연구를 찾아볼 수 없다.

디아 성도들은 사랑 안에서 살아야만 하며(6, 13절), 성령 안에서 살아야만 하며(22절), 그리스도의 법 아래에서 살아야만 한다(6:2). 이 세 가지는 모두 동일한 내용들이다. 그리고 각각은 모세의 율법에 대한 성취이다(그리고 더 좋은 것이다). 여기에서 그는 다른 사람들을 향해 우리가 맺는 관계와 관련해서 하나님의 뜻을 순수하게 정제해 나타낸 단어가 "사랑"이라고 말한다. 그러나 바울이 말하는 이 사랑은 단순한 열정이 아니다. 우리를 변화시켜주고 그래서 우리로 하여금 사랑 안에서 다른 사람들을 섬길 수 있게 해주는 것은 다름아니라 바로 하나님의 사랑이다.

레온 모리스(Leon Morris)는 다음처럼 말한다, "나의 첫째 요지는 우리가 신약성경이 가르치는 사랑에 대해 알 수 있는 것은 오직 우리가 그 사랑을 십자가에서 보기 때문이라는 것이다. 나의 둘째 요지는 이 사랑을 보는 것은 그 사랑으로부터 영향을 받게 되는 것을 뜻한다는 것이다."[12] 바로 이것이 사도 바울이 이야기하고 있는 사랑이다. 그리스도 안에 나타난 우리를 향한 하나님의 사랑이(2:20) 우리로 하여금 하나님의 성령으로 가득 차게끔 만들어주며, 성령님께서는 우리가 다른 사람들과 관계 맺을 때 우리 안에 사랑의 열매가 맺혀지게끔 하신다. 우리 가슴 안에 사랑이 깨어나도록 하시는 분은 다름아니라 바로 하나님의 성령님이시기 때문에, 사랑은 그것이 우리 자신의 것이라고 주장할 수 있는 것이 결코 아니다. 다른 사람을 사랑할 수 있는 것은 훈련의 결과가 아니다. 그것은 기적이다. 그리고 사랑은 바울이 알고 있었던 것처럼 인간관계에서 역동적으로 역할한다. 모리스는 질문을 던지며 자신의 책을 마무리한다. "기독교인의 사랑보다 더 훌륭하게 작동하는 그런 시스템이 도대체 어디 있단 말인가?"[13]

육체를 거스르는 성령 안에서의 삶을 살라는 부름(16-18절)

바울은 자유가 육체의 소욕을 충족하기 위한 도구가 아니라는 자신의 선포를 제시한 이후에, 자유의 삶이 도대체 무얼 의미하는지를 명확하게 제시한다. 그는 말한다, 자유의 삶이란 성령님 안에 거하는 삶이라고 말이다. 그러나 이 삶은 전쟁이다. 성령님과 육체 사이의 전쟁이다. 그러나 이 전쟁은 "한 개인의 정신적 갈등"도 아니고 "한 개인의 영혼 안에서 벌어지는 분투"도 아니다. 그보다는 샌더스(E.

12. Ibid., 276.
13. Ibid., 279.

P. Sanders)가 말했듯이, "이 전쟁은…한 사람이 어떤 권세에 속하는가와 관련되어 있는 전쟁이다."[14] 여기서 선택해야 하는 권세들은 "육체"와 "성령"이다.

바울은 다시 한번 더 키아즘(chiasm)을 사용해 자신의 생각을 전개한다.

A 성령을 통해 살라 그러면 너희는 육체의 욕심을 이루지 않을 것이다(16절)
 B 갈등은 육체와 성령사이에 있다(17a절)
 B′. 이 갈등은 하나님의 뜻을 행하지 못하게 가로막는다(17b절)
A′. 성령으로부터 인도함 받으라 그러면 너희는 율법아래에 있지 않을 것이다 (18절)

이와 같은 구조는 이 문단에 대한 선이해를 제공해 준다. 바울은 여기에서 정반대되는 내용들을 다루고 있다. 한 사람은 하나님의 성령 안에서 살 때, 육체의 권세(17a절)와 율법의 권세로부터 벗어나게 된다(5:18).[15] 바울은 여기서 다시 한번 더 율법을 육체 및 이전 시대와 연결짓는다(3:3; 4:21-31; 6:12-13). 그러나 이런 성령의 삶은 전투이다-하나님의 뜻에 따르는 전투. 이 전투에 참여하고 있는 사람들은 육체와 성령이 서로 대적한다는 것을 깨닫는다. 한 사람이 육체 안에서 살면, 그 사람은 하나님의 성령께서 원하시는 일을 행하지 않는다.

일반적으로 우리는 이 부분을 통해서, 바울이 기독교인의 삶에 관해 묘사하는 방식과 관련해 근본적으로 중요한 내용을 찾아볼 수 있다. 성령 안에서의 삶이란, 한 사람이 성령님께서 완벽하게 통제하시게 허용하는데 복종하는 사람의 삶이다. 그러나 우리는 여기에서 한 사람이 이런 삶을 얻는 것이 훈련을 통해서도 아니고 이 일에 에너지를 집중하는 것을 통해서도 아님을 볼 수 있다. 기독교인의 삶은 아침에 일어난 뒤 자신이 방향을 결정한 것이 가득한 삶의 장에 온 힘을 다 쏟아 붓는 삶을 살지 않는다. 기독교인의 삶은 이런 모습이 아니라, 성령님께 꾸준히 복종하는 삶을 살아가는 모습이다.

---

14. E. P. Sanders, *Paul and Palestinian: A Comparison of Patterns of Religion* (Philadelphia: Fortress, 1977), 553-54.

15. "율법 아래에" 있다는 것은 (1) 율법을 삶의 총괄적 원리로 삼아 그 아래에서 살아간다는 의미를 갖는다. 즉 한 사람이 자기 전체 삶의 지향점을 모세의 율법을 따라 갖는 것을 의미한다. (2) 이 표현은 또한 율법의 저주(3:13) 아래에 있다는 것을 의미하며, 율법이 갖고 있는 죄를 드러내고 보여주는 권세들 아래에서 살아간다는 것을 의미한다(3:19-25). 즉 한 사람이 성령님 아래에서 살아갈때에, 그는 율법 시스템에 얽매이지 않게 될 것이고 그 역겨움에서 자유롭게 될 것이다.

무엇이 육체적인 삶인가?(19-21절)

바울은 "육체 안에서의 삶"과 "성령 안에서의 삶"이 도대체 어떤 의미인지에 대해, 각각과 관련된 목록을 제시하는 것을 통해 계속해서 설명해 나간다. 이처럼 악한 일들과 좋은 덕목들의 목록을 제시하는 것은 고대 세계의 도덕 교사들 사이에서 일반적으로 찾아볼 수 있는 방식이었다. 이런 양상과 평행적인 양상을 보여주는 바울 서신의 몇몇 본문들을 찾아볼 수 있는데, 원한다면 독자들이 직접 검토해 볼 수도 있을 것이다. 고후 6:1-10; 8:1-7; 엡 4:1-10; 빌 4:8-9; 골 3:12-17; 딤전 1:9; 6:4-6; 딤후 3:2-4; 딛 3:3.[16] 이런 목록들은 어떤 사람이나 혹은 어떤 개념의 특징들을 보여주기 위해 사용되었으며, 규범집이나 법률서적처럼 사용된 것은 아니었다.

또한, 여기 제시된 육체의 일들의 목록들이나 성령의 열매들 목록은 결코 추상적인 목록들이 아니라는 점이나, 타협할 수 있는 목록이 아니라는 점이 더욱 더 중요하다. 이 목록들은 매우 구체적 상황과 관련된 목록들이다. 교회의 갈등이라는 상황 속에서, 우리는 분열주의 및 파당주의같은 것들이 육체의 표현이고 결과임을 볼 수 있을 것이고, 자기통제의 모습 속에서 사랑과 인내와 같은 것들을 만들어내는 것이 바로 성령임을 발견하게 될 것이다. 달리 말해서, 만약 우리가 이 목록들을 당시 정황과 별개로 해석하고 취급한다면 우린 이 목록들을 부정확하게 해석하는 것이며, 또한 이 목록들이 마치 육체나 혹은 성령의 완벽한 목록인것처럼 취급하는 것 역시 잘못을 범하는 것이다. 바울이 이 항목들에 초점 맞추기 원하는 것은 그가 갈등에 관심을 두고 있기 때문이고 그래서 이런 종류의 항목들을 제시하고 있는 것이다. 바울이 이미 에베소 성도들에게 보낸 편지에서 찾아볼 수 있듯이, 그는 육체와 성령 양측 목록들에다가 자신이 초점 맞추는 상황에따라 사뭇 다른 항목들을 제시했다.

바울은 "육체의 일들"을 네 가지 영역으로 나누었는데 우리는 이에 대해 구체적으로 좀 더 살펴보고자 한다.[17]

---

16. A. J. Malherbe, *Moral Exhortation, A Greco-Roman Sourcebook*(Library of Early Christianity: Philadelphia: Westminster Press, 1986), 138-41도 보도록 하라.

17. J. R. W. Stott, *Only One Way*, 147-48. 각각의 육체의 행위들에 대해 상세하게 설명한 내용을 R. N. Longenecker, *Galatians*, 254-57에서 찾아볼 수 있다. 그는 다른 많은 학자들과 더불어 이 목록이 뚜렷한 규칙을 갖고 있는 것은 아니라고 생각한다.

(1) 성적 죄악들: "음행, 더러운 것, 호색"

(2) 신앙적 죄악들: "우상숭배와 주술"

(3) 사회적 죄악들: "원수 맺는 것, 분쟁, 시기, 분냄, 당 짓는 것, 분열, 투기"

(4) 술취하는 죄악들: "술취함, 방탕함, 그와 같은 것들"

이 네 가지 영역들은 전형적으로 과잉으로 인해 문제가 나타나는 영역들이다. 이들 중 세 번째 영역에 바울의 초점이 맞춰져 있음을 알 수 있는데, 왜냐하면 다른 부분들보다 이 부분이 훨씬 더 세부적이고 상세하기 때문이다—그들 가운데서 육체가 활동하고 있는 사회적 죄악들: 육체는 사귐, 하나됨, 거룩함을 파괴한다. 가장 중요한 내용이면서 동시에 가장 예수님께서 하시는 말씀처럼 들리는 내용은 바울이 마지막에 사용한 단어들이다. "이와같이 사는 자들은 하나님 나라를 유업으로 얻지 못할 것이다"(21절). 만약 어떤 한 사람이 육체가운데서 살아간다면, 그 사람이 그 어떤 종류의 탁월한 믿음을 행했건, 그 어떤 신비롭고 은혜로운 경험을 했건, 얼마나 많은 고통을 참고 인내했건 그건 중요하지 않다(참고. 마 7:15-27; 고후 5:10; 약 2:14-26). 바울은 한 사람이 최종적으로 하나님 앞에 서는 것은 그 사람이 육체안에서 거했는지 아니면 성령안에서 거했는지와 직접적으로 연관되어 있다고 주장한다.

무엇이 성령 안에서의 삶인가?(22-26절)

바울이 "성령의 열매"로 제시한 목록은 비록 일부 항목들은 일정한 순서를 갖고 있긴 하지만, 전체적으로는 어떤 특별한 순서를 갖고 있는 것은 아닌 것으로 보인다. 스토트(J. R. W. Stott)는 9가지 성령의 열매들을 세 개의 그룹으로 나누었다: 하나님을 향한 태도들, 다른 사람들을 향한 태도들, 자기자신을 향한 태도들. 반면 라이트푸트(J. B. Lightfoot)는 성령의 열매들에 대해 인간관계를 관할하는 특성들 혹은 마음의 기질들, 행동의 원칙들이라고 보았다.[18] 우리는 분명 열매와 사랑이라는 단어들에 대해서 설명할 필요가 있다. 하지만 지금 여기에서 각각의 단어들에 대해 많은 시간을 할애하기는 어려울 듯 하다. 바울은 "육체"에 관해서는 일들(works)이라는 용어를 사용해 묘사하는 반면, 성령의 역사하심(일하심)에 대해서

18. J. R. W. Stott, *Only One Way*, 148-49; J. B. Lightfoot, *Galatians*, 212-13. R. N. Longenecker, *Galatians*, 260에서는 여기 나온 열매 목록들이 특별한 순서가 있는 것이 아니라고 간주한다.

는 "열매"라고 바라본다. 또한, 전자는 복수형태이고, 반면 후자는 단수형태이다. 이처럼 사용한 단어나 혹은 단복수에 있어서 변화가 있다는 점에는 중요한 의미가 담겨 있는가? 무엇보다도, 일들(행위들)이라는 용어가 갈라디아서에서는 줄곧 부정적 의미와 연관되어 사용된 용어라는 점을 살펴봐야만 하며, 또한 아마도 바울은 육체의 "일들"을 "율법의 일들"(2:16; 3:2, 5, 10)과 즐겁게 연관시켰을 것이라는 점도 살펴봐야만 한다. 표현을 "열매"라는 용어로 바꾼 것은 사뭇 다른 이미지를 연출해낸다. 인간의 책임성에 대한 이미지로부터 하나님께서 능케하시는 이미지로의 변화. 열매라는 이미지는 확실하게 인내라는 의미를 갖고 있다. 열매는 오랜 시간이 걸려야 맺히는 것이기 때문이다. 또한 열매를 맺게 하시는 분은 다름아니라 하나님의 성령님이시며, 이런 열매들은 기독교인의 삶속에서 자라난다.

하지만 이런 차이점이 용어 변화를 설명해줄 수 있는 이유가 될 수도 있지만, 그러나 바울은 죄악에 대해서도 열매를 맺는 것으로 간주하며(6:8) 또한 기독교인들은 성령님께서 그들 자신의 삶 속에서 역할하시게끔 하는데 분명한 책임이 있다고 생각한다. 바울이 성령의 열매에 대한 책임을 기독교인에게 부과하고 있다는 점을 주목하도록 하라. "그들의 육체를 십자가에 못박았느니라"(24절), "성령으로 행할찌니"(25절), "헛된 영광을 구하지 말자"(26절)—13, 16, 18절 등은 말할 필요도 없을 것이다. 그리고 육체의 죄악이 혼돈스러운 복잡성을 갖고 있다는 점이 복수 형태를 통해 표출된 반면, 성령의 열매가 갖는 하나됨이 단수 형태를 통해 강조되었을 가능성도 있다. 또한 다른 한편으로는 "열매"는 집합적 복수를 의미하는 것으로 간주할 수도 있다. 만약 이렇게 본다면, 단수형태로 바꾼 것은 별다른 중요한 의미가 없는 셈이 된다.

비록 "사랑"이 유일한 성령의 열매인 것은 아니지만, 바울에게는 이 열매가 가장 중요하다(참고. 6, 13-14절; 롬 5:5; 고전 13장; 골 3:14).[19] 사랑은 하나님의 율법의 요구를 개괄하며(갈 5:14), 영원히 계속되며(고전 13:13), 생명의 모든 덕목들을 묶어준다(골 3:14). 하지만 바울의 관점에 있어서 가장 근본적인 것은, 사랑은 하나님의 성령으로부터 온다는 점이다(참고. 롬 5:5). 뿐만 아니라, 우리는 성령의 열매에 대한 목록을 훑어보면서, 이 목록이 육체의 일들과 정반대 내용들이라는 점을 살펴볼 수 있다. 육체는 사귐을 파괴한다. 그러나 성령님께서는 사귐, 하나됨, 거룩함을 창조하신다.

---

19. J. R. W. Scott, *The Contemporary Christian*, 146-48을 보라. 성령의 열매에 대해서는 pp. 146-57을 보라.

바울은 마치 자신의 요점을 총정리라도 하듯이, (1) 자기자신을 예수 그리스도께 복종시키는 사람들은 "육체를 십자가에 못박았으며" 그렇기에 육체의 일들에 포함되어서는 결코 안된다고 말한다(24절). 또한 (2) 성령과 그리스도를 통해 하나님의 생명을 받은 사람들은(참고 2:20; 롬 8:9-11) 성령님의 명령에 따라 행군해야만 하며(갈 5:25), (3) 성령의 자유 가운데서 살아가는 사람들은 헛된 영광을 구하고자 서로를 향해 다투고 싸워서는 안된다(26절)고 말한다. 마지막으로, 다시 한 번 더 바울의 강조점이 현재의 정황에 있다는 것을 지적하면서 마무리하도록 하자: 갈라디아의 분열주의.

상황잇기

나는 기독교인 부모들 혹은 청년 사역자들, 혹은 여러 목회자들 중에서 바울이 16-26절에서 가르치는 내용, 즉 기독교 윤리의 유일한 기초는 성령님과 성령님 안에서 누리는 자유의 삶에 의존하는 것이라는 가르침을, 정말이지 진지하게 믿는 사람을 거의 못 보았다. 이 책을 출간할 즈음이 내 나이 약 40세정도일 때인데, 내가 살아오는 동안—거의 25년 이상을 복음주의 운동권에서 활동적으로 보내왔지만—바울의 이런 관점을 매우 적절하게 그리고 실용적이고 실제적인 방식으로 표현하는 사람은 딱 한 명밖에 못만나 봤다. 그 사람은 브루스(F. F. Bruce)였는데, 우리 가족은 내가 박사 과정을 공부하면서 노팅엄에 살고 있을 때 오후 한때를 그와 더불어 보내는 특권을 누린 적이 있었다. 우리는 그에게서 초대를 받고 노팅엄에서부터 벅스톤에 있는 그의 집까지 차를 타고 갔다. 나는 금세기 최고의 학자로 찬사를 받는 이 분에게 어떤 질문을 던지면 좋을지를 궁리하느라 차를 타고 가는 대부분의 시간을 보냈다. 나는 브루스 교수는 상당히 조용하고 얌전한 사람이기 때문에 대화가 끊어지지 않고 계속 진행되게 하려면 내 편에서 상당히 노력을 기울여야 할거라는 조언을 앞서 들었었다. 그래서 나는 여러 질문들을 미리 준비했다. 물론 적어간 것은 아니었고 머릿속에 기억해서 갔었다. 그는 우리가 타고 간 차까지 나와서 친절하게 우리를 맞아주었고, 자기 집으로 안내해 주었으며, 사모님을 우리에게 소개해 주었다. 그런뒤 내가 내 아내와 두 자녀 로라(Laura)와 루카스(Lukas)를 그분들께 소개드렸다.

몇 가지 재미있는 이야기들을 나누고 가벼운 차를 마신 뒤에, 나는 소위 "질문과 대답 시간"을 가질 수 있었다. 나는 우선 워밍업 차원에서 내가 당시에 연구하고 있던 주제와 관련해서(그는 갈라디아서와 빌립보서에 대한 주석 작업을 얼마전에 마친 상황이었다) 몇 가지 질문들을 했고, 내가 연구하고 있던 이슈(유대인 선교사의 활동)에 대해 어떻게 생각하는지를 물어보았다. 그런뒤 나는 그에게 가장 듣고 싶었던 질문 한 가지를 했다. 그에게 교회 안에서 여성의 활동에 대해 어떻게 생각하는지를 물었다. 내 질문은 이런 것이었다, "브루스 교수님, 여성들이 성직을 받을 수 있다고 생각하시는지요?" 아마 나는 그가 해준 대답을 영원히 잊지 못할 것이다. 브루스 교수는 "나는 안수에 대해서 별로 신경쓰지 않습니다. 하지만 내가 교회 안에서 여성들의 사역과 관련해서 말할 수 있는 것은 이것입니다. 나는 무엇이건 교회 안에 자유를 가져오는 것을 지지합니다. 나는 무엇이건 하나님의 교회 안에 성령의 자유를 가져오는 것을 지지합니다." 그가 한 대답은 상당히 모호하게 보였고, 상당히 허점이 많아보였고, 상당히 문제가 많아보였고, 또한 상당히 대답되지 않은 질문들이 많이 남아 있는 것처럼 보였다. 하지만 내가 그 이후에 가만히 생각해보면서, 나는 내가 당혹스러워했던 것이 내가 틀렸기 때문임을 확실히 알게 되었다. 그의 대답은 매우 성경적이고, 매우 바울적이고, 매우 갈라디아서다운것이었다. 사실, 그의 대답은 너무나 갈라디아서와 닮았기에, 그의 대답은 올바른 것일 수밖에 없었다.[20]

내가 지금 여기서 말하고자 하는 것은 이것이다. 비록 브루스 교수의 코멘트가 흔한 방식이 아니긴 하지만, 그의 대답은 기독교인의 삶의 정수에 대한 바울의 관점에 잘 부합하는 것이었다. 이 관점은 그렇게 살려는 사람들이 거의 없는 그런 삶의 방식이다. 만약 우리가 갈라디아 사람들과 동일한 문제를 갖고 있다면, 우리가 도대체 어떻게 윤리에 대한 바울의 관점대로 살려 하지 않았던 그들을 비난할 수 있단 말인가? 만약 우리가 기독교인의 자유에 대해 바울이 갖고 있는 관점대로 아무 제한없는 모습으로 살수도 없고 그렇게 살 의지도 없다면, 도대체 우리가 어떻게 갈라디아 성도들이 명백하게 열등한 시스템에 그토록 잘 속고 그런 시스템을 포용한 것에 대해서 그들을 고발할 수 있단 말인가? 우리는 그들과 마찬가지로

---

20. 이 대화를 나누기 바로 얼마전에, 브루스 교수는 바울 서신에 대한 개괄적인 내용을 담고 있는 다음 제목의 책을 출간했다. Bruce, *Paul: Apostle of the Free Spirit*(영국에서 출간): *Paul: Apostle of the Heart Set Free*(Grand Rapids: Eerdmans, 1978). 그는 나와 나눈 대화 속에서 자신은 미국에서 출간한 책제목이 맘에 들지 않는다고 말했다. 왜냐하면 그에게는 자유는 하나님의 성령과 연결되어 있는 것이지 그저 감성적 경험이 아니기 때문이다. 그가 자신의 책에 대해 "Free Spirit"라고 제목을 붙인 것은 브루스 교수가 자유와 성령님을 기독교인의 삶에 있어서 핵심으로 보고 있다고 느낀 내 생각을 확인해 준다. 누구든지 그의 개인적 회고를 읽고 들어본 사람이라면 동일한 사실을 느끼고 알게 될 것이다. Bruce, *In Retrospect: Remembrance of Things Past*(Grand Rapids: Eerdmans, 1980)도 읽도록 하라.

"율법주의"와 관련된 죄를 범하고 있는 것인가? 우리는 또한 율법적인 가이드라인과 모세의 율법을 원하고 있는 것인가? 이 질문들은 깊이 숙고해볼 가치가 있는 질문들이다.

우리는 가장 우선 하나님의 성령께서 우리가 하나님 앞에서 도덕적으로 살아가는데 있어서 충분한 인도자가 되신다는 점을 우리 스스로에게 확신시켜야만 한다. 우리는 하나님께서 우리에게 거룩함과 사랑으로 우리를 확실하게 인도해주실 인도자로서 성령님을 주신 것에 대해서, 이것이 하나님의 선하심이라는 것을 철저하게 붙들어야만 한다. 이런 확신을 갖기 위해서, 우리는 다시 한번 더 열린 마음을 갖고 갈라디아서를 읽어야만 하며, 그런 뒤 바울의 다른 서신들로 나아가야만 한다(만약 갈라디아서가 바울의 여러 서신서들 중 가장 먼저 쓰여진 서신이라면, 이 점은 정말로 좋은 이해방법이 될 것이다). 그리고 이를 통해서 바울이 자신의 서신서들에서 "자유로운 성령 안에서의 삶"에 관해 이야기할 때 도대체 무엇을 염두에 두고 있는지를 찾아내야 한다.

뿐만 아니라, 바울에게는 활용 가능한 규칙들과 규정들이 없었던 것이 아니다. 그는 일부 도덕적 가이드라인으로서 모세에게 갈 수도 있었고 혹은 예수님의 가르침들에 호소할 수도 있었다. 그는 산상수훈같은 본문들(마 5-7장)에 호소할 수도 있었고, 혹은 구약성경의 특정한 본문들에 호소할 수도 있었다(가령, 레 11:44-45: "내가 거룩하니 너희도 거룩하라"). 하지만 그는 그렇게 하지 않았고, 이런 식으로 하지 않는 것을 통해서, 자신이 이런 여러 가지를 옵션으로 남겨두고 있다는 것도 알고 있었다. 바울은 예수님의 가르침들을 새로운 율법으로 간주하지 않았으며,[21] 또한 기독교인들을 묶어두기 위해 모세의 율법에 호소하지도 않았다. 대신, 바울은 기독교인의 삶의 정수에 대해 "성령님 안에서의 자유"라고 묘사했다.

분명 바울은 한 사람이 성령님을 통해 컨트롤될 때, 그 사람이 거룩해진다는 사실을 알고 있었다. 그는 또한 성령님 안에서 사는 사람이 사랑을 베푸는 삶의 방식으로 산다는 것 역시 알고 있었다. 그러므로 그는 구약성경의 도덕적 가이드라인과 거룩함, 의로움, 긍휼 등에 대한 예수님의 가르침들은 성령님 안에서 사는 사람을 통해 확인된다는 것도 알고 있었다. 이점은 반드시 기억해야 할 중요한 내용이다. 모세의 율법은 결코 성령님 안에서 살아가는 사람을 정죄할 수 없다는 바울의

21. 비록 읽기 쉬운 것은 아니지만, 다음 책은 이런 면에 대해 다룬 아주 훌륭한 책이다. A. E. Harvey, *Strenous Commands: The Ethic of Jesus* (Philadelphia: Trinity Press International, 1990).

언급은 그가 성령님 안에서의 삶이 결코 도덕적 공황으로 나아가지 않으며 또한 그렇게 나아갈 수도 없다는 것을(23절) 분명히 알고 있었음을 보여준다.

그러나 이런 중요한 사항들도 있긴 했지만, 바울이 정말로 강조했던 것은 하나님 앞에서의 참된 삶은 성령님 안에서의 삶이며 영적 자유를 누리는 삶이라는 점이었다. 우리에게 던져지는 질문은 매우 직접적이다. 우리의 윤리는 성령님 안에서의 자유라는 윤리인가 아니면 성도들을 유대주의화시키려고 교회 안에 침투해 들어온 사람들의 윤리와 훨씬 더 비슷한가? 우리는 아래 질문에 대해 "그렇다"라고 답할 때, 이 본문을 오늘날에 적용하기 시작할 수 있다. 하나님의 성령은 기독교인의 삶에 대해 충분한 인도자이신가? 만약 당신이 "그렇다"라고 대답한다면, 다음으로 가도록 하자.

이 문제를 살펴보는 또 다른 방식은 잠시 멈춰서서 혹시 우리가 우리의 "모든 특징들"이 하나님의 은혜의 결과라고 생각하는지 아니면 그렇지 않다고 생각하는지 물어보는 것이다. 우리는 우리로 하여금 생각할 수 있게끔, 글을 쓸 수 있게끔, 말을 할 수 있게끔, 다른 사람들과 관계를 맺을 수 있게끔, 직장생활에서 창조적인 힘을 발휘할 수 있게끔, 직업 속에서 엄청난 양의 에너지를 활용할 수 있게끔, 우리가 맺는 관계들과 우리가 취하는 행동들 속에서 힘 있는 모습이 되게끔 만들어주는 존재가 다름아닌 우리 자신이라고 생각하는가? 만약 우리가 그렇게 생각한다면, 우리는 바울과 같은 편에 서 있는 것이 아니다. 바울에 의하자면, 맨 처음부터 마지막까지, 뒤로부터 앞에까지, 모든 것들이 성령 안에서 그리스도를 통한 믿음으로 말미암는다. 성령님에 대한 바울의 가르침이 즉각 명확해지는 것은 다름아니라 바로 이 기본적 원리의 확장을 통해서이다. 우리의 도덕적 인도자는 성령님이시다. 왜냐하면 우리 삶에서 선하고 좋은 모든 것들은 하나님께서 우리를 위해 역사하신 결과들이기 때문이다. 나는 여기에서 브루스의 글을 인용하고자 한다.

> 갈라디아서는 믿음으로 말미암은 칭의라는 주제에 완벽하게 몰두하고 있기 때문에, 갈라디아서가 담고 있는 성령님에 대한 가르침이 간과될 수도 있다. 사실, 성령님에 대한 갈라디아서의 가르침은 믿음으로 말미암은 칭의라는 주제와 매우 긴밀하게 얽혀있기 때문에 우리는 이 두 가지중 어느것 한 가지에 대한 이해없이는 다른 한 가지 주제를 제대로 이해할 수 없다. 실제 생활 속에서 성령님에 대한 경험과 멀어진 채로는 하나님께서 칭의를 베푸시는 은혜를 누릴 수 없는 것과 마찬가지로 말이다.[22]

갈라디아서 본문 속에서 사회적 정황과 신학적 정황 양자 속에서 성령님이 어떻게 설명되는지를 짧게 개관해보는 것이, 적용을 손쉽게 하는데 있어서 유익을 줄 것이다.[23] (1) 하나님의 성령은 갈라디아 성도들이 회심할 때 받은 것이며(3:2, 3, 5, 14; 5:25), 그들 자신은 분명히 은사적인 경험을 통해서 이 사실을 알게 되었다(3:1-5에 대한 주석을 보라). 이런 경험은 회심자로 하여금 하나님을 아빠(4:6)라고 부를 수 있는 "하나님의 아들"로 만들어준다. 사실, 성령님을 받는 것은, 전체 구약성경이 하나님의 전우주적 계획의 성과물로 주어질 것이라고 갈망하던 바였다(3:13-14). 성령님 안에서 사는 것은 하나님께서 임하게 하시고 출발시키시는 하나님 나라 시대에서 사는 것이다.[24] (2) "성령님 안에" 있는 자들은 "육체 안에" 있는 자들로부터 박해를 받는다(3:4; 4:29). (3) "성령님 안에" 있는 자들은 다가올 하나님의 의로움의 확립과 그들이 하나님 앞에 적합하다는 선포를 소망한다(5:5). (4) "성령안에" 있는 자들은 "육체의 일들"에 대해 승리하는 자들이며(16-18, 19-21절), 그렇기에 성령의 모습들이 가득 드러나는 삶을 살아간다(22-23절). 이런 승리를 얻기 위해서, 기독교인들은 그저 성령님께 복종하기만 하거나 혹은 성령님과 함께 동행하기만 하면 된다(25절; 참고. 6:8).

그러므로 바울에게 있어서 "성령님 안에서의 삶"이란, 회심과 더불어 성령님이 선물로 주어지면서 시작하고, 동일한 성령님께서 계속 지탱시켜주시기에 계속 이어지며, 성령님 안에서 하나님 나라가 최종적으로 확립되는 것을 기다린다. 이 모든 것들이 성령님 안에서 이루어진다. "바울에 대해 '자유로운 성령의 사도' 라고 묘사하는 것이 바울에 대해 올바르게 묘사하는 것이 될 것이며, 만약 갈라디아서를 최근 방식으로 다시 제목을 잡아본다면, 마찬가지로 자유로운 성령님의 서신이라고 부르게 될 것이다."[25]

---

22. F. F. Bruce, "The Spirit in the Letter to the Galatians" in *Essays on Apostolic Themes: Studies in Honor of Howard M.Ervin Presented to Him by Colleagues and Friends on his Sixty-Fifth Birthday*, ed. P. Elbert(Peabody, Mass.: Hendrickson, 1985), 35-48.
23. M. Green, *I Believe in the Holy Spirit*(Grand Rapids: Eerdmans, 1980), 이 책은 성령님에 대해 실천적인 측면에서부터 그리고 부드럽게 은사중심적인 면까지 전반적으로 잘 다루고 있다. D. F. Wells, *God the Evangelist: How the Holy Spirit Works to Being Men and Woman to Faith*(Grand Rapids: Eerdmans, 1987), 7-8, 이 부분은 신약성경이 가르치는 모든 내용을 단 두 페이지로 여약해 놓았는데, 나는 이렇게 훌륭하고 짧게 요약해 놓은 것은 여지껏 본 적이 없다.
24. G. E. Ladd, "The Holy Spirit in Galatians" in *Current Issues in Biblical and Patristic Interpretation: Studies in Honor of Merrill C. Tenney Presented by His Former Students*, ed. G. F. Hawthorne(Grand Rapids: Eerdmans, 1975), 211-16을 보라.
25. F. F. Bruce, "The Spirit in the Letter to the Galatians," 48.

나는 여기서 내가 낙심한 것을 인정하기 위해 잠시 멈추고자 한다. 나는 당신에 대해서는 잘 모르지만, 그러나 성령의 열매들의 목록에 대해서 깊이 살펴보면서, 그리고 전체 서신 측면에서 성령에 관한 이런 가르침들을 면밀히 검토해보면서, 나는 교회에 대해 적잖이 당황스러운 느낌을 갖게 된다. 우리는 예수 그리스도에 대해서 그리고 성령님과의 사귐에 대해서 고백하는데, 도대체 어떻게 기독교 세계는 이렇게도 많은 갈등과 긴장관계가 형성되어 있단 말인가? 왜 교회들은 이토록 찢어져있고 나뉘어져 있고, 여기에서는 신학이 저기에서는 관행이 다들 서로 다르단 말인가? 도대체 왜 우리는 그토록 많은 사람들에 대해서는 알고 있고 보고 있으면서 그리스도의 모습은 왜 거의 보이지 않는단 말인가? 도대체 왜 교회를 반대하는 사람들의 결정적인 주장들은 교회가 위선자들로 가득 차 있고, 불화로 가득 차 있고, 교파주의로 가득 차 있다는 내용들이 그토록 많단 말인가? 나는 육체의 자녀들은 분명히 성령의 진리를 거스르기 위해 자신들이 사용할 수 있는 모든 주장들을 찾아내고자 할 것임을 알고 있다(왜냐하면 빛과 어둠은 함께 섞일 수 없기 때문에. 참고. 요 3:19-21).

그러나 그럼에도 불구하고, 그들의 주장은 때때로 매우 설득력있고 또한 우리들 마음을 아프게 만든다. 도대체 왜 기독교인들은 성령님께서 함께 하고 계시다고 주장하면서도 그분의 능력이나 그분의 사랑은 눈꼽만큼도 보여주지 않는가? 왜 기독교인들은 성령님 안에서 살고 있다고 주장하지만 그러나 자신들의 시간들 대부분을 성령님과 "동행하지 않는" 모습으로 보낸단 말인가? 나는 하나님께서 성령님의 역사하심을 새롭게 해주시고 이 챕터가 그런 목적을 위해 하나님께 쓰임받을 수 있기를 간절히 기도한다.

현대적 의미

나는 갈라디아의 사회적 상황을 보여주는 정말 웃긴 유머 하나를 이야기하면서 이 부분을 시작하고자 한다. 내가 가르치는 학생 중 한명이 최근에 내게 『*The Garimus File: A Back-Door Look at the New Testament*』이라는 책 한 권을 주었는데 상당히 위트넘치는 내용을 담고 있는 책이었다.[26] 저자는 신약성경의 메시지를 현대의 젊은이들에게 전달하려고 시도하면서, 갈라디아서를 소개하기 위

26. Gary Stanley, *The Garimus File: A Back-Door Look at the New Testament*, illustrated by John Hawk(San Bernardino.: Here's Life Publishers, 1983). 나는 이 기쁨을 이 책안에서 찾았기에, 이 책을 내게 준 학생인 Chery1Hatch 에게 감사를 표시하고 싶다.

해 도시 담벼락들 위에 갈라디아의 다양한 파벌들과 분파들이 그려놓은 낙서들을 고안해 냈다.[27] 나는 여기에서 그가 상상한(그러나 상당히 개연성이 높은) 낙서들 중 몇 가지를 인용하고자 한다. 낙서 한 가지에는 이렇게 써있다. "유일하게 좋은 이방인은 할례받은 사람이다." 이 낙서 바로 옆에는 기독교인이 달아놓은 또 다른 설명이 덧칠해져 있다. "아브라함도 이방인이었다." 그러나 이 설명 위에는 다시금 유대주의자가 진하게 덧칠한 낙서가 덧입혀져 있다. "예~ 그러나 그는 할례를 받았다." 그리고 바울의 입장을 따르는 누군가가 이 전체 논쟁에다가 글을 달아놓았다. "그래서 뭐?"(참고. 갈 5:6). 담벼락의 다른 곳에는 대문자로 큼지막하게 이렇게 써있다. "율법이여 영원하라," 그리고 이 낙서 위에 비스듬히 가로지르는 방식으로 어떤 기독교인이 "생명이여 영원하라!"라고 썼다. 그리고 누군가가 비꼬듯이 여기에 덧붙여놨다. "생명은 사라진다!" 이 낙서 아래 부분에는 기독교인이 대답하듯이 썼다. "율법은 사라진다," 그리고 유대주의자는 그 위에 다시 덧입혀서 "이방인은 사라진다!"라고 썼다. 이 담장의 다른 쪽에는 이런 내용도 써 있다. "유대인들은 정말로 탁월하다"(분명 이건 할례받은 유대인이 쓴 내용이다). 기독교인은 이렇게 썼다. "은혜는 값비싸다. 그러나 값없이 주어진다" 그러나 아마도 유대주의자인 것으로 보이는 다른 누군가가 그 위에다가 낙서를 덧붙였다. "공짜는 없다."

누군가가 바울에 관한 시를 썼다.

사울이라 불리던 한 청년이 있었다네
그는 자신의 이름을 바울이라고 바꾸었다네
　이게 그를 사도로 만든 것은 아니야
　그렇다고 대단한 뭔가로 만든것도 아니야
그냥 수많은 끔찍한 녀석들이랑 친구가 되게 했을뿐이야.

이 낙서 다음에는 자유에 관한 연속적인 글들이 자리잡고 있다: "나에게 자유를 달라!" "공짜(free) 맥주를 달라!"("공짜는 없다"라는 낙서 자리에 쓰여 있는), "자유는 신화다" 그리고 "약속은 약속일뿐이다"(하나님께서 아브라함에게 주신 언약에 대한 바울의 관점을 암시하는듯한). 또다른 글들도 보인다. "가장 좋은 열매는 포도나무 열매다", 여기에 누군가가 덧붙여 놓았다. "아멘!"(참고. 5:22-23). 낙

27. Ibid. 28-29.

시바늘에 입이 걸려 있는 물고기 그림을 그린 뒤에 이렇게 낙서한 글도 있다. "병신같은 놈이 걸려든다." 유대주의자들 편에서는 바울의 복음에 연관된 사람들에 대해 이렇게 표현했다(여기에서는 기독교를 상징하는 물고기 상징이 사용되었다).

스탠리(Stanley)는 아주 대단한 상상력을 발휘한다. 또한, 그가 활용한 여러 종류의 슬로건들은 실제로 주고받아졌을 매우 정확한 내용들이기도하다. 정황이나 말하는 분위기 등에 있어서, 이런 여러 슬로건들은 갈라디아의 분위기를 적절하게 잘 잡아내고 있다. 나는 그가 사용한 이런 방식이 갈라디아서를 적용하는 아주 창조적인 방법이라고 믿는다. 다양한 갈라디아 사람들이 자신들이 살던 도시 여러 담벽들에 이런 낙서들을 했다고 한번 생각해보라. 이런 방법은 우리들로 하여금 당시의 여러 다양한 관점들을 축약적으로 보여주는 캐치프레이즈에 대해서 생각해보게 하고, 또한 갈라디아서의 메시지에 대해서도 생각해보게끔 한다. 이런 방법은 각각의 장들에 대해서도 계속해서 사용될 수 있고, 또한 갈등상황을 담고 있는 다른 여러 책들과 관련해서도 사용될 수 있다.

지금 우리 앞에는 무엇을 적용할지와 관련해 몇 가지 선택할 수 있는 옵션들이 있다. 이 본문에 대한 가장 일반적 접근방법은 성령의 열매에 대해 개인적인 차원에 초점을 맞추고, 성령의 열매 항목들을 개인의 인격을 형성하는 부분들로 간주하는 것이다. 이런 접근 방식은 아홉 가지 열매들을 목록으로 제시하고, 한 기독교인이 이런 특징들이 나타나는 실천적 삶을 살고 있는지를 한 일주일 정도 시간을 들여서 한 가지씩 한 가지씩 살펴보는 방식이다. 그러나 이미 다른 많은 사람들이 이런 방식을 이미 시행했기 때문에, 나까지 여기에서 이 일을 할 필요는 없을 듯하다. 이런 방식이 좋은 방법이기는 하지만, 그러나 나는 이런 접근법은 조금은 잘못된 방향성을 갖고 있다고 생각한다. 이미 앞에서 이야기했던 내용을 다시 한번 더 생각해 보도록 하자. 성령의 열매에 대한 이 목록은 타협하거나 바꿀 수 있는 것은 아니지만 그러나 정황속에서 결정되고 제시된 항목들이다. 이 항목들은 갈등으로 꽉 차 있는 교회에게 매우 중요한 목록이다—갈라디아서 전체 내용 이면에 자리잡고 있는 핵심적인 이슈!

게다가, 성령님께서 개개인의 삶과 교회 속에 그분 자신을 나타내고 드러내시는 방식에는 수많은 다른 방법들이 있다. 성령님께서는 거룩함, 공의, 의로움에 대해서는 그저 이름만 갖고 있을뿐 별로 역사하시지 않으시는가? 또한 육체의 일들도 여기 목록으로 제시되어 있는 것보다 훨씬 더 많은 모습들을 갖고 있다. 물론 나는 여기 제시되어 있는 성령의 열매들이 우리 삶속에 맺히는지 살펴보는 것이 매우 적절한 일이라고 생각하지만, 그것만이 아니라 나는 성령님께서 우리 삶속에서 어떤 일들을 행하시는지를 잘 살펴보고 그런 일들도 성령님의 열매로 간주하는 것 역시 매우 중요하다고 생각한다.

우리는 기독교인의 삶을 전투로 간주하는 개념에 대해서도 탐구해볼 수 있다. 우리들 대부분은 전투 상처들을 입곤 하며, 그래서 우리는 주님을 따르는 것이 어떤 위험성을 안고 있는지를 충분히 알고 있다. 갈라디아서 5:16-18은 이 이슈에 대해 너무나 분명하게 이야기한다. 우리는 바울이 윤리적 갈등에 대해 사용한 모든 전투적 이미지들을 하나로 "불러 모을" 수도 있으며(엡 6:10-18 같은), "바울의 윤리적 전쟁 전략들"을 작성해 볼 수도 있을 것이다. 우리는 여기에 예수님께서 받으신 시험도 빠뜨리지 않고 포함시킬 것이다(마 4:1-10).

우리가 이 섹션에서 집중적으로 살펴보려 하는 것은 "교회에서의 갈등 조정"과 이에 대한 바울의 접근법에 대해서이다. 물론 우리가 지금 이야기하는 문제들은 현대 사회학자들, 심리학자들, 행정가들이 이야기하고 있는 그런 문제들이 아니다. 그러나 여기서의 이슈들은 유사성을 갖고 있고, 또한 바울의 가르침들은 그런 대다수의 문제들을 해결하는데 상당히 적절한 방법이 되기도 한다. 물론 우리는 단순화를 해야만 하는데(이렇게 하는 것이 반드시 나쁜 것은 아니다), 왜냐하면 바울이 지금 여기에서 단순하기 때문이다. 우리가 제시하려는 적용들은 성경 안에 나오는 모든 종류를 분류하려는 것도 아니고, 혹은 사람들이 그런 갈등 속에서 어떻게 행동했는지를 살펴보려는 것도 아니며, 하나님의 말씀이 모든 갈등들에 대해 무어라 말씀하시는지를 찾아보려는 것도 아니다. 우리는 갈라디아서를 다루고 있는 중이고, 그중 한 본문에 대해서만 살펴보고 있는 중이다. 그러나 우리는 바울이 여기서 제시하는 방향성이 교회 안에서의 갈등을 다루는데 있어서 매우 심오하고 중요하다고 분명하게 믿는다. 만약 우리가 사회학자들이 하는 이야기에 조금 관심을 덜 기울이고 성경에 좀 더 관심을 기울인다면, 우리는 우리가 만나는 갈등들에 대해서 좀 더 진전된 해답을 찾게 될 것이다.[28]

뿐만 아니라, 우리는 갈라디아서의 이 갈등이 어떤 본질을 갖고 있는지에 대해서 이해할 필요가 있다. 이 갈등은 신학적인 것이고(그리스도를 통해서인가 아니면 율법을 통해서인가?), 사회적인 것이며(유대인 혹은 이방인?), 성별적인 것이고

28. 이슈는 사람들과 그들의 자아(egos)이지, 어떻게 문제를 해결할 것인가에 대한 이론들이 아니다. 만약 당신이 문제를 해결하길 원한다면, 당신은 할 수 있다. 만약 당신이 그 문제를 해결하는 것을 원하지 않는다면, 그 어떤 이론을 사용하건 당신은 해결할 수 없을 것이다.

(남성 혹은 여성?), 도한 의심할 여지없이 교회내의 여러 다양한 개인들의 권력과 연관되어 있는 갈등이다. 이 갈등은 갈라디아 교회들내의 파벌싸움으로 인해 생겨난 것이며, 이 파벌들은 서로 으르렁거리며 심하게 다투고 있었다. 바로 이런 정황이 바울이 이 서신을 쓸 때 보고 있었던 상황이었다. 그의 해결책은 성령님 안에서 살라는 것이었다.

오늘날 갈등상황은 배우자들 사이에서, 부모들과 자녀들 사이에서, 교파들 사이에서, 지역 교회들의 다양한 그룹들 사이에서 찾아볼 수 있다. 바울의 가르침은 오늘날의 이런 다양한 갈등들과 관련이 있는 것일까? 그렇다. 나는 그렇다고 믿는다. 그러나 도대체 어떻게 관련이 있는 것일까?

첫째로, 갈등 중재 팀들은 항상 내게 상기시켜주곤 한다. 긴장관계가 있을 때, 처음으로 해야 할 일은 이슈를 명확하게 하는 것이라고 말이다. 바울이 이 서신에서 하고 있는 일이 바로 이것이다. 그는 그들이 직면하고 있는 문제가 무엇인지를 신학적인 용어들과 사회적 용어들 양자 모두를 사용해 설명한다. 나는 이점을 사회학적 이론에서 가져온 것이 아니다. 이점은 갈등을 해결한 모든 경우들을 보면 분명하게 나타나는 상식적인 모습이다. 이 첫 번째 작업은 우리가 우리 자녀들과의 문제들, 배우자들과의 문제들, 교회에서의 문제들을 해결할 때 사용하는 방식이다. 바울은 "갈등 관리"에 대한 어떤 특별한 이론을 알고 있었던 것이 아니었다. 그러나 그는 자신이 어떤 해결책을 선택해야 할지 결정하기에 앞서 자신이 선택할 수 있는 모든 옵션들을 책상 위에 올려놓고 살펴봐야 한다는 것은 분명히 알고 있었다. 나는 갈라디아서가 이런 옵션들을 설명하려는 서신으로 간주될 수 있다고 믿으며, 갈라디아 교회들이 직면했던 이슈들을 명확하게 해주는 서신으로 간주될 수 있다고 믿는다.

둘째로, 만약 하나님의 성령께서 우리 삶의 선장이라는 점에 대해 우리 모두가 동의하지 않는다면, 성령님께서 도덕적 인도자로 완벽하고 충분하다는 점에 대해서 이야기하는건 별로 의미가 없다. 우리는 이점에 대해 동의해야만 한다. 만약 두 분파들이 다툼을 멈추고 성령님의 충분성에 대해 기억할 수 없다면, 아무런 진전도 나타날 수 없을 것이다. 이 단계는 평화를 추구하는 모든 사람들에게 그리고 모든 갈등중재자들에게 가장 어려운 단계이다. 왜? 왜냐하면 이점을 인정하고 받아들여야, 갈등 상황속에 있는 사람이 자신의 자기중심성이나 자신이 선호하는 관점을 나가떨어지게 하는 해답을 비로소 수용할 수 있는 직관을 갖게 되기 때문이다. 우린 이런 점을 신학적 주장들 속에서 찾아볼 수 있다. 만약 어떤 신학자가 자신이 틀렸다는 것을 인정한다면, 그는 자신이 매우 난처하게 될 것이고 자신의 생각중 상당히 많은 부분을 바꾸어야만 한다는 것을 알게 된다(이 일은 그에게 상당히 많은 압박을 줄 것이다!). 교회 역사를 보면, 공개적으로 자신의 지성과 생각을 바꾼 사람은 거의 없는데, 나는 이렇게 된 이유가 학자들의 완고한 에고(ego) 때문이라고 믿고 있다. 교회는 이런 양상으로 인해 엄청나게 고통당해왔다. 신학잡지에 실은 논문들 중에서, 편집자가 "이 사람은 자신의 생각을 바꾼 학자로 알려져 있다" 이렇게 설명을 달아 소개하는 논문은 거의 없다.

이와 똑같은 문제가 결혼 상대, 교회 그룹들에게도 일어난다. 만약 어떤 교회 그룹이 기꺼이 성령님께서 인도자가 되신다는 것을 인정한다면, 그들은 결정을 내리는데 있어서 자신들의 권력을 포기하고 내려놓을 것이다. 이익에 집착하는 사람들은(우리식으로 표현하자면 "권력욕을 갖고 있는" 사람들은) 자신들의 결정을 다른 누군가의 결정에 복종시키는 것을 좋아하지 않는다. 뿐만 아니라, 성령님께 복종함에 있어서, 사람들은 문제를 성경의 하나님이나 하나님 말씀에게 아무렇지도 않게 돌려버리곤 한다. 종종, 그들은 성경이 그들의 개인적인 주장들과 그들의 개인적인 욕망들에 대해 무어라 말씀하시는지를 알고 있다. 또한, 그들은 자신들이 부분적으로 옳지 않다는 사실도 종종 알고 있다.

달리 말해서, 파당들이 갈등에 대한 근본적 해결책을 받아들이려 애쓸때까지는 갈등 조절은 한걸음도 나아갈 수 없다. 하나님의 성령님께서 이 이슈에 대한 인도자가 되시고 명령자가 되셔야만 한다는 것을 인정하는 것. 사람들은 자신들이 원하는 욕심과 바램이 무엇이냐와 상관없이, 성령님께서 원하시는 것을 그들 자신도 원해야만 한다.

셋째로, 파당들은 갈등을 멈추고 문제점에 대해 성경이 무어라고 가르치는지를 검토해야 한다. 물론, 나는 성경이 해 아래서 벌어지는 모든 일들에 대해 이야기하는 것이 아니라는 것은 알고 있다. 그러나 성경은 우리를 갈라놓는 많은 것들에 대해서 이야기한다. 성경은 교회에 깔 카페트 색깔이 어떠해야 하는지에 대해서나, 유럽 경제와 관련된 마스트리히트 조약(Mastricht Treaty)에 대해서는 말하지 않는다. 그러나 성경은 교회내의 파당과 분열에 대해서는 매우 명확하게 이야기한다. 무엇이 이슈인지는 중요한 문제가 아니다. 교회에 있어서 분열과 싸움은 옳지 않은 일이라는 점이 중요하다. 그렇기에 우리는 교회에서 구입하려는 오르간 종류에 대해서는 의견일치를 보지 못할 수도 있고(그리고 얼마나 비싼 것을 사야하는지에 대해서도) 또한 별로 중요하지 않은 신학적 이슈들에 대해서도 의견일치를 보지 못할 수도 있지만, 그러나 우리는 이런 문제들과 관련해 싸움을 시작할 수는 없다. 우리는 주님의 다음 말씀에 우리 자신을 복종시켜야만 한다. "그러나 성령의 열매는…화평"(22절). 또한 주님의 성령께서 계신 곳에는 자유가 있을뿐만 아니라(고후 3:17), 평화도 있다. 마찬가지로, 우리는 갈등 상황속에서는 성령님께서 하나님께서 원하시는 방식대로 역사하시지 않는다는 것도 알고 있다. 평화와 기쁨이 있어야만 하며, 온유와 자비가 있어야만 한다. 그런데 종종 이런 것들이 없곤 한다. 파당들이 성령의 이런 열매들에 복종할 때, 참된 해결 과정이 시작될 수 있다. 싸움들이 멈추는 것, 이것이 결과가 무엇이냐와 상관없이 중요한 해결 과정이다.

넷째로, 파당들은 다툼을 멈추어야만 하고 주님께서 주시는 인도하심이 충분하다는 것을 신뢰해야만 한다. 지금 나는 분파들이 중재자를 불러오고(그것이 성경이건, 친구이건, 교회 직분자이건, 혹은 다른 무엇이건간에), 성령님께 귀기울이고, 여기서 제시된 해결책이 하나님께서 원하시는 것이라는 것을 신뢰하려는 그런 마음을 가져야 한다고 말하고 있는 것이다. 현대인들은 이 부분에 있어서 끔찍한 문제점을 갖고 있다. 서구 세계는 개인주의와 개인의 자유에 깊이 휘말려 있다(우리가 5:1-12에 대한 "상황잇기"와 "현대적 의미"에서 자유에 관해 논의한 부분을 보라). 그렇기에 다른 사람들이 자신들을 위해 결정을 내려주는 것을 허용하는 것을 너무나 힘겨워한다(어떤 사람들이 이건 불가능한 일이라고까지 말한다).

그렇다, 때대로 중재안은 우리의 바람과 정반대로 갈 수도 있다. 그러나 우리는 정말로 우리가 항상 옳다고 생각하는가? 우리는 우리가 틀리다는 가능성을 가지고 우리의 생각과 판단에 대해 소금과 후추를 뿌려야만 한다. 우리는 항상 누가 옳은 사람인가에 대해서가 아니라(그 사람이 말한 것은 항상 옳다는 식으로) 무엇이 옳은 것인가를 추구해야만 하며, 결코 우리는 우리가 항상 옳은척해서는 안된다. 중재자들의 결정을 따르고 그에 복종함에 있어서(그리고 지금 여기에서 바울은 그들이 그를 원하건 원치 않건 중재자로서 개입하고 있다!), 우리는 신뢰를 보내며 행동해야만 한다. 이 신뢰는 궁극적으로 성령님의 인도하심에 대한 신뢰이다. 우리는 하나님의 성령께서 충분한 도덕적 인도자이심을 온전하게 믿는가?

나는 윗문단에서 하나님께서 우리를 그분의 성령을 통해 인도하심을 믿는다고 말했었다. 나는 또한 이런 인도하심이 주어지는 몇 가지 방법들에 대해서도 언급했었다. 이제 나는 이 내용을 좀 더 구체적이고 상세하게 채우고자 한다. 나는 주님의 성령께서 우리들을 일반적으로 네 가지 방법들 중 한 가지를 사용하셔서 인도하신다고 믿는다: 환경을 통해서, 다른 성도들을 통해서, 성경을 통해서, 기도와 영적 직감을 통해서. 기독교 안에서 훈련받고 있는 사람들이 그들을 훈련시키고 있는 사람들과 비슷하게 되고자 원하는 것은 흔하게 있는 일이다. 그렇기에 만약 어떤 사람이 신학교를 다닌 적이 있다면, 그들 역시 가야만 한다. 내가 가르치고 있는 트리니티 신학교에는 신학교에 가야겠다는 생각을 가지게 된 첫 번째 이유가 자신들의 리더처럼 되기 위해서라는 학생들이 꽤 많이 있다. 또한, 선교에 중심적인 강조점을 두는 교회들로부터 많은 선교사들이 세워지고 보냄 받는 것은 일반적이고 흔한 일이다. 달리 말하자면, 하나님께서는 종종 환경을 사용하셔서 우리를 인도하신다. 그러나 교회의 갈등 상황 속에서는 하나님께서 종종 다른 성도들을 통해서, 성경을 통해서, 기도를 통해서 하나님께서 그분의 성령님 안에서 말씀하시는 것을 통해 종종 인도하시곤 한다. 하지만 이슈는 동일하게 남는다. 우리는 정말로 하나님의 성령이 충분한 인도자가 된다고 믿는가?

파벌주의가 옳지 않은 것은 이것이 사귐과 화평을 가져오시는 성령님과 조화를 이루지 않기 때문이다. 어쩌면 지금 말하는 내용이 내가 말할 수 있는 범주를 넘어서는 것일지도 모르지만, 그러나 나는 교파주의에 대한 관점에 대해서도 살펴보고자 한다. 나는 사람들과 그들의 관점이 다양성을 갖는다는 것에 대해 전적으로 동감하고 인정한다. 나는 우리들의 지성이 타락할 수 있다는 점에 대해서 그리고 많은 일들에 대해 절대로 틀리지 않는 판단을 만들어낼 수 없다는 점을 철저하게 인정하고 확신한다. 그래서 우리는 종종 "어렴풋하게 보곤" 한다. 우리가 틀릴 수 있다는 사실은 교파들이 생겨나게끔 해왔다.

그러나 이미 내가 이야기했던 것처럼, 나는 교회 안에 너무 많은 교파들과 너무 많은 파벌주의가 있다고 생각한다. 이처럼 너무나 많은 파벌들이 존재하는 것은 하나님의 성령에 대해 너무 신뢰하지 않기 때문이고 또한 성령님 안에서의 삶이 너무나 적기 때문이다. 하나님께서는 자기 백성들이 사소한 문제들로인해 갈라설 때에 그것을 기뻐하지 않으신다. 가령 내가 생각하기엔, 교회들은 한 사람이 성인일 때 침례를 받아야만 하는지 아니면 어려서 침례를 받을 수 있는지의 문제 때문에 갈라서서는 안된다. 우리는 의견일치를 보지 못할 수는 있지만, 그러나 나는 이 이슈가 하나님께서 우리를 받아들이시는 부분까지도 건드릴만큼 그렇게 심각한 문제라고 생각할 수는 없다. 다른 문제에 대해서도 생각해보자. 교회들은 한 사람이 CCM으로 찬양하느냐 아니면 클래식으로 찬양하느냐를 놓고 갈라서서는 안된다. 다시 말하지만, 우리는 의견일치를 보지 못할 수는 있지만, 그러나 우리는 서로서로를 충분히 잘 다룰 수 있을 만큼, 다른 사람들로부터 이것저것을 배울 수 있을 만큼, 하나님께서 자기 백성들에게 주시는 서로 다른 은사들에 대해 인정하고 받아들일 수 있을만큼 커야만 하고 성장해야만 한다. 중요한 부분이 성경, 교회의 전통들, 하나님께서 자기 백성을 감동시키시는 것과 일치하는 한, 어떻게 우리가 이런 문제로인해 나뉘어질 수 있단 말인가? 분명, 만약 누군가가 내게 예수 그리스도께서 우리가 하나님께 받아들여지게 하시는 길이 아니라고 말한다면, 나는 우리가 갈라서야만 한다고 믿는다. 그러나 나는 우리가 소소한 이슈들로인해 공동체를 나누어서는 안된다고 믿으며, 나는 이런 이슈들과 관련해 심지어 싸워서도 안된다고 믿는다. 논쟁, 합리화, 토론, 의견불일치, 이런 일들은 있을 수도 있다. 그러나 싸움, 전쟁, 모욕, 이런 일들은 있어서는 안된다.

갈라디아에는 사람들 사이에 상당히 심각한 갈등과 분쟁이 있었는데, 이는 갈라디아 성도들이 자유라는 이름으로 자신들의 삶을 육체에 복종시켰기 때문이었다. 그들은 권력과 통제 욕구에 빠져 서로서로를 개별적으로 먹어치우기 시작했다. 육체가 우세한 힘을 갖게 되었다. 바울은 이 끔찍한 전투에 뛰어들었고 그들에게 메시지를 남겼으며 바로 오늘날까지도 충격을 주는 편지를 남겨주었다. 하나님의 백성들이 자유로운 성령안에서 살 때에, 그들은 서로를 향해 싸우지 않는다는 것이 갈라디아서의 메시지다. 또한 하나님의 백성들은 그들이 하나님께서 약속하신 사귐을 누리기를 원하시는 하나님께 영광을 돌리게 된다는 것이 갈라디아서의 메시지다. 이런 모습은 성령님을 통해서 오게 된다.

갈라디아서 6:1-10

1 형제들아 사람이 만일 무슨 범죄한 일이 드
러나거든 신령한 너희는 온유한 심령으로 그
러한 자를 바로잡고 너 자신을 살펴보아 너
도 시험을 받을까 두려워하라
2 너희가 짐을 서로 지라 그리하여 그리스도의
법을 성취하라
3 만일 누가 아무 것도 되지 못하고 된 줄로 생
각하면 스스로 속임이라
4 각각 자기의 일을 살피라 그리하면 자랑할
것이 자기에게는 있어도 남에게는 있지 아니
하리니
5 각각 자기의 짐을 질 것이라
6 가르침을 받는 자는 말씀을 가르치는 자와
모든 좋은 것을 함께 하라
7 스스로 속이지 말라 하나님은 업신여김을 받
지 아니하시나니 사람이 무엇으로 심든지 그
대로 거두리라
8 자기의 육체를 위하여 심는 자는 육체로부터
썩어질 것을 거두고 성령을 위하여 심는 자
는 성령으로부터 영생을 거두리라
9 우리가 선을 행하되 낙심하지 말지니 포기하
지 아니하면 때가 이르매 거두리라
10 그러므로 우리는 기회 있는 대로 모든 이에
게 착한 일을 하되 더욱 믿음의 가정들에게
할지니라

원 의미

5:1-26 내용은 갈라디아 교회들의 상황과 어떤 직접적인 연관성을 갖고 있는지 알기가 쉽지 않다. 그런데 6:1-10은 이보다도 좀 더 어렵다. 이 본문은 별다른 규칙성 없는 네 가지 사상들이 뒤섞여 나타나는 양상으로 되어 있다(짐을 지는 것, 선생과 더불어 좋은 것을 공유하는 것, 씨를 뿌리고 거두는 것, 선을 행하는 것). 이 네 가지 내용들은 일관성 없이 너무 아무렇게나 뒤섞여 있는 것처럼 보이기에, 상호간에 아무 상관성도 없는 것처럼 보이고, 뿐만 아니라 갈라디아 교회의 상황과도 관련이 없어 보인다. 그렇다면 과연 이런 생각이 정확한 것일까? 나는 그렇지 않다고 생각한다. 조금 더 면밀하게 본문 구절들을 살펴보면, 요한 바클레이(John Barclay)가 말한 내용이 맞다는 것을 확인할 수 있다. "우리는 이 다양한 주제와 내용들이 결코 갈라디아 교회들과 별 상관없는 것이 아니라고 확실하고 안전하게 결론내릴 수 있으며, 또한 이 내용들이 의도적으로 갈라디아 교회의 일반

적인 문제들이었던 분열과 다툼에 관한 내용을 담고 있다고 결론내릴 수 있다."[1] 우리는 여기에서 개인적인 책임성과 상호성이라는 두 가지 주제들 사이의 상호작용을 발견할 수 있다. 이 두 가지 주제는 공동체의 다툼이라는 정황에서부터 나타난다.

나는 이 두 가지 주제들이 자유에 대한 바울의 부름(5:1, 13)에 뿌리를 두고 있다는 점을 덧붙이고자 한다. 우리는 바울이 말한 이 자유와 관련해 몇 가지를 기억해야만 한다. 우선, 이 자유는 율법으로부터의 자유이다. 아마 여러분은 이미 앞에서 이야기했듯이, 갈라디아의 회심자들은 일종의 도덕적 가이드라인을 원했었다는 점, 유대주의자들은 모세의 율법이 없다면 갈라디아 성도들은 도덕적 혼란속에 빠져들 것이라고 주장했다는 점, 갈라디아 성도들은 이 문제와 관련해 매우 분열적인 양상이 되었다는 점, 바울은 소위 자유의 제한이라 불리는 방식 즉, 자유는 죄를 위한 라이센스가 아니라(13절) 사랑을 위한 기회(13-14절)라는 방식으로 이 문제와 맞섰다는 점을 기억할 것이다. 바울이 말하는 자유를 누리는 삶은 성령님 안에서의 삶이다(13-26절). 이제 바울은 지금 이 본문 섹션을 통해서, 공동체 안에 있는 한 개인이 그 공동체가 성령님 안에서의 자유를 통해 인도받을 때, 한 기독교인 개인으로서 살아간다는 것이 무엇을 의미하는지를 구체적인 예들을 통해 제시한다.

분명히, 바울은 지금 이 섹션에서 "성령님 안에서의 자유"라는 개념을 하나 이상의 토픽에 대해 적용하고 있다. 이 각각의 토픽들은 다툼이라는 갈라디아 교회의 정황과 긴밀하게 연관되어 있고, 또한 위에서 언급한 두 가지 주제들과도 연관되어 있다. 본문 구절들은 다음 흐름으로 전개되는 것처럼 보인다. 성령님의 자유 안에 거하는 것은 교만을 제거해주며(5:26), 그렇기에 영적인 사람들은 서로서로의 짐들을 겸손하게 감당하고 져주어야만 한다(6:1-5). 서로의 짐들을 져주는 일은 자신들의 교사들을 경제적으로 후원하고 돕는 정도까지 해야만 하며(6절), 또한 영적인 사람들은 자신들이 다른 사람들을 어떻게 취급했는지에 대해서 하나님께서 자신들에게 책임을 물으실 것임을 깨달아야 한다(6-10절). 이런 구체적인 모든 개념들과 생각들이 갈라디아에서의 분열적인 상황 속에서 도대체 어떻게 서로 깊이 연관되어 있는지, 이제부터 전개할 내용들을 통해서 설명할 것이다.

---

1. J. M. G. Barclay, *Obeying the Truth*, 167. 옵션들에 대한 개괄은 R. N. Longenecker, *Galatians*, 269-71을 보라.

영적인 사람들은 서로서로의 짐을 져주어야만 한다(1-5절)

나는 이 구절들을 하나로 묶어내는 일을 시도하는 것에서부터 출발하고자 한다. 아마도 이 부분은 생각의 흐름을 이해하고 파악하는 것이 가장 힘든 부분이 아닐까 싶다. 바울은 문제: 죄를 범한 형제를 회복시키는 것(1절)에 관해 언급하면서 이 부분을 시작한다. 그런 뒤에는 문제를 풀어나가는 원칙에 대한 강조, 즉 영적인 사람들(가령, "성령님 안에서 살아가는" 사람들)은 서로 서로에 대해 책임 있는 모습이 되어야 하며, 또한 서로 서로 돌보는 사람들이 되어야만 한다(2절)는 내용이 나온다. 그 다음 세 구절에서는 교만의 문제에 관해 언급한다(3-5절). 다른 사람들을 회복시키는 일을 할 때, 영적인 사람들은 교만이라는 유혹에 빠질 수도 있다(참고. 1b절). 바울은 그들이 서로의 짐을 감당해주고 져주어야만 한다고 주장한 이후에(2절), 자신의 요점인 한 사람이 유혹에 빠지는 것과 그가 누군가를 회복시키는 과정에서 자기자신에 대해서 지나치게 많이 생각하게 되는 문제에 관해 제기한다(3절). 이 문제에 대한 해결책은 단순하게 자기자신의 행동들을 살펴보고 과연 자신이 "성령님 안에서" 살고 있는지를 돌아보는 것이다(4a절). 우리는 나 자신이 하나님 앞에 서 있는지를 살펴봄에 있어서, 자기자신을 다른 사람들과 비교하는 방식을 통해 평가할 필요가 없다(4b절). 이 내용은 바울이 교만과 관련해 어떤 원칙을 두드러지게 강조하는지를 말하는 내용으로 연결된다(5절). 결국 각 사람은 자신이 어떻게 살았는가와 관련해서 하나님 앞에 자기자신을 세워야만 한다(5절). 이렇게 하나님 앞에 자신을 세운다는 것은 개인적으로 자신의 삶에 대해 스스로 책임을 져야만 한다는 것을 의미한다.

문제: 죄를 범한 형제를 회복시키는 것(1절). 바울은 독자들이 특별한 주의를 기울일 것을 원할 때, 그들을 향해 "형제들아"라고 부르곤 했다(3:15; 4:12; 5:11). 바울이 독자들을 이렇게 부르는 것은 또한 그들에게 이런 주장을 하는 의미를 내포하기도 한다. 내가 너희들을 "형제들"이라고 부르는 것은 내가 너희들이 하나님께서 원하시는 방식대로 살 것이라고 확신한다는 뜻이며, 하나님께서 원하시는 삶이란 "성령님 안에서 살아가는 삶"을 의미한다. 성령님 안에서 살아가고자 분투하고 발버둥치는 사람들이 공동체를 이루고 살아가고자 할 때, 그들에게 종종 한 가지 문제점이 일어나곤 한다. 그들 중 누군가가 죄악을 범하거나 혹은 "육체의 일들"(5:19-21)[2]의 모습들이 나타나기 시작한다는 점이다.

이런 상황을 만나게 되면, 공동체는 그런 사람을 회복시키기 위해서 책임을 지고 노력해야만 한다. 왜냐하면 이것이 가족이 그 구성원을 사랑한다는 것을 보여주는 한 방법이기 때문이다. 그러나 여기에서 바울이 강조하는 부분은 이런 회복이 이루어지고 행해져야만 한다는 부분에 있는 것이 아니라, 어떻게 이런 회복이 나타나게 할 것인가에 있다. 그의 강조점은 "온유하게"에 있다. 이 표현은 *en pneumati praütetos*(문자적으로는, "겸손[온유]의 영 안에서")에 대한 좋은 번역이기는 하지만, 원문의 핵심어인 "영"이라는 표현을 가려버리는 번역이다.

나는 바울이 지금 이 부분을 앞부분인 5:23에 나오는 "성령의 열매"(온유)와 연결시키고 있다고 확신한다. 그는 갈라디아 성도들로 하여금 죄를 범하고 있는 형제를 회복시키는 일에(참고. 고전 1:10) 동참케 하면서, "온유함을 주시는 성령님"의 영향하에서 행하라고 권면하고 있다.[3] 온유함은 회복에 있어서 매우 결정적인 요소이며, 오직 성령님 하에 있는 영적인 사람만이 이와같은 성령의 열매의 모습을 통해 회복케 하는 일에 참여해야만 한다. "오직 영적인 기독교인만이 회복의 사역에 참여해야만 하는 여러 이유가 있는데, 그중 한 가지 이유는 오직 영적인 사람들만이 온유하기 때문이다."[4]

하지만 이런 일을 감당하는 동안, 회복시키는 일에 참여하고 있는 사람들은 반드시 자기자신을 살펴봐야만 한다. 왜냐하면 그들도 "마찬가지 시험에 빠질 수 있기 때문"(1b절)이다. 위에서 이미 분명하게 제시했듯이, 나는 여기서 말하는 동일한 시험이란 교만에 빠지는 시험이라고 생각한다. 이렇게 생각하는 이유는 3-4절 때문인데, 이 두 구절들은 바울이 전하려는 요점을 담고 있다. 어떤 사람들은 여기 언급된 시험에 대해서, 지금 허우적대고 있는 형제가 걸려든 바로 그 덫이라고 주장하기도 한다. 그러나 그런 주장은 내가 앞에서 이미 제시한 관점과는 잘 맞지 않는 것으로 보인다.[5] 여하튼 이 시험이 무엇이든지간에, 바로 바울은 바로 이 문제

---

2. 바울이 여기에서 "죄"라고 사용하는 용어는 일반적으로는 율법을 범하는 종교적 용어와 관련되어 있다 (*paraptoma*).

3. 나는 "겸손함의 영"이 그저 단순하게 "온유하게" 혹은 "겸손하게"를 뜻한다고 보면서 성령님을 관계시키지 않는 관점에 반대하는 것은 아니다. 그러나 나는 갈라디아서에서 바울이 성령님에 대해 강조하고 있다는 측면에서 생각할 때, 이 표현을 5:23과 연계시키는 것을 피하는 것은 어려운 일이라고 생각한다. 나는 내가 본문에 대해 제시한 번역을 좀 더 선호하는 것이 더 타당하다고 생각한다. 바울이 "신령한 너희"(spiritual, 6:1)에게 이야기하고 있다는 점을 주목하라. 이들은 "성령님 안에서 살고 있는" 자들이며, 율법하에서 살고 있지 않은 자들이다. 그러므로 바울은 갈라디아에 있는 자들 중 유대주의자들에게 굴복하지 않은 자들에게 이야기하고 있는 것이다. F. F. Bruce, *Galatians*, 260을 보라.

4. J. R. W. Scott, *Only One Way*, 161-62.

를 강조하고 있다. 바울은 여기에서 죄인에 대해 상당히 많은 관심을 기울이지만, 그러나 회복시키는 일을 감당하는 사람에게만큼은 아니다.

우리는 그저 추측만 할 수 있을 뿐이지만, 여하튼 유대주의화 논쟁이 갈라디아 리더들 사이에서 교만이라는 문제를 만들어냈다고 추측할 수 있지 않을까 싶다. 죄를 범한 형제를 회복시켜 주어야 하는 책임을 지고 있는 사람들은 이런 일을 행함에 있어서 사람들로 하여금 이 일을 감당하던 그들 자신들에게 관심을 기울이게끔 하고 또한 그들 자신들의 선함과 아마도 모세에 대한 그들의 고백에 관심을 기울이게끔 요구하는 방식을 사용했던 것으로 보인다. 이처럼 회복을 가져오는 일들을 감당하면서, 그들은 자기자신들과 이런 사역을 감당하지 않고 있는 자들을 비교했다(4절). 이는 유대주의자들이 리더십의 자리에 있는 자들(즉, 이런 일을 감당하지 않고 있던 자들)과 친목과 깊은 유대관계를 갖는 것을 통해서, 교회 안에서 윗자리를 차지하게 되었다는 것을 추측케 한다.

원칙: 서로 사랑하라(2절). 다른 사람들을 회복시키는 것과 관련해서, 바울은 "온유의 성령님 안에서"라는 원칙을 제시했다. 이 이면에는 이런 행동의 기초인 "그리스도의 법"이 깔려 있다. 이는 성령님의 사랑 안에서 살아가는 것을 뜻하고[6](참고. 5:6, 14, 22; 약 1:25; 2:12), 또한 죄를 범한 형제의 짐을 져주는 것을 통해 그가 제대로 된 길을 걷는 자로 다시 회복되게끔 도와주는 것을 의미한다. "그리스도의 법(율법)"이라는 표현은 지금까지 바울이 상당한 시간을 들여 법(율법)이 기독교인의 인도자가 아니라는 것을 설명했다는 점을 생각해보면, 단어 구성자체가 매우 놀라운 일이다. 그렇지만, 바울은 기독교인들이 "그리스도의 법" 아래에 있는 것이지 "모세의 율법"아래에 있지 않다고 말하는 것은 전적으로 합리적이다. 앞부분에서 우리는 "그리스도의 법"이란 다름아니라 (1) 율법을 성취하시는 예수 그리스도의 가르침들에 복종하는 것이며(마 5:17-20), (2) 성령님 안에서의 삶, 즉 본질적으로 사랑하는 삶을 살아가는 것이자, 그 자체가 모세의 율법을 성취하는 것인 삶을 사는 것이라고 이해했다(갈 5:6, 14, 18, 22). 기독교인들의 법(율법)은 예수님을 따르는 것이다. 즉 성령님께 복종하는 삶을 사는 것이다.[7]

---

5. J. M. G. Barclay, *Obeying the Truth*, 158.
6. H. D. Betz, *Galatians*, 299-301을 참고하라.
7. 이 질문과 관련해서는 D. J. Moo, "The Law of Moses or the Law of Christ," in *Continuity and Discontinuity: Perspectives on the Relationship Between the Old and New Testaments. Essays in Honor of S. Lewis Johnson, Jr.*, ed. J. S. Feinberg (Westminster, Ill.: Crossway, 1988), 208-17, R. N. Longenecker, *Galatians*, 275-76을 보라.

그리스도의 법을 따르는 구체적 예가, 형제나 혹은 자매의 짐을 져주는 것이다. 바울은 여기에서 회복시키는 일을 감당하는 자들에게 말하고 있다. 그렇기에 우리는 회복시키는 일을 감당하는 사람이 어떤 존재인지와 관련해서, 그들은 문제점들과 죄악을 지적하는 사람일뿐만 아니라, 이런 상황에 빠진 사람이 자신을 얽어매고 있는 문제로부터 빠져나와 자유롭게 될 수 있도록 그를 도와주는 책임을 감당하는 사람이라고 상정해야만 한다. 기독교인은 어떤 자매가 죄악에 빠져 허우적거리는 것을 보았을 때, 선한 사마리아인 비유에 나오는 레위인이나 바리새인이 했던 그런 방식처럼(눅 10:25-37) 길 한편으로 비켜서는 선택을 하지 않는다. 도리어 사마리아 사람이 했던 것처럼, 기독교인은 그 자매에게 "성령님 안에서의 온유함으로" 다가서고, 자신이 할 수 있는 일을 해주며, 문제에 빠진 자매가 "성령님 안에서"살아가는 것을 배울때까지 그 문제와 관련해 수고를 해준다.

이처럼 회복의 원칙은 서로 사랑하는 것이다. 기독교인들은 다른 사람들에 대해 서로 책임을 갖고 있으며, 그들에게 성령님을 통해 주어진 하나님의 사랑으로 인해, 다른 사람이 자신이 감당하기 너무 어려운 짐을 지고 있을 때 그들을 위해 그들의 짐을 대신 져준다.

교만의 문제(3-5절). 위에서 언급했던 것처럼, 바울이 회복에 관해 이야기하면서 관심을 기울였던 문제는 바로 회복을 돕는 자와 관련된 교만의 문제였다. 교만은 옳지 않으며(3절), 회복케 하는 일을 하는 각 사람들은 자기자신을 살펴보아야만 하고(4a절) 또한 다른 사람들과 비교하는 것을 통해서 자기자신의 인격적 상태를 판단하려해서는 안된다. 특히나 죄를 범하고 있는 형제들, 자매들과 비교해서는 안된다(4b절). 바울은 마지막 분석을 통해, 각각의 사람들은 자기자신이 행한 일들에 대해 하나님 앞에서 각자 책임지게 될 것이라고 이야기한다(5절).

우리가 이 부분과 관련해 설명하려는 부분은 단 한 가지 내용에 대해서이다. 다른 사람의 짐(헬라어. *ta bare*; 2절)을 지는 것과, 자기자신의 짐(헬라어. *to idion phortion*; 5절)을 지는 것 사이의 긴장성에 대해서이다. 이 이슈는 서로 모순적인 것이 아니라, 동전의 양면과 같은 모습이다. 기독교인은 삶의 문제들 속에서 서로 서로 도와야 하지만, 그러나 각각의 기독교인들은 또한 하나님께 개인적으로 응답해야만 한다. 이와같이 개인적으로 하나님 앞에서 책임지고 감당해야 할 일들 중에는 다른 사람들의 짐을 져주는 것이 포함되어 있다.

하나님 앞에서는 그 누구도 다른 사람들을 둘러볼 수 없으며 그렇기에 다른 사람과 비교하는 것을 통해 자기자신을 정당화할 수 있는 근거를 찾을 수도 없다. 기독교인들이 자신의 행위, 자신의 행동, 자신의 동기들에 대해서 하나님께 판단받게 될 것이라는 사실은 바울 서신의 다른 여러 곳들에서도 가르쳐진다(참고. 롬 2:6-16; 14:12; 고전 3:8; 4:1-5; 고후 5:10).

영적인 사람들은 말씀을 가르치는 자들을 후원해야만 한다(6절)

바울은 죄를 범한 형제를 어떻게 대할 것인가에 대해서 그리고 그를 회복시키는 과정에 있어서 교만이라는 덫에 걸려서는 안된다는 것에 대해서 논의한 뒤, 하나의 원칙을 강조하면서 이 내용을 마무리한다. 각 사람은 하나님 앞에 서야만 하며 개인적으로 자신의 행동들에 대해 책임져야만 한다. 그러나 이는 바울이 너무나 잘 알고 있었던 한 가지 문제를 야기한다. 풀타임으로 말씀을 가르치는 자들은 실질적으로 완벽하게 독립적으로 생활을 꾸려나갈 수 없다는 점. 그들은 다른 사람들로부터 재정적인 후원을 받아야 했다. 그래서 바울은 모든 사람들이 각자 자신의 짐을 져야만 한다는 자신의 생각에다가, 말씀을 가르치는 자들과 관련해서는 예외를 둔다는 것을 첨가하고 있다. 그들은 재정적 후원을 필요로하며, 이는 그들이 자기자신의 짐을 항상 질 수 있는 것이 아니기 때문이다. 이 구절은 거의 삽입구라고 볼 수 있다—우리가 흔히 사용하곤 하는 그리고 한 사람의 논리가 이해하기 쉽지 않을 때 사용하는.

유일한 이슈는 바울이 재정적 공유를 염두에 두고 있었는가 아니면 그렇지 않았는가이다. 대부분의 주석가들은 이 이슈가 재정적인 것이라고 생각하며, 나도 여기에 동의한다. 바울은 다른 부분들에서도 말씀을 가르치는 자들이 재정적인 후원을 통해 대가를 받을 권리를 갖고 있다고 이야기한다(참고. 고전 9:14; 고후 11:7-12; 빌 4:10-19; 살전 2:6, 9; 딤전 5:17-18). 비록 바울 자기자신은 그런 도움을 거절했지만 말이다(고전 9:12-18; 고후 11:7-12; 빌 4:10-20; 살전 2:9; 살후 3:6-13). 바울은 예수님께서 친히 주신 가르침들에 근거를 둔다(특히 마 10:10; 눅 10:7). 브루스(F. F. Bruce)는 이점에 대해 간결하게 말한다. "말씀을 가르치는 자는 회중 성도들의 무지를 덜어 내주고, 성도들은 말씀을 가르치는 자의 생활에 대한 염려를 덜어내 주어야만 한다."[8]

---

8. F. F. Bruce, *Galatians*, 263.

이 작은 선언은 초기 기독교의 가르침과 말씀을 가르치는 자들에 관한 내용을 담고 있는데, 그들의 중요한 책임은 사도들로부터 주어진 전통들과 가르침을 전달하는 것이었고 그런 전통들을 교회들을 위해 해석해주는 것이었다.[9] 여기에서 우리는 말씀을 가르치는 자들이 사역에 있어서 풀타임으로 일했으며 그렇기에 그들이 효과적으로 연구하고 가르칠 수 있었음을 알 수 있다. 그러나 그들은 분명 기독교 공동체 안에서 별반 대접받지 못하고 있었으며, 말씀을 배우는 학생들은 그들을 돌보지 않고 있었던 것이 분명하다. 이런 식으로 말씀 교사들을 취급하는 것은 "성령님 안에서의 생활"에 부합하지 않은 모습이다. 왜냐하면 이런 모습은 사랑이 없는 모습이고 친절하지 않은 행동이기 때문이다(5:22-23). 우리는 이런 무례함이 유대주의자들과의 논쟁이 확장된 결과라고 추측해 볼 수 있다. 아마도 이 말씀 교사들은 교회안에 있던 바울편에 서 있던 사람들이었을 것이고, 그래서 유대주의자들 편에 서 있던 자들로부터 무시되고 있었던 것일 수 있다. 분파주의의 이와같은 결과는 그리 놀라운 일이 아니다.

영적인 사람들은 하나님 앞에서 책임성 있는 모습을 가져야 한다(7-10절)

삽입구적인 성격을 갖고 있는 6절 내용을 말한 이후에, 바울은 5절에서 기록한 그의 교훈과 관련해서, 사람들은 하나님 앞에 서야만 한다는 중요한 기초를 제공한다. 그가 여기서 제시하는 요점은 매우 명료하다. 우리는 하나님 앞에 서게 될 것이기 때문에, 우리는 지금 하나님 앞에서 살아야만 하며, 이는 성령님 안에서 살아가는 것을 의미한다. 이를 달리 표현하자면, 우리는 모든 사람들에게 선을 행해야만 하며, 특히 교회를 향해 선을 행해야만 한다. 그런데 아마도 갈라디아 교회에서는 분열에 휩싸인 사람들이 이를 등한히 해왔을 것이다.

바울은 1절에서 이런 명령들을 시작한 이후로, 그의 마음속에 육체와 성령이라는 정반대 명제들을 품어왔었는데, 이에 대한 내용이 8절에서 좀 더 명확해진다. 우리가 여기에서 살펴볼 수 있는 모습은 교회의 분열이다. 이 분열은 죄를 범하고 있는 형제들과 자매들을 돌보지 않고 피하게끔 만들고, 교만한 리더십을 만들어내

9. 이와 관련된 자료들을 개괄적으로 살펴본 내용을 J. D. G. Dunn, *Jesus and the Spirit: A Study of the Religious and Charismatic Experience of Jesus and the First Christians as Reflected in the New Testament* (Philadelphia: Westminster, 1975), 282-84에서 찾아볼 수 있다.

고, 자기자신의 의로움을 다른 지체들과 비교하게끔 하고, 말씀을 가르치는 자들을 향해 아름답지 않은 모습으로 대하는 결과들을 만들어 냈다. 이런 종류의 행동들은 "육체의 일들"이다(5:19-21).

그래서 바울은 모든 사람들이 인식할 수 있는 가장 강력한 근거를 가지고 말하기 시작한다. 하나님께서 심판주이시며,[10] 누구도 그분을 무시할 수 없다. 바울은 "도덕적으로 아무 차별성 없는 삶은 하나님 앞에서 완전함이 아니라 불완전함이 된다"는 것을 알고 있다.[11] 만약 한 사람이 육체대로 산다면, 그 사람은 파괴(비난)를 거둬들일 것이고, 만약 한 사람이 "성령님 안에서" 산다면, 그 사람은 "영생을 거둬들일" 것이다. 바울이 지금 말하고 있는 바는 내가 이전에 이 책에서 수많은 경우들과 관련해 말한 내용이다. 행위는 우리를 구원해주지 못하지만, 그 누구도 행함없이 구원받지는 않는다. 왜 그런가? 이유는 매우 간단하다. 행위는 한 사람의 마음, 지향점, 하나님 앞에서의 상태 등을 보여주는 분명한 지침이기 때문이다. 성경안에 나오는 모든 판단은 행함에 따른 판단이다(참고. 마 7:13-27; 16:27; 22:1-14; 25:1-46; 고후 5:10; 계 20:11-15). 한 사람이 하나님 앞에 최종적으로 서는 것은 그 사람이 자신의 행함들을 통해 보여준 예수 그리스도와의 관계성을 통해 결정될 것이다. 우리가 하나님께 받아들여지는 것은 예수 그리스도께서 우리를 위해 희생하신 것에 토대를 두고 있고 우리가 믿음을 통해 주님의 그 희생과 연결된다는 사실은 타협할 수 없는 절대적 진리이다. 그러나 그 믿음이 한 사람의 삶속에서 여러 많은 선한 행함들을 통해 자기자신을 드러낸다는 것 역시 우리는 반드시 기억해야만 한다.

그래서 바울은 "선을 행하는 것"에 대해서 이야기한다. 왜냐하면 선을 행하는 것은 "성령님을 기쁘시게 하는" 씨를 뿌리는 것을 의미하기 때문이다. 우리는 선을 행하면서 염려할 필요가 없다. 왜냐하면 우리가 받을 판단이 여기에 토대를 두고 있기 때문이다("만약 우리가 포기하지 않는다면, 우리는 수확을 거두게 될 것이다, 9절). 그런 뒤, 바울은 기독교인은 "모든 사람들에게" 선을 행해야만 한다고 주장한다. 그들의 문화, 국가, 혹은 성별과 상관없이 말이다(3:28). 그러나 긍휼을 베푸는 기독교인의 행동은 특별히 (비록 배타적인 것은 아니지만) "믿음의 가족들"에게 직접적으로 향해야만 한다.

---

10. J. I. Packer, *Knowing God* (Downers Grove: InterVarsity Press, 1973), 125-33을 보라.
11. Ibid., 130.

요약하자면, 바울은 기독교인의 윤리에 있어서 가장 근본적인 두 가지 개념들을 복합적으로 제시하고 있다. 상호간의 의무감(mutual accountability)과 자신에 대한 개인적인 책임성(personal responsibility). 사실 바클레이는 이 두 가지 테마들이 지금 이 본문 섹션의 구조를 통해 서로 자극을 주며 번갈아가며 나타나고 있다고 본다.[12] 그는 이 두 가지 용어들을 역으로 사용하기도 한다(하나님을 향한 개인적인 의무감과 다른 사람들을 향해 협력하는 책임성). 나는 이해를 좀 더 용이하게 만들고자, 이 용어들을 내 방식대로 다른 표현들로 사용하고자 한다. 그가 제시한 구조는 다음과 같다(용어들은 내가 바꾸었다).

제목(5:25-26)
A. 상호간의 의무감(6:1a)
  B. 개인적인 책임성(1b절)
A. 상호간의 의무감(2절)
  B. 개인적인 책임성(3-5절)
A. 상호간의 의무감(6절)
  B. 개인적인 책임성(7-8절)
A. 상호간의 의무감(9-10절)

상황잇기

성경을 읽는 독자는 개인적인 책임성과 서로를 향한 상호적 의무감이라는 메시지를 자기자신의 삶속에 적용하기 전에, 이 본문의 핵심적인 내용들을 견고하게 붙잡을 필요가 있고 또한 바울이 이에 대해 말하던 당시에 이 메시지들이 어떤 의미를 갖고 있었던 것인지에 대해 잘 이해할 필요가 있다. 이는 본문을 당시의 정황 속에서 조심스럽게 잘 묘사하는 것을 의미하고, 또한 바울이 사용한 중요한 표현들인 "상호간의 의무감" "개인적인 책임성" "성령님 안에서의 삶" 등과 같은 표현들이 어떤 의미인지를 조심스럽게 이해한다는 것을 뜻한다. 또한, 이는 바울 서신들과 사도행전을 읽으면서 바울이 어떻게 자신의 생각들을 전개했는지를 찾아낸다는 것을 의미하는 것이기도 하다. 만약 우리가 그의 용어들(가령, "서로의 짐을 져 주라")을 가져다가, 우리 자신의 표현들로 바꾸어 말하고("상호 의무감"),

12. J. M. G. Barclay, *Obeying the Truth*, 146-77, 특히. 147-55.

그런뒤 상호 의무감이 무얼 뜻하는지를 오늘날 방식대로 추측하기 시작한다면, 우리는 적절하게 바울을 대하지 않는 것이고, 우리의 적용들은 바울의 것이 되지 못할 것이다. 성경 본문을 신실하게 적용하는 사람이 되려면, 인내와 근면함이 필요하다—적용을 위해 우리 자신이 던지는 질문들에 대답하기 위해 수많은 연구를 하는 인내와, 적용을 제대로 잘 하기 위해 우리에게 필요한 것들을 얻기 위해 집중적인 그룹 스터디를 하는 근면함.

나는 지금 여기에서는 이런 접근방식을 좀 더 완벽하게 살펴보길 원한다. 지금껏 상호 의무감이라는 이름으로 수많은 잘못된 적용이 남용되고 용인되어 왔다. 어떤 사람들은 상호 의무감을 곧장 기독교 공동체들에게 적용하면서 대다수의 기독교 교회들을 날카롭게 비판하며 손가락질을 하곤 한다. 그러나 이런 행동은 거의 모든 독자들이 다 알 수 있듯이 분명 옳지 않은 일이다. 바울은 교회를 세우면서 경제적으로 완전하게 파트너십을 갖고 있거나 혹은 모든 소유물을 공유하는 그런 공동체로 세우지 않았다. 분명히, 기독교인들은 다른 성도들과 함께 더불어 살아가며, 자신들의 소유물들을 공유하며, 하나님의 구원의 역사를 증거하기 위해 팀을 이루어 함께 노력한다. 이런 모습들은 상호 의무감을 적용할 수 있는 모습들이다.

뿐만 아니라, 나는 일리노이 에반스톤(Evanston)에 있는 레바 플레이스 공동체(Reba Place Fellowship), 워싱턴 D.C.에 있는 소저너스 공동체(Sojourners Fellowship), 펜실베니아 필라델피아에 있는 쥬빌리 공동체(Jubilee Fellowship of Germantown) 등에 대해서도 알고 있는데, 이들은 영감 넘치고, 고무적이고, 많은 도전을 준다.[13] 이들의 단순성, 영원한 것들에 초점 맞추는 삶의 모습, 건강한 관계중심적 분위기 등은 일반적인 서구 자본주의 사회가 갖고 있는 모습들 즉, 물질적인 것들에 초점을 맞추고 있고 불안한 인격적 관계성의 모습등에 대해 분명 중요한 도전을 준다. 그러나 다른 한편으로, 이런 공동체주의자들의 삶의 형태가 유일한 성경적 모델이라고 주장하는 것은 결코 옳지 않은 주장이다. 왜냐하면 성경은 이런 형태를 유일한 모델이라고 설명하지 않기 때문이다. 물론 나는 이런 라이프스타일이 성경적인 원리들에 뿌리를 두고 있다는 점에 대해서나, 이런 형태의 삶

13. 나는 이와같은 공동체들 이면에서 기능하고 있는 성경적인 원리들이 무엇인지를 알려주는 책으로, R. J. Sider, ed., *Living More Simply: Biblical Principles and Practical Models* (Downers Grove, Ill.: InterVarsity Press, 1980)을 추천한다. 이 책은 성경적인 원리들과 많은 사람들이 이 원리들을 적용한 많은 사례들과 관련된 짧고 읽기 좋은 챕터들을 모아놓았다.

을 선택하는 사람들이 하나님 나라를 위해 효과적으로 살아갈 수 있다는 점에 대해서는 동의한다. 그러나 이런 라이프스타일은 초대교회 성도들이 살았던 삶의 모습은 아니다. 사실 나는 이런 식의 라이프스타일이 실제로 고대 사회에서 일상적인 형태가 아니었으며, 기독교인들 사이에서도 매우 드문 형태였다고 주장하고자 한다.

그러나 이런 라이프스타일을 반박하는 것은 내 바람도 아니고(왜냐하면 나는 이런 라이프스타일이 건강하고 효과적인 삶의 형태임을 보았기 때문에), 나의 목적도 아니다. 그보다 내가 지적하기 원하는 것은 이와같은 라이프스타일이 성경적인 의미에서 상호 책임성, 상호 의무감에 뿌리를 두고 있다고 주장하는 것이 정확한 주장이 아니라는 점이다. 왜냐하면 이런 형태의 공동체는 바울이 "서로의 짐을 지라"고 자신의 윤리를 선언할 때, 그가 남겨두었던 모습의 공동체가 아니기 때문이다. 물론, 나는 위에서 언급한 오늘날의 이런 공동체들이 자신들의 존재와 개념들을 갈라디아서 6:1-10에 근거를 두고 있는 것이 아니라, 마태복음 6:25-34, 누가복음 9:57-62, 사도행전 2:43-47; 4:32-5:11, 고린도후서 8-9장, 에베소서 4:28, 디모데전서 6:9-10 등에 근거를 두고 있다는 점도 이야기해 두는 것이 공평할 듯하다. 또한 나는 비록 그들이 갖고 있는 생각 중에 상호 의무감이 근본적인 부분을 형성하고 있다고 확신하기는 하지만, 그러나 상호 의무감이 그들의 전체적인 토대라고 주장하는 것은 아니다. 그보다는 이 섹션에서 내가 추구하는 목표는 성경적인 개념(상호 의무감)이 어떻게 잘못 적용될 수 있는지를(공동체 라이프스타일이 명령되었다는 식으로) 지적하는 것이고, 또한 이런 원칙을 정확하게 가장 확실하게 적용할 수 있는 방법은 바울이 이 원칙을 어떻게 적용했는지를 살펴보는 것임을 지적하는 것이다. 우리가 사는 오늘날 세계에서 상호 의무감이 어떤 모습과 비슷한지에 대해서는 조금 후 아래 부분에서 함께 살펴볼 것이다.

이 문단을 읽는 또 다른 전형적인 방법은, 특별히 4-5, 7-10절에 초점을 맞추어 읽는 방식으로, 개인적인 책임감에 중점을 두고 본문을 살펴보는 방식이다. 바울은 이 구절들에서 몇 가지 내용들을 이야기한다. 여기에는 각 사람이 자기자신의 행동들을 돌아보고 교만한 모습이 있는지 확인해 보라는 내용, 각 사람이 자기자신의 짐을 지라는 내용, 각 사람의 삶과 행동들에 대해서 하나님께서 그 사람에 대해 최종적인 판단하실 것이라는 내용등이 포함되어 있다. 이런 내용들은 일부 사람들로 하여금 본문의 의미를 해석함에 있어서 서구적 의미에서의 인격적인 개인주의로 나아가게끔 이끌었다. 이는 본문의 정황을 무시했기 때문에 나온 해석이다.

이렇게 생각하는 사람들이 보기에는 바울은 마치 그들이 하나님 이외의 그 누구에 대해서도 책임이 없다는 식으로 말하고 있는 것처럼 생각하고 해석한다. 또한 바울은 목회자들은 성도들의 과거에 대해서나 현재에 대해서 그리고 장래에 관한 계획등에 대해서도 물어볼 권리가 없다고 말하고 있는 셈이고, 신앙생활은 정치나 성생활과 마찬가지로[14] 배타적으로 지극히 개인적인 문제라고 말하고 있는 것이며, 성도들은 하나님 앞에 홀로 서 있기 때문에 홀로 삶을 살아야 한다고 말하고 있는 것이라고 해석한다. 그러나 우리는 이런 해석이 그냥 쓱 쳐다보기에 근본적으로 건전한 것이기는 하지만, 두 가지 점들을 간과하고 있기에 엉뚱한 것으로 가고 있는 부분이 있음을 알 수 있다. 광범위한 정황(본문은 하나님 앞에서 갖는 인격적이고 개인적인 책임성이 상호 의무감에 관한 내용으로 둘러싸인 모습이다) 그리고 바울 자기자신이 실제로 살았던 삶의 방식.

그냥 한 가지 예만 살펴보도록 하자. 비록 바울은 자신이 부름받은 것이나 복음에 대한 생각에 있어서는 격렬하도록 독립적이었지만(1-2장을 보라), 그러나 그는 자신의 생각들과 자신이 받은 소명을 좀 더 넓은 범주의 교회들 앞에 기꺼이 내어놓았다. 자신의 달음박질이 헛되지 않게 하기 위해서 말이다. 바울은 말한다, "내가 이방 가운데서 전파하는 복음을 그들에게 제시하되(즉, 그들 앞에 복음의 핵심들을 제시하다) 유력한 자들(만약 필요하다면, 바울은 이들을 그냥 가볍게 대했을 수도 있을 것이다, 참고. 2:6)에게 사사로이 한 것은 내가 달음질하는 것이나 달음질한 것이 헛되지 않게 하려 함이라"(2:2). 그런 뒤 바울은 내가 생각하기에는 매우 기쁘게 기쁨을 담아 말한다, 이들 리더들이 "나와 바나바에게 교제의 오른 손을 내밀었다"(9절)고 말이다. 다시 한번 더 말하지만, 이 원칙(개인적인 책임감)은 정황 속에서 이해할 필요가 있으며, 바울이 이 원칙을 적용했던 삶의 실제 모습들속에서 이해할 필요가 있다.

상호 부담감과 개인적 책임감이라는 이 두 가지 테마들은 내가 이미 살펴보았던 서구 사회의 삶의 특징, 즉 개인주의라는 특징과 거스르며 싸우는 테마들이다.[15] 상호 부담감은 많은 사람들에게 나 혼자만 있는 자유로움을 포기하게끔 강요하며, 우리로 하여금 다른 사람들에게 나아가게끔 명령한다. 이 두 가지 테마들은 이웃 옆에 서서 다음처럼 말하게끔 만든다, "저는 정말로 이웃이고 또한 이웃처럼

14. 이와 관련해 좀 더 분명하게 묘사한 모습을 O. Guiness, *The Gravedigger File*(Downers Grove, Ill.: InterVarsity Press, 1983), 71-89에서 볼 수 있다.

15. 위의 책 254-89를 보라.

되어야만 합니다." 이런 모습은 한 사람으로 하여금 다른 모든 사람들이 그들이 원하는 그들만의 일들을 할 수 있도록 그냥 방치하고 내버려두려는 자연적인(현대적인) 충동을 포기하게끔 만든다. 또한 한 사람으로 하여금 다른 사람의 삶에 침투해 들어가게끔 만든다. 이는 또한 이웃으로 하여금 다른 사람들이 자기 삶에 침투해 들어올 수 있을만큼 자신을 오픈하도록 강요한다. 순수한 의미에서 이웃이 되게끔 강요하는 것이다. 이웃이 된다는 것은 이웃다운 이웃이 된다는 것은 물론이고 이웃됨을 받아들이는 두 가지 모두를 의미한다.

또한, 바울의 메시지는 수많은 서구인들이 갖고 있는 완고함과 싸운다. 서구인들은 개인적 책임성을 중시하는 완고함을 갖고 있기 때문이다. 각 개인들은 이 권리가 빼앗길 수 없는 권리라고 주장하지만, 그러나 바울의 메시지는 우리들이 물론 분명히 개인들이기는 하지만 그러나 우리는 고독한 개인들이 아니라는 사실에 직면하게끔 한다. 우리는 개인들이지만, 공동체가 필요하고, 다른 사람들이 필요하고, 사귐이 필요한 개인들이다. 인간이 된다는 것은 하나님과 관계를 맺고 다른 사람들과 관계를 맺는다는 것을 의미한다. 하나님 앞에서 우리가 갖고 있는 개인적 책임성은 우리를 다른 사람들을 향한 의무감으로부터 자유롭게 해주는 것이 아니며, 또한 우리를 혼자 고독하게 살아가도록 외딴 섬에 갖다 놓는 것도 아니다. 이런 점들이 우리가 직시해야만 하는 서구 사회의 문제점들이며, 바울의 메시지는—상호 의무감은 개인의 책임성을 부정하는 것이 아니며, 개인의 책임성은 상호 의무감을 포함하고 있다—우리 사회를 있는 그대로 응시한다.

나는 개인적 책임성과 관련해서 한 가지를 좀 더 관찰하고 살펴보고자 한다. 우리가 살고 있는 오늘날 사회에서는 우리가 하는 행동의 기원과 원인들이 무엇인지를 날카롭게 인식하곤 한다. 예를 들어, 나는 내가 갖고 있는 인격적 특성의 일부분이 내 아버지나 어머니로부터 배워서 갖게 된 것임을 알고 있다. 나는 또한 내가 갖고 있는 몇몇 버릇들이(좋은 것과 나쁜 것 모두 다) 내 두 자녀들에게서도 동일하게 나타나고 있다는 것도 알고 있다. 행동의 기원과 원인들을 이런 방식으로 찾고 생각하는 것은 오늘날에는 일반적인 모습이다. 그러나 이런 과정에 있어서, 때때로 우리는 우리의 인격적인 특징이나 버릇 혹은 우리 행동들에 대해서 은연중에 변명하는 모습을 갖곤 한다. 우리는 소리질러댈지도 모른다, "나는 어쩔수 없었어. 왜냐하면 나는 이렇게 성장하고 자라났단 말이야" 혹은 "당신은 내가 자라온 과거를 알면 나를 비난할 수 없을 거에요." 우리는 이점과 관련해서 다른 사람들이 우리를 만든 결과로 생겨난 우리 자신의 모습에 대해서 그리고 지금 우리가 하고 있는 일들에 대해서 동정해야만 한다. 그러고 우리는 사람들이 갖고 있는 어떤 나쁜 점들이 그저 그들만의 실수나 잘못만은 아니라고 생각해야만 한다. 그러나 성경이 가르치는 바는 우리가 행하는 모든 일들과 우리의 모든 모습들에 대해서 우리에게 개인적인 책임이 있다는 것이다. 이유가 무엇이든지간에 그리고 우리가 갖고 있는 문제가 무엇이건간에 말이다. 바로 이점이 지금 우리가 하려는 적용점의 전체적인 특징을 만들어낸다. 사람들로 하여금 그들이 행하는 모든 일들과 그들의 모든 모습들에 대해, 자신에게 책임이 있음을 받아들이게끔 하는 것. 바울은 우리에게 이 점에 있어서 "우리 자신의 짐들을" 지도록 가르친다.

현대적 의미

바울이 강조점을 두고 있는 부분은 분명하게 상호 의무감과 개인적 책임이지만—나는 이 두 가지 테마에 대해서 아래부분에서 좀 더 상세하게 살펴볼 것이다—바울이 이 부분에서 언급하고 있는 내용들 중에는 오늘날 상황에 직접 적용할 수 있는 다른 몇 가지 언급들도 있다. 예를 들어, 6절은 말씀을 배우는 학생을 향해 자신의 재정 자원들을 말씀을 가르치는 교사와 함께 하라고 권면한다. 이것은 제안도 아니고 명령도 아니지만, 그럼에도 불구하고 바울로 인해 오늘날 폭넓게 적용되고 있는 원칙이다. 존 스토트는 이 원칙을 적용함에 있어서 생겨날 수 있는 두 가지 위험성에 대해 날카롭게 논의한다 사역자가 이 원칙을 남용하는 것과 성도들이 이 원칙을 남용하는 것.[16]

우선, 사역자가 이 원칙을 남용하는 것과 관련해 생각해보자. 비록 바울은 말씀을 배우는 사람에게 그의 말씀 교사들과 더불어 함께 공유하라고 권면했지만(참고. 고전 9:14; 딤전 5:17), 그러나 정작 바울 자기자신은 배우는 자들이 제공하는 것들을 받지 않았고(고전 9:12-18; 고후 11:7-12; 빌 4:10-20; 살전 2:9; 살후 3:6-13), 그래서 그는 어떤 종류의 간섭에도 구애받지 않고 복음을 전할 수 있었다. 나는 두 가지 남용이 가능하다고 보는데, 한 가지는 재정적인 것이고 다른 한 가지는 개인적인 삶과 관련된 것이다. 재정적으로 보자면, 지금 바울은 말씀교사들/사역자들이 봉급이나 사례를 요구할 수 있다고 주장하고 있는 것이 아니다. 이들이 기대할 수 있었던 것은 자신들의 필요가 돌봄을 받는 것이었을 뿐, 자신들의 생계와 관련해 경제적 정책들을 명령할 수 있었던 것은 아니다. 바울이 여기에서 이처

16. J. R. W. Scott, *Only One Way*, 167-69.

럼 직접적으로 언급한 것은 학생들/성도들이 복종하게끔 하려는 의도를 갖고 있는 것이었을뿐, 사역자들이 이런 요구를 하게끔 하려는 것이 아니었다. 개인적인 삶의 문제에 관해서는 스토트는 목회자들이 성도들에 제공해주는 재정적 사례를 통해 생활을 꾸려나가면서도 게을러지거나 자신들의 의무를 등한히 여기는 경우들이 너무나 많다고 주장한다. 이런 모습들은 방학 때 골프장에서 너무나 빈번하게 찾아볼 수 있고, 또한 성도와 책임을 공유한다는 명목하에 혹은 "평신도 사역"이라는 이름으로 사역자들이 자신들이 해야 할 일들을 다른 사람들에게 전가하는 모습 등에서도 자주 나타나곤 한다.

다른 남용의 영역은 성도들이 남용하는 부분이다. 이런 모습은 매우 다채롭게 나타나곤 한다. 성도들이 이 원칙을 남용하는 모습은 성도들이나 교회의 특정 위원회가 자신들이 목회자를 고영했다는 느낌을 갖게끔 잘못 이끌고 가곤 하며, 성도들이 자신들이 말씀 교사의 사역을 통제할 수 있다고 잘못 믿는 결과를 낳곤 한다. 그들은 말한다, "피리부는 사람에게 돈을 주는건 우리니까, 우리가 방침을 정할 수 있어야만 한다."[17] 또한 이런 남용은 성도들로 하여금 자신들이 목회자가 무엇을 구입하는지 그리고 그들이 어떻게 돈을 사용하는지를 통제할 수 있다는 느낌을 갖게 하기도 한다. 그러나 나는 사역자가 자신의 책임에 대해 의무감을 가져야 한다는 점을 한편으로 확고하게 믿지만, 또한 사역자는 자신의 돈을 지혜롭게 사용하는 인품을 갖고 있어야만 하며 동시에 이런 문제들에 있어서 신뢰받아야만 한다고도 분명하게 믿는다. 어떤 사역자는 골프채 세트가 필요할 수도 있고 또 다른 사역자는 새 자동차를 주문해야겠다고 생각할 수도 있으며, 또한 다른 사역자는 옷을 사는데 좀 더 많은 돈을 사용할 수도 있다. 각각의 사역자들은 자신만의 취미생활과 관심사들을 가질 수도 있을 것이다. (존 스토트의 생각은 이 책의 저자인 나를 포함해서 많은 사람들을 사로잡은 감탄스럽고 흥미로운 생각이다) 성도들의 남용과 관련된 마지막 영역은 이만하면 다 했다는 느낌이다. 일부 교회 구성원들은 마치 자신들이 사역자들의 사례를 지불하는데 기여하는 것만으로 자신들이 교회 사역에서 감당해야 할 의무를 모두 마쳤다는 식으로 행동하곤 한다. 그들은 마치 이것이 (결코 그들 스스로는 자신이 실제로 그렇게 생각하고 있다고 고백하지는 않지만) 그들의 "사역"인양 행동한다. 그들은 자신들이 해야할 바를 다 했노라고 믿는다.

---

17. Ibid., 169.

여기서 다루는 중요한 테마인 상호 의무감과 개인적인 책임성에 대해서 당신은 어떻게 생각하는가? 나는 디트리히트 본회퍼의 삶과 저술들을 짧게 살펴보는 것이 이 두 가지 주제를 종합할 수 있는 가장 좋은 방법이라고 생각한다. 그의 스토리는 상당히 상세하게 이야기할만한 가치가 있는 스토리이다. 베를린 대학의 유명한 정신과 의사의 아들이었던 본회퍼는 튀빙겐과 베를린 양 대학에서 신학을 공부했고 결국에는 베를린에서 신학 교수로 자리를 잡았다. 이것이 1933년이었고, 이때는 히틀러가 이제 막 일어나던 시기였다. 본회퍼는 히틀러 안에 파괴를 향한 광기가 도사리고 있는 것을 보았고, 그래서 히틀러를 반대했다. 히틀러에 대한 본회퍼의 반대는 그로 하여금 독일을 떠날 수밖에 없게끔 만들었고, 그는 런던에 있는 두 개의 독일인 모임을 섬기며 목회하게 되었다. 그곳에 있는 동안, 그는 독일 고백교회(히틀러의 계획에 반대했던 루터란 교회들)로부터, 고백 교회들에서 사역할 목회자를 훈련하고 양성할 불법 신학교의 리더가 되어달라는 요청을 받았다.

그는 결국 독일로 돌아가서 징그스트(Zingst)에 있던 적은 수의 학생들을 이끌기로 결심했다. 그러나 그 이후 그들은 장소를 핑켄발데(Finkenwalde)로 바꾸어야만 했다. 그곳에서 그들은 함께 연구했고, 함께 살았고, 함께 예배드렸다. 이런 상황 속에서 본회퍼는 자신의 가장 유명한 책 세 권을 저술했고(『*Life Together*』, 『*The Cost of Discipleship*』, 『*The Prayer of the Bible : An Introduction to the Psalms*』,[18] 나찌 당국은 이 신학교를 폐쇄했으며 본회퍼의 저술활동을 금지시켰다. 미국을 짧게 방문했을 때, 그 지역에 살던 많은 사람들이 그를 사랑했지만, 그러나 그는 자신의 소명은 독일로 돌아가 히틀러 총통(Fuhrer)을 반대하는 것임을 알고 있었다. 그는 돌아가서 레지스탕스 운동의 일원이 되었으며, 비밀 그룹에서 연설하는 것과 훗날 출간되는 몇몇 책들을 저술하는 활동을 했다. 그러나 1943년 4월 5일, 본회퍼는 레지스탕스 운동에 동참하던 다른 멤버들과 함께 체포되었다. 그는 테겔(Tegel), 부헨발트(Buchenwald), 쇤베르크 등에서 감옥생활을 했으며, 결국 플로센부르그(Flossenburg)에서 교수형에 처해졌다. 그는 자신이 교수형에 처해지기 전날, "그가 채찍에 맞음으로 우리가 나음을 입었도다"라는 본문에 대해 설교했다. 그는 기

18. 나는 이 부분은 *Life Together*, ed. J. W. Doberstein (San Francisco : Harper and Row, 1954), 7-13에 의존했다. 본회퍼의 삶에 대한 좀 더 상세한 내용은 그의 제자가 쓴 E. Bethge, *Dietrich Bonhoeffer*(San Francisco : Harper and Row, 1970)에서 볼 수 있다. 그의 탁월한 저작들의 샘플들을 J. DeGruchy, *Dietrich Bonhoeffer : Witness to Jesus Christ*(San Francisco : Collins, 1988)에서 볼 수 있다. 또 다른 감동적이고, 좀 더 짧은 전기로는 E. Robertson, *The Shame and the Sacrifice : The Life and Martyrdom of Dietrich Bonhoeffer*(New York : Collier Books, 1988)가 있다.

독교인이 반드시 가져야만 하는 구체적인 책임감이 무엇인지에 대해서 그리고 기독교인이 다른 사람들에 대해서 반드시 가져야만 하는 헌신이 무엇인지에 대해서 증거하는 증인으로서 죽었다.

그는 자신의 책 『*Life Together*』에서 기독교인이 어떻게 함께 살아야만 하는지를 설명하고 규정한다. 작지만 심오한 이 책은 오늘날까지도 독자들로 하여금 기독교인의 사귐이 어떤 뜻인지에 대해 영감을 준다. 내가 갖고 있는 책은 내가 읽으면서 밑줄 치고, 읽고 또 읽어서 낡고 닳았지만, 내게 인격적 관계에 대해 정말로 많은 통찰력을 주었고, 또한 계속 반복해서 내게 도전을 주고 있다. 이 책의 앞부분에 있는 두 챕터들은 "공동체"와 "다른 사람들과 함께하는 그날"(The Day with Others)에 관한 내용으로 되어 있다. 나는 이 책의 내용 전체를 다시 여기다 옮겨 적고 싶지만, 본회퍼를 인용하는 것을 조금만 하고 참아야만 할 것 같다.

본회퍼의 글을 인용하기에 앞서서, 나는 에버하라트 베트게(Eberhard Bethge)가 본회퍼의 강의에 관해 언급한 내용부터 옮겨놓을까 한다.

> 새로운 신입생에게, 징그스트에서의 첫학기 수업은 가슴벅찬 경험이었다. 갑작스런 깨달음이 우리들에게 밀려들어왔다. 우리들은 그저 단순히 설교나 목회의 새로운 테크닉들을 배우기 위해 그곳에 있는 것이 아니라, 혁명적인 행동들에 필요한 중요하고 필수적인 일들을 시작하고자 모였다는 것을 깨달았다.[19]

학생들이 배우는 핵심적인 과정은 제자도에 대한 본회퍼의 아찔한 강의를 축으로 전개되었는데, 지금은 그 내용이 『*The Cost of Discipleship*』[20]으로 출간되어 나와있다.

본회퍼는 『*Life Together*』에서 공동체에 관해 영감 넘치는 사상들을 알려준다. 자, 다음 내용이 그중 몇 가지 샘플이다. 기독교 공동체의 토대와 상호 책임감의 토대는 오직 예수 그리스도이시다. "은혜, 오직 은혜를 통해서 우리는 공동체에서 기독교 형제 자매들과 함께 살도록 허락받았다."[21] "한 사람은 오직 예수 그리스도로 말미암아 다른 사람에게 형제이며 자매이다."[22] "한 사람이 기독교인으로서 어떤

---

19. E. Bethge, *Dietrich Bonhoeffer*, 369.
20. 이 책은 내가 지금까지 읽어본 책들 중 기독교에 관한 책으로는 가장 심오한 책이다. *The Cost of Discipleship*, trans. R. Fuller (New York: Macmillan, 1963).
21. *Life Together*, 20.

사람인지, 그의 영성과 경건성, 이런 것들이 우리 공동체의 기초를 구성하는 것이 아니다. 우리의 형제됨을 결정하는 것은 그리스도께서 이유가 되어 그 사람이 어떤 사람이 되었는가이다."[23]

그러나 본회퍼는 함께 살아가는 삶의 실제 모습들에 대해서도 알고 있었다. 실제 생활에는 다른 사람들에 대한 실망, 좌절, 분노등이 포함되어 있다는 것을 알고 있었다. 그래서 그는 우리가 공동체 생활에 관해 어떤 이상적인 모습을 꿈꾸는 신기루 같은 환상들을 제거해야만 한다고 주장한다. "[이런] 아침 안개 같은 꿈들이 걷혀질 때, 새벽은 기독교인의 사귐의 날에 빛을 비추어준다."[24] 그렇기에 기독교인의 사귐은 일반적이고 평범한 인간적인 사랑이 아니며, 하나님의 성령으로부터 떨어져서는 불가능하다는 것이 분명해진다. 그는 말한다. "인간적인 사랑은 인간적인 종속, 의존, 압박을 만들어낸다. 영적 사랑은 말씀 아래에서 형제됨의 자유를 창조해낸다."[25] 그리고 그는 결론짓는다. "우리를 하나로 묶어주는 것은 기독교인의 형제애에 대한 경험이 아니라, 형제애에 대한 기독교인의 견고하고 분명한 믿음이다."[26]

이와같은 함께 살아가는 삶의 거친 실제 모습들은 본회퍼로 하여금 "다른 사람들과 함께 하는 그날"이라는 챕터로 나아가게끔 한다. 그는 자신의 학생들에게 "말씀 아래에서 공통의 삶을 함께 살아가는 것은 하루를 시작할 때 함께 예배드리는 것으로부터 시작한다."[27]라고 규정을 제정해 준다. 그렇기에 "한 날을 시작하는 시점에, 모든 분주함과 공허한 말들은 침묵해야만 하며, 그날 처음 갖는 첫 생각과 첫 말은 우리의 모든 삶이 속해 있는 그분께 속한 것이 되어야만 한다."[28] 이런 "공통의" 예배는 성경 말씀, 교회의 찬양, 기도를 포함했다. 이렇게 함께 예배드린 후에, 기독교인들은 일하러 나가야만 하지만, 그러나 이것 역시 하나님과의 지속적인 교제 속에서 이루어져야만 한다. "이런 모습을 통해 그날의 하나됨을 이루고, 그런뒤 이런 모습으로부터 그날 전체의 질서와 훈련을 얻게 된다."[29] 이 뒤를 이어서, 그

22. Ibid., 25.
23. Ibid., 25.
24. Ibid., 28-29.
25. Ibid., 37.
26. Ibid., 39.
27. Ibid., 42.
28. Ibid., 43.
29. Ibid., 71.

는 함께 하는 삶은 자신의 혀를 붙드는 사역, 하나님과 다른 사람들 앞에서 온유함을 지키는 사역, 듣는 사역, 긍휼을 베푸는 사역, 서로의 짐을 지는 사역, 말씀을 서로에게 선포하는 사역, 섬김의 권위를 행하는 사역등에 대해서 말해 나간다.

본회퍼의 경험이 우리들의 일반적인 경험이 될 수는 없지만(우리 중 누가 지금 이런 종류의 공동체에서 살고 있는가?), 그가 제시한 원리들은 나름의 힘을 갖고 있다. 기독교인은 공동체를 형성하며, 참된 공동체는 죄악 가득한 사람들이 그리스도와 성령님을 통해 하나님께 속한 자들이 되어 형성한 공동체이며, 그들의 공동체는 그들의 새로운 삶이다. 그들은 하나님 앞에서 자유 안에서 책임감 있는 삶을 살아야만 하며, 또한 서로를 향한 부감감과 책무를 감당해야만 한다. 그들은 서로서로 마주대해야만 한다. 왜냐하면, "한 사람의 죄악을 그 사람에게 맡겨버리는 미숙함보다 더 잔인한 것은 없기 때문이다. 그 무엇도 죄의 길에서 돌아오라고 형제를 불러주는 심각한 견책보다 더 자비로운 것은 없기 때문이다."[30] 본회퍼는 그가 하나님 앞에서 한 개인으로서 책임감 있게 살았고, 또한 그는 상호 부감담의 사귐을 계속 지탱했기 때문에,[31] 예수 그리스도의 순교자로서 죽었다.

하나님께서 심판자라는 점은 우리의 믿음과 윤리에 있어서 기초가 된다. 나는 여기에서 이 사실이 얼마나 중요한지에 대해 몇 가지 내용을 말하면서 마무리하고자 한다. 루이스(C. S. Lewis)는 이 개념을 모든 사람들에게 분명히 하는 것을 통해 그의 유명한 라디오 강연을 시작했다. 모든 인간존재의 양심 속에는 우리가 어떤 일들을 반드시 행해야만 하지만 그러나 우리가 항상 그런 일들을 행하는 것은 아니라는 개념이 숨겨져 있다.[32] 이런 "의무"를 갖고 있는 모습은 하나님의 심판에 대한 의식을 우리가 선천적으로 갖고 있음을 보여주며, 이런 모습은 모든 인간들로 하여금 적절한 모습으로 살아가게끔 동기부여를 해준다. 어떤 사람들은 우리에게 우리가 다른 사람들에게 친절한 일들을 행해주는 것은 그런 행동이 선하고 올바른 일이기 때문이라고 말할 것이고, 다른 사람들이 그들이 그런 대우를 받을만하기 때문이라고 말할 것이다. 이런 모습은 이타주의라고 불린다. 나는 기독교 윤

30. Ibid., 107.

31. 이 챕터를 편집하고 있는동안, 이전에 내가 가르쳤던 학생이자 지금은 스위스에서 열심히 주님을 섬기고 있는 에비 하우셀만(Evi Hauselmann)이 최근에 출간된 책을 한 권 보내왔다. 이 책은 본회퍼가 감옥에 있는 동안 그와 그의 약혼녀였던 마리아 사이에 오간 편지를 묶은 책이다. 이 서신들은 가장 최근까지도 출간되지 않았었는데, 이 서신들은 본회퍼의 삶에 새로운 빛을 비춰주었다. 본회퍼와 관련해 읽어볼만한 또 다른 책으로는 *Dietrich Bonhoeffer: A Life in Pictures*, ed. E.Bethge, et al.(Philadelphia: Fortress, 1986)가 있다.

32. C. S. Lewis, *Mere Christianity*(New York: Collier, 1952)를 보라.

리가 이타주의적인 요소를 갖고 있다고 생각하지만, 그러나 기독교인의 라이프스타일의 기초가 어떤 사람들이 생각하듯 이타주의라고 생각하는 것은 잘못된 것이다. 기독교인의 행동의 토대는 우리를 깨우시는 하나님의 은혜이며, 우리가 행동하게끔 우리를 흔들어대시는 하나님의 사랑이며, 그분께 복종하겠노라 결심하게끔 우리를 얼어붙게 만드는 하나님의 거룩함이다. 그리고 이 모든 모습의 이면에는, 하나님께서 우리를 심판하실 것이라는 사실이 자리잡고 있으며, 우리는 그분께 우리가 육체가운데서 행한 모든 일들에 대해서 책임을 져야만 하고 설명을 해야만 한다는 사실이 자리잡고 있으며, 하나님께서는 정직하시고 온전히 공의로우시다는 사실이 자리잡고 있다.

이런 생각은 많은 사람들을 불편하게 만들 것이다. 그들은 묻는다, "어떻게 사랑이 많으신 하나님께서 형벌을 가하신단 말인가?" 이에 대한 대답 역시 다시 한번 더 상황이 말해준다. 성경이 보여주는 사랑의 하나님께서는 또한 거룩함의 하나님이시며, 동시에 그분의 거룩함이나 사랑하시는 본성과 반대되는 모습으로는 결코 행동하지 않으시는 분이시다. 그렇기에, 하나님께 받아들여지는 유일한 토대는 그분의 방법이다: 우리를 위해 죽어주심으로 하나님의 사랑을 표현하신, 그분의 아들, 예수 그리스도. 그러나 예수님께서는 하나님께서 거룩하시기 때문에 우리를 위해 죽으셔야만 했다(롬 3:21-25은 이에 대해 논의한다). 이는 하나님의 사랑만큼이나 하나님의 정의도 십자가에서 표현되었다는 것을 의미한다.

여기에서 바울이 주는 메시지는 하나님께서는 우리를 공의롭게 심판하실 것이라는 것이다. 이점에 대해서 우리는 두려움을 가져야만 한다, 거룩한 두려움. 루이스(C. S. Lewis)는 "정확하게 말하자면, 우리가 갖는 두려움은 하나님의 심판이 우리가 감당할 수 있는 것보다 훨씬 더 크고 강력하게 정의로운 모습이 되면 어떻게 하는가에 대한 것이다."[33] 그렇게 될 것이다. 그러나 우리는 심판받는다는 개념 때문에 움츠러들어서는 안된다. 도리어 우리는 더욱 더 예수 그리스도를 의지해야만 하며, 하나님 앞에 확신을 갖고 서야만 한다. 우리는 하나님께서 우리에게 행하라고 명령하신 일을 우리가 행했음을 알기 때문이다-완벽하게는 아니지만(기독교인에게는 결코 이런 요구가 주어지지 않았다), 그러나 정직하게 그리고 성실함을 가지고 우리는 하나님께서 요구하신 일들을 행했다.

그리고 바울은 하나님께서 우리를 우리 삶에 기초해서 심판하실 것이라고 말한

33. C. S. Lewis, *Christians, Reflections*, ed. W. Hooper (Grand Rapids: Eerdmans, 1967).

다. 우리의 삶이 "성령님 안에서"의 삶이었는지 아니면 "육체 안에서"의 삶이었는지에 따라서 말이다. 이는 이미 내가 위에서 말했듯이, 최종적인 심판, 우리가 하나님의 축복에 들어갈 것인지 말것인지를 결정하는 심판이, 우리의 행함에 뿌리를 두고 있다는 것을 의미한다. 분명히, 우리가 하나님께 받아들여지는 토대는 그리스도께서 우리를 위해 행해주신 일들이다. 그러나 하나님께서 우리가 그리스도께 속해있는지 그렇지 않은지를 평가하시는데 있어서, 하나님께서는 우리 삶이 갖고 있는 증거들을 훑어보실 것이다. 과연 "성령님 안에서의" 삶인지 아니면 "육체 가운데서의" 삶인지를 말이다. "성령님 안에서" 살아가는 자들은 믿음과 순종을 통해서 그렇게 행하고, "육체 가운데서" 살아가는 자들은 지구상에서 자신들이 살고 싶은대로 사느라 더 많은 시간을 보내며 더 많은 죄를 짓는다.

그렇기에 하나님의 심판은 기독교인들에게는 동기부여를 유발해주는 힘이다. 언젠가 우리들 모두는 각각 하나님 앞에 서게 될 것이다. 이 깨달음은 우리로 하여금 우리 삶을 이전과 다르게 변화시키도록 만들어준다. 혹은 그렇게 만들어 주어야만 한다. 나는 어떻게 해서 이런 일이 일어나는지에 대해서는 알지 못하지만(그리고 자신들이 "상당히 많이" 알고 있다고 주장하는 사람들은 자신들이 하나님께서 말씀해주신 것보다 더 많은 것을 알고 있다고 생각하기 때문에 그렇게 말하는 것이다), 그러나 이 점에 대해서는 분명히 많이 알고 있다. 우리들 각자는 반드시 자기 삶에 대해 설명해야만 하며, "자신의 죄악 가득한 본성을 기쁘게 하고자 씨를 뿌리는 자는 그런 본성으로부터 파괴와 멸망을 거둘 것이고, 성령님을 기쁘시게 하고자 씨를 뿌리는 자는 성령님으로부터 영생을 거둘 것이다"(8절). 심판을 축소함으로써, 하나님께서 우리 삶을 향해 요구하시는 명령들을 수정하거나 축소해서는 안된다. 심판 이면에는 거룩하시고 사랑많으신 하나님께서 계시며, 그분께서는 항상 그분의 사랑과 거룩함에 따라 행동하실 것이다. 심판은 이와같은 하나님께는 필연적인 일이다.

갈라디아서 6:11-18

11 내 손으로 너희에게 이렇게 큰 글자로 쓴 것
을 보라
12 무릇 육체의 모양[1]을 내려 하는 자들이 억지
로 너희에게 할례를 받게 함은 그들이 그리
스도의 십자가로 말미암아 박해를 면하려 함
뿐이라
13 할례를 받은 그들이라도 스스로 율법은 지키
지 아니하고 너희에게 할례를 받게 하려 하
는 것은 그들이 너희의 육체로 자랑하려 함
이라
14 그러나 내게는 우리 주 예수 그리스도의 십
자가 외에 결코 자랑할 것이 없으니 그리스
도로 말미암아 세상이 나를 대하여 십자가에
못 박히고 내가 또한 세상을 대하여 그러하
니라
15 할례나 무할례가 아무 것도 아니로되 오직
새로 지으심을 받는 것만이 중요하니라
16 무릇 이 규례를 행하는 자에게와[2] 하나님의
이스라엘에게 평강과 긍휼이 있을지어다
17 이 후로는 누구든지 나를 괴롭게 하지 말라
내가 내 몸에 예수의 흔적을 지니고 있노라
18 형제들아 우리 주 예수 그리스도의 은혜가
너희 심령에 있을지어다 아멘

원 의미

대부분의 성경 독자들은 서신서들의 마무리 부분들은 대충 읽곤 하는데, 이는 자신들이 이미 중요한 내용은 다 읽었다고 생각하기 때문이거나, 혹은 서신서의 결론들은 단순히 관례적인 것들이라고 생각하기 때문이거나(도대체 왜 모든 사람들은 편지를 마무리하면서 "친애하는"이라는 표현을 사용하는 것일까?) 아니면 다음 성경으로 넘어가려는 마음을 갖고 있기 때문이다. 물론 그 누구도 서신서의 마지막 부분이 관례적 특징을 갖고 있다는 점을 부정해서는 안되지만, 그러나 바울이 기록한 마지막 부분들은 결코 단순히 전형적인 양상들로 이루어져 있지 않다.

갈라디아서와 관련해서 말하자면, 바울이 내리는 결론은 이 서신을 이해하는데

1. "outwardly"로 번역된 단어를 좀 더 문자적으로 번역하자면 "the flesh"이다. 5:13에 대한 NIV 각주 부분을 보라.
2. 혹은 "그리고"이다. 아래의 설명들을 보라.

있어서 매우 중요하다. 왜냐하면 바울은 이 결론 부분에서(도입부분과 마찬가지로, 1:1-9) 자신의 요지를 강조하기 때문이다. 사실 한스 베츠(Hans Dieter Betz)는 갈라디아서의 결론이 "갈라디아서를 해석하는데 있어서 가장 중요하다. 이 부분은 이 서신 전체에 담겨 있는 바울의 중요한 관심사들을 이해하는데 결정적으로 중요한 단서들이 포함되어 있으며 이 내용들은 사도 바울의 의도를 해석하는 열쇠로 활용되어야만 한다"라고 주장한다.[3] 우리가 이렇게까지 받아들여야할지는 잘 모르겠지만, 여하튼 수많은 학자들이 갈라디아서의 결론 부분이 이 서신을 이해하는데 있어서 특별히 중요하다고 주장하고 있다는 점은 매우 놀라운 일이다. 우리는 이제 이런 주장들의 이유들에 대해 검토해 볼 것이다.

롱거넥커(Richard Longenecker)는 바울이 쓴 서신들 모두의 구조를 분석한 이후에, 바울의 결론 부분에 빈번하게 등장하는 일곱 가지 항목들을 지적했다.[4] 아래의 도표는 다른 바울 서신의 몇몇 증거들을 살펴보면서, 이런 일곱 가지 항목들이 무엇이며 이 항목들이 갈라디아서에 나오는지 안 나오는지를 보여준다.

특징	나오는 위치	갈라디아서
은혜에 대한 축복	롬 16:20; 고전 16:23; 엡 6:24	6:18
인사말	롬 16:3-16; 고후 13:12; 골 4:15	없음
평안에 대한 기원	롬 15:33; 엡 6:23; 살후 3:16	6:16
서명	고전 16:21; 골 4:18; 몬 19절	6:11
결론적인 요약	고전 16:13-18, 22; 고후 13:11	6:12-17
기도 부탁	롬 15:30-32; 엡 6:18-20	없음
찬양	롬 16:25-27; 빌 4:20; 딤후 4:18	없음

위의 도표에서 볼 수 있는 것처럼, 바울이 쓴 갈라디아서의 결론 부분에는 다른 서신들에는 나타나는 인사말, 기도 부탁, 찬양 섹션이 없다. 뿐만 아니라, 결론 부분에서 바울이 강조점을 두는 내용은 "결론적인 요약"부분에 담겨 있다. 다른 어떤 바울 서신들에서도, 우리는 이런 강조점을 찾아볼 수가 없다. 대부분의 학자들은 이런 "전형적인 패턴"에서부터 벗어난 일탈적 모습에 대해서, 첫째로 바울이 직접 기록했다는 점과 둘째로 이 내용들이 그가 강조한 내용들임을 보여준다고 설명한

3. H. D. Betz, *Galatians*, 313.
4. R. N. Longenecker, *Galatians*, 287-88, 이 부분에 충분한 증거가 인용되고 있다.

다.[5] 이런 일탈적 양상은 강조점들이 무엇인지를 실제적으로 찾아내도록 이끌어 줄 수 있지만, 우리는 두 가지 점들에 대해서 반드시 고려해야만 한다. (1) 만약 갈라디아서가 바울이 기록한 여러 서신서들 중 첫 번째 서신이라면, 그렇다면 "일탈" 운운하는 것은 옳지 않다. 왜냐하면, 서신과 관련된 그 어떤 패턴도 아직 형성되지 않았을 것이기 때문이다. (2) 이런 "패턴들"에 대해서는 단지 습관이 형성되어 있다는 의미에서 이런 주장을 하는 것이 아니다. 대부분의 서신들은 대부분의 특징들을 담고 있기는 하지만, 그러나 모든 특징을 담고 있는 서신은 아무것도 없다. 또한 이 항목들이 나타나는 순서도 매우 불규칙적이다. 그렇기에 바울 자신의 "습관"이 시간의 흐름에 따라 형성되었으며, 오직 그가 나중에 쓴 서신들에서만 우리는 일탈을 찾아내는 방식으로 이 문제에 대해 접근할 수 있다고 생각하는 것이 좀 더 적절하고 좋은 생각이라 할 수 있다.

그러함에도 불구하고, 모든 독자들은 이 부분에서 바울이 무엇을 강조하고 있는지를 분명하게 볼 수 있다. 마지막 지점에서, 그는 유대주의자들이 제기하는 이슈들을 평가한다(12-17절). 이 결론은 여기 담긴 모든 내용들에 대해 결정적인 측면에서 다룬다. 우리는 이 부분에서 바울이 유대주의자들의 민족주의와 그들의 문화적 제국주의에 강력하게 반대하는 모습을 만나보게 된다. 그는 그리스도께 복종하고 성령님 안에서 살아가는 삶을 흔들려 하는 그 어떤 방식과 내용의 복음 제시에 대해서도 반대 입장을 분명히 한다. 지금 가장 중요한 것은 그리스도와 성령님을 따라 "새로운 창조"가 이루어진다는 점이다.

이제 바울은 이 편지를 (1) 서명(11절), (2) 유대이주의자들이 목적하고 있는 것이 무엇인지를 반박하는 내용(12-13절)과 이와는 정반대로 바울이 무엇을 지향하고 목적하는지를 표현하는 두 가지 내용을 담고 있는 결론적 요약(14-17절), (3) 은혜에 대한 축복(18절) 등과 더불어 갈라디아서를 마무리한다. 이제 이 각각의 항목들에 대해서 함께 살펴보고 설명하고자 한다.

바울의 서명(11절)

이제 서신은 공식적인 끝마무리 부분이 되었고, 바울은 자신이 마무리 글을 쓰노라고 이야기한다. 그는 자신을 대신해 글을 써준 필기자로부터 펜을 받았다. 필

5. Ibid., 287-88을 보라.

기자를 따로 두고 그들을 통해 글을 쓰던 것은 고대 저자들의 오래된 관습이었다. 필기자들은 제한된 종이 위에 신속하고 깔끔하게 글을 쓸 수 있게끔 훈련되어 있었다. 바울은 다른 서신서들에서도 이런 필기자들을 사용했으며, 때때로 서신서 결론 부분들에서 이 사실을 드러내기도 했다(참고. 롬 16:22; 고전 16:21-22; 골 4:16-18; 살후 3:17).

그렇다면 바울이 "큰 글자들"을 사용했다는 것은 도대체 무슨 뜻인가? 이를 해석하는데는 세 가지 방식이 가능하다. (1) 바울은 시력이 좋지 않았기에 글을 쓰는데 문제가 있었다-이런 생각은 4:13-16 내용이 눈병에 관한 언급이라고 읽는 것에 토대를 두고 있다. 하지만 나는 이 본문을 이런 방식으로 읽는 것이 가장 좋은 방법이라고 생각하지 않는다. (2) 바울은 수공예 기능에 전념했던 사람이기에, 글을 잘 쓰는 법에 대해서는 배우지 못했었다-이 생각은 별로 그럴듯해 보이지 않는다. 오늘날 많은 사람들은 바울이 많이 배운 사람이고 그가 받은 교육에는 글쓰기가 포함되어 있었을 것이라고 생각한다. (3) 바울의 "큰 글자들"은 오늘날의 "굵게 쓰는 볼드체"나 혹은 "이탤릭체"의 고대 스타일이다. 오늘날 대다수 많은 학자들은 맨 마지막 해석을 받아들이는 입장이다. 라이트풋(J. B. Lightfoot)은 바울이 "눈을 사로잡고 마음을 붙들기 위해"[6] 큰 글자들을 사용했노라고 말했었다. 신약성경을 인쇄하는 사람들은 11-18절을 이탤릭체로 인쇄하는 것이 현명하지 않을까 싶다.

상황에 대한 바울의 결론적 요약(12-17절)

마지막 부분에서, 바울은 상황을 평가하는 것을 통해, 유대주의자들에 대해 좀 더 공격의 고삐를 당긴다. 여기에는 두 개의 섹션이 들어있다: 유대주의자들에 대한 비판(12-13절)과 바울의 자기자신에 대한 평가(14-17절).

바울은 유대주의자들에 대해 네 가지 문제점을 지적한다. (1) 그들의 방법이 강압적인 것이라는 점(12a절), (2) 그들의 동기가 두려움이라는 점(12b절), (3) 그들의 일관성에 흠이 있다는 점(13a절), (4) 그들의 목표가 자기 과시라는 점(13b절). 그런 뒤 바울은 (1) 자신의 목표가 무엇인지를 밝히는 것을 통해서(14절), (2) 민족주의에

---

6. J. B. Lightfoot, *Galatians*, 221; H. D. Betz, *Galatians*, 314; F. F. Bruce, *Galatians*, 268; R. N. Longenecker, *Galatians*, 290. 역사적으로 이 시기에는 저자들이 모두 대문자들을 사용했으며, 단어 사이에 공간을 띄우지 않았고, 한 행의 마지막부분 역시 단어의 끝철자로 끝나는 방식으로 글을 쓴 것이 아니었다는 점을 반드시 생각해야만 한다.

대한 자신의 관점을 다시 반복해서 밝히는 것을 통해서(15-16절), (3) 자신이 옳다고 자신의 정당성을 선포하는 것을 통해서(17절, 그가 박해받아왔다는 사실을 통해), 자기자신에 대해 평가한다.

유대주의자들의 문제점들(12-13절) (1) 첫째 문제점은 유대주의자들이 사용하는 방법이 강압이라는 점이다(12a절). 예루살렘에 있었던 지도자들은 디도로 하여금 "억지로" 할례 받게끔 하지 않았지만(2:3), 여기 나오는 유대주의자들은 분명 갈라디아 성도들로 하여금 억지로라도 할례를 받게끔해서 그들이 모세의 율법을 받아들이고 헌신한다는 점을 표현하게 하려 시도하고 있었다. 분명 우리가 여기에서 상상할 수 있는 모습은 유대주의자들이 집집마다 쳐들어가서 죽여버린다고 위협하면서 남자 아이들을 훔쳐다가 할례를 집도할 코셔(kosher: 정결) 칼이 준비되어 있는 도시 외곽으로 끌고가는 그런 모습은 아니다. 여기서의 강압은 심리적이고 육체적인 것이었다. 그들은 갈라디아 성도들에게 그들의 회심이 완성되려면 이런 행동을 해야만 한다고 요구하고 있었다("하나님께 받아들여지려면 이렇게 해야만 한다!"). 그들은 베드로가 다른 사람들에게 유대의 음식 규정에 따라 식사하게끔 강요하던 것(2:14)과 동일한 방식으로 이렇게 행동했다. 브루스(F. F. Bruce)가 말했던 것처럼, "이는 그저 전리품을 얻는 것에 불과한 행동이었다."[7]

나는 이런 종류의 압력이 오늘날에도 성인 침례의식과 더불어 행해지는 것을 보아왔다. 목회자들과 리더들 그리고 "중요한 주변 사람들"은 사람들을 향해 유아 침례가 적절치 못하다는 것을 받아들이고 인정하게끔 상당한 압력을 행사하곤 한다. 때때로, 나는 이런 압력을 받는 사람들이 단지 사회적 수치를 피하기 위해 이런 강압에 복종하는 모습을 보곤 한다-이 문제와 관련된 자신들의 양심을 무시한 채.

(2) 그들의 동기는 두려움이었다(12b절)—박해에 대한 두려움. 이런 유대주의자들은 이미 예루살렘에서부터 그래왔던 것처럼, 유대인들이나 예루살렘과 팔레스타인에 있었던 보수적 유대인 기독교인로부터, 바울의 회심자들이 실제 살아가고 있었던 삶의 모습과 관련해 상당한 압박을 받고 있었다. 이들은 바울의 회심자들로 하여금 유대교의 기본 노선에 동조하게 하기 위해 보냄받았었다(혹은 파송 나가도록 압력을 받았었다고 하는 것이 더 나을지도 모르겠다). 바울이 지적하고 있는 것은 바로 이 점이다. 이 모든 일들에 있어서 그들의 동기는 "그리스도의 십자가로 인해 박해받는 것을 피하려는 것"이었다. 바울이 관심을 두고 있는 것에 의하

7. F. F. Bruce, *Galatians*, 270.

자면, 예루살렘의 유대인 지도자들의 손을 통해 박해받는 것을 두려워하는 것은 정말로 아무것도 아니었다. 왜냐하면 하나님을 두려워하고 십자가에 달리신 그리스도를 섬기는 일이 비교도 할 수 없을 만큼 더 중요한 일이기 때문이다. 따라서 바울은 그들이 예루살렘 유대인들을 두려워해서 그들의 압력에 굴복하는 것은, 복음을 부정하는 것이라고 보았다. 또한 바로 이것이 이 서신의 핵심이었다. 유대주의자 세력들은 그리스도의 십자가가 민족주의와 율법 시대에 대해 어떤 일을 행하셨는지를 보지 못했다. 이 모든 것들은 그리스도 안에서 끝이 났으며, 지금 하나님의 백성들은 유대 나라와는 비교도 할 수 없을 만큼 심히 크고 광대한 나라이다.

(3) 그들의 일관성에는 흠이 있었다(13절). 바울은 자신이 옆에 있는 제3자 입장에서 볼 때, 그들이 율법에 헌신하는 궁극적 표시로서 할례를 받으라고 강요하고 주장하고 있지만, 실제로는 그들 자신들조차 율법을 지키지 않고 있다고 주장한다. 여기서 "할례주의자들"과 "유대주의자들"이 과연 동일한 그룹인지 아니면 그렇지 않은지는 명확하지도 않다. 2:12-13 부분에서, 나는 "할례주의자들"이 "야고보에서 온 사람들"과 동일한 사람들이 아니며, 또한 지금 등장하는 "할례주의자들"은 아마도 전혀 기독교인이 아니었던 것으로 보인다고 주장했다. 이들은 아마도 열심 있던 유대인들이었을 것이고, 일이 잘 진행되고 있는지를 살펴보기 위해 유대주의자들과 함께 온 사람들이었을 것이다. 이럴 경우 그들은 예루살렘을 대표했을 것이고 실질적으로 유대주의화하던 기독교인들에게 압력을 가하던 자들이었을 것이다. 그러나 우리는 여기에서 확신을 할 수가 없다. 아마도 할례주의자들과 유대주의자들은 동일 그룹이었을 것이다.

하지만 바울은 그들을 동일한 방식으로 대한다. 왜냐하면 그들은 궁극적으로 동일한 일을 가르치고 있었기 때문이다. 모세의 율법이 하나님께 받아들여지기 위한 하나님의 방법이라는 잘못된 가르침. 갈라디아 성도들에게 압력을 가하고 있던 사람들과 반대 입장에 서서 주장하는 것이나 혹은 유대주의자들에게(이들은 다시금 갈라디아 성도들에게 압력을 가하고 있었다) 압력을 가하던 자들은 결국 똑같은 일을 하고 있는 셈이었다. 이 이면의 모든 것들은 죄로 말미암아 흠이 있다는 일관성을 갖고 있었다.

이 주장은 *ad hominen argument*라고 불려지는데, 이 주장을 펼치는 사람들과 반대 입장을 주장하는 사람들이 만든 주장이다. 그러므로 이 이슈는 논리적인 것이 아니라 개인적인 것이 된다. 할례를 주장하는 사람들 자신들이 율법을 지키지 않기 때문에 할례는 틀린 것이라는 주장은 논리적으로는 적절치 않은 주장이다.

그러나 누가 옳은지를 박해가 분명히 드러내주듯이, 이것은 매우 효과적인 주장이다. 사전을 편찬한 존슨 박사(Dr. Johnson)가 어떤 여자와 관련해 일침을 가한 영국 얘기가 있다. 존슨 박사는 언젠가 어떤 여자가 자신은 런던에 머무른 뒤에는 항상 손톱에 때가 꼈노라고 불평하면서 런던을 평가하는 것을 듣고서는 이렇게 말했다. "숙녀분, 아마도 숙녀분께서는 몸을 좀 긁으시는가 보군요."[8] 물론, 이 여자는 창피를 당했을 것이고 존슨은 웃었을 것이다. 그러나 이는 런던이 방문해 볼만한 좋은 곳인지 아니면 그렇지 않은 곳인지에 대해서는 아무것도 말해주지 않는다.

다시 우리의 논점으로 돌아와서 생각해보자면, 바울은 할례주의자들이 모본으로 삼고 따라갈 만큼 훌륭한 사람들이 아니라고 말한다. 왜냐하면 그들은 모세의 율법들을 구체적인 그들 삶 속에서조차 지키지도 못하는 사람들이기 때문이다.

(4) 그들의 목표는 자기과시이다(13b절). "너희의 육체로 자랑하려 함이라"[9] 여기에서 바울은 칼을 더 날카롭게 갈고 있다. 그들이 이 모든 일들을 행하는 목표는 예루살렘에 돌아가서 상을 요구하고, 자신들이 매우 성공적이었다고 주장하고, 그래서 유대 민족주의자들로부터 칭찬을 얻기 위해서였다. 그들은 통계치를 영광스럽게 생각했다-그들은 자신들에게 속한 사람으로 헤아릴 수 있었던 회심자들의 숫자 통계치를 매우 조심스럽게 보관했으며, 이런 통계치는 그들이 이방인들을 얼마나 설득해서 완전히 유대인의 방식으로 돌아오게끔 할 수 있는지 그들의 능력이 어느정도인지를 보여주는 것이었다. 그러나 이런 모든 분위기들, 민족주의라는 혼탁한 공기는 그리스도의 십자가를 통해서 이미 끝장이 났다. 예수 그리스도께서 율법의 저주를 종결시키셨을 때 말이다(3:13).

바울의 자기 평가(14-17절) "그러나 내게는…" 바울은 계속해서 말하고 있는 것으로 보인다. 그는 (1) 자신이 갖고 있는 목표를 알려주고(14절), (2) 민족주의에 대해 자신이 갖고 있는 관점을 선포하고(15-16절), (3) 자신이 옳다고 주장하는 것에 대해 자신에게 정당성이 있다고 선포하고 그가 박해받고 있으므로(17절), 이를 통해 유대주의자들의 접근방식에 반기를 들고 대항한다.

우선 첫째로, 바울은 자신의 목표가 무엇인지를 드러낸다(14절). 유대주의자들은 육체의 모양만 내려고 하지만, 바울은 자신은 오직 그리스도의 십자가만 영광스럽게 한다고 말한다. 바울은 자신이 세상에 대해서 이미 죽었으며 세상도 십자

---

8. 나는 이 스토리를 D. H. Fisher, *Historians' Fallacies* (San Francisco: Harper and Row, 1970), 292에서 가져왔다.

9. 분명히 할례가 시술된 육체를 염두에 두고 있었다.

가를 통해 자신에게 죽었음을 알고 있었다. 이 세상은 모세의 율법과 연결되어 있으며, 그렇기에 율법과 관련된 모든 일들은 이미 끝이 나 버렸다. 이제 남아있는 것은 오직 그리스도와 우리를 자유롭게 해주는 십자가 안에서 주님께 영광을 돌리는 것뿐이다. 바울의 모든 목표는 그리스도의 십자가에 영광을 돌리는 것이며, 그렇기에 그는 기쁜 마음으로 박해를 받아들인다.

둘째로, 바울은 민족주의에 대한 자신의 관점이 무엇인지를 선포한다(15-16절). 다시 한번 더 이야기하지만, 유대 나라에 속하는 것(할례받는 것)이나, 유대인이 되는 것(할례받지 않는 것)이나 아무 문제가 되지 않는다. 이 일은 중요한 일이 아니다. 정말 중요한 것은 하나님께서 새로운 백성과 교회를 만드셨다는 것이며, 이 새로운 백성이 전적으로 "새로운 피조물"이라는 점이다. 이 새로운 피조물에는 유대인들과 이방인들, 종들과 자유인들, 남성들과 여성들(3:28) 모두가 포함된다. 사회적 구별과 성별의 구별은 더 이상 중요하지 않다. 하나님의 역사하심만이 새로운 피조물의 원리이며, 이는 유대교를 특징지워주는 민족주의적-문화적 특성들과 근본적으로 다른 모습이다. 새로운 피조물은 십자가에서 고난당하신 그리스도에 대한 믿음을 통해서 생겨나며, 그들에게는 성령님의 은사들이 동반되며(5:16-26), 이들에게는 육체의 삶은 물론이고(5:19-21) 율법의 저주도 종말을 고한다(3:13, 19-25).

이런 새로운 피조물의 원리는 서구 세계에서는 종종 지극히 배타적인 개인주의적 방식으로 이해되곤 한다. 그래서 15절은 바울이 다른 곳에서 언급한 개인주의적인 내용들과 평행을 이룬다(가령, 롬 12:2; 고후 3:18; 4:16; 5:17). 개인주의적인 관점을 이 원칙에서 제외시켜 버리는 것은 분명 잘못된 입장이지만, 그러나 이를 개인주의적인 것으로만 국한시키고 좁게 바라보는 것 역시 정확하지 못한 관점이다. 바울은 지금 여기에서 두 가지 시스템을 대비시키고 있다. 모세의 할례 시스템과 이방인 세계의 무할례 시스템. 그는 당신이 유대인이냐 아니면 이방인이냐는 중요한 문제가 아니라고 단언한다. 지금 정말로 중요한 문제는, 우리가 반드시 들어가서 동참해야만 하는 하나님 백성이라는 그룹안에는 국가적 경계선이 전혀 존재하지 않는다는 점이다. 정말로 중요한 것은 당신이 하나님의 새로운 백성, 하나님의 새로운 피조물, 하나님의 새로운 사람들 속에 포함되고 그 일부가 되느냐 아니냐이다. 나는 여기에서 이 의미를 정확하게 결정하는 것이 적용에 있어서 매우 중요하다는 점을 덧붙이고자 한다. 왜냐하면 만약 이 개념이 정말 순수하게 개인적인 것이라면, 적용점은 하나님과 회심이 개인과 어떤 관계성을 갖고 있느냐에 맞추어져야만 하기 때문이다. 그러나 만약 이 개념이 하나님의 새로운 백성이라면, 적용점은 개인적인 회심에 대해서만이 아니라 문화적 제국주의에 대해서도 주어져야만 한다.

바울이 갈라디아서 제일 첫 부분(1:6-9)에서 다른 복음(국가주의적인 복음)을 선포하는 자들을 저주했던 것처럼, 마찬가지로 지금 그는 이 관점을 끌어안는 자들에게 평화를 축복하고 있다: "이 규례를 행하는 자에게 평강과 긍휼이 있을지어다." 이 "규례"란 무엇인가? 무엇이 평가 기준인가? 보편주의라는 규례, 이 평가 기준은 한 사람의 국적이 무엇인지를 전혀 고려하지 않는다. 한 사람을 그리스도와 그분의 십자가라는 측면에서 생각하는 사람들이, "하나님의 이스라엘"이다.[10]

그러나 누가 "하나님의 이스라엘"인가? 바울은 자기자신을 반복하고 있는 것인가(그래서 "이 규례를 행하는 자"와 "하나님의 이스라엘"이 동일하게끔), 아니면 그는 새로운 그룹을 첨가하고 있는 것인가?(그래서 "하나님의 이스라엘"이 "이 규례를 행하는 모든 자들"과 전혀 다른 별개의 중요한 사람들이 되게끔) 헬라어 문장을 문자 그대로 읽으면 다음처럼 되어있다. "그리고 이 규례를 따르는 누구든지, 평화가 그들 위에 긍휼이, 그리고 하나님의 이스라엘 위에" 이 선언은 다음처럼 키아스틱 구조로 분석해 볼 수 있다.

A. 누구든지 이 규례를 따르는 자에게
  B. 평화
  B'. 긍휼
A'. 하나님의 이스라엘

이렇게 볼 경우 "누구든지"와 "하나님의 이스라엘"은 동일하게 된다. 마치 "평화"와 "긍휼"이 종합적인 양상을 이루며 함께 놓여 있는 것처럼 말이다. 이렇게 볼 경우 교회가 바로 "하나님의 이스라엘"(아브라함 언약과의 연속성을 강조하는)이다. 결국 모든 교회는 "아브라함의 자녀들"이라고 불려질 수 있으며, 또한 "참된 할례자들"(3:29; 빌 3:3)이라고 불려질 수 있다.[11] 다른 대안을 생각해보자면, "하나님의 이스라엘"은 "유대인 기독교인들"만을 지칭하는 표현일 수도 있다. 그러나

10. "이스라엘"이라는 단어에 "하나님의"라는 표현이 덧붙여진 것은 참된 이스라엘과 거짓 이스라엘을 보여준다. 참된 이스라엘은 하나님의 이스라엘이고, 거짓 이스라엘은 그저 단순한 이스라엘이다.
11. R. N. Longenecker, *Galatians*, 297-99. 이 표현에 대한 그의 논의는 매우 광범위하다.

이런 관점은 바울의 주장과 대치된다. 바울은 매우 명확하게 모든 종류의 사회적 장벽들과 민족주의를 허물어버리는 주장을 했다. 그러나 출구가 있기는 하다 "하나님의 이스라엘" 앞에 나오는 "그리고"를 "특별히"라고 번역하고, 하나님의 이스라엘이라는 표현을 유대인 기독교인들을 향한 특별한 축복으로 간주하는 것이다. 이들은 단순한 유대인들이 아니라, 하나님의 백성이라는 개념이 상당히 폭넓은 의미라는 것을 깨닫고 알게 된 유대인들이다. 유대인들에게는 이런 관점을 갖는 것이 상당히 어려운 일이었다. 이렇게 볼 경우, 바울의 메시지는 이런 의미가 된다. "하나님의 평안과 긍휼이 새로운 피조물 원리에 따라 살아가는 모든 사람들에게 있기를, 특히나 성령님께서 주시는 자유함으로 가는 길과 율법으로부터의 자유를 얻는 길을 발견한 유대인들에게 있기를" 이럴 경우, "하나님의 이스라엘"은 교회를 지칭하며, 교회는 교회들 각각의 총합으로서의 교회이건 혹은 모든 개별 교회들이건간에 유대인 기독교인들을 포함한다.

이 구절에 대한 또 다른 관점이 있는데, 이 표현이 바울의 바람을 나타내는 것일 뿐이라고 간주하는 관점이다. 이 관점에서는 바울이 성경 다른 부분에서 "모든 이스라엘"이 구원받게 되는 것을 너무나 간절히 사모했던 것처럼(롬 11:26), 지금 여기에서도 참된 이스라엘에게 평화가 임하기를 바라고 있고, 언젠가 그들이 그리스도를 향한 믿음으로 돌아오기를 바라고 있다고 생각한다. 그러나 내가 생각하기엔 이런 식으로 해석하는 것은 이 몇 개 안되는 단어들에서 너무 많은 것을 요구하는 것이 아닌가 싶다. 바울은 15절에서 새로운 피조물의 원리에 대해 언급하고 있으며, 그는 바로 이런 원리를 따라 살아가는 사람들을 축복하고 있다.

또 다른 관점도 제시되었다. 이 관점에서는 바울이 결코 교회를 이스라엘이라고 묘사한 적이 없기 때문에, 그가 여기에서 그런 의미로 표현하고 있다는 것은 별로 그럴듯 해보이지 않는다고 주장한다. 그렇기 때문에 이 관점에서는 이 표현이 유대인들을 유대인들로 묘사하는 것이 틀림없으며, 바울은 자기 민족을 축복하기 원하고 있는 것이라고 간주한다. 이런 식의 해석이 갖고 있는 가장 큰 문제점은 바울은 그리스도 바깥에 있는 그 누구를 향해서도 그 어떤 축복도 한 적이 없으며, 더더군다나 하나님의 축복을 간구한 적이 없다는 점이다.

나는 여기에 나오는 바울의 축복은 교회를 향한 축복이며, 새로운 피조물의 원리에 따라 살아가는 모든 사람들을 향해 축복하는 것이라고 해석하는 것이 가장 좋은 관점이라고 생각한다. 특별한 축복은 일부 유대인들에게 속한 것인데, 이들은 자신들의 삶을 매우 오랫동안 지배해왔던 여러 장벽들을 깨부수기 위해 힘겨운 싸움을 해야만 했던 유대인들("하나님의 이스라엘")이다. 이들은 그리스도에게 나아오는 것을 통해, 하나님의 참된 백성이 되었다.

마지막으로, 바울은 자신이 옳다는 주장을 제시한다. 박해받고 있으므로(17절)—이는 이전에 그가 사용한 적이 있었던 주장이다(3:4; 4:21-31). 이 테마가 바울에게 중요하다는 사실은 이 내용이 이 마지막 요약 부분에 포함되어 있다는 점을 통해서 알 수 있다. 바울은 자신이 "예수님의 흔적들"을 자기 몸에 갖고 있다고 주장한다. 일부 사람들은 이 말과 관련해서 초기 기독교인들이 교회 구성원임을 보여주는 일종의 제의적 표식으로서 어떤 문신이나 혹은 그리스도의 종이라는 표식을 받았었다고 추측하면서 이를 지칭한다고 생각하기도 한다. 그러나 바울이 이 표현을 사용한 것은 그가 그리스도를 따라가는 것으로 인해 박해를 받아서 생긴 많은 자국들을 의미한다고 보는 것이 좀 더 가능성이 높아 보인다(고후 6:4-6; 11:23-30). 사도행전 14:19에 나오는 설명은 지금 바울이 언급하고 있는 내용이 어떤 뜻인지를 좀 더 정확하게 보여주지 않나 싶다. 만약 유대주의자들이 "육적인" 표식을 갖고 있었다면, 바울은 더 좋은 표식을 갖고 있었다. 박해받은 표식들이 교회 역사에는 "성흔"들에 대한 수많은 내용들이 있어왔는데, 그중에서도 가장 유명한 것은 아마도 아시시의 성자 프란체스코의 성흔일 것이다.[12] 바울에게 있었던 "예수님의 흔적들"은 이런 성흔들과는 아무 상관이 없다고 봐야 할 것이다.

바울의 축복(6:18). 바울은 기도를 통해 마무리를 하는데, 이 기도는 은혜를 축복하는 내용이다. 바울은 자신이 원했던 모든 것들에 대해서 이미 다 이야기했고 또한 자신의 감정들에 대해서도 충분히 털어놓았다는 것을 생각해보면, 지금 바울이 은혜를 축복하는 모습은 상당히 평온하고 긍정적인 특징을 갖고 있다 할 수 있다. 그는 하나님의 "은혜"가 "너희 심령에(영혼에)" 있기를 기도한다. 그리고 그는 그들을 다시 한번 더 "형제들"이라고 부른다. 고대 세계에서는 "은혜"가 작별을 고할 때 사용하는 전형적인 표현이었고, 또한 "은혜"라는 단어가 등장할 때마다 우리가 지나치게 신학적으로 접근하고 해석할 필요는 없지만, 그럼에도 여기에서도 우리는 이 단어에 대해 그런 방식으로 해석하고 접근하는 것을 막을 수가 없을듯하다. 바울은 지금껏 전체 서신을 통해서 그리스도를 믿는 믿음이 갖는 보편적인 의미들

---

12. 이와 관련해서는 *The Little Flowers of St. Francis*, trans. R. Brown (Garden City, N.Y.: Doubleday/Imagebooks, 1958)을 보라. 우골리노(Ugolino) 형제에 대한 원래의 설명은 pp. 171-216에서 찾아볼 수 있으며, 브라운(R. Brown)의 평가는 pp. 322-24에서 찾아볼 수 있다. 상당히 많은 개신교인들은 이처럼 손, 발, 머리에서 자연적으로 피흘림 현상이 나타나는 것에 대해서, 자기암시의 결과라고 설명해왔다.

에 대해서 충분히 설명해왔고, 그리스도의 죽음 안에서 율법이 종결되었다는 사실과 하나님께 받아들여지는 것은 그리스도를 향한 복종에 토대를 두고 있다는 사실 등에 대해서 상세하게 설명해왔다. 그렇기 때문에 그가 여기에서 그저 단순하게 "굳-바이"라고 말하지 않고 "은혜"를 축복하는 모습을 본다는 것은 결코 이상한 일이 아니다.

상황잇기

바울이 여기에서 주장하는 바는 "새로운 피조물 원리"이다. 새로운 피조물 원리란 무엇인가? 바울은 우리가 만약 믿음 안에서 그리스도께 복종한다면 그리고 하나님의 성령 안에서 그와 같이 산다면, 우리는 하나님께 받아들여진다고 믿는다. 이런 받아들여짐은 믿는 사람 누구에게나 주어진다. 성별, 혈통, 문화등과 아무 상관없이 말이다. 갈라디아서에서 바울의 강조점은 그가 비록 믿음을 때마다 강조하고 있음에도 불구하고 "믿는 사람들"보다는 "누구든지"에 주어지곤 하는데, 이는 유대주의자들의 문화적 제국주의 때문이다.

이는 갈라디아서의 메시지이며, 우리는 이 내용을 이 서신 안에서 계속 반복적으로 찾아 볼 수 있다. 바울은 반복이 모든 배움의 어머니라는 것을 보여준다. 이 결론적 요약은 모든 내용들을 하나로 묶어준다. 그래서 독자 입장에서는 이 결론적 요약부분이 여지껏 바울이 이야기했던 내용들을 한군데 모으고, 그 내용들을 하나로 묶고, 다시 한번 더 갈라디아 교회와 관련된 일반적 표현들로써 생각해보는데 매우 적절하고 유용하다. 우리가 여기에서 해야 하는 일은 다시 한번 더 갈라디아서의 핵심 메시지를 탐구해보고, 그 메시지가 우리가 사는 현재 세상에 어떻게 "적절하게 잘 들어맞는지"를 살펴보는 것이다. 이렇게 하기 위해서 우리는 갈라디아서의 메시지와 유대주의자들의 메시지를 요약할 필요가 있고, 다시금 이런 메시지들이 오늘날에 어떤 적실성을 갖고 있는지를 살펴보고 주된 적용점을 검토할 필요가 있다.

이렇게 할 경우 우리는 바울의 메시지가 유대주의자들의 복음을 송두리째 들이받고 있다는 것을 발견하게 된다. 그들의 메시지는 본질적으로 복음에 메달아 놓은 민족주의이거나 혹은 문화적 제국주의이다. 즉 하나님께 받아들여지기 위해서는 유대 나라에 반드시 동참해야만 한다는 내용이다. 유대 나라에 동참한다는 것은 모세의 율법을 도덕적 가이드라인으로 채택하는 것이고, 또한 이를 하나님께 받아들여지는 방법으로 받아들이는 것이다. 이와는 정반대로, 바울은 그리스도 안에 나타난 하나님의 계시 앞에 복종하는 모든 사람들을 하나님께서 받아주신다고 주장하며, 이것이 아브라함이 하나님의 약속이 복종한 것과 동일한 방식이라고 주장한다.

바울은 이 선언을 하면서, 믿음만 강조하는 것이 아니라 누구든지라는 부분에 대해서도 강조하고 있다. 그는 그리스도께서 오시는 것을 통해 하나님께서 새로운 시대를 주셨노라고 주장했으며, 이것이 율법 시대를 종결지었노라고 주장했다. 또한 하나님의 백성은 성령님을 통해 기름부음 받았으며, 모든 것들이 다 변화했노라고 주장했다. 이제는 민족, 문화, 혹은 성별로 인한 그 어떤 차별도 없다. "새로운 피조물"이 있을 뿐이다.

갈라디아서의 메시지는 오늘날 우리 시대와 관련성이 있는가? 실제적으로 관련성이 있다. 갈라디아서의 메시지는 그 당시에 그랬던 것과 마찬가지로 오늘날에도 여전히 신선하다. 설령 우리가 종종 갈라디아서 한 문단의 핵심이 무엇인지를 찾아내고자 본문을 잘 벗겨내야만 하기는 하지만, 우리는 결국 오늘날과 상당히 깊은 연관성을 갖고 있는 메시지를 찾아내는 것으로 그 일을 끝마치게 되곤 한다. 바울의 기본적인 메시지가 무엇인지를 당시의 정황 속에서 이해한 이후에, 우리는 오늘날 세대와 깊은 연관성을 갖고 있는 매우 풍성한 내용과 재료들을 찾아내게 된다. 당시의 정황은 1세기 때 두 가지 종교 시스템 사이에 벌어진 전투였다. 한 가지 시스템은 하나님께 받아들여지는 것이 그리스도를 향한 복종에 근거를 둔다고 주장했고, 다른 시스템에서는 그리스도와 모세를 향한 복종에 근거를 둔다고 주장했다. 그리고 이 전투는 문화적 영역들 속에서 깊은 함정에 빠지게 되었다. 하나님을 두려워하는 유대인들에게는 모세의 율법을 따르지 않은 채 하나님의 진리를 끌어안는다는 것은 거의 생각도 할 수 없는 불가능한 일이었다. 그러나 바울은 모세의 율법은 이미 그리스도와 성령님 안에서 완성되었으며, 유대인들을 이방인들과 구별시켜주던 도구들은 이제는 무디고 비효율적인 장치들이 되어버렸노라고 강력하게 주장했다. 하나님께서 중요하게 생각하시는 것은 "사랑을 통해 역사하는 믿음"이며, 새로운 피조물이다.

이런 새로운 피조물 원리는 오늘날과도 밀접한 연관성을 갖고 있으며, 우리는 민족들 사이를 구별하는 모든 것들에 대해서 그리고 복음에 첨가된 모든 것들에 대해서 바로 이런 원리를 가지고 힘써 싸워야만 한다. 나는 도입부분에서 이런 첨가들이 나타나는 양상들에 대해서 이야기 했었다. (1) 종종 사람들은 하나님께 받아들여지기 위해서 혹은 하나님께 받아들여진 것을 유지하기 위해서, 복음에 율법이나 여타 다른 규칙들을 첨가하곤 한다. 이런 일들은 모습이 달라보여도 결국 똑같은 일들이다. (2) 다른 사람들은 하나님께 온전하고 풍성하게 축복받으려면 혹은 충분한 구원을 경험하려면 어떤 특정한 경험을 반드시 해야만 한다고 주장한다. (3) 또 다른 사람들은 누군가가 하나님께 완전히 받아들여지려면 반드시 교육받아야만 한다고 생각한다. 물론, 이것은 글로 기록된 신앙고백은 아니다. 왜냐하면 이런 것을 명시적으로 요구하는 것은 명백하게 틀린 일이기 때문이다. 그러나 교육이 필요하다는 메시지는 항상 일반 성도들에게 만약 신학교나 대학원과정의 신학공부를 하지 않으면 자신들의 믿음에 대해 이해할 수 없다는 느낌을 갖게끔 만들곤 한다. 이런 세 가지 내용들이 과거와 오늘날의 가장 빈번한 복음에 대한 "첨가물들"이다.

(4) 우리는 또한 바울의 메시지가 문화적 제국주의라는 이슈와 상당히 밀접한 연관성을 갖고 있음을 발견할 수 있는데, 이 이슈는 특히나 선교 사역에 있어서 특별한 문제점이 되어오곤 했다. 비록 흔하게 나타나는 일은 아니지만, 원거주민들은 선교사들이 서구적 모델을 중심으로 자신들의 영역을 재구성하려 시도한다고 느끼며, 그리스도께 돌아오는 새로운 회심자들을 서구 기독교인으로 만들려고 노력하는 것으로 느끼며, 서구 사회에서 교통 요지에 자리잡은 교회들과 별반 다르지 않은 모습의 지역 교회를 만들고자 시도하고 있는 것으로 느낀다. 갈라디아서가 오늘날과 상관성을 갖고 있음을 살펴보려는 또 다른 방식은 교파주의에 관심을 두는 방식이다. 이 관점은 종종 그 뿌리를 인종적 편향성이나 혹은 문화적 편향성에 두고 있다. 이 모든 것들은 문화적 제국주의와 별반 다르지 않다.

우리 주변에는 복음에 규칙들이나 규율들을 첨가하는 사람들이 있는데, 이들은 경험이나 교육이 하나님께 온전히 받아들여지는데 있어서 특별히 중요하다고 주장하는 사람들이거나, 혹은 진정한 기독교은 백인, 흑인, 감리교인, 재침례교인, 로마 가톨릭이어야 한다고 주장하는 사람들에 이르기까지 다양한 모습을 갖고 있다. 갈라디아서는 이런 차원에서 볼 때 오늘날 우리가 살고 있는 세계와 긴밀한 연관성을 갖고 있다. 자신들의 관점을 매일 아주 강력하게 주장하는 각각의 계층과 각각의 설득력을 갖고 있는 사람들이 많으면 많을수록, 성경적이고 바울적인 모습이 되기 원하는 사람들에게는 갈라디아서의 메시지를 붙들고 그 메시지가 오늘날 세계에도 잘 알려지고 느껴지게끔 만드는 일이 더욱 더 근본적으로 중요하게 된다.

현대적 의미

이 마지막 섹션에서 나는 갈라디아서가 담고 있는 일반적 메시지를 오늘날 우리 사회의 두 가지 상황 속에 적용하길 원한다. 기독교 재건주의(Christian Reconstructionism)라고 불려지는 운동과 로마 가톨릭 교회. 기독교 재건주의는 종종 신율(神律, Theonomy, 하나님의 율법)주의라고도 불려지는데, 오늘날 개신교 근본주의와 복음주의 안에서 찾아볼 수 있다. 이 운동의 핵심적인 동기와 주장은 모세의 율법이 이 세상과 사회를 향한 하나님의 거룩한 명령이라고 믿는 것이다.[13] 그렇기에 이 운동을 주창하는 사람들(물론 여러 변형들이 있는)은 사회를 재건한다는 관점을 가지고 모세의 율법을 삶의 모든 부분에 적용하는 것을 추구한다. 이 운동의 리더들로 분명하게 제시되는 사람들로는 러쉬두니(R. J. Rushdoony), 그렉 반센(Greg Bahnsen), 개리 노스(Gary Noth) 등이 있다. 이들은 율법이 반드시 상세되고 세부적으로 적용되어야만 한다고 주장한다. 죽음을 가하는 형벌을 음란한 죄악들, 안식일을 범하는 죄악들, 심지어 부모에게 불순종하는 자녀들에게까지 폭넓게 시행해야 한다는 주장을 포함해서 말이다.

나는 언젠가 주일학교 모임에서 신율주의자들인 어떤 부부 옆자리에 앉았던 적이 있었다. 그들의 적용점들은 구약성경 율법에서 직설적으로 나온 것들이었고, 옷에 관한 이슈들(여러 직물들을 섞지 말라는 것), 성적인 것들, 심지어 음식과 관련된 규정들(돼지고기나 새우등을 금지하는)에 대한 것들도 포함하고 있었다. 그들은 여성의 옷을 후크로 여미게끔 해야하는지 아니면 핀으로 해야하는지를 놓고 다툼을 벌이는 아미쉬(Amish) 사람들을 떠오르게 했다(단추는 너무 현대적인 것이어서 안된다).이 모든 이면에는 성령님께서 우리들을 "우리들의 시대"를 위한 하나님의 뜻으로 인도하시게끔 허용하는 모험을 허락하기보다는 "황금 시대"처럼 되고자 하는 요구가 담겨 있다(개인적으로는 나는 내 아내가 리바이스 더커스(Levis Dockers)를 입는 것을 좋아하고, 나는 단추와 지퍼를 더 좋아한다! 너무나 감사하다!).

이 운동과 관련해서, 대부분의 서구 사람들이 일단의 무리와 함께 지내게 될 것인데 그들은 대담하게도 불순종하는 아이들에게 죽음을 언도해야 한다고 주장 할 뿐만 아니라 이런 식의 적용들을 전체 사회에 해야 한다고 주장하는 사람들이라는

---

13. 간략한 요약을 R. R. Clapp, "Reconstructionism, Christian," in *Dictionary of Christianity in America*, ed. D.G.Reid, et al. (Downers Grove, Ill.: InterVasity Press, 1990), 977-78에서 찾아볼 수 있다.

경보를 울려야만 하고, 이뿐만이 아니라 이 운동은 신정국가 체제의 유대인들을 위해 고안된 율법을 오늘날 현대적이고 세속적 사회에 믿을 수 없을 만큼 확장해서 적용하려 한다고 경보를 울려야만 한다.

그러나 이 운동과 관련된 가장 근본적인 문제점이 무엇인지를 바로 갈라디아서가 밝혀주고 있다.[14] 갈라디아서가 이 운동의 구성원들을 얼마나 심란하게 만들 수 있는지를 보여주기 위해서, 나는 내가 수업중에 만났던 두 명의 젊은 기독교 재건주의자들과의 만남을 예로 제시하고자 한다. 나는 여기서 내가 말하는 내용에는 과도한 점들이 있고 이런 모습들이 이 운동 전체의 모습을 대표하는 것으로 간주되어서는 안된다는 것을 잘 알고 있다는 것을 밝혀두고자 한다. 그러나 이 학생들은 이 운동이 모세의 율법에 대해 어떤 중요성을 부여하고 있는지를 매우 훌륭하게 잘 보여주는 역할을 한다.

그 수업은 신약성경 개관 시간이었고, 당시 수업 주제는 우연히도 율법에 대한 예수님의 관점이었다. 나는 (일반적으로 주장되는) 관점을 제시했다. 예수님께서는 율법이 그분의 존재와 가르침을 통해 율법이 성취된 것으로 믿으셨다는 관점이었다(마 5:17). 나는 이런 설명을 통해서, 예수님께서는 하나님의 완전한 뜻이 자기 백성에게 계시되었을때에 나타나게 될 "더 좋은 날"을 구약의 율법이 지시하고 지향하는 것으로 보셨다고 설명했다. 이 관점이 함축하고 있는 의미는 매우 분명했다. 어떤 의미에서, 모세의 율법은 더 이상 기독교인들을 묶어두지 않고 있다. 이 지점에서 이 두 명의 학생들이 내가 율법이 중요한 부분에서 틀린 것이라고 주장했고(그러나 사실 나는 이렇게 주장하지 않았다), 또한 기독교인들은 모세의 율법을 더 이상 지킬 의무가 없다고 주장했다면서(그때 나는 이렇게 주장했고, 지금도 마찬가지이고, 지금도 그렇게 믿는다), "내 주장을 비난했다."

이들에게 대답하면서, 나는 갈라디아서 3:19-25로 갔고, 율법은 더 이상 생명을 제공해주지 않으며, 율법의 목적은 죄를 드러내고 죄의식을 증가시키는 것이며, 하나님께서 그분의 교회에 주신 성령이라는 선물을 통해 성취되었노라고 주장했다. 또한 한걸음 더 나아가, 그렇기 때문에 기독교인들은 이제 성령님에게 묶여있는 삶을 살아야만 하며, 기독교인의 삶에 대한 도덕적 인도자로서 더 이상 모세의 율법 아래에 얽매여 있지 않노라고 주장했다. 이 두 학생들은 눈에 보일만큼 흥분

14. 이 운동에 대한 철저한 비평을 W. S. Baker and W. R. Godfrey, *Theonomy: A Reformed Critique*(Grand Rapids: Zondervan, 1990)에서 찾아볼 수 있다.

했고, 그 수업을 거의 45분 동안이나 소란하게 만들었으며, 내가 생각하기에 이 성경본문의 의미에 대해서 나를 설득할만한 논리적 능력을 잃어버렸다. 왜냐하면 그들은 내가 가르치는 관점 속에서 그들이 믿고 있던 모든 것들이 부정되는 것을 보았기 때문이다. 그들에게는 모세의 율법이 오늘날을 위한 것인데 내가 매우 분명하게 성경의 권위를 부정하는 것처럼 보였던 것이다. 흥미롭게도, 다음날 그들은 자신들이 했던 행동에 대해서 사과를 해왔고, 두 명 모두 다 갈라디아서 성경 본문을 좀 더 상세하게 잘 살펴보겠노라고 약속했다. 그들 중 한명은 나중에 내게 이 토픽과 관련된 매우 심사숙고하고 조심스럽게 논지를 주장하는 페이퍼를 제출했다. 비록 여전히 갈라디아서가 가르치는 내용에 부합하지 않는 것이기는 했지만 말이다.

내가 이 문제를 제시하는 이유는 매우 간단하다. 갈라디아서는 그리스도께서 이 땅에 오셨을 때 모세의 율법은 하나님의 백성을 인도하는 역할을 완전히 중단하게 되었다고 가르친다. 갈라디아서는 또한 하나님께서는 기독교인의 도덕적 삶을 위한 분명한 인도자로서 하나님의 성령을 임명하셨으며, 모세의 율법은 분명 하나님의 백성을 위해 하나님의 뜻을 예비적으로 보여주는 역할을 했지만 이제는 과거 시대에 속한 것이라고 가르친다. 내가 앞부분에서 사용했던 예를 다시 사용하자면, 율법에 복종하는 것은 수동 타자기 시대에 속하는 것이다. 그러나 지금은 컴퓨터 시대이며, 지금은 그리스도께 복종하고 성령님 안에서의 삶을 살아가는 반응을 보여야만 하는 시대이다.

내 생각에는 기독교 재건주의자들은 현대의 유대주의자들에 불과하다. 나는 이 운동이 필연적으로 이런 결과를 낳을 수밖에 없는 것인지는 확신할 수는 없지만, 때때로 그들은 이단이 되기도 한다. 각기 다른 신율주의자들 사이에는 여러 다양한 변형들이 있고, 이런 각각의 영향 속에서 이들은 서로 다른 적용점들을 만들어낸다. 어떤 사람들은 오직 하나님을 향한 사모하는 마음만 갖고 있고 그저 방향이 약간 잘못된 경우가 있다. 자신이 살아가는 사회속에서 하나님의 뜻대로 행하려고 노력하는데 무엇이 잘못될 수 있겠는가? 반복해서 이야기하지만, 모세의 율법은 하나님의 뜻에 반대되는 것이 아니다. 하지만 다른 어떤 사람들은 극단적으로 치우치곤 한다. 그래서 만약 누군가가 하나님의 율법에 대한 자신들의 관점을 수용하지 않으면, 그 사람은 틀렸다고 보거나 혹은 기껏해야 하나님의 축복에서 예외된 존재 혹은 열등한 존재라고 생각한다. 이런 사람들은 은혜, 믿음, 그리스도의 복음을 설교할지도 모르지만, 그러나 그들의 메시지가 담고 있는 내용은 모세의 복음일 뿐이다. 이런 일들을 행할 때, 이런 사람들은 현대의 유대주의자와 다를 것이 아무것도 없는 사람들이다.

로마 가톨릭은 어떠한가? 나는 도입부분 이후로, 두 가지 이유 때문에 이와 관련된 적용을 자제해왔다 (1) 많은 복음주의자들이 로마 가톨릭에 대해서 고발하는 주된 이유는 그것이 사실이건 혹은 사실이 "행위로 의롭다 함을 얻는다"는 측면 때문인데, 갈라디아서는 이와 관련된 내용을 담고 있는 서신이 아니다. 그리고 (2) 우리는 바울이 당시에 직면했었던 이슈들과 직접적으로 관련된 적용점들에 초점을 맞출 필요가 있었다. 문화적 제국주의와 민족주의 그리고 모세의 율법에 대한 요구. 로마 가톨릭에 반대하는 개신교 논증점들은 이 모든 것들에 잘 들어맞는가?

첫째로, 로마 가톨릭(Roman Catholic Church = RCC)에도 순전한 믿음이 있다. 어쩌면 일부 사람들은 이 말에 대해 소스라치게 놀라는 반응을 보일지도 모르겠다. 어떤 사람들은 이에 대해 진부한 이야기로 생각할 수도 있을 것이다-지금 이 내용은 전자(前者)의 반응을 보이는 사람들을 염두에 둔 내용이다. 누구든지 자신의 마음을 순수하게 열고 사실을 직시하려는 마음을 갖는다면, 로마 가톨릭 성도와 대화를 통해서 가톨릭 교회 안에도 순수한 기독교인과 기독교인이 아닌 사람들이 공존한다는 사실을 깨닫게 될 것이다—마치 다른 교파들에서도 그런 것처럼.

언젠가 나는 시카고에서 인디아나폴리스로 단거리 비행기 여행을 한 적이 있었는데, 그때 내 옆자리에서는 점잖게 생긴 젊은 신사 한 사람이 앉게 되었다. 나는 짧은 시간이었지만 그곳에서 해야 할 강연준비를 해야 했고, 그래서 내 헬라어 신약성경을 꺼내서 읽기 시작했다. 내 옆에 앉아있던 그 사람은 내게 무엇을 읽는지 물어왔다. 사람들에게 신약성경(그것도 헬라어로 쓰여진!)에 대해서 이야기하는 것은 대화를 시작하는 것 자체가 그리 쉬운 일은 아니지만, 그래도 나는 그에게 이야기를 했다. 그러자 그는 "성경 중 어느 부분인가요?"라고 물어왔고, 나는 "마태복음"이라고 답했다. 그는 다시금 "저는 마태복음을 사랑합니다"라고 대답해왔다. 내가 제일 좋아하는 성경 역시 마태복음이었기 때문에 우리는 친구였다. 우리는 인디아나폴리스로 가는 내내 이야기를 나누었고, 비록 나는 강연 준비를 해야 할 시간을 잃어버렸지만 그건 그리 큰 문제가 아니었다. 나는 그가 성경을 배우는 훌륭한 학생이라는 것을 알 수 있었다. 그는 날마다 그리스도를 의지했으며, 자신의 모든 삶을 성령님께 의지하는데 토대를 두고 살아가고 있었으며, 기도생활도 매우 잘 훈련되어 있는 사람이었고, 규칙적으로 전도생활도 하고 있는 사람이었다. 그는 자신이 다니던 지역 성당에서 젊은이들을 섬기던 리더였고, 젊은이 사역 컨퍼

런스에 참여하기 위해 시카고에 다녀오던 길이었다. 그리고 나는 그가 가톨릭 성도라는 사실을 알게 되었다. 그가 가톨릭 신자라는 점은 그를 아주 훌륭한 기독교인이라고 판단했던 내 생각에 아무 변화도 가져오지 않았다. 우리는 서로 헤어지면서, 서로에 대해 축복했다. 그가 내게 "주님의 평안이 당신 심령에 함께하시기를"이라고 인사했고, 나는 "또한 당신의 영혼에게도"라고 대답했다(나는 이 정도 적절하게 대답할 만큼은 미사에 대해 충분히 듣고 알고 있는 상황이었다). 내가 말하려는 요점은 매우 명확하다. 가톨릭 교회 안에도 순수한 성도들이 있으며, 모든 참된 성도들은 가톨릭 바깥에만 존재한다고 생각하는 것은 갈라디아서의 내용과 대치된다는 것이다. 갈라디아서는 우리에게 그리스도에 대한 믿음과 성령님 안에서의 삶이라는 기준에 토대를 두고서 평가할 것을 가르친다.

하지만 이와는 별개로, 나는 내가 개신교인이라는 사실을 분명히 말하고자 하며, 나는 가톨릭 교회가 갖고 있는 일부 신학에 대해서, 그리고 그런 신학이 수많은 가톨릭 성도들에게 미치는 영향에 대해서 매우 가슴아프게 생각한다. 이런 옳지 않은 교리와 신학들은 과거 유대화를 주창하던 주장들이 제기되던 근거와 비슷한 양상이다. 로마 가톨릭 교회는 교회 역사를 통해서 하나님을 향해 나아가는 것에 대한 신학을 공을 들여 형성했다. 나를 가장 곤란하게 만드는 문제는 "교회 바깥에 있는 자들에게는 구원과 은혜가 없다"는 점이다(*extra ecclesiam nulla conceditur gratia*). 이 관점은 제2차 바티칸 회의[15] 이래 계속해서 수정되어 왔지만, 그러나 오늘날까지도 가톨릭 교회의 중요한 부분으로 여전히 남아있다. 누구든지간에 이 관점을 포용하는 입장을 취하면서, 하나님의 백성과 가톨릭 교회를 동일시하는 사람은 본질상 유대주의자라고 할 수 있다. 왜냐하면 이는 종교적 옷을 입고 있을뿐 문화적 제국주의의 모습이기 때문이다. 유대주의자들이 당신이 온전한 기독교인이 되려면 유대인이 되어야만 한다고 말했던 것처럼, 마찬가지로 일부 가톨릭 성도들은 한 사람이 온전한 기독교인이 되려면 가톨릭이 되어야만 한다고 주장한다.

"행위"에 관해서는 어떠한가? 가톨릭 성도들은 한 사람이 "행위를 통해 구원받는다"라고 생각하는가? 나는 가톨릭 신학이나 그들의 구원론과 관련된 토론을 하고 싶지는 않다. 그러나 이 부분이 개신교의 구원 원리와 잘 맞지 않기에, 우리는 이 점에 있어서 로마 가톨릭이 문제가 있다는 이야기를 종종 하곤 한다. 그러나 우

15. 이 부분과 관련된 적절한 논문을 읽기 원하는 사람은 A. P. Flannery, *Documents of Vatican II*(Grand Rapids: Eerdmans, 1975), document #28 ("The Dogmatic Constitution of the Church"), 350-440을 읽으라.

리는 과연 뭉서이 하나님께 받아들여지게끔 하는지에 대해서 좀 더 잘 살펴봐야만 하고, 이 점은 매우 중요한 부분이다. 갈라디아서에 의하자면, 한 사람은 그리스도에게 복종해야만 하며, 또한 성령님 안에서 살아야만 한다. 이와 반대되는 것은 그 무엇이건간에, 그리고 여기에 첨가된 것 역시 그 무엇이건간에(빼는 것은 이슈가 아니다), 갈라디아서와 정반대 입장인 것이고 "행위"라고 불려질 수 있다(그러나 아마도 이런 식으로 "행위"라는 용어를 사용하는 것은 갈라디아서에서 "행위"가 갖는 의미와 완전히 일치하는 개념이라고 할 수는 없을 것이다). 나는 종종 가톨릭 성도들이 이 단순한 메시지에 무언가를 덧붙이는 것을 두려워한다. 어떤 사람들은 한 사람이 일주일마다 미사에 참석해야만 하고, 자신의 죄를 규칙적으로 고해성사해야만 하고, 일정한 돈을 성당에 기부해야만 하고, 그리고/혹은 로마 가톨릭이 되어야만 기독교인이 되는 것이며 하나님께 받아들여진다고 생각한다. 누구든지 이렇게 가르치는 자는 현대판 유대주의자가 되는 셈이다. 그러나 나는 이런 식으로 하는 것이 비단 가톨릭 성도들만이 아니라는 사실도 신속하게 덧붙이고자 한다. 다른 기독교인들도 이와 마찬가지로 하곤 한다.

문제의 핵심은 아마도 누군가가 구원받는 것은 성례를 통해서이며 주일마다 미사에 참석하는 것을 통해서라고, 가톨릭 성도들이 공통적으로 생각하고 있다는 점이 아닐까 싶다. 이런 인식(참된 가톨릭이건 혹은 아니건간에)이 있는 것은 분명한 사실이고, 나는 가톨릭 성도들과 수없이 대화를 나누면서 이 문제에 부딪히곤 했다. 만약 어떤 사람이 성례가 하나님께 받아들여지는데 있어서 필수적인 것이라고 생각한다면, 이는 복음에 반대되는 것이다. 만약 한 사람이 그리스도께서 우리를 위해 역사하신 것만으로 우리가 구원받는데 아무 부족함이 없이 충분하다고 믿고 있고, 이를 표현하기 위한 방편으로서 미사에 참여하거나 어떤 모임에 참석한다면, 아무 문제도 되지 않고 아무 해로움도 없다. 하지만 만약 그 사람이 구원은 실질적으로 성례에 참여하는 것에 달려 있노라고 생각한다면, 이는 매우 문제가 있고 해로운 일이 된다. 그렇기에 가톨릭에서 성례들(침례, 성찬, 병자에 대한 안수, 결혼, 기타 등등)을 첨가하는 것은 복음 메시지에 다른 것들을 첨가하는 족쇄가 될 수 있다. 그렇다면 항상? 그건 아니다. 때때로? 그렇다.

가톨릭 교회에 대한 이런 적용은 전체적인 관점에서 살펴볼 필요가 있다. 바울은 가톨릭 신학의 남용들에 반대하는데 그렇다고해서 그가 개신교 신학이라고 할 수도 없다. 정말로 중요한 것은 하나님께서 그리스도를 통해 우리를 위해 행동하셨다는 것이며, 우리는 예수 그리스도를 향한 믿음 안에서 복종해야만하고 성령님 안에서 살아가야만 한다는 점이다. 정말로 중요한 것은 우리 편에서 작동하고 있는 새로운 피조물의 원리가 있다는 점이다. 우리가 누구인지, 출신이 어디인지, 유대인인지 이방인인지, 가톨릭인지 개신교인지, 남성인지 여성인지, 흑인인지 백인인지, 고용주인지 노동자인지는 중요한 문제가 아니다. 이런 구분들은 그리스도를 통해 이미 끝장나 버렸다. 이제 중요한 것은 "사랑을 통해 역사하는 믿음"과 "새로운 피조물"이다.

그렇다면 갈라디아서에서 중추적인 타겟으로 삼았던 사람들이 오늘날 우리 세계에서는 누구라고 할 수 있는가? 이에 대한 대답은 특정한 어떤 그룹이 아니다. 종교적으로 규정이 되건(유대교, 로마 가톨릭, 기독교 재건주의자들, 침례교인들, 아미쉬 사람달), 성별적으로 규정이 되건(남성들, 여성들), 혹은 문화적으로(미국인들, 유럽인들, 아프리카 사람들) 규정이 되건간에, 어떤 특정한 그룹이 아니다. 그냥 다른 사람들을 향해 손가락으로 가리키는 것은 아무 쓸데 없는 일이다. 왜냐하면 진짜 문제는 이런 식으로 행동하는 것보다 훨씬 더 미묘하기 때문이다. 오늘날 갈라디아서의 타겟은 예수 그리스도께서 충분한 구원자이심을 평가절하하는 모든 사람들과 성령님께서 충분한 인도자이심을 축소하는 모든 자들이다. 한 사람의 기질은 하나님께서 우리를 위해 그리스도를 통해서 그리고 성령님 안에서 행하신 일들에 대해, 종종 자신의 신학적 관점들을 넘어서거나 간과하게끔 하기도 한다. 누구든지 그리스도의 충족성을 축소하거나 혹은 성령님의 권능을 깎아내리는 자는 바울이 손가락으로 자신을 지적하고 있음을 발견하게 될 것이다. 우리가 컴퓨터가 우리에게 어떤 일을 저지를까 두려워하면서 다시금 수동 타자기를 사용하려는 유혹에 빠질 때마다, 우리는 유대화를 추구하던 이단의 죄악에 빠지는 것이다. 이렇게 된다면, 바로 우리가 갈라디아서의 타겟들이 된다.

바울의 메시지는 강력하고 또한 우리를 자유롭게 해 준다. 키에르케고르는 "그리스도께서는 물이 포도주로 변하게 하셨지만, 교회는 더 어려운 일을 하는데 성공했다. 교회는 포도주를 물로 바꾸었다"[16]라고 말했었다. 바로 이것이 갈라디아서에서 바울이 말하려는 메시지가 담고 있는 내용이다. 육체라는 물을 성령님의 포도주로 바꾸는 것을 말한다. 갈라디아서는 우리들 각자를 향해 성령님께서 우리 삶을 다스리시게끔 허용하는 것을 통해 이 물이 포도주로 바뀌게끔 하도록 도전한

16. 나는 이 내용을 D. F. Watson, *I believe in the Church* (Grand Rapids: Eerdmans, 1978), 13(undocumented quotation of Kierkegaard)에서 인용해 왔다.

다-우리가 누구이건간에, 우리가 어디에서 왔건간에, 우리의 성별이 무엇이건간에 말이다. 하나님의 은혜가 여러분들에게 있기를, 그리스도의 성령께서 여러분들을 충만하게 채우시기를, 교회의 보편주의가 여러분을 인도하기를, 이 모든 일들이 그리스도를 통해서 성령님 안에서 여러분에게 임하기를 기도한다. 아멘